國家社會科學基金資助項目
全國高等院校古籍整理研究工作委員會資助項目
福建省高校服務海西建設重點資助項目
福建省社科研究基地重大資助項目

閩籍學者文字學著作整理研究叢書

叢書主編 林志強

《文源》評注

林志強 田勝男 葉玉英 評注

中国社会科学出版社

圖書在版編目（CIP）數據

《文源》評注／林志強等評注．—北京：中國社會科學出版社，2017.6

（閩籍學者文字學著作整理研究叢書）

ISBN 978－7－5203－0419－1

Ⅰ.①文…　Ⅱ.①林…　Ⅲ.①漢字—古文字學　Ⅳ.①H121

中國版本圖書館 CIP 數據核字(2017)第 115266 號

出版人　趙劍英
責任編輯　張　林
特約編輯　文一鷗
責任校對　李　莉
責任印製　戴　寬

出　　版　中國社會科學出版社
社　　址　北京鼓樓西大街甲 158 號
郵　　編　100720
網　　址　http://www.csspw.cn
發 行 部　010－84083685
門 市 部　010－84029450
經　　銷　新華書店及其他書店

印　　刷　北京明恒達印務有限公司
裝　　訂　廊坊市廣陽區廣增裝訂廠
版　　次　2017 年 6 月第 1 版
印　　次　2017 年 6 月第 1 次印刷

開　　本　710×1000　1/16
印　　張　41.75
插　　頁　2
字　　數　665 千字
定　　價　178.00 元

文源

敘曰昔倉頡觀獸迒鳥跡之文、作書契以代結繩畫卦、歷世寖遠、孳益殭繁、然後文字臻於極備、班固稱古制書必同文、自書契以來、世運遞有升降、而世異文同、後人得以識古、是以文武之政人存則舉、文武之道賢不賢者識其小大、莫不有焉、五帝三王、中間雖更衰亂、治化常進而益隆、孔子曰、周監於二代、郁郁乎文哉、吾從周、豈不以徵文而禮有可見、後之王者遂能損益而因革之也、周禮保氏教國子以六書、六書者造字之本、所以維文字、使萬世可識、周宣王世史籀篇與古文或異、而孔子書六經皆以古文、及戰國諸侯去王室之典籍、秦燔經書、古文由此遂絕、漢世尉律試學童僅以秦

文源卷一

全體象形

人儿 人儿 尼賓切 臻韻 說文云、人象臂脛之形、按古作人、師酉敦 作人、寰盤 象人側立形、有頭背臂脛也、說文云、儿古文奇字人也、象形、孔子曰、人在下故詰詘、按此非孔子語、古與人同作人、宗周鐘見字曾伯霥匿元字偏旁 不詰詘、說文云、卪瑞信也、謂符節之節本字 象相合之形、按古作卪、者生敦令字偏旁 作卪、太保彝令字偏旁 作卪、洹子器命字偏旁 皆於節形不類、與人形近、凡从人之字皆以人為義、詳見各條 實即人字、屈下體象跽伏形、說文云、□卪也、闕、按即卪之反文、不為字、

大 大 音太 泰韻 說文云、大天大地大人亦大、象人形、按人象側立、大象正

六書通義

古以制字爲帝王之事，神仙之術，故崔瑗、曹植、蔡邕、索靖皆以倉頡爲古之王者。而淮南本經至謂倉頡作書，天雨粟而鬼夜哭，漢人稱秦之隸書爲倉頡時書，云父子相傳，何得改易。王嬰古今通議曰：倉頡造書，形立謂之文，聲具謂之字。（意林五所引）是謂文字皆倉頡作，非後人所得增損矣。夫知者創物，巧者述之，倉頡知以書契更結繩，而宇宙事物，必非倉頡書契所得賅，有不備者，隨事遞增，新字之作，至今猶未絕也。蓋文字者以濟語言之窮，故作新字必使其意不待說而明。由是六書生焉。六書者使字義傳於字形，不待口舌辭說而行於異地異世者也。

目　録

從鄭樵到林義光：閩籍學者的文字學研究（代序）

閩籍學者的文字學研究，自宋代至民國有鄭樵、黃伯思、謝章鋌、林尚葵、李根、林慶炳、呂世宜、林茂槐、陳建侯、陳棨仁、林義光等人，其中著名者，宋代有鄭樵，民國有林義光，可以作為閩籍學者文字學研究的代表性人物。

一

鄭樵讀書論學，涉獵極廣，用力至勤，成果豐碩。以文字學而言，其著作有《象類書》《六書證篇》《六書略》《金石略》《石鼓文考》等，前三種主要研究“六書”，後二種主要研究金石文字。其中《六書略》是鄭氏最重要的文字學著作，書中最能體現鄭氏字學研究成果的是他對“六書”理論的研究。

《六書略》對“六書”的深入研究表現在下面幾個方面：第一，拋開許慎之說，重新闡釋“六書”，不乏卓見。比如他通過比較來闡釋“指事”字的特點，比許慎的“視而可識，察而見意”更為清晰。他說：“指事類乎象形：指事，事也；象形，形也。指事類乎會意：指事，文也；會意，字也。獨體為文，合體為字。形可象者，曰象形，非形不可象者指其事，曰指事。”這就把指事字的“事”字的含義和不可拆分的特點說得比較透徹了。他對“諧聲”的認識也頗為精到，他說：“諧聲與五書同出，五書有窮，諧聲無窮；五書尚義，諧聲尚聲。天下有有窮之義，而有無窮之聲……諧聲者，觸聲成字，不可勝舉。”從中可見形聲造字法的優越性之所在。第二，他提出“子母相生”說，發揮了“獨體為文，合體為字”

的觀點，並把“六書”的排列順序予以邏輯化。他在《論子母》篇中立330母為形之主，870子為聲之主，合為1200“文”，構成無窮之“字”，“以子母相對的二元構字方式首次分析了漢字系統，求得了漢字組字成分中母與子的最低公約數”，證明漢字系統是有規律可循的。[①] 他又說：“象形、指事，文也；會意、諧聲、轉注，字也；假借，文字俱也……六書也者，象形為本，形不可象，則屬諸事，事不可指，則屬諸意，意不可會，則屬諸聲，聲則無不諧矣，五不足而後假借生焉。”此說明確了“六書”中的“文”“字”之別，揭示了“六書”之間的排列順序和相互關係，其中以“象形”為本，較之許慎把“指事”置於“象形”之前，無疑更容易為人們所接受。第三，對“六書”中的每一書又進行了更為詳細的分類，其分類先以圖表形式列出，又在《六書序》中用文字加以說明，可謂綱目清楚；條理井然。第四，《六書略》以“六書”統字，共分析象形、指事、會意、諧聲、轉注、假借各種類型的文字計24235字，打破了《說文》以部首統字、據形繫聯的格局，是在實踐上對其“六書”理論的進一步驗證，其創新精神是值得肯定的。

鄭樵對“六書”的重視和實際研究，奠定了他在文字學史上的地位。正如唐蘭先生所評價的那樣，鄭樵是文字學史上“第一個撇開《說文》系統，專用六書來研究一切文字”[②] 的人。他的研究使文字學結束了僅僅仿效《說文》編撰字書或為之作傳的階段而進入一個比較純粹的理論探求階段。在他的影響下，“六書”學成為後代漢語文字學研究的一個新領域，一個核心問題，出現了一大批以“六書”為名的文字學著作，提出了不少有價值的見解，推進了漢字學理論的研究。文字學史上“六書”理論的發展和進步，究其緣由，不能否認鄭樵的提倡和轉軌之功。

鄭樵的文字學研究，除了“六書”理論以外，還對文字學的其他專題進行了有益的探索。主要有：

（一）他對文字的起源生成問題作了可貴的探索。第一，他闡明了“書畫同源”的理論。他說：“書與畫同出。畫取形，書取象；畫取多，書取少。凡象形者，皆可畫也，不可畫則無其書矣。然書窮能變，故畫雖

① 參見張標《論鄭樵的〈六書略〉》，《古漢語研究》1997年第2期。

② 參見唐蘭《中國文字學》，上海古籍出版社1979年版，第71頁。

取多而得算常少，書雖取少而得算常多。六書也者，皆象形之變也。”這裏他闡述了兩個重要觀點，一是“書畫同出”，二是“書畫有別”。首先他認為書畫同出，即象形字和圖畫一樣，都是取象於客觀事物，正如許慎所說，象形字是“畫成其物，隨體詰詘”而形成的，因而文字與圖畫具有共同的特點。其次，他在指出書畫有共性的同時，還進一步區別了書畫的不同：“畫取形，書取象；畫取多，書取少。”他認為漢字的象形，並不像繪畫一樣纖毫畢現，而是觀物以取象，抓住特徵，寥寥幾筆，以少勝多，所謂“書雖取少而得算常多”。從象形字的特點來看，鄭樵的看法是完全符合實際的。他對書與畫的區別，雖然還不能抓住關鍵問題——書與語言中的詞掛鉤，具有音和義，畫則否——但他能著眼於書與畫之筆畫的繁簡、形神的不同來加以論述，說明他已開始辯證地思考書與畫的關係問題，較之單純論述“書畫同出”，無疑更進了一步。“書畫同源”的看法是“漢字起源於圖畫”說的先聲，較早提出“漢字起源於圖畫”的學者，有孫詒讓、沈兼士、唐蘭等人。從文字學史上看，鄭樵早論及此，是很了不起的。第二，他提出了“起一成文”說，認為漢字的基本筆畫都是由“一”及其變化形體構成的。“起一成文”說是從楷體文字符號體系內部來探討文字用於表現其內容或对象物的憑藉手段——筆畫及其相生之理。這與“書畫同出”說顯然不同。“書畫同出”講的是文字、圖畫及其與对象物的關係，是從整體上考察文字與它所反映的外部世界之間的關係，是從社會功能和本質屬性的角度來闡述漢字起源問題的。因此，“起一成文”雖然也可視為漢字起源的學說，但它與“書畫同出”角度不同，性質有別，兩者不宜混為一談。然而如果就漢字生成的角度而言，“起一成文”和“書畫同出”又是互相聯繫的。“書畫同出”注重文字與外部世界的關係，“起一成文”則著眼於字符內部筆畫的形成，兩者內外結合，是相輔相成的。①

（二）針對《說文》五百四十部首的設置提出新的建設性的看法。他在《論子母》中說：“許氏作《說文》定五百四十類為字之母，然母能生而子不能生，今《說文》誤以子為母者二百十類。”於是他又在《論子母所自》中提出部首刪並的原則，主張從顯隱、遠近、約滋、同獨、用與

---

① 參見林志強《鄭樵的漢字生成理論》，《古漢語研究》2001年第1期。

不用、得勢與不得勢等六個方面來考慮，把《說文》五百四十部歸併為三百三十部首。過去論及部首簡化，多認為始于明代梅膺祚所作《字彙》的二百一十四部。梅氏的部首是檢字法的部首。鄭氏三百三十部首雖然仍是文字學性質的部首，但畢竟早于梅氏。故部首簡化創始之功，當推鄭氏①。只可惜《六書略》不以部首統字，看不出鄭氏部首的具體設置情況，因而也降低了鄭氏部首對後世的影響力。

（三）對異體字及其形義關係作了專題研究。《六書略》中有《古今殊文圖》《一代殊文圖》《諸國殊文圖》《殊文總論》諸篇，討論了有關異體字的問題。他指出字形因古今差異、方國不同而有所變化，同一時代可能也有不同寫法，因此不能以義理說解文字，否則同一個詞若有幾個字形就要認為有幾種義理。他在《殊文總論》中說："觀古今殊文與一代殊文，則知先儒以義理說文字者，徒勞用心……大抵書以紀命為本，豈在文義！以義取文者，書之失也。"可見他已從文字的異體現象中認識到文字只是記錄語言的符號，不宜尋求每一字形必有義理存乎其中。這種看法也有其深刻的一面。當然因反對義理之學而完全否認以義說字也過於偏激，沒有充分認識到漢字的表意性質以及漢字形義關係的動態結構。

（四）對比較文字學作了有益的嘗試。《六書略》中有《論華梵》三篇，討論漢字與梵文的差別，所見可能未必深刻，但也看到了華梵的不同特點。如《論華梵下》云："梵人別音，在音不在字；華人別字，在字不在音。故梵書甚簡，只是數個屈曲耳，差別不多，亦不成文理，而有無窮之音焉……華書制字極密，點畫極多，梵書比之實相遼邈，故梵有無窮之音而華有無窮之字，梵則音有妙義而字無文彩，華則字有變通而音無錙銖。"鄭氏把對漢字的研究延伸到與外域文字的比較中去，其視野是相當開闊的。

（五）鄭樵對金石文字的研究也頗有成績，主要著作有《金石略》和《石鼓文考》。《金石略》一書所收"上自蒼頡石室之文，下逮唐人之書"，② 保存了不少金石材料，但只錄其名，不存其文，是一缺陷。在鄭

---

① 參見吉常宏、王佩增編《中國古代語言學家評傳·鄭樵》，山東教育出版社 1992 年版，第 255 頁；党懷興《宋元明六書學研究》，中國社會科學出版社 2003 年版，第 63—64 頁。

② 《通志·總序》，《通志·二十略》，中華書局 1995 年版，第 9 頁。

樵之前，歐陽修作《集古錄跋尾》，已開始對金石材料加以簡單的説明和考證，趙明誠的《金石錄》在這一方面取得了很大成就，而鄭樵沒有繼承這種做法，也失之簡陋。但是，正如馬衡先生所説，“鄭樵作《通志》，以金石別立一門，儕於二十略之列，而後金石學一科，始成為專門之學，卓然獨立，即以物質之名稱為其學科之名稱矣。”① 可見其書在中國金石學史上的地位。如果説《金石略》一書因略於考證而影響了它的價值，那麼他的《石鼓文考》則以精闢的考證，為石鼓是秦國之物提供了文字學上的根據，備受古今學者的稱讚。《福建藝文志·卷十五》云：“《石鼓文考》三卷，鄭樵著。《直齋書錄解題》云：‘其説以為石鼓出於秦，其文有與秦斤秦權合者。’隨齋批註云：‘樵以本文丞、殹兩字秦斤秦權有之，遂以石鼓為秦物……’案樵説證據甚碻，可從。”此外，正如裘錫圭先生所指出的，由於鄭樵對金石文字頗有研究，受到金石文字中較古字形的啟發，對一些表意字字形的解釋明顯勝過《説文》，值得挖掘闡發。例如《説文》説“止”字“象艸木出有址”，《六書略》則認為“象足趾”；《説文》説“立”字“从大立一之上”，《六書略》則認為“象人立地之上”；《説文》説“走”字“从夭、止，夭者屈也”，《六書略》則説“夭”“象人之仰首張足而奔之形”，皆符合古文字的造字本意。② 張標先生也舉出了一些例子，如《説文》釋“元”為“始”，《六書略》則説“元”為“人頭也”，《説文》釋“我”為“施身自謂”，《六書略》則説“我”為“戍、戚也，戊也，皆从戈，有殺伐之意……又借為吾我之我，許氏惑於借義”，也都是很有見地的。③

宋人為學以創新為特色，鄭樵亦不例外。他的文字學研究，確有不少真知灼見，足以啟人心智，值得繼承發揚。然鄭氏之學，亦難免其弊，比如他對“六書”的分類過於繁瑣，有些説法又過於玄虛，等等。清·戴震在《與是仲明論學書》中説，鄭樵等宋代學者，“著書滿家，淹博有

---

① 參見馬衡《凡將齋金石叢稿·中國金石學概要上》，中華書局 1977 年版，第 2 頁。

② 參見裘錫圭《古文字學簡史》，收入《文史叢稿——上古思想、民俗與古文字學史》，上海遠東出版社 1996 年版，第 144—145 頁。

③ 參見張標《論鄭樵的〈六書略〉》，《古漢語研究》1997 年第 2 期。

之，精審未也”。[1] 姚孝遂先生說：“鄭樵的文字學理論，現在看起來，不免有些幼稚，然而卻是新穎而獨到的。任何新生事物，在其發生的階段，都不可避免地顯得有些幼稚，這是情理之常，絲毫不足為怪。令人遺憾的是，鄭樵所需要研究和整理的範圍過於廣博，他沒有在文字學方面作進一步的探討，從而使他的文字學理論得到進一步的發揮和完善。”[2] 這些評價都是非常允當的。

二

林義光與容庚、商承祚等人都是清末民初從事古籀研究的名家，也是最早研究甲骨文的學者之一。他的主要論著有《文源》《釋栽葘》《卜辭[illegible]即熒惑說》《鬼方黎國並見卜辭說》《論殷人祖妣之稱》等。其中最重要的文字學著作《文源》，是一部運用商周秦漢金文和石刻文字等材料以窺造字之源，以求文字本義的字書，“比較集中地反映了宋至清代利用金文探求字源的成果”，[3] 也是一部探索漢字構形條例，研究漢字演變規律的文字學著作，其中真知灼見，常為學者所徵引，是一部很有價值的文字學著作。

《文源》書前的《六書通義》，是林義光集中闡釋“六書”理論的重要文章。林氏的“六書”在定義上完全承襲《說文》，但對每一書都作了更詳細的說明，有的進行全新的分類，有的加以深入的分析，歸納條述如次：

（一）對象形、指事二書進行了全新的分類，象形分為“全體象形”“連延象形”“分理象形”“表象象形”和“殽列象形”等五類，其中的“殽列象形”，舊以為會意，林氏歸為象形，是其特別之處；指事分為“表象指事”“殽列指事”“形變指事”等三類，其中的“殽列指事”，一般亦以為會意，林氏歸為指事，亦屬特殊。林氏同時還對“表象指事”

---

① 參見段玉裁編《戴東原集》卷九，轉引自梁啟超《清代學術概論》，上海古籍出版社1998年版，第37頁。

② 參見黃德寬、陳秉新《漢語文字學史（增訂本）·序》，安徽教育出版社2006年版，第12頁。

③ 李學勤語，參見《文源·序》，天津古籍出版社、遼寧人民出版社2012年版，第1頁。

和“表象象形”“敍列指事”和“敍列象形”進行了對比分析，說明在其封閉自足的系統裏，他對理論的探討還是比較深入的。把他的分類與鄭樵進行對比，可以發現兩者是有所不同的。鄭樵對各書都進行了分類，林氏則只對前二書進行分類；鄭樵對象形的分類是根據取象对象來進行的，有所謂天物之形、山川之形等等，林氏的分類則是根據字符的構形特點與物象的對應關係來進行的；鄭樵對各書的分類，除了正生，還有兼生或變生，出現了兼類的問題，林義光只在形聲和轉注方面作了兼類處理，等等。

（二）林義光根據許慎所舉會意字的例子，認為“止、戈”為“武”，“人、言”為“信”，乃是取其詞義連屬，非復對構其形。他把傳統上的許多會意字歸為“敍列象形”和“敍列指事”，只承認詞義連屬的才是會意字，因此他把會意字的範圍縮小得比較厲害，如二人相隨為“从”，口、木為“束”，𠂤在宀下為“官”之類，他認為都不是會意字，與傳統的看法是不同的。

（三）林義光從兼類的角度來討論形聲問題，認為“形聲之字常與他事相兼，‘江’‘河’从‘水’，此以轉注兼形聲；‘今’聲之‘禽’，‘止’聲之‘齒’，此以象形兼形聲；‘白’聲之‘碧’，‘虍’聲之‘虜’，此以會意兼形聲。”他對形聲字的重要貢獻是提出“二重形聲”的結構類型，[①]《文源》卷十二還對此進行了專題研究，引起學術界的關注。從來源上看，林氏“二重形聲”與鄭樵“子母同聲”應有密切的關係。

（四）林義光對轉注的看法是很深刻的。他說：“意有同類，建一以為首，後出之字受形焉，謂之轉注。猶‘考’‘老’同意，而‘考’受形於‘老’也。”扣緊許慎的定義作了很好的解釋。他認為“轉注不能無所兼，而兼形聲者獨多”。這與他在形聲字部分所說的“凡造字以轉注兼形聲為最簡易，後出之字多屬之，《說文》九千，獨此類字什居八九，學者但目為形聲，而轉注之謬解遂不可究詰矣”，可謂互相呼應。他的這種

---

① “二重形聲”指的是兩個偏旁都是聲符的字，從名實關係看，現代學者稱為“兩聲字”或“雙聲符字”更為合適。

看法與徐鍇、鄭樵、趙宧光等人的看法有相似之處，[1] 應該是受到先儒的啟發，對後人也有深刻的影響。他還批評了戴震的“互訓說”和許瀚、江聲的“部首說”，分析很到位。

（五）林義光論假借，筆墨獨多。他先論假借之產生，謂“文字之出，後於音聲。凡事物未制字者，先有聲矣。借同音之字以彰之，使讀者如聞其語，雖不制字，其效則同。故假借者，單純形聲也”。說得很清楚。他續說假借之類別，分為“與本義相關”和“不關於本義”兩類，實與鄭樵“有義之假借”和“無義之假借”相同。他還從共時、歷時以及古書用字的角度分析了假借的諸多現象，強調假借乃是基於“本無其字”“有本字不得借用他字”的原則。

以上林義光所論“六書”之內容，總起來看，確有與前賢不同而顯其獨特看法者，但也存在模糊和不易掌握之弊。如他對象形的分類似乎還沒有很清晰的邏輯關係，對具體文字的判斷似乎也缺乏操作性。又比如他說“表象指事”與“表象象形”的區別是，前者的指事是虛設，後者的象形是實有，理論上是說得過去，但從所舉的例子看，則不一定好認定，如“牟”（）字他列為象形，其實也符合他的指事。當然，也許我們對林義光的“六書”理論還缺乏深入準確的理解，還需要進一步的研究。

《文源》以林氏自己的“六書”分卷，前六卷為“象形”的五類，卷七、卷八、卷九為“指事”的三類，卷十為“會意”，卷十一是“轉注兼形聲”，卷十二為“二重形聲”，全書總共分析了1700多字，體例是先錄《說文》，若有意見，則再加按語。其間多用商周金文材料，間采秦漢金石文字，“金刻不備之文，仍取足於小篆”。偶亦以己意構擬古文，失之主觀。或謂《文源》乃全面使用金文材料疏證文字，這種說法是不夠準確的。至於《文源》未採用甲骨文者，蓋其書寫作在前，而甲骨學或影響未及，林氏本人研究甲骨文也在《文源》問世10年之後。林氏認為“古文製作之微旨，足正從來說解之違失”，[2] 故以商周秦漢的金文和其他一些古文字材料探討本形本義，跳離了傳統的材料局限，用偏旁分析等方

① 徐氏、鄭氏、趙氏的看法參看黨懷興《宋元明六書學研究》，中國社會科學出版社2003年版，第161—166頁。

② 參見林義光《詩經通解·序》，《詩經通解》，中西書局2012年版，第1頁。

法來研究文字的構形及其形義關係，用歷史發展的眼光來看待文字的動態變化，這些都是值得稱道的地方，顯示了林氏研究文字的科學性。在具體文字的疏解過程中，精彩之語隨處可見，然亦難免個人和時代之局限，我們應該是其所當是，非其所當非。其中涉及許多文字學的問題，比如關於古今字、文字分化、訛變、互體、聲借、依隸制篆、形變指事、二重形聲等等，或隨文疏解，或專題研究，對後來古文字的研究都有或大或小的影響，可以看出林氏對文字學的特殊貢獻。

值得注意的是，林義光的研究很好地繼承了前人的研究成果。《文源》是一部繼承傳統文字學特別是清代段、朱“說文學”成就的承前啟後的著作，前述“六書”理論也有不少智慧來源於宋元以來的學術研究，特別是對鄭樵學術思想的繼承，比如鄭樵對“六書”進行了分類，提出兼類的問題，林氏的結果雖然不同，但思路做法並無二致；把轉注和形聲合而論之，二人也有許多相似的地方；鄭樵的“子母同聲”和林氏的“二重形聲”，提出並研究了一類特殊的漢字構形問題，林氏對鄭樵的承襲並且後出轉精，也是顯而易見的。

三

其他閩籍學者的文字學研究，都不如鄭樵和林義光那麼專門，成就也沒有他們那麼突出。涉及者有黃伯思、謝章鋌、林尚葵、李根、林慶炳、呂世宜等，以下略作介紹。

（一）黃伯思

黃伯思（1079—1118），字長睿，別字宵賓，自號雲林子，福建邵武人。據史料記載，黃伯思所學汪洋浩博，學問號稱淵博淹通。編有《古文韻》一書，是一部古文字字形的專書，以夏竦《四聲集古韻》（按，當即《古文四聲韻》）為基礎擴編，益以三代鐘鼎款識及周鼓秦碑古文、古印章、碑首並諸字書所有合古者，可惜已佚。其所著《東觀餘論》，主要在於考證名物，但也零星涉及語言文字的問題，約有如下數端：第一，在《東觀餘論·法帖刊誤》之《第一帝王書》及《第六王會稽書上》中對“信”字的一個後起義“信使”作了很充分的論證；第二，對個別文字的讀音和形體有所辨正，如《跋鐘繇賀捷表後》論“蕃”字讀音，《第九王大令書上》說“郗”“郤”之辨；第三，對一些古文字的考釋提出了自己的看法，如《周寶和鐘說》的“走”字，《弡仲匜辨》的“弡”字等。

（二）謝章鋌

謝章鋌（1820—1903），[①] 初字崇祿，後字枚如，號江田生，晚號藥階退叟，自稱癡邊人，福建長樂人，祖籍浙江上虞，世居福州。謝章鋌一生著述豐富，文章詩詞皆碩果累累，而以詞學為尤著。其治學重經學，秉承清儒樸學之風，因此對小學也頗為措意，在音韻、訓詁等方面均有著述傳世。其文字學著作《說文大小徐本錄異》（以下簡稱《錄異》），雖非完篇，知名度也不高，但作為閩省為數不多的文字學著作，仍然值得我們珍視，特別作為清代二徐互校的系列作品之一，也有其自身的特色，從中可以看出謝氏在文字學研究方面的見識和成就。

謝氏作《錄異》的主要目的是“窺《說文》之真于萬一”，所以他作《錄異》並非完全“錄而不作”。《錄異》中可見謝氏文字學水準的材料，主要是謝氏按語。《錄異》一書錄二徐之異六百餘條，其中七十餘條加有按語，其按語體現了謝氏的校勘水準，也體現了謝氏對文字學或《說文》學的判斷能力。約有以下數端：第一，引用別人意見，推究《說文》的原貌，如大徐本正文中的某些文字，在小徐本中屬於徐鍇的按語，謝氏則據此認為“非許氏原文”，比如卷一“禜”字條，大徐本有“《禮記》曰：雩禜祭水旱”之語，謝氏據小徐本“《禮記》”上有“臣鍇按”三字，認為“此非許氏原文也”。第二，根據大小徐本的對照，直接判斷其正誤得失，也間接體現了謝氏對《說文》原本的判斷。如卷一“蓋”字條指出，小徐本“公”作“从”，不誤；“萇”字條指出小徐本“跳”作“銚”，不誤。卷二“彳”字條指出小徐本“从”作“行”，非是。卷五“笑”字條按語云：“小徐本載大徐說，此後人所加。”卷六“柗”字條指出小徐本“黍”作“耒”，不誤。卷七“瓢”字條指出小徐本作

① 關於謝章鋌的卒年，嚴迪昌在《清詞史》（江蘇古籍出版社 2001 年版，第 550 頁）中認為是卒於 1888 年，陳慶元主編的《賭棋山莊稿本》（江蘇古籍出版社 2002 年版）、《謝章鋌集》（吉林文史出版社 2009 年版）等均認為是卒於 1903 年，此從陳說。

“从覅，瓠省聲”，似誤；“奧”字條指出小徐本“西”作“東”，似誤；“幅”字條指出小徐本“畐”作“幅”，誤；“㟪”字條指出小徐本“南郡”作“臬帬”，似誤；“黹”字條，大徐本作“黑與青相次文”，小徐本“次”作“刺”，謝氏認為小徐誤，等等。第三，根據許書無“音某”之文，認為凡標注“音某”者，皆非許氏原文。如大徐本卷二“公”字條的“音司”二字，“昏”字條的“音厥”二字，卷七“帨”字條的“又音稅”三字，小徐本卷四“瞿”字條的“又音衢”三字，謝氏認為皆後人所加，非《說文》原貌。第四，根據其他一些具體的理由推定《說文》原貌。如小徐本卷五“左”字條，釋文作“手左相佐也”，因“佐”為“左”之俗字，非許書所有，故以為非許書原文。以上可以看出，謝氏對《說文》原貌的探求，綜合運用了各種方法，可謂言簡而意賅。謝氏於文字學雖非大家，但亦有善可陳，不應埋沒。①

（三）林尚葵、李根

林尚葵，字朱臣，福建侯官（一說莆田）人。李根，字雲谷，福建侯官（一說晉江）人。從有限的資料可以推知，林、李二人同郡，為明末清初學者，皆精篆籀六書之學，有共同愛好，共著有《廣金石韻府》一書。此書乃根據明代朱時望的《金石韻府》增益而成，按四聲分部，共分為上平聲、下平聲、上聲、去聲、入聲五卷，每聲之下再按韻來收字：上平聲收 642 字，下平聲收 556 字，上聲收 563 字，去聲收 640 字，入聲收 500 字，全書合計收 2901 字。字頭用楷書，以黑色圓圈標明，大都有反切注音或直音。字頭下依據許慎《說文解字》列出小篆字形，再在其後描出古文之形，小篆和古文都用朱墨書寫古文皆注明出處，《廣金石韻府》來源於宋代《汗簡》《古文四聲韻》《歷代鐘鼎彝器款識法帖》諸書，是傳抄古文一系的著作，從初步整理的情況看，其書在古文字形資料的收集方面有一定貢獻，書中有關字形之下，作者注明“省文”“假借”等，說明他們對文字結構的省變和用字現象有所考察，值得進一步

---

① 陳近歡《〈說文大小徐本錄異〉研究》（碩士學位論文，福建師範大學，2013 年）對《錄異》作了比較全面的研究，可參看。

整理和研究。①

（四）林慶炳

林慶炳，字耀如，福建侯官（今福州）人，是清代愛國學者、詩人林昌彝之子，幼承家學，著有《說文字辨》《周易述聞》等。《說文字辨》書前所錄序文及評語，有一些是大宦名家所寫，如陳澧、沈葆楨等，可見其交遊甚廣。《說文字辨》的寫作緣由，林慶炳在《自敘》中說得很清楚。他說："因世之好古者多，欲書其字而莫得其源，每以殘篆之散見於字書者以為《說文》正字，或以己意杜撰，而摹篆作楷，反成破體。此徒於字形求之，不知於字義辨之也，然字形不正則字義亦不明，奚可以不辨哉。"可見這是一本根據《說文》辨析字形字義的著作。其做法是摹篆作楷，究心點畫，同時辨析正俗、古今、通假等問題。他的"摹篆作楷"，完全根據小篆的結構以楷書的筆畫進行轉寫，如"吏"作"叓"、"每"作"毒"、"折"作"斮"、"右"作"㕯"、"走"作"夰"、"前"作"歬"等。這實際上就是沿襲傳統"隸古定"的做法，可以稱為"楷古定"。②"隸（楷）古定"在存古方面有著積極的作用，特別是對於不識之字和結構奇特的文字，通過隸古定的方法予以保存，有利於進一步的研究，現在古文字學界還經常使用。而《說文字辨》的這種"隸（楷）古定"，所定的對象是《說文》的小篆，字皆認識，形已固定，再轉寫為怪異的形體，顯然沒有必要。當然作者的主要目的在於通過轉寫小篆的結構來與通行的字形作比較，在這個角度說，還有一定的意義。該書共對3310個篆體字形進行了楷化轉寫，並對其進行形、音、義等方面的分析。相當一部分的文字只作了簡單的對比，如"叓，今作吏"之類；有些字如果有細微的區別，也加以說明，如指出篆書之"王""中畫近上"，與通行的"王"字三橫等距不同；如果涉及古今字、異體字、假借字等問

---

① 參見林文華《清代金石學著作〈廣金石韻府〉研究》，《福建師範大學學報》2012年增刊。

② "隸古定"一詞首出於《尚書》孔序，其"隸"當指隸書。但是真正的隸古定古籍（如《尚書》）已不可見，敦煌等地發現的古本《尚書》，雖然號稱隸古定本，其實都是楷古定本。傳世的《穆天子傳》，李遇孫的《尚書隸古定釋文》也是如此。參見林志強《論傳抄古文的形態變化及相關問題》，《漢字研究》（第一輯），學苑出版社2005年版。

題，則參照字書韻書進行辨析。[①] 從這些辨析中可見作者的文字學水準，這方面的情況還需要進一步的研究。

（五）呂世宜

呂世宜（1784—1855），字可合，號西邨，晚年號不翁。出生于金門，長期在廈門居住，後入臺灣。呂氏好古嗜學，研究範圍涉及金石小學和書法，其書法在閩、台兩地有很高的聲望。其文字學著作《古今文字通釋》菽莊刊本收入《續修四庫全書》，正文共分十四卷，卷首有呂世宜自敘、林維源序、陳棨仁序。該書選擇4353字進行通釋，解說主要根據段玉裁《說文解字注》並進行增刪補正，對篆隸正俗之變、文字通假現象等有較多分析，若對段注有不同的意見，作者也作了具體的辯駁。作者根據典籍，補充了許多通假字、古今字、異體字的例證，又根據銅器銘文和碑刻材料對有關文字現象進行佐證。這些都說明《古今文字通釋》在文字學研究方面有一定的成績，值得肯定和闡揚。[②]

福建自宋代以降文化發達，學者著述豐富。文字學方面的著作，除上文所述之外，根據史籍和地方文獻，尚可找到不少，如明代福清林茂槐的《字學書考》，清代福州陳建侯的《說文撮要》，晉江陳棨仁的《閩中金石略》《說文叢義》等，他們共同豐富了閩籍學者文字學研究的成果，今後需要進一步地收集、整理和研究。

四

以上對閩籍學者的文字學研究情況作了概述，並不全面，今後還需要不斷補充。但通過以上的概述，我們可以發現，閩籍學者的文字學研究，也有一些共同的特點：第一，重視理論的探索和創新，如鄭樵的《六書略》，林義光的《六書通義》，都注重“六書”理論的重新解釋和建構，推動了文字學理論的不斷發展。第二，很重視古文字材料的運用，鄭樵很

---

① 參見徐福豔《〈說文字辨〉字形摹辨體例及得失》，《福建師範大學學報》2012年增刊。

② 參見林奎良《〈古今文字通釋〉研究》，碩士學位論文，福建師範大學，2012年。據王繼洪先生博文，可知2011年郭蓉蓉寫有同名碩士學位論文，但未能在知網上查見。

早就利用金文材料來研究文字的形義關係，有些解釋比《說文》的說法更符合造字本意；林義光更是通過全面的古文字資料來探明字源，研究本形本義；黃伯思、林尚葵、李根、呂世宜等也對銅器銘文和傳抄古文多所關注。第三，大家基本上都是圍繞著《說文》展開研究，都在傳統文字學的框架內探索漢字的奧秘。第四，有些學者之間，在學術上存在著傳承的關係，特別是林義光的研究與鄭樵的研究，有比較明顯的源流關係，這是區域性學術共同體應有的特點。我們把閩籍學者的文字學研究作為一個區域性案例來考察，不僅考慮空間上的共同點，也注意挖掘其學術研究的共性特點和學術傳承的密切關係。

科學學術史的建構，需要對重要學者的著作進行深入的研究，也需要對眾多一般學者的著作進行全面的解讀。閩籍學者的文字學研究，在全國範圍內，肯定不是最重要的，但也是有特點的，他們的著作是文字學研究的有機組成部分。如果把文字學研究的情況進行斷代的、分區域的全面整理，把大大小小的學者的研究都進行仔細的爬梳，那麼我們所建構的文字學史一定是全面、科學、可信的。

五

對閩籍學者的文字學研究，以往沒有專門的梳理。學界對鄭樵的研究，多集中在史學方面，從唐蘭先生開始，才對鄭樵的文字學有一個公允的評價。近年來在對宋元時期的文字學進行研究的課題中，學者們多有涉及，如黨懷興先生的《宋元明六書學研究》（中國社會科學出版社 2003 年）等，研究在不斷深入，同时也有博士學位論文對鄭樵“小學”成就進行總結，如薄守生先生有《鄭樵小學研究》（蘇州大學博士學位論文，2009 年）等，但把鄭樵放在閩籍學者的陣營裹進行研究，還少有成果，況且他的《六書略》等著作，還有不少內容可以繼續挖掘。林義光的《文源》一書，在研究本形本義及形義關係方面，其卓識新見，屢被學者徵引闡發，引用率頗高，然而從學術史的角度提及林義光之學術貢獻者殊為少見，對此書進行全面整理的更無一人，因而導致學界對林義光和《文源》還缺乏深入、準確的認識，甚至還存在一定的誤區。至於鄭、林之外的閩籍學者的文字學著作，則基本沒有學者進行研究。

有鑒於此，我們擬對閩籍學者的文字學著作進行整理和研究，推出《挖掘、整理閩籍文字學家著作及其研究叢書》，為學術史提供具體的案例。我們的選題得到了學術界的支持，先後獲得福建省高校服務海西建設重點項目、全國高等院校古籍整理研究工作委員會項目、國家社會科學基金項目和福建省社科研究基地重大項目的資助，在此表示衷心的感謝！本課題涉及的範圍比較大，需要整理和研究的著作有好幾部，課題組的成員經過努力，現已完成了大部分的初稿，今後將進一步修訂完善，逐步推出相關成果。擬將陸續出版的著作有：《〈文源〉評注》《林義光〈文源〉研究》《〈六書略〉〈金石略〉的整理和研究》《〈說文字辨十四卷〉的整理和研究》《〈廣金石韻府〉〈說文大小徐錄異〉的整理和研究》《〈古今文字通釋十四卷〉的整理和研究》等。由於我們的水平有限，这些成果一定存在疏漏錯誤，敬請大雅方家批評指正。

林志強

丙申仲春吉日於福建師大康堂

說　明

一、本書對《文源》卷一至卷十二進行逐條評注，就每條所涉的具體問題，或評林氏之得失，或注《文源》之未備，以期對《文源》有一個較為全面深入的理解。對書前之《撰書人啟》《文源・敘》《六書通義》《古音略說》《凡例》等部分則照錄並加上標點，只對個別問題加上腳注，不作全面評注。書後為附錄一《通檢》和附錄二《引用彝器異名箋》。《通檢》依照原來格式，但每字後的頁碼則重新編訂，以便使用，《通檢》後的《轉注兼形聲之字，初學有未能曉者，附於篇末》以及《引用彝器異名箋》則仍舊。

二、本書徵引古文字材料，盡量體現溯源的特點，引用最早出現的字形，如見於甲骨文者，則引甲骨文；甲骨文未見者，則用金文，林氏已引者從略，未引者補之；商周古文字皆未見者，則引戰國文字。引用文字材料以說明問題為準，不求全面。

三、本書引用古文字，甲骨文部分主要根據劉釗先生主編的《新甲骨文編》（福建人民出版社 2009 年），金文部分主要根據容庚先生的《金文編》（中華書局 1985 年），戰國文字部分主要根據湯餘惠先生主編的《戰國文字編》（福建人民出版社 2001 年），個別字形參用其他材料。所用古文字字形，多用寫字板進行摹寫，偶用剪貼，以準確清晰為準。

四、本書運用學術界的研究成果對《文源》進行評注，較多參考黃德寬先生主編的《古文字譜系疏證》（商務印書館 2007 年）、季旭昇先生的《說文新證》（福建人民出版社 2010 年）等，引用盡量在頁腳注明出處，個別問題參以己見。稱呼前輩時賢，行文中或省“先生”之稱，非為不敬也。

五、本書對《文源》原文增加新式標點。《文源》所引《說文》，多據段注本，與大徐本或異，甚或與各本皆有不同，其明顯者，在評注部分予以說明。

六、《文源》原文引金文字形，皆為林氏摹寫，本書用寫字板轉摹，盡量保持林氏所摹形狀，讀者若需核對，請參看《文源》影印本（中西書局 2012 年）。林氏所摹與原字相比，或有不準確之處，系明顯錯訛者，在評注部分予以說明。

七、古器命名，古今諸家多有歧異，本書原文悉依作者，不復改正，但在評注部分，則用今名。如舊時誤“簋”為“敦”，評注部分則用“簋”。

八、本書分析文字結構从某之“从”，林氏多作“从”，偶作“從”（林氏表達从某得聲時多用“從”），原文依舊，評注部分則統一作“从”；“鐘”，原文或又作“鍾”，評注統一為“鐘”。

撰書人啟

古書多依聲假借之字，不明古音，則古書不可讀。凡同聲母[①]之字，古必同音如宙妯紬笛軸,皆從由得聲,古音並當如由。故熟記一千餘字聲母之音，而古音可以盡曉。此書採録，爲聲母文字，都已畢具。其音讀與北京今音不同者，附以音注，所注之字，以北京今音讀之，皆合古音，惟侵、談、緝、葉四韻發音之末改爲閉口，如遠地不諳京音而能知西洋字母者，可用商務印書館《學生字典》以求今音。惟侵、談二韻發音之末改 n 爲 m，緝、葉二韻末加 p 音，ien 之音改爲 ian 而讀入寒韻。若並不知西洋字母，則從人受其讀法，由之以推求國音，亦數日之勞耳。

是書創始，未及博問通人。聖遠旨微，敢云洞究？徒陳憤悱，未知所裁。　大雅宏達，如賜翰教，祈由北京外交部編譯處轉致。[②]

---

① 從其所舉之例看，此處之所謂“聲母”，當指形聲字之聲符。

② 此《撰書人啟》，福建師範大學藏本有之，中西書局影印所據之本無。

敘

敘曰：昔倉頡觀獸迮[1]鳥跡之文，作書契以代結繩畫卦，歷世寖遠，兹益彌繁，然後文字臻於極備。班固稱古制書必同文，自書契以來，世運遞有升降，而世異文同，後人得以識古。是以文武之政，人存則舉；文武之道，賢不賢者識其小大，莫不有焉。五帝三王，中間雖更衰亂，治化常進而益隆。孔子曰："周監於二代，郁郁乎文哉，吾從周。"豈不以徵文而禮有可見，後之王者遂能損益而因革之也！周禮保氏教國子以六書，六書者造字之本，所以維文字，使萬世可識。周宣王世《史籀篇》與古文或異，而孔子書六經皆以古文，及戰國諸侯去王室之典籍，秦燔經書，古文由此遂絕。漢世尉律試學童，僅以秦書八體。及尉律不課，小學不修，則變亂常行，鄉壁虛造不可知之書者競起矣。許君叔重，懼學絕道喪，作《說文解字》以述六書。蓋古世於書，不知則闕，問諸故老，今則壹以許氏爲歸，秦漢以來，文字遂以不墜。雖古文中絕，賴秦書存其近似，而世猶知有周孔之書也。故論者或推尊許氏，謂功不在禹下，豈不信歟！顧許氏敘篆文，合古籀，而所取古文由壁中書及郡國所得鼎彝。時未有槧書之業、拓墨之術，壁經彝器傳習蓋寡，即許君覩記，亦不能無失其真，故於古籀造字之原，多闕不論，但就秦篆立說，而遂多不可通。既譏俗儒鄙夫以秦之隸書爲倉頡時書，乃猥曰馬頭人爲長、人持十爲斗，而自爲書亦適

---

① "迮"當為"迒"之誤。《說文·敘》："黄帝之史倉頡，見鳥獸蹏迒之跡，知分理之可相別異也，初造書契。"《說文·辵部》："迒，獸跡也。"顏之推《顏氏家訓·名實》："夫神滅形消，遺聲餘價，亦猶蟬殼蛇皮，獸迒鳥跡耳。"曾國藩《致劉孟容書》："古聖觀天地之文、獸迒鳥跡而作書契。"

以周官之六書，說省改之小篆，庸渠[①]愈乎！

余好古，幸其生之晚，值茲寶器咸覿、文學繼絕之時，爰就拓本所傳，去僞存真，參互挍覈。自宋以來，考釋多謬，抉其理證，不敢雷同。觀爻象之變，掇采遺文，以定文字之本形；審六書，窺制作之源，以定文字之本義。然後古文可復，先聖述作之意曉然可知，文化之盛庶以不泯也。

余既致力於是，其辨正彝器釋文及訓釋諸經，以積稾繁多，不易寫定，乃作《文源》以發其凡。金刻不備之文，仍取足於小篆，“馬頭”“屈中”之誚，固亦不免也。庶有君子，理董斯業。非復有取於後得之鼎彝，曷由哉！

民國九年九月閩縣林義光

① “庸渠”同“庸詎”，何以。《莊子·齊物論》：“庸詎知吾所謂知之非不知耶？庸詎知吾所謂不知之非知耶？”

六書通義

古以制字爲帝王之事，神仙之術，故崔瑗、曹植、蔡邕、索靖，皆以倉頡爲古之王者，而《淮南·本經》至謂“倉頡作書，天雨粟而鬼夜哭”。漢人稱秦之隸書爲倉頡時書，云“父子相傳，何得改易”。王嬰《古今通議》曰：“倉頡造書，形立謂之文，聲具謂之字。”《意林》五所引是謂文字皆倉頡作，非後人所得增損矣。夫智者創物，巧者述之。倉頡知以書契更結繩，而宇宙事物，必非倉頡書契所得賅，有不備者，隨事遞增，新字之作，至今猶未絕也。蓋文字者以濟語言之窮，故作新字，必使其意不待說而明，由是六書生焉。六書者，使字義傳於字形，不待口舌辭說，而行於異地異世者也。

一曰象形。象形者，畫成其物，隨體詰詘，日月是也。今條分其類：如日、月、人、馬，畫成全物者，謂之全體象形；鬚、眉、酒、血，兼象旁物者，謂之連延象形；回、周、曲、伸，詰詘成象者，謂之分理象形；夭、夨、憂、慶、丏、兆、牟、芈，以全體象形惟標物象者，謂之表象象形；夾、並、㝵、秉、旦、莫、明、屚，以諸形參兩布列成一物象者，謂之骰列象形。

二曰指事。指事者，視而可識，察而見意，上下是也。上、下、寸、尺、喬、耴、[1] 甾，由象形別加表飾者，謂之表象指事；一、二、晶、惢、圉、官、學、國，積文字以見意者，謂之骰列指

---

① 按，“耴”音 zhé，或隸定爲“耶”。《說文·耳部》云：“耴，耳垂也。从耳下垂，象形。《春秋傳》曰：‘秦公子輒者，其耳下垂，故以爲名。’”王筠《句讀》：“从耳而引長之，以象其垂也。”此字《說文》作“耴”，侯馬盟書作“耴”，此處作“耴”，稍異。

事；乏乏、𠫓云、个個、片片，取反文或半體爲形者，謂之形變指事。表象指事之異於表象象形者，象形若見之从目，吳之从口，巛之从一，重之从∧∧，皆形體中所自有；指事若刃之从丶，印之从乛，則由虛設而成。殽列指事之異於殽列象形者，象形之殽列，積數形而仍成一形，指事之殽列，徒取見意，於形體固無當也。

三曰會意。會意者，比事合誼，以見指撝，武信是也。止戈爲武，人言爲信，取其詞義連屬，非復對搆其形。故二人相隨爲從从，豕在口圂中爲圂，乃象形，非會意也。口木爲束，𠬛目為䀠，雖亦連文，因其隨體象形，要非會意。又會意者，詞義比合，無假增字繫聯，故𠂤在宀下爲官，口地而以戈守之爲國，可謂之指事，不可謂之會意也。

四曰形聲。形聲者，以事爲名，取譬相成，江河是也。以事爲名，謂以事物著於文字，江河之聲，譬諸工可，是取同類以成之也。形聲之字常與他事相兼，江河从水，此以轉注兼形聲；今聲之禽，止聲之齒，此以象形兼形聲；白聲之碧，虍聲之虜，此以會意兼形聲。凡造字以轉注兼形聲爲最簡易，後出之字多屬之。《說文》九千，獨此類字什居八九，學者但目爲形聲，而轉注之謬解遂不可究詰矣。形聲之不能無所兼者，以取聲他文，不復成爲新字故也。然駢列二聲，則不害其爲新字，故有二重形聲。自許氏以來，不達斯恉，而𩐋、異、牾、閔、靜、㱾、䞈、荊等字之說解，皆扞格鮮通矣。

五曰轉注。轉注者，建類一首，同意相受，考老是也。意有同類，建一以爲首，後出之字受形焉，謂之轉注。猶考老同意，而考受形於老也。轉注不能無所兼，而兼形聲者獨多，考从老省，江河从水之類是也；蜀从虫，肩脊从肉，此以轉注兼象形；晳从日，筋从竹，此以轉注兼會意。戴氏震以《說文》“老、考也”，“考，老也”，故謂互訓爲轉注。夫六書皆造字之本，若數字同訓，此訓詁之事，非字例之條也。且互訓除考老而外，雖同意相受而無建類一首，其說實不可通。許氏瀚、江氏聲以《說文》“凡某之屬皆从某”謂之轉注，雖近是而未覈。許書據形系聯，故其分部有類轉注之建首，然才、久、甲、亥諸部，惟列一文，則無由爲轉注，而屮部之屯、牛部之牽爲象形，上部之下、正部之乏爲指事，八部之必、言部之信爲會意，一部之中亦不皆轉注也。蓋轉注者，不外取同類之意，附注其形，如謂分立部首以制轉注之字，則惑矣。

六曰假借。假借者，本無其字，依聲託事，令長是也。文字之出，後於音聲。凡事物未制字者，先有聲矣。借同音之字以彰之，使讀者如聞其語，雖不制字，其效則同。故假借者，單純形聲也。假借之義，或與本義相關：漢制，縣有令、長，不別制字，借號令之令、生長之長爲之；又如來，瑞麥也，瑞麥如天所來，故以爲行來之來；韋，相背也，皮革柔韏，因謂皮爲韋——其借義即本義之引伸。然壹壺之壹，借爲專壹；蜥易之易，借爲難易——不關於本義者，其例尤夥。蓋文字孳乳，轉注兼形聲，大抵後出。至於干支四方之名、六七八九百千萬億之數、朕我爾汝之稱、國邑之號、語助之詞，用象形、指事、會意，終不得成文，其他亦有艱於造字者，此所以無本字而每用假借也。又有方音譌變，不能復用本字，則假借以興。如凶爲胸之本字見“凶”字條，音轉如膺，則借雍隼字爲之膺受之膺，金文皆作“雍”，形聲之膺，乃後出字，久音轉如舊，則借舊鷗字爲之久古音杞，與“舊”雙聲。或先用假借而本字後出，諸彝器多以隹爲唯、以才爲在、以白爲伯、以中爲仲、以且爲祖者，其始必未有本字，及舊貫既成，則雖有後出本字，或尚以借字並行，或改用本字，而古書不可復變，學者每以假借者有本字而輒借用他字，或以經典通假與六書假借判爲二事，其謬由此而生也。夫《說文》一書，多取後世文字，古書傳寫，各有沿襲，故不能盡合《說文》，而朱駿聲著書，凡經典所用假借，悉於《說文》求其本字。苟有本字，何須假借，斯其蔽矣。至於既有本字而偶用假借者，則流俗之陋，不盡根柢六書，雖重器高文，時亦不免此弊。如邾公華鐘以媚壽爲眉壽，陳侯因資敦以簭嘗爲𦒐嘗，其本字之先出，固甚明也。然經傳所用有本字之假借充塞簡編者，亦別有故：借義或爲常語，則本義反爲所奪，而借他字爲本義。如以又爲再，而左右之又，借右助字爲之；以己爲我，而紀識之己，借綱紀字爲之，是也。古文尚簡，而隸體貴密，故形簡不便隸書者，或借用繁重之字，如借左爲𠂇、借氣爲气、借仁爲人、借前爲歬，是也。字體謬譌，世人莫知其由，或誤爲假借，如無本訓爲繁蕪，古文作[illegible]叔家父匡，或作[illegible]靜敦、作[illegible]伊[illegible]彝，則形與廡近。《洪範》“庶草蕃廡”，遂譌爲廡。此世俗所謂假借而實非假借也又有舍常用之借字而借用他字者，世俗或誤爲有本字，如以又爲再，乃借字非本字也，而或以有爲又者，特所借之字不同耳。又“烝民乃粒”，似乎借粒爲立，然乃立之立與坐立之立異義，實亦無本字也。要之，有本字不得借用他字，其理易明，不寤乎此，則言假借者，類於譸張而使學者滋惑，宋儒病之。悉依所借之字傅會立說，則古經多失其解矣。

許氏敘《說文》，述字體嬗變之原，視漢世謂倉頡盡造天下之書者，其識誠以超絕矣。顧其說解字形，不能盡厭人意，推其所蔽，尚有數端：夫制作文字，非能口講而傳之、注說以出之，故其眇合六書，必使理解昭著，否則其字將不爲人所識，而無由流傳至今也。許君說字，或斷以名理，而曰一貫三爲王，推十合一爲士，无通於元，虛無道也，亥从二人，一人男一人女也；或雜以陰陽，而云陰變於六、正於八，則六从入八，火死於戌，陽氣至戌而盡，則威从火戌。幾不辨爲何語，不知覽者，何自而明?① 又如說禿字从禾，則謂倉頡見禿人伏禾中，因出制字；利字从禾，晉字从日，引《易》"利者義之和也"及"明出地上晉也"以實之，皆其意不顯者也。巫从[illegible]，象兩袖舞形；不从[illegible]，象鳥飛上翔不下來之形；哭之从犬爲獄省，監之从血爲衉省，耿之从火爲烓省，此其形不顯者也。字體改變，其大者至於奇詭莫辨，其細者豈能無毫末之殊，諸彝器所見異文多矣，許書乃以一畫小異，而謂大爲古文大，大爲籀文大，卤爲古文西，𠧧爲籀文西，諸彝器允字作[illegible]、作[illegible]，夌字作[illegible]、作[illegible]，丮字作[illegible]、作[illegible]，而㤅與夒、𢝊與憂，許書強析爲二，以夒爲"行皃"，以憂爲"和之行"，皆經訓所未聞。象形字詰詘翩反，本無二致，諸彝器之反文可證也，而別稱倒口爲三合見"亼"字條，反人爲相匕"艮"字下，人之宛轉爲符節見"人"字條。至於時俗異文，有增益轉注形聲以爲或體者，其在金文，則如或之作國、兄之作貹，許書乃多所別異，如巤與鬣，同爲毛髮，永與羕，皆訓水長，而不以爲同字，類皆求密而反疏也。造字之初，於蹏迒取象，其後則亦任臆成形，故繁複之字，其偏旁不必皆成獨體，如燕从火而象尾，果从田而象實，兒从臼而象頭。偏旁之與獨體，有迴殊者矣，而多剖析偏旁，附以音義，鬼頭爲甶，彖頭爲彑，羊角爲丫，甚至點引鉤識，皆名以文字，既不見於他書，實亦無所用之。而豊之从𧯛，殸之从声，許亦不能悉釐爲正字也。又有因說解難通，而輒更故訓，畟从田，則訓爲治稼，義从我，則訓爲己之威儀，魯但爲鈍，以从白而謂之鈍詞，顯但爲明，以从頁而謂之頭明飾，難之从鳥，私穆之从禾，不得其說，而以難爲鳥名，私與穆爲禾名，不信無徵，而欲爲典要，難矣。古篆放失之餘，是非無正，乃有以漢

---

① "眀"同"明"，《正字通》："眀，田藝衡曰：'古皆从日月作明，漢乃从目作眀。'"

隸爲舊文者，如兵隸變作兵孔宙碑而謂古文作𠊻，[①] 捧古作𢪔師嫠敦，隸變爲拜，而謂篆或作𢪔，[②] 他如㬰之作麃，晦之作畝，罙之作㮌，因隸制篆，其謬顯然。凡此之類，皆不合文字嬗降之塗，與六書相剌謬，雖在前哲，不能曲爲之諱也。今述六書，凡許說所未安，必準之於理，反之於心，以求其是，或可以骫曲求通，雖別爲之解，亦不能遽信者，則不復巧創異說，以取紛呶。蓋許書歷世傳習，久爲學者所宗，非不得已，不敢奮其私肊。世有勇於變古者，或改更焉。

① 大徐本《說文·廾部》“兵”字古文作𠊻，小異。

② 按《說文·手部》：“𢷎，首至地也，从手𠦬，𠦬音忽。𢪔，楊雄說拜从兩手下。”林氏所摹之𢪔，當爲𢪔字之右下部移爲全字之下而成。

古音略說

漢以前之音，謂之古音。古音雖有方俗時代之異，至其通例，略有可尋。

定古同音之法五：

以聲母定同音。如翕從合聲，故音如合，而翕可爲合；唯從隹聲，故音如隹，而隹可爲唯；泰從大聲，達從羍聲，羍又從大聲，故泰達同音，《說文》云“泰，滑也”，又云“屮，滑也”，引《詩》曰：“屮兮達兮”，是達亦可爲泰也。

以諸書異文定同音。如《易》“箕子之明夷”，劉向所見本作“荄滋”，是“箕”與“荄”、“子”與“滋”，古同音也。《左傳》有“顏涿聚”，《說苑》作“燭**趨**”,① 《晏子春秋》作“燭鄒”，《古今人表》作“燭雛”，是“涿”與“燭”，“聚”與“趨”“鄒”“雛”，古同音也。

以聲訓定同音。如坎，陷也；兌，說也；畜君者，好君也；助者，藉也；序者，射也。是坎與陷、兌與說、畜與好、助與藉、序與射，古同音也。

以《說文》重文定同音。如然或作難、② 磬或作硜，是然與難、磬與硜，古同音也。

以《說文》聲讀定同音。如賛讀若回、㚅讀若虙，是賛與回、㚅與

---

① 按“**趨**”即“趨”字異寫，以下徑作“趨”。

② 按《說文·火部》“然”字重文爲“蘸”，徐鉉指出《艸部》有此字，義爲草，此重出。《集韻·僊韻》指出“然”的古字爲“難”。從文字的形義關係考慮，“然”的或體作“難”是合理的。

慮，古同音也。

定古雙聲之法二：

以一語之轉定雙聲。如《說文》“莙”讀若“威”、《詩》“訊予不顧”，王逸引“訊”作“誶”，《漢書》“呼服”與“呼譽”同義，是“莙”與“威”、“訊”與“誶”，“服”與“譽”，古雙聲也。

以連語定雙聲。如參差、蒲伏、冘豫、[1] 謑詬，皆雙聲連語，是參與差、蒲與伏、冘與豫、謑與詬，古雙聲也。

定古疊韻之法二：

以古書有韻之文定疊韻。如《詩》以“隰有荷華”與“山有扶蘇”爲韻、“黍稷方華”與“雨雪載塗”爲韻，是華古音虖也；“寤寐無爲”與“傷如之何”爲韻，“尚無爲”與“雉離于羅”爲韻，是爲古音吪也。

以連語定疊韻。如委靡、迆靡、靡徙，皆疊韻連語，靡本音摩，是委音倭、迆音陀、徙音瑣也。

以茲法求古音，大體畫一者，即其本音，小有出入者，則爲通轉。世異言雜，不可一概斠量。大抵剖析愈密，而牴牾亦愈甚，如三百篇用韻，四聲亦頗以類相從，而錯迕者多，則不言四聲爲勝。韻有歌麻，紐有輕唇重唇、有舌頭舌上、有齒頭正齒，本易混淆，於古尤多不別，則併爲一部，始得其原。至於通轉有定例，本音有常居，舉其大綱，弗能紊也。

韻十八 圖中內爲陰聲，外爲陽聲。緝葉二韻，本爲陰聲，自古與陽聲之侵談同用，故附於陽聲之下。臻（讀爲秦）青侵三韻、寒陽談三韻、文東二韻，方音或相混，然其所收之音，顯有區別。臻文寒皆收抵齶音，青蒸陽東皆收穿鼻音，侵談皆收閉口音。

諸韻通轉

之蒸對轉：如凝$_{\text{蒸}}$從疑$_{\text{之}}$聲，《詩》“去其螟螣”$_{\text{蒸}}$，《說文》作“螟蟘”$_{\text{之}}$。寺聲之等、㠯聲之能$_{\text{並之韻}}$，今讀入蒸韻，是也。

蟹青對轉：如《周禮·巾車》“駹車犬䄙”$_{\text{青}}$，《說文》作“犬幦”$_{\text{蟹}}$，《禮記》：“君子頃$_{\text{青}}$步而弗敢忘孝也。”注：頃當爲跬$_{\text{蟹}}$，是也。

微臻對轉：如《說文》屖$_{\text{微}}$從辛$_{\text{臻}}$聲，覭$_{\text{臻}}$讀若迷$_{\text{微}}$，蚍$_{\text{微}}$古文作蠙$_{\text{臻}}$，臻$_{\text{臻}}$與至$_{\text{微}}$同訓，《詩》“訊$_{\text{臻}}$予不顧”，王逸引“訊”作“誶”$_{\text{微}}$，是也。

---

① 按“冘豫”通作“猶豫”。《集韻·尤韻》：“冘，冘豫，不定。通作‘猶’。”

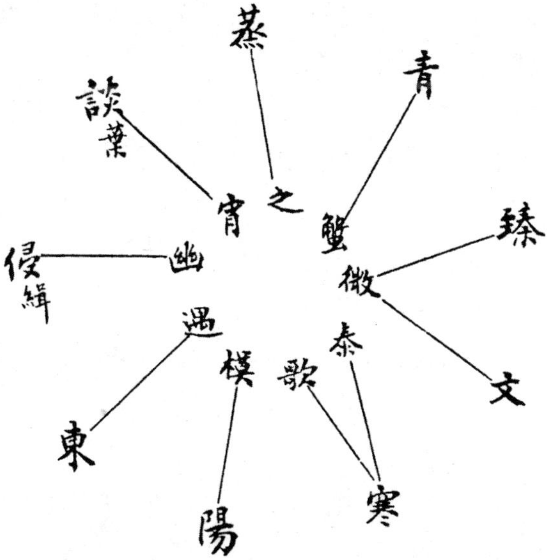

微文對轉：如《說文》莙文讀若威微，㕵文或作棲微，蓶微或作蘱文，《詩》“其祁微孔有”，箋讀祁為麎文，是也。

泰寒對轉：如《說文》憲寒從害泰聲，瓘寒從睿泰聲，櫱寒或作櫱泰，《詩》以“維秀桀桀泰”與“勞心怛怛”寒為韻，是也。

歌寒對轉：如祼歌訓為灌寒，《書·大誥》“民獻寒”《大傳》作“民儀歌”，《禹貢》“熒波歌既豬”，馬、鄭、王本並作“熒播寒”，儺、鼉並寒韻，今讀入歌韻，是也。

模陽對轉：如諸書無模或作亡陽，迎陽或作逆模，胥模與相陽、甫模與方陽、且模與將陽，皆同訓，是也。

遇東對轉：如冢東從豖遇聲，容東從谷遇聲，叢東從取遇聲，竦東從束遇聲，講、顒並遇韻，今讀入東韻，是也。

幽侵緝對轉：如《儀禮》“中月而禫侵”，古文禫為導幽，諸書猶幽豫或作冘侵豫、淫侵與，《詩》“是用不集緝”，《韓詩》集作就幽，是也。

宵談葉對轉：如《說文》訬宵讀若毚談，《禮記》“日月星辰所瞻談仰也”，漢《華山碑》作昭宵，《方言》：“臿葉謂之斛宵，又謂之喿宵”，是也。

之蟹旁轉：如《說文》弭之或作兒蟹，《詩》以“楀維師氏蟹”與“聚子內史之”為韻，《荀子》“寶珍隨珠不知佩蟹”，佩當為佩之，是也。

之微旁轉：如《說文》暱之或作昵微，肊微或作臆之，鯽之或作鯽微，闥之或作闥微，《詩》以“靡所止疑之”與“國步滅資微”① 為韻，“築城伊減之”與“作豐伊匹微”為韻，是也。

之模旁轉：如《詩》“周原膴膴模”，《韓詩》作“腜腜之”，丘之虛模同訓，《漢書》“丘之嫂”，《史記》作“巨模嫂”，是也。

之遇旁轉：如《詩》“鄂不之韡韡”，箋云：“不當作柎遇。”《釋名》以“九丘之”為“九區遇”。《漢書》之“丘之蓋”，即《荀子》之“區遇蓋”。《詩》以“禦侮之”與“奔奏遇”為韻，是也。

之幽旁轉：如《說文》㲻之或作誘幽，柩之或作匶幽，《詩》“外禦其務幽”，以務為侮之，“載弁俅俅幽”與“絲衣其紑之”為韻，“黍稷重穋幽”與“禾麻菽麥之”為韻，是也。

之宵旁轉：如《詩》“儦儦宵俟俟”，《韓詩》作“駓駓之騃騃”，《漢書·田蚡傳》“呼服之”與《東方朔傳》“呼謈宵”同義，是也。

蟹微旁轉：如《說文》搹蟹或作扼微，謑微或作謨蟹，《詩》“樂只蟹君子”，《左傳》引作“樂旨微”，《周禮》以示微為祇蟹，諸書以實微寔蟹通用，是也。

蟹泰旁轉：如《檀弓》“吉事欲其折折泰爾”，鄭讀“折折”為“提提蟹”，《周禮》“哲泰蔟氏”，鄭司農讀哲為擿蟹，《大戴禮記》“楔而舍之，朽木不知蟹”，《荀子》知作折泰，是也。

蟹歌旁轉：如《說文》輗蟹或作輨歌，芰蟹或作茤歌，《詩》“我心易蟹也”，《釋文》“易亦作施歌”，是也。

蟹模旁轉：如《說文》鶂蟹或作鷁模，迹模或作速蟹，狄蟹從亦模省聲，是也。

蟹宵旁轉：如諸書戎狄蟹或作戎翟宵，蠡蟹蛸或作螵宵蛸，是也。

微泰旁轉：如《說文》跀泰或作跀微，帥微或作帨泰，《禮記》“志微噍殺泰”，《史記》作“焦衰微”，《漢書》作“瘷瘁微”，是也。

微歌旁轉：如《詩》“彼歌交匪敖”，《左傳》引作“匪微交”，《月令》“掩骼埋骴微”，《呂覽》骴作髊歌，萎蕤微疊韻，委蛇歌亦疊韻，是也。

---

① “微”原本抄漏，補。

微模旁轉：如《洪範》"曰驛$_{\text{模}}$"，《史記》作"曰涕$_{\text{微}}$"，是也。

微幽旁轉：如《詩》"烝在栗$_{\text{微}}$薪"，《釋文》："栗亦作蓼$_{\text{幽}}$"，"追$_{\text{微}}$琢其章"，《傳》訓追為彫$_{\text{幽}}$，《史記》"九$_{\text{幽}}$侯"，徐廣云："一作鬼$_{\text{微}}$侯"，是也。

微宵旁轉：如《史記》"陳利兵而誰$_{\text{微}}$何"，"誰何"即"譙$_{\text{宵}}$呵"，《荀子》"利爵之不醮$_{\text{宵}}$也"，《大戴禮記》醮作卒$_{\text{微}}$，是也。

泰歌旁轉：如曷$_{\text{泰}}$與何$_{\text{歌}}$同訓，揭$_{\text{泰}}$與何$_{\text{歌}}$同訓，舟尾為杕$_{\text{泰}}$，字亦作柁$_{\text{歌}}$，是也。

泰模旁轉：如越$_{\text{泰}}$與于$_{\text{模}}$同訓，諸彝器粵$_{\text{泰}}$作雩$_{\text{模}}$，是也。

泰遇旁轉：如梁上短柱為棳$_{\text{泰}}$儒，《釋名》以為猶侏$_{\text{遇}}$儒，《廣雅》訓游$_{\text{遇}}$為筏$_{\text{泰}}$，《楚辭》"乘氾泭$_{\text{遇}}$以下流"，注："楚人曰泭，秦人曰撥$_{\text{泰}}$。"是也。

泰宵旁轉：如叏$_{\text{宵}}$與泰$_{\text{泰}}$同訓為滑，傲$_{\text{宵}}$與桀$_{\text{泰}}$、癆$_{\text{宵}}$與瘌$_{\text{泰}}$、杪$_{\text{宵}}$與末$_{\text{泰}}$，皆同訓。眊$_{\text{宵}}$為目少精，眇$_{\text{宵}}$為一目少，蔑$_{\text{泰}}$為勞目無精，亦同訓，是也。

歌模旁轉：如《說文》駕$_{\text{歌}}$或作⿰牛各$_{\text{模}}$，胡$_{\text{模}}$與何$_{\text{歌}}$諸書同訓，《史記》《漢書》以"戲$_{\text{模}}$下"為"麾$_{\text{歌}}$下"，是也。

歌遇旁轉：如《爾雅》果贏$_{\text{歌}}$之實栝樓$_{\text{遇}}$，《詩》"其麗$_{\text{歌}}$不億"，麗訓為數$_{\text{遇}}$，是也。

歌幽旁轉：如《說文》囮$_{\text{歌}}$或作圝$_{\text{幽}}$，是也。

歌宵旁轉：如《爾雅》訓宜$_{\text{歌}}$為肴$_{\text{宵}}$，瑣$_{\text{歌}}$訓為小$_{\text{宵}}$，字亦作璅$_{\text{宵}}$，是也。

模遇旁轉：如傅$_{\text{模}}$與附$_{\text{遇}}$同訓，鸒$_{\text{模}}$鵨，《說文》作"鵅$_{\text{遇}}$鵨"，是也。

模幽旁轉：如《詩·民勞》篇以"以謹惛怓$_{\text{模}}$"與休、逑、憂$_{\text{並幽韻}}$為韻，《禹貢》"渠$_{\text{模}}$搜$_{\text{幽}}$"，《左傳》"姑$_{\text{模}}$蕕$_{\text{幽}}$""州$_{\text{幽}}$吁$_{\text{模}}$"，《爾雅》"鼁$_{\text{模}}$䵹$_{\text{幽}}$"皆疊韻，是也。

模宵旁轉：如枯$_{\text{模}}$槁$_{\text{宵}}$同訓，《漢書·宣帝紀》"薄$_{\text{模}}$室嗇夫"，注："薄亦暴$_{\text{宵}}$也。"是也。

遇幽旁轉：如《說文》留$_{\text{幽}}$或作嬃$_{\text{遇}}$，《詩》"或舂或揄$_{\text{遇}}$"，《說文》作"或舀$_{\text{幽}}$"，《漢書·趙充國傳》："兵難隃$_{\text{遇}}$度"，以隃為遙$_{\text{幽}}$，是也。

遇宵旁轉：如《說文》橾宵讀若藪遇，《詩》“我馬維駒遇”，《釋文》：“駒本作驕宵。”是也。

幽宵旁轉：如不弔宵與不淑幽通用，《詩》“素衣朱繡幽”，《魯詩》繡作綃宵，“其鎛斯趙宵”，《攷工記》注引趙作⿰扌周幽，窈幽窕宵、消宵搖幽皆疊韻，《詩》以“四月秀葽宵”與“五月鳴蜩幽”為韻，是也。

蒸臻旁轉：如《說文》蔆蒸或作⿱艹遴臻，《詩》“溱臻與洧”，《說文》溱作潧蒸，是也。

蒸陽旁轉：如強陽從弘蒸聲，曾蒸與嘗陽同訓，是也。

蒸東旁轉：如《說文》营東或作芎蒸，《詩》“在彼空東谷”，《韓詩》作“穹蒸谷”，是也。

蒸侵旁轉：如《說文》鳳侵古文作朋蒸，《禮記》戴勝蒸，《爾雅》為戴鵀侵，《詩》以“秩秩德音侵”與“載寢載興蒸”為韻，是也。

蒸談旁轉：如喪葬下土為窆談，《說文》作堋蒸，是也。

青臻旁轉：如《說文》趂臻讀若煢青，諸彝器以霝青終為令臻終，《詩》“菁菁青者莪”，《文選》注引菁作蓁臻，是也。

青文旁轉：如《詩》以“巧笑倩青兮”與“美目盼文兮”為韻，是也。

青寒旁轉：如《詩》“子之還寒兮”，《齊詩》還作營青，“有踐寒家室”，《韓詩》踐作靜青，“俔寒天之妹”，《韓詩》俔作磬青，《書》“苗民弗用靈青”，《墨子》靈作練寒，是也。

青陽旁轉：如並陽與併青同訓，《爾雅》訓丁青為當陽，是也。

臻文旁轉：如《說文》蟁臻或作蚊文，訊臻或作⿰言西文，《詩》“詵詵文兮”，《說文》作⿰多辛⿰多辛臻，《周禮·大司馬》鄭司農注“五歲為慎臻”，康成讀慎為麎文，是也。

臻寒旁轉：如《說文》訓釆寒為辨臻，《詩》“于嗟洵臻兮”，《韓詩》洵作夐寒，是也。

臻陽旁轉：如民臻為萌陽之古文，音轉為萌，亦轉為氓陽，是也。

文寒旁轉：如《說文》琨文或作瑻寒，觶寒或作⿰角辰文，諸書薦寒與荐文通用，是也。

文侵旁轉：如《詩》殿文屎，《說文》作唸侵吚，是也。

寒陽旁轉：如《說文》袢$_{\text{寒}}$讀若普$_{\text{陽}}$，磺$_{\text{陽}}$古文作卝$_{\text{寒}}$，是也。

寒東旁轉：如《說文》鏦$_{\text{東}}$或作錄$_{\text{寒}}$，曈$_{\text{東}}$今讀入寒韻，諸彝器以緟$_{\text{東}}$為纘$_{\text{寒}}$，是也。

寒談旁轉：如《詩》“受福不那$_{\text{談}}$”，《說文》那作儺$_{\text{寒}}$，《史記》“斬$_{\text{談}}$華為城”，徐廣云“斬一作踐$_{\text{寒}}$”，是也。

陽東旁轉：如《詩·烈文》篇以“繼序其皇$_{\text{陽}}$之”與邦、崇、功$_{\text{並東韻}}$為韻，《老子》以“五音令人耳聾$_{\text{東}}$”與盲、爽、狂$_{\text{並陽韻}}$為韻，是也。

陽侵旁轉：如《釋名》謂“青徐言風$_{\text{侵}}$如放$_{\text{陽}}$”，《易》“朋盍簪$_{\text{侵}}$”，馬本作“盍臧$_{\text{陽}}$”，是也。

陽談旁轉：如《詩》以“民人所瞻$_{\text{談}}$”與“考慎其相$_{\text{陽}}$”為韻，漢《校官碑》作“所彰$_{\text{陽}}$”，是也。

東侵旁轉：如《爾雅》“戎$_{\text{東}}$菽謂之荏$_{\text{侵}}$菽”，《詩》“與爾臨$_{\text{侵}}$衝”，《韓詩》臨作隆$_{\text{東}}$，“林$_{\text{侵}}$慮”即《漢書·地理志》之“隆$_{\text{東}}$慮”，是也。

東談旁轉：如《洛誥》“始餤餤$_{\text{談}}$”，《漢書·梅福傳》作“庸庸$_{\text{東}}$”，蜂$_{\text{東}}$音轉為范$_{\text{談}}$，是也。

侵談旁轉：如《說文》函$_{\text{談}}$或作肣$_{\text{侵}}$，《詩》“摻摻$_{\text{侵}}$女手”，《說文》作“攕攕$_{\text{談}}$”，“碩大且儼$_{\text{談}}$”，《說文》作“且嬒$_{\text{侵}}$”，是也。

之臻次對轉：如《說文》䀿$_{\text{之}}$讀若迅$_{\text{臻}}$，囟$_{\text{臻}}$或作膟$_{\text{之}}$，是也。

之東次對轉：如茸$_{\text{東}}$從耳$_{\text{之}}$聲，《說文》艐$_{\text{東}}$讀若莘$_{\text{之}}$，《方言》“冢$_{\text{東}}$，秦晉之間謂之埰$_{\text{之}}$”，《公羊傳》“宰$_{\text{之}}$上之木拱矣”，以宰為冢，是也。

之侵緝次對轉：如急$_{\text{緝}}$與亟$_{\text{之}}$同訓，“翌$_{\text{緝}}$日”或作“翼$_{\text{之}}$日”，《易》“朋盍簪$_{\text{侵}}$”，虞本作“盍戠$_{\text{之}}$”，是也。

蟹臻次對轉：如《說文》睼$_{\text{蟹}}$讀若瑱$_{\text{臻}}$，頻$_{\text{臻}}$蹙或作顰$_{\text{蟹}}$蹙，是也。

蟹寒次對轉：如《說文》觶$_{\text{寒}}$或作觗$_{\text{蟹}}$，《禹貢》“析$_{\text{蟹}}$支”，《史記》作“鮮$_{\text{寒}}$支”，益聲之鬻$_{\text{蟹}}$，讀為涓$_{\text{寒}}$、為捐$_{\text{寒}}$，是也。

微寒次對轉：如《說文》兀$_{\text{微}}$讀若敻$_{\text{寒}}$，瓊$_{\text{寒}}$或作璚$_{\text{微}}$，今文《尚書》“其罰百率$_{\text{微}}$”，古文率作鍰$_{\text{寒}}$，是也。

微侵緝次對轉：如古文以立$_{\text{緝}}$為位$_{\text{微}}$，以入$_{\text{緝}}$與內$_{\text{微}}$通用，是也。

微蒸次對轉：如《爾雅》訓凌$_{\text{蒸}}$為慄$_{\text{微}}$，四$_{\text{微}}$音轉為乘$_{\text{蒸}}$，是也。

微青次對轉：如《詩》“秩秩$_{\text{微}}$大猶”，《說文》作“戥戥$_{\text{青}}$”，《堯典》“平秩微”，《史記》作“便程青”，是也。

泰陽次對轉：如“對揚陽”與“對越泰”同訓，是也。

泰談葉次對轉：如盍葉訓為蓋泰，《說文》㓹談為古文銳泰，諸彝器以枼葉為世泰，瀎葉為廢泰，巤葉為列泰，是也。

泰臻次對轉：如《周禮》“聽稱責以傅別泰”，故書別作辨臻，是也。

模談葉次對轉：如《說文》扈模古文作屺談，楛模讀若芠談，是也。

模寒次對轉：如《詩》“無然畔援寒”，《箋》訓為跋扈模，《爾雅》“單閼模”或作“蟬焉寒”，是也。

遇寒次對轉：如《說文》短寒從豆遇聲，需遇與耎寒偏旁多相亂，《釋名》訓襦為煗，是也。

幽文次對轉：如《說文》媼文讀若奧幽，《周禮·司几筵》“每敦文一几”，注：“敦讀曰燾幽”，是也。

幽寒次對轉：如《說文》曼寒從冒幽聲，奧幽訓為宛寒，《荀子》“夏不宛寒暍”，宛訓為燠幽，是也。

幽東次對轉：如《詩》“遭我乎猛幽之閒兮”，《釋文》：“猛亦作嶩東。”《史記·衛青傳》：“大當戶銅東離。”徐廣云：“一作稠幽離。”是也。

宵青次對轉：如《詩》“駉駉青牡馬”，《說文》作“驍驍宵”，藃宵與蓱青同訓，是也。

宵寒次對轉：如乾寒與藁宵，讙寒與囂宵，灌寒與澆宵，皆同訓，是也。

紐音十 等韻字母剖析紐音最為詳密，求之古音，則聲近者或相混，今以字母省併，為十紐音如下。[①]

等韻字母	古紐音
見溪羣	羣
疑	疑
影喻曉匣	喻
端透定知徹澄	端

① 原文豎排，“下”字原作“左”。

续表

等韻字母	古紐音
精清從照穿牀	精
心邪審禪	審
邦滂並非敷奉	滂
明微	明
來	來
泥日孃	孃

紐音通轉羣疑喻三紐,端精審三紐,滂明二紐,其紐音皆相近,通轉之例亦多,茲不備載。凡非相近之紐而通轉者,為表以明之。

滂 審	**來 端**	**明 喻**	**精 喻**	**孃 疑**	**來 羣**	**端 羣**
必聲 瑟	林聲 郴	每聲 海	咠聲 楫	饒 堯聲	林聲 禁	𠂤聲 歸
明 審	龍聲 寵	冒聲 勖	井聲 刑	**端 喻**	呂聲 莒	隤 貴聲
尾聲 犀	翏聲 瘳	毛聲 秏	勺聲 約	多聲 移	翏聲 膠	唐 庚聲
眇 少聲	賴聲 獺	麻聲 麾	饎 喜聲	眔聲 褱	裸 果聲	赬 或 䞓
來 審	豊聲 體	微聲 徽	迹 亦聲	兌聲 閱	隆 降聲	**精 羣**
樂聲 鑠	凌 或 滕	瞢聲 薨	札 乚聲	蟲聲 融	練 柬聲	支聲 跂
婁聲 數	**孃 端**	默 黑聲	夋 允聲	饕 號聲	藍 監聲	旨聲 耆
隸 示聲	難聲 歎	**來 喻**	箴 咸聲	代 弋聲	涼 京聲	井聲 耕
孃 審	耳聲 恥	立聲 昱	**審 喻**	牘 賣聲	**孃 羣**	自聲 洎
惄 叔聲	餒 妥聲	荔 劦聲	失聲 佚	妒 戶聲	肉聲 夅	造 告聲
濡 需聲	狃 丑聲	盧 虍聲	西聲 垔	涂 余聲	念 今聲	**審 羣**
柰 示聲	**來 精**	梩 或 耜	所 戶聲	惕 易聲	**審 疑**	殳聲 股
孃 襄聲	先聲 鼀	**孃 喻**	穗 惠聲	軸 由聲	邪 牙聲	示聲 祁
來 明	斂 僉聲	肉聲 育	俟 矣聲	條 攸聲	朔 屰聲	氏聲 祇
厲 萬聲	梁 刅聲	肉聲 䍃	筱 攸聲	沈 冘聲	穌 魚聲	頌 公聲
	李 子聲	㕯聲 裔	誦 甬聲	荅 合聲	褻 埶聲	收 丩聲
	孃 精		枲 台聲	殆 台聲	產 彥聲	**滂 羣**
	拈 占聲		式 弋聲	通 甬聲	**來 疑**	僰 棘聲
			拾 合聲		𤻲 樂聲	駁 交聲
			祀 或 禩			

凡　例

一　殺列象形，舊皆以為會意，今考金文，如射、涉、春、盟、奉、棄、爭、取，皆隨體畫物，其會合也不以意而以形，蓋古文變為篆隸，寖失其形，始誤為會意爾如獄偏旁，篆從兩犬，古作，象兩犬對守；贙偏旁，篆從兩虎，古作，象兩虎對爭，是其證。茲悉定為象形字，以從其朔。

一　殺列指事，其隨體成象，不異象形，而每以非象形字當一形之用，如辛、㚔皆訓為罪人，而非象形字，故執象兩手持㚔，獄象兩犬守辛，宰則辛在屋下，圉則㚔在圍中，雖不得為象形，要非比事合誼、連文會意者比，今入之指事，庶得其衷。

一　卩、廴、亼、廌諸字，《說文》皆有聲、義，今以卩與人同字，廴與乚同字，亼為倒口，廌象人形，又以古、吉、凷、丰為一文，、、、，兼象庶物，皆顯異往籍，似有違衆駴俗之嫌。然从卩之卿、印、弜、夗、卮、色、罨、丞、艮、辟、肥、配、令、即、卲、卹等，無不以人為義；从亼之食、今、侖、龠、令、僉、合、會等，無不以口為義；从口之品、器、咎、合、周、高、只、㕯，从夕之多、宜、外、名，从月之散、互，从夂之舛、各，皆以物為義，而後可通。他如灋、慶、薦之从廌，廷、延、建之从廴，克之从古，壴之从吉，競之从凷，耒之从丰，得其據依乃有可講，庶所謂稽譔其說，信而有徵，敢陳一得，以俟宏達。

一　偏旁形體，每有重複，或以象其多，或則徒取繁縟而已。如𩫖從畐聲而有二畐，𧺆，《說文》以為從丰聲而有二丰，《說文》未嘗有畐字、丰字也，而㢴、㸚、賏、誩、㼌、覞、㚘、䲆、卯、𣥠、玨、吅，自古無有用者，棘、弜、𨛜、𩠐、屾、斦、豩、䲆，《說文》亦闕其音，䲆為二魚，屾為二山，斦為二斤，豩為二豕，又多望文生訓，凡此等字，似皆古所無有，殆俗儒剖析偏旁而虛造之也。丶、丨、丿、乀、亅、𠃊、凵、△，亦非他書所嘗用，並有可疑。然古籍散亡，不可肊斷，姑存其字，俾覽者自擇焉。

一　諸彝器多有反文，形雖反而聲義無異。然反正為乏，反𢇍為𢇇，反欠為旡，反身為㐆，雖近反文，故當別為一字，至于𠃉、㣺、彐、邑、氏、爪等字，則聲義多不足據，似皆同字之反文也，以不可肊斷，亦並存之。

一　是書所引金文，以拓本及用拓本影印者為限，間有未見著錄者，釋文多所辨正，或與先輩稍殊，更當集錄專書，以與茲編互證。惟古器命名，諸家率多歧異，或不知其器，通謂之彝，或別立觚、觥、觶、角諸名，而形制未符，無由傳信，檢尋記憶，尤病其難。茲編稱引鼎彝，作器之人有可考者，則冠以人名，至其名物，必依古人所自命，匼則曰匼，盨則曰盨，彝則曰彝，尊彝、鬻彝亦各從其目，鼎、敦諸器，古人或自題曰尊，亦尊彝之類也。又以彝屬最多，時復旁注支干，以便檢校。其器名不著於銘文者，通謂之器，庶使學者偶睹片拓，即可正其名號，得其部居。至於鐘、鎛、兵、幣之屬，則不與彝器同科，雖款識不載何名，亦悉依其物以命之也。

《文源》評注卷一　全體象形

 人、儿、卩，臻韻，尼寅切

《說文》云：“，象臂脛之形。”按，古作師酉敦、作䨣尊彝，象人側立形，有頭、背、臂、脛也。《說文》云：“，古文奇字也。象形。孔子曰：人在下，故詰詘。”按，此非孔子語。古與“人”同作宗周鐘“見”字、曾伯簠“元”字偏旁，不詰詘。《說文》云：“，瑞信也謂符節之“節”本字，象相合之形。”按，古作番生敦“令”字偏旁、作太保彝“令”字偏旁、作洹子器“命”字偏旁，皆於節形不類，與形近，凡从之字，皆以人為義詳見各條，實即“人”字，屈下體象跽伏形。《說文》云：“，卩也。闕。”按，即“卩”之反文，不為字。

評注：“人”字甲骨文字作（《合集》[①] 21099）、（《合集》28012），象人側面而立之形，金文至小篆基本相同。“卩”字甲骨文作（《合集》21397）、（《合集》22418），象人側面跪跽之形，或隸定為“卩”。從古文字取象角度而言，儿、卩及卩之反文皆人形變體。林氏將人、儿、卩及卩之反文歸為一類，可從。《六書故・人一》：“人、儿非二字，特因所合而稍變其勢。合于左者，若‘伯’若‘仲’，則不變其本文而為人；合於下者，若‘兒’若‘見’，則微變其本文而為儿。”

大，泰韻，音太

《說文》云：“，天大、地大、人亦大，象人形。”按，象側立，

① 《合集》為《甲骨文合集》（中國社會科學院歷史研究所編，中華書局 1978—1982 年版）的簡稱，下同。

象正立，古作太保鑄器、作番生敦，亦象軀體碩大形，古今相承以為大小之“大”，惟為偏旁或與人同義詳見各條。《說文》云：“，籒文大，改古文，亦象人形。”按，《說文》从“”之字，與从“”不容相混，而古無別。如“奚”字《說文》从“”，古作南亞彝癸，从“”。

評注：“大”字甲骨文作（《合集》33349）、（《合集》21021），象人正面而立之形，後世相承。、皆取象於正面而立之人，《說文》分而為二，此合并為一，可從。林氏以為“大”字“古今相承以為大小之大，惟為偏旁或與人同義”，所云甚是。作偏旁與人同義者，如夾、乘等字皆是（參見卷六“夾”“乘”字條評注）。應該指出，《說文》云“天大地大人亦大，故大象人形”，其實道出了大小之“大”與大人之“大”的關係。

夫，模韵

《說文》云：“，丈夫也。从大一。一以象先簪。”按，古作邾公華鐘，或以“”為之大鼎“善大”即“膳夫”。秦刻石“大夫”作“夫=”，蓋“夫”與“大”初皆作，象人正立形，其後分為兩音兩義，乃加“一”為，以別於“大”。古“女”或作父乙器“婦”字偏旁，“母”或作母父丁器，則“一”非象丈夫之簪也。

評注：“夫”字甲骨文作（《合集》940 正）、（《合集》4413），後世相承無異。“一”作爲古文字中的區別符號，這種現象很常見，林氏說可從。後人以“一”象丈夫之簪，實爲理據重解。

女，模韻，音努

《說文》云：“，象形。”按，古作善尊彝，象頭、身、脛及兩臂之形。身夭矯，兩手交，此女之態。變作毛公鼎、作魯大司徒匜、作彭女彝。

評注：甲骨文“女”字作（《合集》20685）、（《合集》19907），象女人斂手跪跽之形。林氏云：“象頭、身、脛及兩臂之形。身夭矯，兩手交，此女之態。”其說是。古文字女、母或無別。詳见下“母”字條。

母、毋，之韻，彌以切，又模韻，音毋

《說文》云："，从女，象褱懷子形。一曰象乳子也。"按，中兩點象人乳。古作頌敦、作母甲尊彝、作母父丁器。或省作盂鼎"敏"字偏旁，與"女"字混。《說文》云："，止之也。从女，有奸之者。"按，古作兮田盤"毋敢或入蠻宄"，與"母"同字。母之韻、毋模韻雙聲旁轉。《禮記》"淳母"內則注："母，讀為模。""模""母"古同音。

評注："母"字甲骨文作（《合集》10565）、（《合集》20693），从女而增兩點。"毋"字甲骨文作（《合集》5808），與"母"同，金文相承，戰國文字或作（《十鐘山房印舉》），變兩點為一橫，為小篆所本。按女、母、毋原皆一字而分化，以加點或加橫為分化符號。後世以所加之兩點為"兩乳"，以所加之橫畫示"止之"，皆理據重解，然亦頗有理致。林氏合母、毋為一，可從。

子，之韻

《說文》云："，十一月昜陽气氣動、萬物滋，人以為偁稱，象形。，古文，从巛，象髮也。，籀文，从囟有髮，臂、脛在几上也。"按，古作叔家父匡、作且子鼎，象頭、身、臂及足并之形。兒在襁褓中故足并。又作召伯虎敦，象腦上有髮，象身、脛，象兩手。

評注：甲骨文"子"字有兩系：一系作、，象正面"子"的形象，另一系作，象側面"子"的形象。、用為地支第一位，即子；則用為地支第六位，即巳。在金文系統裏，來源於甲骨文、一系的，除上舉召伯簋之字外，還有利簋作等，仍用作地支之"子"，與甲骨文同；來源於甲骨文一系的，金文多見，除多用作子孫字外，還偶用作地支之"巳"，繼承了甲骨文的用法。與甲、金文不同的是，在《說文》系統裏，取象於小孩的繁簡二體，即籀文之""與篆文之""，則都是"子"字。林氏分析其形象，正確可從。

包，幽韻，布周切

《說文》："，妊也。象人褱妊。在中，象子未成形也。"按，古作包君鼎，象子未成形在裹中，而非人裹之形，當即“胞”之古文，胎衣也。

評注：“包”字未見於甲骨文，戰國文字作（《雲夢[1]·法律答問》61），與小篆同構。林氏以為“包”即“胞”之古文，其說可從。然以為“包”字，恐不可信。按《金文編·附録下》作、，[2] 為未識字。如此則字頭字形不確。

兒，蟹韻，奴街切

《說文》云：“，孺子也。从儿，象小兒頭囟未合。”按古作儀兒鐘。

評注：“兒”字甲骨文已見，作（《合集》20534）、（《合集》7893），金文如林氏所引，又有作（小臣兒卣）、（昜兒鼎）等。字之上部或謂象小兒總角之形。似以《說文》“頭囟未合”之說為長。字頭當係林氏據金文推寫。

鬼，微韻

《說文》云：“，从儿，象鬼頭，从厶私。鬼，陰氣賊害，故从厶。”按，古作鄭同媿鼎“媿”字偏旁，象形。象其頭大，不从“厶”。鬼害人不得云私。篆从“厶”者，以“厶”為聲。“厶”古與“口”同字見“厶”字條，音“圍”。“鬼”諧聲為“巍”，則音亦與“圍”近。《說文》云：“，鬼頭也，象形。”按，即“鬼”之偏旁，不為字。

評注：“鬼”字甲骨文作（《合集》137 正）、（《合集》14290），其構形，以面目異於常人為特徵，故其上部之田形，當即首甲面具之類，謂之“鬼頭”，亦無不可，後世或寫作（郭店楚簡“鬼”字所从），與“囟”或同形，然非一字。其下所从之“厶”，殆由贅筆演變而成，戰國文字作（隨縣漆書）、（侯馬盟書）、（上郡守戈）等形，最後一形那種寫法最容易演變為从“厶”。林氏釋為“口”之異構，表音，算是變形音化，亦備一說。

---

① 《雲夢》是《睡虎地秦墓竹簡》（睡虎地秦墓竹簡整理小組，文物出版社 1990 年版）的簡稱，下同。

② 參見容庚《金文編》，中華書局 1985 年版，第 1237 頁。

為，歌韻，音吪

《說文》云：“，母獮猴也。其為禽，好爪，下腹為母猴形。”按，古作曶鼎，上其手，故爪在頭上，或作邾討鼎，象形，不从“爪”。或譌作楚公鐘。

評注：“為”字甲骨文作（《合集》15179），羅振玉《增訂殷虛書契考釋》認為，“為”字“从爪，从象，絕不見母猴之狀，卜辭作手牽象形……意古者役象以助勞，其事或尚在服牛乘馬以前。”其說可從。《說文》的分析不確，林氏據金文，亦未能得其實。《文源》所引邾討鼎，《金文編》作邾鼎，字作，[①]有所不同。楚公鐘之，《金文編》作，乃豪字，音義同“嫁”，用作人名。[②]

禺，遇韻

《說文》云：“，母獮猴屬，頭似由鬼頭也，从由，从内。”按，象頭、足、尾之形，古作史頌簋彝“䳼”字偏旁。

評注：《說文·由部》作，小異。字下部所从之，乃由飾筆逐漸演變而成。如“萬”字本作（《合集》9812），在末筆上加横作（《英》[③]150 正）、（仲卣），横上又加短豎作（史宜父鼎），再演變為（頌鼎），最后詰詘筆畫而成。从内之字皆類此，下不一一說明。[④]

䨲，微韻，音費

《說文》云：“，周成王時州靡國獻䨲。人身反踵，自笑，笑即上脣弇其目，食人。讀若費。从内，象形。”

評注：“䨲”音 fèi。未見於商周古文字。字又作“狒”。《集韻·未韻》：“䨲，或作狒。”《爾雅·釋獸》：“狒狒如人，被髮，迅走，食人。”

---

① 參見容庚《金文編》，中華書局 1985 年版，第 176 頁。

② 參見容庚《金文編》，中華書局 1985 年版，第 177 頁。

③ 《英》為《英國所藏甲骨集》（中國社會科學院歷史研究所、倫敦大學亞非學院編輯，中華書局 1985 年版）的簡稱，下同。

④ 參見劉釗《古文字構形學》，福建人民出版社 2006 年版，第 23—24 頁。

林氏引《說文》，所據為段注本。“周成王時州靡國獻𩔖𩔖”句，大徐本作“周成王時州靡國獻𩔖”，少一“𩔖”字；又“踵”字，大徐本作“踵”。小篆字形當作，林氏所書略異；字頭所引古字，未知所出。

夒，幽韻，音柔

《說文》云：“，貪獸也。一曰母獼猴，似人。从頁，巳、止、夊是其手足。”

評注：“夒”字已見於甲骨文，作（《合集》21102）、（《合集》14376）等形。金文作（《大盂鼎》“𩡫”字偏旁）。象動物之形。夒在卜辭中雖有“高祖夒”之稱，其高祖身份自王國維以來幾成定論，[①] 但《合》30399有一特例云：“于夒高祖𠦪？”“夒”置於“高祖”之前，於“夒為高祖”之說，頗為不利。卜辭顯示，殷人之稱“高祖”，沒有把高祖名置於“高祖”之前的慣例，如稱“高祖王亥”或“高祖亥”，在卜辭中有13例，都不稱“王亥高祖”或“亥高祖”；稱“高祖乙”，在卜辭中有25例，也都不稱“乙高祖”。如此看來，由於“夒高祖”一辭的存在，使得“夒為高祖”之說亦頗可疑，則卜辭中的三例“高祖夒”，似乎也應讀為“高祖、夒”。[②] “夒”字小篆訛變甚劇。林氏無說，以小篆為字頭，寫法略變。大徐本《說文》小篆作，林氏所書亦略有不同。

夔，微韻

《說文》云：“，神魖也。如龍，一足。从夊，象有角、手、人面之形。”按，古作小臣俞器，一角，象其尾。

評注：“夔”似夒而有角，不知何獸。金文有字（鼎文），[③] 或亦“夔”字。小篆變化甚劇。“夔一足”之說，《山海經》《韓非子》《呂氏春秋》諸書皆有記載。《山海經·大荒東經》“東海中有流波山，入海七千里。其上有獸，狀如牛，蒼身而無角，一足，出入水則必風雨，其光如

---

① 王說見《殷卜辭中所見先公先王考》及《續考》，又見《古史新證》。王國維認為，夒即古文獻中的帝嚳；之後，諸家對夒的具體所指持論各異，但以之為殷之高祖則較一致。

② 參見林志強《論卜辭河岳之神格》，《福建師范大學學報》1994年第2期。

③ 參見容庚《金文編》附錄上，中華書局1985年版，第1068頁。

日月，其聲如雷，其名曰夔。黃帝得之，以其皮為鼓，橛以雷獸之骨，聲聞五百里，以威天下。”此夔無角，與《說文》之“夔”或異。《韓非子》《呂氏春秋》皆以夔為人名，“一足”意指“一而足”。林氏分析金文字形，可從。

离，歌韻，音羅

《說文》云：“，山神也。獸形，从禽頭，从内，从屮。”按，象頭上有毛髮形。

評注：“离”字由甲骨文象長柄網兜之形的、（《合集》10514）字分化而來，戰國文字作（《璽彙》[1] 3119），增从“林”符，小篆則上从“屮”。“离”字作動詞用，典籍通作離、罹、羅。《說文新附》：“罹，古多通作離。”《方言》：“羅謂之離，離謂之羅。”可證。“离”與“禽”為同源分化之字，詳下“禽”字條。林氏按云：“象頭上有毛髮形。”非是。字頭之，乃林氏據金文“内”旁寫法推出。

禽，侵韻

《說文》云：“，走獸總名。从内，象形，今聲。”按，古作不期敦、作禽彝，皆象形，今聲。

評注：甲骨文有字作、（《合集》10514），可隸定為，象長柄網兜之形，作為動詞，意指捕獲鳥獸。其構形，即“禽”“离”之下部，“禽”“离”皆此字之孳乳：“禽”則加注“今”聲，如林氏所引之金文；“离”則增从“屮”符。作動詞之“禽”，後又增手作“擒”，“禽”則專用為禽獸義。“禽”字林氏歸為“象形兼形聲”（《六書通義》云：“今聲之禽，止聲之齒，此以象形兼形聲”），故標注“今聲”。

嘼，幽韻，音狩

《說文》云：“，牲也。象耳、頭、足厹蹂地之形。”按，古作邵鐘、作交彝，象耳、頭，、皆象尻著地之形。

---

① 《璽彙》為《古璽匯編》（故宮博物院編，文物出版社 1981 年版）的簡稱，下同。

評注：“嘼”作為獨立的一個字，是從“獸”字簡省分化而來。“獸”字甲骨文作（《合集》10970正）、（《花東》[1] 480），其中之“干（單）”為獵具，“犬”為獵犬，故會“狩獵”之意，既作動詞，又當名詞。後另造“狩”字以當動詞之義，“嘼（獸）”則專表名詞義。金文字下之、，皆繁化符號，林氏以象形解之，不確。從字形看，古文字的“嘼”字當由“單”形繁化而成，[2] 與後來由“獸”字簡省而來的“嘼”來源不同（參見卷十一“獸”字條評注）。“牲也”，大徐本作“𤛧也”，段注本作“獸牲也”。

牛，之韻，音疑

《說文》：“，象頭、角三中象之封峯，一象之、尾丨象之之形。”

評注：《金文編》附錄有鼎文作，為牛頭之象形。甲骨文作（《合集》300）、（《合集》20667），乃牛頭形象線條化的結果，小篆承之。許氏、段氏皆以全牛形象解之，不確。段注云：“角、頭三者，謂上三歧者，象兩角與頭為三也……封者，謂中畫象封也。封者肩甲墳起之處……尾者謂直畫下垂象尾也。”林氏注語當據段注。“象頭、角”，大徐本、段注本皆作“象角、頭”，林氏誤倒。

鹿，遇韻，音綠

《說文》云：“，象頭、角、四足之形。鳥、鹿足相比，从比。”按，象足形，非“比”字。古作貉子尊彝癸，石鼓文有、二形。，麀、麇从之，無角。

評注：“鹿”字甲骨文作（《合集》28352）、（《英》1826）等形，線條簡潔，特徵突出。《說文》小篆作，林氏所書不同。林氏以為象足形，非“比”字，其說可從。

---

① 《花東》為《殷墟花園莊東地甲骨》（中國社會科學院考古研究所編，云南人民出版社2003年版）的簡稱，下同。

② 參見荊門市博物館編《郭店楚墓竹簡》，文物出版社1998年版，第169頁裘錫圭按語。

𦵯，宵韻，音悼

《說文》云："，獸也。似兔，青色而大，象形。頭與兔同，足與鹿同。"按，古"熊"字作虢叔鐘，其偏旁即"𦵯"字。

評注："𦵯"字甲骨文作（《合集》199）、（《合集》201 正）等形，金文或作形，似兔而大的形象更突出。林氏指出虢叔鐘之（《金文編》作）的偏旁即"𦵯"字，可從，然整字非"熊"字，而是"𧰼"字，亦見於甲骨文，作（《合集》7239 反）。《金文編》曰："唐蘭云字乃从泉𦵯聲，音當如《說文》木部从木𦵯聲之槼，讀若薄。"①

兔，模韻

《說文》云："，象兔踞，後其尾形。"

評注："兔"字甲骨文或作（《甲》二七〇），金文作（秦子矛"逸"字偏旁，見《金文編》第 682 頁），象长耳短尾之兔子形。大徐本作"兔，獸名，象踞後其尾形"。段注本"踞"前補"兔"字，林氏從之。

犬，文韻，音箬

《說文》云："，象形。"按，古作狨彝"狨"字偏旁，橫視之，如畫狗也。

評注：《金文編》錄鼎文作（第 683 頁），正是犬之橫視之形。甲骨文作（《合集》1045），豎寫，後世從之。《說文》引孔子曰："視犬之字如畫狗也。"林氏曰："橫視之，如畫狗也。"其說是。

尨，東韻，音蒙

《說文》云："，犬之多毛者，从犬、彡。"按，象犬多毛形。

評注："尨"字甲骨文作（《合集》4652），象形。"彡"非部件，林義光以為"象犬多毛形"，較《說文》為確。商承祚《殷虛文字類編》云："（甲骨文）象犬腹下脩毛垂狀。"

① 見容庚《金文編》，中華書局 1985 年版，第 682 頁。

羊，陽韻

《說文》云："，从，象頭、角、足、尾之形。"按，古作曶鼎，象角，體旁四注，以象四足，下其尾形。亦作羊字父庚器，象尻著地形。又變作師寰敦、作羊子戈。《說文》云："，羊角也，象形，讀若乖。"按，即"羊"之偏旁，不為字。

評注："羊"字甲骨文作（《合集》19932）、（《合集》27164）。羊角上翹，牛角下俯，此牛羊符號之區別，亦古人造字之精巧。準"牛"字之例，"羊"字當即羊頭之線條化。《金文編》云："羊，象羊首形。"① 許氏、林氏皆以全羊解之，非是。林氏以為""為"羊"之偏旁，不為字，可從。

莧，寒韻，音寬

《說文》云："，山羊細角者。从兔足，从苜聲。"按，"苜"非聲。此象形字，象角，象首，象尾、足之形。

評注："莧"字音 huán，"寬"字从此。甲骨文有字（《合集》14801），辭作"十羊"，當即"莧"字。林氏以此字為象形，可從。《說文》該字下徐鉉按語云："臣鉉等曰，苜，徒結切，非聲。疑象形。"王筠《說文解字句讀》："其角也，其首也，則足與尾也，似通體象形。"林氏說當本此。

豕，微韻，音遂

《說文》云："，象頭、足而後有尾。"按，古作函皇父敦、作遂尊彝"遂"字偏旁，橫視之象豕形。

評注："豕"字甲骨文多見，作（《合集》19883）、（《合集》10237）等形。林氏曰："橫視之象豕形。"其說是。小篆作，林氏所書略異。

希、彖，微韻，音遂

《說文》云："，豕也。从彑，从豕，讀若弛。""，脩豪獸。从彑，

---

① 參見容庚《金文編》，中華書局 1985 年版，第 261 頁。

下象毛足，讀若弟。”按，“彖”“㣇”形非有異。古“為”字作陳子匜、作邵鐘、作曶鼎、作召伯虎敦，則非必象毛足也。“㣇”古作𩰫尊彝乙“𩰫”字偏旁、作毛公敦“隸”字偏旁，象豕形。“㣇”聲之“肆”、“彖”聲之“喙”“蠡”，古皆入“微”韻，亦皆與“豕”同音。當即“豕”之異體。

評注：“彖”字音 chǐ，大徐本《說文》小篆作，从豕省，實為“彖”字，或為傳抄之誤，小徐本作、段注本作，是，林氏從之。“㣇”音 yì，甲骨文作（《合集》13521 正）、（《合集》20256），金文如林氏所舉，象動物之形。大徐本《說文》小篆作，與林氏所書略異。“㣇”字或書作“𢑱”，“𩰫”字或書作“𩰫”，同。彖、㣇應為同源分化之字，林氏合彖、㣇為一字，當可從。①

彘，微韻，音隊

《說文》云：“，豕也。从彑象頭、从二匕象足，矢聲。彘足與鹿足同。”按，古作貝彘易器，中象毛，不从“矢”。

評注：“彘”字甲骨文作（《合集》14930）、（《合集》22362），金文作（衛盉）、（三年㾓壺），一脈相承。小篆有所訛變。字之本義，當為動詞，以矢射豕之意，可分析為从矢、从豕，矢、豕皆聲，亦雙聲字。林氏所引貝彘易器之字，恐非“彘”字。

𧰨，模韻，音姑

《說文》云：“，豕也。从彑，下象其足，讀若瑕。”朱氏駿聲云：“當為豭之古文。”牡豕也。《說文》云：“彑，豕之頭也。象其銳而上見形。讀若罽。”按，即小篆、等字之偏旁，不為字。

評注：“𧰨”字音 xiá，甲骨文作（《合集》34103）、（《合集》30723）形，腹下有生殖器，象牡豕之形，小篆作，訛變甚劇。林氏引朱駿聲說，𧰨“當為豭之古文”，“豭”即牡豕，其說可從。甲骨文“家”字作、等形，見于《合集》3522 正、13586、13593、《合集补编》

① 彖、彖、㣇關係較為復雜，參看卷四“彖”字條評注。

1265、《花東》236、490 等，[①] 小篆“家”字从豕，乃牡豕之省，可見《說文》釋“家”字“从宀，豭省聲”，猶存古誼，其說有據。“彑”音 jì，是從象豕類動物之字析出的一個偏旁，林氏指出其為偏旁不為字，可從。

兕，微韻，音遂

《說文》：“，象形。𢊁頭與禽、离頭同。”

評注：“兕”字是對《說文》古文的隸定，篆文應隸定為“𢊁”。甲骨文作（《合集》10421）、（《合集》10430）、（《合集》4587）等形，象野牛之形。最後一種形體當是後來寫法的來源。《說文》小篆作，林氏書少一筆，小異。《說文》云“𢊁頭與禽、离頭同”，說不可據。

象，陽韻

《說文》云：“，南越大獸，長鼻牙。象鼻、牙、四足、尾之形。”按，古作師湯父𪕍彝，象鼻、首、四足、尾之形。又作大敦，象首及牙。

評注：“象”字甲骨文作（《合集》10222）、（《合集》13625），金文作（且辛鼎）、（師湯父鼎），[②] 皆大象之形，首、鼻、足、尾皆具，特別突出其長鼻的特點。大徐本《說文》作“象，長鼻牙，南越大獸，三年一乳，象耳、牙、四足之形”。段注本作“南越大獸，長鼻牙，三年一乳，象耳、牙、四足、尾之形”。段注云：“‘耳、牙’疑當作‘鼻、耳’，‘尾’字各本無，今補。”林氏所錄，當據段注本，亦有所不同。

馬，模韻，音姥

《說文》云：“，象頭、髦、尾、四足之形。”按，古作曶鼎。

評注：“馬”字甲骨文作（《合集》11446）、（《合集》27882），

---

① 參見劉釗等《新甲骨文編》，福建人民出版社 2009 年版，第 424 頁。

② 參見容庚《金文編》，中華書局 1985 年版，第 673 頁。此“師湯父鼎”當即林氏所引之“師陽父𪕍彝”，所摹“象”字有所不同。

前者很形象，後者則相對簡化，為西周文字所繼承，小篆更加線條化。

虎，模韻

《說文》云："，从虍，从儿，虎足象人足。"按，古作師寰敦，橫視之，象形。《說文》云："，虎文也，象形。"按，即"虎"之偏旁，不為字。

評注：《金文編》附錄有簋文作，乃虎之象形，以張口斑紋為特徵。甲骨文作（《合集》10216）、（《合集》671 正）等，特徵明顯。""為虎之形象筆畫化后析出的部件，本不為字，但在後世文字仍有用作偏旁者，如"虜""虔""虛"等。林氏以為乃"虎"之偏旁，可從。

熊，東韻

《說文》云："，从能，炎省聲。"按，古作虢叔鐘，象頭、背、足之形。

評注：動物之"熊"的本字即"能"，參下"能"字條。林氏所引虢叔鐘之字，《金文編》摹作，有所不同。其字非"熊"字，而是"𤉣"字，見上"㲋"字條評注。

能，之韻，音怡

《說文》云："，熊屬，足似鹿。从肉，㠯聲。能獸堅中，故稱賢能，而彊壯稱能傑也。"按，《爾雅》："鼈三足，能。"釋魚此當為"能"之本義。古作毛公鼎，正象三足形。《漢書・天文志》："魁下六星，兩兩相比者曰三能。"能亦取三足之象。小篆與古文形近，故以"能"為熊屬也。

評注："能"即"熊"之本字。甲骨文作（《屯南》[1] 2169），金文作（毛公鼎）、（番生簋），都比較形象。後變作，首足分離而並列，小篆進一步把並列的兩足變為上下排列，象形意味已完全喪失。徐灝注

① 《屯南》為《小屯南地甲骨》（中國社會科學院考古研究所編，中華書局 1983 年版）的簡稱，下同。

箋："能，古熊字……假借為賢能之‘能’，後為借義所專，遂以火光之‘熊’為獸名之‘能’，久而昧其本義矣。"林氏所引毛公鼎"能"字作，實系""之誤摹，無三足之象。《漢書·天文志》之"三能"，裴駰集解引蘇林曰："能音台。"亦與"三足"無關。至于古文，乃為"㣇"字，參上"𠂤"字條評注。

嬴，歌韻

《說文》云："，或曰嘼獸名，象形。闕。"按，《考工記》云："厚脣弇口，出目短耳，大胷燿後，大體短脰，若是者謂之嬴屬。"則嬴為虎豹貔貙之屬淺毛者之總名。古作庚嬴尊彝"嬴"字偏旁、作鄦子妝匿"嬴"字偏旁，象骨節裸露之形，从"能"省轉注。从"能"者，取其堅中多肉。"嬴"為財有餘，而从貝、嬴，則嬴有堅中多肉之象。經傳以"嬴"為之，果聲。

評注："嬴"字甲骨文作（《合集》32705），象蝸牛之形，乃嬴之初文。金文"嬴"字作（庚嬴卣），林氏引其偏旁作，為其頭部，與能（熊）字相同，則為其身、足之形。《說文》："嬴，蜾嬴也。从虫，嬴聲。一曰虒蝓。"亦作螺、蝸，皆一聲之轉。朱駿聲《說文通訓定聲》："虒蝓，俗字作螺。……後人別水生可食者為螺，陸生不可食者為蝸牛。"林氏據《考工記》謂嬴為虎豹貔貙之屬淺毛者之總名，殆非。又以為从"能"省，取其堅中多肉云云，非是。

鼠，模韻

《說文》云："，穴蟲之總名也。象形。"按，鼠善齧，故象口有牙。

評注："鼠"字甲骨文作（《合集》13960）、（《合集》14020），象鼠之形，皆从小點，殆表其齧物之碎屑，為鼠之主要特徵也。大徐本《說文》小篆作，林氏所書略異。字頭之，未明所出，殆林氏推寫，不可據。

隹，微韻

《說文》云："，鳥之短尾總名也。象形。"按，古作頌敦。

評注：“隹”字甲骨文作（《合集》5045）、（《合補》[1] 1154），西周甲骨文作（《周原》[2] H11：55）、金文作（盂鼎），皆鳥之側視形。或為“雔”（職追切，鳥名，即“祝鳩”）之初文。大徐本《說文》小篆作，林氏據古文字書之，有所不同。

鳥，幽韻，音紐

《說文》云：“，長尾禽總名也。象形。鳥之足似匕，从匕。”按，象鳥足形，非匕箸字。古作鶨侯尊彝“鶨”字偏旁、作雍娎尊彝“雍”字偏旁。

評注：“鳥”字甲骨文作（《合集》20354）、（《合集》11498 正），金文作（子□弄鳥尊），都十分形象。林氏以“匕”為鳥足形，是。大徐本《說文》小篆作。

烏、於，模韻

《說文》云：“，孝烏也。象形。，古文烏，象形。，象古文烏省。”按，古作毛公鼎、作效尊彝、作齊侯鎛、作儠兒鐘、作縣妃彝。

評注：烏、於本一字而分化。烏，象形。於，由烏逐漸省變而成，大約在秦漢之際完成分化。《說文》古文，林氏從段注本，大徐本作，寫異。“儠兒鐘”《金文編》作“儠兒鐘”，其字《金文編》摹作，[3] 略異。

焉，寒韻

《說文》云：“，焉鳥，黃色，出於江淮。象形。”

評注：戰國中山王壺“焉”字作，从鳥从正。从“正”的理據，尚不明確。段氏注云：“今未審何鳥也。自借為詞助，而本義廢矣。”《文源》寫本字頭之“焉”，形似“馬”，或系筆誤。[4]

---

① 《合補》是《甲骨文合集補編》（中國社會科學院歷史研究所編，語文出版社 1999 年版）的簡稱，下同。

② 《周原》是《周原甲骨文》（曹緯編著，世紀圖書出版公司北京公司 2002 年版）的簡稱，下同。

③ 參見容庚《金文編》，中華書局 1985 年版，第 265 頁。

④ 參見《文源》，中西書局 2012 年版，第 53 頁。

舄，模韻，音庶

《說文》云："，䧿鵲也。象形。，篆文舄，从隹、昔。"按，古作師虎敦，象張兩翼形。變作吳尊彝、作盂鼎。

評注："舄"字未見於甲骨文。林氏所摹師虎簋之，《金文編》作，[1] 張兩翼之形更為顯著。盂鼎之等，皆此之變，為小篆形體所由來，然變形甚劇，象形意味已失。"舄"也隸定為"舃"，除用為"鵲"外，經典還用為履舄字。段注云："古文作舄，小篆作䧿……舄本䧿字，自經典借為履舄字，而本義廢矣。"師虎簋"赤舄"，即用為鞋履義。

雈，寒韻

《說文》云："，鴟屬。从隹，从𠂉，有毛角。"按，象角形。《爾雅》"雈，老鵴"注："木兔也，似鴟鵂而小，兔頭，有角，毛腳，夜飛，好食雞。"

評注："雈"字甲骨文作（《合集》9500）、（《合集》9610）、（《合集》28200），金文作（兮甲盤"舊"字偏旁），為小篆所本。林氏以象角形，實指角狀羽毛。"雈"與从艸隹聲之"萑"（《說文·艸部》："艸多皃。"）為二字，然隸楷易混同。林氏所引《爾雅》見《釋鳥》，本作"雈，老鵵"，"鵴"為"鵵"字之誤。

雞，微韻，居非切

《說文》云："，从隹，奚聲。"按，古作史頌彝"彝"字偏旁，象形，系聲古"系"只作"糸"，見"孫"字條。"系"與"奚"古同音。或作庚贏尊彝"彝"字偏旁，變""為""，猶"孫"字古亦从"幺"也見"孫"字條。又作戒尊彝"彝"字偏旁，以""在""中，故變為""。或作父丁彝借為"彝"字，象形"系"雖諧聲，亦疑象縛雞形，雞常係縛之鳥也。

評注："雞"字甲骨文作（《合集》13342），本為象形字，又作（《合集》29033），加奚為聲。金文"彝"字所从之"雞"，聲符有所省

① 參見容庚《金文編》，中華書局1985年版，第266頁。

變，林氏以為"'系'雖諧聲，亦疑象縛雞形，雞常係縛之鳥也"，乃據金文重解，然亦可備一說。

燕，寒韻

《說文》云："，籋口布𦐊翄枝尾，象形。"

評注："燕"字甲骨文作（《合集》5289）、（《合集》5280），籋口、布翅、枝尾之形象，栩栩如生。後世文字，籋口變為"廿"，布翅變為"北"，枝尾變為"火"，形象已失，然演變軌跡，尚可追尋。林氏引《說文》而無說，此以小篆為字頭。

巂，蟹韻，戶街切

《說文》云："（巂），周燕也。从隹，山象其冠也，聲。"按，"冏"非聲。蓋象枝尾形。古"內""冏"同字見"冏"字條，""形近"內"，因亦譌从"冏"。猶"罥"或體作交彝，象獸尻，亦或譌作王母鬲；"為"或體作周客敦，象尻，而亦譌作師寰敦"譌"字偏旁也。

評注："巂"字音 guī，即子規鳥。甲骨文作（《合集》9758 正）、（《合集》5268），前者側面之形，後者正面之形，上象其冠，下象其尾。林氏謂象枝尾形，其說可從。後又加"口"為飾，作（《包山》[①] 171"酅"字偏旁），故从冏。段注本"周"下施"逗"，大徐本作"巂，周燕也，从隹，中象其冠也。"林氏用段注本。

乞，泰韻，烏害切

《說文》云："，燕燕乞鳥也。象形。"

評注："乞"當為"乙"之分化字。"乙"字甲骨文作（《合集》20950），與""形近。徐鍇曰："此與甲乙之乙相類，其形舉首下曲，與甲乙字少異。"大徐本作"玄鳥也"，林氏從段注本。

① 《包山》是《包山楚簡》（湖北荊沙鐵路考古隊，文物出版社 1991 年版）的簡稱，下同。

魚，模韻，音吳

《說文》云：“，象形，魚尾與燕尾相似。”按，古作伯魚尊彝，作毛公鼎。

評注：“魚”字甲骨文作（《合集》10480）、（《合集》22370），象魚之形。金文如林氏所舉，非常形象。“魚”字小篆作，林氏所書略異。

龍，東韻

《說文》云：“，从肉，象飛之形，童省聲。”按，“童”省“”存“”，於形不顯。古作頌鼎“彝”字偏旁，象龍飛形，从、。“”者“”屰之省。屰逆上，龍飛之象也此象形兼會意。

評注：“龍”字甲骨文作（《合集》6634）、（《合集》6476）、（《周原》H11：92），乃全體象形字。篆文中之，實為龍角之變；所从之肉，則為龍口之變；則龍身之變。林氏正確指出“童省聲”，於形不顯，然依金文分析，以為字从“逆上”，為“龍飛之象”，亦不可據。大徐本作“从肉飛之形，童省聲”，段注本作“从肉，，肉飛之形”，林氏據段注本而有所改動。

它，歌韻

《說文》云：“，虫也。从虫而長，象冤曲垂尾形。，或又从虫。”按，古作静敦“池”字偏旁、作裘[illegible]“[illegible]”字偏旁。

評注：甲骨文“蛇”形有单画双钩之别。单画者作（《殷虚書契前編》二·二四·八）、（《合集》33249）、（《周原》H11：22）为“虫”（“虺”本字）之初文；双钩者作（《合集》14353）、（《合集》10060），为“它”（“蛇”本字）之初文。金文如林氏所引，小篆承襲金文，或體加“虫”旁，遂為“蛇”字。“，或又从虫”，大徐本及段注本皆作“，它或从虫”。

龜，之韻，音基

《說文》云：“，从它蛇，龜頭與蛇頭同。天地之性生，廣肩無雄，龜鼈之類，以它為雄。象足、甲、尾之形。”按，古作叔龜器丙，象形。

評注：“龜”字甲骨文作（《合集》27428）、（《合集》18363），象龜之形，前者正面形象，後者側面形象。後世從側面之龜而演化，篆文从“它”，乃是線條化、偏旁化的結果。林氏據古金文以龜為象形，是。“象足甲尾之形”句，大徐本無“”，此從段注本。段注云：“从它者，象它頭而已。左象足，右象背甲，曳者象尾。”

黽，陽韻，音莽

《說文》云：“，鼃黽也。从它，象形。”按，古作邵鐘“鼃”字偏旁、作郳伯鬲“鼄”字偏旁，从“它”，有足。或作魯伯愈父盤“鼄”字偏旁，不从“它”。

評注：“黽”字甲骨文作（《殷虛書契前編》四・五六・二）、（《殷契拾掇第二編》四〇九）。《甲骨文字典》云：“象巨首、大腹、四足之鼃形，以其無尾而與甲骨文龜字正面形相區別，與《說文》黽字籀文形近。”① 从“它”也是線條化、偏旁化的結果。

巴，模韻，音逋

《說文》云：“，蟲也，或曰食象蛇。象形。”按，《山海經》：“巴蛇食象，三歲而出其骨。”海內南經

評注：“巴”字甲骨文作（《合集》8411）、（《合集》6480）、（《合集》6469 正），象人伸手耙土之形，或附以小點表示土粒，或無之，亦可理解為伸手爬梳。甲骨文用為地名。“巴”殆形訛變。林氏引《山海經・海內南經》“巴蛇食象，三歲而出其骨”句，當以“巴蛇”為詞，“巴”當為地名，巴蛇者，巴地之蛇也，以其修長，故又稱“脩蛇”（見《淮南子・本經訓》）、“大蛇”（見李周翰《文選・吳都賦》注）。左思《吳都賦》云：“屠巴虵，出象骼。”《潯江記》：“羿屠巴蛇于洞庭，其骨

① 參見徐中舒主編《甲骨文字典》，四川辭書出版社 1989 年版，第 1441 頁。

為陵，世稱巴陵。”皆以“巴蛇”為詞。袁珂《山海經校釋》亦以“巴蛇食象”為句。然《說文》以“食象蛇”釋“巴”，宋·羅願《爾雅翼·釋魚》亦云：“巴者，食象之蛇。”應該是把“巴蛇食象”讀為“巴，蛇食象”而導致的解釋。當以連讀“巴蛇”為是。

蜀，遇韻，音續

《說文》云：“，葵中蠶也。从虫，上目象蜀頭形，中象其身蜎蜎。”按，石鼓作。

評注：“蜀”字甲骨文作（明義士《殷虛卜辭》二三三〇）、（《殷虛書契後編》二·三〇·一〇），象爬虫具目、身之形，又作（《周原》H11：68），增加虫符，後世從之。林氏引石鼓文為證，明其資料非僅限於金文也。

肙，寒韻

《說文》云：“，小蟲也。从肉，囗聲。”按，“囗”非聲。象頭、身、尾之形，即“蜎”之古文。

評注：此字未見象形初文。大徐本《說文》此字下有“臣鉉等曰：‘囗音韋。’”按“囗（韋）”與“肙”音遠隔，故林氏以為“囗”非聲。然“蜎”為蟲之至小者，難以象形，則林氏以為象形者，恐亦不可信。或謂“囗聲”之“囗”當音“圓”，即由“圓”之初文“〇”形演變而來。《說文·員部》謂“員”字“从貝囗聲”，其“囗”也正當音圓，堪稱“肙”字从“囗”音圓之佳證。① 或謂从口从肉，會口食肉飽厭之意，“餇”之初文。《說文》：“餇，猒也。从食，肙聲。”② 似以前說為長。

离，泰韻，蘇害切

《說文》云：“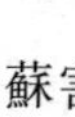，蟲也。从禸，象形。讀與偰同。，古文离。”按，象頭、足、尾之形。

---

① 參見李運富《楚國簡帛文字叢考（二）》，《古漢語研究》1997 年第 1 期。

② 參見黃德寬主編《古文字譜系疏證》，商務印書館 2007 年版，第 2562 頁。

評注：商周古文字未見“禼”字。“竊”字漢帛書从“萬”作，后則从“禼”，可證“禼”是從“萬”分化出來的一個字。“萬”字甲骨文作（《殷虛書契前編》三·三〇·五），本象蠍子之形，是“蠍”的初文。古音“蠍”在曉紐月部，“禼”在心紐月部，二字疊韻；“禼”字訓“蟲”，“萬”亦訓“蟲”，可知“萬”“禼”音義都有聯係。[①] 林氏以為象頭、足、尾之形，近是。

禹，模韻，王古切

《說文》云：“，禹蟲也。从内，象形。”按，古作、叔向父敦、作𢿱鼎“𢿱”字偏旁，皆象頭、足、尾之形。

評注：“禹”字見於西周金文，除林氏所引外，尚有鼎文作、等，象某種爬蟲之形，林氏以為“象頭、足、尾之形”，可從，《漢語大字典》引以為證。秦公簋作，所从之内，乃字之豎筆與飾筆糅合而成，上條“禼”字，下條“萬”字，所从之内皆如此，詳參“禺”字條評注。林氏所引叔向父之，《金文編》作，或係摹誤。林氏引《說文》“禹蟲也”，衍一“禹”字。

蠆、萬，泰韻，音邁

《說文》云：“，毒蟲也。从虫，象形。”“，（萬）蟲也，蠆屬。从蠆省，从内，象形，蠆亦聲。”按，萬蟲他書無考。“萬”古作虢叔鐘、作鄭大内史匜，象蠆尾形。或作仲尊彝，不从“内”，則“蠆”“萬”本同字。“萬”音轉如“曼”寒韻與泰韻對轉，始分為兩字矣。

評注：“萬”字甲骨文作（《合集》9812）、（《英》150 正），“蠆”字金文作（卣文），皆象蠍子之形。後“萬”借用為數目專字，本義遂淹沒，字亦與蠆分而為二。林氏以萬為蠆（即蠆）屬，合並蠆、萬為字頭，不失為卓見。此條“按”字之前，依常例皆《說文》語，而大徐本作：“萬，蟲也。从厹，象形。”段注本同，皆與《文源》相異。林氏所錄，乃據朱氏駿聲，見《說文通訓定聲·泰部第十三》“萬”字條。

---

① 參見劉釗《古文字構形學》，福建人民出版社 2006 年版，第 128—130 頁。

單，寒韻

《說文》云："，大也。从吅、，吅亦聲。闕。"按，古作伐郘鐘、作散氏器，不从"吅"，當為"蟬"之古文，象形。象雙目，下象腹尾也。"單"為"蟬"，故有薄義，言如蟬翼單薄也。又有變蛻之義。《爾雅》："在卯曰單閼"釋天，孫炎本作"蟬焉"，言如蟬蛻蟬嫣不絕也。禪讓之"禪"，賈誼《鵩賦》"變化而嬗"之"嬗"，古皆與"單"同音，亦並有變蛻義。

評注："單"字甲骨文作（《合集》137 正）、（《合集》21457），象獵具之形，然有繁簡之别；"獸"字甲骨文作（《甲》181）、（《合集》10599）、（《鐵》10・3），所从獵具，亦或繁或簡，繁者从"單"，簡者从"干"，可見"單"即"干"，後世才分化為二字。林氏以單為"蟬"之古文，又以單薄、變蛻之義說之，恐皆附會之說，不可信。所錄散盤之字，亦作，《金文編》入"嘼"字下。"嘼"本"單"字繁化，詳"嘼"字條評注。

貝，泰韻，音敗

《說文》云："，海介蟲也。象形。"按，古作小臣俞器、作遣彝、作盂尊，亦作召伯虎敦。

評注："貝"字甲骨文作（《合集》11429）、（《合集》8490 正），象海貝之形。其下二豎筆乃由海貝下部角狀筆畫延伸形成，如師遽簋作，召伯簋作，為後世所承。

易，蟹韻，羊蟹切

《說文》云："，蜥蜴、蝘蜓、守宮一物三名也。象形。"按，古作虢叔鐘、作邿遣敦。

評注："易"字甲骨文作（《合集》8253），象一器傾注液體於另一器，故會給予之義，引申而有賜予的意思。其演變過程的邏輯順序應是：省為（德鼎）、（弔德簋），兩器變一器；再省為，只截取酒器的一部分和表示液体的三点。移位變寫為、，最後形成小篆的。

其省體，在甲骨文中已經很常見了。林氏引金文而無說，殆從《說文》以“易”為蜥蜴，不確。

虫，微韻

《說文》云：“，一名蝮，博三寸，首大如擘指，象其臥形。”按，石鼓作“蜀”字偏旁。

評注：“虫”字甲骨文作（《合集》32879）、（《合集》22296）、（《合集》33249），戰國文字作（魚鼎匕），皆象蝮蛇之形，為“虺”之本字。林氏引石鼓文為證。

首、百，幽韻

《說文》云：“，頭也。象形。”“，古文百也。巛象髮，髮謂之鬊，鬊即巛也。”按，“巛”取形，非“川”字。“髮”謂之“鬊”，音偶同“川”耳“川”古音“春”，非謂川有髮義也。古作召伯虎敦、亦作歸夆敦，不象帶髮形。

評注：“首”字殷墟甲骨文作（《合集》6032正），《花東》甲骨文作（304）、（446）等形，或側面，或正面，皆象人首并有頭髮之形。林氏謂古文之“巛”為髮形，非川字，合並首、百為一字，可從。所引金文字，標出召伯虎敦（簋），然檢五年召伯虎簋及六年召伯虎簋，皆未見，或有誤。

面，寒韻

《說文》云：“，从百，象人面形。”按，古作師遽尊彝“䩉”字偏旁，象形。

評注：“面”字殷墟甲骨文作（《合集》21427），从目，外部線條表示面部匡廓。《花東》甲骨文作（226）、（113），从百（首），并以曲线表示脸部轮廓。先秦文字既有从目作者，亦有从百作者，然前者少而後者多，小篆承襲从百者，写作，曲线拉长并包围了百。林氏引金文並從《說文》以為象形，是。

囟，臻韻

《說文》云："，頭會𡿺腦蓋也，象形。"按，古作召伯虎敦"""字偏旁。

評注："囟"字西周甲骨文作（《周原》H11：20），殷墟甲骨文有（《合集》26733）字，多見，或以為亦"囟"字。林氏所引召伯虎敦（簋）字，原形作，即甲子之"子"字，从囟不誤。

目，幽韻，莫肉切

《說文》云："，象形。"按，古作奉彝庚"見"字偏旁、賢彝"見"字偏旁。

評注："目"字甲骨文作（《合集》6946）、（《合集》6194）、（《合集》34272正），象眼睛之形。金文相承，或變豎寫，失去象形意味。林氏無說。

自、𦣹，微韻，疾累切

《說文》云："，鼻也。象鼻形。"按，古作曾伯𩞁匿、作諆田鼎。"自"象鼻形，古今相承用"鼻"字，而以"自"為"己"、為"從"，猶""象人形，相承用為大小字也。《說文》云："，此亦自字也。省自者，詞言之气从鼻出，與口相助。"按，"自"字中畫象鼻上腠理，本無定數。古有""字王子吳鼎，亦與"自"同用，然則"𦣹"即"自"之異體"者""𦒱"等字皆為詞言，篆从"𦣹"，古並从"口"。

評注："自"字殷墟甲骨文作（《合集》21734）、（《合集》857）、（《合集》23429），象鼻子之形，西周甲骨文作（《周原》H11：2），已近小篆寫法。林氏合、為一字，是，後者即前者之省體。"自"作鼻義，見于甲骨文。"自"因借為"己"為"從"，故另造"鼻"字以當之；象人形而用為大小之大，然未造後起字以表示本義，故與"自"字情況並不完全相同。

口、亼，遇韻，音句

《說文》云："，象形。"《說文》云："，三合也。从入、一，象三合之形。"按，經傳無此字。从"亼"之字，如"食""侖""今"等字，以三合說之，皆不可通。考其義並有口象詳見各條。古作召伯虎敦"今"字偏旁、作盂鼎"今"字偏旁，蓋即"口"字。""與""，文有順逆，皆象口形，惟獨體只作，偏旁閒用耳。

評注："口"字甲骨文作（《合集》13642）、（《合集》21878），歷代相承，隸楷平直化為"口"。林氏以為、文有順逆，"食""龠""今"所从之"亼"符，皆有口象，乃倒口之異寫，間作偏旁，甚是。然"合""會"所从之"亼"符，當象盒蓋之形，與倒口之亼同形耳，正如"向""各"所从之"口"符，乃窗戶、門坎之形，亦與口嘴之口同形耳。此所謂物象相似，而字符不別也。

臣，之韻

《說文》云："，顧頷也。象形。，篆文，右又从頁。"按，古作伯壺"姬"字偏旁，作魯大司徒匜"姬"字偏旁，象形，中象腠理。或作鑄子叔臣，中加點者，猶或作見"魯"字、"曹"字各條、女或作陳侯鼎云"作口媯四母媵鼎"，以"母"為"女"字，非別有取象也。

評注：甲骨文有字作（《合集》18743），其形與"姬"字所从"臣"旁近同（《合集》33291"姬"字作），或以為象梳比之形，乃"篦"之初文，[①] 可從。金文作，所加之點乃飾筆，林氏以為"非別有取象"，是。《說文》以臣為頤之本字，林氏從之，恐非。

牙，模韻，音吾

《說文》云："，牡齒也。象上下相錯之形。"按，古作魯大僕敦。

評注："牙"字甲骨文未見，金文多有之，除林氏所引外，尚有師克盨作、等，皆象牙齒交互相錯之形。《說文》小篆作，與林氏所書略異。

函，談韻

《說文》云："，舌也，舌體ㄢㄢ。从ㄢ，象形，ㄢ亦聲。"按，古作

---

① 參見黃德寬主編《古文字譜系疏證》，商務印書館2007年版，第136頁。

不掫敦，中象舌理，象舌後縣雍垂之形。

評注："圅"字甲骨文作（《合集》28372）、（《合集》18469），金文近同，象盛矢於箭袋之內，故有函納之義。小篆作，變化較大，其上部之""為囊之提手變形，框中之""為倒矢之形。本當隸定為"圅"，隸變作"函"，後者更為通行。林氏引金文而據《說文》為說，非是。

耳，之韻，尼里切

《說文》云："，象形。"按，古作弭仲匡"弭"字偏旁，象耳及耳竇之形。或作毛公鼎"耿"字偏旁、作井人鐘"聖"字偏旁。

評注："耳"字甲骨文作（《合集》20338）、（《合集》21099），象耳朵之形。後世文字因線條化而使象形意味漸失。林氏引金文為說，可從。

肩，寒韻

《說文》云："，髆也。从肉，象形。，俗肩从戶。"按，石鼓作"豣"字偏旁，从肉，象形，"幵"省聲。

評注："肩"字甲骨文作（《合集》6597 正）、（《合集》35178），象肩胛骨之形。或以"克"字所从之為"肩"字初文〔"克"字甲骨文作（《合集》19875）、（《合集》31821）等形。《說文》："克，肩也。"〕從後來的字形來看，形加飾筆而成或，為足義而附加"肉"符形成或，邏輯上是成立的。另疑"肩"乃"閒"之省。"閒""肩"古皆見母元部字，"閒"字古作，準省為之例，"閒"省右邊之戶而作，以為"肩"字，亦可順理成章。如此說可從，《說文》肩字所从之"肉"，乃"月"符之訛。待考。林氏所摹石鼓文之"肩"字，或有誤，其言"幵省聲"，恐不可據。

呂，模韻，音鹵

《說文》云："，脊骨也，象形。，篆文从肉，旅聲。"按，古作鄦伯鋁"鋁"字偏旁、作貉子尊彝癸。

評注："呂"字甲骨文作（《合集》6567）、（《合集》29687），

舊以為象脊骨之形，“膂”為后起形聲字。或以為象金屬熔塊之形，為“鋁”之初文。[①]

凶，東韻

《說文》云：“，惡也。象地穿交陷其中也。”按，“凶”無交陷之義，當為“匈”之古文，象形。古作熊凶匜，亦象胸形，，乳際也。《說文》云：“，張口也。象形。一說坎也，塹也。”經傳未見，疑即“凶”之偏旁，不為字。

評注：“凶”字甲金文未見，林氏所引之，與“凶”之古形不類，當非“凶”字，如戰國文字作（雲夢秦簡）、（楚帛書），均與形不相近似。“凵”為“坎”之初文，有文字學上的證據，凵上加×表示陷入，其義為凶惡，《說文》之說當有理據。林氏以“凶”為“匈”（胸）之古文，可備一說，待考。

心，侵韻

《說文》云：“，象形。”按，古作師望鼎、作散氏器、作克𣪕彝。

評注：“心”字甲骨文作（《合集》14022正）、（《合集》11427），象心臟之形。相承至小篆，仍存象形意味。林氏引金文而無說。

甶，微韻，比眉切

《說文》云：“，人臍也。从囟，囟取通气也。从比聲。”按，“臍”與“囟”無相通之理。“”當象人臍，形近“囟”，實非“囟”字。猶“川”象髮，“戶”象肩也。

評注：“甶”字本作“𦙽”，亦隸定為“膍”，隸變為“甶”。《集韻·脂韻》：“𦙽，或書作膍。”“𦙽，隸作甶。”其隸變作“甶”者，猶“思”本从“囟”，亦隸變為从“田”也。金文作、（鄧公簋），从囟無誤。林氏以“囟”象人臍，與頭囟之“囟”同形，可從。所摹“囟”旁，乃據段注本，大徐本小篆作。

① 參見黃德寬主編《古文字譜系疏證》，商務印書館2007年版，第1574頁。

手，幽韻

《説文》云："，象形。"按，古作無曩敦，象掌及五指之形。或作虢叔鐘"㝷"字偏旁，與"毛"相混。或作井人鐘"㝷"字偏旁，象覆手之形。

評注："手"象手有五指之形。林氏所引虢叔鐘及井人鐘"㝷"即"尋"字，後者上部之"見"乃"貝"符之訛，其下部所从之"手"作及者，皆變寫。《説文》"手"之古文作，與近似。

又，之韻，音異

《説文》云："，手也。象形。三指者，手之列多略不過三也。"按，手之列如象三指，象三趾，皆略為三。蓋五指中有相比合者，略視之不過三也。古作毛公鼎。

評注："又"字甲骨文作（《合集》5596）、（《合集》33921），本象右手側視之形。金文小篆相承。林氏從《説文》以三指為略視之形，可從。

厶，蒸韻，古升切

《説文》云："，臂上也。从又，从古文厷。，古文厷，象形。，左或从肉。"按，古作弘尊彝"弘"字偏旁。

評注："厷"字甲骨文作（《合集》13681）、（《合集》13678），是在"又"符手臂處加上指事符號或表示厷部所在，字後作"肱"，加"肉"以足義。《説文》古文之，乃指事符號脱離"又"符而成。"从又，从古文厷"句，大徐本作"从又，从古文"，脱"厷"字；"左或从肉"句，大徐本作"厷或从肉"。林氏據段注本。

止，之韻

《説文》云："，象艸木出有阯，故以止為足。"按，古作虢季子伯盤"正"字偏旁、作太保彝"征"字偏旁，非艸木形，象人足，即"趾"之本字。《儀禮》"北止"士昏禮注："足也。"《禮記》"奉席請何止"內則、《漢書》"四之日舉止"食貨志，"止"皆為"足"。《漢書·刑法志》"當斬左止"，則為足之指。“止”本為“足”，引伸為“止息”之義，足所至也。《說文》云：“，蹈也。从反止。讀若撻。”經傳未見，疑即“止”之反文，不為字。

評注：“止”字甲骨文作（《合集》20221）、（《合集》33139）、（《合集》13686），象足掌足趾之形。金文線條化後，為小篆所本。林氏以為“非艸木形，象人足，即趾之本字”，又疑“”即“止之反文，不為字”，皆是。其“非艸木形”之說，亦有所本。鄭樵《六書略》即已指出其形“象足趾”，徐灝《說文解字注箋》云：“凡从止之字，其義皆為足趾。許以為象艸木出有址，殆非也。……三趾者，與手之列多略不過三同例。”林氏所引《禮記·內則》“奉席請何止”，《十三經注疏》本作“奉席請何趾”，阮元《校勘記》云：“各本同，石經同，《釋文》出‘何止’，云‘本又作趾’。按，《說文》有止字，無趾字。”

文、夂，微韻

《說文》云：“，行遲曳夊夊也。象人兩脛有所躧也。”“，從後至也。象人兩脛後有致之者。讀若黹。”按，从之字，如“夌”“憂”“夔”“夏”“慶”等，从之字，如“夆”“舛”等，古並从虢叔鐘“降”字偏旁、从散氏器“降”字偏旁、从太保彝“降”字偏旁，亦从函皇父敦“降”字偏旁、从小臣俞器“夔”字偏旁，皆象足跡形，無、之別。《說文》云：“，跨步也。从反夊。𢀚从此。”“𢀚”字𢀚比鼎不从“㐄”。“㐄”為“”字之反文，當即“”字。

評注：象足趾之“止”字，在不以方向表意的文字中，左右上下可以無別。林氏以夂、夊為一，以㐄為夊之反文，可從。所引太保彝（簋）“降”字偏旁作，本作，林氏摹誤。

菌，微韻，式壘切

《說文》云：“，糞也。从艸，胃省。”按，从艸轉注，象形。

評注：此字甲金文未見，睡虎地秦簡有之，作（《雲夢·封診式》36），句為“有失伍及菌不來者”，乃通假字，讀為“遲”。《玉篇·艸部》：“菌，糞也。亦作‘矢’，俗為‘屎’。”錢坫《斠詮》云：“圂中之※，其形近于矢。”林氏以為菌字象形，與錢說近同。

巤，葉韻

《說文》云：“，毛巤也。象髮在囟上及毛髮巤巤之形也。”按，古作師寰敦、作宰椃尊彝丁。

評注：甲骨文有字作（《合集》18393），與金文師寰簋字近同，或即同字，然構形不明。《說文》又云：“此與籀文子字同。”按《說文》錄籀文“子”字作，許氏蓋謂“巤”之从巛从囟者與籀文“子”字同，故謂其“象髮在囟上及毛髮巤巤之形也”。小篆的寫法，是從戰國文字（主要是秦系文字）演變而來，如“獵”字中山王壺作，睡虎地秦簡作（《雲夢・雜抄》27），“邋”字石鼓文作，其所从“巤”旁，皆與小篆形近。林氏引金文而無說。

四，微韻，息類切

《說文》云：“，侌陰數也。象四分之形。”按，許意謂象四方，中从八，八者分之，謂分為四方也。然古作郘鐘，不象四方，即“㖨”之古文，獸口也，象口鼻相連之形。，兩鼻腔，象口腔。“㖨”“四”古同音。《詩》：“昆夷兌矣，維其㖨矣。”緜《說文》引作“犬“昆”“犬”古同音夷呬矣”是也。獸蟲口鼻相連，其息以㖨，故引伸為息。《方言》：“呬，息也。”“呬”實即“四”之或體。

評注：古“四”字為積畫，作亖，甲骨文、金文多如此，沿用至戰國時期。春秋之後或作（郘王子鐘）、（鄲孝子鼎）、（《陶彙》5・384），為後世所承。郭店簡作、《說文》古文作，皆其變體。此“四”形，丁山以為乃“呬”之本字。[①]《方言》：“呬，息也。”《說文》：“呬，東夷謂息為呬。”吳王鐘作，曾憲通先生以為象“鼻息下引之形，構形最為形象”，“自氣息之四被借為數名之亖使用後，積畫之亖遂廢而不用，又另造口旁之呬以代四字，呬字行而四之本義遂亡。”[②] 其說可從。林氏謂“四”即㖨之古文，象獸口之口鼻相連之形，似非是。參見卷八“亖”

---

① 參見丁山《數名古誼》，《歷史語言研究所集刊》第一本一分，1928 年。

② 參見曾憲通《吳王鐘銘考釋》，《古文字與出土文獻叢考》，中山大學出版社 2005 年版，第 138 頁。

字條評注。

角，遇韻，音局

《說文》云："，獸角也。象形。"按，古作駁方鼎、作叔角父敦，制字之始本當作，方象角形，後變為耳。

評注："角"字甲骨文作（《合集》112）、（《合集》671 正），象獸角之形。林氏揣擬之形作，與甲文不符，不可據。

采、番，寒韻，音蹯

《說文》云："，辨別也。象獸指爪分別也。讀若辨。"按，象獸足之形。象其掌，象其爪，當即"蹯"之本字。古作魯侯鬲"番"字偏旁。《說文》云："，獸足謂之番。从采，田象其掌。"按，古作魯侯鬲，""已掌指爪，其下不當復象掌形。从"田"者，獸足所踐處也，與"畽"字从"田"同意《說文》云："畽，禽獸所踐處也"。"番"實與"采"同字。

評注："采"字甲骨文作（《合集》4211 反）、（《合集》10061），金文承之，為"番"之本字，後又有益"足"作"蹯"者。《左傳・宣公二年》："宰夫胹熊蹯不孰。"林氏合"采""番"為一字，其說甚是，諸家多有從之者。"已掌指爪"句，當作"已象掌指爪"，脫一"象"字。

羽，模韻，王古切

《說文》云："，鳥長毛也。象形。"按，古作邾公華鐘"翏"字偏旁、作右濯戈"濯"字偏旁。

評注：甲骨文像後世"羽"字者，如"習"字作（《合集》31669），上部所从即後來之"羽"，舊釋為"羽"，唐蘭改釋"彗"，學者多從之。"羽"字金文有單獨成字者，如郐王之子戈作，象羽毛之形，左向右向無別。《說文》小篆作，林氏所書略異。

毛，宵韻

《說文》云："，眉髮之屬及獸毛也。象形。"按，古作毛公鼎。

評注：“毛”字甲骨文未見，金文多見，象毛髮之形。林氏引金文，無說。

肉，幽韻

《說文》云：“，胾肉。象形。”按，古作曆尊彝“䰞”字偏旁、作邾公華鐘“祭”字偏旁，象臠形。生人之肉曰“肌”，俗亦或稱“肉”。

評注：“肉”字甲骨文作（《合集》18250）、（《合集》31012）、（《合補》11468）等形，最後一形為後世常見。段注云：“人曰肌，鳥獸曰肉，此其分別也。”林氏“生人之肉曰‘肌’”，或本此。

來，之韻，音釐

《說文》云：“，周所受瑞麥來麰也。一來二夆鋒，象其芒朿刺之形。天所來也，故為行來之來。”按，古作克彝“釐”字偏旁、作小臣俞器。

評注：“來”字甲骨文作（《合集》32937）、（《合集》2267）、（《合集》34525），下象根，中象葉，上象穗，象麥之形。假借為“往來”之“來”，假借義成為常用義。《說文》以為瑞麥乃是“天所來也，故為行來之來”，則以為引申義。林氏無說。

麥，之韻，莫戟切

《說文》云：“，芒穀。从來，有穗者，从夊。”按，象麥有芒之形。古以瑞麥為天降，故从“夊”。夊者足形，行來之象也轉注兼象形。

評注：“麥”字甲骨文作（《合集》24404）、（《合集》9620），从夊，來聲。从夊之字與腳的動作有關，故朱駿聲《說文通訓定聲》認為“往來之來正字是麥，菽麥之麥正字是來”。花園莊東地甲骨 34．5：“甲辰卜：于麥乙又（侑）于且（祖）乙宰。用。”“麥乙”即“來乙”，指下一個乙日，可見“麥”也確有用作“來”的例子，保留了其本來的意義。林氏以“瑞麥為天降”說从“夊”之理，亦備一說。

禾，歌韻

《說文》云：“，嘉穀也。从木，从𠂹省。𠂹象其穗。”按，古作曶鼎，上象垂穎形，禾垂穗向根，故張衡《思玄賦》云："嘉禾垂穎而顧本。"

評注："禾"字甲骨文作（《合集》19804）、（《合集》33274）、（《合集》33293）、（《合集》33209），羅振玉《增訂殷虛書契考釋》云："上象穗與葉，下象莖與根。許君云'从木，从𠂹省'，誤以象形為會意矣。"林氏以為象形，是。

秫，微韻，音遂

《說文》云："，稷之粘者。从禾，象形。，秫或省禾。"按，古作弭仲匡，作盂鼎"述"字偏旁，象形。

評注："秫"乃"朮"之後起字，甲骨文作（《合集》16267）、（《合集》18406），金文除林氏所引盂鼎"述"之偏旁作外，尚有史述簋"述"之偏旁作，中山王壺"述"之偏旁作等，手（又）形周邊佈滿顆粒狀物，皆象稷之黏手者。林氏以為象形字，是。

米，微韻，音美

《說文》云："，粟實也。象禾黍之形。"按，古作太師虘豆""字偏旁，象聚米。

評注："米"字甲骨文作（《合集》34165）、（《屯南》1126），金文伯公父匿粱字偏旁作，皆象米粒之形。林氏引太師虘豆字偏旁，未知所出，且字似不从米，待考。

尗，幽韻，式肉切

《說文》云："，豆也。尗象豆生之形也。"按，古作師嫠敦"叔"字偏旁。

評注："尗"字甲骨文作（《合集》7932），金文克鼎"叔"字偏旁作，猶有所承，後作"尗"者，簡化之形也。"尗"乃"菽"之初文，許慎以為象豆生之形，當為可信。

木，遇韻，模玉切

《說文》云："，从屮，下象其根。"按，上象枝幹，下象根。古作散氏器，同。

評注：“木”字甲骨文作（《合集》5749）、（《合集》27817），象樹木之形，林氏以為上象枝幹，下象根，是。《說文》析出“屮”符，非。王筠《說文釋例》云：“木固全體象形字也，丨象幹，上揚者枝葉，下注者根株。只統言象形可矣，分疏則謬。”

叒，模韻，乃暮切

《說文》云：“，日初出東方湯谷，所登榑扶桑，叒若木也。象形。”按，古作師嫠敦，象枝葉之形。《離騷》“折若木以拂日”，以“若”為之。

評注：“叒（若）”字甲骨文作（《合集》818）、（《合集》891正）、（《合集》20261），象人跪跽並以雙手順髮之形，與《爾雅·釋言》“若，順也”之訓相同。卜辭每有“上下若”“上下弗若”之語，“若”即“順”也。後世文字或因跪形不顯，髮形訛變而與手形混同，故小篆承之作；或加“口”符以為飾，如毛公鼎作，進一步訛變為从艸从又从口，即《說文·艸部》之“若”。林氏雖知“叒”即“若”字，然以象枝葉之形，非是。

桑，陽韻

《說文》云：“，蠶所食葉木。从叒、木。”按，象葉形“葉”字古以“世”為之，與“”形近。从木多其葉，象形所貴在葉，故象其葉。

評注：“桑”字甲骨文作（《合集》10058）、（《合集》6959）、（《合集》37562），象桑木之形，因所象枝葉之形與“又”形相近，後遂訛為从叒（與由“若”字訛變而來的“叒”同形），从木。林氏以象葉形，故解為“从木多其葉”，亦非是。其字頭作，未明所出，殆由叒、木拼合而成。

竹，幽韻，張肉切

《說文》云：“，象形。”按，象莖葉形。古作伯筍父盨“筍”字偏旁。

評注：“竹”字甲骨文作（《合集》4750）、（《合集》4755），象竹枝葉之形。後世文字雙枝分寫並下延豎筆縮短出頭，遂成小篆形體。林氏以為“象莖葉形”，可從。

瓜，模韻，音孤

《說文》云：“，象形。”按，象瓜形，當如，變作。

評注：“瓜”象瓜生藤蔓之形，甲骨文未見，戰國令狐君壺作，象形。林氏作者，想象之形也，不可據。其字頭，乃據小篆略變。

屮，幽韻，音篷

《說文》云：“，艸木初生也。象丨出形，有枝莖也。古文或以為艸字。讀若徹。”按，音“徹”之“屮”，經傳未見，當從古文與“艸”同字。《荀子》：“刺屮殖穀。”《漢書》：“捽屮杷土。”漢·高彪碑：“犾獄生屮。”皆以“屮”為“艸”。

評注：“屮”字甲骨文作（《合集》15396反）、（《合集》15396反），象艸初生之形。林氏據文獻用字，認為“音‘徹’之‘屮’，經傳未見，當從古文與‘艸’同字”，其說是。商承祚《〈說文〉中之古文考》云：“屮、艸本一字。初生為屮，蔓延為艸。”古文字中从屮之字或从艸作，例多不贅。

芻，遇韻，音趨

《說文》云：“，刈艸也。象包束艸之形。”

評注：“芻”字甲骨文作（《合集》126）、（《合集》93正）、（《合集》11410），象手持斷艸，會割艸之意。“艸”旁或易為“木”，意義無別。金文散盤作。林氏無說，亦未引金文字形。

朩、𣎳，臻韻，音髕；又微韻，音蜚

《說文》云：“，分枲莖皮也。从屮、八，象枲皮。讀若髕。”《說文》云：“，艸木盛𣎳𣎳然。象形，八聲。讀若蜚。”按，“八”古作見“八”字條，从“八”，則與音“髕”之“”無別。音“髕”臻韻、音“蜚”微韻亦雙聲對轉，其實一字。本義為枲皮，假借為草木盛貌。

評注：“朩”字商周古文字未見獨用之例，从“朩”之字，如“麻”字見於師麻匡，作，“�”字見於郭店簡，作，《說文》以為“朩”象分枲莖皮，應屬可信。又隸定為“𣏟”，古亦未見獨用者，林氏以為與“朩”為一字，似可從。

乂、艾，泰韻

《說文》云：“，从艸，乂聲。”“，芟艸也。从丿乀相交。”按，相交非芟艸之義。古“艾”字作孟鼎、作己姜艾敦，非从艸乂。“艾”“乂”當同字孟鼎“今余唯命女盂紹艾”，“艾”即“乂”字。象艾二本之形，篆省作“乂”耳。變作𠩱仲艾匜。

評注：“乂”字甲骨文作（《合集》822 正）、（《合集》20786），殆象割艸工具之形，“刈”之初文。大徐本作“从丿从乀相交”，林氏從段注本。“艾”字甲骨文作（《合集》8315）、（《合集》31267），象以工具割艸。“乂”“刈”“艾”皆一字分化，《詩·周南·葛覃》“是刈是濩”，《釋文》“是刈”作“是艾”，注云：“本亦作刈。魚廢反。韓詩云：‘刈，取也。’”林氏所引形，當為“𤇾”（熒）字。

囪，東韻，音蔥

《說文》云：“，在牆曰牖，在屋曰囪窗。象形。”按，古作毛公鼎“囪黃”即“蔥衡”、作克𩰫彝，不象窗形。吳氏大澂以為“蔥”之古文，是也。象蔥本之形。

評注：“囪”字作為“窗”之古體，殆象窗櫺之形。林氏所引金文字形，甲骨文作（《合集》5346），从十从心，會心靈明瞭通徹之意，後作“悤”。“囪”有通明之意，與从心之“悤”意義相關，“悤”之从囪，殆由此而來。林氏據吳大澂說以“囪”為“蔥”之古文，象蔥本之形，恐非是。

舜，文韻

《說文》云：“，艸也。楚謂之葍，秦謂之藑。蔓地連華。象形。从舛，舛亦聲。”按，象形，舛聲。

評注："舜"字戰國文字作（《郭店①·窮達》2），可隸定為埈，从土，夋聲，夋則从允聲。"舜"當是从"允"分化而來的一個字。訛變作（郭店·唐虞6），與《說文》古文作者形近。② 小篆字形本隸定為"䑞"，作"舜"者，乃隸省訛變而成。漢印作（趙舜之印）、（張舜私印），武梁祠畫象題字作，可參。林氏以此字為舛聲，當屬其"象形兼形聲"之例（參見"禽"字條評注）。

氏、氐，蟹韻，時蟹切；又微韻，丁壘切

《說文》云："，巴蜀名山岸脅之𠂤堆旁箸著欲落𡑞墮者曰氏，氏𡽹崩聞數百里，象形，乀聲。"按，古作不𡢁敦、作公貿彝，不象山岸脅之形。本義當為根柢。氏蟹韻、柢微韻雙聲旁轉。象根，●其種也。姓氏之"氏"，亦由根柢之義引伸。《說文》云："，至也，本也。从氏下著一，一，地也。"按，"氐"古作，當與"氏"同字。"氏""氐"音稍變，故加"一"以別之。一，實非地。氏象根，根在地下，非根之下復有地也。石鼓作。

評注："氏"字甲骨文作（《周原》H11：4），後世文字在豎筆上或加點，或加横，皆為飾筆。其構形不明，或以為匙之初文，林氏以為根柢之義，可備一說，然以所加之點為種子，恐非。"氐"為"氏"之分化，下"一"為分化符號，林說可從。大徐本作："巴蜀山名。岸脅之旁箸欲落𡑞者曰氏，氏崩聞數百里，象形，乀聲。"林氏從段注本，然"𡽹"下漏"聲"字。

氒，泰韻，音儈

《說文》云："，木本也。从氏，大於末。讀若厥。"按，古作盂鼎、作司徒司尊彝、作邾公釛鐘，象木始生根形，●亦象種。

評注："氒"字甲骨文作（《合集》10405正）、（《合集》10406正），金文豎筆或加點，或加横，皆為飾筆，不从"丁"。或認為氒為矢

① 《郭店》是《郭店楚墓竹簡》（荊門市博物館，文物出版社1998年版）的簡稱，下同。

② 參見季旭昇《說文新證》，福建人民出版社2010年版，第486—488頁。

桮之“桮”的初文，或認為乑為“久”之古體，乑、久乃一字分化。林氏以為象木始生根形，乃因氏字為說，待考。大徐本作“木本，从氏，大於末。讀若厥。”林氏從段注本，然有脫漏。“从氏大於末”句，段注本作“从氏丅下，本大於末也。”按，大徐本篆作，段氏改篆作，分為“氏”“丅”兩個部件，故云“从氏下”，非是。

民，臻韻

《說文》云：“，眾萌氓也。从古文之象。，古文民。”按，古作齊侯鎛、作洹子器，象草芽之形，當為“萌”之古文，音轉如“甿”，故復制“萌”字。草芽蕃生，引伸為人民之“民”，其轉音則別為“氓”字“萌”“氓”古同音，然亦假“萌”為“氓”。《史記》“奸巧邊萌”三王世家、《上林賦》“以贍萌隸”，皆是。

評注：“民”字甲骨文作（《合集》13629）、（《合集》18272），从目，金文亦有从目作者，例如何尊“民”字作。“民”字古形象以銳器刺目，使之致盲，以為奴隸。古代之民，本指奴隸。林氏以為象草芽之形，當為“萌”之古文，人民義乃其引申，不合形體，當不可據。《說文》小篆作，古文作，略異。

𠌶，模韻，音虖

《說文》云：“，艸木華也。从𠂹，于聲。”按，古作邾公華鐘，象一蒂五瓣之形，于聲。或作克鼎彝，象萼足。

評注：“𠌶”為“華”之古字，未見於甲骨文。《說文》：“華，榮也。从艸，从𠌶。”段注：“𠌶與華音義皆同。”徐灝《說文解字注箋》：“𠌶華亦一字……𠌶乃古象形文，上象蓓蕾，下象莖葉，小篆變為亏耳。”林氏從《說文》，以為于聲，亦屬“象形兼聲”之例。

不、丕，之韻，音鄙

《說文》云：“，鳥飛上翔不下來也。从一，一猶天也。象形。”按，“”與鳥形不類。周伯琦云：“鄂萼足也。”萼足謂之“柎”《補亡詩》“白華絳柎”。不之韻、柎遇韻雙聲旁轉。《詩》“鄂不韡韡”常棣，箋云：“‘不’當作

‘柎’。柎，蕚足也。”《左傳》“三周華不注”成二年，山名華不注，亦取義于華柎。古作叔家父匡、作邾公華鐘，象形。《說文》云：“，大也。从一，不聲。”按，从“一”無“大”義。“不”字古或作不隆矛，“丕”字隸亦作“”，當即“”字。變●為一，或移置“不”下，“丕”“不”實同字也。凡“丕顯”字，經傳多作“不顯”，諸彝器亦皆以“不”為之。

評注：“不”字殷墟甲骨文作（《合集》20572）、（《合集》6834正）、（《合補》38正），西周甲骨文作（《周原》H11：84）。本只作，下引三曲筆，象根鬚之形，後增形作、，為後世所承。諸家多以為“不”乃蕚足即“柎”之初文，可從。《通志·六書略》：“不，音跗。象華蕚蒂之形。”王國維《觀堂集林》：“不者，柎也。”高鴻縉《中國字例》云：“不，原意為鄂足，象形字，名詞。後借用為否定副詞，日久而為借意所專，乃另造柎字以還其原。”“不”“丕”一字分化，林氏所論亦可從。

日，微韻，音內

《說文》云：“，實也。大昜陽之精不虧。从口，从一，象形。”按，古作曶鼎，中有畫者，以別於“口”，非謂日中實也。

評注：“日”字甲骨文作（《合集》33694）、（《合集》6571正），象日之形，其中之點或横畫，林氏以為乃區別性符號，可從。

月，泰韻，音外

《說文》云：“，象形。”按，古作格伯作晉姬敦，亦作召伯虎敦。

評注：“月”字殷墟甲骨文作（《合集》20924）、（《合集》94正）、（《合集》37840），西周甲骨文作（《周原》H11：2），象半月之形，中或加豎筆，為後世所本。林氏無說。

夕，模韻，音溯

《說文》云：“，莫暮也。从月半見。”按，月半見非夕義。古“外”字、“霸”字或从“夕”，或从“月”“霸”字从“夕”，見頌敦、守敦，“夕”“月”初本同字。暮時見月，因謂暮為月，猶晝謂之日，夜晴謂之星也《詩》“星言夙駕”。

後分為二音，始於中加一畫為別，而加畫者乃用為本義之“月”，象月形者反用為引伸義之“夕”。古作毛公鼎，象月形。

評注：“夕”字甲骨文作（《合集》19798）、（《合集》17056），與月同形，是月是夕，當依文例而定。林氏謂月、夕本同字而分化，其說是也。

星，青韻

《說文》云：“，从晶，生聲。一曰象形，从。古後注中，故與日同。”本从三，象星形，生聲。作者，即而注點其中，與“日”形同文異。古文中空者，多注點其中，如匠或作，从之字或从也。

評注：“星”字本作“晶”，甲骨文作（《合集》11503 反）、（《合集》11504），象星星之形；又加“生”為聲，乃作（《合集》11488）、（《合集》11501），所从星體，或二，或三，或四，或五。大徐本小篆作，林氏所書略異。金文麓伯星父簋作，林氏未引。“古後注中”句，“後”字大徐本及段注本皆作“復”，林氏書誤。林氏指出，“古文中空者，多注點其中”，符合古文字的構形特點。

火，微韻，音毀

《說文》云：“火，象形。”按，古作滕虎尊彝“滕”字偏旁、作錄敦“赤”字偏旁、作公鼎“光”字偏旁，象光燄迸射之形。

評注：“火”字甲骨文作（《合集》2874）、（《合集》11503 反），火焰之形更為形象。金文相承，小篆線條化。林氏云：“象光燄迸射之形。”可從。

气、乞，微韻，去配切

《說文》云：“气，雲气氣也。象形。”按，古作洹子器。

評注：“气”字甲骨文作（《合集》7144）、（《合集》35180），因與“三”易混，後曲其首尾之筆以別之。按《文源》體例，字頭出二字者，兼論二字之關係，此條未說“乞”與“气”之關係，殆林氏漏略。按，古“气”與“乞”同字，後分化為不同寫法。

云、雲，文韻

《說文》云：“，山川气也。从雨，云象回轉之形。，古文省雨。”

評注：“云”為“雲”之本字，因“云”借為云曰之“云”，云雨之“云”遂加“雨”以別之。甲骨文作（《合集》21324）、（《合集》13399 正），正象雲朵回轉之形。大徐本作“云象雲回轉形”，林從段注本。所書古文亦略異。

山，寒韻

《說文》云：“，象形。”按，古作克鼎彝“阬”字偏旁。

評注：“山”字甲骨文作（《合集》5831）、（《合集》6822），象山峰並列之形，後線條化為“山”。

阜，幽韻，音缶

《說文》云：“，大陸也，山無石者。象形。”按，古作散氏器字偏旁，橫視之象形。或作大保彝“降”字偏旁、作匽侯尊彝“隮”字偏旁、作禹敦“降”字偏旁。

評注：“阜”字甲骨文作（《合集》7860）、（《合集》20600）、（《合集》20253）。《釋名·釋山》：“土山曰阜。”土山即《說文》之“山無石者”。林氏以為橫視之象形，是。

𠂤，微韻

《說文》云：“，小阜也。象形。”按，古作取彝、作虢叔鐘“帥”字偏旁，橫視之象形。

評注：“𠂤”即“堆”本字，小土山也。甲骨文作（《合集》5807）、（《合集》36518）、（《合集》36440），亦橫視之象形。

丘，之韻，音欺

《說文》云：“，土之高也，非人所為也。从北，从一。一，地也。人居在丘南，故从北。中邦之居，在昆侖東南。一曰，四方高中央下為丘。象形。”按，旁高中下，象丘形，一，地也。此象形字。

評注：“丘”字甲骨文作（《合集》4733）、（《合集》7059），象土丘之形，後析為从北从一，是訛變造成的。林氏以為象形字，是。

京，陽韻

《說文》云：“，人所為絕高丘也。从高省，丨象高形。”按，古作芮公鬲、作御尊彝癸，象京形，，“高”省兼轉注。

評注：“京”字甲骨文作（《合集》33221）、（《合集》24446），象高臺建築，為整體象形，“从高省，丨象高形”云云，乃偏旁分析之結果。“高”“京”一字分化，林氏從《說文》以為“京”“高”有聯係，可從，但把金文字形拆開分析，以為象京形，為“高”省，則不妥（參見卷四“高”字條評注）。

厂，寒韻

《說文》云：“，山石之厓巖，人可居。象形。”按，古作散氏器，同。

評注：“厂”字甲骨文作（《合集》21073“㕯”字偏旁），《說文》所釋可從。林氏引金文證《說文》。

田，臻韻，廷寅切

《說文》云：“，象形。口十阡陌之制也。”按，古作克鼎彝、作兮田盤。

評注：“田”字甲骨文作（《合集》32026）、（《合集》10560），象田地阡陌縱橫之形，後世承襲其較為簡省者。林氏所引“兮田盤”，今稱“兮甲盤”。

疇、𠃬，幽韻

《說文》云：“，耕治之田也。从田，，象耕田溝詰詘也。，疇或省。”按，古作遅盨“壽”字偏旁、或作豆閉敦“壽”字偏旁。

評注：“𠃬”字甲骨文作（《合集》13416）、（《合集》21174）、（《合集》14912），金文相承，如林氏所引，象耕田溝渠詰詘之形。“疇”為“𠃬”之後起字。大徐本作“象耕屈之形”，林氏從段注本。

穴，微韻，胡祟切

《說文》云：“，土室也。从宀，八聲。”按，“穴”“八”不同音。古作录伯彧敦“窦”字偏旁，象穴形。

評注：“穴”字甲骨文未見，从穴之“突”字甲骨文作（《合集》21224）、（《英》1871），象犬從洞中出，所从乃洞穴之形，然有飾筆，後“穴”字所从之“八”，當為飾筆演化而成。林氏以為象形字，是。

井，青韻

《說文》云：“，象構韓形。●，罋象也。”按，古作師虎敦，或作井季㲋彝、作靜敦“靜”字偏旁。凡古文中空者多注點其中見“星”字條，●非必象罋也。

評注：“井”字甲骨文作（《合集》32763）、（《合集》1339），象井上圍欄相交之形。圍欄即是韓（韓），故云“象構韓形”。甲骨文本無點，林氏謂古文中空者多注點其中，是。

谷，遇韻，音欲

《說文》云：“，泉出通川為谷。从水半見，出於口。”按，古作格伯敦，象窪處，象川所通形。或作伯俗父鼎“俗”字偏旁，變从“口”。

評注：甲骨文“谷”字作（《合集》17536 正）、（《合集》8395），後世承之。其形義關係，眾說紛紜。按甲骨文有（《合集》3601）字，或以為象山間水道，乃“谷”之初文，从山或从口者乃後加。林氏以為“象川所通形”，可從。

水，微韻

《說文》云：“，象眾水並流，中有微陽之氣也。”按，古作靜敦“池”字偏旁，象水瀦，象水流，皆凡水之稱，非指眾川並流也。亦作寰盤“沙”字偏旁。

評注：“水”字甲骨文作（《合集》33356）、（《合集》33349）、（《合集》10157），象流水狀。金文相承，小篆更加規范化。林氏指出水象水流，“非指眾川並流”，可從。

𡿨𡿨，文韻，音窘

《說文》云：“𡿨，水小流也。甽，古文从田、川。篆文畎，从田，犬聲。”按，𡿨象水小流形。

評注：“𡿨”為“畎”之本字，田間小溝，甲骨文未見。段注本作“甽，古文𡿨，从田川。畎，篆文𡿨，从田，犬聲。”林氏引文略異。

巜巜，泰韻，音儈

《說文》云：“巜，水流澮澮也。”按，象形。經傳以“澮”為之。

評注：“巜”亦田間小溝，較𡿨為大。林氏以為象形，是。甲骨文亦未見之。《周禮》作“澮”。

巛巛，文韻，音順

《說文》云：“巛，毌貫穿通流水也。”按，象形。古作巛毛公敦“訓”字偏旁，同。

評注：“川”字甲骨文作巛（《屯南》2161）、巛（《合集》10161）、巛（《合集》21734），象河川之形，最後一種寫法為後世所繼承。林氏以為象形，是。

淵淵，臻韻，音因

《說文》云：“淵，回水也。从水，象形。左右岸也，中象水皃。𣶒，淵或省水。”按，古作𣶒齊侯鎛“簫”字偏旁，中从水，亦象形。石鼓作淵。

評注：“淵”字初文甲骨文作𣶒（《屯南》2650），象潭中有水之形，又益水旁作淵（《屯南》722），為後世所承，然寫法變化較大。林氏據金文字形，指出“中从水，亦象形”，是。

仌仌，蒸韻，音崩

《說文》云：“仌，凍也。象水冰凝之形。”按，古作仌樊君器“冶”字偏旁、作仌姑馮句鑃“馮”字偏旁，亦作二、⺀穌冶妊器“冶”字偏旁。

評注： 甲骨文有"仌"字（《合集》8251正），象水凝結之紋理形。"冰"本為"凝"字，後"冰"作為"仌"字用，故另造"凝"字。林氏引金文證《說文》，可從。

∩宀，寒韻

《說文》云："∩，交覆深屋也。象形。"按，古作∩妣𨟻母敦"賓"字偏旁、作∩家字立戈父庚器"家"字偏旁、作∩諆田鼎"家"字偏旁。

評注："宀"字甲骨文作∩（《合集》13517）、∩（《合集》22246），象房屋之形。《合集》13517、22246皆有"乍宀"之詞，"乍宀"即"作宀"，建造房屋之意也。金文相承，如林氏所引。

广广，談韻

《說文》云："广，因广為屋也。象對刺高屋之形。讀若儼然之儼。"按，古作广伯要敦"府"字偏旁、作广虢季子伯盤"廟"字偏旁，∩象交覆，广象半覆。"广"即"檐"之古文。"广""檐"古同音。

評注："广"字甲骨文作广（《合集》1899正"龐"字偏旁），未見單獨使用。後世有些从"广"的字，甲骨文寫作从"厂"，如"庶"字西周甲骨文作（《周原》H11：74）。"广""厂"二者表意相同。徐灝《說文解字注箋》云："因广為屋，猶言傍巖架屋。此上古初有宮室之為也。"林氏以為"∩象交覆，广象半覆"，可從。

屋屋，遇韻，音欲

《說文》云："屋，居也。从尸，尸所主也。一曰尸象屋形。从至，至所止也。屋室皆从至。"按，所主之"尸"，古作，此象屋形，當與不同字。下从"至"兼殽列指事。

評注："屋"字所从之尸，林氏从《說文》一曰之義，以為象屋形。其說是，然有未盡。按此"尸"當為訛變而來。戰國文字"屋"字作（《璽彙》3143）、（《望山楚簡》2・15），與《說文》古文近同。其上所从，與西周金文"㲃"字（《㲃父甗》作、《召卣》作）所从相同，都是"青"字。"青"字从丰从宀，會以草苫蓋屋頂之意，為"屋"之初文。這個"青"字在金文中或省為，如《儹匜》𣪘字作，其上之，可訛變為，故《說文》"屋"字籀文作，小篆再省籀文之"厂"符，遂成字。雲夢秦簡"屋"字作（《日乙》112），即此省略之形，與小篆相同。要之，"屋"字所从之"尸"，乃"青"形之訛變，"青"即"屋"之初文。"青""屋"實一字之孳乳。①

臺，之韻，音持

《說文》云："，觀，四方而高者也。从至，从高省，與室、屋同意，㞢聲。"按，象臺形，从"至"在其下兼指事，㞢聲。

評注："臺"字秦系文字作（《珍秦齋古印展》170），从土从高（"高"上部與"㞢"合筆），土築之高臺也，㞢聲。又作（《金薤留珍·壁》），从至从高省（"高"上部亦與"㞢"合筆），至高之處也，㞢聲。侯馬盟書作，郭店楚簡作（《郭店·老甲》26），从至，从厂或从宀，从"厂"與从"高"同意，所从之"宀"或為"厂"之變寫，㞢聲。綜合起來看，小篆"臺"字分析為"从至，从高省，㞢聲"是可從的。因"高"本身即象高臺建筑之形，故林氏以為"象臺形"，亦有理據。大徐本作"从至，从之，从高省"。林氏從小徐本及段注本。

瓦，歌韻，音我

《說文》云："，土器已燒之總名。象形也。"按，象鱗次之形，本義當為屋瓦。

評注："瓦"字見於戰國時期，陶文作（陶彙5·384），睡虎地秦簡作（《秦律》148），林氏以為象鱗次之形，本義為屋瓦，可從。《說文》所釋，當為意義擴大後的統稱。

𣥠，模韻，音堵

《說文》云："，古文旅。"按，"旅"古無作""者，當即"堵"之古文，垣也。古作者㚸尊彝"者"字偏旁，象版築之形，象構版，象土也。

① 參見黃德寬主編《古文字譜系疏證》，商務印書館2007年版，第957、961—963頁。

“者”字以此為聲。𣎵又作𣎵母宰器，象土在木中；又作𣎵散氏器“𣎵”字偏旁，从土，象形。

評注：“𣎵”字寫法變化極多，取象不明。以“𣎵”形觀之，當與“木”類有關，或以為“楮”之初文。从木，小點象楮木之葉。[①] 林氏以為象版築之形，當即“堵”之古文，釋形比較牽強。

亘亘，寒韻

《說文》云：“亘，求亘也。回，古文回，象亘回之形，上下，所求物也。”按，“亘”訓輾轉求物，說無他證。古作亘洹子器“洹”字偏旁、作亘封仲敦“趄”字偏旁，當為“垣”之古文，象垣牆繚繞之形。亦作亘、亘虢季子伯盤“宣”字及“趄”字偏旁。

評注：“亘”字甲骨文作亘（《合集》7076 正）、亘（《合集》12050），象回轉之形，或加橫筆為飾，作亘（《合集》6949 正）、亘（《合集》23431）、亘（《合集》20985）等，結合金文字形筆勢來看，小篆作亘，當為有據，林氏改篆作亘，似不可從。其形所象，乃回轉之形，然是否象水中漩渦回轉之形，抑或如林氏所云“象垣墻繚繞之形”，實難以確定也。“亘”字小篆作亘，大小徐及段注本皆同。大徐本云：“求亘也。从二从回。回，古文回，象亘回形。”小徐本“古文回”前少一“回”字，餘同；段注本“求亘也”作“求回也”，“象亘回形”作“象亘回之形”，餘同。林氏改篆作亘，故說解中將“亘”隸作“亘”，“回，古文回”亦承前句“亘”形而來，然以“回”為古、“回”為今，實則本末倒置了。

𩫏𩫏，模韵，音固

《說文》云：“𩫏，从回，象城𩫏郭之重，兩亭相對也。或但从口作𩫏。”按，古作𩫏侯氏鑰、作𩫏毛公鼎，經傳以“郭”為之。

評注：“𩫏”字甲骨文作𩫏（《殷虛書契前編》七・十・一），象城墻四面各有城樓之形，省為𩫏（《合集》13523）、𩫏（《合集》29795），象兩樓相對之形，金文相承如林氏所舉者。《說文》以為城郭之“郭”字，又為“墉”（本義為城垣）字古文。其實二字初本一字，後世分化，表外城

---

① 參見黃德寬主編《古文字譜系疏證》，商務印書館 2007 年版，第 1450 頁。

者造"郭"字，表垣牆者造"墉"字，後起字行而本字廢矣。大徐本末句只作"或但从口"，段注云："音韋，謂篆作也。"林氏"作"二字據段注補。

囧，陽韻，音岷

《說文》云："，窗牖麗廔闓明也。象形。讀若獷。賈侍中說，讀與明同。"按，古作毛公鼎"明"字偏旁、作魯侯尊彝"盟"字偏旁、作虢叔鐘"明"字偏旁、作禹敦"盟"字偏旁、作邾公釗鐘"盟"字偏旁，象窗牖中有交文之形。

評注："囧"字甲骨文作（《屯南》2858）、（《合集》20041）、（《合集》9547）等形，與金文近同，如林氏所云，象窗牖中有交文之形。

戶，模韻

《說文》云："，半門曰戶。象形。"按，古作叔氏鐘"啟"字偏旁、作滕虎尊彝、作陳曼鼎"肇"字偏旁。

評注："戶"字甲骨文作（《合集》32833）、（《懷》1267），象半門之形，參下"門"字。小篆"戶"的寫法已變形。林氏引金文證《說文》，無說。

門，文韻

《說文》云："，从二戶，象形。"按，古作克鬻彝、作格伯敦、作師酉敦。

評注："門"字甲骨文作（《合集》13605）、（《合集》21085），雙戶為門，前者更為形象。林氏篆作，乃據段注本，殆由"戶"之篆文而推出，其實離古文字形更遠。段注本从"門"之字皆如此作。

棥、樊，寒韻

《說文》云："，藩也。从爻、林。"按，从二木，"爻"象藩籬中麗廔形。《說文》云："，鷙不行也。从，从棥。"按，經傳皆以"樊"為"棥"，實與"棥"同字。象形，聲。""或作"攀"，是

“”“樊”同音。

評注：“樊”字金文作（《氏樊君鼎》）、（《樊夫人龍嬴盤》）等形。林氏以為“楙”同“樊”，是，後者疊加聲符而已。

亞，模韻，音烏

《說文》云：“，醜也。象人局背之形。賈侍中說以為次第也。”按，古作南亞彝癸，不象局背形。“壼”為宮中道，篆作，“亞”亦或作《攈古錄》卷一之二析子鼎亞形，則“亞”當為“庌”之古文，廡也，象形。“亞”“庌”古同音。

評注：“亞”字甲骨文作（《合集》14918 正）、（《合集》5681）等形。其構形眾說紛紜，林氏以“壼”字所从證“亞”為“庌”之古文，可備一說。

壼，臻韻，苦引切

《說文》云：“，宮中道，从囗，象宮垣道上之形。”

評注：“壼”又作“壸”，尚未見於甲、金文。《爾雅·釋宮》：“宮中衖謂之壸。”林氏以小篆為字頭，無說。

廷，青韻

《說文》云：“，朝中也。从廴，壬聲。”按，古作利鼎，“廷”與“庭”古多通用，疑初皆作“廷”。象庭隅之形，壬聲象形兼形聲。或作頌敦、作頌壺，庭內常灑埽刷飾，故从。，飾也从轉注，亦之省。

評注：“廷”字本作（《毛公鼎》），从（曲之初文），从土，从人，象人挺立于庭隅之形。林氏疑為“庭”之初文，當是。或只从人并加飾畫作（《何尊》），聲化為“㐱”聲，林氏以灑掃刷飾釋其點畫，非是；或人、土合寫作（《秦公簋》），則聲化為“壬”聲。後則省略飾筆，繼承“壬”聲，并將訛變為廴，如睡虎地秦簡作（《為吏》26），為後世所遵從。

倉，陽韻

《說文》云："，穀藏也。从食省，口象倉形。"按，古作叔倉父盨、作宗周鐘，中从。"食"中从，此不从"食"省。从，象有重垣；象中有列室形。或變作南睸彝。

評注："倉"字甲骨文作（《合集》18664）、（《屯南》3731），象倉廩之形，中从戶。林氏以為不从食省，當是。金文所从，乃"戶"之省變。甲骨文又有（《合集》10043）字，中从爿，唐蘭以為"倉"字，在甲骨文中作方國名。如說可信，當為的聲化字，可分析為从爿聲。"倉"字大徐本篆作，林氏據段注本。

㐭，侵韻

《說文》云："，穀所振入也。从入，从回。象屋形，中有戶牖。，或从广、稟。"按，古作叔氏鐘"稟"字偏旁、作兮仲鐘"稟"字偏旁、作陳猷釜"斁"字偏旁，上象屋形，、、皆象中有列室。

評注："㐭"字甲骨文作（《合集》14128 正）、（《合集》584 甲反）、（《合集》583 反），象倉廩之形，《合集》14128 尤為形象。"㐭"為稟、廩之初文，與"倉"並屬同象異字。《說文》拆分為从入从回，乃據小篆形體立說。又云"象屋形，中有戶牖"，林氏則以為"中有列室"，皆可從。

宁，模韻

《說文》云："，辨辦積物也。象形。"按，與"貯"略同。古作宁形獸形父丁彝、作宁中立戈父丁器、作宁未父乙器、作頌敦"貯"字偏旁。

評注："宁"字甲骨文作（《合集》4525）、（《屯南》2522）、（《屯南》2567）等形，象櫥櫃之類的貯藏器之形，或橫置，或豎置，或中有橫畫以示所貯之物。"宁"乃"貯"之初文，"貯"字甲骨文作（《合集》4696）、（《合集》28089）（或釋"賈"），或宁中藏貝，或从宁从貝，皆會貯藏之義。《說文》"辨積物也"，段注云："辨，今俗字作辦，音蒲莧切，古無二字二音也。《周禮》'以辨民器'，辨，具也，分別而具之，故其字从刀。”按段氏之意，“辦”與“辨”古為一字一音，“辦”就是“辨”的俗字。但《字彙》云：“从力與从刀者不同，刀取判別之義……力取致力之義。”根據這個看法，“辦”與“辨”不同字，則“今俗字作辦”之“辦”，當為从刀之“辨”的誤字。林氏在“辨積物也”之“辨”下注“辦”，所據為段注，其字誤从“力”，亦與段注同。

舟，幽韻

《說文》云：“，船也。象形。”按，古作父戊舟尊彝、作受字父己器“受”字偏旁、作豊兮尸敦“朕”字偏旁。

評注：“舟”字甲骨文作（《合集》7416）、（《屯南》4052），象舟船之形，金文小篆相承。“父己器受字偏旁”前衍“受字”二字。

車，模韻，音姑

《說文》云：“，輿輪之總名也。象形。，籀文从二車二戈。戈，兵車之所建也。”按，古作父乙旅車器、作吳尊彝，與所引籀文形近，不从二戈。象輿、輪、軥、軛、輈之形。省作櫨伯器乙、作包君鼎。

評注：“車”字商代甲骨文作（《花東》416）、（《合集》584正甲）、（《合集》13624正），西周甲骨文作（FQ4），象車之形，有繁有簡，後世從簡。林氏分析繁體之車的各個部分，與古制相合，可從。林氏所引《說文》，乃據朱駿聲《說文通訓定聲》。

爿，陽韻，音牀

《說文》云：“，反片為爿。讀若牆。”按，“疒”疾古作“”，从“人”之反文倚牀，“”“”“”“”亦皆从疒在屋下，考並有牀象，實即“牀”之古文。古彝器多作之文，舊皆釋為“析子孫”，象人形，伸手上抱子，非“孫”字甚明。“析”古作格伯敦，亦非“析”字。又鬲文作《愙齋集古錄》卷十七父丁鬲，鼎文作《攈古錄》卷一之二析子鼎，實皆為牀上抱子形。古以為銘器吉語，與《詩》“乃生男子，載寢之牀”同意。、皆象牀形，自上視之為，旁四注象其四足猶“羊”字四足亦以“”為之，旁視之為，見牀半之兩足也。“”臀字从尸从几从丌，丌亦即字見“”字條，與此互證。

非亦變作非向尊彝。

評注：“爿”字甲骨文作（《合集》43）、（《屯南》294），林氏以為象牀之形，可從。其論宋人舊釋“析子孫”之非是，甚確。“㾖”“寐”即“㾖”“寐”，乃林氏據小篆隸定，故从“疒”；“寤”“寢”若據小篆，亦當从“疒”，林氏所書，前後不一。其實此四字所从之“疒”，當皆“爿”符增右上一橫而成，據泰山刻石，“寐”字作，可證。然古文字“疒”符及“爿”常見訛混，說明小篆構形，亦有淵源。

几，微韻，居壘切

《說文》云：“几，象形。”

評注：“几”字甲骨文作（《合集》6482 反“（凡）”字所从），象踞几之形，後世相承無異。林氏引《說文》而無說。

因、西，臻韻

《說文》云：“因，就也。从口大。”江氏永云：“象茵褥之形即“茵”之古文，中象縫線文理。”按，口大無因字義，訓因為茵是也。古作陳侯因資敦。“弼”篆从“西”，古从“因”毛公鼎；“宿”篆从“西”，古从“”窒叔敦，“”亦“因”字，並當為“茵”，于形意方合。《廣雅》：“西，席也。”“西”亦即“因”字。《說文》云：“西，舌皃。从谷省，象形。讀若三年導服之導。”按，“西”為舌貌無他證。“弼”“宿”皆从“因”，古當無“西”字。

評注：“因”字甲骨文作（《合集》12359）、（《合集》5651），“人”形之外為曲線圍繞；金文“因”字“人”外之形承襲而作曲線者，如《𧍒鼎》“因”字作“”者是，然亦有作方框者，如林氏所引；戰國文字“因”字“人”外之形，方框、曲線者亦皆有之，可謂一脈相承。後世以方框者行，本義當為人臥墊褥之上，引申而有就、仍等義。林氏以口大無因字義，而從江永說，以為“茵”之初文，又引“弼”“宿”二篆所从之“西”亦“因”字為證，其說蓋是。按“西”字甲骨文作（《合集》13543）、（《合集》9575），象簟席之形，中為縫線紋理。“因”中之“大”與“西”中紋理，其形近似，雖可視為一體，然仍以區別為是，以

“因”為人臥墊褥為義，而“西”乃單純表示簟席之義也。林氏以西為舌貌無他證，是也；然並“西”為“因”，而以古無“西”字，則可商也。

巾巾，文韻，音君

《說文》云：“巾，佩巾也。从冂、丨，象糸也。”按，象佩巾下垂形。古作巾偏旁，同。

評注：“巾”字甲骨文作巾（《合集》16546），象佩巾之形，林氏說可從。字形古今沒有大的變化。

衣衣，微韻，於非切

《說文》云：“衣，象覆二人之形。”按，衣一覆之下不得有二人。制字之始蓋作衣，象領、襟、袖之形，變作衣伯晨鼎，又作衣頌敦。

評注：“衣”字殷商甲骨文作衣（《合集》6163）、衣（《合集》1210）、衣（《合集》22659）、衣（《合集》37850）諸形，有繁有簡，西周甲骨文從簡作衣（《周原》H11：3），後世從之。林氏以為《說文》釋形有誤，“衣一覆之下不得有二人”，甚確，然推想“衣”之始作衣，形雖近是，方法可商。

衰衰，微韻

《說文》云：“衰，艸雨衣。从衣，象形。”按，古作衰衰鼎，象蓑形。

評注：衰（𣎆）象草制成的雨衣之形，乃“衰”之象形初文，“衰”是在𣎆的基礎上加“衣”符而成。因“衰”又用為衰老義，故又加“艸”造後起區別字“蓑”。林氏指出金文象蓑形，是。

襄襄，寒韻

《說文》云：“襄，丹縠衣也。从衣，𡉚聲。”按，“𡉚”字形義不可據，恐古無其字見“𡉚”字條。“襄”从衣，中象縠紋。

評注：“襄”音 zhàn，目前發現的古文字材料中，似未見其字。所从之“𡉚”，當即從“㠭”分化出來的一個部件，林氏以為古無其字，可從（參見卷八“𡉚”字條評注）。林氏所書字頭與所引小篆有所不同，然未注明出處，當是依金文風格自創。

冃、冃，幽韻，音牟

《說文》云：“冃，小兒及蠻夷頭衣也。从冂，二其飾也。”按，古作陳曼𠤳“曼”字偏旁，象形。今字作“帽”。《說文》云：“冃，重覆也。从冂、一。讀若艸莓之莓。”按，“曼”字本从“冃”，古亦作曼龔父盨，从冃，是“冃”“冃”同字。“帽”幽韻“莓”之韻亦雙聲旁轉。

評注：徐灝《說文解字注箋》云：“冒，即古帽字。冃之形略，故从目作冒。引申為冢冒之義後，為引申義所專，又从巾作帽，皆相承增偏旁也。”則冃、冒、帽本為一字。“冃”字未見獨立之用，只作偏旁；“冒”字金文作（九年衛鼎）。從偏旁看，林氏合冃、冃為一字，是對的。除林氏所舉“曼”字外，从冒之“冑”字金文作（豦簋），亦作冃，可為證。王筠《說文句讀》云：“竊疑冃、冃蓋同字，古人作之，有繁省耳。”

履，微韻，音壘

《說文》云：“，足所依也。从尸，服履者也。从彳、夂，从舟，象履形。一曰尸聲。”按，象形，从，从。“”尸猶“人”也見“尸”字條，“”即“辵”之變體，人辵為履，會意象形兼會意。

評注：“履”之本義為踐履，“足所依”為其引申義。朱駿聲《說文通訓定聲》云：“此字本訓踐，轉注為所以踐之具也。”甲骨文“履”字作（《合》33284），从眉从頁帶夊（足），“眉”亦表音（“眉”“履”皆脂部字），足下有横，表示踐履之地。金文承之作（五祀衛鼎），从眉从頁帶夊（足）从舟，會人履舟之意；又省作（大簋盖），省“眉”，省“足”，僅从頁从舟。楚簡之（《包山》6）和《說文》古文之，則省“眉”形。“頁”形變為“尸”，又加“彳”表行動意，遂演化為秦簡之（雲夢・法律162）和《說文》小篆之。從該字源流看，从“頁”本表示人，“尸”亦表示人，故秦系文字變“頁”為“尸”是合理的。林氏以為“尸猶人也”，其重解可從。從字源看，从“彳”為後加，林氏合彳、夂為解，以為乃“辵”之變體，于理可通，然不合此字流變情況，亦似少有其他證例。

糸，蟹韻，莫蟹切

《說文》云：“，細絲也。象束絲之形。讀若硯。”按，古作偏旁，同。

評注：“糸”字甲骨文作（《合集》15121）、（《合集》21306 乙），象束絲有余緒之形。後世文字以餘緒在下者為常，如林氏所引之金文偏旁。

皿，陽韻，音莽

《說文》云：“，飯食之用器也。象形，與豆同意。”按，古作辛盂父鬲“盂”字偏旁、作洹子器“盂”字偏旁。亦作魯大司徒匜“盂”字偏旁，象皿有所盛形，與“血”字相混。

評注：“皿”字甲骨文作（《合集》5742）、（《合集》23552）、（《合集》21917）等形，象器皿之形。金文以後更為線條化而已。或與“血”混，如林氏所說。

亯、皀，陽韻

《說文》云：“，獻也。从高省，象孰物形。”按，古作杞伯敏父敦，象薦熟物器形，其蓋也。或作郘公華鐘、作殳季良父壺、作杜伯盨，又變作匽父辛器、作寍叔敦，亦作克鼎彝，从亯，京聲“京”“亯”古音近。《說文》云：“，穀之馨香也。象嘉穀在裹中之形。匕，所以扱之。或說皀，一粒也，讀若香。”按，象形未合。古作，與形近，實即“亯”字。“亯”“皀”古同音。

評注：“亯”字甲骨文作（《合集》1197）、（《合集》5640），早期金文與之相近，皆象宗廟之形。宗廟為祭祀之所，故引申為祭祀之義，《說文》所云進獻之義則為進一步之引申。後世分化為享、亨、烹。[1]“皀”象豆形器上盛有食物，或以為即“簋”字初文，與“亯”不同字，

---

① 參見曾憲通《“亯”及相關諸字考辨》，《古文字與出土文獻叢考》，中山大學出版社 2005 年版，第 85—86 頁。

林氏合二為一，非是。所舉字，乃古之“就”字，作為“亯”之變體，亦非。

、爵、雀，宵韻，音噍

《説文》云：“，禮器也。象雀之形，中有鬯，又，持之也。”按，古有录伯戒敦，與形近近於，“鬯”古作，近於，與同意，實即“爵”字。或作毛公鼎，皆象手奉爵形。無足，象廢爵。口足間有横文，象繶爵《士虞禮》：主人洗廢爵，主婦洗足爵，賓長洗繶爵。注云：爵無足曰廢，繶爵口足之間有篆。象爵旁柱爵有二柱，略象其一，象爵中酒溢，與見“益”字條、見“酋”字條同意。或作多父盤“（婚）”字偏旁，象足爵，，酒自爵中下流之形。亦作魯侯作爵鬯用尊彝，借“爵”為“酌”字。皆不从“”。《説文》云：“，依人小鳥也。从小、隹。”按，“雀”經典通用“爵”字。爵，酒器，象雀形。“爵”古亦作殳季良父壺“”字偏旁、作盂鼎“（聞）”字偏旁，與小隹形近，則“雀”字當依而制。古鳥名只作“爵”，後乃因小隹之形義而制“雀”字耳亦後世“字先人為老”、“字追來為歸”之類。

評注：“爵”字甲骨文作（《合集》18570）、（《合集》18578）、（《合集》30173）等，象爵之形，柱、流、腹、足畢現。又作（《合集》914反），金文亦有作（父癸卣）者，增“又”符，即後世“爵”字从又（寸）之由；金文又有作（伯公父勺）者，腹、足部分近於“鬯”形，為小篆所本。林氏所舉金文“爵”字，如、等，乃是早期表意之“聞”字的偏旁。按“聞”字甲骨文作（《合集》2422）等，象人跽而諦聽之形。金文作（利簋）、作（盂鼎）、作（王孫誥鐘），不斷變化，銘文中常借用為“婚”“昏”“問”，前人據辭例而釋，舊無確解。至于“爵”“雀”之間，乃通假之關係，與形義無關，林氏誤“聞”之偏旁為“爵”，推出“雀字當依而制”，自然沒有根據；字頭合爵、雀為一，不可從。按“雀”字甲骨文多見，作（《合集》19852）、（《合集》4139）等形，林氏以為小隹之“雀”為後制，與“先人為老”“追來為歸”等後起俗字同類，亦非是。大徐本作“爵，禮器也。象爵之形，中有鬯酒，又持之也”。林氏從段注本而漏一“酒”字。

鬯，陽韻

《說文》云："，以𩰪釀鬱艸，芬芳攸條服當作"暢"以降神也。从凵，凵，器也。中象米，匕所以扱之。"按，古作師兌敦、作毛公鼎，不从匕。象鬱艸，象秬在其中。又作魯侯尊彝。

評注："鬯"字甲骨文作（《英》1209）、（《合集》22546），金文與之一脈相承。字中之""，或谓象尖足（埋在地下）之容器，林氏解為鬱艸，不確。段注云："'攸服'當作'條暢'。"林氏據之。大徐本"𩰪"字作"秬"。

鼎、貞，青韻

《說文》云："，三足兩耳，和五味之寶器也。象析木以炊，貞省聲。"按，古作師奎父鼎，上象兩耳及鼎腹，下象足形。又作父巳鼎。《說文》云："，卜問也。从卜，貝以為贄。一曰鼎省聲，京房所說。"按，古多以"貞"為"鼎"字，或作鄧伯氏氏鼎、或作叚敦、或作杞伯敏父鼎，省作散氏器、作叔單鼎、作伯貞鼎，从卜、从匕、从無定。"貞"當即"鼎"之或體，"卜"象調味之"匕"。"𩱦"字古作妣戊器、作龔尊彝辛、作文父丁器，並象調味形，从。

評注："鼎"字甲骨文作（《合集》13404）、（《合集》11499）等，皆象鼎之形。"貞"字甲骨文作（《合集》32764）、（《合集》4058）等形，本借"鼎"字爲之，二者為通假關係，西周甲骨加卜作（《周原》H11：1）、（H11：10），始分化出"貞"字，後世"貞"字所从之"貝"，為"鼎"形之省。由於"貞""鼎"形、音關係密切，在古文字材料里，二字常互作，應視具體情況而定。金文里的"貞"字，多習用為"鼎"。林氏並二字為一，於古有相合之處。"貞"字所从之"卜"，林氏以為象調味之匕，非是。所錄𩱦字，參見卷十一該字條評注。林氏"鼎"字之釋，所據為段注本，大徐本、小徐本皆有所不同。

鬲，蟹韻，音臭

《說文》云："，鼎屬也。象腹交文，三足。"按，古作庚姬鬲，象形，亦作王伯姜鬲。

評注：“鬲”字甲骨文作（《合集》4830）、（《合集》863）、（《合集》31030），象三足炊器。金文承之，三足或訛為“羊”形。後加瓦旁作“䰛”，又作形聲結構之“䰙”。林氏引金文而無說。

且，模韻，音俎

《說文》云：“，所以薦也。从几，足有二橫。一，其下也。”按，即“俎”之古文。古作趩尊彝、作無㠱敦，變作克鼎彝。又作作冊般尊彝己，从二肉在俎上。肉不當在足間，則二橫者俎上之橫，非足間之橫也。

評注：“且”字甲骨文作（《合集》22094）、（《合集》2061）、（《合集》32661）、（《合集》27061）等，金文承之，後世基本不變。“且”字甲金文多用為“祖”，即“祖”之初文，或以為象神主之形，或以為取象於男性生殖器。林氏以為即“俎”之古文，可備一說。甲骨文“且”字中間可無橫畫，亦可有一畫，多有二畫，亦有三畫者，當是飾筆，而非實象。《說文》以為“足有二橫”，林氏以為非，其說是；林氏所舉“”形，乃是“宜”字。

豆，遇韻，音需

《說文》云：“，古食肉器也。从口，象形。”按，全體象豆形。古作豆閉敦、作太師盧豆、作周生豆。

評注：“豆”字甲骨文作（《屯南》740）、（《合集》29364），後世相承。《說文》以為从口，林氏以為全體象豆形，林說是。林氏注豆音為“需”。按豆、需二者皆侯部字。“豆”又可通“羞”。《周禮·天官·腊人》：“凡祭祀，共豆脯。”鄭玄注：“脯非豆實。豆當為羞，聲之誤也。”陸德明釋文：“豆，音羞。”“羞”“需”皆心紐。“需”又為“懦”之聲符，“懦”為泥紐，“豆”為定紐，皆屬端系。據此可證“豆”“需”音理相通。

其，之韻

《說文》云：“，簸也。从竹，，象形。，其下也。”按，古作鄭同媿鼎、作邾公華鐘。

評注：“其”为“箕”之象形初文，甲骨文作（《合集》20408）、（《合集》17055正）、（《合集》20793），皆象箕形。後加“丌”於其下，遂形成“其”字。林氏引證金文字形，無說。

缶，幽韻

《說文》云：“，瓦器。象形。”按，古作昆疕鐘“寶”字偏旁、作矢伯尊彝乙“寶”字偏旁。

評注：“缶”字甲骨文作（《合集》20223）、（《合集》20732），象缶之形。金文承之，如林氏所引。

甾，之韻，側詞切

《說文》云：“，東楚名缶曰甾。象形。”按，古作伐徐鐘“僕”字偏旁、作毛公鼎“庸”字偏旁。

評注：“甾”即“𠙹”字，又作“甾”。甲骨文作（《合集》32982）、（《合集》6834）、（《合集》36512）、（《合集》36348）等。構形不明，以《說文》所釋看，當為缶形之器。篆作，林書稍異。

𠁁，遇韻，唐喻切

《說文》云：“，酒器也。从金，𠁁象器形象形兼轉注。，或省金。”

評注：“𠁁”字音dòu，盛酒器。金文無之，林氏未引，而以或體為字頭。王筠《說文釋例》：“案，𠁁象形，必古文，其形似壺之下半。壺有蓋、有頸、有腹，𠁁則無蓋也。”其說近是。

壺，模韻

《說文》云：“，象形。从大，象其蓋也。”按，古作𢑴孟壺、作虢季子壺、作兮熬壺。

評注：“壺”字甲骨文作（《合集》18560）、（《合集》18559）、（《英》751），形象逼真，金文相承，象形意味仍然。林氏無說。

勹，宵韻

《說文》云："，所以挹取也。象形。中有實，與包同意。"按，古作毛公鼎"甚"字偏旁，為"勺"之反文見"甚"字條，象勺中實。或作甚尊彝"甚"字偏旁，中省。又亞形中有作者，為人形，亦象勺。

評注："勺"字甲骨文未見，金文作（勺方鼎）、（中山王鼎"汋"字偏旁），象勺具中有實之形。匕、勺或有同源關係，林氏引"甚"字偏旁以證，可備一說。參見卷六"甚"字條評注。

匕，微韻，音輩

《說文》云："，相與比敘也。从反人。匕亦所以用比取飯。一名柶。"按，反人無相比敘之義。古作匽侯見事尊彝"旨"字偏旁，象柶形。

評注："匕"字甲骨文作（《19985》、（《合集》2381）、（《合集》22781），與人形近似，故有"反人"之說。林氏以為"反人無相比敘之義"，故取柶之象形說，可從。

匚，陽韻

《說文》云："，受物之器。象形。讀若方。，古文。"按，古作魯伯愈父匿"匿"字偏旁、作虢季子匿"匿"字偏旁。

評注："匚"字甲骨文作（《合集》418 正）、（《合集》23064）、（《合集》27084），雙鉤單線無別，象方形器側視之形。金文相承，而加飾筆。林氏無說。

匸，微韻，胡罿切

《說文》云："，衺徯，有所夾藏也。从，上有一覆之。讀與徯同。"按，象藏物之器。古作孟鼎"匿"字偏旁，與篆"匸"字無別。

評注：林氏以為"匸"象藏物之器，與篆文"匸"無別，當可從，依例可合並，然音不同耳。"匸"音 xì。

丌，之韻

《說文》云：“，下基也。薦物之丌。象形。讀若箕，同。”按，古作鄀公華鐘“其”字偏旁、作曶鼎“奠”字偏旁。

評注：“丌”為“其”分化出的一個字，參上“其”字條。古文亦可單用。《說文》所釋可從。林氏無說。

良，陽韻

《說文》云：“，善也。从畗省，亡聲。”按，“”非“畗”之省形。古作季良父匿、作司寇良父壺、作季良父盉，亦不从“亡”，當即“量”之古文。象量形此象量面形，、其旁兩耳。古一鬴之量，其耳實一升，覆之，其臀實一豆，蓋以一器兼三物之用。，从“重”省，“良”省聲，當為“”之或體。

評注：“良”字甲骨文作（《合集》4956）、（《合集》4952）、（《英》172），金文下部聲化為“亡”。構形不明，或以為象古人穴居建築之兩側有廊道之形，為“廊”之初文。待考。林氏據形為說，以為“量”之古文，與甲骨文字形不合；又曰“量”从“重”省，“良”省聲，亦不可據（參見卷十一“量”字條評注）。“良”之“善”義，是假借義。

斗，遇韻，當愈切

《說文》云：“，十升也。象形。有柄。”按，象形稍不類。漢平陽甗作，永初鋗作，皆象斗形。

評注：“斗”字甲骨文作（《合集》21347）、（《合集》21348），象斗杓之形。本條用漢金文為證，與常例不同，然足可貴，說明林氏對字源之探究，乃利用周金文、小篆及漢金文，非如學界所謂全用周金文也。其不采甲骨文者，不及用之也。[1] 字頭之“”形，殆林氏據永初鋗文而稍變其勢。

① 參見林志強《〈文源〉取材三題》，《福建師范大學學報》2015年第1期。

升，蒸韻

《說文》云："，十合也。从斗，象形。"按，古作友敦，漢臨菑鼎作，皆象形。"升""斗"所象形同，因加一畫為別耳。

評注："升"字甲骨文作（《合集》30359）、（《合集》32654）、（《合集》22724），有繁有簡，象斗杓之形而以點畫為別，乃"斗"之分化字。此條亦用漢金文為證。林氏以為升、斗形同，中畫為區別符號，可從。

匹，微韻，音配

《說文》云："，四丈也。从匸、八。八揲一匹，八亦聲。"按，古作录伯𢦏敦、作無㠱敦，不从"八"。象布一匹數揲之形。

評注："匹"字甲骨文未見，構形不明，所从匸、八，乃是後來訛變之形。林氏據金文以為象一匹數揲之形，可備一說。

蒸韻

《說文》無""字。《詩》："錫我百朋"菁菁者莪，箋云："古者貨貝，五貝為朋。"以"朋"為之。古作遽伯還尊彝、作商尊彝，或作乙亥彝丁，象貫貝形。

評注：據林氏書後所作《通檢》，字頭當隸定為""，此漏書，當補。"朋"字甲骨文作（《合集》11441）、（《合集》19336），象以繩穿貝連屬之形，故引申為"朋黨""朋比"之義。林氏釋形可從。戰國秦漢間字形逐漸訛變為雙月之"朋"。參見卷十一"朋"字條評注。

斤，文韻，音君

《說文》云："，斫木斧也。象形。"按，古作尊彝丁，亦作邾公釗鐘"旂"字偏旁、作陳公子甗"旂"字偏旁。

評注："斤"字甲骨文作（《合集》21954）、（《合集》5786"新"字偏旁），象斧斤有曲柄之形。金文小篆線條化後，象形意味漸失。

刀，宵韻

《說文》云：“，象形。”按，古作劉伯鋁“劉”字偏旁。

評注：“刀”字甲骨文作（《懷特》[1] 1665）、（《合集》33035），象刀之形。金文小篆相承，區別不大。

矛，幽韻，音牟

《說文》云：“，酋矛也。建於兵車，長二丈。象形。”按，古作作冊般尊彝己“敄”字偏旁、作鄭楙叔壺“楙”字偏旁、作克彝“遹”字偏旁。

評注：“矛”字甲骨文未見，金文如林氏所引，象矛鋒、矛身、矛耳之形。

弓，蒸韻，古升切

《說文》云：“，象形。”按，古作伯晨鼎、作靜彝、作豆閉敦。

評注：“弓”字甲骨文作（《合集》20117）、（《合集》940 正），象弓弦之形，後以省弦之弓為常態，如林氏所引金文字形是。

矢，式壘切

《說文》云：“，弓弩矢也。从，象鏑栝羽之形。”按，古作同尊彝戊，或作禽彝“矦”字偏旁、作匽侯尊彝辛“矦”字偏旁、作陳侯敦“矦”字偏旁。

評注：“矢”字甲骨文作（《屯南》313）、（《合集》4787）、（《合集》36481 正），後世文字承襲甲骨文，象箭之形。饒炯《〈說文解字〉部首訂》：“篆形上象鏑，中直象幹，下象栝，旁出象羽。說解云‘从入’者誤矣。”林氏無說。

皋，幽韻，音咎

《說文》云：“，气皋皞白之進也。从白、夲。”按，氣皞，“皞”無

---

① 《懷特》為《懷特氏等收藏甲骨文集》（許進雄編著，加拿大皇家安大略博物館出版，1979 年）的簡稱，下同。

“白進”之義。古作伯晨鼎“䰢”字偏旁，當即“櫜”之古文，弓衣也。象形，上有繫。“皋”“櫜”古同音。《說文》云：“，進趣也。从大、十。大十猶兼十人也。讀若滔。”按，“大十”為“進趣”之意不顯。“夲”字經傳未見，當即“皋”之偏旁，不為字。

評注：林氏所錄伯晨鼎之字，據孫詒讓說為“皋”之古文。“皋”形乃後起，是秦漢間由“睪”字分化而來。“皋”所从之“夲”，本是幸（㚔）。《說文》从夲之字的“夲”旁，如“皋”字、“奏”字，可能都是其他偏旁訛變而來，林氏謂夲不為字，可從。

正，青韻，音定

《說文》云：“，是也。从一，一以止。”按，“一止”無“正”意。古作毛公鼎，本義當為正鵠。象正鵠形，从止轉注，矢所止也。或作部鐘，變為。或作邾公華鐘、作陳侯因𬈭敦，即之變。或作尤敦，與“足”相混。

評注：“正”字甲骨文作（《合集》27194）、（《合集》6808）、（《周原》H11：84），从止从口（城邑），表示向城邑進發之意，乃“征”之初文。表示城邑之“口”後或變為一點，或簡省為一橫，林氏以“正”之本義為正鵠，非是。

盾，文韻

《說文》云：“，瞂也，所以扞身蔽目。象形。”按，直者，“循”之古文見“直”字條，象盾形，直聲。

評注：甲骨文有字作（《合集》21361）、（《合集》6973）、（《合集》16347），學界或以為“毌”字，[1] 或以為即古“盾”之象形字。[2] 按𢦏簋“俘戎兵盾矛戈弓”句之“盾”字作，从，豚聲，象盾形，可推知甲骨文之、、當為盾之表意初文。金文“盾”字又變作（五年師旋簋），包山楚簡之（《包山》277），睡虎地秦簡之（《效律》

① 參見徐中舒主編《甲骨文字典》，四川辭書出版社 1989 年版，第 753—754 頁。
② 參見黃德寬主編《古文字譜系疏證》，商務印書館 2007 年版，第 3733—3734 頁。

3）及小篆之，殆皆形訛變。之構形不顯，或以為从人持盾。林氏以象盾形，盾聲，非是。“盾”字小篆作，林氏所書略異。另按，曾侯乙墓竹簡“䡅”和“戱”字所从的“盾”寫作，趙平安先生認為其下部“曰”形及右上一筆為盾之象形，剩餘的形為“允”字，作聲符用，“允”“盾”古音很近。後來小篆的寫法就是來自形。[①] 其說很有啟發性，值得重视。

卯、丣，幽韻，音牟

《說文》云：“，冒也。二月萬物冒地而出。象開門之形。故二月為天門。”按，古作取彝，不从二戶，即兜鍪之“鍪”本字，首鎧也。“卯”“鍪”古同音。象兜鍪形，兩旁與兜从同意。《說文》云：“，古文酉。从丣。丣為春門，萬物已出；丣為秋門，萬物已入。一，閉門象也。”按，《說文》“丣”聲之字古皆从，如“柳”古作散氏器、“留”古作留鐘，是“卯”“丣”本一字。

評注：“卯”字甲骨文作（《合集》780）、（《合集》16146）、（《花東》480），構形不明。或以為“劉”之初文，卜辭“卯牛”即“劉牛”，殺牛之意。林氏以為“鍪”之本字，待考。“丣”之說解，林氏從段注本。以柳、留从卯而作丣，證明卯、丣本一字，正確可從。

旂，文韻，音羣

《說文》云：“，旗有眾鈴，以令眾也。从㫃，斤聲。”按，古作龙姞彝，从，象眾鈴形。“單”古文或作盥䵼彝甲、作揚敦，皆與眾鈴形近。蓋“旂”字本作，以形似單，故譌从“單”耳。象旂形，斤聲。或作陳公子甗，省作頌鼎。

評注：“旛”从㫃，斳聲，為“旂”之繁文。林氏據《說文》釋義，以為“單”象眾鈴之形，按，“單”字本是狩獵工具，參見本卷“單”字條評注。但“旛”字中的“單”，似可另作分析。甲骨文有字（《戩》

① 參見趙平安《說“盾”》，《吉林大學社會科學學報》2014年第1期。

四七・八)、金文有字(《文物》八六・五),[①] 所从之“單”與“㫃”為一體,釋為旗上之物亦無不可,故林氏“單象眾鈴”可備一說,然推測字本作,則為無據。

干,寒韻

《說文》云:“,犯也。从一,从反入。”按,《說文》“开”下有,象二竿對構。 𦥑,从干在臼上,則實“竿”之古文,梃也。《詩》“孑孑干旄”,《禮記》“寢苫枕干”檀弓,干並為本義,象形。古作毛公鼎。

評注:“干”字甲骨文作(《合集》9801)、(《合集》4945)、(《合集》28059),象有羽飾的盾牌之形,亦為獵具,其省簡之形為後世所承襲。《方言・卷九》:“盾,自關而東或謂之瞂,或謂之干;關西謂之盾。”林氏以干為“竿”之古文,即木杖之“梃”,亦可備一說。“臿”字所从“干”,是倒矢之形訛變來的,非“竿”之古文。參見卷六“臿”字條評注。

弋,之韻

《說文》云:“,橜也。象析木衺銳者形,象物挂之也。”按,古作寰盤“必”字偏旁,从干而曲之。“杙”與“干”同類,象中有節形,非物挂之也。變作使曾鼎“宓”字偏旁。

評注:“弋”即橛杙之“杙”的本字,甲骨文作(《合集》20607)、(《合集》5900)、(《合集》4415 正),象下端尖銳之木橛。五期甲骨文簡化作(《前》2・27・5),金文承襲甲骨文作(䥦鼎)、(召伯簋二)等。林氏所引金文“必”“宓”字偏旁,是“柲”(戈、矛等武器的柄)的本字,與“弋”非一字。[②] 字頭當改為。所引使曾鼎“宓”字作,[③] 林氏摹作,橫畫偏上。大徐本《說文》“象析木衺銳者形”之“者”作“著”,林氏據段注本。

① 以上兩個例子見黃德寬主編《古文字譜系疏證》,商務印書館 2007 年版,第 3640 頁。

② 參見裘錫圭《釋柲》,《古文字研究》第三輯,中華書局 1980 年版。

③ 《金文編》標為“昜鼎”,中華書局 1985 年版,第 535 頁。

茉，模韻，音瓠

《說文》云："，兩刃鍤也。从木，象形。宋魏曰茉也。，或从金，于聲。"

評注："茉"音 huá，為耕地起土之工具，後作"鏵"。甲骨文作（《合集》5568 正）、（《合集》11982）等形，小篆結構相同。《說文》所釋可從，林氏無說。

丁，青韻

《說文》云："，夏時萬物皆丁實。象形。丁承丙，象人心。"朱氏駿聲云："鐕也。象形。今俗以釘為之。"按，古作部鐘，象釘形。或變作大敦、作若癸受丁器。

評注："丁"字甲骨文作（《合集》32803）、（《合集》19812 正）等，象釘頭俯視之形。徐灝《說文解字注箋》："疑丁即今之釘字，象鐵弋形。"林氏引朱駿聲說，與徐灝說同，可從。或說甲骨文丁象城邑之形，乃城之初文，丁、成、城一字分化。①

午，模韻

《說文》云："，啎也。五月侌气啎杵屰逆昜陽，冒地而出。象形。此與矢同意。"按，古作雯友辰尊彝乙、作效尊彝，不从一，則非象地。象杵形，實"杵"之古文。或作賢彝，"舂"篆作""，象兩手持杵形，""正"杵"字。

評注："午"字甲骨文作（《合集》32775）、（《合集》7707），象舂杵之形，金文承之。林說可從。

互，模韻

《說文》云："，可以收繩者也。从竹，象形。中象人手所推握也。，或省。"

---

① 參見黃德寬主編《古文字譜系疏證》，商務印書館 2007 年版，第 2134 頁。

評注："互"字未見於甲金文字材料，林氏引《說文》而無說。

西，文韻，音哂

《說文》云："，鳥在巢上也。象形。日在西方而鳥棲，故因以為東西之西。，西或从木、妻"妻"聲，與"西"對轉。，古文西。，籀文西。"按，古作不䫹敦、作牧叔敦、作師酉敦。

評注："西"字甲骨文多見，用作方位之詞。其簡者作（《合集》26762）、（《合集》28093）、（《合集》28190）、（《周原》H11：8）等形，繁者作（《合集》8774）、（《合集》1574 正）、（《合集》9742 正）等形，字象鳥巢之狀，小篆"鳥在巢上"之形，乃經訛變而成。林氏引金文而無說。或以為甲文之簡者與"囟"形同，故以為"囟"之初文，借為西方之西。[1]

网，陽韻

《說文》云："，从冂，下象网網交文。"按，古作岡字器"岡"字偏旁、作散氏器"岡"字偏旁、作靜敦"犅"字偏旁。

評注："网"字甲骨文作（《懷特》319）、（《合集》10754）、（《合集》10976 正）、（《合集》10514），線條有多有少，繁簡不同，然皆象漁網之形。金文小篆相承，保留了漁網的特徵。

率，微韻，音遂

《說文》云："，捕鳥畢也。象絲网網，上下其竿柄也。"按，古作盂鼎。

評注："率"字甲骨文作（《合集》5842）、（《合集》6347 正），象絞麻為索之形。旁點為麻枲之餘，西周、戰國文字中或省略之。戰國文字加飾筆作，後世行用加飾筆而旁點不省之形。"率"的本義當是大索。周伯琦《六書正譌》云："率，大索也。象形。上下兩端象絞索之具，中象索，旁象麻枲之餘。"按"率"當是"繂"的本字，此字又作"䋿"

① 參見黃德寬主編《古文字譜系疏證》，商務印書館 2007 年版，第 3759—3761 頁。

(《爾雅》)、“繂”(《毛詩》)。从素、从索、从糸，義可相通。《爾雅義疏》引孫炎說云：“繂，大索也。舟止系之于樹木，戾竹為大索。”林氏無說。

𠦒，寒韻，音般

《說文》云：“𠦒，箕屬，所以推糞之器也。象形。”按，古作段敦“畢”字偏旁、作檀伯器乙“畢”字偏旁。

評注：“𠦒”字音 bān，“推糞之器”，大徐本作“推棄之器”，林氏據段注本。《說文》所收从𠦒之字，或從田獵之網變來，如“畢”字所从者是；或從竹器之其（箕）變來，“棄”“糞”所从者是。

爾，微韻，音內

《說文》云：“爾，麗爾，猶靡麗也。从冂、㸚，其孔㸚，从尒聲。”按，古作洹子器、作王子申盞盂“嬭”字偏旁，實“檷”之古文，絲絡架也。象形，下象絲之糾繞。《易》“繫于金柅”，以“柅”為之。《說文》云：“尒，詞之必然也。从入、丨、八，八象气之分散。”按，入丨八非義。“尒”即“爾”省，不為字。

評注：“爾”字甲骨文作（《合集》11023）、（《合集》8884）。張亞初認為，“爾及从爾的瀰、彌等字都有遍與滿的涵意。爾字在卜辭中的初文，上像朿（刺）字，下面三豎劃上都遍佈刺形，上下左右都是芒刺形，這就是遍與滿的爾字的造字本意。”① 此錄以備考。林氏以為“檷(nǐ)”之古文，可備一說。省作“尒”，已見於中山王鼎及戰國璽印，作、。林氏合爾、尒為一條，是，按例字頭當補“尒”。

壬，侵韻，尼淫切

《說文》云：“壬，位北方也。侌陰極昜陽生，故《易》曰‘龍戰於野’，戰者，接也。象人裹懷妊之形。”按，“壬”與人懷妊形不類。古作叔宿尊彝壬、作公貿鼎，即“縢”之古文，機持經者也。象形。“縢”蒸韻

---

① 參見張亞初《古文字源流疏證釋例》，《古文字研究》第21輯，中華書局2001年版。

“壬”侵韻雙聲旁轉。故《禮記》“戴勝”戴勝者，鳥首有文似縢，“勝”即“縢”之借字，《爾雅·釋鳥》作“戴鵟”，亦作“戴絍”見《釋文》。“巠”為“經”之古文，古作號季子伯盤“經”字偏旁，正象縢持絲形，从壬。

評注：“壬”字甲骨文作（《合集》33314），林氏以為即“縢”（音 shèng）之古文。按“縢”為機之持經者，與機之持緯者“杼”相對。林氏證以“經”之古文正象縢持絲形，故其說可從。參見卷二“巠”字條評注。

轡，微韻，音輩

《說文》云：“，馬轡也。从絲、車。與連同意。”按，古作公貿鼎，从“車”省轉注，象轡形。

評注：“轡”字甲骨文作（《合集》8177）、（《合集》33100），象把多束絲擰到一起之形。其繩子之結作，其下所連接之束絲或簡化作，與（叀）形近。故春秋戰國時均訛為从叀从絲。《說文》小篆更訛為从害从絲作。段注據《廣韻》改篆，中从“車”，林氏從之，並謂金文“从車省”，非是。

樂，宵韻，音藥

《說文》云：“，象鼓鞞，木虡簴也。”按，古作沇兒鐘、作洹子器，、象簴形。或作邾公華鐘，亦象簴。

評注：“樂”字甲骨文作（《合集》36501），“白”符為後加。羅振玉《增訂殷虛書契考釋》云：“从絲坿木上，琴瑟之象也。或增以象調弦之器。”郭沫若謂“白”象指形，會以指彈奏琴瑟之意。林氏以字之下部象簴形，不確。

虡，模韻，音吳

《說文》云：“，鐘鼓之柎也。飾為猛獸，从虍、𢍜。象形，其下足。，篆文虡。”按，古作邵鐘，象虡上巀嶭如鋸齒之形，虞聲。“虡”古音當與“虞”同。

評注：按虡為古代鐘架之主要構件，其豎者曰虡，橫者曰筍，筍上加大版曰業，上有參差不齊之崇牙，以為懸掛鐘鼓之用。其實物見於湖北擂鼓墩曾侯乙墓出土之編鐘鐘架，可見“豎虡”乃六個正立銅人，分別以頭及雙手承托鐘架之橫筍，作擎舉之狀（見圖一、圖二、圖三），則“虡”字之虍為聲符，下體乃擎舉人形之變體。《釋名》云：“虡，舉也，在旁舉筍也。”可謂確詁。[①] 部鐘之“虡”作，林氏所摹略異。又虞公劍“虡”字作，其下部皆象人舉雙手之形，為雙手形之變寫，林氏析為說，非是。林氏引《說文》，從段注本。

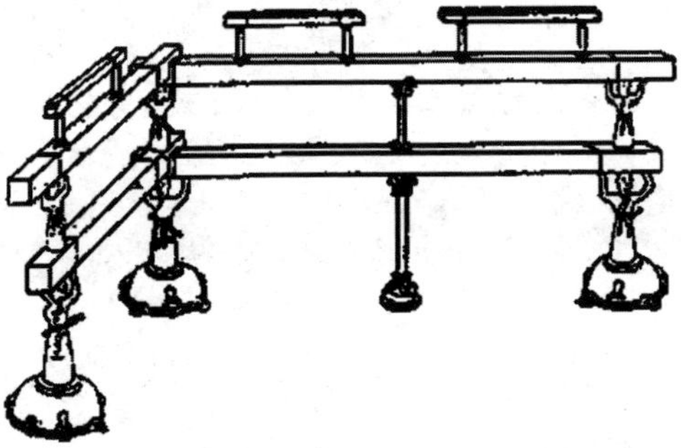

圖一　曾侯乙編鐘鐘架

圖二　曾侯乙編鐘中層鐘虡銅人

① 參見曾憲通《從曾侯乙編鐘之鐘虡銅人說“虡”與“業”》，《曾侯乙編鐘研究》，湖北人民出版社 1992 年版；又見《古文字與出土文獻研究叢考》，中山大學出版社 2005 年版。

圖三　曾侯乙編鐘下層鐘虡銅人

琴，侵韻

《說文》云："琴，象形。"

評注：按"琴"字甲金文未見，戰國楚簡文字作𨨙（《郭店·性自命出》24），與《說文》古文相近，字从金聲。林氏引《說文》而無說。

冊，蟹韻，楚叏切

《說文》云："冊，象其札一長一短，中有二編之形。"按，古作 無叀鼎、作 師𨈖父鼎、作 師𣪘敦。

評注："冊"字甲骨文作𠕋（《合集》438 正）、𠕋（《合補》11038），象編簡之形，豎者為簡，橫者為編。金文小篆相承而趨於規范。林氏無說。

祘，寒韻

《說文》云："祘，明視以筭之。从二示，讀若筭。"按，此與"筭"同字，六縱四橫，象布籌之形。

評注：先秦秦漢出土材料中尚未見有"祘"字。郭永秉根據張家山遣策和馬王堆帛書《雜療方》，認為"蒜"應該分析為从二柰（祟），其音亦由“祟”而出，“示”是從“蒜”簡省分化的一個字，其說可從。[①]舊說多以為“示”為“筭”之古文或本字，林氏承襲舊說，以為其字六縱四横，象布籌之形，非是。“示”用作“筭”，大概只是同音的關係。“筭”字見于睡虎地秦簡，作（《日乙》191）。《說文·竹部》：“筭，長六寸，計歷數者。从竹从弄，言常弄乃不誤也。”

① 參見郭永秉《說“蒜”、“示”》，載《出土文獻與古文字研究》第三輯，復旦大學出版社2010年版，收入《古文字與古文獻論集》，上海古籍出版社2011年版。

《文源》評注卷二　連延象形

身，臻韻，音信

《說文》云："，从人，申省聲。"按，"申"古作戈叔鼎，"身"古作通祿鐘、作邾公牼鐘，不从"申"省。象人腹，即象身形，一，地也。或作楚公鎛，不兼象地。亦變作禹敦、作櫨伯器乙。

評注："身"字甲骨文作（《合集》822 正）、（《合集》13713 正）、（《周原》H11：64），象人身而大其腹，乃懷孕之形。《詩・大雅・大明》："大任有身，生此文王。"毛傳："身，重也。"鄭箋："重謂懷孕也。"大徐本作"象人之身"，《正字通・身部》曰："身，女懷妊曰身。"說解皆確。此據段注本作"从人，申省聲"，林氏以為"身"字不从申省，是也。

千，臻韻，音親

《說文》云："，十百也。从十，人聲。"按，从"十"則十百之義未顯。"十"古作，"千"古作多父盤、作盂鼎，不从"十"。"千""身"古音近，當即"身"之省形。""亦象人形，固可省為""也。

評注："千"字甲骨文作（《合集》11473）、（《合集》32008），从人而加一横畫以為別，並因人以為聲。[①] 林氏非《說文》"从十，人聲"之說，是，然以為千从身省，則不確。

---

① 參見于省吾《釋古文字中附劃因聲指事字的一例》，《甲骨文字釋林》，中華書局 1979 年版，第 451 頁。

頁，幽韻，音首

《說文》云："，頭也。从百，从儿，古文䭫稽首如此。"按，古䭫首字彝器屢見，皆作"首"，不作"頁"。頁，偏旁所用，亦以頭為義。字作靜敦"顯"字偏旁，象人形，象其首。或作曶鼎"䭫"字偏旁，从"首"。

評注："頁"字甲骨文作（《合集》22215）、（《合集》22215），象人跪跽之形而突出其首。林氏云"古䭫首字彝器屢見，皆作首，不作頁"，當是，然就偏旁而言，首、頁則可通用，故云："頁，偏旁所用，亦以頭為義。"

𡿺，宵韻

《說文》云："，頭𩪋髓也。从匕。匕，相匕比箸著也。巛以象髮，囟象𡿺腦形。"按，相比於腦義不切。""即""之反文，猶艮、印、頃皆以"匕"為"人"字也見各本條，當作，如人戴腦，於象形方合。

評注："𡿺"字商周古文字材料未見之，睡虎地秦簡作（《封診式》簡57），構形不明。"𡿺"所从之"匕"，或以為乃"刀"形，作聲符用。林氏以為"匕"即"人"之反文，可備一說。然謂字當作，如人戴腦，於象形方合，實係推想，於古無徵。

㚲，談韻

《說文》云："，𡿺蓋也。象皮包覆𡿺謂𠆢，下有兩臂人，而夂在下，讀若范。"

評注："㚲"字《廣韻》明忝切，又亡范切，音miǎn。按，古文字材料未見此字。二"𡿺"字，大徐本皆作"瑙"。此從段注本而無說。

眉，微韻

《說文》云："，从目，象眉之形。上象頟額理也。"按，古作𢧵者尊彝，象眉目及目圍腠理之形。

評注："眉"字甲骨文作（《合集》11689）、（《合集》3421）、（《屯南》142），上象眉毛之形，下以目為襯托，通常稱為復體象形。

金文作（周窸鼎）、（卝伯簋），與甲骨文近同。林氏云“象眉目及目圍腠理之形”，可從。然所引金文字形，《金文編》未錄，是否“眉”字，待考。小篆象眉毛的部分訛變為仌，目則變為竪寫。

釁，微韻，音眉，又文韻，音門

《說文》云：“，血祭也。象祭竈也。从爨省，从酉，酉所以祭也。从分，分亦聲。”按，“釁”為祭竈無他證，此依小篆从“爨”說之，恐非古義。古作邾公釗鐘，象人面上眉下鬚之形。諸彝器眉壽字皆以“釁”為之，“釁”實與“眉”同字，借義乃為血祭耳。“釁”古音如“門”《詩》“鳧鷖在亹”（“亹”即“釁”字），箋云：“亹之言㔆門也”。《漢書・景武功臣表》“先登石亹”，即“石門”，與“眉”雙聲對轉。亹亹之“亹”，音“尾”。《周禮》“共其釁鬯”鬯人，鄭司農讀“釁”為“徽”“徽”從“微”得聲，古與“微”同音。“尾”與“徽”即“釁”對轉之音，古與“眉”同音。“釁”或作都公諴簠，省作邾友父鬲。从，形近於“皿”，因譌从“皿”，作鑄子叔簠。“皿”與“血”古通用“盉”字古或从“血”，“監”字古或从“皿”，亦與血祭之義相應，故變作杞伯敏父壺、作無叀鼎，移血於下此从“血”，“釁”省聲，與“釁”分為兩字。或作脖侯盤。

評注：“釁”字似未見於商周古文字。《說文》所釋大致可從。林氏所舉金文字形，皆“湏（沬）”（大徐本《說文》荒內切，《集韻》呼內切，音 huì）字，非“釁”字，林氏誤。《說文》云：“沬，洒面也。从水，未聲。湏，古文沬从頁。”甲骨文作（《合集》31951），象人散髮而伸手就皿洗面之形，金文繁簡不一，其作（《金文編》摹作）者，乃其繁文，字从雙手持倒皿洒水，从頁，會倒水洗面之意。諸彝器用為眉壽字，乃音近假借也。

須，遇韻

《說文》云：“，頤下毛也。从頁、彡。”按，古作易叔盨，象面有鬚形。

評注：“須”為“鬚”之本字。甲骨文作（《合集》17931）、（《合集》816 反）、（《合集》35302），象人面有胡鬚之形。胡鬚本與頭部（頁）相連，金文尚是如此，如林氏所引者即是。小篆割裂，變从頁、彡。

齒，之韻

《說文》云：“，象口齒之形。止聲。”

評注：“齒”字甲骨文作（《合集》3523）、（《合集》13649），象口中牙齒之形。戰國中山王壺作，上部加“止”為聲，小篆同。林氏無說，殆從《說文》。

辰，文韻

《說文》云：“，震也。三月昜陽气動，靁電振，民農時也，物皆生。从乙、匕，厂聲。辰，房星，天時也。从二，二，古文上字。”按，古作大敦“侲”字偏旁，實“脣”之古文，象上下脣及齒形。又作肆𣪕彝乙、作宴友辰尊彝乙。

評注：“辰”字甲骨文作（《合集》13262）、（《合集》20896）、（《花東》379）反），金文承襲甲骨文，象蜃之形，乃“蜃”之初文。“蜃”在古代用為耕器，《淮南子》云：“古时剡（音 yǎn，削）耜而耕，摩蜃而耨（音 nòu，除草）”，“農”字亦从辰，皆可證。《說文》以“震”釋之，乃屬聲訓。林氏以為“脣”之古文，象上下脣及齒形，非是。

舌，泰韻，所害切

《說文》云：“，从干、口，干亦聲。”按，干口為舌，非義，“干”亦非聲。“圅”為舌，象舌形，而中从“干”見“圅”字條，則亦象口上舌形。古作盂鼎“䤈”字偏旁。

評注：“舌”字甲骨文作（《合集》14949）、（《合集》15154正）、（《合集》2201）、（《合集》9472 反），象口吐舌形，旁點為唾液，所从之“干”乃增筆而成，可見本非从干。林氏以為“干口為舌，非義，干亦非聲”，字“象口上舌形”，皆是，然以“圅”字為證，則非。“圅”象納矢於箙袋之形，與“舌”無關。參卷一“圅”字條。

谷、去，模韻，音固

《説文》云："，口上阿也口上之顫。从口，上象其理。"按，古作谷多戈。《説文》云："，人相違也。从大，聲。"按，古作師酉敦、盂鼎、克鼒彝"灋"字偏旁，从口，形近猶""字攴季良父壺作""、""字不䂂敦作""，又與"谷"同音，當亦同字。或作師嫠敦"灋"字偏旁，變為，猶"谷"亦从也見"谷"字條。《説文》云："，盧飯器，以柳為之，象形。"經傳未見。

評注："谷"字音 jué，與山谷之"谷"形近實不同。按雲夢秦簡"卻"字作（《封診式》66，用作"腳"），"腳"字作（《日甲》159反），可知即之省變，則金文之（九年衛鼎）當即"谷"之古形，象口上紋理交錯之意。"去"字甲骨文作（《合集》8070）、（《合集》28189），从大从口，會張大其口之意，當為"呿"之初文。《玉篇》："呿，張口皃。"《莊子·秋水》："公孫龍口呿而不合。"《説文》"人相違"之訓當為假借用法。"去"字所从之"口"，甲骨文已有省為"凵"者，為後世所本。"谷"為"口上阿"，"去"為"張口皃"，前者象形，後者會意，林氏以為二者同音，當亦同字，恐非是。不過由于谷、去形近，故从"谷"之字，或隸定為从"去"。如"腳""卻"又作"脚""却"，當需辨别。

㔾，談韻，音范

《説文》云："，嘾也，艸木之𠌶未發函然。象形，讀若含。"按，與艸木花形不類。""函"同音，疑與"函"同字，舌也。象伸舌，象頤連頸之形。"马"象舌又象頤，故"頤"謂之"頷"，與"马"同音，恐古文亦為"马"也。

評注："㔾"亦書作"马"，似未見於商周古文字。在戰國文字中，多作聲符用。如"犯"字雲夢秦簡作（《日乙》142），"笵"字秦印作（《珍秦齋古印展》127）、（《珍秦齋古印展》115）。上部多為填實，以别於卩；偶為框廓，為小篆所本。關於"马"之本義，《説文》以為象艸木之花未發，林氏以為與函同字，舌也。按卷一"圅"字條，林氏引不䂂簋之以證"圅"象舌形，謂"中象舌理，象舌後縣雍垂之形"，與本條"象伸舌，象頤連頸之形"不同，然皆不可信。又因"马"字寫法特殊，故又有以為“構形不明”者。[1] 今按“圅”字條評注已引甲骨文（《合集》28372）、（《合集》18469），象盛矢于箙袋之內，故有函納之義。小篆作，其上部之“”为囊之提手變形，框中之“”為倒矢之形，演變的軌跡十分清楚。以此觀之，則“马”乃“圅”之簡省分化，猶如“虍”為“虎”之簡省分化一樣，故《說文》《文源》所解皆非。

孔，東韻

《說文》云：“，通也。从乙、子。乙請子之候鳥也，乙至而得子，嘉美之也，故古人名嘉，字子孔。”按，以乙至得子為嘉美，說已迂曲，且非“孔”字本義。孔，通也，古作曾伯簠，本義當為乳穴，引伸為凡穴之稱，象乳形見“乳”字條，就之，以明乳有孔也。

評注：“孔”字甲骨文未見，金文从子，右上為指事符號，後演變為乙。郭沫若《金文叢考》云：“乃指示小兒頭角上有孔也。故孔之本義當為囟，囟者象形文，孔則指事字。引申之，則凡空皆有孔，有孔則可通，故有通義。”《說文》釋“通”為引申義。林氏以為本義當為乳穴，“象乳形，就之，以明乳有孔也”，聯係“乳”字，亦頗有理據，似較郭說為優。

乳，遇韻，尼愈切

《說文》云：“，人及鳥生子曰乳，獸曰產。从孚、乙，乙者乙鳥。《明堂》《月令》：乙鳥至之日，祠于高禖以請子，故乳从乙。”按，以“孔”字義推之，“乳”本義當為人乳，象撫子就乳形。

評注：“乳”字甲骨文作（《合集》22246），象懷子哺乳之形。林氏謂乳字“象撫子就乳形”，其意與甲骨文暗合，然以“人乳”為本義，則轉為名詞，似欠周密。“乙鳥”，大徐本作“玄鳥”，林從段注本；林氏未引古文字，其字頭作者，乃據“孔”字作而推出。

---

① 參見黃德寬主編《古文字譜系疏證》，商務印書館2007年版，第3909頁。

要，宵韻

《說文》云：“，身中也，象人要腰自臼之形。从臼。，古文。”按，古作伯要敦、作洹子器“𡡉”字偏旁，象女自約兩手於腰之形，卣聲。“卣”幽韻“要”宵韻雙聲旁轉《詩·七月》篇以“葽”與“蜩”為韻，則“要”音轉如“卣”。

評注：“要”字甲骨文作（《懷特》1315）、（《合集》28236）（“𥟖”字偏旁），金文作（《衛簋》“旟”字偏旁），楚簡作（上博簡《昭王與龔之脽》簡7），象人以手叉腰之形。[①] 大徐本小篆作“”，林氏所書略異。按段注本改篆作“”，林氏未從之；“古文”之“”，亦林氏所隸定，與大徐本、段注本皆不同。林氏所錄伯要簋等字形，學界多以為“婁”字，非“要”字。根據現有資料，《說文》標為古文的“”（林氏作，略異），與睡虎地秦簡（《日甲》73反）之構形相同，亦見于馬王堆簡帛文字，[②] 頗有蹤跡可尋。小篆作者，來源不明，故段注本改篆作“”，並云：“按各本篆作……淺人所妄改也。今依《玉篇》《九經字樣》訂，顧氏、唐氏所據《說文》未誤也……上象人首，下象人足，中象人腰而自臼持之，故从臼。必从臼者，象形猶未顯人多護惜其腰故也。”如段說不誤，顧氏、唐氏所據《說文》“要”作“”形，則與漢碑《斥彰長田君斷碑》之“”字的構形相同，區别只在篆隸筆勢不同而已，移用段氏的形義分析，也完全適合。據段注，《漢書·地理志》有這種寫法的“要”字，漢碑又見此字，說明《說文》成書前後都有這樣的“要”字。[③] 這種“”字，從字形上看，可能與上述甲金文字形有源流關係。

寅，臻韻

《說文》云：“，髕也。正月昜陽气動，去黃泉，欲上出，侌陰尚強也。象宀不達，髕寅於下也。”按，“寅”無黃泉上出之象。古作師𡵂父鼎、又作史𣝋壺，即“胂”之古文，夾脊肉也。“胂”古音如“寅”，故《易》

---

① 參見郭永秉《談古文字中的“要”字和从“要”之字》，《古文字研究》第二十八輯，中華書局2010年版。

② 見陳松長編著《馬王堆簡帛文字編》，文物出版社2001年版，第108—109頁。

③ 參見林志強《漢碑俗字綴述》，《中國文字學報》第二輯，商務印書館2008年版。

“列其夤”《艮卦》,馬注:“夾脊肉也”，以“夤”為“胂”。象肩髆脊脛之形，兩手自約於胂，與“”要字同意。形變作陳猷釜、作陳逆笑。

評注：“寅”字甲骨文作（《合集》8085）、（《合集》35726）、（《合集》37992）、（《合集》35575）等形，初作矢，或在矢形上加指事符號。朱芳圃《殷周文字釋叢》云：“寅甲文早期作，晚期作，口為附加之形符，所以別兵器之矢於干支之寅也。間有作兩手奉矢者。入周以後字形頓異，要皆兩手奉矢形之演變也。由音言之，古矢與寅讀同紐雙聲，脂真對轉。”于省吾認為“寅”亦附劃因聲指事字，“寅字的初文，系借用弓矢的矢字，所謂造字假借……古音矢與寅雙聲，矢屬審紐三等，寅屬喻紐四等，並讀為舌頭。”“寅字的造字由來，假借弓矢之矢以為寅。後來因為矢與寅用各有當，故於矢字的中部加一方框，作為指事字的標誌，以別於矢，而仍因矢字以為聲。當然，寅字後來訛化滋甚，與矢字大有出入，已脫離了指事字的範疇。”① 按朱、于二說，最為近是。林氏以為“胂”字古文，非是。所錄陳逆簠字作，林氏所摹略異。

脊，蟹韻，咨隻切

《說文》云：“，背呂脅也。从𠂹、从肉。”按，象脊肋之形，从肉兼轉注。　《說文》云：“，背呂也。象脅肋形，讀若乖。”經傳未見。

評注：“脊”字商周古文字未見。睡虎地秦簡作（《法律答問》75）、（《日甲》80背），與小篆近同。古璽有字作（《璽彙》1730），从肉，朿聲，或以為即“脊”字，秦簡、《說文》“脊”之上部皆“朿”之訛變，② 若是，視為聲符意化可也。《文源》字頭之，乃林氏以古文字之筆勢書之，當不可據。“𠂹”字條“讀若乖”三字大徐本無，林氏從段注本。

---

① 于省吾《釋古文字中附劃因聲指事字的一例》，《甲骨文字釋林》，中華書局1979年版，第453頁。

② 參見黃德寬主編《古文字譜系疏證》，商務印書館2007年版，第2074頁。

叉、丑，幽韻，音丑

《說文》云：“，手足甲也。从又，象叉形。”按，古作叉彝，象手有指爪形。《說文》云：“，紐也。十二月萬物動，用事。象手之形。日加丑，亦舉手時也。”按，古作庚贏尊彝，與“叉”同形，即“叉”字。“丑”“叉”古同音。或作貉子尊彝癸，省。

評注：“叉”字甲骨文作（《合集》36902）、（《英》2562 正），从又而加點；“丑”字作（《合集》32320）、（《合集》34931）、（《合集》20400），突出其手指之彎曲，似用力折扭狀，學者多以為“扭”字初文。叉、丑皆取象於手形，以其情狀之異而為不同之字，當屬“同象異字”之例。林氏以為叉、丑同字，後則分化，可備一說。“日加丑”，大徐本作“時加丑”。

骨，微韻，音貴

《說文》云：“，肉中覈也。从冎有肉。”按，者，骨形，象肉附於。

評注：“冎”為“骨”之初文，甲骨文作（《合集》18837）、（《合集》3236），象骨架之形，林氏謂“者，骨形”，可謂暗合。戰國時加肉作（《璽彙》1672）、（《雲夢·日甲》55 背），《文源》字頭乃林氏據“肉”字古形而推出，與古不盡同。

肎，蒸韻

《說文》云：“，骨閒肉肎肎箸著也。从肉，从冎省。”按，肉附，象骨肉之閒。

評注：“肎”即“肯”字。西周早期的仲肯父鼎作（《商周金文資料通鑒》02390），戰國楚簡作（清華大學藏竹簡《皇門》），[1] 戰國璽印文字作（《璽匯》1473），从肉，从冎。或省作（《璽匯》3963）、（《雲夢·封診式》92），為小篆所本。為冎之省，林氏謂象骨肉之閒，

① 參見陳斯鵬、石小力、蘇清芳《新見金文字編》，福建人民出版社 2012 年版，第 131 頁。

非是。其字頭亦據“肉”字古寫法而推出。

尾，微韻

《說文》云：“，微也。从到倒毛在尸後，古人或飾系尾，西南夷皆然。”按，古作犀伯魚父鼎“犀”字偏旁，从“尸”猶从“人”，“”象體後系尾形。

評注：“尾”字甲骨文作（《合集》136 正），象人後飾系尾形，林氏謂“从尸猶从人，象體後系尾形”，可從。

也，歌韻，音它

《說文》云：“，女陰也。从乁，象形，乁亦聲。”按，“也”為女陰無所據。當為首施之“施”本字“施”从“也”得聲，古與“也”同音。《后漢書・鄧訓傳》“首施兩端”，施，尾也。《通志・氏族略》：“魯公子尾字施父。”又曳謂之“拕”，馬尾鞎謂之“鞎”，皆與“施”同音而有尾義。古作歸夆敦，象獸尻後著尾形，象尻，與諆田鼎“馭”字从同意。象手持鞭，亦馬後也。或作郳也人鼎、作齊侯匜。

評注：“也”字的問題，歷來聚訟紛紜，《說文》釋為“女陰”，或以為“匜”字之變，或以為“它”字之變，林氏則以為“施”之本字，迄無定說。今賴有戰國時期古文字材料的大量發現，始有理據較強之新論。按晚周欒書缶作，楚簡文字作（《郭店・語叢三》），與《說文》所錄秦刻石“”字同構。其形體演變自而而而而，環環相扣而皆有文字材料可證，翔實可信；其結構可分析為从“口”，另一曲筆為指事符號，當與口氣之意有關，為表語氣停頓之專字。有關論著可參考黃德寬《說“也”》、[①] 何琳儀、房振三《“也”、“只”考辨》、[②] 黃德寬主編《古文字譜系疏證》等（見該書第 2304 頁）。《文源》“从乁，乁亦聲”五字大徐本無，林氏從段注本。所引古字及其變體，乃“它”或“匜”字，林氏釋為“象獸尻後著尾形”，可商。

---

① 香港中文大學中國文化研究所、中國語言及文學系編《第三屆國際中國古文字研討會論文集》，問學社有限公司 1997 年版。

② 北京師范大學民俗典籍文字中心編《民俗典籍文字研究》第三輯，商務印書館 2006 年版。

異，之韻

《說文》云："，分也。从廾、畀。畀，予也。"按，"予"與"異"義無涉。古作歸夆敦、作趩尊彝"趩"字偏旁，變作邾公華鐘，不从"畀"，當為"翼"之古文，象頭、頸、身、尾枝尾及兩翼形。

評注："異"字甲骨文作（《合集》27349），楊樹達《積微居金文說》云："甲文異字作人頭上戴物，兩手奉之之形，異蓋戴之初字。戴从𢦏者，加聲旁耳。"羅振玉《增訂殷虛書契考釋》謂"異"字古金文"象人舉手自翼蔽形"。按楊、羅兩說相較，楊說為優，可從。林說近羅說。所錄邾公華鐘之，為"畢"之異文。

稻、舀，幽韻，音胄

《說文》云："，稌也。从禾，舀聲。"按，古作叔家父匡，象獲稻在臼中將舂之形。變作陳公子甗、作曾伯霥匠，象米禾在臼旁，，手持之。形近，亦譌从，作滔嫼敦"滔"字偏旁。　　　　《說文》云："，抒臼也。从爪、臼。"按，"稻"為象形字，則"舀"即"稻"省。稻象禾入臼中，爪取之，故舂畢挹出謂之"稻"。《詩》"或舂或舀"生民，毛本以"揄"為之。

評注：《說文》以"稻"為形聲，林氏以為象形。按當為會意兼聲，从禾从舀，舀亦聲。字頭之及文中所錄之，皆當隸定為旞，从㫃，與旗幟義有關，或以為"𪏰"之異文，[1] 金文用為"稻"。"舀"為"稻"之聲符，林氏以為"稻"省，並將兩字合並為一，非是。

韭，幽韻

《說文》云："，象形。在一之上，一，地也。"王氏筠云："韭葉整齊，字中兩直即其狀，本是八直並列，以象其多，其六畫曲而附於旁，為其成文耳。"

評注："韭"字商周古文字未見，睡虎地秦簡有之，作（《秦律》

① 參見黃德寬主編《古文字譜系疏證》，商務印書館2007年版，第603頁。

179)，旁非六畫，與林氏引王筠說不同。按王筠《說文釋例·卷二》云："韭則莖短葉長，紛紜滿畦，如剪斯齊，故字之中兩直，正其狀也，旁出之六筆，亦非岐枝也，象其多耳……韭無不齊也，故其字直是八直並列，以況其多耳，其六畫曲而附於旁，為其成文也。"① 林氏只是節引其意。

卣、迺、廸、甹、卤、卣、由，幽韻，音由

《說文》云："，气行皃。从乃省，卤聲。讀若攸。"按，古作毛公鼎、作虢叔鐘，非"乃"省，即"條"之古文，小枝也。象小枝，象枝上垂實形，果實必在小枝上也。"條"从"攸"得聲，音本如"攸"，與"卣"同音。《說文》云："，艸木實垂卤卤然。象形。讀若調。"按，古作虢叔鐘或作，"卤"與"卣"同音"卣"即"條"字，讀若"攸"，音亦轉如"條"，即"卣"之省。《說文》無"卣"字。《爾雅》："卣，中尊也。"釋器古作盂鼎、作宰循壬壺，即"卣"之省，與"卤"同字，或作師兌敦"卣"字，不省。《說文》云："，驚聲也。从乃省，卤西聲。"段氏玉裁云："《爾雅·釋詁》仍、迺、侯，乃也。以'乃'釋'迺'，則本非一字可知。"按，"乃"與"西"聲隔。虢叔鐘"卣天子錫旅休"，以"卣"為"迺"，實與"卣"同字。古用為發聲之詞，與"乃"義同音別，流俗不知"迺"即"卣"字，誤讀為"乃"耳。古作毛公鼎、作曶鼎。《說文》云："，木生條也。从马，由聲。商書曰：若顛木之有甹枿。"按，《說文》無"由"字，""形近""，又與""""同音同義，實即一字，形有譌變耳。《說文》無"由"字，"甹"下云："从马，由聲。"按，""當作""，即""之省，猶"卣"省作"卤"也。《說文》云："，道也。从辵，由聲。"按，"迪"經傳多作"廸"，从"廴"之字，如"廷"字"建"字，古皆从。疑"迪"本當作"廸"，即字，因其義為"道"，惟从"辵"便於說解，故譌改耳。"廸"訓為"道"、為"用"、為"輔"，皆"由"字所有之義《小爾雅》："由，用也。"《方言》："由，輔也。"《詩》"非由勿語"，"由"當訓"道"，亦用為發聲之詞，與"迺"同義。《書·召誥》之"天廸從子慈保""天廸格保"，《酒誥》之"殷先哲王廸畏天顯小民"，《君奭》之"廸惟前人光施於我沖子"，

① 見王筠《說文釋例》，中華書局1987年版，第40—41頁。

皆是。

評注：“卣”字甲骨文作（《合集》17839反）、（《合集》14128正），象盛酒器之形，加“皿”繁化作（《合集》14479）、（《合集》25979），“卤”字甲骨文（《合集》30173）、（《合集》30973）、（《合集》35351），當為加皿繁化之形簡省而來，則卣、卤古本一字。林氏以為“卤”字所从曲筆非“乃”之省，是也，然以“卤”為“條”之古文，“象小枝，象枝上垂實形”，則混同了酒器之“卣”與木實之“鹵”。按木實之“鹵”，如“栗”字甲骨文作（《合集》36745）、（《合集》36902），果實之形與酒器之“卣”同形，後訛變作“鹵”，《說文》“艸木實垂鹵鹵然”之說，當即此果實之“鹵”。即是說，酒器之“卣”與果實之“鹵”，古本異象而同形，不宜混同。

“迺”字大徐本、段注本小篆皆作“”，林氏書作“”，殆據籀文。林氏用段注引《爾雅》，以明“乃”“迺”非一字，又引虢叔鐘“卤天子錫旅休”以證“迺”與“卤”同字，用為發聲之詞，與“乃”義同音別，流俗不知“迺”即“卤”字，故誤讀為“乃”，其說當可信從。

甲骨文有字作（《合集》20149正）、（《合集》13656正）、（《合集》13657正）等，或以為即“由”字，乃“胄”字之簡省分化；或以為“凷”字初文；亦有以為“古”字者，待考。或以為“甾”字即“由”字，甲骨文作（《合集》32982）、（《合集》6834）、（《合集》36512）等，為缶形之器。林氏本條所論，“當作，即之省”，即即，“迪”亦即，與王國維氏《釋由（上）》[①] 所論略同。按王氏該文寫於戊午（1918年）之秋，即《文源》成書之前二年，文中已多次徵引甲骨文以明“由”“卣”為一字；而林氏撰《文源》之前並没有关注或研究甲骨文，故全书未取甲骨文為證。[②] 因此本條當屬王、林二氏英雄所見，應該不存在承襲關係。“若顛木之有甹�”，“�”當作“㭾”，林氏書異。

林氏本條合“卤、迺、廼、甹、鹵、卣、由”為一，以字形而論，或是或非，然以音義關係論卤、迺、迪（廼）、由諸字為發聲之詞，則頗有

① 參見王國維《觀堂集林》，中華書局1959年版。

② 參見林志強《〈文源〉取材三題》，《福建師范大學學報》2015年第1期。

識見。

未，微韻

《說文》云："，味也。六月滋味也。五行，木老於未，象木重枝葉也。"按，木重枝葉非滋味之義，古"未"與"枚"同音，當即"枚"之古文，枝榦也。从木，多其枝。為小枝，故附以實；為大枝，故附以榦也。古作鄀公敦。

評注："未"字甲骨文作（《合集》20015），象木之形，然與"木"作（《合集》32806）有別；或變作（《合集》19957 反），與"朱"作（《合集》36743）有別；或變作（《合集》32384）、（《合補》11549）、（《周原》H11：113），為後世所承。按《說文》以"滋味"釋"未"，林氏非之，是也；然其"木重枝葉"之說，當為有據。木、未同源，以枝葉繁茂者為"未"，當即暗昧之"昧"的本字。林氏以為"枚"之古文，恐非是。按"枚"字甲骨文有之，作（《屯南》220）、（《合集》19078）。

世、枼，泰韻，式害切，又葉韻

《說文》云："，三十年為一世。从而曳長之，亦取其聲。"按，三十引長，非三十年之義。古作吳尊彝，當為"葉"之古文。象莖及葉之形。草木之葉重累百疊，故引申為世代之"世"字。亦作"葉"。《詩》："昔在中葉。"傳云："世也。""世"泰韻"葉"葉韻雙聲旁轉。"葉"轉為"世"，猶"盇"葉韻轉為"蓋"泰韻,《說文》:"盇,覆也。"，"灋"葉韻轉為"廢"泰韻,諸彝器"勿廢朕命"皆作"勿灋"矣。《說文》云："，楄也，枼薄也。从木，世聲。"按，古作拍彝、作齊侯鎛，皆用為"世"，當與"世""葉"同字。从木轉注象形。

評注："世"字甲骨文作（《合集》6046"笹"字作），从"止"而上加點，仍因"止"為聲，于省吾稱為附劃因聲指事字。金文承之，後點變為橫，為小篆所本。就金文字形而論，或以為象結繩之形，今觀甲骨文字形，此說恐非是。《說文》以"三十年為一世"釋之，乃據小篆之形而重解。林氏以為"世"為"葉"之古文，以甲骨文證之，亦非是。

“葉”之古文當為“枼”。“葉”“枼”用為“世”，當是假借。

果，歌韻

《説文》云：“，木實也。从木，象果形在木上。”

評注：“果”金文作（果簋）、（蔡公子果戈），林氏未引，而以小篆為字頭。“果”象樹上結果形，一般以為復體象形。

朿，蟹韻，七蟹切

《説文》云：“，木芒也。象形。”按，古作師寰敦“速”字偏旁、作歠狄鐘“帝”字偏旁。

評注：“朿”字甲骨文作（《合集》21256）、（《合集》5146）、（《合集》22226），象木芒之形，或謂象有鋒之利器。金文相承而有變異。林氏引金文而無説。

亥，之韻，音箕

《説文》云：“，荄也。十月微昜陽起，接盛侌陰。从二，二，古文上字也。一人男一人女也。从乚，象褢子咳咳之形也。”按，説不可曉。亥，荄也。古作大豊尊彝、作亢尊彝，象地，象根荄在地下形。或作奉彝庚，象根自種而出。又變作陳矦鼎，亦象地。

評注：“亥”字甲骨文作（《合集》20583）、（《合集》5390）、（《合集》17375），金文近同，小篆訛變。吳其昌《金文名象疏證》云：“亥字原始之初誼為豕之象形。”就取象角度而言，“亥”“豕”同源，當有可能，然二字分用，亦是事實。《呂氏春秋》載子夏辨“晉師三豕涉河”為“晉師己亥涉河”，正謂二者形相近而用不同也。郭沫若謂“亥”象異獸之形，但不知為何物。林氏取許君“荄也”之解，指出“亥”象草根，亦備一説。

風，侵韻，音品

《説文》云：“，八風也。東風曰明庶風，東南曰清明風，南方曰景風，西南曰涼風，西方曰閶闔風，西北曰不周風，北方曰廣莫風，東北曰融風。風動蟲生，故虫八日而化。从虫，凡聲。”按，从“虫”於風義不切。，象形，非“虫”字猶“白”象皃頭、“田”象木果之例。“”象穴“泉”小篆作“”，“”亦穴形，“”象風出穴形宋玉《風賦》云：“空穴來風”，與“”雲“”雷同意，凡聲。

評注：“風”字乃由“鳳”字分化訛變而來，林氏以“風”所从之“”象風出穴形，非是。按甲骨文原以“鳳”為“風”，作（《合集》34036）、（《合集》133339）、（《合集》21019）等形，象鳳鳥高冠修尾之形，後加“凡”為聲，作（《合集》30258），其中或有增畫鳳尾之珠毛紋飾者。西周金文將鳳尾紋飾與鳳體分離，並移置聲符“凡”之下，寫作“”（《集成》[①] 2752。薛尚功《歷代鐘鼎彝器款識》卷十南宮中鼎三“風”字作“”，其左乃古“鳳”字寫訛，其右乃“”形寫訛）。《碧落碑》作“”，《汗簡》錄《周禮》字作“”，皆以上甲金文之變體。“”形右旁之“”，為後代“風”字之濫觴。三個珠毛尾飾省其二，則作“”。《夏承碑》作“”，《孟孝琚碑》作“”，皆“”形之變。“”再省尾飾之下部，則成《說文》古文之“”；其“凡”字右邊旁出一筆，乃戰國楚文字之特殊寫法，楚簡文字常見之。楷書之“凬”，即是源自“”形。《隸辨》所載《楊震碑》陰之“”，《綏民校尉熊君碑》之“”，正顯示出從“”到“凬”的隸變楷化軌跡。“”形若省尾飾之上部，則成楚帛書之“”。“”形所从之尾飾下部，其形如古文“虫”字，《說文》“風”字小篆从“虫”，即因此而誤。此誤積非而成是，經過隸變逐漸發展成楷書“風”。《說文》誤認古文“凬”从“日”，小篆“風”从“虫”，故綜合兩者而解為：“風動蟲生，故蟲八日而化。”其說不足為據。[②]《文源》字頭之“”，當林氏依例推寫，然與秦簡作（《日甲》79）者結構近同。

---

① 《集成》為《殷周金文集成》（中國社會科學院考古所，中華書局 1984—1994 年版）的簡稱，下同。

② 參見曾憲通《釋“鳳”、“凰”及其相關諸字》，《中國語言學報》第 8 期，北京語言文化大學出版社 1997 年版；林志強《古本〈尚書〉文字研究》，中山大學出版社 2009 年版，第 30—31 頁。

雨，模韻，音鴟

《説文》云：“，一象天，象雲，水霝其閒也。”按，古作楚公鐘、作不䵼敦“霝”字偏旁。

評注：“雨”為象形字，甲骨文作（《合集》20975）、（《合集》21021）、（《合集》28244），象天空下有雨滴形。林氏引金文而無説。

坴、六，幽韻，盧肉切

《説文》云：“，菌坴，地蕈叢生田中。从屮，六聲。”按《説文》“夌”下云：“从夊，从坴。坴，高也。”“坴”義為高，當為“陸”之古文。古作陸字父甲器“陸”字偏旁，象陸，象陸下有水形《説文》“㕣”下云：“从，象水敗貌”，象陸上草木。或作陸字父甲器。《説文》云：“，易之數，侌變於六，正於八。从入、八。”按，入八之義不可曉。古“陸”字或作邾公釛鐘、或作平陸戈，皆从“六”，則“六”與“坴”同字。古作召伯虎敦，从省。“坴”“六”古同音。

評注：“六”字甲骨文作（《合集》13452）、（《合集》5825），因與“入”字形近，又加為區別符號，作（《合集》32917）、（《合集》18802），為後世所承。或謂“六”即從“入”字分化而來，為分化符號。“坴”即“六”之增繁分化字。林氏謂“坴”形中“象陸，象陸下有水形，象陸上草木”，恐非。然謂坴、六古同音，二者為同字，則是。

州，幽韻

《説文》云：“，水中可凥居者曰州，水匋周繞其旁。从重川。”按，重川非義，古作散氏器，象水中有地可居形。

評注：“州”字甲骨文作（《合集》849正）、（《合集》17577正），象水中有陸地之形。金文如林氏所引，與甲骨文一脈相承。小篆字形乃類化所致。林氏謂“重川非義”，是也。

泉，寒韻

《說文》云："，水原源也。象水流出成川形。"按，古作、散氏器"原"字偏旁，象水出穴之形。

評注："泉"字甲骨文作（《合集》8370）、（《合補》10642 甲）、（《合集》8371）、（《花東》484），象水流出山洞之形，表泉水之義。金文相承，小篆有所變化。林氏云："象水出穴之形。"可從。

邕，東韻

《說文》云："，邑四方有水自邕壅成池者是也。从川、邑。讀若雍。"按，川邑無自壅成池之義。古作彔尊彝"雍"字偏旁、作毛公鼎"雍"字偏旁，、皆象池形。"邑"字古或作格伯敦"壂"字偏旁，形與""近，故篆譌从"邑"。

評注："邕"為"雝"（隸變為"雍"）之簡省，"雝"甲骨文作（《合集》37655），"邕"即其偏旁，金文相承如林氏所引者，其下所从，古文字或作、，象二城邑相連，後又訛變為"邑"，遂成"邕"字。林氏以為"川邑無自壅成池之義"，而以下部所从皆象池形，訛變為"邑"，可備一說。

梁、刱，陽韻

《說文》云："，水橋也。从木、水，刅聲。"按，古作叔家父匡，象榷木兩崖之閒為橋樑形，"刅"省聲。或作仲刱父鬲，變""为""，亦象形，象小阜，示其為岸上地也，刅聲。或作記伯尊彝、作師虎敦，變""为""，亦象形，與"井"字混。又作仲𠭯父盤，从水轉注，作陳公子甗，从水，刅聲，"梁"字从此得聲。《說文》云："，造法刱業也。从井，刅聲。讀若創。"按，創業之義，經傳以"創"為之，"刱"實與"梁"同字。"刱""梁"皆从"刅"聲，本同音也。

評注："梁"字未見於甲骨文，戰國文字作（《璽彙》0814），从木、水，刅聲，但偏旁位置與小篆不同。林氏所舉的叔家父匡之，拓本作（《集成》4615），當為"井"旁寫異的"刱"字，銘文中用為稻粱之“粱”。林氏所舉的仲𣃘父鬲之，拓本作（《集成》544），是否“𣃘”字，待考。林氏對二字左旁的分析，不一定可靠。“𣃘”字與“荊”字的本字相同，均作（貞簋）。強運開引方濬益云：金文貞簋作，《說文》古文訛作，傳寫者誤分為二。“其从艸者，蒙上文小篆之荊而誤，既云楚木，不當从艸。”[①] 唐蘭認為“本象人的手足因荊棘而被創傷，人形訛為刀形，因而或加井而作𣃘字，即創傷之創的本字，增艸而為荊棘之荊。”[②] 林氏以為“𣃘”“粱”二字皆从“刅”聲，其說是，然合二字為一字，不確。

向，陽韻

《說文》云：“，北出牖也。从宀，从口。《詩》曰：塞向墐戶。”按，象牖形，象屋在其上。古作禹敦。

評注：“向”字甲骨文作（《合集》28968）、（《屯南》598），象房屋開窗之形，本無“北出”之義，《說文》“北出牖”之說，殆據毛傳。金文小篆相承，林氏析形可從。

臼，幽韻

《說文》云：“，象形。中象米也。”按，古作宗周鐘“舀”字偏旁。

評注：“臼”字甲骨文作（《合集》17078 正“舂”字偏旁），象舂米器具之形，或加小點作（《合集》6025“舂”字偏旁）、（花東“舀”字偏旁），為後世所承。林氏無說。

巢，宵韻

《說文》云：“，鳥在木上曰巢，在穴曰窠。从木，象形。”按，象巢在木上形。象巢。

評注：“巢”字殷墟甲骨文作（《合集》28096“漅”字偏旁）、

① 參見強運開《說文古籀三補》，中華書局 1996 年版影印本，第 3 頁。

② 參見唐蘭《論周昭王時代的青銅器銘刻》，《古文字研究》第二輯，中華書局 1981 年版，第 73 頁。

（《合集》28095“㯱”字偏旁），西周甲骨文作（《周原》H11：110），金文作（班簋），皆象木上有鳥巢之形。小篆訛變。林氏當時或未見有金文字形，故據小篆為說，近是。

土，模韻

《說文》云：“土，地之吐生萬物者也。二象地之上、地之中，丨，物出形也。”按，古作盂鼎、作楊敦“徒”字偏旁，一象地，象物吐生形。土，生物者也。

評注：“土”字甲骨文作（《合集》34031）、（《合集》6057正）、（《合集》6407），象地上有土塊之形。後世文字乃土塊形線條化之結果，林氏以為“象物吐生形”，非是。

凷，微韻，音鬼

《說文》云：“凷，墣也。从土、凵。凵屈象形。塊，俗凷字。”按，古作彔尊彝、作取彝、作杯凷彝、作辛器，取彝“戍於凷自”“自”即“堆”之古文，“凷自”疊韻語，土高之貌。經傳或用“壞隤”《左傳・成公十六年》：“公出於壞隤”，或用“魁堆”《楚辭・天問》：“魁堆焉處”，或用“畏隹”《莊子》：“山林之畏隹”，實皆“凷自”之異文。“凷”字象土塊，、、皆象其上草根之形。

評注：甲骨文有字作（《合集》20149正）、（《合集》13656正）、（《合集》13657正）等，从土从凵，或以為即“凷”字初文（亦有人以為即“由”字或“古”字）；金文加“丰”（读若“介”）為聲符。林氏以“凷自”“壞隤”“魁堆”“畏隹”為異文關係，則釋為“凷”有較強之說服力，然謂字之上部象草根之形，則似可商。

吉，微韻，居費切

《說文》云：“吉，善也。从士、口。”按，士口為吉，非義。“吉”“凷”古同音，“吉”字古或作陳侯鼎，與“凷”形近，實即一字。古又作叉彝、作叉彝、作旂尊彝乙、作奢彝乙。

評注：“吉”字甲骨文作（《合集》21054）、（《合集》5247反）、（《周原》H11：189），後者為後世所承。其構形有多說，或以為上象鉤兵之形，或以為上象圭璋類器物之形，等等。林氏以為“吉”“𠙵”形近，實即一字，是就金文形體而論之，與甲骨文不合，非是。

古，模韻

《說文》云：“，故也。从十、口。識前言者也。”按，十口於古字意不顯。取彝“師雍父戍于𠯑自”，遹甗作“師雍父戍在古自”。是“古”與“𠯑”同字。“古”模韻“𠙵”“吉”微韻亦雙聲旁轉。古作遹甗、作曾伯𩰫匜、作婦闟尊彝癸“姑”字偏旁。

評注：“古”字甲骨文作（《合集》21242）、（《合集》945正）、（《合集》5906），上从“盾”之古文，下“口”為區別符號，字即“固”之本字。舊亦有以甲骨文之（《合集》13656正）、（《合集》13657正）為“古”字者。林氏以為“古”“𠙵”雙聲旁轉，二者同字，亦可備一說。

丯，泰韻，音害

《說文》云：“，艸蔡也。象艸生之散亂也。”按，“耒”篆从木推丰，耒以推土，非以推艸。丰，土塊也，即“”之省。“𠙵”微韻“丯”泰韻雙聲旁轉。“害”字从宀，𠙵聲“𠙵”即“𠯑”之省，見“害”字條，是“𠙵”聲亦轉入“泰”韻也。

評注：“丯”字甲骨文作（《合集》30997），“契”之初文，象刀所刻之齒。林氏以“耒”字所从之丰論之，以為土塊，即“𠙵”字古形省略，“𠙵”“丯”雙聲旁轉。按林氏之說，以音論之則是，以形論之則非。“耒”字金文作（耒簋）、（耒方彝）等形，篆文所从之丰，乃形上部之手形省变而來。

沙，歌韻，音莎

《說文》云：“，水散石也。从水、少。水少沙見。”按，古作無叀鼎，象散沙及水形，亦作寰盤。

評注：甲骨文有（《合集》27996）字，象水中有沙粒之形，亦可分析為从水从小，小亦聲，當即“沙”字。林氏以金文論其形象沙及水形，可從。

金，侵韻

《說文》云：“，五色金也。生於土，从土，ナ左又右注象金在土中形，今聲。”按，古作曾伯霥匜，作吳尊彝，作記伯尊彝，象金在地中形，“今”省聲。

評注：甲骨文有字作（《合集》23573）、（《花東》474），或以為即“金”字，从火今聲，後世無傳；又作（《合集》36984“鎬”字偏旁），从土今聲［“今”字的獨立形體，甲骨文作（《合集》20273），形的“土”與“今”字下筆連接］，金文近之，並增點以示金形。上舉甲骨文“金”字，也有學者認為不可靠，待考。林氏據金文，以為象金在地中形，今省聲，與《說文》近同。金文“金”形或作，比較形象。

鹵，模韻

《說文》云：“，西方鹹地也。从卥省，象鹽形。安定有鹵縣，東方謂之斥，西方謂之鹵。”按，東為斥，西為鹵，此後世異名。制字之始，不能為西方鹹地獨制一字。西者言其地之方，非即地，注四點於西中，理亦不愜。“鹵”當訓為鹹味也。从，，果實也見“廼”字條。中四點象鹽形。蓋果實中有含鹽者，其味鹹，名之曰“鹵”，此上世知有鹹味之始，其後得鹹地，亦以“鹵”名之，及知煮海為鹽，始制“鹽”字，故曰“天生為鹵，人生為鹽”。

評注：“鹵”字甲骨文作（《合集》7022）、（《合集》20177），象盛鹽鹵之器。金文作（免盤），與甲骨文同。小篆外形有訛變。戴侗《六書故》云：“鹵，內象鹽，外象盛鹵器，與卣同。”所論當是。林氏以外象果實之形，字象果實含鹽者，與甲骨文不合，非是。不過他論述鹽鹵之發現的過程以及文字演變的情況，也頗有理趣。字頭係林氏推寫，未明出處。

桼，微韻，七費切

《說文》云：“，木汁可以髼物。从木，象形。桼如水滴而下也。”

評注：“桼”字即“漆”本字，金文作（曾伯霥匿“霥”字偏旁），戰國文字作（《璽彙》0157），皆从木，小點表示桼汁。林氏引《説文》而無説。

丹，寒韻

《説文》云：“丹，巴越之赤石也。象采丹井。━象丹形。”按，“丹”形近“井”字，故从“井”之字，古或譌从“丹”（“”字从“井”，吳尊彝作“”）。然“丹”字無作“井”者。古丹沙以柝盛之，庚贏尊彝云“錫貝十朋，又丹一柝”是也。柝者，截竹以盛物，今鄉俗猶常用之。象柝，━象丹在其中。古作（庚贏尊彝）。《説文》云：“彬，古文丹。”按，古作（無叀鼎丹沙如此），亦丹形，與“彡”形近字別。

評注：“丹”字甲骨文作（《合集》8014）、（《合集》24238），後世無異，結構不明。《説文》以為象采丹井，中點象丹形。林氏以為外框象截竹以盛物之柝，可備一説。

戹，微韻，於費切

《説文》云：“戹，隘也。从戶，乙聲。”按，古作（毛公鼎），以為“軶”字，實即“軶”之古文（《詩·韓奕》篇“鞗革金戹”），象軸━、轅|、軏⊃、軥∩之形。“軶”一名“衡”，本有二軥，狀如，以扼兩馬之頸。∩但象一軥，乃略形也。若象全形，當變為，倒轉為，即“”字。篆作“”，乃“”之形譌。

評注：“戹”象車軶之形，林氏以為“軶”之古文，且解説頗為形象，可從。《金文編》云：“《説文》从戶，乙聲，是誤象形為形聲。”①典籍亦作“軛”“厄”。

軎，微韻，音轊

《説文》云：“軎，車軸耑（端）也。从車，象形。”按，象車軸及端形。

評注：“軎”音 wèi。段注云：“車軸之末見於轂外者曰軎。”林氏説

① 參見容庚《金文編》，中華書局 1985 年版，第 766 頁。

同。金文作𨊠（揚鼎），強運開以為象雙輪貫軸之形。小篆乃其省略。

庚，陽韻，音光

《說文》云："庚，位西方，象秋時萬物庚庚有實也。庚承己，象人齎。"按，字形皆不類。古作庚戈叔鼎，當為"横"之古文，闌木也。凡器物縱列二木者，多横關之以為固。《淮南子》："筐不可以持屋"齊俗，借"筐"字為之。又船前横木謂之"桄"，車後横木謂之"軖"。"筐""桄""軖""横"古皆與"庚"同音，實皆以"庚"為本字。木象器物之柎，二象其横，横木有接續之象，故"庚"引申為"續"。《詩》"西有長庚"大東，傳云："日既入，謂明星為長庚。庚，續也。"古又作庚庚姬鬲、作庚山形祖庚器、作庚祖日庚敦。

評注："庚"字甲骨文作庚（《合集》9620）、庚（《合集》22598）、庚（《合集》31016），構形不明。字之下部左右，小篆訛从雙手。郭沫若據甲金文材料謂庚字"當是有耳可搖之樂器，以聲類求之當即是鉦。""鉦从正聲，在耕部，與陽部之庚聲極相近。"① 戴侗《六書故》認為"庚"象"鐘類"，从"庚"的"庸"是大鐘"鏞"的初文。按，從各種證據來看，"庚"是一種樂器的看法應該是可信的。林氏以為"横"之古文，待考。

覍、弁，寒韻

《說文》云："覍，冕也。从皃，象形。弁，或覍字。㝸，籀文覍，从廾，上象形。"按，上象弁形，則當作覍，或體从廾，上冂亦象弁形。

評注：甲骨文有字作𢀛（《合集》8494）、𢀛（《合集》32 正）等形，或以為象攲器之形，即"𠂆"字，② 或以為象盛食物的器具，即"笲"的本字，③ 似以後說為長。𢀛之繁構加収作𢀛（《合集》8501 反），演變為金文的𢀛（師酉簋），《說文》所錄籀文近之。戰國文字或省或訛，作𢀛

① 參見《甲骨文字研究·釋干支》，《郭沫若全集·考古編第一卷》，科學出版社 1982 年版。

② 參見于省吾《釋𠂆》，《甲骨文字釋林》，中華書局 1979 年版。

③ 參見趙平安《釋甲骨文中的"𢀛"和"𢀛"》、《從𢀛字的釋讀談到𢀛族的來源》，均收入《新出簡帛與古文字古文獻研究》，商務印書館 2009 年版。

（侯馬盟書）、（郭店楚簡）等形，小篆殆此類形體訛變而來。林氏以為上象弁形，當作，夸張其上部以象冠冕之形，乃係推想而成，不可據。“皃”字又作“覍”，或聲化為“覍”，从見聲。典籍又常作“弁”。

兜，遇韻，丁俞切

《說文》云：“，兜鍪，首鎧也。从兜，从皃省。皃象人頭形也。”按，皃象人頭，象兜鍪。即“卯”省。卯，“鍪”之古文見“卯”字條。

評注：此字先秦古文字尚未見之，林氏字頭所書，亦仿古字筆勢風格而作。《說文》以為“从兜，从皃省”，林氏以為“皃象人頭，象兜鍪”，更為合理。

兂，侵韻，音浸

《說文》云：“，首笄也。从儿，象形。，俗从竹从朁朁聲。”按，象簪在人頭形。

評注：“兂”字同“簪”，古未之見，或由“旡”字分化而來，突出豎筆以象頭簪。林氏以為“象簪在人頭形”，可從。

夬，泰韻

《说文》云：“，分決也。从又，象決形。”朱氏駿聲云：“引弦彄也。从又象手形，象彄，象弦。”《周禮·繕人》“抉拾”，注云：“挾矢時所以持弦飾也，著右手巨指。”以“抉”為之。

評注：“夬”字甲骨文作（《英》1821）、（《合集》21864）、（《合集》9368）、（《合集》21221），象手指套扳指之形，小篆字形有所訛誤，然《說文》分析是對的。朱駿聲拆分上部以釋之，反過於零碎不確。“象決形”之“”，林氏誤書似“中”。

佩，之韻，音鄙

《說文》云：“，大帶佩也。从人、凡、巾。佩必有巾，故从巾，巾謂飾。”按，古作頌鼎，从人轉注，象帶形。

評注：“佩”字未見於甲骨文。金文除頌鼎外，尚多見之，如頌簋作。林氏謂“凡”象帶形，或以為聲符。

玉，遇韻

《説文》云：“，象三玉之連，丨其貫也。”按，古作洹子器，同。

評注：“玉”字甲骨文作（《合集》11364）、（《合集》7053 正）、（《英》1610 正），横畫多寡不一，象串玉之形。作偏旁者則多為三横畫，作（《合集》33201“玨”字偏旁），為後世所承。《説文》所釋可從，林氏引金文以證其形。

帶，泰韻

《説文》云：“，紳也。象繫佩之形。佩必有巾，从重巾。”

評注：“帶”字戰國文字作（上郡守戈）、（十鐘 3 · 47），从巾，上象大帶打結之形。此以小篆為字頭。

市，泰韻，音湃

《説文》云：“，韠也。从巾，象連帶之形。”按，象韍，一，帶也。古作揚敦、作伯俗父鼎。

評注：“市”字或由“巾”分化而來，上一横為分化符號。林氏以為上一横象帶形，亦有道理。

保，幽韻，音裒

《説文》云：“，善也。从人，采省。采，古文孚。”按，古作克𣪘彝，即“緥”之古文，小兒大藉也。象緥形，子在其上，人䙶負之。或作遣尊彝，从任轉注，或增作司寇良父壺，或省作保林父敦。《詩》“佛時仔肩”敬之，“仔”當作，即“保”字，故訓為“任”。《説文》謂“仔”从人，子聲，於古無徵，恐無其字。

評注：“保”字本作大人背負小孩之形，商代甲金文作（《合集》18970）、（保父己斝）、、（保鼎），負子之意顯豁。簡省作（癸爵）、（且辛父庚鼎）、（《合集》16431），省手臂之形；或作（《周原》H11：50)，手臂只作一撇；或又增繁作（《周原》H11：16)，增加“玉”旁，林氏引遣尊彝之，解為从“任”，非是。後世則在手臂為一撇的基礎上加“子”之左邊一筆以求對稱。林氏推測的“（仔）”，當以作為是。

盇，葉韻，音匣

《說文》云：“，覆也。从血，大聲。”按，即覆蓋之“蓋”本字。象物在皿中，與“血”同形，非“血”字；象蓋形。“盇”葉韻“蓋”泰韻雙聲旁轉。“盇”轉為“蓋”，猶“葉”葉韻轉為“世”泰韻、“灋”葉韻轉為“廢”泰韻也見“世”字條。

評注：林氏從段注本釋為“从血，大聲”。大徐本作“从血、大”，注云：“臣鉉等曰，‘大’象蓋覆之形。”按，“盇”字戰國文字作（𠫑忎鼎蓋)、（長子盉)、（《雲夢・日乙》11)，上象蓋形，下象皿中有物。或以為皿上之即象器、蓋之形，下“皿”為贅加形符。要之，林氏以為小篆之象蓋形，象物在皿中，非“血”字，是也。字隸定為“盇”，乃據小篆，又作“盍”，更為近古。“盍”即“蓋”之本字，从艸之“蓋”見于秦公簋，作。後則“蓋”行而“盍”廢矣。“灋”字所从之“去”，或以為即此“盍”字之省，為聲符。

鼏，青韻，音傾

《說文》云：“，以木橫貫鼎耳舉之。从鼎，冂聲。《周禮》廟門容大扃鼏七箇，即《易》玉鉉大吉也。”按，“冂”古與“冖”同字見“冖”字條，此非冂聲。象木貫鼎耳形，經傳皆以“扃”為之。又《儀禮》多云“設扃鼏”，此“鼏”字古文為“密”，當作見“冟”字條，覆冪也。“”與“鼏”易混，故譌為“鼏”，遂與“扃”義相亂矣。

評注：據段注，从冂从鼎者音 jiōng，義為“以木橫貫鼎耳而舉之”，典籍通作“扃”，別作“鉉”；从冖从鼎者音 mì，義為“鼎覆也”，古文假“密”為之。按，扛鼎之“鼏”古未見之，字頭之，乃林氏據“鼎”之古寫而書之。秦公簋有字作，所在詞句為“鼏宅禹績”，國差𦉜有字作，下部所从之“貝”為“鼎”之省變，上部所从之與相同，可見、為一字，其所在句子為“鼏靜安寍”，則當皆借覆鼎之鼏而用之，音 mì。林氏以為鼎覆之“鼏”當作“冟”，郭沫若《金文叢考·毛公鼎考釋》亦云：“冟與鼏古殆一字。”按，“冟”“鼏”一从皀、一从鼎，二者當為異體關係。

畀，微韻，音輩

《說文》云：“，相付與之，約在閣上也。从丌，由聲。”按，“由”字聲義不可據見“由”字條。从丌，付與之義亦不顯。有下基，本義當為蔽甑底之“箅”。象甑，底下基屬也。付與之“畀”，本字為“八”“曾”“尚”“余”“弁”“”皆从“八”而有付與之義，詳見各條。“八”“畀”古同音，亦“分”“頒”文韻之雙聲對轉，因常用為數名，經傳乃借“畀”字為之耳。

評注：“畀”字甲骨文作（《合集》1430 乙）、（《合集》18473）、（《合集》6159），金文作（班簋），（永盂），皆象箭矢之形而特別突出其扁平而長闊的頭部，是“錍”的初文。《方言》卷九：“凡箭鏃……其廣長而薄鐮謂之錍”，或作“鈚”“䤿”“鎞”，典籍亦借“匕”字為之。《說文》的“付與”之義，乃其假借義。林氏指出《說文》所釋“由聲義不可據”，“付與之義亦不顯”，都是對的，然以字象甑有底，亦與古文字不符，字頭之，未標出處，殆屬杜撰。大徐本《說文》作，《文源》作，乃據段注本。

血，微韻，胡祟切

《說文》云：“，祭所薦牲血也。从皿，一象血形。”按，古作追敦“卹”字偏旁。

評注：“血”字甲骨文作（《合集》15338）、（《合集》34430）、（《合集》19495），象皿中有血之形。血形後變為一橫，為小篆所本。

酉，幽韻

《說文》云：“，就也。八月黍成，可為酎酒。象古文酉之形也。”按，古“酒”字皆作虢陀尊彝丁、作毛公鼎、作殳季良父壺、作孟鼎，“酉”本義即為“酒”，象釀酒器形，酒所容也。

評注：“酉”字甲骨文作（《合集》3527）、（《合補》114）、（《合集》34417），象酒樽之形，繁簡不一。上象頸及口緣，下象其腹，并有文飾。古文多以“酉”為“酒”字，林氏說可從。

酋，幽韻

《說文》云：“，繹酒。从酉，水半見於上。《禮》有大酋，掌酒官也。”按，水半見非義。古作毛公鼎“猷”字偏旁，“酋”“酉”音近。古“尊”“奠”諸字或从“酉”，或从“酋”，當與“酉”同字。象酒上溢之形，與“”益字同意。

評注：“酉”“酋”一字分化。林氏以為《說文》所云“水半見”非義，甚是，可從。亦可解為酒之香氣上揚之意，金文有作（酋乙斝）、（酋父戊盉）者，酒氣上揚之意似更明顯。據《文源》常例，此可與“酉”合為一字。

戈，歌韻

《說文》云：“，平頭戟也。从弋，一衡橫之。象形。”按，古作戔父丁器，象戈在柎上形，象柎，所以立戈。變作師奎父鼎。

評注：“戈”字甲骨文作（《屯南》2194）、（《合集》775 正），象戈之形。金文有作（戈簋）者，更為形象。林氏說可從。

癸，微韻

《說文》云：“，冬時水土平，可揆度也。象水從四方流入地中之形。太一經曰：癸承壬，象人足。”按，“”為水流形不類。朱氏駿聲云：“即戣字，《書》‘一人冕執戣’顧命，鄭注：蓋今三鋒矛也。”古作鳥形父癸器，象三鋒矛立土上形。作匜形祖癸器，上象三鋒矛，下象其柎，與戈作同意。變作癸山器、作仲辛父敦、作咎尊彝癸，隸作“癸”者，以“”形近“癶”，“”形近“夫”。《說文》以“”為籀文，从，从矢，恐未足據也。

評注：“癸”字甲骨文作（《合集》21405）、（《合集》36499），構形不明。以癸為“戣”即三鋒矛之說，戴侗、朱駿聲、羅振玉、郭沫若等學者皆主之，林氏承朱駿聲說。金文有字作（鼎），較林氏所舉，更象三鋒矛之形，然與“癸”之古形，尚難以自然銜接。或有訛變，亦未可知。饒炯謂癸為“葵”之古文，象四葉對生形。待考。《說文》籀文字形為後世所本，然與甲骨文不類，或係另一來源。林氏以為“隸作‘癸’者，以‘’形近‘癶’，‘’形近‘矢’”，證據不足。“太一經曰”四字，大徐本無，林氏據段注補入。

𣠮，模韻，音刳

《說文》云：“，芣臿也。从木、，象形，朋聲。”按，《釋名》云：“齊魯閒四齒杷為欋。”古作散氏器，象四齒杷之形，中象其竿柄，下亦象柎，朋聲。《書》“一人冕執瞿”顧命，“瞿”當即“𣠮”，鄭注以“瞿”與“戣”同為三鋒矛，殆失之矣。

評注：“𣠮”或作“𣐊”。散氏盤之“”作人名用，未知其意。林氏以為“象四齒杷之形”，亦較牽強。待考。

戉、戊，泰韻，音鄶；又幽韻，音牟

《說文》云：“戉，大斧也。从戈，𠃊聲。”按，古作虢季子白盤、作師寰敦“戚”字偏旁，象形。《說文》云：“戊，中宮也。象六甲五龍相拘絞也。戊承丁，象人脅。”按，古作虢陀尊彝丁，作傳尊彝戊，與“戉”同形，即“戉”字聲轉為“戊”也。“戊”與“戉”亦雙聲。《左傳》“曹劌”，《史記》作“曹沫”。“劌”“戉”同音“歲”从“戉”得聲，見“歲”字條，“沫”“戊”雙聲，是“戉”紐音可如“戊”也。《說文》云：“𠄌，鉤逆者謂之亅。象形。讀若橜。”經傳未見。《說文》云：“𠄌，鉤識也。从反亅。讀若罬。”經傳未見。

評注：“戉”字甲骨文作（《花東》206）、（《合集》6567）、（《合集》35913），象圓刃斧之形，為“鉞”之初文；“戊”字甲骨文作（《合集》6177 正）、（《合集》37563），象斧類兵器之形。“戉”“戊”同為斧鉞之形，二者有同源關係，林氏以聲證之，可從。二字古時字形或有混同，小篆“戉”之左邊寫作𠄌以別之，《說文》釋為形聲，非是。

族，遇韻，音聚

《說文》云：“，矢鋒也。从㫃，从矢。所以標眾矢之所集。”按，古作師酉敦，或作宋公戈，“”即“㫃”之變，今字以“鏃”為之。

評注：“族”字甲骨文作（《合集》14922）、（《合集》28054），象矢集於旗幟（㫃）之下，為族類之本字。林氏分析金文“㫃”旁的變化，可從；云“今字以‘鏃’為之”者，以“矢鋒”之義言之。

矦，遇韻，音煦

《說文》：云“，春饗所射侯也。从人，从厂。象張布，矢在其下。”按，古作器侯敦、作匽侯尊彝辛，不从“人”，厂象張布，矢集之。又作召伯虎敦、作多父盤、作鄘侯敦，、皆象正鵠形。

評注：“矦”字甲骨文作（《合集》32812）、（《合集》13890），从矢从厂。《說文》云：“象張布，矢在其下。”林氏云：“厂象張布，矢集之。”皆可從。秦系文字上加“人”符，變為“矦”，轉寫為“侯”。

巠，青韻

《說文》云：“，水脈也。从巛在一下，一，地也，壬省聲。”按，古作虢季子白盤“經”字偏旁、作毛公鼎，皆从“壬”“工”亦“壬”字，見“壬”字條。“壬”古作“”，亦無由省為“工”。“巠”即“經”之古文，織縱絲也。象縷，壬持之。“壬”即“縢”字，機中持經者也見“壬”字條，上从，亦縢之略形。

評注：“巠”為“經”之初文，象織機縱線形。其下所从之“工”，林氏以為即縢（音 shèng）之古文。按“縢”為機之持經者，與機之持緯者“杼”相對，其說可從，見卷一“壬”字條評注。“壬”與“王”（音 tǐng）有別，然形近易混。戰國時“巠”字有加筆把“工”符變為“王”者，如郭店楚簡作（《唐虞之道》19）、（《尊德義》13），《說文》古文同。可見“巠”字初从“壬”，後則有訛為“王”者，《說文》以為“壬省聲”，亦可視為訛變聲化之一例。

質，微韻，之費切

《說文》云："，以物相質。从貝，从所。闕。"按，本義當為椹質之"質"。貝古作，象椹形，二斤並運於上也。"鼎"古作""，上象鼎耳及鼎腹，亦非"貝"字，而形同"貝"。

評注："質"字西周井人妄鐘作，古璽作（《璽彙》1044），侯馬盟書作、，詛楚文作，秦簡作（《雲夢·法律答問》148），上从"所"或""。或以為所从之乃"折"字省體，如"悊（哲）"字古璽多作（見《古璽文編》二·四），所从之"折"正作，其作"所"者乃誤左邊之省體符號為重文符號而成，"質"字實為从貝折聲之字。①又或以為左邊二筆仍為重文符號，"質"為會意字，以貝幣、斧斤為抵押之意。就文字材料而言，前說為長。林氏以為椹質之"質"，殆本朱駿聲《說文通訓定聲》。字頭未列出處，然與井人妄鐘作者近同，可謂暗合。

主，遇韻，知庾切

《說文》云："，鐙中火主也。，象形，从，亦聲。"按，象鐙形，象火形。《說文》云："，有所絕止，丶而識之也。"按，此"主"之偏旁，不為字。

評注："主"字商周文字未見，戰國文字作（《上海博物館藏印選》28）、（《雲夢·效律》17），與小篆同。《說文》燈炷之說，其形近之。或謂主為"示"之分化字，則其形可追溯至甲骨文。②

業，葉韻

《說文》云："，大版也，所以飾縣鐘鼓"飾"謂"飾於栒"。《詩·有瞽》篇"設業設虡"，傳云："大版也，所以飾栒為縣也"，捷業如鋸齒，以白畫之，象其鉏鋙相承也。从丵，从巾，巾象版。"按，晉公盦""字，當即"業"之繁文。""象全

① 參見張桂光《古文字考釋四則》，《華南師院學報》1982年第4期。

② 參見黃德寬主編《古文字譜系疏證》，商務印書館2007年版，第982頁。

虡上有飾版之形。“”字象鼓鼙在虡上形，亦以為簴足，則“業”下當非“巾”字。

評注：根據出土實物和文獻記載，“虡”和“業”皆為古代鐘架的主要構件，用以懸鼓磬，其豎者曰虡，橫者曰栒（亦作“筍”），栒上加大版曰業，上有參差不齊的祟牙，以為懸掛鐘鼓之用。小篆之“”，上體是形如鋸齒的大版，下體是人形的省變，仍是虡上著版之象。《爾雅·釋詁》：“大版謂之業。”《釋名·釋樂器》：“筍上之版為業，刻為牙，捷業如鋸齒也。”因知“業”字的古訓與形義完全密合。林氏以為業象虡上有飾版，業下非“巾”字，皆甚確。[①]

① 參見曾憲通《從曾侯乙編鐘之鐘虡銅人說“虡”與“業”》，《曾侯乙編鐘研究》，湖北人民出版社 1992 年版；又見《古文字與出土文獻研究叢考》，中山大學出版社 2005 年版。並參卷一“虡”字條評注。

《文源》評注卷三　分理象形

乚穩、廴，文韻，音穩；又臻韻，音引

《說文》云：“乚，匿也。象迟曲隱蔽形。讀若隱。”《說文》云：“廴，長行也。从彳引之。”按，《說文》从廴之字如“廷”“建”，古皆从乚，“廴”臻韻“乚”文韻雙聲旁轉，是與“乚”同字。

評注：“乚”為“曲”之初文，“隱匿”之義當由“曲”義引申。“廷”“建”古从“乚”，後訛作“廴”。林氏以為“廴”“乚”同字，可從。二者只作偏旁用。

𠂆厂、乁，歌韻，音拕

《說文》云：“厂，抴也。象抴引之形。”《說文》云：“乁，流也。从反厂。讀若移。”按，即“厂”之反文，與“厂”同字。“厥”，《說文》从“欮”，“厂”聲，亦云“讀若移”，是“厂”“乁”同音也。

評注：“厂”“乁”或皆“乙”字之變。《說文》所收“弋”字之“厂”，乃據篆文而析出之，古所無。“弋”乃“杙”本字，甲骨文作□（《合集》20607）、□（《合集》5900）、□（《合集》4415 正），象下端尖銳之木橛。簡化為□（《前》2·27·5），金文承之，皆無从“厂”者（參卷一“弋”字條評注）。林氏以為“乁”為“厂”之反文，可從，然二者皆為偏旁，不為字。

乙乙，微韻，於費切

《說文》云：“乙，象春艸木冤曲而出，侌氣尚彊，其出乙乙也。與丨同意。乙承甲，象人頸。”按，乙，抽也。象物蓄屈欲出之狀。《白虎通》

曰："乙者物蕃屈有節欲出。"古作乚散氏器。

評注："乙"字甲骨文作乚（《合集》7803）、乚（《合集》20950），自古至今都是一畫之曲，基本沒有變化。所象何物，諸說紛繁，然無確解。林氏引《白虎通》之說而以為象物蕃屈欲出之狀，備其一說而已。

乃乃，蒸韻，音仍

《說文》云："乃，曳句，詞之難也。象气之出難。"按，"乃"本義為"曳"，假借為詞之難，象曳引之形。《廣雅》："仍，引也。"釋詁一《老子》"則攘臂而扔之"，《釋文》"引也"，以"扔"為之。古作乃大敦、作乃師兌敦、作乃大敦。

評注："乃"字甲骨文作乃（《合集》8986反）、乃（《合集》16949反），金文如林氏所引，与甲骨文近同，構形不明，或謂象繩索拋出之形，从"乃"得聲之"仍""扔"皆有"因仍"之義，或與繩索牽繫之義相關。林氏謂"乃"象曳引之形，近之。

丂丂，幽韻，苦丑切

《說文》云："丂，气欲舒出，丂上礙於一也。"按，古作丂司徒司尊彝，引也。从一而丿引之。《方言》："考，引也。"十二以"考"為之。《說文》云："丂，反丂也。讀若呵。"按，《說文》"可"字从此。古"可"作可師嫠敦，从丂，是"丂"即"丂"字。

評注："丂"字甲骨文作丂（《合集》32616）、丂（《合集》35240），構形不明。金文承襲甲骨文，如林氏所引。《說文》以為"气欲舒出"，林氏據《方言》以為"丂"者"引"也，皆可備參。林氏以為"丂"之正反無別，是也。

平平，青韻

《說文》云："平，語平舒也。从于、八，八，分也。"按，"平"無語平舒之義。古作平平陽劍，二象平形，釆聲。"平"青韻"釆"寒韻雙聲旁轉。《詩》"平平左右"采菽，《左傳》作"便蕃"襄十一，是"平"音亦轉為"蕃"也"蕃"从"釆"得聲，與"釆"同音。變作平拍彝。

評注："平"字甲骨文未見，金文或作（鄀公鼎）。林氏據金文形，以為二象平形，釆聲，與《說文》不同。按，從古文字的情況看，林氏所謂"二"的上一横畫，當是飾筆。

竺，幽韻，張肉切

《說文》云："竺，𩫖厚也。从二，竹聲。"按，象厚形見"仁""羊""石""毒"各條。

評注："竺"字戰國文字有之，作（侯馬盟書）、（郭店楚簡）。《說文》《文源》皆以"二"為形符，恐非其朔，而是重解。按"竺"可能是"竹"的分化字，"二"為分化符號。金文"竹"作（盗壺），"二"為飾畫，可能即以此為分化符號而形成出"竺"。"竺"和"篤"或皆因同音關係而承襲了"𩫖"的"厚"義（參見卷十一"𩫖"字條評注）。

畐，之韻，音逼

《說文》云："畐，滿也。从高省，象高厚之形。"按，高厚重複即滿之象。古作叔氏鐘、作善尊彝"福"字偏旁。

評注："畐"字甲骨文作（《合集》30065）、（《屯南》4197），象酒壇之形，"福"字从之，或為"福"之初文。士父鐘銘文曰："降余魯多畐亡彊。""多畐亡彊"即"多福無疆"。林氏從《說文》高厚之說，非其朔。

之，之韻

《說文》云："之，出也。象艸過屮，枝莖漸益大，有所之也。一者，地也。"按，象上出形。古作單伯鐘、作叔家父匡、作右伯囧匜、作𥳑鼎。

評注："之"字甲骨文作（《合集》2498 正）、（《合集》12955）、（《花東》7），羅振玉《增訂殷虛書契考釋》："卜辭从止，从一。人所之也。《爾雅·釋詁》：'之，往也。'當為'之'之初誼。"其說可從。林氏謂"之"象上出形，其實同《說文》，乃據後出字形釋之，非是。

而，之韻，尼怡切

《說文》云："，須鬚也。《周禮》曰：作其鱗之而。"按，"需""耎"从"而"，皆有下垂之義。菌屬之"芝栭"《禮記·內則》："芝栭蔆椇"，屋欂櫨之"芝栭"《魯靈光殿賦》："芝栭攢羅以戢舂"，皆以仰者為"芝"，覆者為"栭"，則"而"者下垂也。古作義楚鍴"耑"字偏旁，象下垂之形。鬚亦下垂，故引伸為"鬚"。

評注：甲骨文有（《合集》412 正）、（《合集》10201），或以為即"而"字，[①] 象頷下髯鬚之形，借用為連詞，本義罕用。大徐本《說文》釋為"頰毛也，象毛之形"，段注本改為"須也，象形"，林氏從之。然林氏又以"下垂"義為本義，"鬚"為引申義，則本末倒置矣。

耑，寒韻

《說文》云："，物初生之題也。上象生形，下象根也。"按，古作義楚鍴、作徐王鍴，象兩端之形，上即"之"字，下即"而"字。"之"上出也，"而"下垂也。

評注："耑"字甲骨文作（《合集》20070）、（《合集》6843），象草木初生，上象枝葉，其形近"之"，下象根須，其形近"而"，林氏以為"上即'之'字，下即'而'字。'之'上出也，'而'下垂也"，說形近似，然謂字"象兩端之形"，反不如《說文》之確。金文如林氏所引，上部變化，為小篆所承。

屰，模韻，音午

《說文》云："，不順也。从干下凵，屰逆之也。"按，古作敔敦"敔"字偏旁，象逆上之形。

評注："屰"字甲骨文作（《合集》21627）、（《合集》20427），象人形之倒逆，前者尤其形象。引申為不順。林氏謂象逆上之形，非是。

---

① 該字林澐先生改釋為"䚵/聝"，參見林澐《新版〈金文編〉正文部分釋字商榷》，中國古文研究會第八屆年會論文，1990 年，江蘇太倉。

丵，遇韻，音聚

《說文》云：“，叢生艸也。象丵嶽相並出也。讀如浞。”按，从丱轉注，上象並出形。古作郘太宰匜“欉”字偏旁。

評注：“丵”或為“叢”之本字。王筠《說文解字句讀》云：“丵嶽，疊韻。蓋爭高競長之狀。”林氏云：“上象並出形。”皆叢生之意。

白，模韻，音溥

《說文》云：“，西方色也。侌用事，物色白。从入合二，二，侌數。”按，入二非義。古作虢季子白盤，秦刻“因明白矣”，“白”作“”，皆不从“入”“二”。《說文》：“霸，雨濡革也。讀若膊。”“白”實與“霸”同字，象物遇濕，魄然虛起之形。

評注：“白”字甲骨文作（《合集》20076）、（《合集》34103）、（《周原》H11：84），構形有多說。郭沫若《金文叢考》云：“此實拇指之象形……拇為將指，在手足俱居首位，故白引伸為伯仲之伯，又引伸為王伯之伯，其用為白色字者，乃叚借也。”① 其說可參。《說文》釋形不確，林氏謂“入二非義”，是；謂“白”與“霸”同字，按“霸”字段注云：“雨濡革則虛起，今俗語若朴。”聯係此說，林氏說“白”字“象物遇濕，魄然虛起之形”，亦有一定道理（參見卷八“霸”字條評注）。此條用秦石刻文字，可見林氏取材，不限金文，則值得注意。

百，模韻，音溥

《說文》云：“，十十也。从一、白。數十十為一百。百，白也，十百為一貫，貫，章也。”按，从一非百之義。古作伊𣪘彝，當為“白”之或體。、皆象薄膜虛起形。變作史頌𣪘彝、作多父盤。

評注：“百”字甲骨文作（《合集》21247）、（《合集》1042）、（《合集》34674 正），乃是由“白”加筆而分化的一個字。于省吾曰：“百字的造字本義，係于白字中部附加一個折角形的曲劃，作為指事字的

① 參見郭沫若《金文叢考》，人民出版社 1954 年版，第 193—194 頁。

標志，以別于白，而仍因白字以為聲。”[①] 其說可從。甲骨文亦有以“白”為“百”者，如“三白羌”即“三百羌”（《合集》293），亦可見“白”“百”之關係。林氏以為“百”是“白”之或體，可從，謂字中筆畫“象薄膜虛起形”，聯係其對“白”字的看法，亦是一解。

示，微韻，士配切

《說文》云：“，天垂象，見吉凶，所以示人也。从二上，三垂日月星也。觀乎天文，以察時變，示神事也。”按，古作拍彝“祀”字偏旁、作齊侯鎛“祀”字偏旁，三垂，象垂示之多，非日月星。神垂象示人者，故神事从“示”。

評注：“示”字甲骨文作（《合集》22062 正）、（《合集》21405），象神主之形，省作（《合集》296），又贅加飾筆作（《合集》32086）、（《合集》36482）、（《合集》27306）等。後世承襲作者。《說文》日月星之義乃據後起字為說，林氏非之，然又謂象垂示之多，亦非是。

玄、幺，寒韻

《說文》云：“，幽遠也。象幽而覆之也。黑而有赤色者曰玄。”按，古作伯晨鼎、作邾公華鐘，象絲形。本義當為“縣”。《釋名》：“玄，縣也。如縣物在上也。”釋天 “縣”之義為“虛”，故引伸為“玄妙”。空虛之處，色黯然而幽，故引伸為“黝黑”。《左傳》：“室如讀為“而”縣罄。”僖二十六 “縣”當為“玄”之借字，亦空虛幽黑之義也。《說文》云：“，小也。象子初生之形。”按，“”與子初生形不類。，古“玄”字。凡幺聲字疑本借“幽”為之，省作“幺”，遂與“玄”相混。

評注：“玄”“幺”本一字分化。甲骨文作（《合集》33606“幽”字所从）、（《合集》21196“茲”字所从），象束絲之形，古文字階段一脈相承，幾無變化。束絲形小，分化為“幺”；絲細色黑，引申為幽遠、

---

① 參見于省吾《釋古文字中附劃因聲指事字的一例》，《甲骨文字釋林》，中華書局 1979 年版，第 450—451 頁。

玄妙等義。林氏引《釋名》謂“玄”之本義為“縣”（懸），實就其功能而言，由“縣”之“虛空”之義引申為“玄妙”，亦有理趣。大徐本《說文》“黑而有赤色”句在“象幽而入覆之”句之前，林氏從段注本。

𠂹𠂹，歌韻，音唾

《說文》云：“𠂹，艸木華葉𠂹垂。象形。”按，古作𠂹靜敦、作𠂹宋公戈“差”字偏旁。

評注：“𠂹”為“垂”之本字。甲骨文有𠂹字（《合集》10315 正），象草木花朵之形，或以為即“𠂹”字，待考。金文似乎更象下垂之形。

冖 冖、冂，蟹韻，彌奚切

《說文》云：“冖，覆也。从一，下垂。”按，古作冖盂鼎以為“絅”字。《說文》云：“冂，邑外謂之郊，郊外謂之野，野外謂之林，林外謂之冂。象遠界也。冋，古文冂，从口。坰，冂或从土。”按，古“冋”字作“冋”尤尊彝，从冂，而盂鼎絅衣作冖，是“冖”“冂”無別，“冂”實即“冖”字。郊坰之“坰”，《詩》《爾雅》皆作“坰”，當以“坰”為本字。

評注：按《說文》訓“覆”之“冖”，後作“冪”，音 mì；而“冂”音 jiōng，《說文》謂“林外謂之冂，象遠界也”，或以為冂“乃扃之初文……左右二畫象門左右柱，橫畫象門扃之形”（楊樹達《積微居小學述林》）。“冖”之與“冂”，音義均殊，當非同字，然字形相近，極易混同。林氏所舉盂鼎絅衣之“絅”作冖，當音 jiōng，與“冂”同字，可從，然不應置於訓“覆”之“冖”下。將盂鼎之“冖”放在覆冪之“冖”字下，有關論著多見之，皆因異字同形而誤置。

襾襾，模韻，音古

《說文》云：“襾，覆也。从冂，上下覆之。”按，象蓋覆之形。與古“冃”郘黛匜“鑄”字偏旁字形近。疑古當作冃、作襾叔皮父敦、作襾其次鉤鑃、作襾邾公華鐘，並“鑄”字偏旁。

評注：王筠《說文解字句讀》云：“冂是正冂，自上覆乎下；凵是倒冂，自下覆乎上。上加一者，包物必有已時，故以一終之。此指事字也。”按，王氏實就篆文之形解之，雖有理據，要非朔形。林氏以為字象蓋覆之形，疑自古“𨰿”字偏旁變化而來，頗有道理。

冄，談韻

《說文》云：“，毛冄冄也。象形。”按，古作師寰敦。

評注：“冄”字甲骨文作（《合集》8088 反）、（《合集》7434），金文如林氏所引，象毛髮下垂之貌，“髯”之本字。《說文》釋形可從。

予，模韻，音紓

《說文》云：“，推予也。象相予之形。”按，輾轉推予，如環相連,古“環”字，引之，以示相推無窮也。

評注：“予”當為“呂”之分化字。“呂”字甲骨文作（《合集》6567）、（《合集》29687），舊以為象脊骨之形，為“膂”之本字。或以為象金屬熔塊之形，為“鋁”之初文。“予”字以兩環相連并加筆，以與“呂”相區別而分化。

幻，寒韻

《說文》云：“，相詐惑也。从反予。”按，反予非義。“”象變幻無窮如環相連之形，“”與“予”从“”同意。予者莫知其所終極，故“”在下；幻莫知其所自來，故“”在上。

評注：“幻”字金文作、（盂□父簋），戰國文字作（《璽彙》3372），本从“幺”。“幺”“玄”本一字，由絲線之細小、色黑引申為悠遠、玄妙之義（詳本卷“玄”字條評注），與幻惑之義相關聯，故“幻”當為由“幺”（玄）分化出來的一個字，以加一曲筆為區別。小篆之从者，當為訛變之形。林氏以“予”之反文為說，謂“予者莫知其所終極，故‘’在下；幻者莫知其所自來，故‘’在上”，過於玄虛，不可信。

㠯，之韻

《說文》云：“，用也。从反已。賈侍中說：，意薏㠯苡實也。象形。”按，反已無用義。㠯古作子璋鐘、作伐郘鼎，亦不象薏苡實。即“始”之本字，象物上端之形。“始”从“台”得聲，“台”从“㠯”得聲，故“始”與“㠯”同音。始，《説文》云：“女之初也。”女實無所謂初。頌鼎“皇母龔始”，“始”即“姒”之本字長婦為姒婦，姒，始也。穉婦為娣婦，娣，次第也。古今相承訓為“初”，乃假為“”字也。

評注：“㠯”字又隸定為“目”，後作“以”。甲骨文作（《合集》1024）、（《合集》26）、（《合集》20439）、（《合集》26992），構形有多説。或以為象耕地之農具，即“耜”之本字，作者象人用耜形，故訓為“用”；[1] 或以為象人手提物之形。[2] 前説似較合理。林氏以為象物上端之形，為“始”之本字，其説過於抽象，當不可從。然以“始”為“姒”之本字，則可備一説。

巳，之韻

《説文》云：“，巳也。四月昜气巳出，侌气巳臧藏，萬物見，成彣彰，故巳為它蛇，象形。”按，“巳”與“蛇”不同義。“”本義為“已”，假借以紀月，“”與“”古同音聲有“配”“圯”，聲亦有“始”“似”，，盡也，古作毛公鼎、作邾公華鐘“祀”字偏旁、作郘伯鼎“祀”字偏旁，象物下端之形。經傳假“㠯”字為之“”“”同音，其初當亦同字，象物始終之端，後乃以屬始，以屬終耳。

評注：甲骨文“巳”字作（《合集》27650）、（《合集》5874）、（《合集》20810）、（《合集》30761），或以“子”字為之。“巳”“子”實為同源分化之字，皆象嬰兒之形。《説文》云：“包，象人裹妊，巳在中，象子未成形也。”朱駿聲《説文通訓定聲·頤部》“巳”字條下曰：“巳，似也。象子在包中形，包字从之。孺子為兒，繈褓為子，方生順出為𠫓，未生在腹為巳。”林氏以為巳與蛇不同義，是，然以巳之本義為已，象物下端之形，亦流於抽象，當不可從。

十，緝部

《説文》云：“十，數之具也。一為東西，丨為南北，則四方中央備

① 參見徐中舒主編《甲骨文字典》，四川辭書出版社 1989 年版，第 1592 頁。
② 參見黄德寬主編《古文字譜系疏證》，商務印書館 2007 年版，第 123 頁。

矣。”按，古作櫨伯器乙，不从一、丨。“十”本義為“合”，象結形，“結”即“合”也。經傳多以“協”、以“叶”、以“汁”為之“叶”“汁”皆與“十”同音，“協”則旁轉入“葉”韻。“合”有周匝之義，故引伸為具數之名。

評注：“十”字甲骨文為一豎畫，作（《合集》34118）、（《合集》897）、（《合集》37473），後在豎筆中間加點或加橫，加橫者為後世所承。本豎長而橫短，與“七”作橫長而豎短者易混，故“七”字以豎筆下曲相區別。林氏謂十之本義為“合”，象結形，引申為數名，可備一說。

夂，東韻

《說文》云：“，古文終。”按，古作頌鼎，象兩端有結形。

評注：“夂”為“終”之初文，甲骨文作（《合集》6057 反）、（《合集》19735），林氏以為象兩端有結形，當可從。後世兩端之結上移并連為一線，為小篆所本。字亦孳乳為“冬”。

己，之韻

《說文》云：“，中宮也。象萬物辟藏詘形也。己承戊，象人腹。”按，《廣雅》：“己，紀也。”釋言《釋名》：“己，紀也。皆有定形可紀識也。”古作兮仲鐘、作大鼎、作宴敦，象詰詘成形，可記識之形。凡方圓平直，體多相類，惟詰詘易於別識，《說文》訓“紀”為“別絲”，“記”為“疏”，“䛘”為“別”，皆從“紀識”之義引伸。《史記·東方朔傳》：“朔初上書，人主從上方讀之，止輒乙其處。”乙當作，傳寫誤為“乙”耳。

評注：“己”字甲骨文作（《合集》22227）、（《合集》27391）、（《合集》19263），構形不明。林氏據《爾雅》《釋名》以為乃“紀”之初文，象記識之形，並引《說文》“紀”“記”“䛘”等訓釋為證，可備一說。大徐本作“紀，絲別也”。《文源》據段注本引作“別絲”。

文，文韻

《說文》云：“，錯畫也。象交文。”按，古作伯尊彝。

評注：“文”字甲骨文作（《合集》4611反）、（《合集》18682），象人胸前畫有花紋之形，即“紋”之初文。簡作（《合集》27695），為後世所承。《說文》可從，林氏無說。

爻，宵韻

《說文》云：“，交也。象《易》六爻頭交也。”按，古作毛公鼎“較”字偏旁、作鄦侯彝“教”字偏旁。

評注：“爻”字甲骨文作（《合集》7862）、（《合集》138），古今相承。字象算籌交錯，表卦爻之義。《合集》12570云：“王其爻，不冓雨？”即用其本義。

冓，遇韻，音句

《說文》云：“，交積材也。象對交之形。”按，古作寰盤、作肆害彝乙“遘”字偏旁、作克盨“遘”字偏旁。

評注：“冓”字甲骨文作（《合集》10345）、（《合集》28536），象兩魚相遇，即“遘”之初文。小篆字形變化，故解為交積材，象對交之形。《合集》12706記載“冓大雨”，30235記載“其冓大風”，皆用為本義。林氏證以金文字形，無說。

厽，微韻

《說文》云：“，垒坺土為墻壁。象形。”按，古作孆妊壺“孆”字偏旁。

評注：“垒坺土為墻壁”之“垒”，大徐本、段注本皆作“絫”。“厽”為“絫（累）”之初文，“絫”字所从之“厽”，與“參”字所从之“厽”，古文字或同形，皆从三“日”、三“○”或三“△”之形，然“參”字之“厽”取象於星星，與“絫”字之“厽”取象於土塊不同。小篆作“”，大徐本、段注本同，林書略異。孆妊壺之“孆”，林氏書作孆，是，楷作“孆”，猶“疊”亦書作“疊”也。

我我，歌韻

《說文》云：“我，施$_{\text{句}}$，身自謂也。或說，我，頃頓也。从戈、手。手，古文垂也。一曰古文殺字。”按“手”為古文“垂”無考。我古作我$_{\text{師寰敦}}$、作我$_{\text{毛公敦}}$、作我$_{\text{毛公鼎}}$、作我$_{\text{禹敦}}$，義當為“施”。《廣雅》：“儀，施也”$_{\text{釋詁三}}$，以“儀”為之“儀”從“我”得聲，與“我”同音。“施”猶“加”也《廣雅》：“箷謂之㮇。”是“施”“加”同義。象交加之形，戈聲。“加”與“戈”古亦同音。“加”為口語相加，“我”為凡物相交加，因“我”為借義所專，故通用“加”字耳。

評注：“我”字甲骨文作我（《合集》21253）、我（《合集》6091）、我（《合集》26039）、我（《合集》36754），象刃部有齒之斧類武器，借為第一人稱代詞，本義廢而借義行。其字形金文以下一脈相承，本為整體象形，《說文》誤析為从戈、从手。林氏以為象交加之形，戈聲，義當為施，不確。

乍乍，模韻，音詛

《說文》云：“乍，止亡詈也。从亡、一。一，有所礙也。”按，“乍”為“止亡”，其義未聞。古作乍$_{\text{仲五父敦}}$、作乍$_{\text{盤仲䖒尊彝}}$、作乍$_{\text{伯要敦}}$、作乍$_{\text{頌敦}}$，皆以為“作”字，即“作”之古文，象興構之形。

評注： “乍”乃“作”之初文。甲骨文作乍（《合集》20193）、乍（《合集》32 正）、乍（《合集》13927），變作乍（《周原》H11：14），後世相承。其字象以耒起土，其上所从之彎筆，象所起之土塊。“作”字古義為耕作，如《周禮·地官·稻人》：“掌稼下地，以瀦畜水，以防止水，……以澮寫水，以涉揚其芟，作田。”鄭注“作田”為“治田種稻”，正是“作”之本義，可與卜辭“作田”印證。又如，《易·益卦》“利用為大作”，虞注：“大作謂耕播耒耨之利。”《尚書·堯典》“寅賓出日，平秩東作”，注：“東作之事，以務農也。”此外，今粵、閩方言，仍把起土、犁地、種植等農活稱為“作田”，正是古語之殘留，亦可資佐證。①

---

① 參見曾憲通《“作”字探源》，《古文字研究》第十九輯，中華書局 1992 年；又見《古文字與出土文獻叢考》，中山大學出版社 2005 年版。

林氏以為即"作"之古文，其說是，然謂"象興構之形"，則不確。大徐本作"乍，止也，一曰亡也。"此據段注本。

工，東韻

《說文》云："，巧飾也。象人有規矩，與巫同意。"按，"工"非人形。工，事也《小爾雅·廣詁》："功，事也。"以"功"為之。象構作之形。古作不䂊敦，同。

評注："工"字甲骨文作（《合集》20615）、（《合集》4246）、（《合集》36489）、（《周原》H11：102），構形不明。或疑工象矩形，可參。林氏以為象構作之形，並無實據。

士，之韻

《說文》云："，事也。數始於一，終于十。孔子曰，推十合一為士。"按，"推十合一"無義理，恐非孔子語。古"十"作，"士"作郳公䡪鐘、作克鐘，無作者，明非从"十"。象構作之形，與、同意。《詩》"勿士行枚"東山、《論語》"雖執鞭之士"、《孟子》"不能治士"，"士"皆訓"事"。今作"事"，假"史"字為之見"事"字條。

評注："士"字或謂象牡器之形。金文𪒠尊作、臣辰卣作，又或以為象斧鉞之形。待考。林氏以為《說文》所引之"推十合一"無義理，恐非孔子語，當是。然以字象構作之形，則無實據。又謂"事"假"史"為之，不確。"事"為"史"之分化字。林氏卷八"事"字條謂"事""史"同音，疑本同字而有兩義，其說是，與此"假借"說不同。

五，模韻

《說文》云："，五行也。从二，侌昜在天地閒交午也。，古文五如此。"按，"陰陽交午"非五數之義。五，本義為"交午"，假借為數名。象橫平，象相交，以之平見之交也與"于"同意。見"于"字條。古作揚敦、作效父尊彝、作明刀。

評注："五"字甲骨文或積五橫畫作（《合集》15662），亦見于花東178。多作（《合集》15025）形，為後世所承。林氏以五本義為"交午"，聊備一說。

丩丩，幽韻

《說文》云："丩，相糾繚也。一曰瓜瓠結丩起。象形。"按，古作丩守鼎"守"字偏旁、作丩師俞敦"耇"字偏旁。

評注：甲骨文"丩"字作丩（《合集》11018 正）、丩（《合集》31018），金文同。字象兩繩糾結之形，亦象瓜藤纏結。"糾"之初文。

叕叕，泰韻，音啜

《說文》云："叕，綴聯也。象形。"

評注："叕"乃"綴"之初文。字見于交君子簠，作叕、叕（《集成》4565．1、4565．2），交君子鼎（《集成》2572）亦見之，本从"大"，手足處加八，疑象有所繫縛之形，引申為連綴之義。[1] 雲夢秦簡作叕（《日乙》145），"大"形裂變為二"人"，小篆則為進一步訛變之形。林氏無說。

毌毌，寒韻

《說文》云："毌，穿物持之也。从一横貫，象寶貨之形。"《說文》無"串"字，"患"下云："从丨貫吅。"然《詩》"串夷載路"皇矣，箋讀"串夷"為"混夷"，則"患"字从心串聲也"患""混"雙聲旁轉。"串"即"毌"之或體，亦象貫物形。

評注：按甲骨文有字作毌（《合集》21361）、毌（《合集》6973）、毌（《合集》16347），學者或以為即"毌"字，或以為乃古"盾"之象形字。當以後說為是（參見卷一"盾"字條評注）。"毌"為"貫"之初文，段注云："古貫穿用此字，今貫行而毌廢矣。""貫"與"貝"有關，貫者串貝也，故中甗之貫（《集成》949）或即"貫"字，"毌"乃貫形上部之省變。"串"字金文作串（串父癸鼎）、串（父辛鼎），象以繩索串二物之形。毌、串有同源關係，但不一定是同一個字。林氏以為"串"字即

---

① 參見湯餘惠《略論戰國文字形體研究中的幾個問題》，《古文字研究》第 15 輯，中華書局 1986 年版，第 61 頁。

“毌”之或體，可商（參見卷十一“患”字條評注）。

卵、卝，寒韻

《說文》云：“，凡物無乳者卵生。象形。卝，古文卵。”按，、卝皆不類卵形。古作$_{\text{陳猷釜“關”字偏旁}}$，當為“毌”之或體，象貫形。孵子謂之“卵”，乃借為“丸”字$_{\text{“卵”“丸”紐音近，亦同音。}}$《呂覽》“有鳳之”$_{\text{本味}}$，注：“，古卵字”。“”實即“丸”$_{\text{《說文》作“”。}}$他書相承用借字，此獨用本字耳。

評注：林氏以為“卵”“卝”皆不類卵形，據“關”字所从之，以為乃“毌”之或體，象貫形，恐非是。王筠《說文釋例》以為：“卵即謂魚卵。魚本卵生，顧既生之卵如米，其自腹剖出者，則有膜裹之如袋，而兩袋相比，故作卵以象之。外象膜，內象子之圓也。凡卵皆圓，而獨取魚卵者，圓物多，惟魚之卵有異，故取之。”其說據小篆字形，亦有未安。又甲骨文有“剢”（𣂑）字作（《合集》5997）、（《合集》525），其所从之、皆象陰莖睾丸之形，戰國文字作（《雲夢・日乙》185）、（《包山》265），乃截取其睾丸部分而填實，[①] 其說可參。字又作（《雲夢・日甲》74），為小篆所本。“卝，古文卵”一句大徐本無，林氏據段注本，然段注本“卝”作，林氏所摹略異。

巿，葉韻

《說文》云：“，𠷎也。从反㞢而巿也。”按，“反之”無“周匝”之義。古作$_{\text{仲師父鼎“師”字偏旁}}$、作$_{\text{善尊彝“師”字偏旁。}}$匝者，集也。象群集之形。，三面各集於一也。

評注：“巿”字甲骨文作（《合集》27894）、（《合集》27736），“之”字甲骨文作，“巿”非“反之”之形，《說文》析形不確。按“巿”之構形不明，“師”字从之，西周甲骨文作（《周原》H11：4）、西周金文作（令鼎）可證。周金文多以“巿”為“師”（商代甲骨文則以“𠂤”為“師”），後世則以“巿”為周匝義，或一字而分用，或竟

① 參見黃德寬主編《古文字譜系疏證》，商務印書館2007年版，第2729頁。

是師旅義與周匝義有內在關係，亦未可知（《說文》云：“師，二千五百人為師。从帀，从𠂤。𠂤四帀，眾意也。”孔廣居《說文疑疑》云：“帀，俗作匝，周徧也。寡則不周，故匝亦有眾意。”）林氏以帀象群集之形，𣎳象三面各集於一也，其說雖有玄虛之嫌，然與師旅之群集特征（師者眾也）亦有一定關係。待考。段注本“匊”，大徐本作“周”；“㞢”，大徐本作“之”。

芇芇，寒韻

《說文》云：“芇，相當也。闕。讀若宀。”按，古作芇歸夆敦，从廿。“廿”即“口”之變齊侯鎛“兄”作“㒸”，郘鐘“虡”字“吳”作“𡗜”，“黄”“乘”“華”古或从“口”，或从“廿”，無定，象物形見“品”字條。巾象𠂆、㇆相值于丨，與“帀”同意。

評注：“芇”又隸定為“芇”，音武延反（mián），又母官反（mán），形義關係不明。古文字之芇，从巾，共省聲，或疑“帉”之異文，戰國文字中常作聲符用，[1] 與“相當”義之“芇”恐非一字。林氏以字上部所从之“廿”即“口”之變，象物形，字下部所从之巾象𠂆、㇆相值于丨，亦不可信。郘鐘之“虡”字，摹寫有誤，下部非“吳”字，左下實與右下所作相同，象人之雙足形。

人入，緝韻，尼立切

《說文》云：“人，內也。象從上俱下也。”按，“從上俱下”無“入”義。象銳端之形。形銳乃可入物也。古作人毛公鼎，同。

評注：“入”字甲骨文作∧（《合集》30386）、人（《合集》20149），構形不明。林氏謂象銳端之形，可參。

羊羊，侵韻

《說文》云：“羊，撖也。从二，从倒入。入一為干，入二為羊，言稍甚也。讀若飪。”按，“二”者“厚”象見“竺”字條，“丫”象從上撖之。古作羊散氏器“南”字偏旁，同。

---

① 參見黃德寬主編《古文字譜系疏證》，商務印書館 2007 年版，第 1154—1155 頁。

評注：羊，《廣韻》如甚切，大徐本、段注本如審切，音 rěn。“从二，从倒入”五字，大徐本及段注本皆無之，林氏據朱氏駿聲說補入，見《說文通訓定聲·臨部第三》“羊”字條；“讀若飪”，大徐本作“讀若能”。“南”字甲骨文作（《合集》806），不从“羊”。“南”後來作从“羊”者，殆為聲化現象。

于，模韻，音汚

《說文》云：“亏，於也。象气之舒。亏从丂，从一。一者其气平也。”按，“于”為詞，此依聲假借，其本義當為“紆曲”。古作陳猷釜，作貉子尊彝癸，二象徑直，丿象紆曲，以二之直見丿之曲也。或作奉彝庚、作寏尊彝，亦象紆回。今字多以“紆”、以“迂”為之。

評注：“于”字甲骨文有簡有繁，簡者作（《合集》5165）、（《合集》36828），繁者作（《合集》37398），與金文情況相同。“于”字構形不明，甲骨文“竽”字作（《合集》18635）、（《合集》16243），或以為、皆形之省，可參。林氏謂本義為“紆曲”，形義分析有一定道理，可備一說。

弗，微韻，音費

《說文》云：“弗，矯也。从丿、乀，从韋省。”按，古作旂尊彝戊，‖象物之直，己拂戾之。或作不䫏敦。《說文》云：“丿，右戾也。象左引之形。”“乀，左戾也。从反丿。讀與弗同。”按，“丿”“乀”經傳未見，當即“弗”之偏旁，不為字。

評注：“弗”字構形不明。甲骨文有作（《合集》3936 正）者，與金文弗且辛爵之（《集成》8346）近同，从二木，从己（象繩索之形），或以為象繩索纏繞樹榦使之變直之意。[①] 二木多省為‖，作（《合集》29084）、（《合集》5440）、（《合集》5775），為後世所承。林氏以為“丿”“乀”不為字，是。

① 參見黃德寬主編《古文字譜系疏證》，商務印書館 2007 年版，第 3272 頁。

曲，遇韻

《說文》云：“，象器曲受物之形也。”按，古作伐徐鼎、作伐徐鐘。

評注：“曲”字甲骨文作（《合集》1022 甲），金文同，象彎曲之形。小篆訛變，但線條規范。

九，幽韻

《說文》云：“，昜之變也。象其屈曲究盡之形。”按，古作守鼎、作曾伯簠匿。本義當為“曲”。“九”借用為數名，故屈曲之義別以他字為之。《詩》：“南有樛木。”傳：“木曲下曰樛。”《爾雅》：“下句曰朻。”釋木《說文》云：“觓，角皃。”《詩》：“有捄其角。”良耜箋云：“角皃。”“角貌”亦“曲”也。“有捄棘匕”“有捄天畢”並《大東》，“捄”亦當為“曲”。“不競不絿”，“絿”與“競”對，則亦“曲”之義。“樛”“朻”“絿”“觓”“捄”，並與“九”同音。

評注：“九”字甲骨文作（《合集》11648）、（《合集》10003）、（《合集》36487），後世相承無大異。丁山《數名古誼》云：“九，本肘字，象臂節形。”借為數字。丁氏又云：“臂節可屈可伸，故有糾曲意。”林氏則以同音關係論“九”有曲義，可互證。

求，幽韻

《說文》云：“，古文裘。”按，“裘”之韻“求”幽韻古不同音。“求”古作番生敦、作曶鼎、作縣妃彝，與“裘”作形亦不近。《詩》：“熊羆是裘。”大東箋云：“裘當作求。”是不以“裘”“求”為一字也。“求”當與“九”同字，屈曲也，象揉曲之形。

評注：“求”字甲骨文作（《合集》14353）、（《合集》14350），象多足蟲之形，“蠡”之初文。《說文》：“蠡，多足蟲也。”也作“蛷”或“蛷”。甲骨文又簡作（《合集》28266）、（《合集》6057 正），為後世所承。林氏以形、音之異及古籍箋注論求、裘不同字，當是。按“裘”字甲骨文作（《合集》7922），象裘衣之形，金文加“求”或“又”為聲（參見卷六“裘”字條評注）。古文以“求”為“裘”，當為假借。《說文》以“求”為“裘”之省，林氏以“求”與“九”同字，皆非是。

申，臻韻，音信

《說文》云：“，神也。七月侌气成體，自申束。从臼，自持也。吏以晡時聽事，申旦政也。”按，古作南亞彝癸，不象人體，實即“伸”之古文，象詰詘將伸之形。

評注：“申”字甲骨文作（《合集》137反）、（《合集》9933）、（《花東》437），象電光閃爍伸屈之形，乃“電”之初文，“神”為其引申義。林氏所說不確。“申”字大徐本小篆作，籀文作，段注本同。林氏以籀文為篆文，殆為從古。

小，宵韻

《說文》云：“，物之微也。从八，丨見而八分之。”按，古作靜敦、作盂鼎，象物少之形。“小”與“少”古同字，故師嫠敦以“小輔”為“少傅”。年稚謂之“少”，實亦“小”義也。亦作使曾鼎。

評注：“小”字甲骨文作（《合集》19025正）、（《合集》23712），以小點表示微小之意，小點延長為線條，故《說文》有“丨見而八分之”之說。林氏以“小”象物少之形，亦未確。然以“小”“少”古同字，則是。

少，宵韻

《說文》：“，不多也。从小，丿聲。”按，“丿”非聲。古作《攈古錄》卷三之七鄦侯敦，象物少形，抽去之見“乙”字條，則猶少也。《說文》云：“，少也。从小，乀聲。讀若輟。”按，即“少”之反文。“少”宵韻“尐”泰韻亦雙聲旁轉，當與“少”同字。

評注：“少”從“小”字分化而來。甲骨文作（《合集》21021）、（《合集》20948），以四個小點表示，與“小”字一樣，後來小點延長為線條。林氏以為“象物少形，抽去之，則猶少也”，乃求之過深。以“少”之“丿非聲”，以“尐”即“少”之反文，則皆可從。“尐”音jié，王筠《說文解字句讀》云：“沙亦作沚。沚，水少沙見也。是尐與少同義。”章炳麟《新方言·釋言》：“今惠、潮、嘉應之客籍謂少為尐，讀若屑。”

⺊卜，遇韻，北玉切

《說文》云："⺊，灼剥龜也。象灸龜之形。一曰龜兆之縱横也。"

評注："卜"字甲骨文作丫（《合集》13399正）、𠂉（《合集》30380）、⺊（《周原》H11：52），正反無别，後世文字承襲右邊分叉者。象鉆鑿後燒灼龜殻而呈現之裂痕，字音亦因其爆裂之聲而得。林氏無説。

𣦵歺，泰韻，音艾

《說文》云："𣦵，列裂，句，骨之殘也。从半冎。讀若櫱岸之櫱。"按，形與半冎不類。歺，凡毀裂者之稱。从𠙵轉注，"𠙵"即"𠙴"之倒文，象物形見"合"字條，⺊象其毀裂處。

評注：字頭當作"歺"。甲骨文作𣦵（《合集》6589正）、𣦵（《合集》18805），"死"字从之，當象殘骨之形。小篆"冎"字作冎，𣦵象去其上部之∩，故《說文》釋為"从半冎"。按"冎"為"骨"之初文，甲骨文作冎（《合集》3236），象骨架之形。林氏以為"歺"形與半冎不類，與甲文合，然以字上部象毀裂處，下象物形，亦不確。

十甲，葉韻

《說文》云："甲，東方之孟，昜气萌動，从木戴孚甲之象。大一經曰：人頭空為甲。"按，古作十母甲尊彝，不象人頭。甲者，皮開裂也。十象其裂文。《易》："百果草木皆甲宅。"解卦鄭注："皮曰甲，根曰宅。"《史記·曆書》："甲者，言萬物剖符甲而出也。"

評注："甲"字甲骨文作十《合集》1079、田（《合集》19809），林氏以甲象皮開裂，可備一說。于省吾承朱駿聲甲"象戴甲於首之形"為說，證以伯婦簋中右手執戈、左手執盾、首戴盔甲之形的𠦝字等材料，[①]似較舊說為優。

---

① 參見于省吾《釋甲》，《甲骨文字釋林》，中華書局1979年版，第347—350頁。

七七，微韻，青費切

《說文》云：“七，昜之正也。从一，微侌從中衺出也。”按，古作七七鐵氏幣，實即“切”之古文，“乚”象所切之物，“一”其切痕。

評注：“七”字甲骨文作十（《合集》11503）、十（《合集》12509），與“甲”“十”等字同形易混，後以豎筆曲折以求區別。丁山《數名古誼》云：“七古通作‘十’者，刌物為二，自中切斷之象也……考其初形，七即切字。”林氏說同，可從，然以後起之七為分析對象，以為“‘乚’象所切之物，‘一’其切痕”，則非是。

圭圭，蟹韻，音街

《說文》云：“圭，瑞玉也。从重土。”按，“重土”非瑞玉之義。古“土”作土，“圭”作圭遽尊彝，無作“圭”者，明非重土。圭，畫也“圭”“畫”古同音。《周語》：“夢神規其臀以黑。”注：“規，畫也。”以“規”為之。圭象縱橫界畫形。“卦”從“圭”得聲，亦謂所畫之物也。

評注：“圭”為古玉器名，上端為三角形，下端作正平之形。《說文》描摹其形狀為“上圜下方”，段注云：“圭之字，上不正圜。以對下方言之，故曰上圜。”甲骨文有字作△（《合集》11006正）、△（《合集》33985），或以為即“圭”之象形字。後作“圭”者，圖形線條化也。林氏以為重土非瑞玉之義，可從，然以圭象縱橫界畫形，亦以後起之字形解說，恐非是。

刅刅，陽韻

《說文》云：“刅，傷也。从刃，从一。創，刅或从倉。”按，古作刅遣敦，从刀轉注，乂象傷痕“十”即“甲”字，皮開裂也。變作刅豕馭尊彝戉“㓾”字偏旁。

評注：“刅”字甲骨文未見，金文作刅（刅壺）、刅（刅觶），从“刃”加一點表示創傷之義，作“創”者為形聲結構。中山王壺“創闢封疆”之創作刅，贅加“立”符。林氏所舉字頭之刅，既是“創”字初文，亦為“荊”之本字。《說文》“荊”字古文作荊，其下部之刅，為刅形寫訛（參見卷二“梁、㓾”字條評注）。

兆，宵韻

《說文》云："，灼龜坼也。从卜，象形。，古文兆省。"按，象龜坼痕。欽器云："欽兆肇乍作丌其䢅衍器。""兆"作""。

評注：甲骨文有字作（《合集》8339）、（《合集》33178）、（《合集》13517），象兩人隔水相背，表示以水為界，會界域（有邊界的區域）之義。学者以为即"兆"字。① 經典中这个意义的"兆"，後作"垗"（《說文》："垗，畔也"）。林氏謂兆象龜坼痕，待考。

㡀，微韻，音輩

《說文》云："，敗衣也。从巾，象衣敗之形。"按，象毀裂處。

評注："㡀"字甲骨文作（《合集》28869"敝"字偏旁）、（《屯南》3608"敝"字偏旁）。按甲骨文"敝"字作（《合集》584甲正）、（《合集》8250正）、（《合集》28869），字从巾，小點表示由撲打而致破敗之形，則"㡀"為敗衣之說可從。

黹，微韻，陟壘切

《說文》云："，箴鍼縷所紩衣也。从㡀，丵省。象刺文也。"按，古作師奎父鼎、作無叀鼎，象形，、皆針紩處，，縷端也。或作頌壺、作頌敦、作曾伯簠匿。

評注："黹"字甲骨文作（《合集》8284）、（《花東》480）、（《合集》28135）、（《屯南》3165），象刺繡之花紋形。《說文》釋形有誤，林氏云"、皆針紩處，，縷端也"，則又過于坐實。

希，微韻，虚非切

《說文》無"希"字。"莃""晞"等十一字以"希"為聲。《書》"絺繡"益稷鄭注："絺，讀為黹。"則"希"即"絺"之古文，與"黹"

① 釋"兆"者有孫詒讓、唐蘭、于省吾等，参見詹鄞鑫《釋甲骨文"兆"字》，原載《古文字研究》第24輯，收入《華夏考——詹鄞鑫文字訓詁論集》，中華書局2006年版。

同字。朱氏駿聲云："从巾，从爻，象紩文。"轉注兼象形

評注："希"字商周古文字尚未見之，睡虎地秦簡作（《雲夢·日甲》69背），包山楚簡作（《包山》184"郗"字偏旁），上象布上花紋之形，林氏以為"絺"之古文，可從。

彡

《說文》云："彡，毛飾畫文。象形。數至三而眾，故以彡象之。"按，古作兮仲鐘"侃"字偏旁、作頌敦"攸"字偏旁、作毛公鼎"攸"字偏旁，與"三"不同形。或作虢叔鐘"穆"字偏旁、作師酉敦"攸"字偏旁，以"二"象之，不當與"三"同音。

評注：甲骨文"杉"字作（《合集》8027），所从之"彡"作，後世同之。"彡"或為"三"之變體，以"杉""衫"等字觀之，當與"三"同音。"攸"字所从之、等形，或為飾筆，非"彡"字，林氏以之為證，非是。

桒，文韻，音奔

《說文》云："，疾也。从夲，卉聲。拜从此。"按，古作盂尊彝、作大敦"拜"字偏旁、作師酉敦"拜"字偏旁、作仲叀父敦"餴"字偏旁，即"賁"之古文，象華飾之形。"拜"字以此會意。""與"拜"與"卉"皆不同音也。《易·序卦傳》："賁者飾也。"《詩》"朱幩鑣鑣"碩人，《傳》："飾也。""太玄粉其題"視家，注："飾也。"以"賁"以"幩"以"粉"為之。桒，或从艸轉注，作、吳尊彝。、奔形近，又與"奔"同音，"桒"遂兼有"奔"義，故《說文》："㚘，進也。"古作兮田盤，从"桒"。""奏字、""暴字皆从"桒"，亦"奔"之義也詳見各條。

評注："桒"字甲骨文作（《合集》1170）、（《合集》33683）、（《合集》38684）等，象植物之形。金文字形承襲甲骨文而來，或有增繁。隸定為"桒"者，乃據其繁構。該字曾有"賁""拜""祓""禱""求"諸說，尚無定論。以義論之，釋"求"可從。甲骨文之"桒禾""桒年"即"求禾""求年"，金文之"桒畐（福）""桒壽"即"求福""求壽"。《說文》以為从"卉"聲，又在"拜（拜）"字下讀其音為"忽"，似皆不可據。林氏從舊說以為"賁"字古文，裝飾之義，又從與

“奔”字古文形近的角度，論“𡗗”兼有“奔”義，“奏”“暴”亦从之，也有“奔”之義，或可供參考。

只，蟹韻，諸解切

《說文》云：“，語已𣇃也。从口，象气下引之形。”按，“語止”气不下引。“只”為“歧”之本字。古作郘鼒盤“㚤”字偏旁，从轉注，象物形見“品”字條，象分歧形。《爾雅》：“中有枳首蛇焉。”釋地《莊子》：“駢拇枝指。”《說文》：“跂，足多指也。”“枝，木別生條也。”《爾雅》：“二達謂之歧。”釋宮“枳”“枝”“跂”“歧”並與“只”同音，而由“只”字孳乳。《詩》：“跂彼織女。”大東傳云：“跂，隅貌。”亦取“只”字之形。織女三星，其位恰如“”字也。

評注：“只”字甲骨文未見。根據對戰國文字的研究，欒書缶的“也”字作，楚簡的“只”字作（《郭店·尊德義》14）、（《郭店·唐虞之道》26“枳”字偏旁），“只”當是從“也”分化而來的一個字。[①] 秦系文字作（《雲夢·法律答問》“疻”字偏旁）、（《雲夢·日甲》153背“枳”字偏旁），下部寫法更加對稱，後世承之。“也”“只”均為語氣詞，“也”字作“”，从口加一曲筆，象語氣下引之形，《說文》釋“只”為“从口，象气下引之形”，故其釋形可從。林氏以為“只”乃“歧”之本字，上“口”象物形，下“”象分歧形。其說恐非，當不可從。

八，微韻，音輩

《說文》云：“，別也。象分別相背之形。”按，古作旂尊彝乙、都公敦。《說文》“平”下、“𠔁”下、“㐹”下並云：“八，分也。”“八”微韻“分”文韻雙聲對轉，實本同字。

① 參見黃德寬《說“也”》，香港中文大學中國文化研究所、中國語言及文學系編《第三屆國際中國古文字研討會論文集》，問學社有限公司1997年版；何琳儀、房振三《“也”、“只”考辨》，北京師范大學民俗典籍文字中心編《民俗典籍文字研究》第三輯，商務印書館2006年版；趙平安《對上古漢語語氣詞“只”的新認識》，2001年中國社會科學院語言研究所“海峽兩岸漢語史研討會”論文，收入《新出簡帛與古文字古文獻研究》，商務印書館2009年版。

評注：“八”字甲骨文作八（《合集》14206 正）、八（《合集》27459）、八（《合集》26508），後世相承。字形以兩筆相分以示分別之意，林氏以為與“分”同字，當可從。高鴻縉《中國字例》云：“林說是也。八之本意為分，取假象分背之形，指事字，動詞。後世（殷代已然）借用為數目八九之八，久而不返，乃加刀為意符（言刀所以分也）作分，以還其原。殷以來兩字分行，鮮知其本為一字矣。”

𠛰別，泰韻，音拜

《說文》云：“𠛰，分解也。从冎，从刀。”按，古作𠛰吳尊彝“裂”字偏旁、作𠛰《攈古錄》格仲尊“𧚔”字偏旁，从斤轉注，象分別形。《說文》云：“𠔁，分也。从重八。《孝經說》曰：‘故上下有𠔁’。”按，經傳以“別”為之。疑“𠛰”亦有作“𠔁”者，形訛為“𠔁”耳。

評注：秦簡“別”字作𠛰（《雲夢·法律答問》1），與小篆結構相同。甲骨文有𠛰（《合集》17230 正）字，从冎，从刀，結構亦同於“別”。“八”“別”亦同源，故《說文》以重八為“別”。林氏所舉吳尊彝及格仲尊之偏旁“𠔁”，或以為乃“斳”之初文，“斤”為疊加聲符。[①] 待考。

乖乖，蟹韻，音街

《說文》云：“乖，戾也。从丫、𠔁。”按，古作乖歸夆敦，丫，分歧之形，丅丅猶“八”也。

評注：番匊生壺“乖”字作乖，下部左右分筆而書，即有可能變為小篆之形。後世作“乖”者，乃隸變所致。構形不明。林氏所析形義關係，可備一說。

散散，寒韻

《說文》云：“散，雜肉也。从肉，㪔聲。”按，“散”為“雜”，無“雜肉”之義。古作散散氏器、作散散伯敦、作散、散陳散戈，从“月”轉注，不从“肉”。“月”即“夕”字，象物形見“亙”字、“閒”字各條。从支亦轉注。𣏟象分散

① 參見黃德寬主編《古文字譜系疏證》，商務印書館 2007 年版，第 3632、3646 頁。

形，本義當為分散之“散”。《說文》云：“，分離也。从林，从支。林，分散之義也。”按，經傳皆用“散”字。“㪔”即“散”之偏旁，不為字。

評注：從漢字源流來看，“㪔”字先出，“散”為後起。林氏以“㪔”乃偏旁，不為字，非是。甲骨文有“㪔”字，作（《合集》31786）、（《合集》29092）、（《合集》8183）等，象以手持棍棒撲打樹木使分離散落之意，之小點正表示散落。金文作（散車父壺）、（散伯車父鼎）等，樹木之形有所訛變，小篆更訛為“林”，故徐鍇《繫傳》解為“象麻之分散也”。金文从肉之“散”，上部所从之，亦當是樹木之省。林氏以為所从之肉乃“月”即“夕”字，象物形，恐非是。又林氏所摹陳散戈之，或有訛誤，又兼印刷不清，不易辨識。該字《金文編》作(283 頁)。

口、厶，微韻

《說文》云：“，回也。象回帀之形。”按，今字以“圍”為之。《說文》云：“，姦衺也。《韓非》曰：‘倉頡作字，自營為厶。’”按，“公”字篆从“厶”，古作，从口見“公”字條，則“口”與“厶”同字。自圍亦私有之義厶，今字以“私”为之。“口”“厶”疊韻。“口”音轉為“厶”，猶“惠”音轉為“穗”也。《韓非子》：“自環者謂之私。”五蠹字惟作“口”，乃得云“自營”“自環”也“營”古音與“環”近而通用。《羽獵賦》：“禁御所營。”營，環也。

評注：“厶”字似未見於商周古文字材料。戰國文字作（《璽彙》0438）、（《璽彙》4792）、（《郭店·老甲》2）。《韓非》云“自營為厶”，“自環者謂之私”，應該是有根據的。林氏以為與“口”字同源，謂“自圍亦私有之義”，且音為疊韻，可備一說。此條有注“見‘公’字條”，但全書未見“公”字條，殆林氏誤漏。

回，微韻

《說文》云：“，轉也。从口，中象回轉之形。，古文。”按，回，中外俱象回轉之形。

評注：“回”字金文作（回父丁爵），與甲骨文“亘”作

（《合集》7076 正）、（《合集》12050）之形等同，象水回漩之形，或謂“亘”“回”為同源分化字。[1] 詛楚文作，與小篆形同。林氏謂“中外俱象回轉之形”，可從。此以《説文》古文為字頭。

吕，寒韻

《説文》無“吕”字。冘敦：“錫女赤吕市。”曶鼎：“錫女赤吕□。”豆閉敦：“錫女戠織衣、吕市。”“吕市”者，有圜殺之韍，“吕”即“環”字也韍制，下廣上狹。天子之韍，四角無圜殺，諸侯，殺四角為方，大夫，下角方，上角殺而為圜。環韍，大夫服也。作冘敦，象二環相連之形。

評注：“吕”字甲骨文作（《合集》4878）、（《合集》9799），象兩城相連，會雝和之義。甲骨文又作（《合集》3130）、（《合集》37655），金文作（雝母乙鼎）等，典籍作“雝”（雍）。从吕得聲之字，有躳、宮等。林氏以為即“環”字，説形亦有理據，然證以同聲符之字，釋“雝”更有説服力。

丸，寒韻

《説文》云：“丸，圜圓也。傾側而轉者。从反仄。”按，丸，反仄，非謂“仄”之反，不得作“仄”字反文。本象丸形。疑先作，形變乃作。象摶物為丸，中有凹痕未合形。

評注：“丸”字未見於商周出土古文字。段注云：“圜則不能平立，故从反仄以象之。仄而反復，是為丸也。”其説亦嫌迂曲。林氏“疑先作，形變乃作”，則於古無徵。或疑“丸”與“夗”為一字分化。[2] 待考。大徐本作“圜傾側而轉者”，無“也”字，林氏據段注本。

昆，文韻

《説文》云：“昆，同也。从日，从比。”按，从比轉注，象渾沌之形，非“日”字。今字以“混”為之。古有昆疕鐘，疑即“昆”字。

① 參見黃德寬主編《古文字譜系疏證》，商務印書館 2007 年版，第 2883 頁。
② 參見劉釗《古文字構形學》，福建人民出版社 2006 年版，第 126—128 頁。

象相混合形。

評注：“昆”字戰國文字作（《璽彙》5311）、（《雲夢·為吏之道》25），从“日”無誤。段注云：“从日者明之義也，亦同之義也；从比者，同之義。”或謂从日从比，會日日比同之義。[1] 說从“日”之義似皆有未恰。林氏以義推之，謂字不从“日”，象相混合形，亦不足信。所錄昆疕鐘之字，《金文編》作，略異。另出土楚簡用“”（《郭店·六德》28）為“昆”，字从𦥑，云聲，云、昆音近，當是假借字。這種假借用法，亦見於後世傳抄古文，參見《汗簡》。

周，幽韻

《說文》云：“，密也。从用、口。”按，“用口”非義。古作克鐘、作尤敦，从轉注，象物形見“品”字條，、象周匝形。省作周公尊彝，亦作周季姜彝，譌从“用”。

評注：“周”字甲骨文作（《合集》590 正）、（《合集》1086 正）、（《合集》6822），象周匝之形。或謂象方格內有刻畫之形，乃“彫”之初文。西周時下部增“口”為飾，作（《周原》H11：82），上部或訛為“用”，為小篆所本。林氏以有“口”作者為古，以無“口”作者為省，並謂“口”象物形，皆不確。謂从“用”為訛變，可從。

區，遇韻

《說文》云：“，踦區臧藏隱也。从品在匸中。品，眾也。”按，古作、師寰敦“歐”字偏旁，象踦區隱匿形。石鼓作“歐”字偏旁。

評注：“區”字甲骨文作（《合集》34679）、（《屯南》300）、（《合集》18102）等形，从品，从𠃊，𠃊即匸字省形，會品物藏匿之意，《說文》釋形可信。戰國文字作（子禾子釜）、（《陶彙》3·726）等，有借筆現象。師寰簋“歐”字作、，林氏所摹偏旁略異。

---

① 參見黃德寬主編《古文字譜系疏證》，商務印書館 2007 年版，第 3652 頁。

凡，侵韻，音品

《說文》云："，最括而言也。从二，二，耦也，从。，古文及字。"按，""為"及"字未可據。古作、散氏器，象周圍最括之形。

評注："凡"字甲骨文作（《合集》32296）、（《合集》27740）、（《合集》21054）等形，象盤之形。郭沫若《卜辭通纂》云："凡字，槃之初文也。象形。""最括"之義當是假借用法。林氏以為字从古文"及"未可據，是，然以為象周圍最括之形則非。

丙，陽韻，音榜

《說文》云："，位南方，萬物成，炳然。侌气初起，昜气將虧。从一、入、冂。一者昜也。丙承乙，象人肩。"按，一、入、冂，說不可通。古作䧙尊彝丁，四方四旁，本字如此，邊際也。"丙""方""旁"古同音。或作竊器丙。

評注："丙"字甲骨文作（《合集》20332）、（《合集》8284）、（《花東》446）等形，後世承襲上有一橫的寫法。所象不明。《說文》謂"丙承乙，象人肩"，《爾雅》云"魚尾謂之丙"，郭沫若亦主此說，于省吾以為象物之底座，林氏以為字象四方四旁，邊際之義，皆無確證。作為天干用字，乃假借用法。

方、旁，陽韻

《說文》云："，併船也。象兩舟省總頭形。"按，"方"為兩舟總頭，其形不顯。古作昜尊彝丁、作番生敦，即"丙"之變形。"方""丙"同音，本與"丙"同字，邊際也。變作不𡖊敦、作馭方鼎。　《說文》云："，溥也。从二上，闕，方聲。"按，古作旁器、作旁彝丁，从凡，方聲。"方""旁"古通用，當即"方"之或體。

評注："方"字甲骨文作（《合集》20616）、（《合集》19777）、（《合集》20484）、（《合集》6728），其取象有多說，《甲骨文字典》謂字象耒之形，古者秉耒而耕，刺土曰推，起土曰方。其說近之。林氏據音係聯，以為"方""丙"同字，表邊際之義，在字形上沒有說服力。"旁"

字甲骨文作（《合集》33198）、（《合集》6666）、（《英》634）、（《合集》6665），亦可倒其形作（《合集》5776），是個雙聲符字，凡、方皆聲。小篆“凡”旁寫訛。林氏以為“方”“旁”古通用，當即“方”之或體。按，當即“方”之分化字。

网、兩，陽韻

《說文》云：“，再也。从冂、从㒳、从丨。”按，古作大敦、作敚敦，从二丙相合，象二物相合，各有邊際也。或作小臣 夌尊彝：“錫鼎馬兩”，誤以“丙”為之。《說文》云：“，二十四銖為兩。从一、㒳。㒳，平分也。㒳亦聲。”按，即“㒳”字，上加“一”者，猶“”作“”，“”作“”，“”作“”各見本條，非字有異也。古作洹子器。

評注：林氏以為“㒳”从二丙相合，非是。古代“車”作（弔車觚）形，“㒳”即取象於車衡縛雙軛之形，引申成雙之意。㒳、兩同字，“兩”上之“一”為飾筆，《說文》誤分為二。[1] 林氏以“不”“辛”“百”等字證“兩”上之“一”為贅加，故合㒳、兩為一，是。朱芳圃《殷周文字釋叢》云：“兩，即一、㒳之合文，結構與一、白為百相同。《廣雅·釋詁》：‘兩，二也。’此本義也。”“合文”之說，不若林氏說確切。

丽，歌韻，音羅

《說文》“麗”下云：“，古文。，篆文麗字。”按，古作郳膚匜“麗”字偏旁、作陳丽子戈，象兩兩相附之形。《方言》：“丽，耦也。”十二此當為“丽”之本義，與“麗”不同字。

評注：“麗”字西周甲骨文作（《周原》H11：123），金文作（元年師旌簋，《集成》4279·1）、（《商周金文資料通鑒》05966，《新見金文編》299頁），象鹿角上附有兩飾物，故有附麗、麗偶、華麗諸義。“丽”當是從“麗”分化出來的一個字，猶“虍”由“虎”分化之類。戰國文字“麗”字或作（陳麗子戈），當是此類形體的來源。林氏謂

① 參見黃德寬主編《古文字譜系疏證》，商務印書館2007年版，第1885頁。

“麗”“丽”不同字，不確，然以為字象兩兩相附之形，可從（參見卷十一“麗”字條評注）。林氏書“丽”字，上部作兩短横，故《通檢》入八畫，今依通常寫法，歸入七畫。

《文源》評注卷四　表象象形

尸，微韻，式非切

《說文》云："，陳也。象臥之形。"按，古作買尊彝癸、作豐兮尸敦、作曾伯霥匠，象人箕踞形。"尸"古與"夷"同音師寰敦、兮田盤、曾伯霥匠皆以"淮尸"為"淮夷"，疑即夷居之"夷"本字。形與人近，故从"尸"之字與"人"同意詳見各條。

評注："尸"字甲骨文作（《合集》20012）、（《合集》33112），金文承之，象人蹲踞之形。"尸"古與"夷"同音，"尸"或借為"夷"，然字有別。林氏謂从"尸"與从"人"同意，是。

勹，幽韻，布周切

《說文》云："，裹也。象人曲形，有所包裹。"

評注："勹"字甲骨文作（《合集》14294）、（《合集》14295），金文作（再簋"鳧"字偏旁），象人俯身之形，為"伏"或"俯"之初文。資料所限，林氏此以篆文為字頭。

夨，之韻，音稷

《說文》云："，傾頭也。从大，象形。"按，"大"象人形。古作散氏器。

評注："夨"字甲骨文作（《合集》1825）、（《合集》21110）、（《合集》1051 正）等形，象人頭傾側之形。或謂上舉甲骨文為"夭"字，似不確（參下"夭"字條評注）。林氏謂"大"象人形，是。字為整體象形，應釋為从大而側其頭。

頃，青韻

《說文》云："，頭不正也。从匕、頁。"按，从頁轉注，象人頭傾形。《說文》"跂"下云："从匕，支聲。匕，頭傾也。"

評注："頃"字商周古文字似未見之，戰國文字作（《陶彙》5·136）、（鍗頃戈），偏旁無異。林氏以"跂"字所从論"匕"有頭傾之義，可備一說。字頭乃據古文字偏旁推寫。

夭，宵韻

《說文》云："，屈也。从大，象形。"按，象首夭屈之形。奔走字篆从"夭"，古从見各條。當亦"夭"字，象兩手搖曳形。

評注："夭"字甲骨文作（《合集》27939）、（《合集》17230正），象人搖擺雙臂奔走之形，即"走"之初文。或謂上舉甲骨文之"夨"字為"夭"字，則符合林氏所謂"象首夭屈之形"。其說本於《說文》"夭，屈也"之解，然與"夨"字混而無別，似有不當；林氏又據奔走字所从偏旁之""，謂其字"象兩手搖曳形"。按奔走字所从之""，與甲骨文之（《合集》27939）、（《合集》17230正）等正相同，且與"夨"字可別，故林氏後說可從。

交，宵韻

《說文》云："，交脛也。从大，象交形"大"象人形。"按，古作交彝，同。

評注："交"字甲骨文作（《合集》32905）、（《合集》32509）、（《合集》35324），象人腳脛相交之形。金文、小篆均同。

尢，陽韻

《說文》云："，尥跛也，曲脛人也。从大象人形，象偏曲之形。"

評注："尢"字音 wāng，金文作（墻盤），象人曲其一腿的樣子，即"尪"字初文。也写作"尣""尣""允"，以作"尢"最為近古。常用字中，"尷尬"二字从之。林氏稍變小篆之形為字頭。

孑，泰韻，音蓋

《說文》云："，無又右臂也。从了、乚，象形。"

評注："孑"字似未見於出土商周文字資料，戰國文字作（《璽彙》2999"疛"字偏旁），乃"子"之分化字。

孓，泰韻，音鄶

《說文》云："，無𠂇左臂也。从了、亅，象形。"

評注："孓"字似未見於出土商周文字資料，戰國文字作（《璽彙》2616"疨"字偏旁），亦"子"之分化字。

了，宵韻

《說文》云："，尥也。从子無臂，象形。"

評注："了"字似未見於出土商周文字資料，戰國文字作（《貨系》1523"邘"字偏旁），亦當是從"子"分化而來。

是，蟹韻，時蟹切

《說文》云："，直也。从日、正。"按，"日正"無"是"字義。古作毛公鼎、作陳公子甗、作喪吏賓鉼，皆从，"是"實"尳之古文，跛不能行也。象人首"皃"字之"臼"、"皃"字之"白"、"嬰"字之"田"，皆象人首，此亦然，象手足跛倚弛緩不行之形。《荀子》"難進曰偍"修身，注謂"弛緩也"。"行貌謂之徥徥。"說文《詩》："好人提提。"葛屨以"提"為之，並當作""。跛人須提挈，故"提"字从"是"得聲。象行弛緩，其引伸義為"安諦"。故《說文》："媞，諦也。"《廣雅》："媞，安也。"釋詁一《說文》："禔，安福也。"皆以"是"為聲。是非之"是"亦由"安諦"之義引伸。省作邾公華鐘、作𠑇兒鐘。

評注：甲骨文有（《合集》20093）、（《合補》7250），或釋為"是"，待考。金文材料除林氏所舉从或者外，尚有从作者，如（毛公旅鼎）、（虢季子白盤），或从日作者，如（𠑇兒鐘）。按照古文字演變條例，“是”字初形可能是从日，止聲，古音“止”在章紐之部，“是”在禪紐之部，聲音很接近。後在“止”的豎筆上加橫，又將上下割裂而作，變為从早从止；又在橫筆上加飾筆形成，變成或形。後一種情況與“萬”字本作（《前》三・三〇・五），在末筆上加橫作（仲卣），橫上又加短豎作（史宜父鼎），再演變為（頌鼎）屬同類現象。[1] 若此說可信，即“是”之初文乃从日止聲，很有可能就是“時”字古文的異寫。按“時”字古文見於《說文》，也見於中山王鼎，作，其結構為上“止”下“日”，與“是”之上“日”下“止”正好形成分化條件，加則進一步形成區別字。也就是說，“是”字是從“時”之古文分化而來，用作指示代詞或是非之“是”。林氏以為分析對象，認為乃“𨇨”之古文，義指“跛不能行”，謂字上之象人首，象手足跛倚弛緩不行之形。其析形有誤，故結論不可從。

臣，臻韻，時寅切

《說文》云：“，牽也。事君也。象屈服之形。”按，古作槽伯器乙、作使曾鼎。

評注：“臣”字甲骨文作（《合集》5602）、（《合集》20354）、（《合集》5589），金文同之，小篆稍變，象豎目之形。郭沫若《甲骨文字研究》云：“人首俯則目豎，所以‘象屈服之形’者，殆以此也。”其說可參。

丮，之韻

《說文》云：“，持也。象手有所丮據也。讀若戟。”按，古作奉彝庚“奉”字偏旁、作仲丮良父器、作師寰敦“執”字偏旁，象人伸兩手持物形。或作王孫鐘“䎩”字偏旁，下从，蓋之誤，象人足見“夊”字條。“夊”與“女”形易混，故不䎩敦玁狁字“狁”作“”，實假“夋”為“狁”“狁”“夋”古同音，而譌从“女”。古“婚”作“”，而《說文》以“”為籀文“婚”字，復譌从“夊”。《說文》：“，亦持也。从反丮。闕。”

---

① 參見劉釗《古文字構形學》，福建人民出版社 2006 年版，第 24 頁。

評注：“丮”字甲骨文作（《英》2176）、（《合集》7168），象人伸兩手有所操持形。林氏以下从為之誤，象人足，又以“夋”字證之，堪稱卓識。然以“婚”字古从“女”而《說文》籀文从“夊”為證，則非是。按古“婚”字作者，實乃借“聞”字為之，其下所从之“女”即為“夊”之訛，《說文》古文不誤。又籀文“婚”字大徐本作，段注本作，林氏所摹略異。

𦒱，遇韻，音續

《說文》云：“，老人行才相逮。从老省，，行象。讀若樹。”按，古“老”“考”“孝”“壽”多从豆閉敦“壽”字偏旁，“”“”形近，當即一字，象老人手無所依不得行也見“老”字“孝”字各條。象老人髮禿，象手。或變作郘遣敦“孝”字偏旁。

評注：大徐本作“从老省，易省，行象”，段注本作“从老省，，象形”，林氏綜合二者作“从老省，，行象”。段注作“象形”者，以“象步小相迫之狀”，林氏從大徐本作“行象”者，以為形之所變，象老人手無所依不得行也。總之，林氏以為“𦒱”字乃由分化或變形而來，應該是對的。

禿，遇韻，他玉切

《說文》云：“，無髮也。从儿，上象禾粟之形，取其聲。王育說：倉頡出見禿人伏禾中，因以制字，未知其審。”按，字从“禾”不从“粟”，非取“粟”聲。禿人伏禾中，亦不得其說而強為之辭。象髮稀疏形，非“禾”字。古作曼龔父盨“孝”字从“禿”，“禿”“𦒱”古同音，當亦同字而有兩義。

評注：“禿”字未見於商周出土古文字。“上象禾粟之形，取其聲”句，段注云：“按粟當作秀，以避諱改之也。采下云，禾也秀也。然則秀采為轉注。象禾秀之形者謂禾秀之穎屈曲下垂，莖屈處圓轉光潤如折釵股。禿者全無髮，首光潤似之。故曰象禾秀之形。秀與禿古音皆在三部，故云禿取秀之聲為聲也……其實秀與禿古無二字，殆小篆始分之。今人禿頂亦曰秀頂，是古遺語，凡物老而椎鈍皆曰秀，如鐵生衣曰秀。”按段說從形、音、義三方面論“秃”字乃由“秀”字分化而來，頗有道理，其説可從。朱駿聲《説文通訓定聲・需部》亦云：“秃，今蘇俗老而秃頂曰秀頂……秀、秃相近字也。”林氏以為“象髮稀疏形……‘秃’‘㚇’古同音，當亦同字而有兩義”，恐非是。

参，臻韻，音津

《説文》云：“，稠髮也。从彡，人聲。詩曰：‘参髮如雲。’，或从髟，真聲。”按，“参”與“人”不同音，當象人有稠髮形與“彪”“尨”同意。

評注：“参”字金文作（参卣）。按《説文》“稠髮”之訓，乃因字从“彡”，又據《詩》“参髮如雲”而説之。林氏謂“人”聲不諧，改為象形，以為字“當象人有稠髮形”，然“彡”所處位置不合，故其説可商。又甲骨文有字作（《合集》557）、（《合集》4305）、（《合集》23340），或以為即“参”字，疑“疹”之初文，[1] 釋形可備一説。另按，此《説文》“彡”部之“参”（篆作），與“几”部訓“新生羽而飛也”之“凬”（篆作），形近而音同（皆“之忍切”），大徐本皆隸定為“参”，頗易相混（参下“参（凬）”字條評注）。

皃，宵韻

《説文》云：“，容儀也。从儿，白象面形。”按，古作追敦“𩑷”字偏旁。

評注：《合集》21881有字似作，26838有字似作，下部皆模糊，若字形無誤，當皆“皃”字。䍃之，亦當是“皃”字。上象人面，下象人身。《説文》所釋可從。後作“貌”。

慶，陽韻，音羌

《説文》云：“，行賀人也。从心、夊，从鹿省。吉禮以鹿皮為贄，故从鹿省。”按，从“鹿”則慶義未顯。古作召伯虎敦，本義當為“喜”，象人喜樂𤸪首頓足形。即“首”字，與豆閉敦作“”形近。，足跡形與“瀌”字、“薦”字同意，各見本條。从心轉注。又作𢦏叔鬲。

---

① 參見黄德寬主編《古文字譜系疏證》，商務印書館2007年版，第3525頁。

評注：甲骨文“慶”字作（《合集》24474）、（《合集》24474），本从廌从心，會正直美善之意。[1] 廌、鹿同類，故又變从鹿。小篆之“夊”，乃獸尾所變。《說文》所釋，符合古禮，可從。林氏以為字象人喜樂矯首頓足形，釋形有誤。

𢝊、憂，幽韻

《說文》云：“，愁也。从心，从頁。𢝊，心形於顏面，故从頁。”“，和之行也。从夊，𢝊聲。”按，“憂”義為“行”無他證。𢝊愁之“𢝊”，經傳皆作“憂”。古作無憂彝丁，象憂濍見於顏面之形。、象手足。或作毛公鼎，省夊，即篆之“𢚧”字。或作番生敦、作克𪓐彝，从憂“憂”或省，卣聲。

評注：“𢝊”字戰國文字作（中山王鼎）、（《郭店·語叢二》7）、（《郭店·老乙》4），或从“百”，與从“頁”同。《說文》解為“心形於顏面，故从頁”，甚是。“憂”當為“𢝊”之後起字，因从“夊”，故《說文》解為“和之形”。典籍用“憂”，“憂”行而“𢝊”廢。林氏合𢝊、憂為一，是。所舉、字，象猴類動物之形，以手掩面，《金文編》亦釋“憂”，或釋為“夒”；或借“夒”為“憂”。番生簋之及克鼎之，為从夒从卣之字，讀為“柔”，辭曰“柔遠能邇”。

湎，寒韻

《說文》云：“，沈於酒也。从水，面聲。”按，鄭注《酒誥》云：“飲酒齊色曰湎。”《詩》：“天不湎爾以酒。”蕩 箋云：“天不同女顏色以酒。”則“湎”為飲酒形於色之義。字亦作“酾”《淮南子·脩務訓》“沈酾耽荒”。古作毛公鼎、作盂鼎，从“水”或从“西”皆轉注。、皆象顏色湛湎之形。《墨子》引武觀云：“湛濁于酒，渝食于野。”非樂 “濁”蓋“湎”之誤字。、形皆與“蜀”字近。若作“”則無由譌為“濁”也。

評注：“湎”字未見於甲骨文。林氏所舉毛公鼎之字，右下模糊，或

---

① 參見黃德寬主編《古文字譜系疏證》，商務印書館2007年版，第1793頁。

摹作，構形不明。其辭為“母（毋）敢于西（酒）”，與《尚書·酒誥》“罔敢湎于酒”相同，以意推之，當為“湎”字。其所舉盂鼎之字，應隸定為“醧”，其辭為“有柴烝祀，無敢醧”，郭沫若、唐蘭皆以為字从酉，嬰聲，讀為“擾”，是一個由酒醉而擾亂的專字。林氏讀為“湎”，於意亦可通，然與毛公鼎之字，當非一字，若前者為“湎”，後者則另為一字。林氏謂、皆象顏色湛湎之形，不可信。

夏，模韻，音戶

《說文》云：“，中國之人也。从夊，从頁，从臼。臼，兩手，夊，兩足也。”按，中國之人，不當別制字以象其形。朱氏駿聲云：“春、夏、秋、冬四時並本字本義。”“”象人當暑燕居手足表露之形。古作右戲鬲。

評注：“夏”字甲骨文作（《合集》27722）、（《合集》31617），金文承之作（文夏父丁簋），或變作（伯夏父鼎），後又省日加兩手再變作（秦公簋），已接近於小篆。字本从日从頁，會夏日酷熱灼人之意。林氏據小篆之形，謂“象人當暑燕居手足表露之形”，其說近是。

畟，之韻

《說文》云：“，治稼畟畟進也。从田、儿，从夊。”按，治稼之進與凡進無異，因字从“田”，故強加治稼為說耳。古作子和子釜“稷”字偏旁，“”象人形“田”象首，非“田”字，“夊”象其足，譌从“女”見“丮”字條。

評注：“鬼”字戰國文字作（侯馬盟書）。“稷”字古作（《璽彙》4443），从禾从鬼；其異體“禝”作（中山王鼎），从示从鬼。“稷”為五穀之神，故以从禾从鬼會意。“畟”當是從“稷”分化而來的一個字，睡虎地秦簡作（《日甲》18），可見作“”乃秦系寫法。林氏以為象人形，近是；“夊”象其足，譌从“女”，可從。

嵏，東韻

《說文》云：“，斂足也。从夊，兇聲。”按，石鼓作“櫌”字偏旁。

“㚇”與古嬰、夌、訊、夋等字皆从“”，不當析“”上形屬“”為“兇”字也。《爾雅·釋詁》：“艐，至也。”此當為“㚇”之本義，亦與“趨”“湊”並遇韻雙聲對轉。“趨”“湊”亦“至”之引伸義，象人進趨形从人，象首，象足。“禽”“离”皆以為頭，此象人頭。

評注：“㚇”字商周古文字未見。據以下“兇”字所論，“㚇”當是從“兇”加夊分化而來的一個字。林氏以古文字例分析，謂字為整體象形，不當拆分，然以象人首，不確（參下“兇”字條評注）。此以石鼓文為字頭，亦見其取材之廣。

兇，東韻

《説文》云：“，擾恐也。从人在凶下。”按，古陳猷釜“陵”字偏旁與夌，允與夋，玐與王孫鐘“䎽”字偏旁，皆同字各見本條。“寒”字篆作，古作克係彝，“臽”字篆作，古作宗周鐘，是“兇”亦當與“㚇”同字。《左傳》“曹人兇懼”僖二十八，“兇懼”猶“悚懼”，乃“兇”之借義。《爾雅》：“其飛也㚇。”釋鳥注：“竦翅上下。”是“㚇”與“竦”古同音。

評注：“凶”字戰國文字作（楚帛書乙 7·22）、（楚帛書丙 5·4）、（《雲夢·日甲》5），从凵（“坎”本字），×表示地陷，《説文》云：“象地穿交陷其中。”“兇”字从人在“凶”下，表示兇禍之意。甲骨文有（《合集》27279）字，或釋為“兇”。戰國文字作（《璽彙》0094）、（《雲夢·日乙》81）、（《雲夢·日乙》208），結構與小篆相同。

夊，遇韻，裴玉切

《説文》云：“依段氏訂，行夊夊也。从夊，闕。讀若僕。”按，上體作，當即“夨”之變。夨，傾也。行勞故狀敧側也。下象其足。

評注：“夊”字音 pú，小篆以前未見之。大徐本作。段氏改篆作，注云：“各本篆作，今依《廣韻》作夊，與小徐注合此。‘闕’謂形上體作，不知其説也。讀若僕，則知夊夊即今俗語僕僕道途之謂。趙注《孟子》曰：‘僕僕，煩猥皃。’”林氏依段氏訂而改篆，然上部寫法亦略有異，殆欲與“夨”形靠近之故。其説頗有理據，然殆出想象，於古無徵，待考。林氏錄《說文》之說，多據段注本。此條首注“依段氏訂”。

臩、夰，宵韻

《說文》云：“，嫚也。从百，从夰，夰亦聲。《虞書》曰：‘若丹朱臩。’讀若傲。《論語》：‘臩湯盪舟。’”按，“”象人傲嫚形，从八轉注。八，分也。分有縱肆之義。《說文》云：“，放也。从大而八分也。”按，“”亦象人形。“臩”與“夰”聲義俱近，“夰”實“臩”之省。

評注：“臩”字戰國文字作（□邦石）、（三體石經・文公），上部不从“百”，構形不明。就小篆形義而言，《說文》所釋、林氏所疏，皆有一定理據。謂“臩”與“夰”聲義俱近，“夰”實“臩”之省，亦可從。

奭，模韻，音刞

《說文》云：“，目衺也。从䀠，从大。大，人也。”按，象人衺兩目形。

評注：“奭”字音 jū，商周古文字似未見之。林氏謂“象人衺兩目形”，其實“衺”義不顯。“目衺”之訓，大概是約定俗成的規定。

見，寒韻

《說文》云：“，視也。从目、儿。”按，象人睅然張目形。古作奉彝庚、作賢彝、作歸夆敦。

評注：“見”字甲骨文作（《合集》1027 正）、（《合集》17330），从目从卩。根據研究，商周時期古文字以从目从立人者為“視”，如（《合集》7745），“見”則作从目从跪跽之人，但作為偏旁則不別。[①] 林氏所舉之金文，或為“視”字。

艮，文韻

《說文》云：“，很也。从匕、目。匕目猶目相比不相下也。”按，

---

① 參見裘錫圭《甲骨文中的見與視》，《裘錫圭學術文集・甲骨文卷》，復旦大學出版社 2012 年版。

“ ”即“ ”人之反文。人上有目，象很怒之形。古作 曶鼎“限”字偏旁。

評注：“艮”字所从之“匕”，林氏以為是“人”之反文，是。徐灝《說文注箋》云：“戴氏侗曰：艮，已去而顧也。行而反顧，必止，故艮為止。”唐蘭云：“其實艮為見之變，見為前視，艮為回顧，見、艮一聲之轉也。艮為顧之義，艮、顧亦雙聲也。《易》曰：‘艮其背，不獲其身；行其庭，不見其人，亡咎。’艮其背者，反顧其背，《彖傳》引作‘艮其止’，誤也。後世假借為很、為限，而本義湮晦矣。”[1] 皆可參。

 䀠，模韻，音故

《說文》云：“ ，舉目驚䀠然也。从乔，从䀠，䀠亦聲。”按，象人舉二目形，从八轉注。八，分也，有縱肆之義。縱肆者有所警愓，則䀠然也。

評注：“䀠”字音jù，甲骨文作 （《合》20281）、 （《合》18085），裘錫圭先生曰：“甲骨文裏有一個 字，在人形上加了兩個豎目，是《說文》訓‘舉目驚䀠然’的‘䀠’字的初文，跟《說文》訓‘左右視’的‘䀠’應該是一個字。”[2] 按裘說可從。此條“舉目”“象人舉二目”云云，當皆指造字者意在突出二目。《說文》所釋，林氏所解，皆有形義理據。

 𡖊，陽韻

《說文》云：“ ，驚走也。一曰往來也。从乔，亚聲。”按，古作 伯侯父盤、作 弭仲匡“匩”字偏旁，象人聳兩耳形。兩耳審聽，儆愓之象，與“䀠”同意。凡言恇懼、遑遽，其本字並當作“𡖊”“䀠”。“𡖊”陽韻“䀠”模韻亦雙聲對轉。

評注：“𡖊”字音guǎng，段注本作“一曰往來皃”，林氏從大徐本“皃”作“也”；大徐本作“从乔、亚”，林氏據段注本“亚”後補“聲”

---

[1] 參見唐蘭《殷虛文字記》，中華書局1981年版，第77—78頁。

[2] 參見裘錫圭《說“嵒”“嚴”》，《裘錫圭學術文集·甲骨文卷》，復旦大學出版社2012年版，第157頁。（原注：看朱芳圃《殷周文字釋叢》第161頁“奭”字條。）

字。又音 jiǒng，同“冏”。林氏所錄伯侯父盤之字，从大，从耶，《金文編》注“說文所無”。或疑“儷”之異文。郭店簡《緇衣》45 有此字，讀為“攝”。① 可見非“羿”字，字頭亦誤。

欠，談韻

《說文》云：“，張口气悟蘇也。象气从儿上出之形。”按，古作歎敦“歎”字偏旁，象人，，張口形。

評注：“欠”字甲骨文作（《合集》18008）、（《合集》7235），金文近同，小篆訛變。林氏釋形可從。

兄，陽韻，音貺

《說文》云：“，長也。从儿，从口。”按，古作尨姞𦙶彝，象人哆口形。兄帥教，與“后”同意。或疑“弟”本義為“次第”，則“兄”本義當為“滋長”。然“弟”字難於取象，故用借字，不必以此疑“兄”非本字也。亦作兄癸尊彝，象手形。或作叔家父匡、作史𢒳兄彝辛、作散氏器、作兄敦，㞷聲。

評注：“兄”字甲骨文作（《合集》2870）、（《合集》19776）、（《合集》11599），从儿，从口，與後世無異。構形不明。林氏以為象人張口形，意在兄帥教，可備一說。“滋長”之說，當本段氏。段注云：“口之言無盡也，故儿口為滋長之意。”从“㞷”得聲之“兄”，乃增繁之形。

祝，幽韻，音州

《說文》云：“，祭主贊詞者。从示，从儿、口。”按，从示轉注，象人形，口哆於上，以表祝之義。古作太祝禽鼎。

評注：“祝”字甲骨文作（《合集》27082），从卩从口，象人跪跽禱告狀；或作（《合集》32671）、（《合集》25916）、（《合集》15398），加从示，象人在神主之前跪跽禱告。後从卩从口變為从儿从口，

① 參見黃德寬主編《古文字譜系疏證》，商務印書館 2007 年版，第 3998 頁。

與“兄”同形。林氏以為“象人形，口哆於上，以表祝之義”，其說近之，然與“兄”未加區別。

䡙，青韻

《說文》云：“，聲也。从只，甹聲。讀若馨。”按，从“只”非義。古作宗婦彝“聘”字偏旁，从兄，與“祝”同意，甹聲兼形聲。

評注：大徐本作“讀若聲”，林從段注本作“讀若馨”。段注云：“謂語聲也。晉宋人多用‘馨’字，若‘冷如鬼手馨，強來捉人臂’‘何物老嫗，生此寧馨兒’是也。‘馨’行而‘䡙’廢矣。”按“䡙”為助詞，从“只”無誤。《說文》：“只，語已詞也。”“只”作為語氣詞，與“也”字同。如《詩經・鄘風・柏舟》“母也天只，不諒人只”中的“只”，就是“也”字。林氏所引“”字，右邊當為“只”字寫異，非“兄”字。

后，遇韻，音煦

《說文》云：“，繼體君也。象人之形，从口。”按，，“人”反文，象出令形。

評注：作為“君后”字，卜辭及早期金文多以“毓”字為之。卜辭有“龔后”（《合集》795 反、《合集》14814）之稱，“后”字作，與“司”字無別。“司”“后”原本一字，晚周以降，二者以上部方向不同而分化。其構形不明。林氏以為“人”反文，象出令形，備考。或以為與“毓”字構形有關。王國維認為甲骨文“毓”字諸形均象倒子在人後，故引申為君后之后。“后”字之“厂”為“人”字之訛變，“一”“口”亦倒子形之訛變，毓、育、后三字本一字。[①] 郭沫若說：“余謂后當母權時代女性酋長之稱。母權時代族中最高之主宰為母，母氏最高德業為毓，故以毓稱之也。毓字變為后，后義後限用於王妃，亦猶其古義之孑遺矣。”[②]

---

① 參見王國維《戩壽堂所藏殷虛文字考釋》，于省吾主編《甲骨文字詁林》，中華書局 1996 年版，第 479 頁。

② 參見郭沫若《卜辭通纂考釋》，《郭沫若全集・考古編・第二卷》，科學出版社 1983 年版，第 247—248 頁。

吳，模韻

《說文》云："，大言也。从夨、口。"按，"夨"象人傾頭形，哆口矯首，讙呼之象。古作 尢鼏彝，變作 王子吳鼎。讙嘩之"嘩"、歡娛之"娛"，並與"吳"同音，實皆以"吳"為古文。"歡"取義於"讙"，則"娛"自亦取義於"嘩"。經傳或以"虞"為之。《孟子》"驩虞如也"，《詩》"不吳不敖"絲衣、"不吳不揚"泮水，《史記》作"不虞不驁"武帝紀，漢衡方碑作"不虞不揚"。

評注：甲骨文有"吳"字作（《合集》35673""字偏旁），从夨、口，《說文》釋形無誤。"夨"或變為"大"，"大言"之訓，或因此而來。林氏以為"夨"象人傾頭形，哆口矯首，讙呼之象，"吳"實為"嘩""娛"之古文，其說近之，可備一說。

哭，遇韻，音曲

《說文》云："，哀聲也。从吅，从獄省聲。"按，"犬"為"獄"省不顯。古作 洹子器"喪"字偏旁，从四口，从。""即"求"字，夭矯也見"求"字條。哭則體夭曲，與"笑"从"夭"同意。變作 毛公鼎、 喪叏賓鉼、作 旂尊彝戊，並"喪"字偏旁。

評注："哭"字未見於商周古文字。戰國楚系文字作（《郭店·性自命出》29）、秦系文字作（《雲夢·日甲》29 背），皆从"犬"作，則"哭"之从犬从吅，殆無疑也。然"哭"之从"犬"，解釋則頗難。《說文》釋為"獄省聲"，連段玉裁氏亦不同意。段注云："許書言省聲多有可疑者，取一偏旁，不載全字，指為某字之省，若'家'之為'豭'省，'哭'之从'獄'省，皆不可信。"又或以為"哭"乃"器"之省文，① 形、音皆有理據，然亦無確證。林氏亦以為"犬"為"獄"省不顯。然以"喪"字偏旁論"哭則體夭曲"，並以為與"笑"字从"夭"同意，則非是。按與"哭"同類的"笑"字，戰國楚帛書丙篇"取女，為邦笑"之"笑"作，郭店楚簡《老子》乙"笑"字作，其字亦从犬，與"哭"同。曾憲通先生云："笑字本从犬，从艸得聲。何以从犬雖

① 參見黃德寬主編《古文字譜系疏證》，商務印書館 2007 年版，第 963 頁。

不易質言，後人不明艸為聲符，復因古文字偏旁从艸从竹義近每互作，卒至易艸為竹作義符，訛犬為夭作聲符。”[①] 可見“笑”字从“夭”，並非原形。“哭”之从“犬”，還是段氏所言為近情理。段注云：“竊謂从犬之字，如狡、獪、狂、默、猝、猥、㹊、狠、獷、狀、獳、狎、狃、犯、猜、猛、犺、狘、狟、戾、獨、狩、臭、獘、獻、類、猶卅字，皆从犬而移以言人，安見非哭本謂犬嘷而移以言人也。”近時禤健聰有文《釋“哭”》，謂“哭”本是一個从犬、吅聲的形聲字，結構與“笑”相類。“吅”是“噩”作為偏旁時的簡省。[②] 其說有據，當可信。

咼，歌韻

《說文》云：“，口不正也。从口，冎聲。”按，古作伯就父敦“𢾊”字偏旁、作格伯敦“過”字偏旁，象形上象人首。《說文》云：“，剮人肉置其骨也。象形。頭隆骨也。”按，《說文》以“咼”字从此得聲，古“咼”作，不从“冎”，當無“冎”字。

評注：“冎”字甲骨文作（《合集》3236）、（《合集》32770）、（《屯南》912），象骨架之形，實為“骨”之初文。“咼”字由“冎”加“口”分化而來，睡虎地秦簡作（《日甲》27 背）。骨架交疊不整，故《說文》以“口不正”釋“咼”，當為引申義。林氏以金文、為說，認為上象人首，非是。按“過”字金文作（過伯簋），林氏所引、當為“萬”字，非“咼”字。林氏以所引金文證明“咼”不从“冎”，認為當無“冎”字，亦非是。字頭亦誤。

企，蟹韻，音解

《說文》云：“，舉踵也。从人、止。”按，人下有足跡，象舉踵形。

評注：“企”字甲骨文作（《合集》11893），象人舉足企望之形，人、足亦可分離作（《合集》11891）。林氏釋形是。大徐本作“从人、

① 參見曾憲通《楚帛書文字新訂》，《中國古文字研究》第一輯，吉林大學出版社 1999 年版。

② 參見禤健聰《釋“哭”》，《中國文字學報》第 6 輯，商務印書館 2015 年版。

止聲”，林氏從段注本。

走，遇韻，音趣

《說文》云：“，趨也。从夭、止。夭者，屈也。”按，古作師兌敦，象人走搖兩手形。从止，止象其足。

評注：“走”字甲骨文作（《合集》27939）、（《合集》17230 正），象人搖擺雙臂奔走之形，即“夭”字（參上“夭”字條評注）。金文加“止”以足義，为後世所承。林氏謂字象人走搖兩手形，止象其足，皆是。

奔，文韻

《說文》云：“，走也。从夭，卉聲。與走同意，俱从夭。”按，“卉”非聲。古作盂鼎，从，與“走”同意。象足跡，疾走故跡多。變作克鼎彝。

評注：“奔”字未見於甲骨文。早期金文从夭（“走”本字），从三“止”，會奔走之義。後三“止”訛為三“屮”，為小篆所本，致許慎誤說。林氏按語指出“卉”非聲（大徐本作“賁省聲”，《繫傳》作“卉聲”，段注本同，林氏從之），字从，與“走”同意，象足跡，都非常正確。所舉下从三“屮”的字例（當作，林氏所摹略異）也顯示出此字的演變軌跡，惜未能從訛變的角度加以闡釋。

署，文韻，音甄

《說文》云：“，升高也。从舁，囟聲。，或从卪。”按，“”即“人”字見“卪”字條。象伸手攀登形。手有四者，謂所攀之處多。“署”之“四手”與“奔”之“三足”、“哭”之“四口”同意，“西”省聲。

評注：“署”字見於金文，作（何尊“鄱”字偏旁），小篆結構與之同；亦見於睡虎地秦簡，作（《秦律》153），上變為从“田”。从“囟”之字或訛為“田”，如“思”字篆从“囟”，隸楷則變為“田”，與此同類。林氏釋形可從，唯以為“西”省聲者，似未必。《說文》以為“囟”聲可從。

躳，東韻

《說文》云：“，身也。从吕，从身。”按，象人形，前象腹，後象脊膂。

評注：“躳”字未見於甲、金文，戰國文字作（秦印）、（《包山》226），从身，（雝）聲（參卷三“”字條評注）。後易聲符為“弓”作“躬”。小篆訛从“吕”，林氏以為象脊膂，皆誤。

鬽，微韻

《說文》云：“，精物也。从鬼、彡。彡，鬼毛。，或从未。”

評注：“鬽”字甲骨文作（《合集》14287）、（《合集》14288），从鬼，加點為飾，明其精怪之義。《說文》釋為“鬼毛”，亦可。“精物也”，大徐本、段注本皆作“老精物也”。段注云：“各本作‘精物’，今依《蕪城賦》《王莽傳》二注正。《論衡》曰：‘鬼者老物之精也。’漢《藝文志》有‘神鬼精物’之語，則作‘精物’亦通。”

髟，幽韻，必優切

《說文》云：“，長髮猋猋也。从長、彡。”按，“彡”象形，从長轉注。

評注：“髟”字甲骨文作（《合集》14294）、（《合集》14295），金文作（《集成》9810）、（《史牆盤》），象人長髮飄飄之形。此字舊或釋“光”，林澐、陳世輝釋“髟”。釋“光”者著眼于髮絲細微，釋“髟”者著眼于長髮飄飄，當可視為同象異字的現象。後訛从長、彡，變為會意字。林氏謂“彡”象形，是也。

爪，幽韻，音丑

《說文》云：“，丮也。覆手曰爪。象形。”按，即俗“抓”字。今多用為叉甲字。古作多父盤“受”字偏旁、作䢵伯尊彝“孚”字偏旁。《說文》云：“，亦丮也。从反爪，闕。”

評注：“爪”字甲骨文作（《合集》13377“采”字偏旁），金文同。

林氏以為即“抓”字，當是。王筠《說文釋例》云：“爪俗作抓，把搔其義也。”《古文韻會舉要·巧韻》：“《說文》爪本為抓爪之爪，非手足甲也。”與為左右向反文，林氏無說。或從上下反文理解為“掌”字。段注云：“蓋以覆手反之，即是掌也。”《正字通·爪部》：“爫，與掌同。”

ナ，歌韻

《說文》云：“，左手也。象形。”按，古作戳狄鐘。

評注：“ナ”即“左”之初文，甲骨文作（《合集》20649），象左手之形。金文、小篆相承。林氏無說。

力，之韻

《說文》云：“，筋也。象人筋之形。”按，古作毛公鼎“勒”字偏旁，象奮臂形。或作邾公釛鐘“嘉”字偏旁，从爪轉注。

評注：“力”字甲骨文作（《合集》22322）、（《合集》19801），是由原始農業中挖掘植物或點種用的尖頭木棒發展而成的一種發土工具，字形裏的短畫象踏腳的横木。其形就是耒耜的“耜”的象形。從語音上看，“力”跟“耜”的關係也十分密切。“耜”在《說文》裏作“梠”，並有異體作“梩”。“里”跟“耜”古音都屬之部，“里”跟“力”的聲母相同。“里”字古韻屬之部，“力”字屬職部，即之部入聲。它們的古音很相近。因此“力”跟“耜”（梩）應該是由一語分化的。[①]《說文》“象人筋之形”，林氏“象奮臂形”，皆不確。

豸，蟹韻，池蟹切

《說文》云：“，獸長脊，行豸豸然，欲有所司伺殺形。”按，古作洹子器、作貉子尊彝“貉”字偏旁。

評注：“豸”音 zhì，象長脊野獸之形。甲骨文有字作（《合集》13521 正），或以為即“豸”字。睡虎地秦簡作（《日甲》49 背），與小

① 參見裘錫圭《甲骨文中所見的商代農業》，《裘錫圭學術文集·甲骨文卷》，復旦大學出版社 2012 年版。

篆結構相同。林氏證以金文而已。

唬，宵韻

《說文》云："，虎聲也。从口、虎。讀若暠。"

評注："唬"字甲骨文作（《合集》18312），金文作（善鼎），小篆結構相同。林氏無説，字頭乃據偏旁拼合而成。

彪，幽韻，必優切

《說文》云："，虎文也。从虎，彡象其文也。"

評注："彪"字甲骨文未見。金文作（毛弔盤）、（鄦伯彪戈），會虎紋斑斕之意。字頭亦林氏據偏旁推寫。

虐，宵韻，音藥

《說文》云："，殘也。从虍，虎足反爪人也。"按，古作宗周鐘，从虎，下象其爪。

評注："虐"字甲骨文作（《合集》17192 正）、（《合集》14315 反），象虎抓人欲噬形。金文作（䵼盨，《集成》4469）。[1] 林氏舉宗周鐘之字，孫詒讓《名原》亦以為"虐"字。

蒙、冡，東韻

《說文》云："，覆也。从冃、豕。"按，"冃豕"非義。古作御王敦"盞"字偏旁，象豕首多毛覆蔽之形。《說文》云："，王女也。从艸，冡聲。"按，經傳無"冡"字，覆冒之義皆以"蒙"為之。古作，亦與"蒙"形近。"蒙"本義當為"覆"。"王女"即"女蘿"。《爾雅》謂之"唐蒙"。此疊韻語陽、東韻轉，無本字。

評注：甲骨文有（《合集》21768）字，从冃从虎，或釋為"冡"

---

① 參見裘錫圭《甲骨文字考釋（八篇）》，《古文字研究》第四輯，中華書局 1980 年版。

字。[1]“冡”字戰國文字作（《陶彙》4·138）、（《包山》94），从冃从豕，會蒙覆之義，冃亦聲。林氏云“經傳無‘冡’字”，出土材料可補其不足。“蒙”即“冡”之後起字，戰國文字作（中山王壺）。林氏所舉卲王簋之字，乃“鹰”字，非“冡”或“蒙”字。“蒙”字上部林氏書作“卝”，故《通檢》歸入十四畫，今改入十三畫。

彖，寒韻

《説文》云：“，豕走也。从彑，从豕省。”“彑”象豕頭。

評注：“彖”音 tuàn（又音 shǐ，《集韻》賞是切），篆書當作，林氏書異。戰國文字作（《雲夢·封診式》22“緣”字偏旁）。秦漢文字“彑”旁多書作“彐”，楷書亦有所反映，如“彔”亦作“录”等。按大徐本“彖”篆作，與“㣇”之篆書近同，易混（“彖”的下部豎筆比“㣇”略微彎曲）；“彖”（音 chǐ，篆當作）篆作，又為“彖”字之誤。殆三字形近，傳抄易致誤（參見卷一“㣇、彖”字條評注）。[2]

狊，蟹韻，音湨

《説文》云：“，犬視皃。从犬、目。”

評注：“狊”字秦印作，楚簡文字作（《包山》261“鶪”字偏旁），結構無異。字頭乃林氏據偏旁轉寫。

臭，幽韻

《説文》云：“，禽走臭齅而知其迹，犬也。从犬、自。”“自”象犬鼻。

評注：“臭”字甲骨文作（《合集》4651）、（《合集》10093），从犬、自。小篆結構相同，寫法有變。林氏謂“自”象犬鼻，是。字頭為林氏轉寫。

---

① 參見胡厚宣《甲骨探史錄·甲骨文冡字説》，三聯書店 1982 年版。

② 關於“彖”字的研究，可參看陳劍《金文“彖”字考釋》，《甲骨金文考釋論集》，線裝書局 2007 年版。

吠，泰韻，音敗

《說文》云："，犬鳴。从口、犬。"

評注："吠"字暫未見於商周出土古文字，戰國文字作（《璽彙》3785），从犬从口，並有借筆。用作人名。字頭亦林氏轉寫。

觲，臻韻

《說文》云："，用角低仰便也。从羊、牛、角。"按，"羊牛角"於"低仰"義不顯。古"辛"或作趩鼎，"觲"从，即"辛"字。""象角低仰形。从角轉注，辛聲。《說文》引《詩》："觲觲角弓。"今本作"騂"。"觲"偏旁亦得以"辛"為之。《說文》："垟，赤剛土也。"《廣雅》作"垶"釋地。《周禮》："騂剛用牛。"草人故書作"騂"。

評注：甲骨文有（《合集》27060）、（《合集》35843）字，金文作（大簋），戰國文字作（《璽彙》2759），从羊从牛，當為"觲"之初文。"羊"旁之字後作"辛"者，當是意符替換為聲符。徐灝《注箋》云："觲取義於牛角，不當从羊。羊疑辛之譌，以辛為聲也。"林氏則謂字右邊除""之外，餘即"辛"字。兩說略有不同，然皆出于猜測，不可從。

猌、憖，文韻，音艮

《說文》云："，犬張齗怒也。从犬，來聲。讀又若銀。"按，"來"非聲。古作憖鼎，""象犬張齗之形。从犬來兼會意。《說文》云："，問也，謹敬也。从心，猌聲。一曰說也。一曰甘也。"按，"憖"為"問"、為"謹敬"，經傳皆無考。《思玄賦》"戴勝憖其既歡兮"，注云："憖，笑貌。""憖"為"悅"、為"笑貌"，則亦"張齗"之義。《詩》："不憖遺一老。"十月之交箋云："憖者，心不欲自彊之詞也。"《國語》："憖庇州犁焉。"晉語"吾憖寘之於耳。"楚語注云："憖猶願也。""憖"訓為"甘"、為"願"，察文義皆"心不欲而自強"之意猶言"姑"言"且"，與"張齗而怒"之義亦合。"猌"字經傳不見，當與"憖"同字。"憖"从心，即""之譌也。

評注：段注謂"猌"字"从犬、來，會意。聲字衍"。林氏謂"猌"

中之“來”非聲，并引愗鼎（《金文編》作，第 509 頁）為證，謂“”象犬張齗之形，字从犬來，兼會意，其說可從。又謂“猌”“愗”同字，“愗”之“心”符，即“”之譌，當可信。卣文又有作（見《金文編》第 509 頁）者，右下即近“心”形。

禸，幽韻

《說文》云：“，獸蹂地也。象形，九聲。《尒疋》曰：‘狐狸貛貉醜，其足蹞，其跡禸。’”按，古作虢叔鐘“萬”字偏旁、作禹敦“禹”字偏旁，象足形，象身連尾。又變作禽彝“禽”字偏旁。

評注：按“禸”字作為部首，《說文》下統“禽”“离”“萬”“禹”“𨸏”“禼”諸字，按照古文字的構形情況，字下部所从之，乃由飾筆逐漸演變而成。如“萬”字本作（《合集》9812），在末筆上加橫作（《英》150 正）、（仲卣），橫上又加短豎作（史宜父鼎），再演變為（頌鼎），最后詰詘筆畫而成。[①] 故“禸”應是從有關文字中分化而來的一個字，“象足形”云云，非其事實。參見卷一有關各條。“獸蹂地也”，大徐本、段注本皆作“獸足蹂地也”。

飛，微韻

《說文》云：“，鳥翥也。象形。”按，象翅，象尾。

評注：“飛”字秦系文字作（秦公鎛“翼”字偏旁），（石鼓文“𩧢”字偏旁），與小篆無異。楚系文字作（隨縣 173）。整體象鳥飛之形。

翏，幽韻

《說文》云：“，高飛也。从羽、㐱。”按，古作郘鐘“鏐”字偏旁、作邾公華鐘“鏐”字偏旁，象鳥羽毛豐滿欲飛形。

評注：金文作（翏生盨），字形為一個整體，象鳥張羽高飛之形。

① 參見劉釗《古文字構形學》，福建人民出版社 2006 年版，第 23—24 頁。

或謂“翏”字上部之“羽”乃是“彗（篲）”字，字从篲，从人，“篲”有“除”的意思，故“翏”義為“除”，並引申為“殺戮”。① 《説文》所謂“从羽、㐱”之“㐱”，是從“翏”字下部截取而來的一個偏旁，當隸定為“凩”。詳下該字條。

翕，葉韻

《説文》云：“，飛盛皃。从羽、冃。”按，“羽冃”非義。“冃”古作陳曼匿“曼”字偏旁，象鳥頭；“”，兩翅後揭，象飛形。

評注：“翕”字似未見於商周古文字。从羽、冃者，徐鉉等注：“犯冒而飛是盛也。”林氏以為“冃”象鳥頭，字象飛形，亦備一説。待考。

習，緝韻

《説文》云：“，數飛也。从羽，白聲。”按，“白”非聲。从“白”之字，如“曹”“魯”“者”“智”“𠷎”古皆从“”各見本條。“習”即“翕”之倒文，象形，與“翕”同意“翕”“習”亦雙聲旁轉。

評注：“習”字甲骨文作（《合集》31667）、（《懷》1393）、（《合集》31669），从羽，从日。其“日”形後譌為“自（白）”，為小篆所本。郭沫若《卜辭通纂考釋》以為字形表示“禽鳥在晴日學飛”。唐蘭《殷虛文字記》以為字从日，羽（彗）聲。按從“習”構成的“溫習”“復習”“學習”“習俗”“習慣”“惡習”“陋習”以及由“習”派生之字如“摺”“褶”等皆含有數、重、疊之義，則《説文》“數飛”之釋為可信。如依唐蘭之説，“數飛”的“數”，當與義符“日”有關，日復一日之意也。林氏以為即“翕”之倒文，與“翕”同意。按林説獨辟蹊徑，形、音、義俱有理據，不過“翕”字後起，而“習”字見於甲骨文，此其説之缺陷也。

---

① 參見季旭昇《説文新證》，福建人民出版社 2010 年版，第 286—287 頁。

㐱，文韻，之忍切

《說文》云：“，新生羽而飛。从几，从彡。”按，古作部鐘“鏐”字偏旁、作邾公華鐘“鏐”字偏旁，象鳥形，象新生之羽。

評注：此即“𠘧”字，隸定為“㐱”，易與訓“稠髮”之“㐱”相混。按“几”與“𠘧”的來源，當與“翏”字有關。《說文》：“翏，高飛也。从羽，从㐱。”古作（，翏生盨），從金文字形看，字為一個整體，象鳥張羽高飛之形。上既為羽，左下之點或斜筆短畫就不再是羽毛，當是表示鳥飛時的聲音，猶如“彭”之“彡”表示鼓聲。《六書故·動物三》云：“翏，眾羽飛聲。引之則亦為風聲。”故“翏翏”即為象聲詞，表示風聲。《莊子·齊物論》：“夫人塊噫氣，其名為風，是為無作，作則萬竅怒呺，而獨不聞之翏翏乎？”陸德明釋文：“翏翏，長風聲也。”“𠘧”字當是截取“翏”字下部而成的一個字，就如“易”字是截取（德鼎）的部分而成的一樣。如此看來，林氏以為象鳥形，當可從；謂象新生羽，則未必。“𠘧”所从之“几”，音“市朱切”，《說文》云：“鳥之短羽飛几几也。”“几几”為鳥飛聲，與短羽長羽無關。“几几”之為鳥飛聲，與“翏”之為“眾羽飛聲”或“翏翏”為“長風聲”，應該都是互有聯係的。從“𠘧”的形音義來考慮，似不當與訓“稠髮”之“㐱”同音，標“𠘧”為“之忍切”者，殆因“𠘧”亦隸定為“㐱”而誤讀。

几，遇韻，音須

《說文》：“，鳥之短羽飛几几也。象形。”按，古作、作皆據偏旁。

評注：“几”音“市朱切”，是從“翏”字下部截取而來的一個偏旁。“几几”為鳥飛聲，與羽之長短無關（參上條評注）。《說文》“几”部所从者，唯“𠘧”“鳬”二字，“鳬”字下所从之“几”，古作（𤔲簋“鳬”字偏旁），象人俯身之形，實即“勹”字。“勹”即“伏”或“俯”之初文，為“鳬”之聲符，故不當歸此部。

鳴，青韻

《說文》云：“，鳥聲也。从鳥、口。”按，古作王孫鐘。

評注：“鳴”字甲骨文作（《合集》522 反）、（《合集》4155）、（《花東》35），从鳥、口，會鳥鳴之義，古今結構沒有變化。

瞿，模韻，音刳

《說文》云：“，鷹隼之視也。从隹、䀠，䀠亦聲。”按，隹上兩目象視形。

評注：“瞿”字商周古文字未見。戰國文字作（《郭店·語叢二》32），亦見于《璽彙》1184，字較模糊。其結構與小篆無異。字頭為林氏推寫。

雚，寒韻

《說文》云：“，小爵也。从萑，吅聲。”按，“鸛”非鴟屬，不當从“萑”。當為“讙”之古文。鴟梟鳴聲讙也。从“萑”上二“口”。古作效尊彝。

評注：“雚”字甲骨文作（《合集》32137）、（《合集》26909），从萑，从吅，吅亦聲。“小爵”即“水雀”，水鳥也。徐灝《注箋》云：“鈕（樹玉）云：‘小’當為‘水’之譌。《玉篇》：‘雚，水鳥也。’灝按，鄭箋亦云‘水鳥’。雚、鸛古今字。”段注云：“爵，當作雀。”按鳥類之“雚”依古形本當作“雚”，上部寫法有異，隸楷或混同。林氏書皆作“雚”，是，故《通檢》歸入十八畫，今依混同之體書作“雚”，歸入十七畫。林氏以“鸛”非鴟屬，不當从“萑”，疑為“讙”之古文。然又云“鴟梟鳴聲讙也”，“从‘萑’上二‘口’”，前後有矛盾。

非，微韻

《說文》云：“，韋違也。从飛下翄，取其相背也。”按，鳥翅於相背義不顯。古作毛公鼎、作盂鼎，象張兩翅。周伯琦以為與“飛”同字，當從之。

評注：“非”字甲骨文作（《合集》34479）、（《合集》28299），象兩人相背之形，與“北”為同源分化字，上二橫為區別性筆畫。金文上橫下移，為後世所本。“北”即“背”本字，與“非”之“違”義亦相因。[1] 舊以為象鳥翅相背，或“飛”字之省，皆非是。

勿，微韻，音昧

《說文》云：“，州里所建旗。象其柄，有三游。”按，形頗不類。古作毛公鼎、作克鼎彝、作、師嫠敦，皆象飛鳥之翅，當為“非”之或體。“非”“勿”古音近。《說文》云：“菲，芴也。”“芴，菲也。”“芴”“菲”實亦同字。

評注：“勿”字商代甲骨文作（《合集》16）、（《合集》22948），西周甲骨文作（2 號卜甲），字从刀，旁有小點象血滴，乃“刎”之初文。[2]《說文》以為象旗形，林氏以為象鳥翅，皆非是。

弱，宵韻，音橈

《說文》云：“，橈也。上象橈曲，彡象毛氂橈弱也。弱物并不能獨立，故从二㣇。”

評注：“弱”字睡虎地秦簡作（《為吏之道》3）、（《封診式》66），結構與小篆相同，其構意不明。段注云：“橈者，曲木也……直者多強，曲者多弱。”“曲似弓，故以弓像之；弱似毛氂，故以彡像之。”可供參考。甲骨文用作“勿”的另一形體，作（《合集》947 正）、（《合集》5111），舊或以為即“弱”之初文“弓”，恐不可信。裘錫圭先生認為是“發”字初文。[3] 大徐本“㣇”作“弓”，林從段注本。

屯，文韻

《說文》云：“，難也。屯象屮木之初生，屯然而難。从中貫一，屈曲之也。一，地也。”按，古作克鐘、作陳猷釜“純”字偏旁、作頌敦、作𠫑盨，●、▭皆象種。或變作師望鼎，从一。

---

① 參見黃德寬主編《古文字譜系疏證》，商務印書館 2007 年版，第 3168 頁；季旭昇《說文新證》，福建人民出版社 2010 年版，第 859 頁。

② 參見裘錫圭《釋“勿”“發”》，《古文字論集》，中華書局 1992 年版。

③ 參見裘錫圭《釋“勿”“發”》，《古文字論集》，中華書局 1992 年版。

評注：“屯”字甲骨文作（《合集》812 正）、（《合集》5177 臼），象草木初生，嫩葉及莖長出地面之形。“春”字以“屯”為聲，亦有表意作用。金文之、，林氏以為象種，非是。

七，歌韻，音貨

《說文》云：“，變也。从到倒人。”按，“倒人”非化意。古作、、齊貨“化”字偏旁，象草木發芽蕃變之形，其種也。

評注：“七”字未見單獨使用。“七”當為“化”之偏旁，甲骨文作（《合集》19769）、（《合集》7647），从一正人，一倒人，表示變化之意，此為古人表意之巧妙創意也，《說文》所釋不誤。林氏以已變化之戰國文字資料，以為象草木發芽蕃變之形，非是，然選用齊貨文字，不限金文，則屬可嘉。

每，之韻，彌以切

《說文》云：“，艸盛上出也。从屮，母聲。”按，草盛也。古作杞伯敏父鼎、作不䵼敦“誨”字偏旁，象草生形，母聲。《左傳》“原田每每”僖二十八，《韓詩》“周原腜腜”，以“腜”為之。《毛詩》作“膴”。

評注：“每”字甲骨文作（《合集》33369）、（《合集》29185）、（《合集》28685），字从母或女，上部之、表示髮飾；女、母、每本一字分化，上部亦為分化標志。小篆上部寫作“”形，似艸形，故《說文》釋為“艸盛”。林氏因之，以為象草生形，實非其本義。表示肥美貌的“每每”“腜腜”“膴膴”，殆皆重言形容詞，借字表音也。

丰，東韻

《說文》云：“，艸盛丰丰也。从生，上下達也。”按，古作康侯尊彝，象草盛形，下象其根蟠結。或作克鼎彝“邦”字偏旁、作召伯虎敦“奉”字偏旁。

評注：“丰”字甲骨文作（《合集》7696）、（《屯南》3121）、（《合集》20576 正）、（《合集》35501）、（《懷特》445）等形，象地上植物丰茂之形。《說文》據小篆釋為“从生”，林氏以為“下象其根蟠結”，亦有理據。“丰”亦“封”之初文，植樹地上以為疆界也。“封”所从之“圭”即此字之變寫。

𣎵，微韻，即壘切

《說文》云：“，止也。从，盛而一止之也。”按，古作曶鼎“秭”字偏旁，不从“一”，則非“止”義可知。“丰”訓草盛，此與“丰”形近，當為“蕡”之古文，草多貌也。

評注：“𣎵”字甲骨文作（《合集》10974）、（《合集》8465）、（《合集》36622），構形不明。小篆有訛變，《說文》釋形不確。林氏以為“蕡”之古文，可備一說。

齊，微韻，徂非切

《說文》云：“，禾麥吐穗上平也。象形。”按，古作永宮鬲、作齊癸姜敦、作趠鼎字偏旁，亦作陳侯因資敦、作陳曼匿，“”象地，與“生”同意。

評注：“齊”字甲骨文作（《合集》36806）、（《合集》18692），象谷穗之形。後谷穗下端拉長為豎筆，并加“二”為飾。林氏據《繫傳》謂“二”象地，乃係別解。《說文》云：“禾麥吐穗上平也。”段注：“禾麥隨地之高下為高下，似不齊而實齊，參差其上者，蓋明其不齊而齊也。引申為凡齊等之義。”其說亦有理趣。或以為“薺”之初文。

南，侵韻，尼心切

《說文》云：“，艸木至南方有枝任也。从，羊聲。”按，古作散氏器、作南亞彝癸，當為“集”之古文，木柔弱也。象形。“南”“集”古同音。

評注：“南”字甲骨文作（《合集》378）、（《合集》8742）、（《合集》36387）等，一般認為乃樂器之象形。郭沫若《甲骨文字研究》云：“由字之形象而言，余以為殆鐘鎛之類的樂器……鐘鎛皆南陳，故其字孳乳為東南之南。”卜辭有字，郭氏謂“象一手持槌以擊南”。[1] 如此說可信，《禮記·文王世子》“胥鼓南”之“南”，當即用本義。林氏以為“𣏕”之古文，木柔弱之義，所據為金文，字已變形，當不可從。

秋，幽韻

《說文》云：“，禾穀熟也。从禾，𪏮省聲。”按，“火”為“𪏮”省不顯，“𪏮”字形不古，非“秋”字所宜取聲。當作“”，象禾穗成實可收之形。

評注：“秋”字甲骨文作（《合集》33229）、（《合集》11540），象一種頭有角的昆蟲，但究竟是何種蟲，學界有不同看法。又作（《合集》32854）、（《合集》29715）等，下加“火”作。當時或以此蟲為秋季常見，或以其音與“秋”近同，故以表示秋天之“秋”。後世以从“火”作者為基礎，加“禾”旁以足義，《說文》籀文作，蟲形類化為“龜”，“火”符則移至“禾”下，漢楊著碑作，昆蟲頭上尚留角形，較《說文》籀文更為近古；又省蟲形而加“日”符作（《璽彙》4433），再省“日”符則作（《古陶文字徵》174頁）、（《雲夢·日甲》1），為今字所繼承。林氏謂“火”為“𪏮”省不顯，“𪏮”字形不古，論斷不確；所擬古字把“火”形與“禾”形相連作，謂“象禾穗成實可收之形”，頗有創意，然亦與古不合。

朶，歌韻

《說文》云：“，樹木垂朶朶也。从木，象形，此與采同意。”

評注：“朶”字商周古文字未見，戰國文字作（珍秦137），从禾，以短豎示其穗下垂，當為《說文》訓“禾垂皃”之“𥝩”的初文，故與“采”同意。小篆訛變从“几”从“木”，故釋為“樹木垂朶朶”，徐鍇《繫傳》云：“此下从木，其上但象其垂形。”引申用為花朶之“朶”。亦隸定為“朵”。

---

① 參見于省吾主編《甲骨文字詁林》，中華書局1996年版，第2862—2863頁。

禾，微韻，居非切

《說文》云：“，木之曲頭，止不能上也。”

評注：“禾”字未見於甲骨文，金文作（《集成》5411．1“”字偏旁），睡虎地秦簡作（《為吏之道》5“稽”字偏旁），《說文》釋形當可從。其字上頭向右彎曲，與“禾”之向左彎曲者不同，然作為偏旁，亦隸定為“禾”。林氏無說。

需，青韻

《說文》云：“，雨零也。从雨，象零形。《詩》曰：‘需雨其濛’。”按，古作尨姑𠛬彝、作邾公釗鐘。

評注：“需”字甲骨文作（《合集》2869 正）、（《合集》2864），从雨，象雨零落之形。金文如林氏所引，為小篆所承。《說文》釋形可從。林氏無說。

岳，遇韻，音獄

《說文》“嶽”下云：“，古文，象高形。”

評注：“岳”字甲骨文作（《合集》4972）、（《合集》32833）、（《合集》34199）、（《合集》34198）等形，其簡者與形相近。甲骨文該字或釋為“𦉥”。林氏無說。

永、羕，陽韻

《說文》云：“，水長也。象水巠經理之長永也。”按，古作封仲敦，象水長流相會形。亦作曶鼎。《說文》云：“，水長也。从永，羊聲。”按，古作鄦子妝匜，以為“永”字。“永”古音如“羕”，“羕”實“永”之或體，羊聲。

評注：“永”字甲骨文作（《合集》18664）、（《合集》33190）、（《合集》32297）（《合集》4913）等，象水流長之形，經典相承用為永長義。字中象水流之形者，又似人形，故又或以為字象人在水中游泳之形，乃“泳”之本字。“羕”當為“永”之分化字，義同“水長”。《說文》

引《詩》“江之羕矣”，今本“羕”作“永”。林氏合“永”“羕”為一，有一定道理。所引金文，《金文編》作，略異。金文又作（羕史尊）。

𠂢，蟹韻，匹蟹切

《說文》云：“，水之衺流別也。从反永。”按，象眾派合流形。與“永”形近義別。古作若公敦以為“永”字。

評注：“𠂢”為“永”之分化字，始見於金文，早期用同“永”，後別為“派”之初文。段注云：“‘𠂢’與水部‘派’音義皆同，‘派’蓋後出耳。”

畺，陽韻

《說文》云：“，界也。从田，三其介畫也。”按，古作頌敦、作散氏器、作克𠛬彝、作邾公華鐘、作遽尊彝、作頌敦，並“彊”字偏旁。

評注：“畺”即甲骨文（《英》744）、金文（深伯鼎）的分化字，亦即“彊（疆）”之古字。依《文源》之例，畕、畺、疆當並列字頭。

高，宵韻

《說文》云：“，崇也。象臺觀高之形。从冂，口與倉、舍同意。”按，古作不𡢁敦，象臺觀高形，象物在其下象物形，見“品”“器”“合”各條。

評注：“高”字甲骨文作（《合集》33310）、（《合集》376 反）、（《合集》27499），象樓臺高聳之形。字當由“京”下加“口”而分化（參見卷一“京”字條評注）。“京”亦“高”義。林氏以為“口”象物在其下，失之。

冂，遇韻，音曲

《說文》云：“，幬帳之象。从冂，㞢其飾也。”按，今字以“穹”為之。天為穹蒼，氊帳為穹廬，是也。“穹”“隆”疊韻，是“穹”音亦轉如“空”。“青”遇韻“空”東韻雙聲對轉。古作虢叔殷匼“㪉”字偏旁，象形。

評注：戰國文字“屋”字作（《璽彙》3143）、（《望山楚簡》2·

15)，《說文》古文作，其上部與“青”字近同。“青”字从丰从宀，會以草苫蓋屋頂之意，為“屋”之初文。“青”“屋”形相同，義相因，“青”音亦屬屋部。[①] 林氏以為“穹”之古文，又音轉如“空”，雖形義相關，然音較為遠隔，其說恐非是。

黑，之韻，音蠹

《說文》云：“，火所熏之色也。从炎上出囪窗。”按，古作滔嫼敦“嫼”字偏旁，象火自窗上出形，象窗煙窗也。或省作多父盤“嫼”字偏旁。

評注：“黑”字甲骨文作（《合集》10192）、（《合集》10171 正），象正面人形而豎筆透過頭部，或以為墨刑之“墨”的本字。古代罪者墨其額。後在面部中豎兩邊及“大”形兩側加點以為飾，並受黑色之義的影響，遂逐漸義化為从“囪”以象窗形，从二“火”以示黑為火煙所致。故火所熏之“黑”的構形，乃是義化的結果。如此說可信，則林氏所舉之，較之形，在邏輯上當更為近古，非省作之形。

袁，寒韻

《說文》云：“，衣長皃。从衣，叀省聲。”按，“”為“叀”形不顯，“叀”“袁”亦不同音。古作師寰敦“寰”字偏旁，當為衣寬緩貌“袁”古通“爰”，“袁盎”《漢書》作“爰盎”是也。“爰”有“緩”義，《詩》“有兔爰爰”，傳云：“爰爰，緩意。”象領之寬，象衷之寬也。

評注：“袁”字甲骨文作（《合集》18165），从衣从又，用手穿衣之意，當為“擐”之初文。《左傳·成公二年》：“擐甲執兵，固即死也。”或加聲符（“圓”本字）作（《合集》27756），或省“又”符並移聲符至“衣”內作（《屯南》2061“遠”字偏旁）；或加“止”於上部作（《合集》31774。按加“止”無義，“止”當為“又”之訛），“止”又訛為“屮”作（《合集》30085），再省“又”作（《合集》22274）。[②]

① 參見黃德寬主編《古文字譜系疏證》，商務印書館 2007 年版，第 957 頁；卷一“屋”字條評注。

② 參見裘錫圭《釋殷墟甲骨文裏的“遠”“𤞷”（邇）及有關諸字》，《裘錫圭學術文集》，復旦大學出版社 2012 年版。

後世當是綜合𠆣、𡗕二體而作𧘝。林氏以為“𢆉”為“叀”形不顯，“叀”“袁”亦不同音，可從。然解為衣寬緩貌，以凵象領之寬，○象衷之寬，雖有理趣，但與甲骨文的構形理據不合，當不可信。

𩰬䰛，歌韻

《說文》云：“䰛，秦名土釜曰䰛。从鬲，𦍌聲。讀若過。”按，古作𩰬䰛比鼎，即“𤮿”之古文。不正也。象鬲口不正形。或變作𩰬散氏器。

評注：“䰛”或作“融”，音 guō，即今“鍋”字；音 wāi，即“𤮿”，段注云：“𤮿，俗字作歪。”此一字而兩讀，各有理據，林氏取後說，以為象鬲口不正之形。“𨫼”即“釜”，林從古文隸定，故从“缶”；段注本作“鬴”，大徐本作“釜”，“父”符後兩筆不交叉，“𩱧”“融”“鬻”字下皆如此，或為刻誤。

員員，文韻，音云

《說文》云：“員，物數也。从貝，口聲。”按，古作員員父尊彝，从口，从鼎，實“圓”之本字。○，鼎口也，鼎口圓象。省作員員父敦。

評注：“員”字甲骨文作員（《合集》20592）、員（《合集》10978），以鼎口之圓表示方圓之圓，林氏以為“圓”之本字，至確。郭店簡作員（《緇衣》18），仍从鼎作，小篆訛从“貝”。“鼎”訛為“貝”是古文字比較常見的現象。

㫃㫃，寒韻

《說文》云：“㫃，旌旗之游㫃偃蹇之皃。从屮曲而垂下，㫃相出入也謂右旁从“入”。讀若偃。”按，古作㫃伯晨鼎“旅”字偏旁、作㫃盂鼎“旂”字偏旁，象旗形，不从“入”。

評注：“㫃”字甲骨文作㫃（《合集》27352）、㫃（《合集》22758），象旗杆旌旗之形，小篆訛變為㫃，右邊似从“入”。林氏以為不从“入”，其說是。

《文源》評注卷五　表象象形

丏，臻韻，音賓

《說文》云：“丏，不見也。象壅蔽之形。”按，古作戲鐘“宾”字偏旁，象人頭上有物蔽之之形。“丏”雙聲旁轉為“萬”，故隸或以“万”為“萬”字建平郫縣碑：“賈二万五千”。篆作丏者，从“卩”即“人”之變，一、乚象有物在其上及前擁蔽之。

評注：“丏”字甲骨文作（《合集》28686）、（《合集》28007），金文同。林氏以為象人頭上有物蔽之之形，與《說文》訓“不見”之義相合，可從。其字當隸定為“万”，林氏認為雙聲旁轉為“萬”，其說至確。裘錫圭指出，“甲骨文的‘宾’字，金文的‘宾’字和‘賓’字，以至戰國文字的‘賓’字，其所从之‘丏’大都寫作‘’，可見林說是有根據的。以‘万’為千萬之‘萬’，早在戰國文字裏就已如此。千萬之‘萬’是微母元部字，‘万’（丏）是明母元部字。古代微母讀如明母，二字古音極近，所以可以借‘万’為‘萬’。”[①] 按，万、萬用於表十千之數，皆假借用法，亦皆古有其字。林氏以為隸書或以“万”為“萬”字，時代偏晚。“丂”後作“丏”者，當為訛體，林氏以為“卩”即“人”之變，可從，然以乚象有物在其前擁蔽之，則恐非是。

无，模韻

《說文》云：“无，奇字無也。通於元者，虛無道也。王育說，天屈西

① 參見裘錫圭《釋“万”》，《裘錫圭學術文集·甲骨文卷》，復旦大學出版社 2012 年版，第 50 頁。

北為无。”按，通“元”“屈天”，其說皆鑿。“”當與“”丏同意。从“人”，“”者厚之象見“竺”字條，雍蔽之，使無所見也。無所見則謂之“無”矣。

評注：“无”字商周古文字未見，始見於秦漢早期簡帛文字。其構形有多說，迄無定論。林氏聯係形立說，以字从“人”，上二横雍蔽之，使無所見而謂之“無”，其說亦頗具匠心；何琳儀認為庚兒鼎“無”作、，“无”是截取其中的、而成的；[①] 趙平安認為“无”先是借“夫”為之，後以中筆不出頭分化出“无”，這種區別方法在《戰國縱横家書》中已經萌芽，至遲在東漢時代已經成為嚴格的規范，校官碑、孔龢碑、熹平石經的“无”都不出頭。[②] 以上諸說，當以趙說最為近是，可從。

𠑹，模韻

《說文》云：“，𠑹蔽也。从几，象左右皆蔽形。读若瞽。”

評注：丁福保《說文解字詁林》第十九冊 17299 頁引宋育仁《說文解字部首箋正》及楊樹達《積微居小學述林》均以為“𠑹”是“瞽”的初文，象左右二目有所蔽而不見之形。郭店楚簡《唐虞之道》24 有“”字，李家浩先生認為就是“𠑹”字，其字取象於“冖（冃）”較大，有遮蓋住人的耳目之義。朱駿聲《說文通訓定聲》指出“𠑹”為“免”字的偏旁，“𠑹”篆應作，《說文》篆文有所訛誤。[③] 林氏所錄“从几”當為“从儿”之誤，段注本作“从儿”，大徐本作“从人”。

⿱冃見，東韻，音蒙

《說文》云：“，突前也。从見、冃。”按，象人目有所蒙覆形。

評注：“⿱冃見”亦作“⿱冃見”，金文作（⿱冃見父乙爵）。朱駿聲《說文通訓

① 參見何琳儀《戰國古文字典》，中華書局 1998 年版，第 614 頁。

② 參見趙平安《秦至漢初簡帛文字與假借改造字字源考證》，《簡帛研究》第二輯，法律出版社 1996 年版。

③ 參見李家浩《讀〈郭店楚墓竹簡〉瑣議》，《郭店楚簡研究》，遼寧教育出版社 2000 年版，第 341—342 頁。

定聲》："覓，从見，从冃，會意，與冒略同。"王筠《說文句讀·見部》："冒、覓一字，目、見一意也，古分今合。"林氏曰："象人目有所蒙覆形。"可從。

犮，泰韻，音拜

《說文》云："，犬走皃。从犬而丿之，曳其足，則剌癹也。"按，《爾雅》："癹，躐也。"此當為"犮"之本義。古印有作""二字者，""當即"犮"，象人"大"象"人"形足下有物越而過之之形。古有犮尊彝癸字，亦當為"犮"。从"犬"乃形之譌。

評注："犮"字戰國文字作（隨縣簡170）、（《雲夢·法律問答》81"拔"字偏旁），从犬，一横表示行有所礙，為"癹"之初文。周伯琦《六書正譌·曷末韻》："犮，凡犮涉、犮履皆用此字，別作癹者，後人所加也。"大徐本作"走犬皃"，段注依《玉篇》《廣韻》，改為"犬走皃"，此從之。林氏所舉之，亦見於《中山王鼎》銘文，字不識，所在句子作"於虖，允哉若言！明之于壺，而時觀焉"，當是表示刻畫之類的意義。林氏以為同"犮"，"犮"之"犬"乃"大"形之譌。按上舉"犮"字从"犬"無誤，林說恐非。所舉""字或與""同，亦非"犮"字。字頭當改。

夾，談韻

《說文》云："，盜竊褱物也。从亦腋有所持。"

評注："夾"字戰國文字作（《陶彙》6·55）、（《陶彙》6·54"陝"字偏旁），从亦省，十聲。或作（《貨系》1399"庾"字偏旁）、（《貨系》1408"庾"字偏旁），从大，叶聲。小篆从二"入"者，或為訛誤類化所致。林氏無說，以小篆為字頭。

今，侵韻

《說文》云："，是時也。从亼、。，古文及。"按，"亼"義不可曉。古作師嫠敦，作師兌敦，即"含"之古文。""為"口"之倒文，亦"口"字，""象口含物形。"含"從"今"得聲，音本如“今”；含，不吐不茹，有稽留不進之象。與“今”同音之字，如雲而不雨為“黔”今用“陰”字，止為“禁”，不言為“噤”，詠歎為“吟”，常思為“念”，漸漬為“涔”，並有稽留象。“今”為是時，亦從稽留不進之義引伸。亦作孟鼎。

評注：“今”字甲骨文作（《合集》7768）、（《合集》34717）。構形有多說。林氏以為字象口中含物，乃“含”之古文。按古文字材料中“含”字亦多讀為“今”，如中山王鼎“至于含”、郭店楚簡《語叢一·四〇》“春秋所以會古含之事也”等，可證“含”“今”相通。裘錫圭先生認為，林氏說“今”字象口含物，象物的一小橫就應該畫在“口”中而不應該畫在“口”外。“含”的初文大概是“甘”。“今”大概是倒寫从“口”的“曰”字而成的，應該是當閉口講的“吟”（噤）字的初文。[1]“今”字作為表時間之詞，或為假借，林氏則以為引申，亦有一定道理。

曰，泰韻，玉害切

《說文》云：“，詈也。从口，乚象口气出也。”按，古作孟鼎、作召伯虎敦。

評注：“曰”字甲骨文作（《合集》6081）、（《合集》17308），从口，上一短橫表示言自口出。後一短橫上曲，為小篆所本。大徐本作“从口，乙聲，亦象口气出也。”此從段注本。

𦣻，微韻，音徽

《說文》云：“，出气詈也。从曰，象气出形。，籀文𦣻。”按，倏忽之“忽”本字如此，象口出气形。與“瞬息”“俄頃”同意。瞬，目一瞬；息，鼻一息；俄頃，頭一攲側，皆謂速也。

評注：此字金文作（曶尊）、（曶鼎）、（曶壺），从口，或从曰，勿聲。“”為“勿”字變寫，與“爪”混同，後譌為“”，為籀文、篆文所承。隸變後上部又作“勿”，可謂覆其本初。各本皆隸定為

① 參見裘錫圭《說字小記》，《裘錫圭學術文集·金文及其他古文字卷》，復旦大學出版社2012年版，第420頁。

“曶”，林氏則依形隸定。林氏以為倏忽之“忽”本字如此，則認同其上从“勿”，又在《文源》中大量引用曶鼎銘文，唯此處不隸定為“曶”，甚為可怪，不知何故。大徐本作“从曰，象气出形”，此從段注本，“象”前增“”。

息，之韻

《說文》云：“，喘也。从心、自。”按，嘘气也。从自象鼻，象氣出鼻形，非“心”字。古有“”遹尊彝“”勸尊彝乙字，疑即“息”之變體。

評注：“息”字甲骨文作（《合集》2354 臼）、（《合集》3449），从自（“鼻”本字），下小點象氣息出入。後作从“心”者，殆訛變意化所致。段注云：“自者鼻也。心气必從鼻出，故从心、自，如心思上凝於囟，故从心、囟，皆會意也。”林氏謂“象氣出鼻形，非‘心’字”，疑古之“”“”即“息”字，可謂卓見。字頭作，大其“自”而小其“”，或有意為之也。大徐本作“从心，从自，自亦聲”。此從段注本。

牟，幽韻

《說文》云：“，牛鳴也。从牛，象其聲气從口出。”

評注：“牟”字秦高奴權作，从牛，上一短横表示牛鳴。甲骨文有（《合集》18274）字，或以為即“牟”字，然辭作“黄”，似仍當為“牛”字。“象其聲气從口出”句，大徐本無“”字。此從段注本。

芈，蟹韻，米解切

《說文》云：“，羊鳴也。从气出羊上，與牟同意。”

評注：“芈”字甲骨文作（《合集》22155），从羊，上表示羊鳴。“从气出羊上”句，段注本作“从羊，象气上出”，大徐本作“从羊，象聲气上出”，皆有所不同。

豖，遇韻，丑欲切

《說文》云：“，豕絆足，行豖豖也。从豕，繫二足。”

評注：“豭”字甲骨文作（《合集》1526）、（《合集》1375），从豕而腹下有物挺出，象牡豕之形。“豖”字作（《合集》14561）、（《合集》378 正），較之“豭”字，其勢離體，故當為去勢之豕，當為《說文》訓“去陰之刑”之“斀”的初文，典籍或作“椓”。《詩·大雅·召旻》“昏椓靡共”，箋：“昏椓皆奄人也。昏其官名也，椓，毀陰者也。”[①]《說文》訓“豖”為“豕絆足”，蓋據篆文為說，乃理據重解。林氏無說，字頭則據篆文而稍變。

昜，陽韻

《說文》云：“，開也。从日、一、勿。”按，雲開日見也。古作昜叔盨，从日，一蔽之，，飛也見“勿”字條。雲飛而日見也。或作貉子尊彝癸，从日，从一，从。，引去之象。

評注：“昜”字甲骨文作（《合集》3394）、（《合集》11499 正），从日，象太陽升起之形。下从示，或以為與祭日有關。[②] 後世从“勿”者，乃加飾筆而成，《說文》所訓，林氏所解，皆據形變之字而說。林氏又引金文“”形而謂“从一，从。，引去之象”，非是；不以之為字頭，失之。

㿝，模韻，音枯

《說文》云：“，際見之白也。从白，上下小見。”按，古作毛公鼎“虩”字偏旁，象日光自隙中射入形，即“隙”之古文。

評注：“㿝”字甲骨文作（《合集》33871）。从“日”，不从“白”。林氏據金文以為象日光自隙中射入形，即“隙”之古文，其說是也。

巛，之韻，音緇

《說文》云：“，害也。从一雍雝川。《春秋傳》曰：‘川雍為澤凶。’”宣十二

---

① 參見黃德寬主編《古文字譜系疏證》，商務印書館 2007 年版，第 979 頁。

② 同上書，第 1825 頁。

評注：“巛”字甲骨文作（《合集》24227）、（《合集》17205），象水流泛濫之形，乃古時水災之寫照。《孟子·滕文公上》：“當堯之時，天下猶未平，洪水横流，泛濫于天下。”又加聲符“才”作（《合集》36557）、（《合集》28847）、（《合集》28360），所謂“从一雍川”之“一”，或系“才”形簡化而成。後作“災”“灾”。《文源·卷六》：“《說文》云：‘，烖或从宀、火。’按，象屋下火。”

再，之韻，音截

《說文》云：“，一舉而二也。从一，冓省。”按，重複也。从一在冓構上。

評注：“再”字甲骨文作（《合集》7660），所象不明。或以為从魚从二，會一舉而二之意。① 金文作（屭羌鐘）、（陳璋壺），林氏當據篆文而作字頭，非是。

益，蟹韻，伊昃切

《說文》云：“，饒也。从水、皿。水皿，益之意也。”按，古作歸夆敦，，皿中盛物，象上溢形。或作畢鮮敦。

評注：“益”字甲骨文作（《合集》2050）、（《合集》15842）、（《合補》6291）、（《合集》31990），从水从皿，會水溢出器皿之形，小篆承之。金文皿中加點，或以為“血”字，上从“八”，林氏解為“，皿中盛物，象上溢形”，亦通。

豐，東韻

《說文》云：“，豆之豐滿也。从豆，象形。”按，古作豐兮尸敦、作戱狄鐘“豑”字偏旁、作虢叔鐘、作叔氏鐘，並“豑”字偏旁。

評注：“豐”字甲骨文作（《合集》17513）、（《合集》137 正），从壴（“鼓”之初文），亡聲（二“亡”求其對稱）。豐，滂紐東部；亡，明紐陽部。聲均屬唇音，韻則為旁轉。其本義為鐘鼓之音盛大，故从

① 參見季旭昇《說文新證》，福建人民出版社 2010 年版，第 321 頁。

“壴”。或作（《合集》8262 反），从壴，木聲（二“木”求其對稱）。木，明紐侯部；豐，滂紐東部。聲亦屬唇音，韻則為對轉。或以為从木者乃豐茂之“豐”的本字。① 戰國以降，“豐”“豊”逐漸接近以至于混同不別。小篆从“豆”者，乃壴形之省變。

豊，微韻，音壘

《說文》云：“，行禮之器也。从豆，象形。”按，禮器不謂之“豊”，實“禮”之古文，象豆有所盛形。古作鄭楙叔壺、作觴仲多壺、作師遽尊彝，並“醴”字偏旁、作宗姜鬲彝丁。

評注：“豊”字甲骨文作（《合集》32557）、（《屯南》1255），从壴（“鼓”之初文），从雙玉。王國維《觀堂集林》云：豊“象二玉在器之形，古者行禮以玉。”② 鼓及玉皆行禮所用，故以壴玉合為“禮”之初文。字所从之“豆”，乃“壴”之省變，林氏以為“象豆有所盛形”，尚未得其朔。

豈，微韻，去匪切

《說文》云：“，還師振旅樂也。从豆，敳省聲。”按，“豈”為振旅樂，則从“豆”非義。“豈”即“愷”之古文，樂也。象豆豐滿上出形。豆豐滿，見之者樂。古作趩尊彝“趩”字偏旁。

評注：“豈”字未見于甲骨文。按“豈”即“愷”之古文，亦作“凱”，皆軍勝之樂。《集韻·海韻》：“愷，亦作凱。”《正字通·心部》：“愷，軍勝之樂。”《左傳·僖公二十八年》：“振旅，愷以入于晉。”以軍勝之義推之，“豆”當為“壴”（“鼓”初文）之省變，“豈”當為“壴”之分化。林氏以為“‘豈’為振旅樂，則从‘豆’非義”，其說是；然又以為其字“象豆豐滿上出形。豆豐滿，見之者樂”，則恐非。

---

① 參見黃德寬主編《古文字譜系疏證》，商務印書館 2007 年版，第 1240 頁。

② 參見王國維《觀堂集林》，中華書局 1959 年版，第 291 頁。

喜、壴，之韻

《說文》云：“，樂也。从壴，从口。”按，“”象豆豐滿上出形，與“豈”同意。从口轉注，喜兼有酒食義。《說文》：“饎，酒食也。”“饎”當以“喜”為古文。古作大豊尊彝、作兮仲鐘。《說文》云：“，陳樂立而上見也。从屮、豆。”按，从“豆”非“陳樂”之義。經傳無“壴”字，當即“喜”省。“鼓”字古作師嫠敦，亦作沇兒鐘。

評注：“喜”字甲骨文作（《合集》527 臼）、（《合集》36483）、（《合集》4515），从壴（“鼓”之初文），从口，壴以陳樂，口以言歡。朱駿聲《說文通訓定聲》云：“聞樂則樂，故从壴；樂形於譚笑，故从口。”或以為“口”為分化符號。林氏以為字“象豆豐滿上出形”，非是。“壴”為“鼓”之初文，甲骨文作（《合集》9260）、（《合集》27220），象鼓上有飾之形。後世“鼓”行而“壴”廢。《說文》釋為“从屮、豆”，非是；林氏以為“經傳無‘壴’字，當即‘喜’省”，亦誤。然將喜、壴並為字頭，可見其淵源關係，則可從。

𥁕，文韻

《說文》云：“，仁也。从皿以食囚也。”按，囚皿為𥁕，義迂曲。古作《攈古錄》一之三𥁕卣，漢尚浴府燭盤作，本義當為“煖”，象气自皿中上騰形。象气，非“囚”字。“𥁕”聲之字多取義於湮鬱。如《說文》：“熅，鬱煙也。”“蕰，積也。”“醖，釀也。”“慍，怒也。”《廣雅》：“韞，裹也。”釋詁四是也。氣鬱不洩，與“煖”義近。“仁柔”之義，亦從“和煖”引伸。

評注：甲骨文中的（《合集》7363 正）、（《合集》17166 正）、（《合集》28905）、（《合集》33007）、（《合集》21374），或以為即“𥁕”之初文。[①] 金文作（王子午鼎）、（王孫𨱍鐘）。戰國文字下加“皿”作“𥁕”，如古璽文字作（《古璽彙編》0408）。林氏引漢尚浴府

---

① 參見陳劍《殷墟卜辭的分期分類對甲骨文字考釋的重要性》，收入《甲骨金文考釋論集》，綫裝書局 2007 年版。

燭盤作，說明其所用材料非以先秦金文為限。據研究，甲骨文“𥁕”有用為“蘊藏”之義，當為其本義，其形亦象人藏框中。林氏認為本義當為“煖”，與“蘊藏”之義亦相因，然以為其字“象气自皿中上騰形”，則是據形重解，非造字本意。《說文》釋為“仁”，當為假借。

壼，文韻

《說文》云：“，壹氤壼氳也。从凶，从壺。壺不得渫洩也。《易》曰：‘天地壹壼。’”按，“”象气在壺中欲上騰形，非“凶”字。此與“𥁕”音同義近，疑即“𥁕”之或體。

評注：“壼”字音 yūn，“壹壼”即“氤氳”。“壺”字雖見于甲骨文，然與壺有關之“壹”“壼”當皆後起，不早于秦代。“壹”字訓專壹，徐鍇《繫傳》云：“从壺取其不泄也。”張舜徽《說文解字約注》云：“壹本謂物在壺中閉塞之名，閉塞則不分散，故引申為專壹之稱。”“壼”之構意實與“壹”之構意相同，从“壺”亦取其包含不泄之意。故朱駿聲《說文通訓定聲》云：“壹壼者，雙聲連語。”黃侃《聲韻略說》云：“壹，長言之曰壹壼，氣不得泄也。”林氏謂“”象气在壺中欲上騰形，非“凶”字。此與“𥁕”音同義近，疑即“𥁕”之或體。其說有理據，可參。

疐、叀，微韻，陟輩切

《說文》云：“，礙不行也。从叀，引而止之也。叀者，如叀馬之鼻，从冂，此與牽同意。”按，古作疐彝丁、作疐尊彝，象車輪見“車”字條，象有物礙之。从止轉注。又變作井人鐘。《說文》云：“，專小謹也。从幺省，中，財纔見也。中亦聲。”按，从“田”之義未說。“財見”與“顓謹”義隔，“中”非聲，亦非財見形。古作龙姞黼彝、作無叀鼎、作毛公鼎，皆以為“惠”字。“惠”與“疐”疊韻。古亦以“疐”為“惠”井人鐘“憲聖喪疐”即“顯聖爽惠”，則“叀”即“疐”之或體，从“疐”省“止”，“”象車軸端。揚雄《酒箴》云“一旦叀礙”，“叀”訓為“礙”，正與“疐”義合。

評注：“疐”字音 zhì，亦作“疐”，隸定不同。“疐”字見于甲骨文，本作（《合集》37462 正），或謂象花蒂之形。《禮記・曲禮上》："士疐之。"孔穎達疏："疐謂脫華處。"郭沫若以為"疏說最為得之，中之'田'形蓋即蒂之象"。[①] 張亞初承郭說，以為是"脫華（花）後的象形字"。[②] 可參。字又加"止"作（《合集》28767）、（《合集》37500），金文承之而有訛變，小篆从叀、从冂作者，更是訛體，故《說文》所訓非其古誼；林氏據金文為解，亦非。"叀"字甲骨文作（《合集》614）、（《懷特》1402），學者多以為象紡磚形，《說文》所釋亦非是。林氏謂《說文》釋"叀"，"从'田'之義未說。'財見'與'顯謹'義隔，'屮'非聲，亦非財見形。"其說當是。然將"疐""叀"合並，雖有一定的音義理據，但從甲骨文字形來看，"疐"字顯然不从"叀"，篆文从"叀"，乃是訛變的結果，故其說亦恐非是。"从冂，此與牽同意"句，大徐本無"冂"，段注補，此從段注本。

彔，遇韻，音綠

《說文》云："，刻木彔彔也。象形。"按，"彔"與刻木形不類。古作大保彝、作彔敦，實"剝"之古文。，所剝之物象果形，，所下之皮也。變作頌敦、作或者尊彝。

評注："彔"字甲骨文作（《合集》10970 正）、（《合集》5976）、（《合集》28124），金文相承，小篆訛變。其字古形象桔槔汲水之形，當為轆轤之"轆"的初文。林氏以為"剝"之古文，似不若"轆"字說為優。

㡭，泰韻，音啜

《說文》云："，古文絕。象不連體，絕二絲。"

評注："㡭"字甲骨文作（《合集》152 正）、（《合集》36508），會以刀斷絲之意。戰國文字作（中山王壺），《說文》古文承之。林氏無說，以小篆為字頭。

---

① 參見郭沫若《兩周金文辭大系圖錄考釋・晉姜鼎》，上海書店出版社 1999 年版。

② 參見張亞初《周厲王所作祭器㝬簋考》，《古文字研究》第五輯，中華書局 1981 年版。

《文源》評注卷六　𢿌列象形

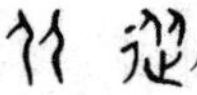从、從，東韻

《說文》云：“，相聽也。从二人。”按，即“從”字，象二人相從形。古作辛椃尊彝丁，同。《說文》云：“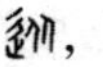，隨行也。从从、辵，从亦聲。”按，即“”之或體，从辵轉注。古作兮田盤、作散氏器。

評注：“从”字甲骨文作（《合集》18925）、（《合集》28596），会二人相从之意。“從”字甲骨文作（《合集》5716），增“彳”，金文復增“止”，演化為“從”。从、從乃古今字，林氏合二为一，是。“兮田盤”現作“兮甲盤”。

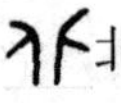北，之韻，音逼

《說文》云：“，乖也。从二人相背。”按，古作利鼎。

評注：“北”字甲骨文作（《合集》9745）、（《合集》9746），象二人相背之形，乃“背”之本字。林氏引金文以證許，無說。

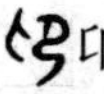卬，陽韻

《說文》云：“，望也，欲有所庶及也。从匕、卪。”按，“匕卪”非義。“”當為“迎”之古文。象一人進一人迎之形。

評注：“卬”字未見於商周古文字材料。戰國文字作（《璽彙》2062），从卩，从匚（曲），會彎曲上仰之意。[①] 林氏釋為“象一人進一人迎之形”，亦備一說。徐灝《說文解字注箋》云：“卬，古仰字。”“仰”

---

① 參見黃德寬主編《古文字譜系疏證》，商務印書館2007年版，第1803頁。

"迎"皆為"卬"之孳乳字。林氏指出了"迎"與"卬"的孳乳關係，是。大徐本《說文》小篆作"𠨘"，林氏所書略異。大徐本作"望欲有所庶及也"，"望"後無"也"字。此從段注本。

𢁉 顨𢁉、顛，寒韻

《說文》云："𢁉，二卪也。巽巽从此。闕。"按，"二卪"望形生訓，非本義。《廣雅》："巽，順也。"釋詁一巽順之義當以"𢁉"為本字，即"遜"文韻，經典通用"遜"，《說文》作"愻"之雙聲旁轉也。象二人俯伏相謙遜形。《說文》云："顨，選具也。从二頁。"按，"二頁"無選具之義選具本字當為"巽""畀"，"顛"即"𢁉"之或體，象二人謙遜見於顏面之形。

評注："𢁉"字音 zhuàn，亦隸定為"卯""𢁉"。甲骨文作𢁉（《合集》5471 甲）、𢁉（《屯南》236），从二卪，象人跽跪順從之意。羅振玉《增訂殷虛書契考釋》云："《易·雜卦傳》：'巽，伏也。'又為順、為讓、為恭，故从二人跽而相从之狀。疑即古文'巽'字。"林氏謂《說文》"二卪"之訓非本義，巽順之義當以"𢁉"為本字，字象二人俯伏相謙遜形，皆可從。"顛"字亦音 zhuàn。《玉篇·頁部》："顛，古文作選。"章炳麟《新方言·釋詞》："《方言》云：'選，徧也。'是選具即徧具。今蘇松嘉興謂徧具為顛，如皆有曰顛有，皆好曰顛好。"章說提供了語言的實證。林氏謂"顛"即"𢁉"之或體，在形義方面證據不足。待考。

夗夗，寒韻，音宛

《說文》云："夗，轉臥也。从夕、卪，臥有卪。"按，"夗轉"非夕寐有節之意。夕、卪象二人宛轉形。《方言》："篿，吳楚之間或謂之夗專。""夗專"即"宛轉"古字。

評注："夗"字音 yuàn。甲骨文作夗（《合集》1824 反）、夗（《屯南》2636"宛"字偏旁），或以為其字从肉，从乃，疑為"㿸"字初文，① 或疑象動物將死宛轉而臥之形，② 待考。金文作夗（能匋尊"䛄"字

---

① 參見黃德寬主編《古文字譜系疏證》，商務印書館 2007 年版，第 2558 頁。

② 參見季旭昇《說文新證》，福建人民出版社 2010 年版，第 572 頁。

偏旁），从“肉”甚明。又作（右里盨“盨”字偏旁），左右分離，左邊作“夕”，右邊作“卩”，為後世所本。按，从“夗”得聲之字，多含有圓轉、屈曲等義。段注云：“凡夗聲、宛聲字皆取委屈意。”徐灝《說文解字注箋》“宛”字條云：“夗者，屈曲之義。宛从宀，蓋謂宮室窈然深曲，引申為凡圓曲之偁，又為曲折之偁。”從“夗”的古字形看，當為整體象形，表示宛轉之義。《說文》釋為从夕、卩，林氏謂象二人宛轉形，皆不確。但林氏以為“夗轉”非夕寐有節之意，“夗專”即“宛轉”古字，則可從。

比，微韻，音輩

《說文》云：“，密也。二人為从，反从為比。”按，古作鬲比鼎、作曶鼎，从二。“”，“人”之反文。象二人相比形。

評注：“比”字甲骨文作（《合集》27926）、（《合集》6460），象二人比並之形。金文以下皆近同。林氏以金文補證《說文》，其說可從。

尼，微韻，音內

《說文》云：“，從後近之。从尸，匕聲。”按，“匕”“尼”不同音。“”，“人”之反文，“”亦人形見“尸”字條，象二人相昵形，實“昵”之本字。

評注：“尼”字甲骨文作（《合集》13505 正“秜”字偏旁），金文作（散伯卣），皆象一人踞坐於另一人身上之形，會嬉戲狎昵之意。林氏以為“尸”“匕”皆人形，象二人相昵形，實“昵”之本字，其說甚是。段注云：“尼訓近，故古以為親暱字。”《漢語大字典》“尼”字條亦引《文源》以糾補《說文》。

色，之韻，音識

《說文》云：“，顏气也。从人、卪。”按，“人卪”非義。“卪”亦“人”字，象二人，與“比”字、“尼”字同意。美色，所比所尼之物也。

評注：“色”字甲骨文尚未見之。戰國郭店楚簡作（《五行》13）、（《性自命出》44）等形，與信陽楚簡作（1. 01）者相同。其字从爪、从卩，會意不明；[1] 或以為此乃“抑”之古字，分化而用為“色”[2]。從古文字材料來看，此說頗有理，似可從。秦系文字作从人、卪，與楚文字相異，或系訛變，或系別構。其本形本義，諸說不一。林氏以為“人卪”非義，有道理；又以為“色”字“象二人，與‘比’字、‘尼’字同意。美色，所比所尼之物也”，乃據秦篆重解，聊備一說而已。

巵，蟹韻，之街切

《說文》云：“，圜器也。一名觛。所以莭飲食。象人，卪在其下。《易》曰：君子‘莭飲食’。”按，“人下卪”無酒器之義。“巵”當為支持之“支”本字。“卪”亦“人”字，象二人相支拄形。“巵”與“支”同音而通用。故《史記·貨殖傳》“地饒巵薑”，巵，煙支也。又“千畝巵茜”，巵，鮮支也。

評注：“巵”字音 zhī，大徐本作“卮”，隸定不同所致。甲骨文有（《合集》34525），或以為即後世“巵”字。《說文》分析為“象人，卪在其下”，段注謂“上體似人字橫寫”，以釋《說文》“象人”之說。《說文》以為其本義為古代的一種酒器。林氏以為“‘人下卪’無酒器之義”，當為支持之“支”的本字，象二人相支拄形，其說在形義關係上似較《說文》為妥適，待考。大徐本、段注本“莭”均作“節”，林氏俗寫。

奻，寒韻

《說文》云：“，訟也。从二女。”經傳未見。

評注：“奻”字音 nuán，甲骨文作（《合集》454 正），金文作（奻作乙公觚），从二女，會爭訟之意。然未有語言實證，故林氏謂“經傳未見”。甲金文用作人名，如卜辭之“婦奻”。

---

① 參見黃德寬主編《古文字譜系疏證》，商務印書館 2007 年版，第 276 頁。

② 參見季旭昇《說文新證》，福建人民出版社 2010 年版，第 737—738 頁。

姦，寒韻

《説文》云："，厶也。从三女。"

評注："姦"字未見于甲骨文，金文作（長由盉）。朱駿聲《説文通訓定聲》曰："从女，从奻，會意。奻亦聲。"與《説文》分析不同。段注云："'厶'下曰'姦衺也'。二篆為轉注。引申為凡姦宄之偁。""厶"，大徐本作"私"，此從段注本。

孨，文韻，音存

《説文》云："，謹也。从三子。"經傳未見。

評注："孨"字音 zhuǎn。甲骨文有（《懷特》845）字，三子並列；戰國文字有（《陶彙》3·226）字，與小篆同構。"孨"从三子，會孱弱之意。孨、孱乃一字之分化（參見本卷"孱"字條評注）。徐灝《説文解字注箋》云："此當以弱小為本義，謹為引申義。三者皆孺子，是弱小矣。"林氏注"經傳未見"，殆經傳以"孱"為之。如《大戴禮》："君子博學而孱守之。"

扶，寒韻

《説文》云："，並行也。从二夫。輦字从此。讀若伴侶之伴。"經傳未見。

評注："扶"字音 bàn，為"伴"之表意字。甲骨文有（《合集》15821）字，又作（《英》1784），象二人牽手相伴之形，或即"扶"之初文。《説文》小篆字形作，林氏所摹略異。"經傳未見"者，以"伴"取之也。如《楚辭·九章·惜誦》："衆駭遽以離心兮，又何以為此伴也？"

𦣞，陽韻

《説文》云："，乖也。从二臣相違。讀若誑。"按，《説文》以為"𤰈"字从"𦣞"得聲。然"𤰈"古作，不从"𦣞"。"𦣞"，經傳未見，恐無其字。

評注："𦣞"字音 guàng。其字未見於商周古文字。林氏云："經傳未見，恐無其字。”其說當可從。《說文》又作為“臩”字偏旁。大徐本《夰部》云：“臩，驚走也。一曰往來也。从夰、臦。”林氏以為“臩”字从“臦”得聲，乃據段注本。其錄“臩”古作𦣞，未標明出處，據卷四“臩”字條，當來自伯侯父盤和弭仲匡，唯所書略異。其實該古文从“聑”，不从“臦”，林氏誤（參見卷四“臩”字條評注）。

㐺从，侵韻

《說文》云：“㐺，眾立也。从三人。讀若欽崟。”經傳未見。

評注：“㐺”字即“乑”字，亦隸作“𠈌”，音 yín。“聚”“眾”等字从之。亦作為“眾”字古體。《正字通·丿部》：“乑，隸作眾。”《人部》：“𠈌，眾本字。”《字彙補·丿部》：“乑，古本眾字。”“眾”之簡化字作“众”，取意與此同。甲骨文作㐺（《合集》21473），金文作㐺（𡚸乑鼎），从三人，會人多之意。“乑”只作偏旁使用，故林氏以為“經傳未見”。大徐本“崟”作“欽”。

眾眾，東韻

《說文》云：“眾，多也。从㐺、目，眾意。”按，古作眾師寰敦，从三人，从目。人多其目可畏，取眾著之意。又作眾曶鼎，目亦“目”字。

評注：“眾”字甲骨文作眾（《合集》32 正）、眾（《合集》67 正）等形，从日下有二人或三人之形，會日下衆人相聚之意。金文“日”或訛為“目”，為後世所承。隸變過程中，上部又有訛為“血”而作“衆”者，離本形更遠。《正字通·目部》：“眾，从橫目，从乑，人數多也。今經傳譌作‘衆’。”林氏以从目為說，未脫許氏之囿；甚至以“日”為“目”，可謂本末倒置。此皆因只見金文而未見甲骨文也。

皆皆，微韻，居非切

《說文》云：“皆，俱詞也。从比，从白。”按，从白非義。从“白”之字古多从“口”見“者”字、“𩑛”字、“魯”字各條。皆，二人合一口，僉同之象从“口”之字古多變从“日”。秦權量“皆”亦作“皆”。

評注：據秦二十六年故道殘詔版“皆明壹之”的“皆”作皆，可以推知甲骨文之（《屯南》24）為“皆”字。甲骨文“皆”又省作（《合集》28096）、（《花東》249），戰國中山王鼎作，亦一脈相承。金文另構作（皆壺），上从二人；秦簡作（《雲夢·日甲》88背），上變从“比”，與小篆同構，為後世所承。根據以上字形，“皆”字下部本从“口”，或加筆作“”，與“白”無涉。故林氏指出《說文》析“皆”字从“白”非義，“皆”為二人合一口，僉同之象，又注云：“‘’之字古多變从‘’。”其說頗有見地，並可從，故《漢語大字典》“皆”字條引林說為證。然其按語書古“皆”作“”，未明出處，實屬臆造。字頭據秦權量“皆”字仿寫，當可據。“”，大徐本作“白”，林氏以隸古書之。

僉，談韻

《說文》云：“，皆也。从亼，从吅，从从。”按，“”即“口”字見“亼”字條，象人言見“兄”字、“祝”字、“䚷”字各條。二合一口，與“皆”同意。古作故鄦句鑃“鐱”字偏旁，从兼指事，猶“”并字之从“”。

評注：“僉”字未見於甲骨文。金文多作从亼，从㒳，其形義關係有多種說法，林氏解為“二兄合一口，與‘皆’同意”，有一定理據，可備一說。

夾，葉韻

《說文》云：“，持也。从大，夾二人。”按，“”象人正立。古作盂鼎，象二人相向夾一人之形。

評注：“夾”字甲骨文作（《合集》24241）、（《合集》20187）等形，“大”旁有二人或一人之形，後世承襲从二人者。林氏以為“象二人相向夾一人之形”，驗之甲骨文之只从一人者，則“相向”二字無法落實，當以“象小人夾輔大人之形”更為準確。《說文》“从大夾二人”者，亦備一說。大徐本“夾二人”作“俠二人”。林從段注本。

巫，模韻

《說文》云：“，巫祝也。女能事無形，以舞降神者。象人兩褎舞形，與工同意。”按，字形與兩袖不類，从工轉注，𠈌象兩人相向形。巫祝常以二人對列也。《說文》以“𢒅”為古文“巫”，从𠮛，與“祝”从𠔃同意。

評注：“巫”字甲骨文作巫（《合集》5650），金文作巫（齊巫姜簋），構形不明，或以為象巫者所用道具之形，或以為象兩玉交錯之形。戰國文字變作巫（侯馬309），小篆進而變為从𠈌，為後世所承。《說文》以為“象人兩袖舞形”，林氏以為“象兩人相向形。巫祝常以二人對列也”。驗之甲金文，皆非其朔。字頭系林氏據其所解“巫”字而作，於古無徵。

坐坐，歌韻

《說文》云：“㘸，止也。从留省，从土，土所止也。此與留同意。坐，古文㘸。”按，經傳皆作“坐”，象二人對坐土上形。作㘸者，“丣”古作“丣”，蓋“𠈌”變作“𠈌”，形近“丣”，遂譌从“丣”耳。

評注：甲骨文有字作坐（《合集》5357），象人席地而坐之形，或以為即“坐”字初文，當可信，然後世無傳。“坐”字戰國楚系文字作坐（《包山》243），从卩，从土，會人坐于土堆之意。秦系文字作坐（《雲夢·秦律十八種》80），从二“卩”，小篆當據此訛變而以為从“留”省。按二“卩”即二“人”，故《說文》古文及經傳均作“坐”，林氏以為“象二人對坐土上形”，可從。小篆之“丣”乃二“卩”所變，林氏以為二“人”所變，“蓋‘𠈌’變作‘𠈌’，形近‘丣’，遂譌从‘丣’耳。”雖與“坐”之古文演變情況不盡符合，但字理可通。其字頭用古文而棄訛變之小篆，是。

並並，陽韻，音傍

《說文》云：“竝，併也。从二立。”按，象二人並立形。

評注：“並”字甲骨文作竝（《合集》11503反）、竝（《合集》33113），金文作竝（竝爵）、竝（中山王壺），林氏云“象二人並立形”，較《說文》“从二立”更為準確，《漢語大字典》引以為證。大徐本小篆作竝，林氏所書不同。字頭與古合。

行，陽韻，音杭

《說文》云：“行，人之步趨也。从彳、亍。”按，彳、亍字形義不可據。“行”本義當為“行列”，从八轉注，八，分也，行象人分為行列相背形。古作行陳公子甗。《說文》云：“彳，小步也。象人脛三屬相連也。”按，不象人脛形。古作彳師寰敦“後”字偏旁，三屬亦不相連。从“彳”之字皆以“行”為義，“彳”實即“行”省，不為字。《說文》云：“亍，步止也。从反彳。”按，即“行”之偏旁，不為字。

評注：“行”字甲骨文作行（《合集》4903反）、行（《合集》5457），象道路相交之形。羅振玉《殷虛書契考釋》云：“行象四達之衢，人之所行也。”《說文》拆“行”為彳、亍，所解彳、亍亦誤。商承祚《殷虛文字類編》云：“古从行之字，或省其右作彳，或省其左作亍，許君誤認為二字者，蓋由字形傳寫失其初狀使然矣。”林氏以為“彳、亍字形義不可據”，彳“不象人脛形”，“从‘彳’之字皆以‘行’為義，‘彳’實即‘行’省”，亍“即‘行’之偏旁，不為字”，所論皆可從。然以“‘行’本義當為‘行列’，从八，八，分也，行象人分為行列相背形”，則又錯分字形，誤解本義。

鄉、卿，陽韻

《說文》云：“鄉，國離邑，民所封鄉也。嗇夫別治。从𨛜，皀聲。”按，古作鄉小子師敦，不从“𨛜”，本義當為向背之“向”，皀象薦熟物器，鄉象二人相向就食形一人就食為“即”，二人對食為“鄉”，亦即“饗”之古文。饗必對食也，皀亦聲。或作鄉師虎敦，从食。《說文》云：“卿，章也。从卯，皀聲。”按，古作卿番生敦，與“鄉”同形。卿士之“卿”，古蓋借“鄉”為之，無本字。《說文》以“卿”从“皀”得聲，則亦與“鄉”同音也。《說文》云：“卯，事之制也。从卩、卩，闕。”按，即“卿”之偏旁，不為字。

評注：“鄉”字甲骨文作鄉（《合集》16050）、鄉（《合集》27650），金文同，象二人相向就食之形。所从二人之形，小篆譌為“𨛜”。林氏以為“鄉”本不从“𨛜”，“鄉”即“饗”之古文，皆可從。“卿”到底是

“鄉”的假借還是引申，尚不能論定。楊寬云：“‘鄉’和‘饗’原本是一字……整个字像两人相向对坐、共食一簋的情况，其本義應為鄉人共食。”“‘卿’原是共同飲食的氏族聚落中‘鄉老’的稱謂，因代表一鄉而得名。進入階級社會後，‘卿’便成為‘鄉’的長官的名稱。”① 可供參考。至于字，即甲骨文（《合集》21096）字之變，乃“鄉（饗）”之省體，本有其字，後世不傳。林氏以為“卿”之偏旁，是；然謂“不為字”，則不符合甲骨文情況。

奰，微韻

《說文》云：“，壯大也。从三大、三目。二目為䀠，三目為𥈈，益大也。”按，“三目”無壯大義。古作芠伯鬲，象三人壯大形，从大象人形，大其頭，壯大之象。

評注：“奰”字音 bì，又作“𥈈”。徐灝《說文解字注箋》云：“𥈈，隸省作奰。”甲骨文有（《合集》28012）、（《花東》290）字，或以為即“奰”字，待考。林氏指出“三目”無壯大義，引金文之，从三人而大其頭，以示壯大之象，形義關係上似更有道理。然所引金文似為人名（見《集成》632），其義未定，待考。段注本改“䀠”為“𡚁”，當可信，林氏未從之。

老，幽韻，洛冑切

《說文》云：“，从人、毛、七化。言須鬚髮變白也。”按，“老”偏旁之“耂”，古或作、或作，不从人、毛。“老”字古作兮仲鐘以為“考”字、作殳季良父壺，从人，上象髮禿，與“禿”字同意見“𦓶”字條，，“人”之反文，扶老者也。或作師嫠敦以為“考”字。又作齊侯鎛，从，象人頭。作毛公敦以為“考”字，象其手，依人以行，亦“人”字，象上手以承老。

評注：“老”字甲骨文作（《合集》20280）、（《合集》22246），象長髮老者倚杖之形，金文承之而有所訛變。林氏據金文字形釋“老”為老人之形，總體上較許說為優，但分析偏旁，亦有未妥。如謂金文

① 參見楊寬《古史新探》，中華書局 1965 年版，第 288、290 頁。

“老”字上部為髮禿，不確；又謂金文所从之“”“”皆“人”字，實即手杖之譌。

孝，幽韻，音黴

《說文》云：“，善事父母者。从老省，从子。子承老也。”按，象子承老形。古作多父盤、作師麻匡、作曼龔父盨、作伯孝尌盨。或作番君匿，象老人就食形,“食”之壞字。

評注：“孝”字未見于甲骨文。金文作从子，从老省，會子攙扶老者之意。林氏所舉金文字，辭云“用享用”，即“用享用孝”，或即“孝”字別構。

好，幽韻，音黴

《說文》云：“，媄也。从女、子。”按，古作𠭯鐘、作杜伯盨。

評注：“好”字甲骨文作（《合集》154）、（《合集》2688），从女，从子，左右、正反無別。金文同。大徐本“媄”作“美”。林氏從段注本。

畏，微韻

《說文》云：“，惡也。从甶，虎省。鬼頭而虎爪，可畏也。”按，古作毛公鼎、作盂鼎，“”即“人”字反文，象人見鬼形。象鬼手有爪。

評注：“畏”字甲骨文作（《合集》17442）、（《合集》19484），象鬼持杖，以示“可畏”之象。林氏據金文之形認為“‘’即‘人’字反文，象人見鬼形”，非是，但他“鬼手有爪”之說糾正了《說文》“虎爪”之誤，可從。小篆作，林氏書異。

竦，微韻

《說文》云：“，見鬼魅皃。从立，从。，籀文彪。讀若虙羲氏之虙。”

評注：“竦”字音 fú。从立，从“彪”之古體，義為見鬼怪而驚懼的樣子。大徐本篆作，其右邊所从，與小徐本、段注本皆不同。《文源》從段注本。按《說文·鬼部》"彖"字條下，大、小徐本皆錄其古文和籀文，小徐本古文作，籀文作，大徐本古文作、籀文作，結構相同，筆勢略異。大徐本"𧳜"字小篆作，右邊所从者，即"彖"字古文之形。段注認為"彖"字下有"籀文从彖首从尾省聲"之說，因此認為籀文當作""才與解語相配，即""之上部為"彖首"，下部為"从尾省聲"，故刪去古文一形。其說頗有道理。奇怪的是，小徐本雖也錄有"彖"的古文和籀文，但"𧳜"字篆書卻作，右邊既不从"彖"的古文，也不从"彖"的籀文，而是从所謂"彖首""尾省聲"的""，因此在小徐本體系裹頗為矛盾，不過倒是支持了段注的說法。此字未見於商周古文字，典籍罕用，林氏亦無說。

聶，葉韻

《說文》云："，附耳私小語也。从三耳。"按，象眾耳有所附之形。

評注："聶"字未見於商周古文字材料，戰國文字作（《雲夢·為吏之道》2），从三耳，與小篆結構相同。《說文》釋為"附耳私小語"，章炳麟《新方言·釋言》云："蕲州謂附耳私語為聶。"徐灝《說文解字注箋》云："愚謂聶从三耳者，審聽之意耳。"林氏以為"象眾耳有所附之形"。綜合以上諸說，"附耳私語"需要"耳"來審聽，故用三耳以示強調也。

聑，葉韻

《說文》云："，安也。从二耳。"按，二耳審聽，安靜無聲之意，妥帖之"帖"本字如此。《廣雅》："怗，靜也。"釋詁四，以"怗"為之。

評注："聑"音 tiē。甲骨文作（《合集》36943），金文作（聑父辛鼎），《甲骨文字典·卷十二》"聑"字條云："以左右二耳并列之形會全神貫注而審聽之意……雙耳審聽多出現於環境安靜無聲狀態之中。"或本林氏說。段注云："二耳之在人首，帖妥之至者也。凡帖妥當作此字。"似以林氏所說為長。

吅，寒韻

《說文》云："，驚嘑也。从二口。讀若讙。"經傳未見。

評注："吅"字音 xuān，後作"喧""諠""讙"。徐鉉校語曰："或通用讙，今俗別作喧。"林氏云"經傳未見"者，經傳用後起字也。"吅"在出土古文字材料中似也只用作偏旁，如甲骨文（《合集》30909）、金文（郾王戈）字所从者即是。甲骨文中又有作（《合集》2607）者，與"吅"同形，然非"吅"字，而是"鄰"之初文，以兩口（表示城邑）相鄰示意。

㗊，緝韻

《說文》云："，眾口也。从四口。讀若戢。"經傳未見。

評注："㗊"字音 jí。从四口，會"眾口"之意。與"吅"的情況相似，"㗊"在古文字中似也只充當構字部件，典籍不用，故林氏注云"經傳未見"。

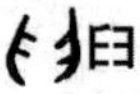𦥑，幽韻，居肉切

《說文》云："，叉手也。从、。"經傳未見。

評注："𦥑"字音 jú。象雙手操作之形。段注云："叉手者，謂手指正相向也。"後作"匊"。《玉篇·勹部》："匊，古作𦥑。"古文字形多見，通常只用作偏旁，林氏謂"經傳未見"。

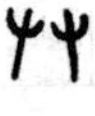廾，東韻

《說文》云："，竦手也。从、。"按，古作師酉敦"畁"字偏旁、作散氏器"奉"字偏旁、作禹敦，今字以"拱"為之。

評注："廾"字音 gǒng。亦隸定為"収"。甲骨文作（《合集》97正）、（《合集》24），金文近同。象雙手拱持之形。段注云："此字謂竦其兩手以有所奉也。"徐灝《說文解字注箋》曰："廾、共，古今字；共、拱，亦古今字。"林氏云："今字以'拱'為之。"是。

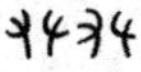，寒韻

《說文》云："，引也。从反。，或从手、从樊。"按，古作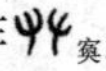寏敦"寏"字偏旁。

評注：“”字音 pān。亦象雙手之形，然與“収”字方向相反。後作“攀”。邵瑛《羣經正字》：“今經典从或體，而又變作‘攀’。”甲骨文似未見，林氏補金文偏旁以證。

弅，蒸韻

《說文》無“弅”字。媵送字偏旁皆作。古作彔伯戜敦“朕”字偏旁、作大敦“朕”字偏旁，象贈物之形，象物，兩手奉之以送人也。變作毛公鼎、作尌仲敦、作不䫆敦，並“朕”字偏旁。或作叔朕匡“朕”字偏旁，从八轉注，八，分也。凡贈送之義，字多从“八”。如“曾”贈“尚”賞“余”予皆是詳見各條。

評注：“弅”字甲骨文作（《合集》151 正）、（《合集》6653 正），上从“八”，下象雙手持物之形。金文近之，或省“八”。林氏根據金文之形，認為“象贈物之形，象物，兩手奉之以送人也”，依媵送字義來推論，林氏所論當可從。又曰：“从八，八，分也。凡贈送之義，字多从‘八’。”其所據雖為金文，倒也符合甲骨文之从“八”情形。戰國文字承襲商周古文字，變作（信陽 2・015），上部與“火”形近似，故小篆譌為“”，隸定作“弅”。[①] 此字與《玉篇・火部》訓“火種”之“弅”（士倦切，讀 zhuàn）當非一字。又或以為“弅”即“朕”之初文，字象从廾持物填補船縫之形。[②]

臾，微韻

《說文》云：“，古文蕢。象形。《論語》曰：‘有荷蕢而過孔氏之門。’”按，古作曶鼎“遺”字偏旁，實與“”同意。从“”之字如“媵”“送”，从“”之字如“饋”“遺”，皆有“贈與”之義，則“”當為“饋”之古文，象物形，，兩手奉之以饋人也。或作卬器丁、作卬彝己，从八轉注，亦與“”或作“”同意。

評注：本條所論之“臾”，《廣韻》“求位切，微部。”音 kuì。本當隸定為“臼”（《文源》附錄《通檢》亦隸定為“臼”），通常又隸作

---

① 參見黃德寬主編《古文字譜系疏證》，商務印書館 2007 年版，第 378 頁。

② 參見季旭昇《說文新證》，福建人民出版社 2010 年版，第 709 頁。

“臾”，後者與本卷所收之“束縛捽抴為臾”的“臾”同形，需加辨别。本條所論“臾”字之金文字形，除林氏所引外，尚有獨立作（孟貴鼎，《集成》2202）者，象兩手持物有所贈與之形，當是訓贈與之“遺”及饋贈之“饋”的初文。林氏聯係“送”字初文，云：“从‘’之字如‘饋’‘遺’，皆有‘贈與’之義，則‘’當為‘饋’之古文，象物形，，兩手奉之以饋人也。”其説當可從。其所引从“八”之、，與上條甲骨文之（《合集》6653 正）同，當為“弅”字（參見“弅”字條評注）。《説文》作，當是之訛變；以為古文“蕢”（本義為“艸器”，即艸竹編成的筐）者，乃是借“臾”為“蕢”。大徐本“荷蕢”作“荷臾”。段注本同。林氏當從今本《論語》。

受，宵韻

《説文》云：“，物落也。上下相付也。从爪、又。讀若《詩》‘受有梅’今《詩》作“摽”。”按，象兩人手相付形，本義為“付”“受”“付”雙聲旁轉，引伸為“落”。“落”猶從上付於下也。

評注：“受”字音 biào。林氏云：“象兩人手相付形，本義為‘付’，引伸為‘落’。”其説就小篆之形立論，字頭則用金文筆法書之，其實未引金文為例。或謂金文（鬲攸比鼎）即“受”字，象一手交付一物於另一手。鬲攸比鼎云：“女受我田。”“受”即“交付”之義。然此字雙手間有一筆表示物品，與“爰”字的甲骨文作（《合集》13555 正）、“寽”字的金文作（毛公鼎），結構均相同（詳下“寽”字條評注、“爰”字條評注），三者或為同象而異字。大徐本作“物落上下相付也。”段注本在“落”後補“也”字，林氏從之；大徐本、段注本引《詩》皆作“摽有梅”，《文源》異之。

受，幽韻

《説文》云：“，相付也。从受，舟省聲。”按，古作盂鼎，象相授受形，舟聲。“授”“受”二字，古皆作“受”。盂鼎：“今余其遹率循先王，授民授疆土。”“授”皆作“受”。

評注：“受”字甲骨文作（《合集》27287）从受，从舟，舟亦聲。

林氏云：“象相授受形，舟聲。‘授’‘受’二字，古皆作‘受’。”其說甚是，已為學界共識。《漢語大字典》“受”字條即引林說為證。或以為所从之“舟”本為承盤，後譌變成“舟”形。[①]

寽，泰韻，盧快切

《說文》云：“，五指寽也。从𠬪，一聲。”按，“一”非聲。“寽”，“捋”之古文，取也。从，从，“”亦“又”也篆从“寸”之字古多从“又”。蓋與“𠬪”同形而聲義異，故變“又”為“寸”以別之耳。

評注：“寽”字音 lǜ。未見於甲骨文材料。金文作（毛公鼎）、（商尊），郭沫若《兩周金文辭大系考釋》曰：“金文均作一手盛一物，別以一手抓之，乃象意字。”其形與“𠬪”作（鬲攸比鼎）者近同，二者或為同象異字，林氏以為：“‘一’非聲。‘寽’，‘捋’之古文，取也。”“蓋與‘𠬪’同形而聲義異，故變‘又’為‘寸’以別之耳。”其說皆可從。大徐本“五指寽也”句，“寽”作“持”。段玉裁依《集韻》改“持”為“寽”，林氏從之。

爰，寒韻

《說文》云：“，引也。从𠬪，从于。”按，即“援”之古文，猶取也。古作曶鼎、作毛公鼎，象兩手有所引取形。或作虢季子白盤，象所引之端。或作散氏器，下从“攴”。或作揚敦，與“取”相混。

評注：“爰”字甲骨文作（《合集》13555 正）、（《合集》6413 正），象二人以物相援引之形，乃“援”之初文。林說是也。甲骨文的“爰”字與上述“𠬪”“寽”皆同構。按“爰”與“寽”形近而混，典籍中“鍰”與“鋝”每混用即是證明；林氏本條所引之曶鼎與毛公鼎的“爰”字，《金文編》即以為“寽”字（見《金文編》第 275—276 頁）。林氏所引虢季子白盤的“爰”字（《金文編》作，林氏摹作，略異），中間所从者，近似於“于”形，故《說文》分析為“从于”；林氏以為

① 參見徐中舒主編《甲骨文字典》，四川辭書出版社 1989 年版，第 456 頁。

“象所引之端”；或以為“帀”（“師”之省文）字，會以師旅援助之意，[1]似以後說較有理據。

取，遇韻

《說文》云：“，捕取也。从又、耳。《周禮》：‘獲者取左耳。’《司馬法》曰：‘戰獻聝。’聝者，耳也。”按，“取攜”，常語，不當取義於“聝”。古作揚敦、作格伯敦、作大鼎，皆象兩手有所取形，不从“耳”。變作毛公鼎、作卯敦、作取彝，頗與“耳”形近。

評注：“取”字甲骨文作（《合集》7061正）、（《合集》8806）、（《花東》80）等，从又、从耳，會以手割耳之意，反映了上古的戰爭和狩獵習俗。金文同，林氏分析為“象兩手有所取形，不从‘耳’”，並以从“耳”者為變體，皆非是。林氏本條所論反不如《說文》準確者，緣其未見甲骨文，而又誤析金文也。林氏所舉金文，其中有些字，如格伯簋、卯簋等器中的字形，彼時或以為“取”字，其實都是“叉”字。[2]

与，模韻，音隖

《說文》云：“，賜予也。一勺為与。”按，“一勺”無“賜予”之義。石鼓作“鱮”字偏旁，象兩手授受形。

評注：“与”為“與”字疊加之聲符“牙”的訛變之形。按“與”字金文作（喬君鉦），中所从者即“牙”字（參見本卷“與”字條評注），與林氏所引石鼓文“鱮”字偏旁“”相同。“與”字戰國文字又省作（《郭店·語叢三》17），从廾，牙聲，《說文》古文即承此而來。這種寫法的“與”字，除卻“廾”符，即是“与”形，即“牙”之變體。“与”字《說文》釋為“一勺”，固非；林氏以為“象兩手授受形”，亦誤。

叚，模韻，音椵

《說文》云：“，借也。闕。”按，古作師寰敦，从、，象兩手相付

① 參見黃德寬主編《古文字譜系疏證》，商務印書館2007年版，第2469頁。

② 參見裘錫圭《釋“叉”》，《裘錫圭學術文集》3，復旦大學出版社2012年版，第81—82頁。

形，从“石”省轉注。“石”或作“”魯大司徒匜“礪”字偏旁，即古“藉”字見“石”字條。叚假者，藉人所有，為己之用，故謂之“借”“借”即“藉”之俗字，亦作曾伯簠匜、作克鐘，从，猶“石”之作“”邾公華鐘“庶”字偏旁。

評注：“叚”字後作“假”。甲骨文未見。林氏據金文分析為从𠬪，“象兩手相付形”，从“石”省。“叚者，藉人所有，為己之用，故謂之‘借’。”其說基本可從。段注云：“此叚云借也，然則凡云假借當作此字。”或以為从“石”得聲。右上“”形小篆訛為“”[1]。

爭，青韻，音靜

《說文》云：“，引也。从𠬪、厂。”按，古作克鼎彝“靜”字偏旁，象三手相爭持形。變作靜彝“靜”字偏旁、作伐郘鼎“靜”字偏旁。

評注：“爭”字甲骨文作（《合集》3037）、（《合集》5234），从𠬪，象兩手相爭持，中間之“”象所爭之物。“”金文或變作“”，為小篆所本。金文克鼎“靜”字偏旁中間象所爭之物的曲筆末端又加飾筆，看起來象手形，故林氏以為“象三手相爭持形”，其實非是。

敢，談韻

《說文》云：“，進取也。从𠬪，古聲。”按，“古”非聲。“敢”古作盂鼎，象手相持形，與“爭”同意，甘聲。或作師俞敦、作克鐘，省“甘”為“口”。

評注：“敢”未見于甲骨文。金文从爭，甘聲（或省為口）。林氏以為“象手相持形，與‘爭’同意”。其實應該就是“爭”的變寫。“古”形是“爭”的筆畫與“口”相連形成的，林氏糾正《說文》以“古”為聲之誤，甚是。

鬥，遇韻，唐喻切

《說文》云：“，兩士相對，兵杖在後。象鬥之形。”段氏玉裁云：

① 參見黃德寬主編《古文字譜系疏證》，商務印書館2007年版，第1525頁。

“此非許語也。許之分部次第，自云‘據形系聯’。丮、厈在前，故受之以‘鬥’，且文從兩手，非兩‘士’也。此必他家異說，淺人取而竄改許書。當云‘爭也，象兩人手持相對形’”。

評注：“鬥”字甲骨文作（《合集》152 正）、（《合集》21524），象兩人相對徒手搏鬥之形。林氏節引段注，謂字象兩人手持相對形，與甲骨文暗合。段注原文作：“按此非許語也。許之分部次弟，自云‘據形系聯’。丮、厈在前部，故受之以‘鬥’，然則當云‘爭也，兩丮相對，象形’，謂兩人手持相對也。乃云‘兩士相對，兵杖在後’，與前部說自相戾。且文從兩手，非兩士也。此必他家異說，淺人取而竄改許書，雖《孝經音義》引之，未可信也。”字頭系林氏推寫。

友，之韻，音以

《說文》云：“，同志為友。从二又相交。”按，古作師奎父鼎，象攜手形。或作無叀鼎，象攜手相交形。變作寏友辰尊彝乙、作師遽尊彝、作趞曹鼎。

評注：“友”字甲骨文作（《合集》19243）、（《合集》5622），从二“又”，或加橫筆相連並。前者為《說文》小篆所本，後者為《說文》古文來源。西周甲骨文和金文又或增“口”為飾，“口”或譌為“甘”。林氏以為友字“象攜手形”，可從。大徐本作：“从二又，相交友也。”此從段注本。

劦，葉韻

《說文》云：“，同力也。从三力。”按，古作肆𠂤彝乙“”字偏旁。

評注：“劦”甲骨文作（《合集》27338），象三耒耜合力並耕，會同力之意。又加“口”作（《合集》1），金文同。古文字“力”即象“耒耜”之形。“劦”後又孳乳為“協”。參見卷十“協”字條。林氏所書小篆略異。

舁，模韻，音隖

《說文》云：“，共舉也。从𦥑、廾。”按，象四手，即二人共舉形。

評注：“舁”字音 yú。“舁”字古文字材料未見獨立使用，偏旁則常見，如“與”字所从（參下“與”字條）。从四手，會二人共舉之意。林說甚是。王筠《說文句讀》云：“舁則兩人共舉一物也。四手相向而不交，著紙平看，即得其意。”

與，模韻，音隅

《說文》云：“，黨與也。从舁、与。”按，即“与”之或體。古作、毛與敦，四手象二人交與，丨，所與之物也。與“”“”同意各見本條。或作齊侯鎛“譽”字偏旁。

評注：“與”字未見於甲骨文。金文作（喬君鉦）、（中山王鼎），當為“舁”之孳乳，疊加“牙”聲。牙、與均屬魚部，故“與”字从牙為聲。許氏所謂“从舁、与”之“与”，實為“牙”之譌變（參見本卷“与”字條評注）。金文又作如林氏所舉者，中為一豎筆，不疊加“牙”聲，仍然表示“共舉”之義。後世承襲从“牙”聲者。《說文》釋“與”為“黨與”，林氏釋“與”為“交與”，皆非本義。“与”為“與”之聲符“牙”譌變而來，其與“與”為本字和後起字之關係，“與”當為母字，“与”則後出。林氏謂“與”即“与”之或體，也不準確。

步，模韻

《說文》云：“，行也。从止、少相背。”按，从兩止，象兩足形。

評注：“步”字甲骨文作（《合集》7772 正）、（《合集》6461 正），商代金文作（子且辛尊）。《說文》以為“从止、少相背”，“相背”之說不確。林氏以為“从兩止，象兩足形”，良是。羅振玉《增訂殷虛書契考釋》云：“‘步’象前進時，左、右足一前一後形。”

歲，泰韻，音劊

《說文》云：“，木星也。越歷二十八宿，宣徧陰陽，十二月一次。从步，戌聲。”按，古作毛公鼎，从二止，戉聲。“歲”聲之字，如“噦”“翽”等，皆與“戉”雙聲。曶鼎“來歲弗償”，借“跋”為“歲”。毛公鼎“用鉞用征”，復借“歲”為“鉞”。“歲”“越”同音，即“越”

之古文。二止足跡象踰越形。變作 曶鼎，或作 大敦，从走，从辵，月聲。

評注：“歲”字甲骨文作 （《合集》9659）、 （《合集》32456）、 （《合集》25155），本象戉形。或加“月”為聲符作 （《合集》3387），或加“步”作意符作 （《合集》13475）、 （《花東》114），从“步”者為後世所承，小篆“戉”又變為“戌”。郭沫若《金文叢考》謂“歲”字“乃戉之象形文……左右兩圓點之象形文變而爲左右二止形之會意字，而歲字以成。是故歲本戉之異文。其用爲木星之名者，乃第二段之演進……由歲星更孳乳爲年歲字，由年歲字更孳乳爲歲祫字之祭名。經由諸演進，而歲與戉分化，歲失其本義，遂爲形聲字矣”。林氏據金文析為“从二止，戉聲”，本無不可，然又根據假借關係以為“越”之古文，則非是。

登，蒸韻

《說文》云：“ ，上車也。从癶、豆，象登車形。”按，“豆”非登車形。古作 散氏器、作 陳侯因資敦、作 登器丁，从兩止，兩足形也，弄聲“弄”見“𢍏”字條。《說文》云：“ ，足剌 也。从止、少，讀若撥。”按，即“登”之偏旁，不為字。

評注：“登”字甲骨文作 （《合集》205），从癶，从豆，从廾，會雙手捧豆向前以敬神祇之意。或省作 （《合集》8564），从癶，从豆，為小篆所承。“豆”乃古代祭祀禮器，與“登車”無涉，故林氏以為“豆”非登車形。徐鍇《說文解字繫傳》謂“豆非俎豆字”，乃是“登車之物，王謂之乘石”。亦備一說。林氏又據本卷“𢍏”字條把“登”字分析為形聲字，也有一定道理；同時認為“ ”乃“登”之偏旁，不為字，亦可從。

夅

《說文》云：“ ，服也。从夂、㐄相承，不敢並也。”按，兩足相承非降服之義。凡降服，經傳皆以“降”為之即“降”義引伸，“夅”即“降”之偏旁，不當為獨體。

評注：“夅”即“降”之初文。甲骨文“降”字作 （《合集》808

正)、（《合集》13737），从阜，从夅。“夅”象二倒趾，會向下之意，當即下降的“降”字。古文字材料未見“夅”為獨體字之例，一般用為偏旁，如降、絳等。段注云：“上从夊，下从反夊相承，不敢竝，夅服之意也。凡‘降服’字當作此，‘降’行而‘夅’廢矣。”按段說較為牽強。林氏認為“兩足相承非降服之義”，降服之“降”即下降之“降”的引申，其說可從。又認為“夅”為偏旁，不當為獨體，是也。降服之“降”，《廣韻》下江切，古屬冬部，字頭依例當補音讀，其形則為林氏推寫。

舞，模韻

《說文》云：“，樂也。用足相背，从舛，無聲。”按，、象足跡，非“舛”字。無聲。

評注：“舞”字初文為“無”，甲骨文作（《合集》12819）、（《合集》15996）、（《花東》391）等形，象人手執鳥羽等道具而舞蹈之形。金文承之作（盂鼎），因被借為有無之“無”，又加雙腳作（匽侯舞易器），遂成後世“舞”字。“無”字金文常見，林氏未識“舞”之初文為“無”（本卷“無”字條亦未論及“無”“舞”之關係），故未引金文為證。《說文》分析為“用足相背，从舛”，林氏按語曰：“、象足跡，非‘舛’字。”顯然比《說文》準確。字頭係林氏用金文“無”字加雙腳形拼合而成，構形有據，然未有出處。

疌、㚝，葉韻

《說文》云：“，疾也。从又，又，手也。从止，屮聲。”按，“屮”非聲。古“”或作“”見“友”字條，“”即“又”，亦象手形。兩手及足並作，故為疾，今字以“捷”為之。《說文》云：“，機下足所履者。从止，从又，入聲。”按，“入”非聲，“㚝”“疌”形近，疑“疌”之誤體。

評注：“疌”字音 jié，為“捷”之初文。未見於商周古文字材料，戰國文字作（《十鐘山房印舉》），與小篆同構，从又，从止，从屮。所从之“屮”，《說文》以為聲符，林氏以為亦象手形，各有理據。林氏云：

“兩手及足並作，故為疾。”徐鍇《繫傳》曰：“手足共為之，故疾也。”林氏當本小徐。“䇞”字音 niè，當為“疌”之音變分化字。邵瑛《羣經正字》曰：“（疌、䇞）二字，以今隸法書之，竝作疌。”林氏疑二者為同字，可從。

囂，宵韻

《說文》云：“，聲也。气出頭上。从㗊、頁，頁亦首也。”按，象人首周圍衆口之形，非气出頭上也。古作部鐘“鑃”字偏旁。

評注：“囂”字未見於甲骨文，金文作（囂伯盤）、（中山王鼎），从頁，从㗊，會衆口喧囂之意。林氏認為“象人首周圍衆口之形，非气出頭上也”，其說可從。

右，之韻，音異

《說文》云：“，助也。从口、又。”按，義取手口相助並作也。古作師兑敦。

評注：“右”即“又”的孳乳分化。甲骨文作（《合集》376 正），後加“口”分化出“右”。《說文》“右”字分見於“口”部和“又”部。《口部》曰：“助也。从口，从又。”段注云：“又者，手也。手不足以口助之，故曰‘助也’。今人以左、右為ナ、又字，則又製佐、佑為左、右字。”《又部》曰：“手口相助也。从又，从口。”段注改“手口相助也”為“助也”，並云：“口部有此字，云：‘助也，从口、又。’主謂以口助手，不當入此謂手助口，宜刪。”按，若把“口”作為意符來理解，以口助手還是以手助口，其實也難分清楚，故林氏以為“義取手口相助並作”，倒是比較圓通。不過，從文字演變的角度來說，“右”字所从之“口”為分化符號，不一定有表意的作用，與手口相助無關，《說文》以來的解釋，應都屬於理據重解。林氏既舉金文為例，字頭依例當作所引師兑簋之“”。

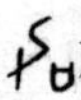加，歌韻，音哥

《說文》云：“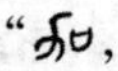，語相增加也。从力、口。”按，象手爭持形。古

作虢季子白盤、作陳侯敦“嘉”字偏旁。

評注：“加”字未見於甲骨文。金文以下皆从力、口。據《說文》，“加”的本義是誣枉、夸大。段注把《說文》“增”改為“譄”，並注云：“‘譄’下曰‘加也’，‘誣’下曰‘加也’，此云‘語相譄加也’。知‘譄’‘誣’‘加’三字同義矣。誣人曰‘譄’，亦曰‘加’，故‘加’从力。”較有說服力。林氏以為力象手爭持形，恐非是。

晨，文韻，音脣

《說文》云：“，早昧爽也。从𦥑、辰。辰，辰時也。辰亦聲。丮夕為㚃，𦥑辰為晨，皆同意。”按，辰者，“脣”之古文見“辰”字條。“晨”古作伯晨鼎，象持物入脣。早昧爽者，進食時也。與“夙”不同意。變作師趛鬲，从“”即从“辰”“辰”亦作“”，又增作“”。

評注：“晨”字甲骨文作（《合集》9477），从𦥑，从辰，辰亦聲，當隸定為“䢅”。“辰”即“蜃”之古文，是古代的一種農具（參見卷二“辰”字條評注）。䢅字表示“農民兩手持蜃往田，爲時尚早，故以兩手持辰表昧爽義”。[①] 林氏以“辰”為“脣”之古文，“䢅”“象持物入脣”，其說非是。昧爽之“䢅”後世通常作“晨”，乃是以星名之“曟”的簡體“晨”取代了“䢅”，“晨”行而“䢅”廢矣。

農，東韻

《說文》云：“，耕也。从䢅，囟聲。”按，“囟”非聲。古作散氏器，从，象持物入脣，與“晨”同意。“晨”為進食之時，“農”為謀食之事，故所象形同。“農”从“田”轉注，以別於“晨”。或省作廩帑器、又作諆田鼎、作史農器。

評注：“農”字甲骨文作（《合集》9498 反），从又（手）持辰（蜃）往除艸木；金文全形作（農簋），从又（手）持辰（蜃）往除田中之艸，都表示農事之意。金文所从之“田”旁，戰國文字訛為“囟”，

① 參見楊樹達《釋辱》，《積微居小學述林》，科學出版社 1954 年版，第 51 頁。

為小篆所本，《説文》以為聲符，林氏非之，是。然林氏基於“晨”“象持物入脣”之説（參見本卷“晨”字條評注）而對“農”字所作的其他分析，則並不可從。

辱，遇韻，女玉切

《説文》云：“，耻也。从寸在辰下。失耕時，於封畺上戮之也。辰者農之時也，故房星為辰，田候也。”按，寸在辰下，非失耕時之義，失耕時亦不謂之“辱”。“辱”當與“農”同字。“辱”遇韻“農”東韻雙聲對轉，故“厚”謂之“蓐”《方言》十二“蓐，厚也”，亦謂之“農”《書·洪範》“農用八政”鄭注讀“農”為“醲”，醲，厚也。因“農”“辱”分為二音，故省“”以別於“農”耳。

評注：“辱”字未見於商周古文字材料。戰國楚簡作（《包山》20）、秦簡作（《雲夢·日甲》60），从又，从辰。“辰”乃上古的一種鋤草農具。所从之“又”，後變為“寸”。從古文字的孳乳演變情況來看，“辱”“蓐”“耨”“農”皆當一字分化（參見郭沫若《甲骨文字研究》、楊樹達《積微居小學述林》、裘錫圭《甲骨文中所見的商代農業》等）。林氏以為“‘辱’當與‘農’同字。‘辱’‘農’雙聲對轉”，堪稱卓識。《説文》釋“辱”為“耻”，當是假借義。

䀝，泰韻，烏害切

《説文》云：“，捾目也。从目、叉。”按，象叉捾目形。

評注：“䀝”字音 wò。未見於先秦出土古文字資料。林氏云：“象叉捾目形。”釋形正確。捾目，即挖取眼睛之意。段注云：“捾，搯也。《吳語》《吳世家》皆云：‘子胥以手抉目’是也。”字頭為林氏推寫。

看，寒韻

《説文》云：“，睎也。从手下目。”

評注：“看”字未見於先秦出土古文字材料。按小篆字形，會以手遮目遠望之意。桂馥《説文解字義證》云：“《九經字樣》：‘凡物見不審，

則手遮目看之，故看从手下目。'” 林氏引《說文》而無說。

聽、聖，青韻

《說文》云：“，通也。从耳，呈聲。” 按，古作太子聽彝、作太保彝，象聲出於口入於耳之形。或作聽尊彝丁，象聲入耳之形。實即“聲”之古文。或作曾伯𩰫匠，𡈼聲。《左傳》“小君聲姜”文十七，《公羊傳》作“聖姜”。象聲入耳，亦聽之義，故“聽”字古亦作“聖”。洹子器“聽命于天子”，“聽”作。《說文》云：“，聆也。从耳、㥁，𡈼聲。”按，“”即“”之變。从心，則本義當為聖哲之“聖”。出於口為“聲”，入於耳為“聽”，因而通於心者，“聖”也。“聖”與“聽”相承互易其義，古但作“聖”。井人鐘“憲聖爽惠”，曾伯𩰫匠“悊聖元武”，師趛䰙“聖姬”，齊侯鎛“叔聖姜”，皆以“聖”為之。

評注：“聖”字甲骨文作“”（《合集》14295），从人，从口，而突出其耳，則所謂“聖”者，耳聰之謂也。文獻中“聖”“聽”每互作，可證“聖”“聽”形義相因，“聖”以耳聽為其本義。“聽”者“聲”也，故“聲”亦與“聖”“聽”為一族。李孝定《甲骨文字集釋》云：“聖之初誼為聽覺官能之敏鋭，故引申訓‘通’；賢聖之義，又其引申也……聽、聲、聖三字同源，其始本一字。”林氏云：“聖”字“象聲出於口入於耳之形……實即‘聲’之古文……亦聽之義，故‘聽’字古亦作‘聖’'”。“聽”字“从心，則本義當為聖哲之‘聖’。出於口為‘聲’，入於耳為‘聽’，因而通於心者，‘聖’也。‘聖’與‘聽’相承互易其義，古但作‘聖’'”。所論皆精闢有理。“聖”字金文作（克鼎）、（䵼鎛）、（王孫鐘），郭店楚簡作（《老甲》3），可以看出此字“耳”下之“人”逐漸變為“𡈼”，“𡈼”又與“口”合而為“呈”的過程，是為《說文》所說之“呈”聲也。

咠，緝韻

《說文》云：“，聶語也。从口、耳。”按，象口附耳形。

評注：“咠”字音 qì。戰國郭店楚簡文字作（《魯穆公問子思》2），右邊有飾筆。“咠”从口、耳，象口附耳聶語。林說可從。字頭系林氏推寫。

豨，微韻，音遂

《說文》云："豨，希屬。从二希。"按，古作大禮尊彝、作項盨"" 字偏旁、作替尊彝乙"替"字偏旁。《說文》云："豩，二豕也。豳从此。闕。"按，當與"豨"同字。"燹"从"豩"，古作見"燹"字條，从"豨"。

評注："豨"字音 sì，經典通作"肆"。甲骨文作（《合集》6653 正）、（《合集》18323），从二希。"豩"甲骨文作（《合集》1022 甲）、（《合集》21079）。从二或三豕。"豨"與"豩"構形不同，用法未明，但都是動物之形，作為偏旁可能通用，故林氏以為二者同字，有一定道理。

猋，宵韻

《說文》云："猋，犬走皃。从三犬。"

評注："猋"字音 biāo。似未見於先秦出土古文字材料。段玉裁曰："猋，引伸為凡走之偁。"林氏引《說文》而無說。字頭系推寫。

㹜，文韻

《說文》云："㹜，兩犬相齧也。从二犬。"按，"獄"字从"㹜"，古作召伯虎敦，从，象兩犬相對形漢華山碑額"嶽"字亦从兩犬相對。

評注："㹜"字音 yín。甲骨文作（《合集》32985），象二犬之形（《新甲骨文編》歸"豩"字下，見 531 頁），戰國文字作（《古陶文字徵》151 頁）。會二犬相鬥之意。徐灝《說文解字注箋》云："犬性不喜群，兩犬相遇，往往相齧，故从二犬。獨字从犬，亦此意也。"林氏除引金文外，尚引漢碑字形為證，值得肯定。

驫，幽韻，甫虯切

《說文》云："驫，眾馬也。从三馬。"

評注："驫"字音 biāo。"驫"字金文作（驫䮧簋）。从三馬，會眾馬之意。字頭所引金文未標明出處，乃林氏依例推寫。

麤，模韻

《說文》云："，行超遠也。从三鹿。"段氏玉裁云："鹿善驚躍，故从三鹿，引伸之為鹵莽之稱。"

評注："麤"字音 cū。甲骨文有字作（《合集》21771），从二鹿，或以為即為"麤"之省。此明引段注為說。林氏所書《說文》小篆之"麤"字，雖存古意，但與規范小篆不同。字頭系推寫。

㲜

《說文》云："，疾也。从三兔。闕。"經傳未見。

評注："㲜"字後作"赴"，音 fù。《廣韻》："芳遇切，去遇敷。侯部。"林氏未歸聲部，依例當補。"㲜"字似未見於商周古文字材料。段注云："與三馬、三鹿、三犬、三羊、三魚取意同。兔善走，三之則更疾矣。"

羴，寒韻

《說文》云："，羊臭也。从三羊。，羴或作羶。"

評注："羴"字音 shān。甲骨文作（《合集》4624）、（《合集》21434）。从三羊或四羊。羊多聚集而膻氣重。林氏引《說文》而無說。

毳，泰韻，楚外切

《說文》云："，獸細毛也。从三毛。"

評注："毳"字音 cuì。"毳"字未見於甲骨文。金文作（守宮盤）、（毳盤），从三毛，會毛細之意。林氏引《說文》而無說。

㬥，臻韻

《說文》云："，兩虎爭聲。从虤，从曰。"按，篆从"曰"之字，古多从"口""曺"古作，"朁"古作，从"甘"猶从"口"也。"虤"象二虎對爭形，从口轉注，讀若愁。

評注：“𧇡”字音 yín。“虤”象二虎對爭形，“𧇡”謂“兩虎爭聲”，“𧇡”當从“虤”字派生而來。林氏認為篆从“曰”之字，古多从“口”，其說可信。字頭之“”，林氏未標出處，當據“贙”的金文字形（王作贙母鬲）推寫而成。

雔，幽韻

《說文》云：“雔，雙鳥也。从二隹。”按，古作雔尊彝“雔”字偏旁。

評注：“雔”字音 chóu。商代金文作（父癸爵），西周甲骨文作（《周原》H11：53），象兩鳥相對之形。林氏所引金文字形，兩鳥相背。《說文》則又變為兩鳥相從。古文字正反無別，此皆一字之變。

雥，宵韻，音焦

《說文》云：“雥，羣鳥也。从三隹。”

評注：“雥”字音 zá。甲骨文作（《合集》27151），金文作（弔男父匜“霍”字偏旁），从三隹，會群鳥之形。或以為“襍”字初文。宋育仁《部首箋正》：“雥，古文‘襍’字，鳥羣則躁，其聲嘈雜。”“雧”字从之。林氏引《說文》而無說。

鱻，寒韻

《說文》云：“鱻，新魚精也。从三魚，不變魚。”按，“三魚”非不變之意。鱻，色鮮明也黨，《說文》云：“不鮮也。从黑。”則“鮮”為色鮮明。魚者鮮物，鱻，象魚多色鮮。經傳多以“鮮”為之。古作公貿彝。

評注：“鱻”字音 xiān。字未見於甲骨文。《說文》“从三魚，不變魚”一句比較費解。段注云：“此釋从三魚之意，謂不變其生新也。”林氏謂“‘三魚’非不變之意”。“鱻，色鮮明也。魚者鮮物，鱻，象魚多色鮮”。其說似較有理據。段注又云：“鱻，凡鮮明、鮮新字皆當作鱻。自漢人始以‘鮮’代‘鱻’……今則‘鮮’行而‘鱻’廢矣。”林氏曰：“經傳多以‘鮮’為之。”皆是。

䲆，模韻，音吾

《說文》云：“䲆，二魚也。”經傳未見。

評注：“䲆”字音 yú。段注云：“此即形為義，故不言从二魚。二魚重而不並，《易》所謂‘魚貫’也，魚行必相隨也。”或謂“䲆”乃“魚”之重文。饒炯《說文部首訂》曰：“李氏《摭古遺文》所錄‘魚’作‘䲆’，及部中‘瀊’重文从‘漁’證之，則‘䲆’為‘魚’之重文。”林氏引《說文》而無說，并謂“經傳未見”。字頭系林氏據古“魚”字而撰，並無出處。

䪼，葉韻

《說文》云：“䪼，飛龍也。从二龍。讀若沓。”

評注：“䪼”字音 dá。“龔”字籀文从“䪼”為聲。“䪼”字甲骨文已有之，作（《合集》8197），金文作（㦰鼎“龔”字偏旁）。有學者認為《說文》中的“讀若”有標明被釋字字義的作用，故疑“䪼”有“沓”義。“沓”有“多、重”之意。字頭未標出處，乃林氏據古文字筆勢推寫而成，形不可據。

蚰，文韻

《說文》云：“蚰，蟲之總名也。从二虫。讀若昆。”

評注：“蚰”字音 kūn。甲骨文作（《合集》1140 正）、（《合集》7009），金文作（魚鼎匕），皆从二虫。其義實與“蟲”“虫”無大異。段注：“蟲之總名稱蚰，凡經傳言‘昆蟲’即‘蚰蟲’也。”林氏引《說文》而無說。字頭未明出處，亦林氏推寫。

蟲，東韻

《說文》云：“蟲，有足謂之蟲，無足謂之豸。从三虫。”

評注：“蟲”字作為偏旁，見於甲骨文，如甲骨文有从土从蟲之字，其“蟲”旁作（《合集》27990）。王筠《說文釋例》云：“虫、蚰、蟲同物即同字……小蟲多類聚，故三之以象其多；兩之者，省之也；一之者，以象其首尾之形也。”林氏無説，字頭亦系林氏推寫而成。

秝秝，蟹韻，離㚟切

《説文》云：“秝，稀疏適也。从二禾。讀若歷。”經傳未見。

評注：“秝”字音 lì。甲骨文已有之，作秝（《合集》9364），从二禾。吳其昌謂“秝、歷”實一字，“秝”象“禾、黍分行成列之形”。段注云：“蓋凡言歷歷可數、歷録束文，皆當作秝。歷行而秝廢矣。”林氏以為“經傳未見”者，謂傳世文獻未見之，當為“歷”字所替代也。“稀疏適也”句，段注本依江聲、王念孫説補作“稀疏適秝也”，並注云：“適秝，上音的，下音歷，疊韻字也。”

林林，侵韻

《説文》：“林，平土有叢木曰林。从二木。”按，古作林保林父敦，同。

評注：“林”字甲骨文作林（《合集》9741 正）、林（《屯南》3004），从二木。古今結構無異，筆勢不同耳。

森森，侵韻，音心

《説文》云：“森，木多皃。从林，从木。”按，从三木。

評注：“森”字甲骨文作森（《合集》11323）、森（《英》1288）。从三木，會木多之意。林氏按語可從。

艸艸，幽韻，音蓮

《説文》云：“艸，百卉也。从二屮。”按，古作艸偏旁，同。

評注：甲骨文之屮（《合集》6708）字，即“艸”之象形初文，卜辭多讀為“早”。[①]“艸”在商周文字中多用為偏旁，作艸（《合集》20625“苞”字偏旁），戰國文字有獨立形體作艸（《陶彙》3・372），後世相承作“艸”。《廣韻・皓韻》：“經典相承作‘草’。”林氏補充金文形體，但

① 裘錫圭、陳劍説。參見陳劍《釋造》，《甲骨金文考釋論集》，綫裝書局 2007 年版。

未標明出處。

卉，泰韻，呼外切

《說文》云："，草之總名也。从艸、屮。"按，从三屮。

評注："卉"字未見於商周古文字資料。戰國楚帛書作（帛書乙），从三屮，會艸多之意。林說是也。

茻，陽韻

《說文》云："，眾艸也。从四屮。"按，即草莽之"莽"本字。

評注："茻"字音 mǎng。甲骨文有用作偏旁者，如"艾"字（《合集》8315），所从四屮即"茻"。朱駿聲《說文通訓定聲》曰："經傳草茻字皆以'莽'為之。"林說是也。

蓏，歌韻

《說文》云："，在木曰果，在艸曰蓏。从艸、㼌。"

評注："蓏"字音 luǒ。見於戰國文字，包山楚簡作（《包山》258），从艸、㼌，與小篆結構相同。大徐本"在艸曰蓏"作"在地曰蓏"。此從段注本。沈濤《古本考》曰："《齊民要術》引作'在木曰果，在艸曰蓏'。《御覽》九百六十四《果部》同。是古本作'艸'，不作'地'。"其說可從。

㼌，遇韻

《說文》云："，本不勝末，微弱也。从二瓜。讀若庾。"經傳未見。

評注："㼌"字音 yǔ。見於戰國文字"蓏"之偏旁（參上條）。徐鍇《說文解字繫傳》曰："瓜根弱而實奇大，故二瓜為㼌，會意也。"《六書故·植物二》云："㼌，瓜實繁也。"按，此字如林氏所說"經傳未見"，無從證其義。以形推義，二瓜以示瓜多，戴侗"瓜實繁"之說不為無據。

矗，音稠

《說文》云：“，卣籀文，从三卣。”按，今字譌作“矗”，假借為長直皃。

評注：“䲰”字音 yǒu。據林氏所書古文，當為“卣”之繁文，“卣”為“卣”形之變。甲骨文作（《合集》13663 正甲）、（《合集》21703 正），从三卣。“卣”為古代專門用以盛放祭祀用的香酒“鬯”的青銅酒器。林氏以為“今字譌作‘矗’”，形義皆無據，其說非也。字頭“矗”當改作“䲰”，其古體，未標出處，形不可據。

棘，之韻

《說文》云：“，小棘叢生者。从並朿刺。”按，古作周棘生敦。

評注：“棘”字甲骨文未見，金文作（㦡子棘鼎），與小篆近同。會荊棘多刺之意。“小棘叢生者”之“棘”，大徐本作“棗”，當以作“棘”為是。段注云：“棘庳於棗，而朿尤多，故从並朿，會意。”王筠《說文釋例》曰：“‘棗’从重朿，‘棘’从並朿，其木同，而高卑不同也。”林氏以金文證許說。

棗，幽韻，音舟

《說文》云：“，羊棗也。从重朿。”按，棗木多刺，棘短棗高，故从重朿。

評注：“棗”字音 zǎo。甲骨文作（《合集》17444），金文作（宜無之棗戈），象棗樹多刺。棗、棘乃同源分化字。林說本于段注。“棘”“棗”不同，參見上條“棘”字條評注。

甡，臻韻，音莘

《說文》云：“，眾生並立之貌。从二生。”

評注：甡”字音 shēn。未見於先秦出土古文字材料，《詩經》用之，如《大雅·桑柔》：“瞻彼中林，甡甡其鹿。”王筠《說文句讀》云：“據字形為義也。二生，故曰衆；分左右，故曰並。”此以小篆為字頭，未見古文字形也。

焱，談韻，音剡

《說文》云：“，火華也。从三火。”

評注：“焱”字音 yàn。甲骨文作（《合集》22131），从三火（“火”旁與“山”易混）。林氏引《說文》而無說。

炎，談韻

《說文》云：“，火光上也。从重火。”

評注：“炎”字甲骨文作（《合集》36509），金文作（令簋）。从二火，會火光之意。與上條“焱”為同源分化之字。《文源》以小篆為字頭而無說。

屾

《說文》云：“，二山也。闕。”經傳未見。

評注：“屾”字音 shēn。本義不詳，或謂“山”之繁文，似未見於出土古文字材料。典籍有用之。《漢語大字典》引北周衛元嵩《元包經·少陽》：“艮：屾八八，北。門之非，徑之韋。”林氏謂“經傳未見”，其說不確。

𨸏

《說文》云：“，兩阜之閒也。从二阜。”經傳未見。

評注：“𨸏”字音 fù。未見於出土古文字材料，典籍亦未見用之，故林氏注“經傳未見”。字頭乃林氏據金文偏旁拼合而成。

沝

《說文》云：“，二水也。闕。”經傳未見。

評注：“沝”字音 zhuǐ。《廣韻》：“之累切，上紙韋。微部。”字頭依例當補音讀。甲骨文作㳄（《合集》33136）、𣶒（《英》540），用為地名。其从二水，與《說文》小篆形同。《集韻》曰："閩人謂水曰沝。"則方言用同"水"字，乃"水"之繁文。字書有之，經傳未用，故林氏注"經傳未見"。

𤂾灥

《說文》云："灥，三泉也。"經傳未見。

評注："灥"為多音多義字。作"三泉"義時音xún。从三泉，會衆流之意。段注云："凡積三為一者，皆謂其多也。"此字字書載之，未見使用，故林氏注云："經傳未見。"

垚垚，宵韻

《說文》云："垚，土高皃。从三土。"經傳未見。

評注："垚"字音yáo。後作"堯"。"垚"字未見於商周古文字材料，經傳亦未見使用。徐鍇《說文解字繫傳》曰："累土，故高也。"大徐本"土高皃"作"土高也"。林氏引《說文》從段注本。

䢿𨚶

《說文》云："𨚶，鄰道也。从邑，从邑。闕。"按，古𨞓格伯敦字从此。从二邑猶从邑也。"𨞓"本从田，或作𨞓散氏器，从二田，則𨚶疑亦非獨體。

評注："𨚶"亦隸作"𨛜"，音xiàng。甲骨文有𨚶（《合集》21096）字，象兩人相向，乃"鄉（饗）"之省體，後訛為兩"邑"（參見本卷"鄉"字條評注），如戰國文字作𨚶（《璽匯》2090）。林氏以為"从二邑猶从邑"，疑"𨚶"字不當為獨體字，其實未明此字之源流。

畕畕

《說文》云："畕，比田也。从二田。闕。"經傳未見。

評注："畕"字音jiāng。甲骨文作畕（《英》744）。金文作畕（深伯簋），均从二田。"畕"同"畺"（或"疆"）字。林謂"經傳未見"者，以經傳作“畺”或“疆”也。大徐本無“闕”字。段注本此“闕”字放在“凡畕之屬皆从畕”之後，並注云：“此謂其音讀闕也。”

品品，侵韻

《說文》云：“品，眾庶也。从三口。”按，“𠙵”象物形。古作品寰友辰尊彝乙。

評注：“品”字甲骨文作品（《合集》34674）、品（《合集》34524），後世結構同此。關於甲骨文所从之“𠙵”，其義眾多。或以為“品字所从之𠙵，乃表示器皿。从三𠙵者，象以多種祭物實于皿中以獻神，故有繁庶眾多之義。殷商祭祀，直系先王與旁系先王有別，祭品各有等差，故後世品字引申之遂有等級之義”。[①] 朱芳圃在《殷周文字釋叢》中引林氏說，并論證“𠙵象甌形”。[②] 林說當可從。

多多，歌韻

《說文》云：“多，緟夕。从緟重夕。夕者相繹也，故為多。緟夕為多，緟日為疊。”按，“重夕”非多義。“𠙵”象物形見“品”字條，衺之為夕，與“夕”形同意別。“多”象物之多，與“品”同意。古作多虢叔鐘。

評注：“多”字甲骨文作多（《合集》202）、多（《合集》30989）。根據古文字字形，學者多認為“多”乃从二肉會意。《甲骨文字典》云：“古時祭祀分胙肉，分兩塊則多義自見。”[③] 林氏以為“‘重夕’非多義”，“‘多’象物之多，與‘品’同意”，皆可從。然以為所从之“夕”，為“品”所从“𠙵”的斜寫而成，則未必。大徐本“緟”作“重”。此從段注本。

合合，緝韻，音翕

《說文》云：“合，合口也。从亼、口。”按，“𠙵”象物形，倒之為“亼”，“合”象二物相合形。古作合陳侯因資敦。

---

① 參見徐中舒主編《甲骨文字典》，四川辭書出版社 1989 年版，第 197 頁。

② 參見《殷周文字釋叢・卷中》，中華書局 1962 年版，第 99 頁。

③ 參見徐中舒主編《甲骨文字典》，四川辭書出版社 1989 年版，第 752 頁。

評注：“合”字甲骨文作 （《合集》14365）、 （《合集》19078）。朱芳圃《殷周文字釋叢》引林說，但以為“林說非是”，以為字象器蓋相合之形，學者多從之。[①]

各，模韻，音固

《說文》云：“ ，異詞也。从口、夂。夂者有行而止之，不相聽意。”按，“ ”象物形，倒之為“ ”，形變為“ ”，“ ”象二物相齟齬形。古作 師嫠敦、作 師俞敦，或作 周客鼎“客”字偏旁，象四物不合形。

評注：“各”字甲骨文作 （《合集》21021）、 （《合集》27755反）、 （《合集》13171），象足自外至於門坎前，與“出”相對，為來格之“格”的本字。羅振玉、楊樹達、于省吾諸氏皆有說。林氏拘於“品”字之說（參見本卷“品”字條），謂“‘ ’象物形，倒之為‘ ’，形變為‘ ’，‘ ’象二物相齟齬形”，不可信。大徐本“詞”作“辭”。林氏引《說文》從段注本。

舛，文韻，音蠢

《說文》云：“ ，對臥也。从夂屮相背。”按，“舛”非臥義。舛，乖也，象二物相背。“ ”即“ ”“ ”之變，象物形，與“各”同意。古作 、 咎尊彝癸“咎”字偏旁。

評注：“舛”字先秦古文字未見之，有作偏旁者，如“舞”字从之，象兩足形。林氏謂“‘舛’非臥義”，可從；然謂“‘ ’即‘ ’‘ ’之變，象物形”，其說非是。

韋，微韻

《說文》云：“ ，相背也。从舛，囗聲。獸皮之韋可以束物，枉戾相韋違背，故借為皮韋。”按，古作 伯晨鼎“韓”字偏旁、作 𩰫比鼎“衛”字偏旁，“ ”即“ ”之變，亦象物形。“ ”象二物相違，囗聲。或作 楚公鎛。

---

① 參見朱芳圃《殷周文字釋叢·卷中》，中華書局1962年版。

評注：“韋”字甲骨文作（《花東》195），从口，从兩止。“口”表古人聚居之城邑，“止”在城周圍環繞之。就形義關係而言，或釋為“圍”，或釋為“衛”，或釋為“違”。其實“韋”“圍”“衛”“違”當皆同源而分化。《漢語大字典》按云：“‘韋’‘衛’‘圍’實本一字。殷爵文有四止環繞城邑之‘衛’字，即‘韋’字之繁作，口象城邑，守城者環繞之即為‘衛’，攻城者環繞之即為‘圍’，省左右或上下之止作‘韋’，表相隔相背之意則為‘違’。”其說可從。林氏誤腳趾之形為物品之形，“‘’即‘’之變，亦象物形。‘’象二物相違。”其說非是。“獸皮之韋可以束物”句，大徐本無“物”字，此從段注本。“借為皮韋”句，大徐本及段注本皆作“借以為皮韋”，林氏書漏“以”字。

無，模韻

《說文》云：“，豐也。从林、𡘲。𡘲，或說規模字，从大、卌。卌，數之積也，林者木之多也。無與庶同意。《商書》曰：‘庶艸緐無。’”按，“𡘲”為規模之“模”，無所考。古作克彝、作鄭大內史匜，从“大”轉注，“”象物之多即“多”之變，从“”，猶从“”也見“芇”字條，“林”象木之多。或省作叔家父匡、作無𣪕鼎。又疑“”別為一字，訓為“大”。《爾雅》“憮，大也”釋詁，以此為本字。“”从林，𡘲聲，為緐蕪之“蕪”。

評注：“無”即“舞”之初文。甲骨文作（《合集》15996）、（《花東》391）等形，象人手持牛尾跳舞之形（參見本卷“舞”字條評注）。《說文》及林氏據訛變後的金文字形割裂分析，均非是。大徐本“無與庶同意”作“緐與庶同意”，“緐無”作“繁無”。

轟，臻韻，虛因切

《說文》云：“，轟轟，羣車聲也。从三車。”

評注：“轟”字未見于先秦出土古文字材料。字从三車，象群車而過之聲。大徐本無“轟轟”二字，段注本依《文選注》補，此從之。林氏無說，字頭系推寫。

𢇁𢆶絲、玆，之韻

《說文》云：“𢇁，蠶所吐也。从二糸。”按，古作𢇁曶鼎，同。《說文》云：“𢆶，微也。从二幺。”按，古作𢆶太保彝，以為“絲”字曶鼎：“曶用絲金作朕文考宄伯鷰牛鼎。”太保彝：“用𢆶彝對命。”“絲”“𢆶”皆借為“玆”，蓋本同字，即“𢇁”之省。訓“微”之“𢆶”，經傳未見。《說文》云：“兹，黑也。从二玄。”按，“玄”古作“幺”，則“玆”古作“𢆶”即“絲”之或體，不訓“黑”曶鼎：“曶用玆金。”“玆”作“絲”。

評注：“絲”字甲骨文作𢇁（《合集》3336 正），象二絲束兩端之形。“玆”字甲骨文作𢆶（《合集》6882）、𢆶（《合集》36166），亦象二束絲形，後世相承作𢆶（石鼓文·車工）、兹（《郭店·緇衣》1），為小篆所本，與“兹”常混。按“絲”“玆”“兹”當屬同源字。林氏謂“絲”“玆”同字，可從。

𣏟𣏟，蟹韻，匹蟹切

《說文》云：“𣏟，葩之總名也。象形。”經傳未見。

評注：“𣏟”字音 pài。商周古文字似未見之。戰國文字作𣏟（《郭店·緇衣》26），“麻”字从之。大徐本“葩”作“葩”，此從段注本。林氏引《說文》而無說。

兟兟

《說文》云：“兟，朁朁，銳意也。从二先，先亦聲。”按，“兟”字經傳未見，“朁”字从“兟”得聲，當即从“先”之繁文，猶《說文》無“畐”字，“副”从刀，畐聲，而字从“畐”也。

評注：“兟”字見於金文，作兟（散盤）。甲骨文“朁”字作朁（《合集》6063 正）、朁（《合集》18113 反），上部所从，與甲骨文“[illegible]”作[illegible]（《合集》6653 正）、[illegible]（《合集》18323）者相同（參本卷“[illegible]”字條評注），可見所謂“兟”，或是從“[illegible]”字訛變而來，或與“[illegible]”為同形關係，待考。從金文“兟”字作兟來看，所从的“先”形本來並不出頭，小篆變為出頭，當是訛變。按“旡”本作旡（《合集》15967“既”字偏旁），亦可作旡（师虎簋“既”字偏旁），與散盤兟的偏旁旡近同，故“兟”

可以隸定為“歺”。因此根據小篆隸定而作偏旁的“㱙”，隸楷變為“歺”，如“晵”字，其實更為近古。

珏珏，遇韻，音局

《說文》云：“珏，二玉相合為一珏。瑴，或从玉，㱿聲。”

評注：“珏”字音 jué，亦作“玨”。甲骨文作珏（《合集》14588）、珏（《合集》33201），从二玉，玉亦聲。串玉為珏。大徐本“从玉，㱿聲”作“从㱿”。此從段注。林氏無說。

賏賏，青韻

《說文》云：“賏，頸飾也。从二貝。”按，即“嬰”之偏旁。“賏”字經傳未見。

評注：“賏”字音 yīng。“賏”字未見于商周古文字材料。戰國時期子賏之用戈鳥蟲書“賏”字，除卻鳥形，作賏（《戰國文字編》404 頁），下部分共用筆畫。古人串貝為頸飾。段注云：“駢貝為飾也。”典籍未見用之，故林氏謂“經傳未見”。

弜弜

《說文》云：“弜，彊也，重也。从二弓。闕。”經傳未見。

評注：“弜”字甲骨文作弜（合 20805）、弜（《合集》24531），金文作弜（父乙爵）。王國維以為“柲”之本字。柲所以輔弓，形略如弓，故从二弓。其本義為弓檠（《儀禮·既夕禮》鄭注：“柲，弓檠。弛則縛之於弓裏，備損傷”），引申之為輔、為重，又引申之則為彊。① 其說可從。林氏引《說文》而無說。典籍罕用，故注“經傳未見”。大徐本無“重也”二字，此用段注本。

戔戔，寒韻

《說文》云：“戔，賊也。从二戈。”按，古作戔王子申盞蓋“盞”字偏旁。

---

① 參見王國維《釋弜》，《觀堂集林》，中華書局 1959 年版，第 288 頁。

評注：“戔”字音 cán。甲骨文作（《合集》6336）、（《合集》4759），金文同，从二戈相向，會傷殘之意。後孳乳為“殘”。段注云：“此與殘音義皆同……今殘行而戔廢矣。”

所

《說文》云：“，二斤也。闕。” 經傳未見。

評注：“所”字音 yín。未見於古文字材料，可能是從“質”字中析出的偏旁。“質”所从的“所”原來也并非“二斤”之形，而是逐漸演變而來的（參見卷二“質”字條評注）。段注云：“‘二斤也’言形，而義在其中。”其實未得其朔。林氏無說，但注“經傳未見”。

幵，寒韻

《說文》云：“，平也。象二干 竿 對冓上平也。”

評注：“幵”字音 jiān。甲骨文用作偏旁，如“姸”字作（《合集》28273），象女人頭戴簪之形，女頭上之，即“幵”；又作並豎之形，如“龓”字甲骨文作（《合集》367 正）。劉釗認為“幵”乃“笄”之初文，象“簪”形，[①] 當可從。或謂从二主之形，會對偶平齊之意，[②] 備考。春秋戰國文字加飾筆，如（石鼓文·霝雨）所从者即是，故《說文》誤為从“干”。林氏以“干”為“竿”，非其朔。

曹，幽韻，音儔

《說文》云：“，獄之兩曹也。从棘，在廷東；从曰，治事者也。”按，獄兩曹在廷東，不得从二“東”。古作 趙曹鼎，本義當為“偶” 《小爾雅·廣言》：“曺，偶也”。 从“” 轉注，象物形。“東”即“束”字 見“東”字條，兩束相比，象偶形。或作 趙曹鼎，“”象物形而譌从“甘”，猶“”象物形為譌从“月”也 見“外”字、“望”字各條。《說文》云：“，二東，曹从此。闕。” 經傳未見。

---

① 參見劉釗《古文字構形學》，福建人民出版社 2006 年版，第 158 頁。

② 參見黃德寬主編《古文字譜系疏證》，商務印書館 2007 年版，第 2620 頁。

評注：“曹”字甲骨文作（《合集》6942），从二東。“東”即“槖”本字，以二東會曹偶之意。又加“口”作（《合集》36828）。所从之“口”，金文變為“甘”，小篆書作“曰”，為後世所承。依小篆結構，本當隸作“䕺”，省為“曹”。邵瑛《羣經正字》曰：“《五經文字》云，‘䕺’，《說文》‘曹’，經典相承，隸省。”要之，“𣗥”本“曹”之初文，《說文》誤分為二，林氏合二為一，並以“曹”之本義為“偶”，皆可從；然以所从之“東”為“束”字，“兩束相比，象偶形”；所从之“口”象物形，則皆非是。大徐本作“在廷東，从𣗥；治事者，从曰”。此從段注本。

王，青韻

《說文》云：“，善也。从人士。士，事也。一曰象物出地挺生也。”按，古作師酉敦、作利鼎，並“廷”字偏旁、作井人鐘“聖”字偏旁、作谷呈戈“呈”字偏旁，从人，从土，象人挺立地上形。

評注：“王”字音 tǐng。甲骨文作（《合集》19106），象人挺立于土上之形，即“挺”之本字。金文“人”“土”或分書。《說文》之“士”，乃“土”之誤。徐鉉云：“臣鉉等曰，人在土上，王然而立。”林氏本之，甚是。

㸒，侵韻

《說文》云：“，近求也。从爪、王。王，微幸也。”按，“爪王”無“微幸”之義。象人挺立，爪有所求，近求之象。

評注：“㸒”字音 yín。“㸒”字未見於商周古文字材料，戰國文字作（《璽彙》0252），从爪，从王。林氏云：“‘爪王’無‘微幸’之義。象人挺立，爪有所求，近求之象。”段注云：“近求，浸淫之意也。爪、王，言挺其爪，妄有所取，微幸意也。”各有一定道理，然皆無確證。

立，緝韻

《說文》云：“，从在一之上。”按，象人正立地上形。古作伊淛彝，變作格伯敦。

評注：立”字甲骨文作（《合集》5517）、（《合集》32786），象人站立地上之形。林說甚是，《漢語大字典》“立”字條引以為證。“从在一之上”，大徐本作“从大，立一之上”。此從段注本。

仚，寒韻

《說文》云：“，人在山上皃。从人、山。”

評注：“仚”字音 xiān。似未見於先秦出土古文字資料。顧藹吉《隸辨》云：“後人移人於旁，以為神仙之仙。”大徐本無“皃”字，段注本有之，此從段注。

冘，侵韻

《說文》云：“，冘冘，行皃。从儿出冂坰。”按，“冂”非郊坰字見“冂”字條。“冘”古作史冘匜、作冘𪓬彝，象人伏穴下形“”象穴，見“風”字條，本義當為“沈伏”。經傳以“沈”為之。“冘”為“深伏”，故與“冘”同音之字，如“湛，沒也”“扰，深擊也”“眈，視近而志遠也”“忱，誠也”，皆有“深伏”之義。“深伏”與“泰甚”義近，故“劇”謂之“甚”，“過”謂之“淫”。“深伏”者遲久不出，引伸為“遲久”，故“欒久”謂之“湛”，“久陰”謂之“霃”，“行緩”謂之“淫淫”揚雄《羽獵賦》“淫淫與與”。《說文》以“冘冘”為“行貌”，亦“遲久”之借義也。

評注：甲骨文“何”（擔荷之“荷”的初文）字省體作（《合集》26975）、（《合集》27064）、（《合集》29363），象人擔擔之形。金文作（沈子它簋“沈”字偏旁），後世相承。楊樹達以為甲骨文的寫法“象人荷擔，兩端有物，以手上扶擔木之形，始悟此字為儋字之象形初文也。《說文》八篇上人部云：‘儋，何也何下云：儋也。从人，詹聲。’今字作擔。按詹聲、冘聲古皆閉口音陽聲字，音最相近。从冘聲之字，如眈、耽、紞、酖，音讀今皆與儋同，故知其為一字矣。異者，冘為象形，儋為形聲耳。”① 李孝定在《甲骨文字集釋》中認為：“楊氏釋冘以為儋之初文，其說極是。”季旭昇曰：“擔與荷後世形音不同，但在甲骨文中不妨

① 參見楊樹達《釋冘》，《積微居甲文說 卜辭瑣記》，中國科學院 1954 年版。

為同形字。上古文字常來自象意字，象意字在原始階段近於圖畫的時候，一個形可能有兩個以上的讀音。”[1] 按此即同象異字現象，以上諸家之說皆可從。以此觀之，《說文》所釋形義不確。林氏所舉金文字形，實即“免”（冕）字，非“冘”字，字頭亦誤；復以“沈伏”義說之，係聯雖廣，不無道理，然未切肯綮，不可從。大徐本“冘冘”作“淫淫”，“儿”作“人”，此從段注本。

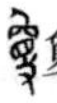寏，寒韻

《說文》云：“，旁求也。从旻，人在穴。”按，从旻轉注，象人在穴上有所求形。

評注：“寏”字音 xuàn，先秦出土古文字似未見之。構意不明。林氏所解可備一說。字頭係林氏推寫。“旁求”，大小徐本、段注本皆作“營求”，《文源》未知所據。“人在穴”，小徐本作“人在穴中”，大徐本作“人在穴上”，此從段注本。

仄，之韻，音稷

《說文》云：“，傾也。从人在厂下。，籀文从夨，夨亦聲。”

評注：“仄”字似未見於商周古文字。戰國文字作（《郭店·唐虞》18），與小篆結構相同，从人在厂下，會側傾逼仄之意。籀文作厌，理據明顯。“夨”象人側頭形。“厌”當即從“夨”派生而來。“傾也”大徐本作“側傾也”，段注本同。段注云：“傾下曰仄也，此仄下云傾也，是之謂轉注。”林氏殆據此改為“傾也”。

产，談韻

《說文》云：“，仰也。从人在厂上。一曰屋梠也。秦謂之桷，齊謂之产。”按，仰視也，象人登厂仰望形。經傳以“瞻”為之。“屋梠”之義當作“广”，非“产”之本義。

評注：甲骨文有字作（《合集》8494）、（《合集》32 正）等

---

[1] 參見季旭昇《說文新證》，福建人民出版社 2010 年版，第 462 頁。

形，或以為象敧器之形，即“产”字，[①] 或以為象盛食物的竹器或葦器，即“箅”的本字，[②] 似以後說為長，有待進一步研究。戰國文字“产”字作（《璽彙》3171）、（《郭店・六德》17）、（《貨系》544），結構與上述甲骨文不同，以从人在山或厂上會意。按這種結構的“产”字，《廣韻》有魚毀、職廉二切。魚毀切者乃“危”之本字，字形表示人在厂上有危、高之義；職廉切者乃“瞻”之本字，字形表示人在厂上會瞻望之意。此亦同象異字之例也（參見卷十“詹”字條評注）。此條所論者，亦當以職廉切為音，標“談韻”，故林氏按語云：“仰視也，象人登厂仰望形。經傳以‘瞻’為之。”大徐本“梠”作“櫋”，此從段注本。

危，蟹韻，疑衔切

《說文》云：“，在高而懼也。从产，人在厓上，自卪止之。”按，“”亦“人”字見“卪”字條，厂上、厂下皆危地，象人在厂上在厂下形。

評注：“产”之魚毀切者乃“危”之本字，字形表示人在厂上有危、高之義（參見上條“产”字評注），後孳乳為“危”。“危”字未見於商周古文字，戰國文字作（《陶彙》5・145）。林氏以為“厂上、厂下皆危地，象人在厂上在厂下形”。其說可從。大徐本無“人在厓上”四字，段玉裁依《韻會》補，林氏從之。

堯，宵韻

《說文》云：“，高也。从垚在兀上，高遠也。”按，“兀”非“高遠”之意見“兀”字條。“”古“丏”字，擁蔽也見“丏”字條。凡仰視有所擁蔽，惟特高之物，嶢然而出其上。“三土”象高物。

評注：“堯”字甲骨文作（《合集》9379），从二土在卪上，會高之意。戰國文字作（《郭店・六德》7）、（《郭店・窮達以時》3）、

---

① 參見于省吾《釋产》，《甲骨文字釋林》，中華書局 1979 年版。

② 參見趙平安《釋甲骨文中的“”和“”》，《文物》2000 年第 8 期，收入《新出簡帛與古文字古文獻研究》，商務印書館 2009 年版。

(《郭店·唐虞之道》14)，从土，从人(卩)，“人”與“土”的數量不拘，整字繁簡不同。小篆則上為三土，下為兀，故《說文》解為“从垚在兀上”。小篆所从之“兀”，當是把古文字中的“卩”或“人”連上橫筆而形成的訛體。林氏以為“兀”無“高遠”之意，故把“”看成古“丏”字。按“”乃“卩”或“人”形之訛，與“丏”形近，但非“丏”字。

休，宵韻，音尿

《說文》云：“，沒也。从水、人。”按，从人在水下。

評注：“休”字音 nì。甲骨文作(《合集》8344)，从水从人，會人沒於水中之意。戰國文字承之，作(《郭店·語叢二》36)。段注云：“此沈溺之本字也。”林氏謂“从人在水下”，左右結構的“休”只能以意會之。或作“尖”，倒是體現了形義關係。《字彙·水部》云：“尖，與溺同。《字林撮要》：人在水上為氽，人在水下為休。休，同尖。”

廄，幽韻

《說文》云：“，馬舍也。从广，𣪘聲。《周禮》曰：‘馬有二百十四匹為廄，廄有僕夫。’”按，“𣪘”與“𦎫”同字見“𣪘”字條。“廄”非“𣪘”聲。古作子廄圖器、作貉子尊彝癸，象人執羈勒在广下形。

評注：“廄”字又隸定為“廏”，變寫為“厩”。未見於商周古文字，戰國文字作(邵王簋)、(《秦汉南北朝官印徵存》0029)，从广，𣪘(㲉)聲，本義為馬舍。《說文》無誤，林氏以為“𣪘”“𦎫”同字，非是(參本卷“𣪘”字條評注)。所引金文，“”乃从广从執，即“𡪢”字，亦見於甲骨文(《合集》5991，《新甲骨文編》432頁)；“”似从广从㚔从欠，字未識。二者均非“廏”字。字頭亦誤。

宂，東韻

《說文》云：“，㪚散也。从宀，人在屋下，無田事也。”

評注：“宂”字後作“宂”，字書以後者為俗字，如《篇海類編·宮室類·宀部》：“宂，俗作宂。”現又規范為“宂”。其字不从“几”，故作“宂”或“冗”，其實皆訛體。甲骨文作（《屯南》1050），从人在屋下，《說文》釋為“無田事”，即閑散之意，可從。段注本作“从宀、儿”，注云：“各本奪‘儿’字，今補。即‘人’也。會意。”林氏未從之。字頭依偏旁拼寫，與甲骨文合。

客，模韻，音庫

《說文》云：“，从宀，各聲。”按，古作中義父鼎，从人在屋下，各聲。亦省作師遽敦。

評注：“客”字未見於甲骨文。金文从宀，各聲，後世承之。林氏所引之，或以為“客”之繁文，从人，客聲，[1] 林氏解為“从人在屋下，各聲”，亦有理據。本卷為“殽列象形”，此字為“各”聲，屬林氏所謂“象形兼形聲”。

寒，寒韻

《說文》云：“，凍也。从人在宀下，从茻，上下為覆，下有仌冰也。”按，古作克鼎彝，，从人，下象其足與“𠂤”从“”、“致”从“”同意，象冰形。

評注：甲骨文有字作（《合集》29300）、（《合集》29313）等形，或以為“寒”字，《新甲骨文編》收入“寒”字下（見431頁），待考。金文除林氏所引克鼎“寒”字外，尚有一形作（寒姒鼎），下無“”符，故或以為克鼎之為飾筆，小篆義化為仌（冰）。林氏以為象冰形，亦無不可。“从茻，上下為覆”句，大徐本作“以茻薦覆之”。此從段注本。

宿，幽韻，音秀

《說文》云：“，止也。从宀，㐁聲。㐁，古文夙。”按，“㐁”為古文“夙”，不可考。“宿”古作寠叔敦，象人在屋下，旁有茵見“因”字條，

① 參見黃德寬主編《古文字譜系疏證》，商務印書館2007年版，第1364頁。

宿象也。或作𡪢_{叔宿尊彝乙}，“𡆧”亦“因”之變。或作𡧰_{宿𡚸鬲}，从人茵在宀下，从夕_{轉注}，“月”即“夕”也_{見“夕”字條}。

評注：“宿”字甲骨文作𠊊（《合集》19583），象人臥于席上睡覺之形。又加“宀”表示房子，作𡨦（《屯南》2152）、𡨦（《合集》29351），為後世所承。所从之㐁，隸定為“丙”，象簟席之形。《說文》把人和丙合為“佰”并以為古文“夙”，林氏非之，其說可從。然林氏又以“丙”為“茵”，也未必完全正確。按“茵”即“因”之後起字，“因”字甲骨文作因（《合集》33007）、因（《屯南》1864），本義當為人臥墊褥之上；“丙”字甲骨文作㐁（(合) 13543）、㐁（《合集》9575），象簟席之形，中為縫線紋理。“因”中之“大”與“丙”中紋理，其形近似，故易相混。然“因”以人臥墊褥為義，引申而有就、仍等義，而“丙”乃單純表示簟席之義，兩者還是有所區別的（參見卷一“因”字條評注）。

𥨍𥨍，蒸韻

《說文》云：“𥨍，寐而覺也。从宀，从疒，夢聲。”按，“𡧓”象屋下人在牀上形_{“𠂆”，“人”之反文。“爿”，“爿”省，即“牀”字也。見“爿”字條}，夢聲。从“𡧓”之字如“寐”“寢”“寤”“寱”等，《說文》皆云“从𥨍省”，實非“𥨍”之轉注，皆象形兼形聲。

評注：“𥨍”的本義是“寐而覺也”（大徐本作“寐而有覺也”。段注本作“寐而覺者也”。）即“做夢”之義，這個意義經典常用“夢”字，也有用“𥨍”字。如《淮南子·俶真》：“譬若𥨍為鳥而飛於天，𥨍為魚而沒於淵。方其𥨍也，不知其𥨍也，覺而後知其𥨍也。”一般認為，“做夢”義的本字是“𥨍”，寫作“夢”屬於假借。如段注云：“今字叚夢為之，夢行而𥨍廢矣。”但從漢字發展的一般規律看，應是先有“夢”後才有“𥨍”，“𥨍”是“夢”的後起增繁之形。按照《說文》，“夢”的本義是“不明”，而夢境依稀，與“不明”之義也相符，故“夢”“𥨍”應為古今字的關係。“夢”“𥨍”更古老的字形，見於甲骨文，作𤕫（《合集》122）、𤕫（《合集》12780 反）、𤕫（《合集》22145）等，象人依牀而睡，突出眼睛和手足活動之狀。從構形看，此字首先應是“夢”的初文。後世之“夢”當是“𤕫”形去“爿”增“夕”而成的；而“𥨍”則既增“夕”，又增“宀”，還保留著“爿”。① 因此小篆中的“疒”，可以認為是“爿”形誤增一横筆而成的，不包括“人”形在內。林氏分析“‘’象屋下人在牀上形”，把“宀”下的部分拆為“人”的反文和“爿”的省文，顯然是不對的。這裏的“疒”符與下條“疒”字其實是不同的。

疒，微韻，慈費切

《說文》云：“，倚也。人有疾痛，象人倚著之形。”按，“”，“人”之反文，“”，“”省，即“牀”字見“爿”字條。象人在牀上形。古作昆疕鐘“疕”字偏旁，“”即“”之省，猶“癃”字本作，从“”，大鼎作，从“”。

評注：“疒”字是“疾”的初文。甲骨文之（《合集》869）、（《合集》12671 正），象人躺在牀上。于省吾曰：“疒為疒病之疒，甲骨文作，象人臥床上。”② 後人形與牀形重疊，豎筆共用，遂成小篆之“”，林氏以為“”為“人”之反文，“”即“”省，未必準確。金文形中的，其實就是“人”形，不必以為“”之省略。

凥，模韻，音姑

《說文》云：“，處也。从尸几，尸得几而止也。”按，“尸”即“人”字，从人在几上。

評注：“凥”同“居”。未見於商周古文字材料。戰國楚系文字作（鄂君启節）、（《郭店·成之聞之》8）。段注曰：“凡尸得几謂之凥。尸，即人也。引申之為凡凥処之字。既又以蹲居之字代凥，別製踞為蹲居字，乃致居行而凥廢矣。”林說當本段注。從文獻用字的角度看，“居”“凥”“處”每互作，“凥”既同“居”，又同“處”，大概也屬於“一字歧讀”的現象。楚簡“凥”字常作“處”字用，包山簡三二號有“不以所死於其州者之居凥名族致命”句，“居”“凥”同時出現于簡文中，則

---

① 參見曾憲通、林志強《漢字源流》，中山大學出版社 2011 年版，第 140 頁。

② 參見于省吾《釋疒、㾊》，《甲骨文字釋林》，中華書局 1979 年版，第 320 頁。

“尻”非“居”字自明。[①]

屍，文韻

《說文》云：“，髀也。从尸下丌，尻几。”按，“尸”即“人”字，“”即“”，古“牀”字，人體著牀几之處，即屍臀也。

評注：“屍”即“臀”字。甲骨文作（《合集》17977）、（《合集》21803），指事字，从人，指事符號指出其臀部所在。戰國文字作（隨縣124），从尸，从爪，从丌。从“爪”的意思還不好解釋，从“丌”表示臀部在下，林氏以為古“牀”字，未必是。小篆字形與楚簡文字類似，可能據此變化而來。《說文》據形釋義，道理可通。

屎，微韻，式壘切

《說文》無“屎”字。《莊子》“在屎溺”《知北遊》，以“屎”為“菌”。古作陳侯因資敦，从在尸下。“尸”即“人”字，“”象菌形。

評注：“屎”字甲骨文作（《合集》9571）、（《合集》5624），象人遺屎形。人身后數點象糞便之形，後訛為“米”形。甲骨文或隸定為“层”。卜辭有“屎田”之說，胡厚宣認為“屎田”就是在田地裏施糞肥。[②]“屎田”或讀為“徙田”，或讀為“選田”。[③] 林氏所引金文，當作，林氏所摹略異。或隸定為“佅”字。[④] 陳侯敦原文作“紹緟高祖黃帝，屎嗣桓文，朝聞諸侯，合揚厥德”，絕非“屎尿”之義，當用為別義。或讀為“纘”，[⑤] 可備一說。林氏對其形體的分析，有字理依據。“菌”字見於睡虎地秦簡，《說文·艸部》云：“菌，糞也。从艸，胃省。”錢坫《說文解字斠詮》以為方框內的形體近于矢（屎）。《玉篇·艸部》：

① 參見曾憲通《楚帛書文字新訂》，《中國古文字研究》第一輯，吉林大學出版社 1999 年版，第 89—90 頁。

② 參見胡厚宣《再論殷代農作施肥問題》，《社會科學戰線》1981 年第 1 期。

③ 參見裘錫圭《甲骨文中所見的商代農業》，《裘錫圭學術文集·甲骨文卷》，復旦大學出版社 2012 年版，第 158 頁。

④ 參見張桂光主編《商周金文摹釋總集》第三冊，中華書局 2010 年版，第 773 頁。“佅”字見於《說文·攴部》，乃是“敉”的或體。

⑤ 參見孫剛《齊文字編》，福建人民出版社 2010 年版，第 236 頁。

“菌，糞也。亦作‘矢’，俗為‘屎’。”按，如果上舉甲金文確是屎尿之“屎”，且《莊子》亦已用之，《玉篇》謂“屎”為俗字，則非是。不過因其義涉污穢，後人避之耳，故借“矢”為之。

弼，微韻，音費

《說文》云：“弼，輔也。从弜，丙聲。”按，从“弜”之義無考，“丙”亦非聲。古作弼毛公鼎“簟弼魚葡”“簟弼魚葡”即《詩》之“簟茀魚服”。“弼”，車蔽也。“因”即“茵”字見“因”字條，象茵覆二人之形。或作弼番生敦，與从“弓”形近。

評注：“弼”本當作“弻”，未見於甲骨文。所从之“弜”，王國維以為“柲”之本字。柲所以輔弓，形略如弓，故从二弓。其本義為弓檠，引申之為輔、為重（參見本卷“弜”字條評注），“弼”有“輔”義，顯然與“弜”相關，當為“弜”之分化字。所从之“丙”，象簟席之形，與“茵（因）”形近（參見本卷“宿”字條評注）。車蔽以丙為之，故从“丙”，為疊加意符。“弼”字當分析為从弜，从丙，弜亦聲。《說文》以“輔”解之，當為引申義。林氏以為弼的本義為“車蔽”，“丙”非聲，皆可從。然以字所从之“二弓”為“二人”，整字“象茵覆二人之形”，“从‘弜’之義無考”，則不確。

閃，談韻

《說文》云：“閃，闚頭門中也。从人在門中。”

評注：“閃”字未見於先秦出土古文字材料。小篆字形表示人在門中窺視之意。林氏無說，字頭用小篆。

央，陽韻

《說文》云：“央，中也。从大在冂之內，大，人也。”按，古作央虢季子白盤，“冂”象旁有兩界，“丶”示其非中處，“大”象人居其中。

評注：“央”字甲骨文作（《合集》3008）、（《合集》3010 反），第二形為後世所承。或以為“央”乃“殃”或“鞅”的初文。丁山曰：“象人頸上荷枷形，董作賓釋央，是也。山按，央孳乳為鞅，《說文》云：

‘頸靼也。’《釋名·釋車》：‘鞅，嬰也。喉下稱嬰，言纓絡之也。’……人頸荷枷，必由犯了罪過，《說文》訓殃曰‘咎也’，或曰‘凶也’。凶咎，殆是央字本義。”① 林氏以為“”象旁有兩界，“”象人居其中，從“中”的意義來說，也是有道理的，可備一說。所引的虢季子白盤之字，“大”旁之點恐非筆畫，而是飾筆或蝕痕。

囚，幽韻

《說文》云：“，繫也。从人在囗中。”

評注：甲骨文有字作（《合集》24452），用作地名。金文有字作（弓日囚觚），疑為人名。二者均象人在囗中，當皆“囚”字。林氏無說。

旅，模韻，音鹵

《說文》云：“，軍之五百人。从㫃，从从。从，俱也。”按，古作伯筍父盨，象二人示人之多在旗下形。省作伯晨鼎，或作陳公子甗、作伯貞甗、作甫人匜。

評注：“旅”字甲骨文作（《合集》5823）、（《合集》36426），金文承之，或省或繁。字从㫃，象旗幟之形，下从二人。林氏謂“象二人在旗下形”，二人“示人之多”，其說甚是，可從。

伐，泰韻，音拜

《說文》云：“，擊也。从人持戈。”按，古作己伯尊彝。或作录尊彝，與“戍”混。

評注：“伐”字甲骨文作（合248正），从戈，从人，戈鋒砍過人頭，會殺人之意，《說文》釋為“从人持戈”，不確。甲骨文或省作（《屯南》1126），象戈鋒砍人頭之形，然此省形後世不傳。金文人形與戈形或不相連，如南疆鉦“伐”字作（見《金文編》569頁），為後世所承。然人戈相離，擊殺之義不顯，且與“戍”字易相混，如林氏所引录

① 參見丁山《甲骨文所見氏族及其制度》，轉引自季旭昇《說文新證》，福建人民出版社2010年版，第463頁。

尊彝之字即是。

戍，遇韻

《說文》云："，守邊也。从人持戈。"按，古作取彝。

評注："戍"字甲骨文作（《合集》24219）、（《合集》28042），从人，从戈，象人負戈，會"戍守"之意，與"伐"字偏旁相同而構意有別。林氏所錄"取彝"，《金文編》作"孚尊"，其"戍"字《金文編》作（第824頁），與林氏所摹亦略有不同。"邊"字大徐本作"邊"，段注本同。

幾，微韻，居非切

《說文》云："，微也，殆也。从𢆶，从戍。戍，兵守也。𢆶而兵守者，危也。"按，从𢆶轉注，"𢆶"者"幽"省。幽處多危，人持戈以備之，危象也。古作歸夆敦。

評注："幾"字未見於甲骨文，金文除林氏所引外，尚有作（幾父壺）者，从大，与从人同意。關於"幾"字的解釋，學界有新說：或以為其初文作（幾𢊁冊觚），从母，上有三道絲繩，右下之戈架在母字的下部，表示危殆之意。後來金文的戈則加在絲與人的中間，仍表示危殆之意。《金文形義通解》以為："金文象束絲懸人，戈加於絲，絲斷在即，千鈞一髮之際也，因表危殆之義。'戍'字皆从人，而幾父壺字从大，知'幾'字不从'戍'。"① 或以為其本字作𢆻，金文（卣，《集成》5192）即"𢆻"字，象絲在機𣘦上，即織機之"機"的初文。增繁作（中幾父簋，《集成》3954），上舉之，即此字所从之，後訛變為𢆻。"幾"字从大或人，从𢆻，表示人操作織具。② 按，後說之、、𢆻之間的演變證據似有不足，相較而言，當以前說為長。林氏之說與《說文》基本相同，亦以"戍"為偏旁，以危殆為義，於理可通；然以"𢆶"者"幽"省，則缺乏證據。

---

① 參見季旭昇《說文新證》，福建人民出版社2010年版，第324頁。

② 參見黃德寬主編《古文字譜系疏證》，商務印書館2007年版，第2922—2923頁。

弔，宵韻

《說文》云："，送終也。从人、弓。古之葬者，厚衣之以薪，故人持弓會毆禽也。"按，古作劃叔盨、作豆閉敦，皆以為"叔"字。"叔"幽韻"弔"宵韻雙聲旁轉經傳多以"不弔"為"不淑"，""即"弔"字，、皆象弓形。或作叔龜器丙。

評注：甲骨文作（《合集》31807）、（《合集》6336正），从人，曲線象矢有繳形，後訛為"弓"，故《說文》解為人持弓，林氏亦以為象弓，非是。"弔"之構形初誼有多說，未能論定，待考。金文假借為"叔"字，林氏意見可從。"送終"，大小徐本、段注本皆作"問終"，林氏書誤。

負，之韻，音鄙

《說文》云："，恃也。从人守貝，有所恃也。"按，古作居趩彝。

評注："負"字見於戰國文字，睡虎地秦簡作（《效律》34），與小篆同構。《說文》解為"从人守貝"，會"有所恃"之意，理據可通。或以為"負"是"府"的簡省分化字，戰國金文"府"字作"貟"，下所从"貝"為贅加意符。"貟"字省"广"省"又（寸）"即成"負"字。"府"屬幫紐侯部，"負"屬並紐之部，聲韻可通。[1]

匋，幽韻，音由

《說文》云："，瓦器也。从缶，包省聲。"按，"匋""包"不同音。古作畬父盤，从人持缶。

評注："匋"字未見於甲骨文。金文从缶，勹為疊加聲符。《說文》以為"包省聲"，林氏非之，可從；"勹"本象人形，林氏解為"从人持缶"，可備一說。

---

① 參見劉釗《古文字構形學》，福建人民出版社2006年版，第122—123頁。

麻，歌韻，音磨

《說文》云：“，枲也。从𣏟，从广。𣏟，人所治也，在屋下。”按，古作師麻匡，“厂”者“”之省見“疒”字條，“”，“人”之反文。从人持𣏟。

評注：“麻”字未見於甲骨文。金文从厂，从𣏟，𣏟亦聲。“厂”後訛為“广”，為小篆所承。林氏以金文所从之“厂”為“”之省，乃“人”之反文，非是。大徐本作“麻，與𣏟同。人所治也，在屋下。从广，从𣏟”。段注云：“此條今各本皆奪誤，惟《韻會》所據小徐本不誤，今從之。”《文源》即據段注本。

飾，之韻

《說文》云：“，㕞也。从巾、从人、从食聲。讀若式。”按，拭也。从人持巾。

評注：“飾”字未見於商周古文字材料。戰國文字有（詛楚文）字，从巾、飤聲，或疑為乃“飾”之異文。[①] 林氏解“飾”為“从人持巾”，則“食”旁未有著落，非是。字頭系林氏據偏旁推寫。

光，陽韻

《說文》云：“，明也。从火在人上，光明意也。”按，古者執燭以人，从人持火。古作櫨伯器乙、作毛公鼎。

評注：“光”字甲骨文作（《合集》183）、（《合集》583 反），象人執火燭於頭頂之形。林氏云“从人持火”，其說甚是。

兢，蒸韻，音亙

《說文》云：“，競也。从二兄。二兄，競意。从丯聲。讀若矜。一曰兢，敬也。”按，“兢”無“二兄相競”之義，“丯”亦非聲。，二人首戴物形，“”即“甶”字見“甶”字條，重物之象。戴重物于首，故常戒惕。《詩》：“戰戰兢兢。”傳曰：“兢兢，戒也。”

① 參見黃德寬主編《古文字譜系疏證》，商務印書館 2007 年版，第 166 頁。

評注：“竸”即“競”之省訛。“競”字金文作𧫞（鬲比盨），林氏未引，而據篆文推寫作𧫞，形雖相近，然非確證。林氏以為“競”字所从之“丰”非聲，其說可從。據金文之𧫞，當从二兄，頭上為玉形。蓋會人守玉，戒慎恐懼之意；林氏分析為二人首戴物形，戴重物于首，故常戒惕，亦有理據。然切出“𠙹”旁，以為即“甾”字，則非是。[1]“競”（竸）與“競”是否一字，諸家看法或不同。按“競”字甲骨文作𧫞（《合集》106正）、𧫞（《合集》31706），从二人，頭上皆戴辛形，為奴隸標識。其字當會二人相爭逐之意。金文作𧫞（競鐘），二“人”變為二“兄”，兄上之“口”與“辛”相連，故後世誤析為从“誩”。《說文》云：“競，彊語也。一曰逐也。从誩，从二人。”此由切分不同造成分析有異（參見卷八“競”字條評注）。《說文》“彊語”之訓，當來源於“从誩”；“一曰逐也”，當為本義。從字形看，“競”（竸）與“競”當非同字，後世混用，殆因音同之故。

𠅏克，之韻，音亟

《說文》云：“𠅏，肩也。象屋下刻木之形。”按，屋下刻木，形意俱非是。克，能也。古作𠅏克彝，象以肩任物形。“𠃜”象肩，猶“肩”字从“𠃜”，象形；“𠙹”即“甾”字見“古”字條，重物也。以肩任重物，能事之意。

評注：“克”字甲骨文作𠅏（《合集》13709正）、𠅏（《合集》27878）、𠅏（《合集》114）等形，金文同，小篆已訛變，《說文》以為“象屋下刻木之形”，其說不可據，林氏非之，可從。“克”之形義，學界有多解，林氏以為“象以肩任物形”，“以肩任重物，能事之意”，可備一說。

𠨎即，微韻，子費切

《說文》云：“𠨎，即食也。从皀，卪聲。”按，“卪”即“人”字見“卪”字條。即，就也。皀，薦熟物器。象人就食之形。古作𠨎盂鼎，或作𠨎弭仲匿。

評注：“即”字甲骨文作𠨎（《合集》34162）、𠨎（《合集》28269），象人就食之形。金文同，小篆有訛變。林氏所釋形義，準確無誤，《漢語

① 參見季旭昇《說文新證》，福建人民出版社2010年版，第714頁。

大字典》引以為證。

既，微韻，居配切

《說文》云：“，小食也。从皀，旡聲。”按，古作櫨伯器乙，从皀，在其旁。“”，“欠”之反文，象人張口形。或作弭仲匡。

評注：“既”字甲骨文作（《合集》34640）、（《合集》7633），構意與“即”字相反：“即”象人就食，故有“就”意；“既”則象人食畢，故表“盡”意。其字以人形張口向後而示之。金文承襲甲骨文，小篆偏旁有訛變。“旡”旁構形與“欠”字反向，但意義未必與“欠”相反，林氏以為象人張口形，可從，然以為“欠”之反文，不夠準確。

肥，微韻

《說文》云：“，多肉也。从肉、。”按，“”象“人”字見“卩”字條，从肉旁人。多食肉者，肥也。

評注：“肥”字未見於商周古文字材料，戰國文字作（《璽彙》1642）、（《包山》202），與小篆字形同構，从肉，从卩。徐鉉等注曰：“肉不可過多，故从卩。”林氏認為“卩”象人形，“从肉旁人。多食肉者，肥也。”二說皆有未恰。新說以為“肥”字所从之“卩”，猶“配”字所从之“己”，都是“妃”之省，用作聲符。① 此說能很好地解釋“配”“肥”“妃”等字的讀音關係，頗有理據。字頭系林氏推寫。

配，微韻

《說文》云：“，酒色也。从酉，己聲。”按，“配”為“酒色”無考，“己”亦非聲。古作毛公鼎，又不从“己”。“配”當與“肥”同字。从“人”在“酒”旁，與“肥”在“肉”旁同意。“肥”“配”古同音，故《說文》“𡵂，崩也”，“𡾊，崩聲”。“𡵂”與“𡾊”亦同字。

評注：“配”字甲骨文作（《英》1864）、（《合集》31840）、

① 參見《說文新證》，福建人民出版社 2010 年版，第 358 頁。原注：參見陳劍《釋“忠信之道”的配字》，及所引裘錫圭說。

（《合集》5007），从酉，从卩。所从之“卩”後變為“己”。《說文》以之為聲，徐鉉等注曰：“己非聲，當从妃省。”按从“妃”省聲，更有道理。肥、配皆从“妃”省聲，所从之“巴”或“己”都是从“卩”符變來（參見上條“肥”字評注）。林氏以為“肥”“配”古同音，正確可從；但以為“配”當與“肥”同字，則未必是。至于“配”的“酒色”之義，林氏以為“無考”，吳善述《說文廣義校訂》曰：“按許訓酒色，謂酒之色也。酒有四飲、六飲之别，其色有淺深黑白之殊，配即《內則》注所謂以清與糟相配也。”江藩《配酓二字解》曰：“是當時酒有青色者，有黑色者，合二酒之色則謂之配。”說皆可參。

朢、望，陽韻

《說文》云：“朢，月滿也，與日相望，似朝君。从月，从臣，从壬。壬，朝廷也。”按，以“月望”比“臣在朝庭”，義已迂曲。“朢”當以“遠視”為本義。从壬，人挺立也見“壬”字條。从臣，伏也見“臥”“堅”“監”“臨”各條。物在遠，故視高則挺立，視卑則屈伏。“D”即“D”之變，“D”與“U”同象物形見“品”字、“多”字各條。古作庚贏尊彝，或作師望鼎，涉“聖”字从耳而譌。《說文》云：“望，出亡在外，望其還也。从亡，朢省聲。”按，即“朢”之或體。从月，从壬，亡聲。“朢”“亡”同音，“臣”“亡”又形近，故致譌。古作無叀鼎。

評注：“望”字甲骨文作（《合集》6191 正）、（《合集》7222），金文承之作（保卣），象人而突出其目，人下或加土、地之形，表示登高舉目遠望之意。金文或加“月”旁，作（臣辰盉），突出其遠望之意，此即後世之“朢”字也。其所从之“臣”，實即“目”形；其所从之“壬”，乃人形之訛，如金文或作（朢簋），點畫變横即是“壬”。此與“聖”字从“壬”是一類現象（參見本卷“聖”字條評注）。“朢”字所从之“臣”，或又訛為“亡”，如林氏所舉之無叀鼎；或又訛為“耳”，如林氏所舉之師望鼎。訛為“亡”者兼有表音的作用，得以流傳，即後世之“望”字也。林氏批評《說文》以“月望”比“臣在朝庭”之說，以為“‘朢’當以‘遠視’為本義。从壬，人挺立也。”謂“望”即“‘朢’之或體，‘朢’‘亡’同音，‘臣’‘亡’又形近，故致譌。”所說皆至確。然以“臣”為“伏”，以“月”“象物形”，則非是。大徐本“似朝君”作“以朝君”，此從段注本。

臨，侵韻

《說文》云：“，監也。从臥，品聲。”按，从臣轉注，臣，屈伏也，臨下必屈其體；品，眾物也。象人俯視眾物形。古作毛公鼎，作盂鼎，“”“”即“品”之變體。

評注：“臨”字甲骨文作（《合集》4299）、（《屯南》2080）等形，表示一站立人形向下視水川，本義為“向下視”，故有視察、降臨等意義；金文“臨”字如林氏所引，是在甲骨文从“川”的基礎上，添加“品”為聲符（“臨”為來母侵部，“品”為滂母侵部）；又省“川”形變為一形一聲的形聲字，為後世小篆所本。[①] 林氏以為“象人俯視眾物形”，《漢語大字典》引以為證，現在看來不夠準確。又林氏仍囿舊說而以所从之“臣”為屈伏，則非是。按“臨”所从之“臣”，與上條“朢”、下條“監”所从之“臣”一樣，都是豎目之形。“監也”，大徐本作“監臨也”，林氏引《說文》從段注本。

監，談韻

《說文》云：“，臨下也。从臥，衉省聲。”按，“血”為“衉”省不顯。“監”即“鑑”之本字。上世無製銅時，以水為鑑，故《酒誥》曰：“人無于水監，當於民監。”“”象皿中盛水、人臨其上之形。从臣轉注，臣，伏也。古作頌敦、作登孟壺。

評注：“監”字甲骨文作（《合集》27742）、（《合集》30792）、（《屯南》799）等形，象一人臨水盆而照影，皿中或加點表示水，人形則突出其目，顯示照視之意。豎目形後作“臣”，與上“朢”“臨”兩字所从同類。林氏以“臣”為“伏”，不確，然以“‘監’即‘鑑’之本字”，“象皿中盛水、人臨其上之形”，皆符合本形本義，《漢語大字典》亦引以為證。

---

① 參見謝明文《說臨》，《出土文獻與古文字研究》第 6 輯，復旦大學出版社 2015 年版，第 101—105 頁。

薦，寒韻

《說文》云：“，獸之所食艸。从廌、艸。古者神人以廌遺黃帝。帝曰：‘何食何處?’曰：‘食薦。夏處水澤，冬處松柏。’”按，古神人語難信。薦者，席也《廣雅·釋器》。古作鄭興伯鬲，从，象人形，上象首，下象身及臂脛見“灋”字、“慶”字各條。从茻，象人臥草中形。省作陳侯因資敦。

評注：“薦”字未見於甲骨文材料，金文从廌从茻，據《說文》，其本義為獸所食用之草。林氏以為金文所从之“”象人形，“上象首，下象身及臂脛”，釋形不確。按金文“薦”字又作（弔朕匿）等形，所从皆為“廌”，《說文》所釋當可信。《說文》另有“荐”字，云：“荐，席也。”薦、荐古不同字，但可通用。

寡，模韻，音古

《說文》云：“，少也。从宀，頒省。頒，分賦也，故為少。”按，古作父辛尊彝、作寡子器、作毛公鼎，本義為鰥寡之“寡”，象人在屋下。，顛沛見於顏面之形。

評注：“寡”字未見於甲骨文。金文从頁，从宀，示屋里一人獨居。本義當為“獨居”，引申為“少”。又作（中山王鼎），省“宀”，“頁”旁有飾筆。小篆从“頒”者，當由飾筆訛變而成。按《說文》小篆作，段注本同，故大徐本析為“从宀，从頒”，段注本作“从宀，頒”；林氏改篆作，故解為“从宀，頒省”。對“頒”字的解釋，大徐本與段注本亦不同，段注本作“頒，分也。宀分故為少也。”並注云：“依《韻會》所據小徐本訂。宀分者，合於上而分於下，故始多而終少。”林氏從大徐本。林氏以為“寡”之本義為鰥寡之“寡”，象人在屋下，可從。然以為所从之“頁”為“顛沛見於顏面之形”，則有主觀牽強之嫌。

宦，寒韻

《说文》云：“，仕也。从宀，从臣。”按，从臣在宀下。古作仲宦父鼎。

評注：“宧”字未見於甲骨文材料。金文从宀，从臣，會官吏于室內執事之意，本義為做官。林說可從。後世結構相同。

字，之韻

《说文》云：“，乳也。从子在宀下，子亦聲。”按，撫子也。古作儀兒鐘。

評注：“字”未見於甲骨文材料。金文从宀，从子，子亦聲。表示屋里有孩子，本義為生育。《說文》以“乳”釋之，段注云：“人及鳥生子曰乳。”林氏云“撫子”，當為引申義。

汓，幽韻

《說文》云：“，浮行水上也。从水、子。”按，从子在水上。

評注：“汓”字音 qiú，同“泅”。《說文》本條下曰：“泅，汓或从囚聲。”甲骨文作（《合集》21973）、（《合集》19362），金文作（牧簋），為小篆所本。其字从水，从子，象小孩在水中泅泳之形。《說文》云“浮行水上”，林氏曰“从子在水上”，皆可從。

流，幽韻

《說文》云：“，水行也。从沝、㐬。㐬，突忽也。，篆文从水。”按，“”即“子”之倒文，“”象髮。流象子漂流水中形。

評注：“㳅”“流”同字，未見於甲骨文材料。戰國金文作（中山王圓壺），所从“㐬”旁有訛變，倒子身首未連，旁有飾筆。“流”字當分析為从水（“㳅”从二水，意符重疊），㐬聲。[1] 林氏以為“象子漂流水中形”，似亦可備一說。“㐬”乃“毓”字之簡省，象子倒出之形，其下部所从，乃象羊水，如“毓”字甲骨文作（《合集》27369）可證。林氏以“㐬”為“子”之倒文，可從；然以下部所从為象其髮，雖有道理，卻非其朔。

---

① 參見黃德寬主編《古文字譜系疏證》，商務印書館 2007 年版，第 628 頁。

安，寒韻

《說文》云："，竫也。从女在宀中。"按，古作安父尊彝、作公貿彝，从女在宀下，有藉之，與"保"从""同意。或省作罠尊彝癸、作格伯敦。

評注："安"字甲骨文作（《合集》33561）、（《合集》37568），从宀，从女，會女子安於室內之意。甲骨文"女"旁或增一筆，金文亦有承之者，或以為飾筆，或以為表示女子安坐時將臀部靠在腳后跟上，即林氏所謂"藉之"之意，亦有一定道理。"竫"，大徐本作"靜"，此從段注本。

嬰，青韻

《說文》云："，頸飾也。从女、賏。賏，貝連也，頸飾。"按，象女繫貝連形。《荀子》："是猶使處女嬰寶珠。"富國。

評注："嬰"字似未見於商周古文字材料。春秋金文作（王子嬰次盧），从貝，妟聲，秦印作（《中國璽印集萃》），从女、賏，與小篆同構。"嬰"為頸飾，林氏以為"象女繫貝連形"，頗為形象。字頭系林氏推寫。"頸飾也"，段注本作"繞也"；"賏，貝連也，頸飾"，大徐本作"賏，其連也"。林氏前者從大徐，後者從段氏。

輦，寒韻

《說文》云："，輓車也。从車、㚘。㚘在車前，引之也。"按，古作輦尊彝。

評注："輦"字甲骨文作（合29693），从车，从人。觀察甲骨文字形，所从之人部分有缺筆，可能是左右各二人。金文則省為左右各一人，小篆承之。《段注》引《司馬法》曰："夏后氏二十人而輦，殷十八人而輦，周十五人而輦。"故"輦"字當會多人合力輓車之意，所从之"㚘"，乃以二人表示多人。大徐本作"从車，从㚘在車前引之"。《文源》所引，則從段注本。

類，微韻，音類

《說文》云："，難曉也。从頁、米。一曰鮮白皃，从粉省。"按，"米"為"粉"省不顯。"頁米"者，"視米"之象。米繁碎難審視，故訓為"難曉"。"類"從"類"得聲，"類似"之義亦從"難曉"引申。"纇"為"絲節"，絲節難解，並與"難曉"意近。

評注："類"字音 lèi。未見於甲骨文材料。金文作（類甗），郭店楚簡作（《緇衣》4），小篆結構相同。"類"為"類"的古字。段注云："類、類古今字。類本專謂犬，後乃類行而類廢矣。"關於"類"的形義關係，段注云："頁猶種也。言種類多如米也，米多而不可別，會意。一說，黔首之多如米也。"朱駿聲《說文通訓定聲》云："此字从頁、米聲，謂相似難分別。經傳皆以'類'為之。戴氏《六書故》曰'从迷省'，亦以類為類之本字。或曰，類，視不明也。今蘇俗謂近視者曰'類覷眼'。"林氏則以字形為"視米"之象。"米繁碎難審視，故訓為'難曉'"。按以上除形聲說外，會意各說亦不同，似以戴侗"从迷省"之說，與"難曉"義最緊密，然亦無確證；段注及林氏說似較牽強。林氏能指出"類""類"的關係，謂"類似"之義亦從"難曉"引申，可從。

顯，寒韻

《說文》云："，頭明飾也。从頁，㬎聲。"按，"顯"訓"頭明飾"無所考。《說文》："㬎，眾微杪也。从日中視絲。古文以為顯字。"日中視絲，正顯明之象。顯，明也《廣雅·釋詁四》，象人面在日下視絲之形。絲本難視，持向日下視之，乃明也。古作師遽尊彝、作歸夆敦，又變作史頌敦彝、作追敦。《說文》云："，眾微杪也。从日中視絲。古文以為顯字。"按，即"顯"之偏旁。"溼"字《說文》以為"㬎"省聲。"溼""顯"聲隔，實不从"㬎"見"溼"字條，"濕""隰"亦當从"溼"得聲，形譌从"㬎"耳。

評注："顯"字未見於甲骨文材料，金文多見。林氏認為"㬎"為"日中視絲"，與"顯"之"象人面在日下視絲之形"一樣，都是"顯明”之意，因此把兩字聯係在一起討論。他應該是把“㬎”“顯”看成古今字的關係，其意見是對的。《漢語大字典》引林說以為證。另外，林氏此條辨析“溼”字不从“㬎”省聲，“濕”“隰”亦當从“溼”得聲，从“㬎”為形譌，其說當皆可從（參見卷十“溼”字評注）。“眾散秒”之“秒”字，大徐及段注本皆作“杪”，林氏抄誤。

煩，寒韻

《說文》云：“，熱頭痛也。从頁、火。一曰焚省聲。”按，“火”為“焚”省不顯。頁火象面為火灼之形。

評注：“煩”字未見於商周古文字材料，戰國文字作（《雲夢・日甲》77），从火，从頁，與小篆結構相同。“煩”之本義為熱頭痛，引申為煩躁等義。《說文》錄會意、形聲二說，林氏以為“火”為“焚”省不顯，故不取形聲之說。其所謂“頁火象面為火灼之形”，可備一說。字頭係以偏旁推寫。

頮，微韻

《說文》云：“，古文沬，从水，从頁。”按，洒面也。古作魯伯俞父盤、作殷敦盤，象皿中有水，人面及鼻、鬚臨其上之形。或作歸父盤，“”即“”之變，从持水。《說文》云：“，昧前也。从頁，𣅀聲。讀若昧。”按，形近“”，即“頮”之省文，“昧”音亦與“頮”同。

評注：“頮”字音 huì，同“湏”“𩑋”“沬”。甲骨文作（《合集》31951），象人伸手就皿洗面之形。金文繁簡不一，繁者作（毛弔盤），簡者作（陳逆簋）、（𧊒匜）；即“湏”，即“𩑋”。《說文》小篆變為形聲結構作“沬”。“頮”所从之“廾”，當由形上部雙手移位而來，唯未見對應之古文字形，段注本作，乃段氏據“頮”形而臆改。林氏把金文繁構分析為“象皿中有水，人面及鼻、鬚臨其上之形”，當可從。大徐本作“沬，洒面也。从水，未聲。湏，古文沬从頁。”段注本作“沬，洒面也。从水，未聲。，古文沬从、水，从頁”。林氏所引，與二者皆有不同。又林氏在《文源》卷二“𣥠”字條所引金文亦“湏”

字，林氏誤為“𦬇”字（參見卷二該字條評注）。

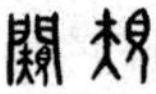闚、規，音街

《說文》云：“，閃也。从門，規聲。”按，从“夫”與“大”同意，象人形，从“”猶从“頁”“顯”古亦作“[illegible]”，象在門中闚人形。《說文》云：“，規巨矩有法度也。从夫、見。”按，“夫見”無“規矩”之意，或謂“規”“矩”皆从“矢”，然“矩”字古不从“矢”見“矩”字條，“規”从“矢”亦非義，當為“闚”省。規矩之“規”，乃“圭”之引伸義，借“規”為之。

評注：“闚”字未見於先秦出土古文字材料，傳世典籍有用之，如《易·豐》：“闚其戶，闃其無人，自藏也。”朱駿聲《說文通訓定聲》以為“闚”與“窺”略同。按“窺”字从“穴”，與“闚”所从之“門”，當是意符替換，二者或為異體關係。其所从之“規”，《說文》以為聲符，林氏則以為意符，故歸入“殽列象形”，謂其“象在門中闚人形”，亦有理據。又謂《說文》析“規”為“夫、見”，并無“規矩”之意；根據“矩”字古不从“矢”，推及“規”字从“矢”亦非義，都有一定道理。至于認為“規”為“闚”之省形，規矩之“規”，“乃‘圭’之引伸義，借‘規’為之。”則於古無徵。“規”字說解，大徐本無“規巨”二字，林氏引《說文》從段注本。

相，陽韻

《說文》云：“，省視也。从目、木。《易》曰：‘地可觀者，莫可觀於木。’”按，从“木”非取其可觀。凡木為材，須相度而後可用。从目視木。古作相侯敦。

評注：“相”字甲骨文作（《合集》18410）、（《合集》36844），从目，从木。後世相承，偏旁無異。徐灝《說文解字箋》云：“戴氏侗曰：‘相，度才也。工師用木，必相視其長短、曲直、陰陽、剛柔之所宜也。相之取義始於此。會意。’”林說實本于戴說。

眔，微韻，音隊

《說文》云："，目相及也。从目，隶省。"按，""者"尾"省。目見尾將及之也。古作毛公鼎。《說文》云："，眔詞與也。从㐺，自聲。《虞書》曰：'臮咎繇。'，古文臮。"按，古言"及"多用"眔"。諸彝器言"小子眔服""眔小臣""眔厥僕"靜敦、"小輔眔鼓鐘"師嫠敦，"僕令眔奮"諆田鼎是也。《虞書》"臮咎繇"，"臮"必"眔"字。"眔"从"目"，與"自"形近。或作䣄鐘，亦與作者相類。蓋隸謁為"臮"，""則依隸制篆也。

評注："眔"字甲骨文作（《合集》27686）、（《合集》6157）、（《合集》36387），从目，下象淚水之形，或以為"涕"之初文，或以為"泣"之本字。最後一例下部的寫法為後世所承。《說文》以為从"隶"省，林氏以為从"尾"省，皆非是。但林氏指出"眔"在古文字材料中多用為連詞"及"，則是正確的。從"及"的意義來說，其字下部作，《說文》認為从"隶"省，林氏認為从"尾"省，則都有義化的作用，可備一說。"臮"字先秦出土古文字材料未見之，用法同"眔"，林氏以為即"眔"之訛變，應該是可信的，只是還缺乏足夠的證據。"臮"上之"自"，與"目"形近，但其下部，小篆从"㐺"，古文从"朩"，與"眔"下部之""，還缺乏它們訛變的中間環節。林氏云："蓋隸謁為臮，則依隸制篆也。"其實臮、之間，還難以完全對應。因此""作為"因隸制篆"的例子，說服力還是不夠的。䣄鐘之"眔"，《金文編》摹作，林氏所摹略異。

窅，宵韻

《說文》云："，深目也。从宀中目。"按，深陷也。象穴中窮目所及形。俗字作"凹"。

評注："窅"字音 yáo。"窅"字未見於先秦古文字材料，傳世文獻有用之，如《莊子·知北遊》："夫道窅然難言哉。"字从穴，从目，會眼睛深陷之意。林氏以"穴中窮目所及"釋"深陷"之義，則略顯牽強。段注云："按，'窅肤'即今'坳突'字……葛洪《字苑》上作'凹'，陷也，下作'凸'，起也。"林氏謂俗字作"凹"，殆依此。"从宀中目"，大徐本作"从穴中目"，林氏書誤。

冒，幽韻，音牟

《說文》云："，蒙而前也。从冃、目。"按，从目有所蒙。古作自作陾仲尊彝"陾"字偏旁。

評注："冒"字未見於甲骨文材料。金文有獨立之形作（九年衛鼎），从冃、目，會蒙蔽之意。徐灝《說文解字注箋》曰："冒，即古帽字。冃之形略，故从目作冒。引申為冡冒之義後，為引申義所專，又从巾作帽，皆相承增偏旁也。"其說甚是。林氏拘於偏旁所指，以為"目有所蒙"，當為引申義，不如徐灝說之確切。劉釗認為"冒"字从"目"還有表音作用，古音冒在明紐幽部，目在明紐覺部。[1]"蒙"，大徐本作"冡"。

耿，青韻，音儆

《說文》云："，耳著頰也。从耳，烓省聲。杜林說，耿，光也。从火，聖省聲。"按，"火"為"烓"省，"耳"為"聖"省皆不顯。《詩》"耿耿不寐"柏舟，《傳》云："猶儆儆也。""耿""儆"古同音，當即"儆"之古文。从耳，从火，耳聞火聲，儆儆然也。古作毛公鼎，""即"火"之變。

評注："耿"字未見於甲骨文。字从火，从耳。《說文》錄"耳箸頰"和杜林"光"之說。按前說無文獻例證，後說有金文及傳世文獻證明。如金文"耿光"連用，毛公鼎有"文物耿光"；《書·立政》："丕釐上帝之耿命。""耿"亦"光明"之義。因此從早期用字角度看，"耿"當从"火"得義，似以杜林說為長。林氏以為从耳，从火，耳聞火聲，儆儆然也，故"耿"當即"儆"之古文。按此亦可備一說，也可能"耿""儆"只是同音通假關係。林氏引《說文》從段注本，唯大徐本、段注本"著"皆作"箸"。

① 參見劉釗《古文字構形學》，福建人民出版社 2006 年版，第 91 頁。

聅，微韻，恥費切

《說文》云："，軍法以矢毌貫耳也。从耳、矢。"

評注："聅"音 chè。未見於商周古文字，戰國古璽有字作（《璽彙》1849），或以為即"聅"字。大徐本"毌"作"貫"，林氏從段注本。

亯，東韻

《說文》云："，用也。从自，自知臭，香當作"亯"所食也。讀若庸，同。"按，古作拍彝。

評注："亯"字甲骨文作（《合集》13523）、（《合集》29795），象兩城樓相對之形。《說文》以為城郭之"郭"字，又為"墉"（本義為城垣）字古文。其實二字初本一字，後世分化，表外城者造"郭"字，表垣牆者造"墉"字，後起字行而本字廢矣（參看卷一"𩫖"字條評注）。金文承之作（毛公鼎），或訛如林氏所引者，下部變為"自"。《說文》訓為"用"，乃據訛形重解，典籍似未見使用。"讀若庸"，則透露了此字的本形本義。林氏證以金文字形，說明《說文》小篆訛體，亦有淵源。

甚，侵韻，音沁

《說文》云："，尤安樂也。从甘、匹。匹，耦也。"按，"甚"訓"尤甚"，不為"尤安樂"。"甘匹"義亦迂曲。古作甚尊彝丁、作諶鼎"諶"字偏旁，實"斟"之古文。、，"勺"之反文，象引勺於口之形。

評注："甚"字未見於甲骨文。金文如林氏所引，本从匕、口。後从"匹"者，當由飾筆增益而成。會意不明。林氏以為"象引勺於口之形"，"實'斟'之古文"；季旭昇以為，"會以匕送食物至口，甚為安樂之意。"① 待考。林氏以為所从之"匕"為"勺"之反文，有一定道理。大徐本"耦"前脫一"匹"字，此從段注本。

---

① 參見季旭昇《說文新證》，福建人民出版社 2010 年版，第 935 頁。

旨，微韻

《說文》云："，美也。从甘，匕聲。"按，"旨""匕"不同音。古作匽侯見事尊彝、作侯氏罏，象以匕入口形。

評注："旨"字甲骨文作（《合集》5479）、（《合集》7604），从匕，从口，會以匕舀食入口，甘美之意。林氏析形可從。或以為所从之匕乃人形，會人口所嗜——甘美之意。[1] "口"形後變為"甘"，古文字常見，故《說文》以為从"甘"。

魯，模韻

《說文》云："，鈍詞也。从白，魚聲。"按，"魯"非詞。古作克鼎彝，从"口"不从"白"。彝器每言"魯休""純魯"。阮氏元云："魯即嘏字。"《史記·周本紀》："魯天子之命。"《魯世家》作"嘉天子命"。"魯""嘏""嘉"並同音通用。"魯"本義蓋為"嘉"，从魚入口，嘉美也。"魯"模韻"嘉"歌韻雙聲旁轉。

評注："魯"字甲骨文作（《合集》10133 正）、（《合集》10135），从魚，从口，會以魚入口，嘉美之意。所从之"口"，後或訛為"白（自）"，為小篆所承。林氏以為"魯"的本義為"嘉"，形音義關係及文獻用例皆可證，當可從，《漢語大字典》亦引其說。

名，青韻

《說文》云："，自命也。从口、夕。夕者，冥也。冥不相見，故以口自名。"按，"名"非為"夕"而設，""即""之變也，象物形見"品"字、"多"字各條。口對物，稱名之象。古作召伯虎敦。

評注："名"字甲骨文作（《合集》2190 正）、（《合集》5118），从夕，从口，後世相承。許說可從，林說非是。

---

① 參見季旭昇《說文新證》，福建人民出版社 2010 年版，第 406 頁。

占占，談韻

《說文》云：“占，視兆問也。从卜、口。”按，卜象兆文，从口臨其上。

評注：“占”字甲骨文作（《合集》28170）、（《合集》20333），後世相承。字从卜、口，會占卜之意。林說可從，《漢語大字典》亦引之。

卟卟，微韻，居非切

《說文》云：“卟，卜以問疑也。从口、卜。讀與稽同。”按，與“占”同意。

評注：“卟”字音 jī，或作“乩”，也作“稽”。按“卟”“占”本當同字，後分化。林說可從。王筠《說文解字句讀》云：“‘卟’與‘占’同體。此从口、卜，謂問卜也；‘占’从卜、口，謂得兆而問來占者所為之事也。”所說應是兩字分化後的情況。

如如，模韻

《說文》云：“如，從隨也。从女，从口。”按，口出令，女從之。

評注：“如”字甲骨文作（《懷特》1527）、（《屯南》2672）。从女（每）、从口，以从女者得以相承。林說當有理據，可從。

侖侖，文韻

《說文》云：“侖，思也。从亼、冊。”按，即“論”之古文。“亼”為倒“口”，从口在冊上。

評注：“侖”字甲骨文作（《合集》18690），金文作（中山王鼎）。从亼（倒口）、冊，會述冊之意。林氏以為即“論”之古文，說當可從。徐灝《說文解字注箋》云：“侖、倫古今字。倫，理也。”按“侖”“論”“倫”同源，形音義之間都有密切關係。

龠，宵韻，音要

《說文》云：“，樂之竹管，三孔以和眾聲也。从品、侖。侖，理也。”按，“品侖”非義。古“龢”作番生敦，象手按龠，則“”象管籥相並形，倒“口”在上，所以吹之。古作井人鐘、作虢叔鐘，並“龢”字偏旁。

評注：“龠”字甲骨文作（《合集》23241 正）、（《合集》24883），象編管之樂器形。林氏據金文“”字的分析（林氏以為“龢”字，非是，詳本卷“龢”字條評注），以為“”象管籥相並形，當可從。後又加“亼”繁化，為小篆所承，《說文》析為品、侖，非是。郭沫若認為金文上所从之二“口”，乃“示管頭之空，示此為編管而非編簡，蓋正與从亼冊之侖字有別。許書反以侖理釋之，大悖古意”。①

食，之韻

《說文》云：“，亼米也。从皀，亼聲。或說亼皀也。”按，古作吳王姬鼎，从倒“口”在皀上。皀，薦熟物器也。象食之形。變作仲義君𢊁，或作食夙戈，“”即“頁”字，象人面。

評注：“食”字甲骨文作（《合集》20961）、（《合集》20791）、（合）19504），从亼（倒口）、皀（簋），會以口就簋進食之意。林說可從，《漢語大字典》引以為證。或以為亼象器蓋，本義為食物在簋中，引申為食用之義，亦有道理。林氏所引食夙戈字，恐非“食”字。待考。大徐本作“一米”，段注改為“亼米”，皆不可據。林氏引《說文》從段注本。

令，臻韻

《說文》云：“，發號也。从亼、卩。”按，“卩”即“人”字見“卩”字條。从口在人上。古作盂鼎、作太保彝，象口發號，人跽伏以聽也。

評注：“令”字甲骨文作（《合集》3049）、（《合集》13600），上象口形，下象人跽跪於地，聽候號令之形。林說甚是。

---

① 參見郭沫若《甲骨文字研究·釋和言》，《郭沫若全集·考古篇·第一卷》，科學出版社1982年版，第94頁。

命，臻韻

《說文》云："，使也。从口、令。"按，諸彝器"令""命"通用，蓋本同字。古作毛公鼎，下復有口，應命者也。

評注："命""令"古本一字，"令"加"口"分化出"命"。"命"字見於金文，从口，从令，令亦聲。林義光指出："諸彝器'令''命'通用，蓋本同字。"其說可從，《漢語大字典》亦引之。

飲，青韻

《說文》云："，歠也。从欠，酓聲。"按，古作虢叔鐘，象水入人口形，从西轉注。或作儠兒鐘，从人旁有酒，从欠轉注。或作洹子器，，倒口，象水入口形。

評注："飲"本作"㱃"，甲骨文作（《合集》10405）、（《合集》10137 正），象人俯首張口吐舌捧尊就飲之形。金文有所訛變，口形分屬人形與口舌之形而分離，人形和口形變為"欠"，口舌之形訛為"今"（聲化），如作（善夫山鼎）、作（中山王方壺）。戰國時期又易意符為"食"，作（《璽彙》0808），為後世所承。林氏所錄虢叔鐘之字，見於《集成》243，作，字不識，當非"㱃"字；儠兒鐘之字，《金文編》作，林氏所摹有異；洹子器之字，與"㱃"之流變，亦非一系。字頭"飲"當作"㱃"更為準確。

次，寒韻

《說文》云："，慕欲口液也。从欠、水。"按，"欠"象人張口形，从人口出水。

評注："次"同"涎"。《玉篇·次部》："次，亦作涎。"《玉篇·水部》："涎，口液……亦作次。""次"字甲骨文作（《合集》19946 正）、（《合集》9375）、（《合集》21724），象人流口水之形。春秋戰國時期作（石鼓文"盜"字偏旁），為《說文》籀文所本。林說可從。字頭所引字形，未標明出處，殆依金文偏旁推寫而成。

欻，音惠

《說文》云：“，有所吹起。从欠，炎聲。讀若忽。”按，“炎”非聲。从欠，从二火，象人張口吹火形。

評注：“欻”字音 xū。此字先秦古文字材料未見之。段注云：“此篆久譌，从炎非聲。蓋本从‘𠦍’聲，譌而為‘炎’，莫能諟正。倘去聲字，說以从炎會意，亦恐非也。”按“欻”从“炎”聲，與音不合，故段氏、林氏皆非之。段注以為从“𠦍”聲，然未有證據。林氏以為字从欠，从二火，象人張口吹火形，形義皆洽，似有理據，可備一說。字頭亦林氏依金文字例推寫而成。

穿，寒韻

《說文》云：“，通也。从牙在穴中。”

評注：“穿”字未見於商周古文字材料。戰國文字作（《璽彙》0381），與小篆同構，从牙，从穴，會以牙鉆穴之意。“牙”殆特指鼠牙，以其尖銳善咬噛也。《詩·召南·行露》：“誰謂鼠無牙，何以穿我墉？”林氏無說。

㝵、得，音直

《說文》云：“，取也。从見、寸。寸，度之，亦手也。”按，“見寸”非義。古作虢叔鐘，从手持貝。或作井人鐘，象覆手。《說文》云：“，行有所得也。从彳，㝵聲。，古文省彳。”按，與“㝵”同字，从“行”省轉注。古作魯鼎，“”亦“”之或體。

評注：“㝵”字甲骨文作（《合集》32509）、（《合集》5600），从又，从貝，會得到之意。金文之，“又”作“手”，同意。林氏所引井人鐘之，《金文編》亦釋為“㝵”（第 114 頁），然上部所謂“覆手”者，其實不類，待考。小篆“貝”訛為“見”，《說文》未得其詳而誤，林氏云“見寸”非義，甚是。“㝵”增“彳”旁為“得”，甲骨文作（《合集》28097）、（《合集》439），後世相承。林氏謂“得、㝵同字”，甚是。

揣，微韻，音瑞

《說文》云：“，量也。从手，耑聲。度高曰揣。”按，“耑”非聲。象以手量物之端。

評注：“揣”字未見於先秦出土古文字資料。關於“耑”聲的問題，段注云：“此以合音為聲。初委切，十四、十五部。按《方言》常絹反，是此字古音也。”林氏以為“耑”非聲，大概是覺得“揣”“耑”聲隔之故。按“耑”字甲骨文作（《合集》20070）、（《合集》6843），象草木初生，上象枝葉，下象根須（參見卷三“耑”字條評注），孳乳為“端”。林氏以“耑”為“端”，謂“揣”字是“以手量物之端”，以合“度高”之義，其說亦頗有理趣，故《漢語大字典》引以為證。

、印，微韻，於費切，又臻韻

《說文》云：“，執政所持信也。从爪、卩。”按，“卩”即“人”字見“卩”字條。“印”臻韻“抑”微韻雙聲對轉，當即“抑”之古文，象爪在人上抑按之。古作毛公鼎。《說文》云：“，按也。从反印。”按，即“印”之反文，音轉如“壹”耳。

評注：“印”字甲骨文作（《合集》20717）、（《合集》19069）、（《合集》20769），象以手抑人使之跪形，為“抑”之古文，林說甚是。《馬王堆漢墓帛書・老子甲本・德經》：“高者印之”，今本作“高者抑之”。羅振玉《增訂殷虛書契考釋》云：“卜辭‘印’字从爪，从人跽形，象以手抑人而使之跽。其誼如許書之抑，其字形則如許書之印。”說與林氏同。甲骨文“印”字，“爪”在左上或右上均可，正反無別，故印、本無二致，至《說文》強分為二，林氏歸為一字，可從。

奚，微韻，兮肥切

《說文》云：“，大腹也。从大，𦃃省聲。𦃃，籀文系。”按，“大”象“人”形。此象系縶人頸，爪持之，即係纍之“係”本字。《周禮・天官・序官》：“奚三百人。”注：“古者從坐男女，沒入縣官為奴，其少才智以為奚。”《淮南子》：“傒人之子女。”以“傒”為之。

評注：“奚”字甲骨文作（《合集》644）、（《合集》33573），金文作（卣文）、（丙申角），象以繩索縛係罪隸頸部，手持之。罪隸之形或作“大”，為後世所承。林氏以為即係纍之“係”本字，可從。作名詞則為罪隸，如林氏所舉《周禮》之“奚三百人”，即用為“奚奴”義。《說文》“大腹”之訓，或為“豯”“鼷”之假借。桂馥《說文解字義證》云：“‘大腹也’者，本書‘豯，从奚’云：‘生三月豚腹豯豯皃。’鼷，从奚，黽類皆大腹者也。”

孚，幽韻，敷周切

《說文》云：“，卵即孚孵也。从爪、子。”按，“”與卵生之“子”形不類。古以“孚”為“俘”字師寰敦“毆孚士女牛羊”“孚吉金”，即“俘”之古文，象爪持子。古作師寰敦、作卲伯尊彝、作魯士㢑父匜“𤰈”字偏旁。

評注：“孚”字甲骨文作（《屯南》4178）、（《合集》903 正），从又，从子；又增“彳”作（《合集》765），从爪。後世承襲从爪从子者，又孳乳為“俘”。林氏以為“孚”即“俘”之古文，象爪持子，其說可從。王國維《鬼方昆夷玁狁考》亦謂“孚即俘之本字”。大徐本無“即”字，此據段注本。

妥，歌韻

《說文》云：“，安也。从爪、女。”按，古作戜者尊彝。

評注：“妥”字甲骨文作（《合集》6947 正）、（《合集》6947 正），从爪，从女，後世相承。按此字形義關係有多說：或謂“以手撫女，有安撫之義”；[①] 或謂“會以手抑女使之止坐之意，引申有安定之義……諸家皆以妥為綏之本字”；[②] 或謂“會以手抓取女子之意，構形意圖與孚（俘本字）相類，本義當為女俘，用為動詞則為俘掠，即綏

---

① 參見《漢語大字典》編輯委員會《漢語大字典》“妥”字條按語，湖北辭書出版社、四川辭書出版社 1992 年版。

② 參見徐中舒主編《甲骨文字典》，四川辭書出版社 1989 年版，第 1319 頁。

之本字”。[1] 按“妥”“綏”皆訓“安”，典籍多見，“女俘”說恐非是。又大徐本無“妥”字。段注云：“《說文》失此字，偏旁用之，今補。”林氏據段注本。

采，微韻

《說文》云：“，禾成秀，人所收者也。从爪、禾。，俗从禾，惠聲。”

評注：“采”同“穗”，“穗”行而“采”廢。“采”字未見於商周古文字，戰國文字作（侯馬 318）、（《雲夢·日乙》51）。从爪、从禾。會用手捋取禾穗之意。林氏無說，字頭系推寫。

采，之韻，親以切

《說文》云：“，捋取也。从木，从爪。”按，古作遣彝。

評注：“采”字甲骨文作（《合集》11726）、（《合集》13377），从爪，从葉（或从木），會采摘之意。从木者為後世所承，沿用至今。林氏無說，證以金文而已。

爯，蒸韻

《說文》云：“，並舉也。从爪，冓省。”按，權輕重也。从爪持冓。冓，所稱之物與權衡交構也。古作 毚生器乙。

評注：“爯”字甲骨文作（《合集》31784）、（《合集》6162），象以手提取物之形，會稱舉之意。所提之物作，或為魚形省寫，“冓”字从之，故《說文》釋為从“冓”省。林氏從《說文》以“冓”為說，未確。“爯”後作“稱”。徐灝《說文解字注箋》曰：“爯、稱古今字。”

系，微韻，兮輩切

《說文》云：“，縣也。从系，厂聲。，籀文从爪、絲。”按，古作

---

① 參見黃德寬主編《古文字譜系疏證》，商務印書館 2007 年版，第 2300 頁。

[古文字]錫奚尊彝丁以為"奚"字，从爪持[古文字]。

評注： 甲骨文有字作[古文字]（《合集》26875）、[古文字]（《合集》21818），从二糸或三糸相連，又增"爪"作[古文字]（《合集》6）、[古文字]（《合集》27997）。此形體當是"聯"的初文，也是"系"的本字，系、聯義相近，音則旁對轉。[1] 就象與字的關係來說，從相連的角度看，就是"聯"字；從繫縛的角度看，就是"系"字，此所謂"同象異字"者也。就"系"字而言，从爪者為《說文》籀文所本，林氏釋為"从爪持[古文字]"，可從；不从爪者再省為一糸，則為《說文》小篆所承，即"系"字也。"縣"，大徐本作"繫"，此從段注本。

[古文字]龢，歌韻

《說文》云："[古文字]，調也。从龠，禾聲。"按，古作[古文字]番生敦，象手按龠形。亦作[古文字]子璋鐘。

評注："龢"字甲骨文作[古文字]（《合集》1240）、[古文字]（《合集》30693），左邊所从，按照甲骨文的系統，當是"侖"字〔甲骨文"侖"字作[古文字]（《合集》18690），从倒口，从冊；"龠"字作[古文字]（《合集》23241 正）、[古文字]（《合集》24883），象編管之樂器形。參見本卷"侖""龠"字條評注〕，金文才變為从"龠"，為後世所承。右邊从禾，甲金文皆同（"龢"字金文字形參見《金文編》第 124—125 頁）。林氏所引番生敦（簋）之[古文字]，《金文編》另立字頭，隸定為从龠从力，並注"《說文》所無"（《金文編》第 125 頁）。[古文字]在銘文用為"康樂"之義，林氏分析為象手按龠形，當是奏樂之意，與康樂之義相關，然非"龢"字。故字頭當用子璋鐘之"龢"為妥。

[古文字]付，遇韻，方遇切

《說文》云："[古文字]，予也。从寸，持物以對人。"按，古作[古文字]曶鼎，从[古文字]，象手形。

評注："付"字未見於甲骨文。金文如林氏所引，从又，从人，會以手

---

① 參見黃德寬主編《古文字譜系疏證》，商務印書館 2007 年版，第 2733 頁。

持物予人之意。“又”後加飾筆變為“寸”，遂為小篆所本。林氏指出金文从又，象手形，是也。大徐本作“與也。从寸，持物對人”。此從段注本。

㞋、赧，寒韻

《說文》云：“，柔皮也。从申尸之後。尸或从又。”朱氏駿聲云：“當云从又申尸之後。又或从㕚。以許書列字次第，疑為人㲉道兩旁之皮。說者以攻皮之工當之，則何不曰从皮省而隸尸部乎？”按，“”即“人”字見“尸”字條，象伸手於人之後形。《說文》云：“，面慙而赤也。从赤，㞋聲。”按，象伸手於人之後，與“面慙色赤”意近。“赧”當即“㞋”之或體，从赤轉注。

評注：“㞋”字音 niǎn，同“㞋”，大徐本小篆作。王筠《說文句讀》曰：“㕚、又皆手，乃柔皮之工之手也。”林氏字形據段注本作，而釋文則據大徐本。朱駿聲《說文通訓定聲·乾部第十四》：“當云从又申尸之後，會意。又或从㕚。今本有闕脫。又按，以許書列字次第，尻、臀……八字連屬，疑謂人㲉道兩傍之皮。說者以攻皮之工當之，則與䨲字同，何不曰从皮省而隸尸部乎？”林氏所引，或略或誤。“㞋”字會意不明，林氏謂“象伸手於人之後形”，暫備一說。《說文》以“㞋”為“赧”的聲符，林氏以為亦表意，與“面慙色赤”意近，故“赧”當即“㞋”之或體，亦可備一說。

𠬝，之韻

《說文》云：“，治也。从又从卩。”按，“卩”即“人”字，从又持人。凡降服，經傳皆以“服”為之。古作宗周鐘。

評注：“𠬝”字音 fú。甲骨文作（《合集》712）、（《合集》724正），从又，从卩，象以手抑人使之跪跽之形，會“降服”之意，乃“服”之初文。後將“又”置于“卩”之下，抑壓之意不顯。林氏以為从又持人，亦可。

及，緝韻

《說文》云：“，逮也。从又、人。”按，从持人，謂追及之也。古作王孫鐘。或作曶鼎，从“行”省轉注。

評注：“及”字甲骨文作（《合集》940）、（《合集》6341）、（《合集》27987），从又，从人，會一人以手逮及另一人之意。後世相承。林氏云：“从持人，謂追及之也。”甚確。

亟，之韻

《說文》云：“，敏疾也。从人、口、又、二。二，天地也。”按，以“”為天地，義已廣漠。亟，急也《廣雅·釋詁一》，象人在隘中，被追驚呼。“”象隘，从持人，與“及”字同意，从口，驚呼之象。古作毛鼎、作盂鼎“遫”字偏旁，从“攴”與从“又”同意。

評注：“亟”字甲骨文作（《合集》13637 反），象一人立於地上，頂部加一横畫表示人之頂極，如立地頂天之象。于省吾曰：“亟，古極字……亟字中从人，而上下有二横畫，上極於頂，下極於踵，而極之本義昭然可觀矣。”① 至金文又增“口”形為飾，再增“攴”符，遂成定形。林氏以“急”義立說，頗有理趣，然不合此字源流。指出金文从“攴”與从“又”同意，則可從。“毛鼎”中漏“公”字。

隶，微韻，音隊

《說文》云：“，及也。从又，从尾省。又持尾者，从後及之也。”按，古作邵鐘。

評注：“隶”字音 dài，後作“逮”。段注云：“此與《辵部》逮音義皆同，逮專行而隶廢矣。”“隶”字未見於甲骨文。林氏證以金文字形，無說。

奴，模韻

《說文》云：“，奴婢皆古辠人。《周禮》曰：‘其奴，男子入於辠隸，女子入於舂稾。’从女、又。”按，从又持女，與“奚”“孚俘”同意。古作廩帑器“帑”字偏旁。

評注：“奴”字甲骨文作（《英》646 正），象女人反縛其兩手以跪

① 參見于省吾《甲骨文字釋林》，中華書局 1979 年版，第 95 頁。

形，乃“奴”之初文。後加“又”符沿襲至今。林氏云：“从又持女，與‘奚’‘孚’俘同意。”可從。大徐、段氏皆以“又”表示“持事”，與林氏說不同。“稾”，大徐本作“藳”。林氏引《說文》從段注本。

妻，微韻，七非切

《說文》云：“，婦與己齊者也。从女，从屮，从又。又持事，妻職也。屮聲。”按，古作叔盡“盡”字偏旁、作𧶠鼎“盡”字偏旁，从又持女，从“齊”省轉注，齊亦聲。

評注：“妻”字甲骨文作（《合集》691 正）、（《懷特》808）、（《合集》18016），象以手抓住女子頭髮，強搶爲妻。上古有掠奪婦女為配偶之風俗。[①] 金文“手”形嵌入頭髮之中，小篆中的“屮”乃女子頭髮之形的譌變。《說文》釋“又”為“持事，妻職也”，非是。林氏釋為“从又持女”，可從；然謂“从齊省，齊亦聲”，則不可信。“己”，大徐本作“夫”；“屮聲”二字，大徐本無。此從段注本。

 掔、臤，臻韻，兮寅切

《說文》云：“，牛狠不从牽也。从牛、臤，臤亦聲。讀若賢。”按，从持牛，从臣轉注。臣，屈伏也見“臥”“望”“臨”“監”各條。牛很，須體屈而後可牽也。《說文》云：“，堅也。从又，臣聲。”按，“掔”象牛很難牽，與“堅”意近，疑“臤”即“掔”之省。

評注：“掔”字音 qiǎn。未見於先秦出土古文字材料。段注云：“臤者，堅也，故从牛、臤會意。”林氏拆為从又持牛，从臣，并以臣為“屈伏”義，非是。“臤”字音 qiān。甲骨文作（《合集》18143）、（《合集》8461）、金文作（臤父辛爵）。从又，从臣，臣象目形，會以手擊人目形。《說文》所釋之“堅”，當非其本義。林氏以“堅”義立論，認為掔、臤同字，亦非是。“牛狠不从牽”，大徐本作“牛狠不從引”，《文源》從段注本。

① 參見陳煒湛《古文字趣談·搶來的老婆》，上海古籍出版社 2005 年版。

羞，幽韻

《說文》云：“，進獻也。从羊、丑。羊，所進也，丑亦聲。”按，“羊丑”非義。古作武生鼎、作仲姞鬲、作魯伯愈父鬲，象手持羊形。變作穌公敦、作佁伯達器。

評注：“羞”字甲骨文作（《花東》286）、（《合集》33968），从又，从羊（或牛），會持犧牲進獻之意。金文承襲从“羊”作者，“又”或作“廾”。小篆“又”符訛變聲化為“丑”，為隸楷所承。林氏指出《說文》所釋“羊丑”非義，并指出字象手持羊形，甚是。

皮，歌韻，音婆

《說文》云：“，剝取獸革者謂之皮。从又，為省聲。”按，“皮”“為”不同音。古作叔皮父敦，从，象獸頭角尾之形，象其皮，象手剝取之。

評注：“皮”字甲骨文作（《花東》550）。金文承襲甲骨文，小篆訛變頗甚，《說文》解為“為省聲”，非是。林氏根據金文字形，認為“象獸頭角尾之形，象其皮，象手剝取之”。其說較許說為優，當可從。

隻，模韻，音措

《說文》云：“，鳥一枚。从又持隹。持一隹曰隻，二隹曰雙。”

評注：“隻”字甲骨文作（《合集》10344反）、（《合集》37363），金文作（師隻卣）、（禹鼎），象以手捕鳥形，乃“獲”之初文，甲金文亦用為捕獲義。羅振玉《增訂殷虛書契考釋》云：“此从隹从又，象捕鳥在手之形，與許書訓‘鳥一枚’之隻字同形。”李孝定《甲骨文字集釋》按語曰：“卜辭隻字字形與金文小篆並同，其義則為獲，捕鳥在手，獲之義也，當為獲之古文，小篆作獲者，後起形聲字也。羅謂與訓‘鳥一枚’之隻同形，其說未諦。‘鳥一枚’者，隻之別義也。”李說可從。林氏未引金文，字頭係推寫，亦無說。

雙，東韻，音松

《說文》云：“，隹二枚也。从雔，又持之。”

評注：“雙”字未見於商周古文字材料。戰國文字作（望山 2 · 50），與小篆同構。从又、从二隹，象以手持二鳥之形，會一對、成雙之意。林氏無說，字頭系推寫而成。

蒦，模韻，音護

《說文》云：“，規蒦，商也。从又持萑。一曰，蒦，度也。，或从尋。尋亦度也。”按，即“獲”之古文，與“矱”不同字。手持萑鴟屬，獲之也。

評注：“蒦”字未見於甲骨文。金文作（哀成弔鼎），从又，从雀，與从又从隹之“隻”同義；戰國金文作（中山王鼎），从又，从萑，从萑與从隹亦同，小篆字形當承此而來。故隻、蒦、獲乃一字之孳乳。林氏謂“蒦”象手持萑，即“獲”之古文，其說可從。《說文》所釋之“規蒦，商也”“視遽皃”（林氏未引）“蒦，度也”等當都是“蒦”的假借義，“矱”當是為“度”義而造的後起形聲字。“蒦”字上部本當書作“丱”，故《通檢》歸入十四畫，是；隸楷與“艹”混同，今改入十三畫。

㝵，談韻

《說文》云：“，傾覆也。从寸、臼覆之。寸，人手也。从巢省。杜林說以為貶損之貶。”按，“”象巢，“”即“又”之變，象手形。

評注：“㝵”字大徐本小篆作，隸作“㝵”。段注本改為，此從之。徐灝《說文解字注箋》云：“臼象巢形，从又持丨覆之，指事。各本篆體皆同。其下从又，而說解云‘从寸’，既曰‘臼’又曰‘从巢省’，皆歧異。蓋此篆隸變為叟，與俗書老叟無別，故後人改从寸作㝵，因并改許說耳。《玉篇》《廣韻》作㝵，去其直畫，尤非許意。據《繫傳》云，臼與丨即巢之省，則篆文本有直畫明矣。段氏遽改篆作，亦輕率也。”按徐說可從。又按，甲骨文有字作（《合集》8494）、（《合集》32 正）等形，是盛食物之器具“笲”的本字。其繁構加𠬞作（《合集》8501 反），演變為金文的（師酉簋），再變為戰國文字的（侯馬盟書）、（郭店楚簡）等形，這就是“覍”字的源流演變情況；侯馬盟書的字，也可以演變為小篆的字。因此“㝵”其實就是“覍”的異體字。[①] 以此觀之，“㝵”字讀為貶損之“貶”，乃是音同假借的現象；《說文》釋為“傾覆”，也還是與貶損義相關的假借義。許慎、徐灝、林義光對“㝵”字形體的解釋，都是基于假借義而作的重解，非其朔也。

漁，模韻，音吾

《說文》云：“，搏魚也。从𩺰、水。，篆文瀏从魚。”按，石鼓文作，象手在水中取魚形。

評注：“漁”字甲骨文作（《合集》713）、（《合集》2973），又有作以手張網捕魚者，且魚之數亦多寡不一，均會捕魚之意。金文作（遹簋），異形亦多。以从水从魚者為今所承。林氏以石鼓文為證，可見取材非限於金文也。林說可從。“搏魚”，大徐本作“捕魚”，此從段注本。

𠭥，微韻，音擓

《說文》無“𠭥”字。“蒯”蒯下云：“从艸，𠭥聲。”按，“𠭥”即“蒯”之古文。蒯，艸也。，束芻形，象手持之。

評注：“𠭥”字音 kuài，又作“㓣”；加艸作“蒯”，實即“蒯”字，兩者隸定不同而已。“𠭥”字左邊所从，其形源可追溯到甲骨文的“倗”字。按甲骨文“倗”作（《合集》13），从人，从串貝之形（或說从“玨”）。金文作（倗尊）、（倗伯簋），戰國文字作（《雲夢·日甲》65 背），其形與古璽之（《漢語大字典》“𠭥”字條引）、漢印之（《漢印文字徵》第一卷 12 頁）所从已經很接近了。“刀”旁作“寸”漢代常見，因此漢印的也可以隸定為“蒯”。[②] 段氏在“蒯”字條下注云：“𠭥

① 參見趙平安《釋甲骨文中的“”和“”》、《從㝵字的釋讀談到㝵族的來源》，均收入《新出簡帛與古文字古文獻研究》，商務印書館 2009 年版；卷二“覍”字條評注。

② 參見黃文傑《說“朋”》，《古文字研究》第 22 輯，中華書局 2000 年版。

字，今不可得其左旁所從何等……不知何時蔽改作𠜂，从朋从刀，殊不可曉。”今得秦漢文字之證，當可釋段氏之疑。林氏以為“𢽟”字左邊所从為“束㒸形”，非是。當然，此字的本義本音，尚屬闕疑，還要進一步研究。

灰灰，之韻，音僖

《說文》云：“灰，死火餘㶳(燼)也。从火、又。又，手也。火既滅，可以執持。”按，古作灰(無叀鼎)，火象灰形，又持之。無惠鼎：“王格于周廟，灰於圖室。”“灰”蓋借為“賚”字，“賚”與“釐”同音通用。“釐”音又如“禧”。“禧”古與“灰”同音，“灰”音亦或如“里”，故“詼調”《說文》作“悝啁”，“里”亦與“賚”“釐”同音。

評注：“灰”字未見於甲骨文。金文如林氏所引，作灰。林氏以為“火象灰形，又持之”，當可從。後世則簡作从又从火。“又”屬之部，亦可充當“灰”之聲符。林氏從音理角度論無惠鼎“灰”字的用法，可備一說。“燼”字大徐本、段注本皆作“㶳”。

㶳㶳，臻韻

《說文》云：“㶳，火之餘木也。从火，聿聲。一曰薪也。”按，“聿”非聲。㶳象薪有餘火，手持之(木象薪)，與“灰”同意。今字作“燼”。

評注：“㶳”字甲骨文作㶳（《合集》7867），象以手持棍棒撥動火之灰燼。戰國文字變為从火、聿聲，作㶳（《雲夢・日甲》125），小篆再變而為上下結構。後又通作“燼”。林氏認為“㶳”“燼”為古今字，是正確的。大徐本與段注本篆皆作㶳，故皆云从“聿聲”，隸定為“㶳”。林氏認為此字“象薪有餘火，手持之（木象薪）”，故改篆作㶳，并云从“聿聲”（比“聿”少一横畫），隸定為“㶳”。字頭亦系推寫而來。不過林氏認為“聿”“聿”同字（見下“聿”字條），故“㶳”其實也就是“㶳”字。“火之餘木也”，大徐本作“火餘也”。林氏從段注本。

尉尉，微韻

《說文》云：“尉，從上按下也。从𡰥、又，又持火，所以申(伸)繒也。”

按，从“”之意未説。“叚”字篆亦从“”。“叚”假有“藉”之義見“叚”字條，古作曾伯簠匜，“”即“石”省。石，藉也見“石”字條。尉必有藉，从“石”省轉注，从又持火。俗作“熨”，下復从火，非是。

評注：“尉”為“熨”之本字。未見於商周古文字材料。戰國文字作（《中國璽印集粹》）、（《雲夢・秦律》159），皆與小篆同構。或以為其“本義為以火燒椭石為人熝疾的熨燙治療法……篆文从又，二象小椭石。从火、从尸（與人同）。正會手持椭石燔于火上以為人療疾之意”。[①] 説當可從。《馬王堆漢墓帛書・古醫方・五十六方・牡痔》：“燔小隋（椭）石，淬醯中以尉。”正用本義。林氏認為《説文》所釋从“”之意未説，是正確的。但根據“叚”的形義，以為“尉”所从之“”乃“叚”所从之“石”省，表示“藉”義，並擬“尉”的古形為“”，證據不足，當不可據。“尉”已有“火”，後起之“熨”下復有“火”，林氏以為非是，從形義關係來看，是對的。

穸，幽韻

《説文》云：“，老也。从又，灾。闕。”朱氏駿聲云：“即‘搜’之古文，从又持火屋下索物也。”

評注：“穸”字甲骨文作（《合集》2670）、（《屯南》1024）。从宀，从火，从又，會以手持火於室内搜求之意。林氏引朱駿聲説，認為乃“搜”之古文，可從。字後世訛變為“叟”，《説文》所釋之“老”，乃其假借義，後起字作“傁”；分析為“从又，灾”，乃切分之誤，把“宀、火”合為“灾”，故不得其解。

㲻，微韻，音昧

《説文》云：“，入水有所取也。从又在回下。，古文回。回，淵水也。”

評注：“㲻”字音mò，乃“沒”之本字。未見於商周古文字材料。戰國文字作（秦駰玉版銘文）、（《雲夢・秦律》103“沒”字偏旁），

---

① 參見黄德寬主編（《古文字譜系疏證》，商務印書館2007年版，第3200頁。

从回，从又。“回”象淵水形，“又”表人手，《說文》解為“从又在回下”，當表示人沉沒於水之意，未必示有所取也。林氏無說。

囟，葉韻，音聶

《說文》云：“，下取物縮藏之。从又，从口。讀若聶。”按，象手取物藏口中形。

評注：“囟”字音 niè。甲骨文有字作（《合集》22173），用為人名，與“囟”同構，當為同字。此字存於字書，典籍罕用。段注云：“下取，故从又。縮藏之，故从口。”林氏說本段注。

封，東韻

《說文》云：“，爵諸侯之土也。从之、土，从寸，寸，守其制度也。”按，“寸”非“制度”之意。“寸”即“又”字。古作召伯虎敦，本義當為聚土。“”，“土”之省。从又持土，丰聲《周禮·封人》注：“聚土曰封”。

評注：“封”字本作“丰”，甲骨文作（《合集》20576 正）、（《合集》18426）、（《懷特》445），下象土堆，上為樹木，全字象植樹於土堆上之形。古代聚土植樹為界曰“封”，《周禮·地官·大司徒》：“制其畿疆而溝封之。”鄭玄注：“封，起土界也。”甲骨文的“丰”字正象其形。周代文字繼承商代的寫法，但開始增益“又”旁，到了《說文》小篆演化為“寸”旁而成“封”字，並延續至今。林氏指出《說文》所釋“寸”非“制度”之意，當即“又”字，其說可從。但釋本義為“聚土”，分析字形為“从又持土，丰聲”，均不夠準確。“寸，守其制度也”句，大徐本無“寸”字，此據段注本。

圣，微韻，音潰

《說文》云：“，汝潁之閒謂致力於地曰圣。从又、土。讀若兔鹿窟。”

評注：“圣”音 kū，與“聖”之簡化字“圣”同形，非一字。“圣”字甲骨文作（《合集》33209）、（《合集》9477）、（《合集》34239），从又（或雙手），从土，會致力掘土之意。或以為乃“墾”之初文，甲骨文多有“圣田”之辭，即“墾田”也。[1]“兔鹿窟”，大徐本作“兔窟”，林氏引《說文》從段注本。

守，幽韻

《說文》云：“，守官也。从宀，从寸。从宀，寺府之事也。从寸，法度也。”按，古作守敦，从持在宀下。持與“尹”同意，握事也。

評注：“守”字未見於甲骨文。商周金文有之，本作（觚文），从宀，从又，會守護居室之意。或於“又”下加短筆為飾，後世承襲作从“寸”。《說文》以从“寸”為說，林氏以从持為說，皆非其朔。“从宀，寺府之事也。从寸，法度也”，大徐本作“寺府之事者。从寸，寸，法度也”。此從段注本。

裘，音其

《說文》云：“，皮衣也。从衣，象形，與衰同意。”按，“”不象裘形。古作又彝，象衣有毛，象手持之。或省作歸夆敦。

評注：“裘”字甲骨文作（《合集》7921），象衣裘之形，外有毛。金文加“又”為聲符，衣裘之形再類化為“衣”，“又”再更變為“求”，即成小篆之形。林氏根據金文認為“裘”象衣有毛，在卷三“求”字條即指出“求”“裘”不同字，此謂“”不象裘形，皆可從。按“求”字甲骨文作（《合集》14353）、（《合集》14350），象多足虫之形，為“蝨”之初文（參見卷三“求”字條評注）。

秉，陽韻，音榜

《說文》云：“，禾束也。从又持禾。”按，古作虢叔鐘。

評注：“秉”字甲骨文作（《合集》18157）、（《合集》18142），从又（手）持禾，金文承之，并為小篆所本。林氏證以金文字形，無說。

① 參見黃德寬主編《古文字譜系疏證》，商務印書館 2007 年版，第 3663—3664 頁。

兼，談韻

《說文》云：“，并也。从又持秝。兼，持二禾；秉，持一禾。”

評注：“兼”字未見於甲骨文材料。金文作（郄王子旃鐘），與小篆同構，从又持二禾，會兼有之意，本義為“并”。林氏無說。

有，之韻，音以

《說文》云：“，不宜有也。《春秋傳》曰：‘日有食之。’从月，又聲。”按，“有”非“不宜有”之義。有，持有也。古作宄敦、作盂鼎，从又持肉，不从“月”。

評注：甲骨文借“㞢”為“有”，“有”字未見於甲骨文。金文如林氏所引，从又，从肉。林氏指出《說文》“不宜有”非其義，字乃从又持肉，不从“月”，為“持有”之意，說皆可從。《漢語大字典》引以為證。

祭，泰韻，音蔡

《說文》云：“，祭祀也。从示轉注，以手持肉。”按，古作郳公華鐘、作陳侯因資敦。

評注：“祭”字甲骨文作（《合集》15887）、（《合集》27226），象以手持肉祭祀之形，金文加“示”符，為後世所承。《說文》所解甚確，林氏引金文以證。

豚，文韻

《說文》云：“，小豕也。从古文豕，从又持肉，以給祠祀也。”按，古作豚彝庚、作豚鼎。

評注：“豚”字甲骨文作（《合集》9774 正）、（《合集》30393），从豕，从肉。金文增繁从“又”，此《說文》“从又持肉”說之所從出也。《說文》正篆承襲金文，篆文省體與甲骨文同，並為後世所沿用。林氏未及篆文省體，僅錄金文字形佐證《說文》正篆。

封，遇韻，時遇切

《說文》云："，立也。从壴，从寸。寸，持之也。"按，古作封仲敦，"壴"為"喜"饎省見"壴"字條。手持饎，當即"廚"之古文。

評注："封"即"樹"之本字，表樹立之意，與"蓺"同義。甲骨文作（《合集》21252）、（《合集》27781），象以手植樹之形。甲骨文又有字作（《合集》37487）、（《合集》36838）者，或以為"嘉"字，或以為亦"封"字，从"力"與从"又"同意。如後說可從，則甲骨文又有加"豆"為聲者，為後世所承。石鼓文作，即是从"豆"得聲。金文如林氏所引者，左旁所从之"壴"，與"鼓"之初文同形，乃省變所致。林氏釋"壴"為"喜"省，當即"廚"之古文，非是（參見卷五"喜、壴"字條）。

燮、燮，葉韻

《說文》云："，大孰熟也。从又，从炎、辛。辛者物孰味也。"按，古作曾伯簠匼，象手持火熟物，T，熟物器底。"鬻"字古作妣戊器"鬻"字偏旁，象熟飪五味形，亦與"㶣"形近。《說文》云："，和也。从言、又，炎聲。"按，古从"辛"之字，或譌从"言"見"獄"字條。"燮"訓為"和"，亦熟飪五味之義。"燮""燮"當同字。

評注："燮"字甲骨文作（《合集》18178）、（《合集》18793），从又持物，从三火或四火，會"燒食調理"之意。因所持之物形似"辛"字，故後世訛為"辛"，"辛"又訛為"言"，字又作"燮"。林氏釋為"象手持火熟物"，較為合理，然將T形釋為"器底"，則非是。徐灝《說文解字注箋》引戴侗曰："燮、燮、燮，實一字。羊之譌為辛，辛之譌為言也。""燮"字《說文》入"炎"部，"燮"字《說文》入"又"部，林氏合而為一，甚是。"燮"字大徐本作"从又持炎辛"，段注本同，林氏改"持"為"从"；"燮"字大徐本作"从言，从又炎"。此從段注本。

左，歌韻

《說文》云："，手相左也。从ナ、工。"按，工，事也。从持事。

古作虢季子白盤，俗字作“佐”。

評注：“左”字甲骨文作（《合集》16131 正）、（《合集》371 反），象左手之形，金文增“言”“口”或“工”（見《金文編》310—311 頁），以加“工”者多見，為後世所承。“工”當為分化符號，林氏釋為“事”，乃系別解。段注云：“左者，今之佐字。《說文》無佐也。𠂇者，今之左字。”林說“俗字作‘佐’”，當本段氏。按“𠂇”“左”“佐”皆同源而分化，音義關係密切。“手相左也”，大徐本作“手相左助也”。此從段注本。

巨、矩，模韻，音古

《說文》云：“，規巨也。从工，象手持之。”按，古作伯矩尊彝、作伯矩敨彝，象人手持工“”與“”皆象人形，工，事也。變作毛公鼎“”字偏旁、作吳尊彝“”字偏旁。《說文》云：“，巨或从木、矢。矢者其中正也。”按，从“矢”非義。“矩”即“”之譌變，或又加“木”耳。

評注：“巨”為“矩”之省，“榘”為“矩”之繁。“矩”字未見於甲骨文，金文如林氏所引，“人”形又作“夫”，“夫”形訛為“矢”。林氏謂“矩”“象人手持工”，“”與“”皆象人形，字从“矢”非義，其說甚是，可從。

專，寒韻

《說文》云：“，六寸簿也。从寸，叀聲。”按，从“寸”無“六寸”之意。古作傳尊彝戊“傳”字偏旁，“”即“疐”字，礙不行也見“叀”字條。从又，謂以手轉之，即“轉”之古文。《廣雅》：“專，轉也。”釋言《方言》：“簙，吳楚之閒或謂之夗專。”“夗專”即“宛轉”。

評注：“專”字甲骨文作（《合集》20065）、（《合集》16218），从又（或“収”），从叀。“叀”字甲骨文作（《合集》614）、（《懷特》1402），象紡磚之形。“專”象以手轉“叀”，林氏以為即“轉”之本字，可從；然謂“”即“疐”字，則非是（參見卷五“疐、叀”條評注）。小篆从“寸”，乃“又”之變，林氏糾許慎之“六寸薄”之說，亦是。

反，寒韻

《說文》云：“，覆也。从又、厂。”按，“厂”象翩翻形，从“”，謂以手反轉之。古作太保彝，同。

評注：“反”字甲骨文作（《合集》36537）。金文、小篆字形與甲骨文形同。楊樹達《積微居小學述林》云：“反从又从厂者，厂爲山石厓巖，謂人以手攀厓也……扳實反之後起加旁字也。”《甲骨文字典》《漢語大字典》均以楊說為是。《說文》訓“覆”，或為假借義。林氏謂“厂象翩翻形”，其說無據。

父，模韻

《說文》云：“，家長率教者。从又舉杖。”按，古作匽侯尊彝辛、作函皇父敦、作郘遣敦。

評注：“父”字甲骨文作（《合集》2128）、（《合集》27442），从又持丨。郭沫若認為，父乃斧之初字。石器時代，男子持石斧以事操作，故孳乳為父母之父。①《甲骨文字典》《漢語大字典》均以郭說為是。因象石斧之形簡作一豎筆，故《說文》釋為“从又舉杖”，亦有理據。林氏證以金文，無說。

尹，臻韻

《說文》云：“，治也。从又、丨，握事者也。”按，官也《廣雅·釋詁四》，官亦率教，與父舉杖同意。古作克鼎彝。

評注：“尹”字甲骨文作（《合集》5616）、（《合集》27011），从又持丨，後世相承。或以為象以手持筆形，與“聿”本同字，較為可信。或以所持者為杖，以示治理之意，亦有理據。林說與後者近同。

---

① 參見郭沫若《甲骨文中所見之殷代社會》，轉引自李圃主編《古文字詁林》第三冊，上海教育出版社 2001 年版，第 389 頁。

丈，陽韻

《說文》云：“，十尺也。从又持十。”按，“持十”無“十尺”之意。當即“杖”之古文。“十”古作，象杖形，手持之。

評注：“丈”字未見於商周古文字。戰國文字作（《郭店·六德》27），與小篆同構，从又持十。林氏以為“十”古作，象杖形，手持之。“丈”當即“杖”之古文。以理推之，其說可從。字頭系推寫，並無出處。邵瑛《羣經正字》云：“蓋隸變为支，故不得不變支為丈。”按，睡虎地秦簡“支”“丈”就經常混同，邵說可從。

支，蟹韻，之街切

《說文》云：“，去竹之支枝也。从手持半竹。”按，即“枝”之古文，別生條也。象枝形，持之。

評注：“支”字未見於商周古文字。戰國秦簡文字作（《雲夢·法律答問》208），變半竹之形為一横，與“丈”之“从手持十”混同。楷書“支”“丈”相區別，乃文字別異之結果。林氏以為“支”即“枝”之古文，《漢語大字典》從之。“去竹之支”的“支”，大徐本、段注本均作“枝”。

叏，宵韻

《說文》云：“，滑也。从又、屮。一曰取也。”按，从又持屮，與“取”意近，即“挑”之古文。古作衷叏賓鉼。“叏”為滑，乃“泰”之雙聲旁轉。《說文》：“泰，滑也。”

評注： “叏”字音 tāo。甲骨文見於偏旁，如有字作（《合集》12500），所从即“叏”字，與林氏所引金文構形相同，皆从又从屮。林氏云：“从又持屮，與‘取’意近，即‘挑’之古文。”其說當可從。《說文》引《詩》“叏兮達兮”，今本作“挑兮達兮”。“叏”字本義為取，《說文》釋為“滑”，較難理解。林氏以為乃“泰”之雙聲旁轉。段注云：“毛云：‘挑達，往來相見皃。’按，往來相見即滑泰之意。達同泰，《水部》：‘泰，滑也。’”林氏說或源於此。

攴，遇韻，匹玉切

《說文》云："，小擊也。从又，卜聲。"按，从"攵"之字，多非小擊之義。當象手有所持形，與"又"略同，猶治事之意。古作師酉敦"攸"字偏旁。

評注："攴"字甲骨文作（《合集》22536）、（《英》1330），象手持棍棒擊打之形。後作"攴"，上从"卜"，兼有聲化作用。"攴"之本義為擊打，《合集》22536 作"丙辰攴禾"，即擊禾脫粒之意，可證《說文》"小擊"之釋無誤，唯"小"字不能落實耳。由手持棍棒擊打之義引申為手之動作義，順理成章。徐灝《說文解字注箋》曰："疑本象手有所執持之形。故凡舉手做事之義，皆从之。因用為扑擊字耳。"本義和引申義正好顛倒了。林氏說或本此，亦否認"小擊"之義，不確。

殳，遇韻，音須

《說文》云："，以杖殊人也。从又，几聲。"按，古作格伯敦、作叚敦，並"叚"字偏旁，象手持殳形，亦象手有所持以治物，故从"殳"之字與"又""攴"同意。

評注："殳"字甲骨文作（《合集》6）、（《合集》21868），从又持殳。考古發現已證實"殳"乃古代的一種兵器，以竹、木制成，一端有棱，用於擊砸。金文如林氏所引，殳形訛變，為後世所承。《說文》釋為"几聲"，非是。林氏云："象手持殳形，亦象手有所持以治物，故从'殳'之字與'又''攴'同意。"可從。《漢語大字典》亦引林說。

卑，蟹韻，彼街切

《說文》云："，賤也。从ナ、甲。"按，"ナ甲"非義。古作靜敦"綼"字偏旁，不从"甲"。"田"當為"由"之變形。由，缶也，手持之，與"僕"僕"甹"伻同意。或作曶鼎、作克鼎彝"渒""字偏旁。

評注：《合集》37677 有一個字比較模糊，或摹作，以為"卑"字，待考。金文如林氏所引，象手持物形，以卑賤之義推之，殆持物勞作之意，卑者所為也。所持之物，《說文》以為"甲"，林氏以為"缶"，皆有可能，尚無確證。朱駿聲《說文通訓定聲》曰："此字即椑之古文，圓榼也。酒器。象形。𠂇持之，如今偏提，一手可攜者，其器䧢圓，有柄。"亦備一說。字頭"甶"即"卑"。

帚，幽韻

《說文》云："，所以糞也。从又持巾掃冂內。"按，象帚形，持之。古作多父盤"婦"字偏旁。

評注："帚"字甲骨文作（《合集》20463反）、（《合集》2095），象掃帚之形，前者尤其形象，後者為金文所承襲，小篆上部訛从"又"，《說文》割裂字形解為"从又持巾掃冂內"，義雖合，形乖離。林氏雖引金文字形，亦指出"象帚形"，但仍據小篆从"又"立說，失之。"所以糞"，大徐本作"糞"，林氏引《說文》從段注本。

彗，微韻

《說文》云："，埽竹也。从又持。""" 象彗形。

評注："彗"字甲骨文作（《合集》33717），象掃帚之形。又作（《合集》7056），从二"又"。小篆"彗"字下从"又"，當承此形，上作"甡"，則為帚形之訛。段注謂"甡，眾生並立之皃，从甡者，取排比之意"，非是。林氏注云"''象彗形"，可從。徐灝《說文解字注箋》："甡蓋象竹彗之形，非甡字。猶鳥足从匕而非匕，魚尾似火而非火也。"林說或本此。彗星拖有長光如掃帚然，俗稱"掃帚星"，馬王堆帛書《天文氣象雜占》所繪彗星有作形者，其上部與甲骨文"彗"形近，故掃帚之"彗"又為彗星之"彗"。"埽"，大徐本作"掃"。

㕞，泰韻，所害切

《說文》云："，飾拭也。从又持巾在尸下。""尸"象屋形。

評注："㕞"字未見於先秦古文字材料。朱駿聲《說文通訓定聲》曰："經傳皆以刷為之。"桂馥《說文解字義證》云："在尸下者，在屋下也。本書'屋'字云：'尸，象屋形。'……灑埽潔清之事，亦應於屋下執之。"林氏注云："'尸'象屋形。"可從。大徐本作"拭也"，段玉裁據《五經文字》改為“飾也”，林氏用“飾”并注“拭”，殆兼顧之。

肁，宵韻

《說文》云：“，始開也。从戶、聿。”按，古作肁尊彝己，从又持在戶側，象門歫。手持歫，啟門之象。或作遂尊彝，从攴。

評注：“肁”字未見於甲骨文材料，金文如林氏所引，乃以手持物啟門之象，林氏分析可從。《金文編》云：“肁，孳乳為肇，為肈。”故“肁”為“肇”“肈”之初文，本義為啟門，引申為凡始之稱。

建，寒韻

《說文》云：“，立朝律也。从聿，从廴。”按，石鼓作“騝”字偏旁，秦繹山碑亦同。建，立也。“”即“廷”省，从又持在庭中，有所樹立之形。

評注：“建”字甲骨文作（《合集》36908），目前僅一見。象人雙手持杆豎立于乚內之形，旁有土屑，林氏所引石鼓文下从土者殆即因此而來。後世雙手持杆訛變為“聿”，乚則訛變為“廴”。林氏云：“从又持在庭中，有所樹立之形。”其分析基本不誤，較許說為優，唯以“”即“廷”省，蓋拘於《說文》“朝律”之說，不確。

射，模韻，音墅

《說文》云：“，弓矢發於身而中於遠也。从矢，从身。，篆文䠶从寸。寸，法度也，亦手也。”按，古作靜敦、作趞曹鼎，象張弓矢手持之形，形近身，故變為“射”，又變為“䠶”。古又作師望鼎，“”譌為“”，與“民”相混。

評注：“射”字甲骨文作（《合集》19476），花東甲骨文又加一手或雙手，作（《花東》7）、（H3：772），金文如林氏所引，沿襲了單手張弓發箭之形。林氏指出：“象張弓矢手持之形，形近身，故變為‘射’。”十分正確。指出“身”為“弓”變，林氏為較早者。然引師望鼎之，以為“弓”又與“民”相混，則非是。此字當隸定為从民从又，非“射”字。《說文》據訛變之形立說，謂“弓弩發於身而中於遠也”，段注進一步解釋云：“謂用弓弩發矢於身而中於遠也。”皆非其朔。“弓矢”，大小徐本皆作“弓弩”，段注本同，此當林氏據古字形而改。

鼓、鼔，模韻

《說文》云：“，从壴，从屮、又。屮象垂飾，又象其手擊之也。”按，“壴”者，“喜”省見“壴”字條，从“喜”省轉注，象手持枹形。古作師嫠敦、作克鼎彝。或作沇兒鐘，不省。《說文》云：“，擊鼓也。从攴，壴聲。”按，“鼓”“鼔”二字古通用無別，字作洹子器。

評注：“鼓”字甲骨文作（《合集》20075）、（《合集》23603），金文近同。从壴，从殳或支，象手持鼓槌擊鼓之形。“壴”本象鼓形，甲骨文作（《合集》9260）、（《合集》27220），象鼓上有飾之形。林氏以為从“喜”省，非是（參見卷五“喜、壴”字條評注）。字頭之“鼔”，一般隸作“鼓”。按鼓、鼓無別，今通用“鼓”字。《說文》分“鼔”“鼓”為二字，“鼓”在“鼓”部，“鼓”在“支”部，林氏合二者為一字，可從。“从屮、又。屮象垂飾，又象其手擊之也”十四字，大徐本作“支，象其手擊之也”。此從段注本。

𠬝，臻韻，音賓

《說文》云：“，古文鞭。”按，古作諆田鼎、作馭方鼎，並“馭”字偏旁，象持鞭著馬尻形，象尻，與“”同意“”，尾也。上亦象尻。或作趞尊彝以為“馭”字，亦象尻，與“獸”作“”交彝、“為”作“”周客敦同意。一車兩馬，故从二冂。“冂”“丙”形近，故或作師嫠敦以為“馭”字，譌从“丙”。

評注：“𠬝（鞭）”字甲骨文作（《合集》20842），象手持鞭形。又加丙聲作（《合集》10380）。西周甲骨文作（《周原》H11：11），从二丙，與金文或體同。金文又作（九年衛鼎），上部之“”即“免”字，亦即“冕”字初文，乃聲化使然。[①] 戰國文字作（《郭店·老甲》1），上部變

① 參見劉釗《古文字構形學》，福建人民出版社2006年版，第87頁。

从“卞”聲。按“更”字古形也作从攴丙聲，“㝵”的這種聲化也許是為了與“更”字古形相區別。林氏謂象尻，亦象尻，非是。

聿，微韻，音位

《說文》云：“，所以書也。从聿、一。”按，楚謂之“聿”，秦謂之“筆”，“聿”實“筆”之古文。古作、婦庚器，从又持，“”象筆形。《說文》云：“，手之疌巧也。从又持巾。”按，“聿”為“疌巧”無所考。古“聿”字作“聿”，此即“聿”字。

評注：“聿”字音 yù。甲骨文作（《合集》22065）、（《合集》28169），象手執筆形，即“筆”之初文。朱駿聲《說文通訓定聲》曰：“秦以後皆作筆字。”林氏分析為“从又持，‘’象筆形”，甚是。羅振玉《增訂殷虛書契考釋》亦曰：“此象手持筆形，乃象形，非形聲也。”“从聿、一”，大徐本作“从聿、一聲”，段注以為“聲”字誤，此從之。“聿”字與甲金文之、完全對應，方濬益《綴遺齋彝器款識考釋》：“意古文聿、聿止一字，篆文興，始分為二。”林氏說同，當可從。其音讀 niè，義為“疌巧”，當都是別音別義。

畫，蟹韻，音蟹

《說文》云：“，介界也。从聿，象田四介。聿所以畫之。”按，規劃也。古作師望鼎，从聿古“筆”字，象所畫之形。或作番生敦、作師兌敦，並从“周”轉注。或作彔伯戓敦，从“玉”，此為刻畫之“畫”，與“琱”从“玉”同意。

評注：“畫”字甲骨文作（《合集》3054 正）、（《花東》416），象手持筆以畫之形。林氏所引師望鼎字形與甲骨文同，所釋可從。金文增“周”形，或訛為“田”，為後世所承。或有增“玉”者，林氏以為刻畫之“畫”，與“琱”同意，亦有道理。“介”，大徐本作“界”，段玉裁據“介”“畫”互訓同義，改作“介”。

史，之韻

《說文》云：“，記事者也。从又持中，中，正也。”按，古作揚敦、作師酉敦、作錫奚尊彝乙，从，不从“中”“中”，古作“”。“”象簡形，執簡所以記事。

評注：“史”字甲骨文作（《合集》20089）、（《合集》30524），从又从，象手持物之形。《說文》以“”為“中”，並以“正”釋之，意義比較抽象，是以後起義釋古義，論者多不以為然，林氏亦非之，可從。但“”具體所象何物，則又衆說紛紜：有釋為筆者，有釋為簿書者，有釋為盛算之器者，尚無定論。林氏釋為簡策，可備一說。就字形而言，似以釋為狩獵工具為近是。《甲骨文字典》即以捕獸器為說，可參。[1]

事、吏，之韻

《說文》云：“，職也。从史，㞢省聲。”按，古作趩尊彝、作多父盤、作克鼎彝、作師寰敦，从又持，與“史”同意，“㞢”省聲。或作伯矩畝彝、作追敦，“㞢”聲。或作子和子釜，變从“一”。亦作師寰敦、作師害敦，从“㫃”，執簡執旂，皆治事之意。“事”“史”同音，疑本同字而有兩義。《說文》云：“，治人者也。从一，从史。”按，“一史”非義。“事”字古或作，形與“吏”合。“吏”“事”古同音，蓋本同字。“吏”音本如“使”“使”从“吏”得聲，復轉如“理”，“使”音亦轉如“理”。《離騷》：“吾令蹇修以為理兮。”《左傳》：“行李之往來。”僖三十“理”“李”皆借為“使”。“吏”訓治人者，亦由職事之義引伸。

評注：甲骨文“史”“事”同字。其實“史”“事”“吏”“使”皆一字而分化。林氏謂“事”“史”同音，疑本同字而有兩義；“事”字形與“吏”合，“吏”“事”古同音，蓋本同字；“吏”音本如“使”，諸說皆至確，頗為難得。金文“事”从“㞢”或从“㫃”，本皆為分化符號。林氏以“㞢”為聲符，可視為聲化；以从“㫃”為“執旂”，治事之意，

[1] 參見徐中舒主編《甲骨文字典》，四川辭書出版社 1989 年版，第 316 頁。

則可視為義化，其說亦皆有理據。其舉《離騷》之“理”，以為乃“使”之借，可從；謂《左傳》“行李”之“李”亦“使”之借，固無不可，然亦有可能本來就是“事（使）”形隸定之訛誤。因為《左傳》諸書，皆經後人整理，古“事（使）”字隸定古文或作“峑”，與“李”字近同，整理者把本是“事（使）”字轉寫成“李”，確有可能。[①]

對，微韻

《說文》云：“，應無方也。从丵、口，从寸。，或从士。漢文帝以為責對而言，多非誠對，故去其口以從士也。”按，古作師酉敦、作伯晨鼎，本不从“口”。者，業省。从又持業。業，版也。“業”本覆簴之版，引伸為書冊之版。《曲禮》“請業則起”，注謂“篇卷也”。“版”亦即“笏”，對者執之，所以書思對命。或作虢叔鐘，从土。土者，“王”省曶鼎“望”作，洹子器“聖”作，皆省“王”為“土”，挺立以對也兼轉注。亦或作趞尊彝，从“口”。

評注：“對”字甲骨文作（《合集》30600）、（《屯南》4529）。或分析為从又，从丵（即虡業之“業”），表示以手配丵於虡上，會“配對”之意。[②] 或分析為从又，从丵，从土，會“撲土”（開辟疆土）之意。[③] 按“業”字取象於古代鐘架銅人擎舉大版之形，甲骨文右邊所从，恐非此象，故“配對”之說，雖有理據，殆非朔義。林氏所釋，亦以版業為說。“撲土”之說，以甲骨文“于夫西對”（《合集》30600）、“于東對”（《合集》36419）等文例證之，似當可從。若從此說，則“對”之“應答”義，乃是假借，故小篆增“口”以足義。至于漢文帝去“口”从“土”，其實是恢復古體而已，只是古體所从乃是“土”而非“士”。林氏據金文指出“對”字本不从“口”，是對的，但又說金文所从之“土”為“王”省，謂挺立以對，則非是。《文源》中之“簴”當為“簴”之筆誤。

---

① 參見林志強《古本〈尚書〉文字研究》，中山大學出版社 2009 年版，第 44—45 頁。

② 參見黃德寬主編《古文字譜系疏證》，商務印書館 2007 年版，第 3224—3225 頁。

③ 參見季旭昇《說文新證》，福建人民出版社 2010 年版，第 169 頁。

攸、修，幽韻

《說文》云："，行水也。从攴，从人，水省。"按，以"丨"為"水"省不顯。古作師嫠敦、作攸尊彝丁，从攴，从人，即"修"之古文，飾也。象手持物形，人所飾者也。或作師酉敦、作伊𣪕彝，作師兌敦、作吳尊彝，从"彡"轉注。彡，飾也。或作頌壺，省从"丨"。《說文》云："，飾也。从彡，攸聲。"按，"攸"字古或从"彡"，不得復加彡作"修"。"修"蓋"攸"字之譌。

評注："攸"字甲骨文作（《合集》4340 正）、（《合集》36826），金文承之，或加點為飾，如林氏所引之、。所加飾點，小篆連作一豎筆，為後世所承。甲骨文从人从攴，或以為以杖擊人，然無典籍文例可證。林氏以為即修飾之"修"的古文，攴象手持物形，人所飾者也；"攸"字或加點為飾，即"修"字所从之"彡"。從文字孳乳的一般情形而言，其說頗有理致。《甲骨文字詁林》"攸"字條按語引述林氏所說，并證以漢碑等材料，認為"攸修為古今字，本無區分"，[①] 亦贊同林說。

𠩺，之韻

《說文》云："，坼也。从攴，从厂。厂之性坼，果孰有味亦坼，故謂之𠩺，从未聲。"按，古作克彝"釐"字偏旁，本義當為"飭"、為"治"。从攴，从人"𠂉"即"人"之反文，與"攸"修同意，來聲。經傳以"釐"為之。

評注："𠩺"字甲骨文作（《合集》28173）、（《合集》27223），从攴，从來（"麥"本字），象以手持器物擊麥狀。又作（《合集》28218），加（人）形，演變為"厂"；"麥"形演變為"未"，遂成"𠩺"字。"𠩺"字孳乳為"釐"（參見卷十二"釐"字條評注），故林氏云"經傳以'釐'為之"。擊麥所以脫粒，有"分離""開裂"之意，故引申訓為"坼"。林氏以為其本義當為"飭"、為"治"，固無不可，然以為其从攴，从人，與"攸"（修）同意，則恐非是。

---

① 參見于省吾主編《甲骨文字詁林》，中華書局 1996 年版，第 171—172 頁。

寇，遇韻，音句

《說文》云：“，暴也。从攴、完。”按，古作曶鼎，象人在宀下或支擊之之形。變作虞司寇壺。

評注：“寇”同“寇”。《正字通·宀部》：“寇，俗寇字。”甲骨文有字作（《合》559正）、（《合》580正），象人持械入室撲擊，或以為即“寇”字。[①] 金文“寇”字如林氏所引，从人、从支、从宀，會於室內持棒擊打人之意，後世相承，人形作“元”，與“宀”合為“完”，故《說文》釋為从“完”，切分不準，未能體現“寇”的造字本意。林氏云：“象人在宀下或支擊之之形。”甚確。

𠷎，陽韻

《說文》云：“，亂也。从爻、工、交、吅。一曰室𠷎。讀若穰。，籀文。”按，《爾雅》：“襄，除也。”此為“𠷎”之本義。《公羊傳》：“攘夷狄。”僖四以“攘”為之。古作穌甫人匜“襄”字偏旁、作䢅侯盤，“”“”即“”之變，象人戴二口，叫囂之象；在土上，支象手持物以驅除之。或省“支”作伐郘鐘。煩擾者當𠷎去之，故引伸為“煩擾”。凡言搶攘、擾攘，多以“攘”為之。𠷎為使人退卻，故引伸為“退卻”，猶“辟”字為“使人避”《孟子》：“行辟人可也”，亦可訓為“避人”。《曲禮》：“左右攘辟”，此“攘”字為“使人退讓”。《史記》“小子何敢攘焉”，《禮》經“三揖三讓”，則“攘”“讓”為“避人”。

評注：“𠷎”字甲骨文作（《合集》343）、（《合集》3458反）、（《屯南》625）等形，形義不明。金文增土、又（支），并逐漸於人形上部兩側訛變為兩“口”，遂成、等形。根據金文字形，“𠷎”字所从之“爻”，乃“支”之譌，“工”乃“土”之譌，“己”乃人形之譌。“𠷎”是“襄”的初文，“襄”字从衣从𠷎，𠷎亦聲。根據《說文》“解衣耕謂之襄”，則“𠷎”本義可能是治土耕田，金文增支、土可見其義。林氏據

① 參見于省吾主編《甲骨文字詁林》，中華書局1996年版，第2008—2011頁。該字劉釗主編《新甲骨文編》已收為“寇”字，《新甲骨文編》，福建人民出版社2009年版，第192頁。

金文字形，以攘除為其本義，云：“象人戴二口，叫囂之象；在土上，攴象手持物以驅除之。”按“叫囂”之說非是，攘除之義則有一定理據。治土耕田需拔草除穢，引申出驅除之義，不無道理。待考。“穰”，大徐本作“禳”，此從段注本。

牧，之韻，彌弋切

《說文》云：“，養牛人也。从攴、牛。”

評注：“牧”字甲骨文作（《合集》376 正）、（《合集》8241 正），从牛，从攴，或增辵作（《合集》7343），或从羊作（《合集》32982），皆會放牧之意。後世相承从牛从攴者。《說文》所解正確，林氏無說。

枚，微韻

《說文》云：“，榦也。从木、攴，可為杖也。”按，可攀折，故从“攴”。

評注：“枚”字甲骨文作（《合集》19078）、（《屯南》220），从木（或屮），从攴。“枚”之本義為樹榦，可以為杖。《詩·周南·汝墳》：“遵彼汝墳，伐其條枚。”毛傳：“枝曰條，榦曰枚。”段注云：“攴，小毄也……杖，可以毄人者也，故取木、攴會意。”林氏則以“可攀折”釋“攴”，小異。

般，寒韻

《說文》云：“，辟也。象舟之旋。从舟、从殳。殳，令舟旋者也。”按，古作兮田盤，从“攴”，攴象手有所持以旋舟。

評注：“般”字甲骨文作（《合集》8838）、（《合集》8173），从凡，从攴；或作（《合集》22307），从舟，从攴；或作（《合集》685 正），从皿，从殳。後世作从舟从殳者，其實皆源自甲骨文。所从之“凡”“舟”“皿”，皆器皿。故“般”實即“盤”之初文。《說文》以舟船之義解之，林氏從之，皆非朔義。“令舟旋者也”句，大徐本作“所以旋也”，此從段注本。

殷，文韻，音敦

《說文》云："，揉屈也。从殳、㫐。㫐，古叀字。廄字从此。"按，"殷"為"揉屈"，"㫐"為古"叀"字，皆無考。古作格伯敦、作段敦、作孫叔多父敦，即"辜"之或體，孰也，與"埶"同意。埶象兩手持，此象手有所持以治。""""同字，薦熟物器也見"享"字條。或作祖日庚敦、作函皇父敦。盤敦之"敦"古並作，亦或作齊侯敦、作陳侯因資敦。

評注："殷"字亦隸定為"段""毁"，即後來之"簋"字。甲骨文作（《合集》23571）、（《合集》24956），演變為金文，宋以來皆誤釋為"敦"，故舊時許多當名為"簋"的器物皆標為"敦"，林氏云"盤敦之'敦'古並作"，即承其誤。本條標"殷"為"音敦"者，殆亦由此故，《文源》所引器物之名，亦皆因仍其舊。林氏又以為段"即'辜'之或體，熟也，與'埶'同意"，其說非是，不可從。

毇，微韻

《說文》云："，糲糲米一斛舂為九斗也。从臼、米，从殳。"

評注："毇"字音huǐ。未見於先秦出土古文字資料，字頭乃林氏依例推寫而得。"糲米一斛舂為九斗也"句，大徐本作"米一斛舂為八斗也"，林氏引《說文》從段注本。

磬，青韻

《說文》云："，樂石也。从石，声象縣簴之形，殳擊之也。，籀文省。"

評注："磬"字甲骨文作（《合集》8038）、（《合集》317），从殳，从声，會擊石為聲之意，乃"磬"之初文。據甲骨文，可知从"石"者為後加，籀文乃本字，《說文》云"省"，本末倒置。"声象縣簴之形"句，大徐本作"殸象縣簴之形"，段氏改"殸"為"声"，林氏從之，是。

臾，遇韻

《說文》云："，束縛捽抴為臾曳。从申，从乙。"按，"申"古作，“”非“申”字。“臾”从人、𦥑，象兩手捽抴一人之形。

評注：“臾”字甲骨文作（《合集》1107），商代金文作（尹臾鼎，《集成》1352），周代金文作（師臾鐘），从𦥑，从人，會以雙手曳人之意，下條“曳”字即由此字分化而來。林氏非《説文》从“申”之説，謂其字“象兩手捽抴一人之形”，于省吾認為“林説甚是”。[①]《漢語大字典》“臾”字條亦采林説。又按，本卷“𦥔”（音 kuì）字通常也隸作“臾”，與本條“臾”字同形，實不同字（參見本卷“𦥔”字條評注）。

曳，微韻，夷配切

《説文》云：“，从申，𠂆聲。”按，象兩手曳形，，物之端也。

評注：“曳”字由“臾”字分化而來。段注：“臾曳，雙聲，猶牽引也。引之則長，故衣長曰曳地。”《説文》釋為形聲，非是。林氏謂“象兩手曳形”，可從。然以為“物之端”，不確。乃人形之變，當書作。

婁，遇韻，音屨

《説文》云：“，空也。从毌，从中、女。婁空之義也。”按，“毌中女”無“婁空”之義。“婁”即“摟”之古文，曳也。秦繹山碑作“數”字偏旁，漢婁壽碑額作，从、从、从女。“”即“玄”之變，象繫形見“玄”字條，“女”，罪人為奴婢者，“𦥑”象兩手繫而曳之也。此與“奚”同意見“奚”字條。《詩》“弗曳弗婁”山有樞，“婁”亦訓“牽”。

評注：“婁”字《説文》據小篆立説，以“毌中女”會“婁空”之義，不可據。段注云：“从毌猶从無也，無者空也；从中女謂離卦，離中虛也，皆會意也。”輾轉牽合，頗費苦心。林氏以為即“摟”之古文，以後起字釋古字，甚有道理。然以秦漢碑刻文字為據，並以為“”即“玄”之變，象繫形，有材料的局限。季旭昇以為甲骨文（《合集》19830）即“婁”字，本義為摟女腰，金文加“角”聲，作（伯要簋）、（是要簋）。“婁”為來紐侯韻，“角”為見牛屋韻，二字聲近，韻對

---

① 參見于省吾《釋臾》，《甲骨文字釋林》，中華書局 1979 年版，第 301—302 頁。

轉,[①] 可供參考。按《集韻·矦韻》:“婁,古作䙛。”“䙛”字結構頗與甲骨文暗合。綜合古今文字材料來看,小篆中的“毌”乃“臼”與人形上部連筆而譌,“中”或為“角”之譌。秦漢時期的所从之,可能亦為“角”之訛變。“从毌,从中、女。婁空之義也”句,大徐本作“从毌、中、女,空之意也”。

革,之韵,音棘

《说文》云:“,獸皮治去其毛曰革。象古文革之形。,古文革,从卅。卅年為一世而道更也。臼聲。”按,从“卅”非“革”之義,“廿十”亦不為“卅”。古作毛公鼎“勒”字偏旁,“”象獸頭、角、足、尾之形,與“皮”从“”形近,“”即“”,象兩手治之。變作师兑敦“勒”字偏旁。

評注:“革”字甲骨文作(花東 474)、(花東 491),金文作(康鼎),一脈相承。以義推之,早期的“革”字當為獸革,名詞。《說文》小篆的字形其實承襲了早期字形,只是有所簡省而已;古文的字形則有訛變,當來源於戰國時期的楚國文字,如鄂君啟節“革”作。古文變从“臼”者,殆是通過訛變,以顯示去毛制革的動詞義。林氏所釋,符合戰國以來的古文一系字形。大徐本作“獸皮治去其毛,革更之”,段氏以為“文義句讀皆不可通”,遂依《召南》《齊風》《大雅》《周禮·掌皮》四疏訂正為“獸皮治去其毛曰革”,林氏從之,甚是。下“卅”字,大徐作“三十”,段注本作“卉”。林氏非《說文》从“三十”之說,可從。

召,宵韻

《說文》云:“,呼也。从口,刀聲。”按,與“招”字義略同。古作穌尊彝辛,从口轉注、从月、酉、貝,持之,刀聲。“酉”即“酒”字,“月”者物也見“互”“散”各條。酒食、財物皆所以招人也。或作伯憲尊彝辛、作盂鼎。變作、召伯虎敦、作番君匜。省作大敦。

① 參見季旭昇《說文新證》,福建人民出版社 2010 年版,第 890 頁。

評注：“召”字甲骨文作（《合集》33030）、（《合集》14807），从口，刀聲，本義為召喚。《合集》33015：“乙酉卜：召方來，告于父丁？”即用本義。此从口刀聲之形，歷代相承至今。“召”在甲骨文中又增繁作（《合補》11124）、（《合集》36643），金文承襲此種形體較多，並有變化。所增部件表意不明，林氏分析可供參考。林氏所引召伯虎敦之、，當即、（《金文編》第62頁），林氏所摹有誤。林氏云省作“召”，本末倒置。大徐本“呼”作“評”。

鬱

《說文》云：“，芳艸也。十葉為貫，百廿貫築以煮之為鬱。从臼、缶、冖、鬯，彡其飾也。”按，古“釁”字、“盨”鑄字皆从“興”形作都公諴匡“釁”字偏旁、作鑄公匡“鑄”字偏旁，象兩手持蓋形。“鬱”从“興”疑亦“興”之譌。手持蓋，鬯在其下，从彡轉注。

評注：“鬱”字未見於先秦出土古文字材料，可能是“鬱”的同源分化字。“鬱”的本義是林木蔥鬱繁茂，亦與鬱鬯的意義有一定的聯係。段注云：“臼，叉手也。缶，瓦器。冂，覆也。鬯之言暢也。叉手築之令糜，乃盛之於缶而覆之，封固以幽之，則其香氣暢達，此會意之恉也。”就小篆之形而言，段說有一定道理。林氏疑“興”乃“興”之譌，證據不足。“百廿貫”，大徐本作“百廾貫”，此從段注本。

鬮，東韻

《說文》云：“，所以枝鬲也。从爨省，鬲省。”按，“爨鬲”非“枝鬲”之義，“”當即“”鬲之譌，，兩手枝持之。

評注：“鬮”字音 qióng。字未見於先秦出土古文字，當是“爨”“鬲”二者糅合而成的一個字，上从“爨”省，下从“鬲”省。林氏以為“”當即“”之譌，，兩手枝持之，亦備一說。“所以枝鬲也”，大徐本及段注本皆作“所以枝鬲者”。“枝”即“支”，《類篇》《玉篇》均引為“支”。林氏字頭書作“鬮”。

丞，蒸韻

《說文》云：“，翊也。从卪，从山。山高奉承之義。”按，“卪”即“人”字見“卪”字條，从人在山上，从，象人登山須扶翼也。石鼓作，同。《說文》云：“，陬隅，高山之卪也。从山、卪。”按，“𡵂”義不憭。經傳無“𡵂”字，實“丞”之偏旁。

評注：“丞”字甲骨文作（《合集》2279正），會雙手救人出陷阱之意。羅振玉《增訂殷虛書契考釋》云：“象人陷井中有抍之者……此即許書之丞字，而誼則為抍救之抍。”“抍”音 zhěng，《說文》：“上舉也。”與“拯”音義相同。故“丞”又是“拯”之初文。其字人之足部與凵相連而訛為“山”，為小篆所本，故訓為“山高奉承之義”，非是。林氏指出“卪”即“人”形，是正確的。然以為“象人登山須扶翼也”，亦非其朔形本義。“𡵂”字未見於出土古文字材料，經傳未見，存於字書，林氏認為乃“丞”之偏旁，不為字，可從。大徐本作“从廾，从卪，从山。”段注本同，林氏漏“从廾”二字。

闢，蟹韻，毗奊切

《說文》云：“，古文闢。从門，从𠬞。”按，象手闢門形。古作盂鼎。

評注：“闢”字未見於甲骨文，金文多見，會雙手開門之意。林氏云“象手闢門形”，是。大徐本《說文》作“闢，開也。从門，辟聲。，《虞書》曰：闢四門。从門、从𠬞。”段注云：“此上當依《匡謬正俗》《玉篇》補‘古文闢’三字。”林氏從之。

開，微韻，音魁

《說文》云：“，張也。从門，幵聲。，古文。”按，“”象兩手啟關形。“”形近“”，當即“”之變，非“幵”聲。

評注：“開”未見於商周古文字材料。戰國文字作（《上海博物館藏印選》8·4），與《說文》古文相合。其字从門，“一”象門栓，“𠬞”象雙手啟之。後“一”與“𠬞”相連而作“开”，又訛變為“幵”。林氏以《説文》古文之形為證，指出字象兩手啟關形，“幵”非聲，甚是。

寒，之韻，音思

《説文》云：“寒，窒也。从㠭，从廾，窒宀中。㠭猶齊也。”按，《説文》“㠭”下云“極巧視之也”，此云“齊也”，皆非“塞”義。“工”即“D”之變猶“𠯑”古作“𠯑”，象物形見“韋”字條。“尋”从工、口，亦皆象物形。古作寒寒匠，象手推物窒穴中形。

評注：甲骨文有字作寒（《合集》29365），从宀，从二“工”，从収。金文二“工”變為四“工”，作寒（寒公孫𢍰父匜，《集成》10276），即此小篆“寒”之所本。《説文》説寒字“从㠭，从廾，窒宀中”，即段氏所説“竦手舉物填屋中”之意，故訓“窒也”。因此“寒”實即填塞之“塞”的本字，睡虎地秦簡“塞”字即作“塞”，增“土”以足義，可謂一脈相承。林氏所引，或即上舉之“寒”字，然誤書為从“穴”，故解為“象手推物窒穴中形”，其中之“工”，林氏以為象物形，甚是。

勞，宵韻

《説文》云：“勞，劇也。从力，熒省。焱火燒冂，用力者勞。”按，齊侯鎛“𥄷叔有成袋于齊邦”，薛氏《款識·齊侯鎛鍾》“堇勤袋其政事”，依文義，“袋”當釋為“勞”。本作袋師寰敦，為“燎”之古文，象兩手持衣向火中。省作袋齊侯鎛。勤勞之“勞”為“袋”之借義。篆變作“勞”。僚屬之“僚”古作僚僚彝辛，从㫃，“袋”省聲。變作僚僚司徒敦、作僚伯僚尊彝。

評注：甲骨文有袋（《合集》24284）、袋（《合集》24329），从二火，从衣，季旭昇以為即“勞”字，會火下綴衣辛勞之意，“衣”中小點，象縫綴之形。金文作袋，从収表示雙手操勞；戰國文字作袋（中山王鼎），从心，表示心之操勞；秦系文字作勞，从力，表示體力操勞。後世相承秦系寫法，其中之“冖”形，即“衣”之簡省。[①] 説皆可參。林氏據銘文文

① 參見季旭昇《説文新證》，福建人民出版社 2010 年版，第 959—960 頁。

義，釋為“勞”，合於甲骨文；又據金文之，以為“象兩手持衣向火中”，乃“燎”之古文，勤勞之“勞”乃其借義，亦有理據。以林說釋甲骨文之、，其小點或為火星，待考。林氏所說僚屬之“僚”，亦待考，其中之形，《金文編》入附錄（第1218頁）。大徐本“勮”作“劇”，“焱”作“熒”。段注改之，此從段注。

舁，之韻

《說文》云：“，舉也。从，甾聲。”《春秋傳》曰：“晉人或以廣隊，楚人舁之。”（宣十二）按，古作（師酉敦）、作（弭仲匜），象兩手奉甾。甾，缶也。

評注：“舁”字音 qí，大徐本隸作“舁”。甲骨文有从田从収之字（見《合集》4170、5663、18195等處），《漢語大字典》舉為字例，恐非是；林氏所舉金文，與“舁”之形近同，然亦非此字，而是“弁”字（參見卷二“弁”字條評注）。《漢語大字典》亦舉師酉簋之字，亦誤。段注云：“各本作‘由’聲，誤；或从鬼頭之甶，亦非也。此从東楚名缶之甾。”按“甾”即“甾”，段氏以為聲符，較大徐合理；林氏本段氏从“甾”之說，然改為會意，謂字“象兩手奉甾。甾，缶也。”亦有理據。故《漢語大字典》引段、林之說（引段注漏“之由”二字），并謂“段、林二氏之說，較大徐為長”。《文源》引《說文》，用段注本。

尊，文韻

《說文》云：“，酒器也。从酋，以奉之。，或从寸。”按，古作（友尊彝癸）、作（滔嫸敦）。酒器之“尊”與尊卑古不同字。从“阜”作（曆尊彝）本尊卑之“尊”（从“阜”轉注），多假為尊彝字。

評注：“尊”字甲骨文作（《合集》21223），从酉，从収，象雙手捧酒尊之形。或增“阜”作（《合集》13566）。金文承襲甲骨文，或在“酉”上增“八”形，為《說文》小篆所本；秦系文字又把“収”變為“寸”，即《說文》之或體，亦後世之“尊”字。“尊”“障”本當一字異體，古“尊”字亦有用為尊卑義者。林氏以障為尊卑之“尊”，強分尊、障之用，證據不足。段注云：“凡酌酒者必資於尊，故引申以為尊卑字……自專用為尊卑字，而別製樽、罇為酒尊字矣。”其說可從。

𢍚，蒸韻

《說文》云：“，禮器也。从持肉在豆也。”按，古作太師虘豆、作姬𡚱彝“登”字偏旁，从“米”不从“肉”。或作叚敦、作盂鼎，省。亦作𢍚伯氏壺，省“米”。“𢍚”“烝”古同音，烝嘗之“烝”，諸彝器皆以“𢍚”為之。

評注：“𢍚”即“登”，所不同者，“𢍚”字从雙手在下，“登”字从單手在上。甲骨文有从豆从収之字，作（《合集》34547），“豆”上或有物，作（《合集》21221），又有作（《合集》2278）、（《合集》30988）者，从米，皆一字，繁簡不同而已。羅振玉《增訂殷虛書契考釋》云：“卜辭从兩手奉豆形，不从肉。由其文觀之，乃用為烝祀字。”林氏所舉金文即同此字。按从文字構形而言，上列甲金文諸字表示雙手舉器盛物進獻之意，與“𢍚”字構意相同，林氏之說可從。林氏所舉金文，《金文編》以為“䒶”字（見《金文編》第330頁），非是。按“䒶”字篆作，从𠔉聲，居倦切，與“𢍚”若“烝”不同音。故《四版〈金文編〉校補》以為《金文編》該條所錄䜌簋之字當改入“糧”字條下，其餘則改入“烝”字條下。①

弄，東韻

《說文》云：“，玩也。从，玉。”按，象兩手持玉形。

評注：“弄”字似未見於甲骨文。金文作（天尹鐘）、（智君子鑑），後世結構無異。象兩手把玩玉器形。林說可從，《漢語大字典》引以為證。“从，玉”句，大徐本作“从廾持玉”，此從段注本。

具，遇韻

《說文》云：“，共供置也。从，貝省。古以貝為貨。”按，古作

① 參見嚴志斌《四版〈金文編〉校補》，吉林大學出版社2001年版，第52頁。

叔尊彝己、作宗周鐘、作函皇父敦。或變从“鼎”“鼎”“貝”古多相混，見“貞”字、“則”字條。

評注：“具”字甲骨文作（《合集》22152）、（《花東》480），象兩手持鼎，其本義為備好飯菜，故从鼎。㝬鐘作，變从貝。曾伯簠作，當為小篆之所本。《說文》以為从貝省。從古文字來看，“具”字在演變過程中，實際經歷了兩次省略：先由“鼎”省為“貝”，又由“貝”省為“目”。林氏認識到“鼎”“貝”古多相混，良是。然據《說文》以為“具”本从“貝”，變从“鼎”，則本末倒置矣。

共，東韻

《說文》云：“，同也。从廿、。”按，以“廿”取象，無義理。《爾雅》：“共，具也。”釋詁 此為“共”之本義，“”即“”之變見“芇”字條，象物形見“品”字條。兩手奉之。古作祖乙父己器。

評注：“共”字甲骨文作（《合集》21449）、（《合集》2795正），象雙手共捧一物形。所从之“口”，古文字或訛為“廿”，為小篆所本。林氏之說可從。

戒，之韻，音記

《說文》云：“，警也。从、戈。持戈以戒不虞。”按，古作戒尊彝、作戒叔尊彝。

評注：“戒”字甲骨文作（《合集》7060）、（《合集》20253），从収，从戈，乃持戈警戒之象。林氏無異說，以金文證《說文》。

兵，陽韻，音滂

《說文》云：“，械也。从、从斤，并力之皃。，古文从人、廾、干。”按，兵，漢孔宙碑作，“”與“斤”形近而變。“”實隸書，非古文。古作故鄦句鑃。

評注：“兵”字甲骨文作（《合集》7204），象雙手持斤之形。金文承之作（𢦚簋），或作（庚壺），加二横為飾筆。小篆的結構與甲骨文相同。《說文》所錄古文，林氏以為"因隸制篆"之例，其說見卷首之《六書通義》。根據林氏的說法，《說文》古文"□"是根據隸書"□"的結構，用篆書的筆法轉寫而來的，不是真正的古文。按林氏"因隸制篆"的觀點是對的，但具體例子要具體分析。孔宙碑的"□"字，上部的□，既可以如林氏所說，乃"斤"形近而變，也可以分析為从"人"从"干"（只不過"人"旁和"干"旁連在了一起）。如後說可從，則可以把"□"看成是對"□"的轉寫。清代顧藹吉就認為"碑从古文而筆跡小異，非从斥逐之斥也"。[1] 漢碑多有根據《說文》小篆、古文、籀文而轉寫的隸書，即以孔宙碑來看，如"則"字作"𠟭"，與《說文》籀文同構；"終"字作"□"，與《說文》小篆同構。[2] 因此把"□"看成是對"□"的轉寫，也是不無道理的。另按，戰國璽印有字作□（《璽彙》5205），从三"又"持"干"，因是單字，沒有文義可供判斷，或釋"戒"，或釋"兵"，都有道理，"干""戈""斤"都是武器。如釋"兵"可從，則"兵"字从"干"亦有淵源，季旭昇就認為該字"當即《說文》古文所自承"。[3] 要之，林氏認為《說文》"兵"字的古文"□"是"因隸制篆"的例子，還沒有很確鑿的證據。"从□、从斤"，大徐本、段注本皆作"从廾持斤"。

□索，模韻，音溯

《说文》云："□，艸有莖葉可作繩索。从□、糸。杜林說，□亦朱□字。"按，古作□索[illegible]彝辛"索"字偏旁，象兩手緧索形，不从"□"。

評注："索"字甲骨文作□（《花東》125），象雙手搓繩之形，金文或承之。或省雙手，加□形，示緊束之意，作□（《花東》437"□"字偏旁），為後世"索"字所本。小篆形有訛變。林氏據金文以為"象兩手緧索形，不从'□'"，甚是，故《漢語大字典》引其說。

---

① 參見顧藹吉《隸辨》，中華書局1986年版，第63頁。

② 參見林志強《漢碑隸體古文述略》，《古文字研究》第26輯，中華書局2006年版。

③ 參見季旭昇《說文新證》，福建人民出版社2010年版，第174頁。

春，東韻

《說文》云：“，搗粟也。从持杵以臨臼，杵省。”按，“午”即“杵”之古文見“午”字條。古作伯春盉。

評注：“春”字甲骨文作（《合集》17078 正）、（《合集》9336），後世文字相承而稍變。《說文》謂从廾持杵以臨臼，所解甚是；林氏進一步指出“午”即“杵”之古文，糾正了《說文》省形之說，可從。大徐本作“从廾持杵臨臼上”，此從段注本。

秦，臻韻

《說文》云：“，伯益之後所封國，地宜禾。从禾，春省。”按，地名从禾从春，理不可通。古作鄦子妝匿、作師酉敦。秦，穫禾也。穫禾可以入舂，故从二禾或从又持禾在舂下。經傳以“挃”以“銍”為之。“秦”臻韻“挃”微韻雙聲對轉猶“至”轉為“臻”。穫禾謂之秦，《詩》“奄觀銍艾”臣工是也。所穫之禾謂之秦，《書》“二百里納銍”禹貢是也。穫禾之器謂之秦，《說文》“銍，穫禾短鐮也”是也。舂亦謂之秦，《淮南子》“五指之更彈，不如卷手之一挃”兵略注“挃，擣也”是也。又穫禾有聲謂之秦，《詩》“穫之挃挃”良耜是也。秦从二禾，故有眾義。凡眾謂之溱溱《詩·無羊》“室家溱溱”、蓁蓁《桃夭》“其葉蓁蓁”、𦏁𦏁、詵詵“螽斯詵詵兮”,《釋文》引《說文》作“𦏁𦏁”，駪駪、莘莘《皇皇者華》“駪駪征夫”,《晉語》作“莘莘”、[illegible]《郭輔碑》“[illegible]昆嗣”，並由“秦”字滋乳。

評注：“秦”字甲骨文作（《合集》299）、（《合集》30340），从二禾，从午，从収，與《說文》所錄籀文同構，會雙手持杵舂禾之形。甘肅禮縣出土之秦公鼎及秦公簋，“秦”字作（王輝、程華學《秦文字集證》圖版 7，藝文印書館 2000 年），增繁从“臼”。小篆復省“臼”，上承甲骨文；又省雙禾為一禾，為後世所本。“秦”字在演變過程中其上部變為“𡗗”，則是屬於隸變造成的變形。林氏以為《說文》所釋“地名从禾从春，理不可通”，本義當為“穫禾”，有形義根據，甚是。他以為獲禾之“秦”，經傳以“挃”以“銍”為之，並以《詩》《書》等典籍之例，證明“秦”字意義的引申關係，頗有道理。

泰，泰韻

《說文》云：“，滑也。从、水，大聲。”按，泰，脫也“泰”“脫”古同音，即洮汰之“汰”本字。凡洮汰者，以物置水中，因其滑而脫去之，、，手捧水形。

評注：“泰”字未見於商周古文字。馬王堆文字作、，武威簡作，可以看出其上部之“𡗗”是“大”和“廾”在線條平直化的過程中連綴黏合而成的。“泰”的“滑”義典籍未見，林氏以為即洮汰之“汰”本字，其義為“脫”，頗有見識，可備一說。按“泰”的古文即“太”，與“汰”也有形體上的聯係。

棄，微韻，詰類切

《說文》云：“，捐也。从推𠦒，从㐬。㐬，逆子也。”按，“”即“子”字倒文子，《說文》或作，象子在箕上推棄之形。古作散氏器。

評注：“棄”字甲骨文作（《合集》8451），又作（《合集》21430），有繁簡二體。《說文》承之作（籀文）、（古文）。繁者从𠬞从子从其（箕），表示把嬰兒放在箕中抛棄掉；簡者省略了“箕”，仍然可以會出棄子之意。現在簡體作“弃”，也可謂淵源久遠了。林氏所解可從。大徐本作“从𠫓。𠫓，逆子也”，與篆文从“㐬”不合。段注本改為“从㐬。㐬，逆子也”。此從之，是。然篆文應作，林氏書亦缺倒“子”之下三豎筆，不確。

糞，文韻

《說文》云：“，棄除也。从推𠦒糞釆也。官溥說，似米而非米者，矢字。”

評注：“糞”字甲骨文作（《合集》18181），象手持帚掃除穢物之形，會“棄除”之意。或省“帚”形作（《合集》33374 正）、（《英》381 正）、（《屯南》2858），表示雙手持箕倒穢物形，為後世所承，然有訛變：小篆箕形訛為“𠦒”，其上小點譌為“釆”；楷書則“釆”又訛為“米”，“𠦒”及“𠬞”則變為“異”。“从推𠦒糞釆也”句，大徐本作“从廾推𠦒棄采也”，此從段注本。林氏無說。

𢍏，寒韻

《說文》云：“𢍏，摶飯也。从廾，釆聲。釆，古文辨字。讀若書卷。”按，“𢍏”“辨”不同音。“釆”象飯，非音“辨”之“釆”。

評注：“𢍏”字音 juàn，常作偏旁用，變寫作“龹”。整字未見於商周古文字材料。“摶飯”即將飯捏聚成團，飯團也。林氏認為“釆”象飯，非音“辨”之“釆”，以會意說之，形義關係自足，有一定道理。“釆，古文辨字”，大徐本“辨”作“辧”，段注本作“辨”，此從之。

埶，泰韻，音艾

《說文》云：“埶，種也。从丮、坴。丮，持種之。”按，古作毛公鼎“褺”字偏旁、作毛公鼎，不从“坴”，象人持木植土上形“”亦“丮”字，見“丮”字條。省作克𠟭彝“𧰼”字偏旁，變作師虎敦、作散氏器。格伯敦“杜木遑谷”，散氏器“封於𢿢城杜木”，“杜木”皆“蓺木”也。《說文》：“杜，从木，土聲。”此後出字。古或以“土”為之，故《韓詩》“徹彼桑杜”鴟鴞毛本作“桑土”。“杜”訓“甘棠”，亦“棠”之雙聲對轉，非有本字。古文“杜”為“蓺”。《虞書》“格于藝祖”，馬融讀“藝”為“禰”。故師虎敦“王在杜居，格於太室”，“杜”即“禰”之借字也。克𪒠彝、番生敦“𩟄柔遠能𧰼”“𧰼”从豕，杜聲，《說文》所無，亦借“𧰼”為“邇”。 “杜”又變作“”克𠟭彝。小臣夌尊彝“王造於禰”，“禰”作，“𣁋卜命小臣夌循禰居”，“禰”作，亦皆、之變，因變為形，類从“予”，遂誤為“予”聲，而以“埜”“壄”為“野”之古文矣。

評注：“埶”字音 yì，繁化作“蓺”，古書通常作“藝”。“埶”字甲骨文作（《合集》22721）、（《合集》29373），象雙手持草木種植之意。或作（《合集》5908）、（《合集》27823）、（屯 2170），“木”下增“土”。木、土之形後訛為“坴”，“丮”訛為“丸”，故作“執”。林氏以為“埶”“不从‘坴’”，其本義為“象人持木植土上形”，皆甚確。“埶”字甲骨文中或用為“邇”，訓“近”，金文相承。林氏指出古“埶”或省為“𡉚”（作偏旁）；克鼎和番生簋中的“柔遠能𧰼”，“𧰼”

讀為“邇”；《虞書》中的“格于藝祖”，引馬融注讀“藝”為“禰”，都是對的。但“𡉚”與“杜”是否一字；訓“甘棠”之“杜”字是否一定後出，“非有本字”；又“埜”字是否就是“杜”字增繁而變，什么情況下二者相同，都還值得進一步研究。至于說“埜”字變从“予”聲是“因變為形，類从‘予’，遂誤為‘予’聲”，則比較牽強。“𧰼”字金文作（見《金文編》第178頁），从犬，不从豕，當隸定為“𤝵”，林氏誤。“”字《金文編》入“附錄”（見1212頁）。

奉，東韻

《說文》云：“，承也。从手、，丰聲。”按，古作奉尊彝辛、作奉彝庚，象兩手奉玉形。或作奉尊彝庚，變“玉”為“丰”，取其聲。或作散氏器借為“封”字，从，丰聲。

評注：“奉”字未見於甲骨文。金文作（散盤），即林氏所引，从廾，丰聲，其下从手者為後加。林氏所引之形，从玉，从丮，《金文編》入“丮”部，隸定為左“玉”右“丮”，注云：“《說文》所無。”（第180頁）又見於“揚”字條下（見778頁），當以後者為是，是稱揚之“揚”的省體，林氏以為“奉”字，非是。不過林氏以此字為例，說“變‘玉’為‘丰’，取其聲”，此即文字符號之“聲化”也。例雖不妥，但道出了文字演變的一種現象，卻值得重視。

頊，遇韻

《說文》云：“，頭頊頊謹皃。从頁，玉聲。”按，古作頊盨，象奉玉謹慤見於顏面之形“”即“丮”字，“丮”古或作“”。《白虎通》云：“顓頊者，寒縮也。”五行奉玉顓謹，有戰慄之意，故得引伸為“寒縮”。

評注：“頊”字音 xū。未見於甲骨文。金文如林氏所引，或省从“頁”，作（大克鼎），為小篆所本。林氏據金文認為“象奉玉謹慤見於顏面之形”，與頊之謹敬義相合，可從，《漢語大字典》引以為證。

孰，幽韻，殊肉切

《說文》云："，食飪也。从丮、𦎫。"按，古作伯致敦，象兩手持亯。亯，薦熟物器也。""即"丮"字見"丮"字條。

評注："孰"字甲骨文作（《合集》30286）、（《合集》17936），从丮，从亯。金文如林氏所引，與甲骨文合，小篆變从"𦎫"，或為傳承之誤，或以為乃因隸制篆之例。"亯"字甲骨文作（《合集》1197）、（《合集》5640），皆象宗廟之形，林氏以為象薦熟物器形，非是（參見卷一"亯"字條評注）。"孰"字本从丮，从亯，示人於亯前有所進獻也，熟食之義當為引申而來。因"孰"字古書常被借為誰孰義，熟食義則加"火"作"熟"。段注云："曹憲曰：'顧野王《玉篇》始有熟字。'"从丮、𦎫"，大徐本作"从丮、𦎫聲"，此從段注本。

䖒，音鼒

《說文》云："，設飪也。从丮、食，才聲。"按，石鼓作，象兩手持食，才聲，古作師虎敦，从食，𢦏聲。

評注："䖒"字音 zài。甲骨文作（《合集》26899），从丮，从皀，才聲。或省"丮"，作（《合集》35890）；或省"丮"，聲符又變為"史"，作（《合集》27152），異體較多。金文"皀"或訛為"食"，為小篆所本。林氏解為"象兩手持食"，即《說文》之"設飪"也，可從。《漢語大字典》引林說。

𢦓，泰韻，音拜

《說文》云："，擊踝也。从丮、戈。讀若踝。"按，伐商彝云："丁未𢦓商。"叚敦云："令龔𢦓遣飭，大則於叚。"文義並當為"伐"。當即"伐"之或體，象兩手持戈。字作伐商彝辛、作叚敦。

評注："𢦓"字音 huà。甲骨文作（《合集》8445）、（《合集》7015），金文承之。字从丮持戈，與擊伐義相關，甲骨文亦有用為擊伐之義者。林氏據金文文例，謂"𢦓"乃"伐"之或體，可備一說。徐鍇

《繫傳》云："𢇁，臣鍇曰：亦謂相鬭也。"

虔，寒韻

《說文》云："，虎行皃。从虎，文聲。讀若矜。"按，"文"非聲。"虔"古作頌鼎，畏也《廣雅》:"虔,敬也。""敬"有"畏"義。象柙中有虎，兩手近之之形。變作辛器、作趞曹鼎。或作毛公鼎，从"文"。"文"即""之譌。

評注："虔"字未見於甲骨文，金文當以林氏所舉之毛公鼎字形為是（《金文編》作，林氏所摹略異），林氏所舉頌鼎之字及其變體，字不識，非"虔"字，字頭當用毛公鼎之字。"虔"字从虍、从文，《說文》以為"文"是聲符，段注曰："'聲'當是衍字。虎行而箸其文，此會意。"大徐本徐鉉按亦曰"文"非聲。小徐本徐鍇曰："虎之行，虓虓然有威，故謂敬為虔。"林氏以為"文"非聲，其義為"畏"，皆有淵源。"从虎"，各本皆作"从虍"，林氏抄誤。

虢，模韻，音固

《說文》云："，虎所攫畫明文也。从虎、寽。"按，"虢"為"虎攫"無他證。當為"鞹"之古文，去毛皮也。古作虢文公子鼎、作虢叔作叔殷匿。變作虢叔匿，从虎、，象手有所持，以去其毛。凡朱鞹，諸彝器以"虢"為之。

評注：甲骨文有字作（《合集》4531）、（《合集》15401），从臼（或"爪"），从虎，當即"虢"字初文，金文則增"攴"符以示動作之義。林氏以為"虢"即"'鞹'之古文，去毛皮也"，可備一說。《漢語大字典》亦以林說為是。"虢"字後从"寽"，乃""形之譌變。大徐本作"从虎、寽聲"。段玉裁以為"聲"字衍，林氏從之。

㬱，文韻，音穩

《說文》云："，有所依也。从爪、又、工。"按，"工"象物形見"寘"字條，、象兩手據依之。

評注："㬱"字未見於商周古文字材料，當為"隱（穩）"之本字。

段注云：“此與《𨸏部》‘隱’音同義近，‘隱’行而‘𤔌’廢矣。凡諸書言安隱者當作此，今俗作安穩。”按林氏以“工”象物形，兩手據之，以會“安穩”之意，當可從。“有所依也”，大徐本作“有所依據也”，此從段注本；“从爪、又、工”，大徐本、段注本皆作“从𠬪、工”。

尋，侵韻，音心

《說文》云：“，繹理也。从工、口，从又、寸。工、口，亂也；又、寸，分理之也。彡聲。”按，“”字篆从“工”，古从“”。“工”即“”也。“”“”象物乖忤，與“韋”“各”“舛”同意。“寸”即“”之變見“封”字、“尃”字各條，兩手所以理之，三聲。

評注：“尋”字甲骨文作（《合集》16070），象人張開雙臂丈量簟席，其本義當即《說文》“尋”字所錄之另一義：“度人之兩臂為尋，八尺也。”“繹理”之義，當為引申。朱駿聲《說文通訓定聲》云：“尋所以度物，故揣度以求物謂之尋。”“揣度以求物”即所謂探求、繹理也。省作（《合集》31060），金文承之作（𬭚鎛“鄩”字偏旁），又作（寻仲匜），下疊加“又”，當為小篆下从“寸”之所由來。小篆“尋”變異太甚，由金文到小篆，其演變的中間環節還缺乏有說服力的字形材料。《說文》據小篆分析，未得其義；林氏謂“寸”即“又”之變，可從，但對整字形義關係的分析，亦不得其旨。末句“三聲”之“三”，乃“彡”字寫譌。

亂，之韻，音司

《說文》云：“，治也。从乙、𤔔。乙，治之也。”按，古作番生敦，从。“”即“”壬字，滕也見“壬”字條。幺“糸”省在其中，、兩手治之，从人轉注。“𤔲”字从“𤔔”得聲。與“治”音近。“𤔔”當即“治”之本字，亦變作司徒司尊彝，與“亂”形合。不治之義，古以“䜌”、以“𡩜”為之兮田盤“毋敢或納亂宄”，“亂”作“䜌”。散氏器“余有爽亂”，作“𡩜”，與“𤔔”音別。秦以後“𤔔”形譌為“”，音譌為“𡩜”，始兼有“治”“亂”兩義。《說文》云：“，治也。幺、子相亂，𠬪治之也。讀若亂，同。”按，即“亂”之偏旁。

評注：“亂”字本作“𤔔”，金文作（召伯簋），會兩手理絲之意。從絲線而言，則有“混亂”意；從理絲而言，則有“治理”意。故“亂”之“混亂”“治理”兩種義訓，雖相反，實相成也。後孳乳作（詛楚文），增“乙”形，為後世所承。從文字學的角度看，“乙”當是分化符號。《說文》以為“乙，治之也”，恐非是。林氏從“治理”之義出發，以為“亂”字是從“治”之本字“𤔔”形變而來，“不治”之義的“亂”，古時乃以“䜌”“𤈖”為之，秦以後“𤔔”形譌為“”，音譌為“𤈖”，始兼有“治”“亂”兩義。這個說法，其中不乏有理之處，但還不夠圓滿，特別是秦以后，既有形訛，又有音變，恐非確解。其實林氏所舉之字，其義為“治”，其字則為“辭”（“𤔲”）（參見卷十一“辭”字條評注）。他解釋字所从之“𤔔”的構形是从，幺在其中，、兩手治之，是有道理的。如上所述，這個正是“亂”字的初形，林氏以為偏旁，還不夠準確。

盥，寒韻

《說文》云：“，澡手也。从臼、水臨皿也。”按，古作齊侯盂，从水在皿中，上兩手象盥形。或作仲子化盤，从四手，象沃盥形。

評注：甲骨文有（《合集》11629）、（《合集》20308）等字，象手在皿中，或有水滴，會洗手之意，或以為即“盥”字。[①] 金文如林氏所引之，變从雙手，从水，从皿，為後世所承。林氏所引之仲子化盤的字，三版《金文編》275 頁眉批亦錄此字，謂“从水从皿从廾，象二人共盥形，吳大澂說”。林氏錄為“盥”字，或本吳氏。按此字摹誤，實作（見《集成》10137），當分析為从舟从皿，关聲，讀為“盥”〔或以為上从“朕”，讀為“媵”，就中子化盤之“自作盤”而言，讀“媵”亦可通；然轉盤作，云“轉作寶”，哀成弔盤作，云“哀成弔之”，

---

① 參見羅振玉《增訂殷虛書契攷釋》，藝文印書館 1981 年版；又黃德寬主編《古文字譜系疏證》，商務印書館 2007 年版，第 2644 頁。

則讀“賸”不可通，似仍以讀“盥”（用作名詞）為宜。四版《金文編》錄於“朕”字條下（見610頁），則非是〕。

爨，寒韻

《說文》云：“，齊謂炊爨。象持甑，冂為竈，推林內納火。”按，“林”象薪之多。

評注：“爨”字音 cuàn。見于戰國，秦簡作，與小篆同構。林氏謂“林”象薪之多，甚確。大徐本作“𦥑象持甑”，段氏改作“象持甑”，注云：“中似甑，𦥑持之。”是。此從段注本。字頭上部隸作“”，以與小篆對應，故《通檢》歸入二十九畫，現據通常寫法“爨”，歸為三十畫。

歬，寒韻

《說文》云：“，不行而進謂之前。从止在舟上。”按，古作兮仲鐘，象人足在舟上，前進之義。經傳假“前”字為之。

評注：甲骨文有（《合集》5769正）字，又作（《合集》18245）、（《合集》4824），“止”邊有水滴之形。李孝定認為，“从止在盤中，乃洗足之意。會意字也。”“其用為前進之意者，假借字也。”[①] 其說當可從。甲骨文前進之“前”當作（《合集》3205），从行，歬聲，“行”表示前進之路或行動之意，可惜此形未能流傳。金文承襲甲骨文的形，然盤形訛為“舟”，如林氏所引之兮仲鐘字，為小篆所本。許慎、林氏皆以从“舟”說之，非其朔形本義，“足在舟上，前進之義”，應屬重解。林氏云“經傳假‘前’字為之”者，即“前”乃“剪”本字，經傳假“前”為“歬”，表示剪裁之意又疊加“刀”也。“不行而進謂之前”句，大徐本“前”作“歬”。

出，微韻，音祟

《說文》云：“，進也。象艸木益茲滋上出達也。”按，古作毛公鼎、

① 見《甲骨文字集釋第二》，轉引自李圃主編《古文字詁林》第二冊，上海教育出版社2000年版，第239頁。

作拍彝，形與草木不類，象足跡自隱處出行之形。

評注：“出”字甲骨文作（《合集》20259）、（《合集》6105）、（《合集》19332），从止，从凵（坎），會足自凵（坎）邁出之形。金文開始譌變，小篆變化更甚，致使許慎誤以為上部之“屮”為艸形。林氏據金文指出其“形與草木不類”，“象足跡自隱處出行之形”，其說近是。“茲”，大徐本作“滋”。

延，寒韻

《說文》云：“，安步延延也。从廴、止。”按，从“廴”之字，如“廷”“建”古皆从“”。“”象庭隅見“廷”字條，，足跡在其上，庭隅可以安步也。

評注：“延”字音 chān。甲骨文作（《合集》7041），从行，从止，會行走于路上之意。省作（《合集》7709）、（《合集》13737），為後世所承。後又或加“丿”作“延”，故“延”與“延”為古今字關係，《說文》誤分為二。甲骨文中的“延”亦多用為“延”。其字本从“行”，省為“彳”，小篆訛為“廴”。林氏以从“廴”之字古皆从“”例之，擬古形為，並謂“‘’象庭隅，，足跡在其上，庭隅可以安步也”。此乃以今推古，不可從，字頭之形非是。

旋，寒韻

《說文》云：“，周旋，旌旗之指麾也。从㫃、疋。疋，足也。”按，古作召彝，从止，上象旗形，足從之。

評注：“旋”字甲骨文作（《合集》5230 反），金文相承，从㫃，从止。“㫃”者旗也；“止”者足也，變作“疋”。其字會人於旗下周旋之意，徐鍇《說文解字繫傳》云：“疋者足也，故㫃疋為旋，人足隨旌旗也。”段注云：“《左傳》曰：‘師之耳目，在吾旗鼓，進退從之。’《手部》‘麾’下曰：‘旌旗所以指麾者也。’旗有所鄉，必運轉其杠，是曰‘周旋’，引伸為凡轉運之偁。”林氏謂“从止，上象旗形，足從之”，其說是。“麾”，大徐本作“麾”，此從段注本。按“麾”字後出，所从之“毛”或為“手”形變化，所从之“麻”（聲符）為“靡”之省。

涉，葉韻，音燮

《說文》云：“，徒行濿水也。从㳄、步。，篆文从水。”按，古作格伯敦、作散氏器，象水中兩足跡形。

評注：“涉”字甲骨文作（《合集》5231）、（《合集》28339）、（《合集》31983），从水，旁有足形，會涉水而過之意。卜辭言“王涉歸”，正用本義。金文足形或有譌變，又有增繁从二水者，如林氏所引之散盤字。《說文》或从一水，或从二水，皆承前代文字。《說文》之說可從，林氏援引金文以證之。“濿”，大徐本作“厲”。段注云：“‘濿’，各本作‘厲’，誤。‘濿’或‘砅’字也。‘砅’本履石渡水之偁，引申為凡渡水之偁。”此從段注。

陟，葉韻，音捷

《說文》云：“，登也。从𨸏、步。”按，古作、散氏器，象兩足跡陟於阜之形。

評注：“陟”字甲骨文作（《英》771 正）、（《合集》26394），从𨸏，从二足，會登山上升之意，與“降”相反。古今字形結構無異。林說可從。

夌，蒸韻，音楞

《說文》云：“，越也。从夊、兂。兂，高大也。”按，“兂”即“陸”之古文見“兂”字條，象足形越其上。古作小臣夌尊彝，，“”之變，，从人，下象其足。或作陳猷釜“陵”字偏旁。

評注：“夌”字甲骨文作（《合集》16047 正）、（《合集》18684），下部从人，上部所从未详。又作（《花東》377），人形加“止”，为金文所本。小篆則上部變作“兂”，下部之人形脱落，只餘“夊”形。林氏認為金文下部“从人，下象其足”，可從，然以“”為“”之變，乃以小篆為準，本末倒置。依據小篆字形分析“兂”即“陸”之古文，象足形越其上，可備一說。“高大也”，大徐本作“高也”，林氏從段注本。

處、処，模韻

《說文》云：“，止也。从夊、几。得几而止也。，或从虍聲。”按，居也，象足跡在几下。古作曶鼎，从或體。

評注：“處”字未見於甲骨文。金文多見，作从人（丮）而突出其足、从几，虍聲。會人憑几而止之意。小篆人形脫落，只剩下“夊”形，故林氏亦以从夊為說，謂“象足跡在几下”。曶鼎之“處”字本作（《集成》2838），“止”形當連接“丮”形，因有剝蝕，下部斷開，林氏所摹略異。“処”乃“處”之省譌，構形與“凥”字近似。“凥”，後世以為“居”字，但楚簡“凥”字常作“處”字用。①

降，東韻，音共

《說文》云：“，下也。从𨸏，夅聲。”按，古作太保彝、作大禮尊彝、作鐘狄鐘，象兩足迹降於𨸏之形。

評注：“降”字甲骨文作（《合集》18812）、（《合集》30386），金文相承，後世沿襲，皆象兩足從高處下降之形，與“陟”相對。林說可從。

桀，泰韻，渠害切

《說文》云：“，磔也。从舛在木上。”按，“桀”與“磔”不同訓。《爾雅》：“雞棲于杙為桀。”象兩足在木上形。

評注：“桀”字未見於商周古文字。戰國文字作（《璽彙》1387）、（《郭店·尊德義》6）。《璽彙》之象兩足在樹上之形，表示一人兩足登樹上，會高出之意。郭店簡之，亦用作“桀”，但改从人，兩足變一足。“桀”字的構形，乃由“乘”字分化而來，二者皆表示乘樹登高，

① 參見曾憲通《楚帛書文字新訂》，《中國古文字研究》第一輯，吉林大學出版社 1999 年版，第 89—90 頁；參見本卷“凥”字條評注。

故有超出、高出之意（參下條“乘”字評注）。亦可直接認為从舛在木上會意。林氏云：“象兩足在木上形。”其說是。然引《爾雅》“雞棲于杙為桀”，似以足為雞足，則不確。其以足為雞足者，或本朱駿聲《說文通訓定聲》：“桀，此字當訓雞棲杙也，舛象雞足。”林氏云“桀”與“磔”不同訓，是。徐灝《說文解字注箋》曰：“磔當作傑，字之誤也。桀、傑古今字……同从二人在木上，取高出人上之意。”按徐謂“舛”指“二人”，似不確，餘說可從。字頭之形為林氏推寫。

乘，蒸韻

《說文》云：“，覆也。从入、桀。”按，古作格伯敦、作虢季子白盤，从“大”，象人形，象人在木上，，其兩足。

評注：“乘”字商代甲骨文作（《合集》237）、（《合集》3999），从“大”在“木”上，表示一人乘樹登高。西周甲骨文作（《周原》H11：124），突出其兩足，金文承之。林說是。小篆兩足与“大”脱离而与“木”相连，作，隶定为“椉”，隸變為“乘”。“桀”字當即由“乘”字分化而成。陳煒湛先生曰：“甲骨文的這些乘字都是‘大’在木上，無一例外。想當初，人在木上，超出一般，就是乘的本義了。由此引申，人在車上，就是乘車；人在馬上，就是乘馬。又引而申之，所乘之車馬亦可謂乘（一乘者一車四馬也），推而廣之，凡一物加於他物之上皆可曰乘，所以《說文》訓乘為‘覆也’，乃是以引申義冒充本義。”[①] 其說可從。

伏，之韻，音逼

《說文》云：“，司伺也。从人、犬。犬司人也。”

評注：“伏”字本作“勹”，甲骨文作（《合集》14294）、（《合集》14295），象人俯伏之形（亦是“包”的初文，“包”“伏”本一字而分化）。金文作（史伏尊），从人从犬，為後世所承。林氏未引金文，

① 參見陳煒湛《古文字趣談》，上海古籍出版社2005年版，第266頁。

字頭乃據偏旁推寫。大徐本無“犬司人也”四字，小徐本及段注本有。段注云：“犬司人也四字，小徐本有。犬司人，謂犬伺人而吠之，說此字之會意也。”

鳧，遇韻，侯俞切

《說文》云：“，舒鳧，鶩也。从几、鳥，几亦聲。”按，古作仲鳧父敦、作鳧叔盨、作鳧生器乙，不从“几”，从“人”。人所畜也，取其近人。

評注：“鳧”字甲骨文作（《合集》18328）、（《合集》14161正），从隹、勹聲。金文承襲甲骨文。裘錫圭先生曰：“細審甲骨、金文鳧字下部所从，實象俯身人形，而非一般人字。頗疑此即俯字表意初文，鳧字蓋以此為聲旁。”[1] 其說可從。林氏指出其字不从“几”，良是，然以為从“人”，取其近人，則不確。

雁，蒸韻，於恒切

《說文》云：“，雁鳥。从隹，从人，瘖省聲。”按，“疒”為“瘖”省不顯。古作雁叔齋，从人“”，“人”之反文，从隹，不从“疒”。从人者，人所畜也。或作毛公鼎、作雁公器、作大鼎。今字作“鷹”。

評注：“雁”字音 yīng。甲骨文有字作（《合集》1385反）、（《合集》109），从隹，其胸部加或為指事符號，或以為乃“膺”（膺）之初文。[2] 其字金文如林氏所引，加“人”旁。從源流發展的角度看，小篆的“疒”旁或是“人”旁增飾訛變而成的，“隹”旁左邊的“人”或是表示“隹”胸的指事符號訛變而成的，最后形成了“雁”字。這樣看來，“雁”應該是“膺”的本字，“雁鳥”之“鷹”，應分析為从鳥，雁聲。林氏指出《說文》以“疒”為“瘖”省不顯，字本不从“疒”，可從。

---

① 參見裘錫圭《甲骨文字考釋（八篇）》，《古文字研究》第四輯，中華書局1980年版，第160—161頁。

② 參見黃德寬主編《古文字譜系疏證》，商務印書館2007年版，第328頁。

鴈，寒韻

《說文》云：“，鵝也。从鳥、人，厂聲。”按，从人者，人所畜，與“凫”“鷹”同意。

評注：“鴈”字音 yàn。就構形角度而言，或與“雁”有同源分化關係，與“雁”為異體關係。其所从之“人”，當為表示鳥之胸部的指事符號訛變而來，其所从之“厂”，則是金文所加“人”形的訛變（參見上條“雁”字評注），《說文》釋厂為聲，亦聲化之表現。據《說文》，“鴈”“雁”字用則有分別。段注云：“鴈與雁各字……許意《隹部》雁為鴻雁，《鳥部》鴈為鵝……今字雁、鴈不分久矣。”按文獻用字，“鴈”“雁”難分，《說文》所釋，或無足據。字頭系林氏推寫。

隺，宵韻，音號

《說文》云：“，高至也。从隹上欲出冂。”按，古作隺尊彝戊，从隹在宀下，即“鶴”之古文。鶴，玩好之鳥，故在屋下。

評注：“隺”字甲骨文作（《合集》33384），从宀，从隹，會意不明。後宀訛為冂，隸定為“隺”。其字多音，據字書，有讀 hú、què、hè 者，最後一音，後作“鶴”，林氏解釋為“从隹在宀下”，“鶴，玩好之鳥，故在屋下”，聊備一說。

梟，宵韻

《說文》云：“，不孝鳥也，故日至捕梟磔之。从鳥頭在木上。”按，古“鳥”或作王孫鐘“鳴”字偏旁，省，梟鳥常晝集，故从鳥在木上。

評注：商代金文有（簋），从鳥，从木；又有（父癸爵），上所从之鳥省足。或以為此皆“梟”字。戰國文字作（帛書丙）、（《包山》258）。字可分析為从木从，曾憲通先生指出為鳥頭之形，他說：“楚文字中鳥形的變化比較複雜。過去由於作偏旁用的鳥形不易辨認，以致有關的簡帛文一直未獲得確解。近年來由於楚文字出土日多，為我們提供了相互參證的有利條件。金文鳴字鳥旁蔡侯鐘作、王孫鐘作，王孫遺者鐘作，而曾侯乙編鐘字鳥旁作，包山楚簡雞字鳥旁作，更與楚帛書鳥旁如出一轍。”[①] 因此“”字構形為从鳥頭在木上。何琳儀先生則把字看成有借筆的字形，認為此字从“”，从“”，並借用部分筆畫（借用豎筆和右斜筆），[②] 字形結構為从鳥省足，从木。由此看來，“梟”字的寫法，應有兩個傳統：一从全鳥，一从省略之鳥。省略之鳥或為鳥頭，或為鳥省足，不盡相同。王念孫在《讀書雜志》中力辯梟字本从鳥作“梟”，字形應解釋為“从鳥在木上”，作“梟”為俗字，今本《說文》作“梟”，解為“从鳥頭在木上”，亦後人傳寫之誤。[③] 按王氏認為“梟”字上本从鳥，當為有據，然謂《說文》篆文作“梟”為謬誤，驗之楚文字，則恐未必。以篆文及後世之隸楷“梟”字論，王氏謂“梟”字“上半鳥形已具，但無足耳”，不得稱“鳥‘頭’在木上”，並謂《說文》“从鳥頭在木上”之“頭”字為後人所改，其說亦當有據，但從楚文字來看，“梟”字也有从鳥頭者，則王氏之論亦有失偏頗。[④] 林氏以為所从之鳥省足，并引金文為證。段注本小篆則作从鳥不省，當屬段氏改篆一例，林氏未從之。字頭係林氏推寫。

集，緝韻

《說文》云：“，羣鳥在木上也。从雥、木。，或省。”按，古作〔毛公鼎〕，从或體。

評注： “集”字甲骨文作（《合集》17867 正）、（《合集》17455），後世相承，小篆正體从雥、木，會群鳥於樹上之意。林氏無說，補金文以證。

罩，宵韻

《說文》云：“，覆鳥令不得飛走也。从网、隹。讀若到。”

---

① 參見曾憲通《楚文字釋叢》，《中山大學學報》1996 年第 3 期，第 63 頁；又《古文字與出土文獻叢考》，中山大學出版社 2005 年版，第 46 頁。

② 參見何琳儀《長沙帛書通釋校補》，《江漢考古》1989 年第 4 期，第 53 頁；《戰國古文字典》，中華書局 1998 年版，第 297 頁。

③ 參見王念孫《讀書雜誌卷十・漢隸拾遺》，江蘇古籍出版社 2000 年版，第 987—988 頁。

④ 參見林志強《字說三則》，《古文字研究》第二十九輯，中華書局 2012 年版。

評注：“罩”字音 zhào。未見於商周古文字材料。與“罩”同。王筠《說文句讀》謂：“捕魚為罩，覆鳥為罩，皆同意。”段注云：“今則罩行而罩廢矣。”林氏無說。

莽，陽韻

《說文》云：“，南昌謂犬善逐兔艸中為莽。从犬、茻。”按，古作番生敦。

評注：“莽”字甲骨文作（《合集》18409）、（《合集》17455），从犬从二木，或从犬从四屮（茻）。後世相承从茻者。“莽”即“茻”的分化字，當分析為从犬从茻，茻亦聲。林氏不錄“茻亦聲”，非是。

器，微韻，豈配切

《說文》云：“，皿也。象器之口，犬所以守之。”按，犬守器，非守器之口。四“”象物形見“品”字條，以犬守之。古作周客敦。

評注：“器”字未見於甲骨文。金文如林氏所引，後世相承。林氏以為四“”象物形，以犬守之，似較《說文》之說為優。

突，微韻，音隊

《說文》云：“，犬從穴中暫出也。从犬在穴中。”

評注：“突”字甲骨文作（《合集》21224）、（《英》1871）、（《合集》33568），从穴从犬，後世相承無異。徐鍇《繫傳》云：“犬匿於穴中伺人，人不意之，突然而出也。”字頭為林氏據偏旁推寫。

竄，泰韻，七外切

《說文》云：“，匿也。从鼠在穴中。”

評注：“竄”字未見於商周古文字材料。字从鼠，从穴，會鼠入穴中隱藏之意。“匿”，大徐本作“墜”，小徐本、段注本均作“匿”。田吳炤《說文二徐箋異》曰：“按《玉篇》《廣韻》均作‘匿也’，‘墜’係誤字。”林氏無說。

戾，微韻，音類

《說文》云："，曲也。从犬出戶下。犬出戶下身曲戾也。"

評注："戾"字似未見於商周古文字材料。戰國文字作（《雲夢·為吏》3），从戶从犬，會犬出戶下曲身之意，與小篆同構。璽印文字有（《璽彙》0917）字，从門，从犬，从門與从戶同，或以為即"戾"之異文。[①] 字頭之，乃林氏依例推寫。"犬出戶下身曲戾也"，大徐本作"戾者，身曲戾也"，段注本作"犬出戶下為戾者，身曲戾也"。相較而言，林氏言簡而意賅。

冤，寒韻

《說文》云："，屈也。从冂、兔。兔在冂下不得走，益屈折也。"

評注："冤"字未見於商周古文字材料。《說文》之說是，林氏從之。字頭系依例推寫。

牢，宵韻

《說文》云："，閑也。養牛馬圈也。从牛，冬省。取其四周帀也。"按，古作貉子尊彝癸，不从"夂"，象牛在牢中形。

評注："牢"字甲骨文作（《合集》27615）、（《合集》712），象圈牛羊等畜于欄內之形，从牛从羊同意，後世承襲从牛作者。小篆訛變，《說文》誤釋為从"冬"省。李孝定《甲骨文字集釋》按云："所謂从冬者，實象牢形，即許言'取其四周帀'者是也。"林氏據金文字形，釋為"象牛在牢中形"，其說是。

圂，文韻

《說文》云："，厠也。从囗，象豕在囗中也。會意二字衍。"

評注："圂"字音 hùn。甲骨文作（《合集》9064）、（《合集》

① 參見黃德寬主編《古文字譜系疏證》，商務印書館 2007 年版，第 3077 頁。

11276)，从二豕或一彘于圍欄之內，表示豢豕之所。金文作（毛公鼎），从一豕於圍欄之內，為後世所承。林氏無說，字頭及所引《說文》中的篆文，其中“豕”形與小篆寫法不同。

牽，臻韻，希因切

《說文》云：“，引而前也。从牛，象引牛之縻也，玄聲。”按，“”象繩有所縻以牽牛。

評注：西周簋文有字，从人从牛从自（鼻），象人牽牛鼻之意，或以為即“牽”之表意初文。[1] 睡虎地秦簡作（《日甲》4背），中間部分不好分析，但整字與小篆近似。小篆的“玄”，應該是聲化和意化的結果。《說文》所釋，就小篆結構而言，有一定理據。林氏以為“”象繩有所縻以牽牛，根據不足。“引而前也”，大徐本作“引前也”。此從段注本。

馽，緝韻

《說文》云：“，絆馬也。从馬○其足。，馽或从糸，執聲。”

評注：“馽”字音 zhí，常隸作“馵”。未見於商周古文字材料。徐灝《說文解字注箋》云：“縶絆之義，从馬而囗其足，隸不便於書而變為馵。”本義為絆住馬腳。作“縶”者為形聲。林氏無說。

䍐，歌韻，音歌

《說文》云：“，馬落絡頭也。从网，馵，絆也。，䍐或从革。”

評注：“䍐”即“羈”字，音 jī。甲骨文有（《合集》28152）字，象一動物（廌）角上被綁縛之形，或以為即“羈”字，待考。金文未見。戰國文字作（）（《陶彙》5·384），“馬”之左邊有殘筆，似為“幺”，象繩索之形，若是，則與小篆結構相同，段注所謂“既絆其足，又网其頭”也。徐灝箋曰：“縶絆之義，从馬而囗其足，隸不便於書而變

① 參見季旭昇《說文新證》，福建人民出版社 2010 年版，第 91 頁。

為䍐；羈則省而為馬也，蓋既絡其頭，亦不必更囗其足矣。”字頭系林氏推寫。“落”，大徐本作“絡”。段注云：“落、絡古今字，許書古本必是作落。”此從段說。

闖，侵韻，音沁

《説文》云：“，馬出門皃。从馬在門中。”

評注：“闖”字未見於商周古文字材料。《廣韻》丑禁切，音 chèn；《説文長箋》初亮切，音 chuǎng。林氏無説。

蝨，模韻

《説文》云：“，蠹或从木，象蟲在木中形。”

評注：“蝨”即“蠹”字。“蠹”為形聲，“蝨”為會意，本義為蛀木之蟲。《説文》所釋可從，林氏無説。“蝨”字未見於商周古文字材料。

羔，宵韻

《説文》云：“，羊子也。从羊，照省聲。”按，“火”為“照”省不顯。羔小可炰，象羊在火上形。

評注：“羔”字金文作（索諆爵）。《金文編》曰：“从羊在火上，《説文》从羊照省聲，非。”（第 262 頁）徐灝《説文解字注箋》云：“疑羔之本義為羊炙，故从火。小羊味美，為炙猶宜，因之羊子謂之羔。”林説與徐説同。

𪚰，宵韻

《説文》云：“，灼龜不兆也。从龜、火。《春秋傳》曰：‘卜戰，龜𪚰不兆。’哀二年，今本“𪚰”作“焦”，無“不兆”字讀若焦。”

評注：“𪚰”字音 jiāo。本義為龜燒焦而不顯兆紋。字未見於商周出土古文字資料。大徐本作“，灼龜不兆也。从火、从龜。《春秋傳》曰：‘龜𪚰不兆。’讀若焦。”段注云：“《左傳・哀二年》：‘卜戰，龜焦。’無‘不兆’二字。”此從段注本。

炙，模韻，音庶

《說文》云：“，炙肉也。从肉在火上。”

評注：“炙”字見於戰國文字，作（《璽彙》1516），从火从肉，與小篆同構。“炙肉”，大徐本作“炮肉”，此從段注本。

雋，寒韻，音鐫

《說文》云：“，鳥肥也。从弓、隹。弓所以射隹。”按，从弓謂矰弋所得。

評注：“雋”字見於戰國文字，作（《陶彙》5·309），與小篆同構，隸定為“雋”，隸變為“隽”。林氏以為“从弓謂矰弋所得”，似較合理。“雋”之本義為弓箭所射獲之肥鳥美味，故引申為言論、詩文等意味深長。大徐本作“肥肉也。从弓所以射隹”。此從段注本。字頭系林氏推寫。

胃，微韻

《說文》云：“，穀府也。从肉、㘝。象形。”按，石鼓作“謂”字偏旁，“”象穀在胃中。

評注：“胃”字見於金文，作（吉日壬舞劍），从、从肉，與小篆及林氏所舉之石鼓文皆同構。林氏釋為“象穀在胃中”，可從。

苗，宵韻

《說文》云：“，艸生於田者。从艸、田。”

評注：“苗”字見戰國文字材料，作（十鐘山房印舉3·41），與小篆同構，象草苗生於田中。林氏無說。

圛，之韻，音異

《說文》云：“，籀文囿。”按，象囿有垣，中列眾木之形。石鼓作，同。

評注："圃"是"囿"的表意初文，甲骨文作（《合集》9592），从口，从四屮，从屮與从木同意。林氏引石鼓文為證，其說甚是，可從。

困，文韻

《說文》云："，故廬也。从木在口中。"段氏玉裁云："廬者，二畝半，一家之居，居必有木樹牆下，以桑是也。困之本義為止，而引伸之為極盡。凡言困勉、困苦皆極盡之義。"

評注："困"字甲骨文作（《合集》34235），或横置作（《屯南》885），後世相承前者。其字从口从木，會意不明。《說文》訓為"故廬"，當指木構之屋，口象廬，木者建構之材也。段注則以木為"桑"。或以為"梱"字。徐灝《說文解字注箋》曰："故廬之訓，未詳其恉。困，疑即古梱字，口，束木也。"俞樾《兒笘錄》云："困之為故廬，經傳無徵，且木在口中，於故廬意亦無取。今按，困者，梱之古文也。"林氏節引段注為釋。

才，之韻，音𦺳

《說文》云："，艸木之初也。从丨上貫一，將生枝葉也。一，地也。"按，古作盂鼎，从一。一，地也。，艸木初生形，象種。

評注："才"字甲骨文作（《合集》900正）、（《合集》1916）、（《合集》7），金文相承。《說文》所釋，林氏從之，並以金文證之。或以為"才"為"弋"之分化字。[①]

乇，模韻，音度

《說文》云："，艸葉也。𠂹垂𠂹穗上毌貫一，下有根，象形字。"按，""不類艸葉形。本義當為草木根成，貫地上達。一，地也。《易·解卦》："百果草木皆甲宅。"鄭注："皮曰甲，根曰宅。""乇"即甲宅之"宅"本字。

評注："乇"字音 zhé。甲骨文作（《合集》6992）、（《合集》

① 参見陳劍《釋造》，《甲骨金文考釋論集》，綫裝書局2007年版，第141頁。

22247)，構形不明。林氏以為“本義當為草木根成，貫地上達”，其說似較《說文》為優。

長，陽韻

《說文》云：“，久遠也。从兀、从匕，亾聲。兀者高遠意也，久則變匕化，者，到倒亡也。”按，“兀”不訓“遠”見“兀”字條，“亡”與“長”亦不同音。秦繹山碑作，當以生長為本義。中从一，一，地也。象種發芽漸長育之形“”象種，从匕从乙會意。匕，變也；乙，抽也各見本條。

評注：“長”字甲骨文作（《合集》27641）、（《合集》28195），象人長髮拄杖之形。余永梁《殷墟文字考續考》：“長，實象人髮長皃，引申為長久之義。”金文相承作（牆盤）、（長日戊鼎），小篆訛變甚劇，《說文》釋形不確。林氏據繹山碑字形為說，亦非是。

生，青韻，音星

《說文》云：“生，進也。象艸木生出土上。”按，古作師害敦、作史頌鼎彝。

評注：“生”字甲骨文作（《合集》21928）、（《合集》7776），象艸生長於地上之形。金文如林氏所引，豎畫加點為飾，并拉伸為橫，為小篆所本，隸楷從之。

㞷，陽韻

《說文》云：“㞷，艸木妄生也。从㞢在土上。讀若皇。”按，古作汪伯彝“汪”字偏旁，象草木上出形，“二”象地，俗字以“旺”為之。

評注：“㞷”字音 huáng。甲骨文作（《合集》20715）、（《合集》28598）、（《周原》H11：16），从之从王，王亦聲，金文相承。學者多認為是“往”的本字，可從。林氏據金文證《說文》，理據重解而已。

皇，陽韻

《說文》云：“皇，大也。从自，自，始也，始王者三皇，大君也。自讀若鼻，今俗以始生子為鼻子是。”按，古作不㠱敦、作虢叔編鐘、作函皇父匜，象日光芒出地形，日出地，視之若大。皇，大也。或作叔𩏑父敦，“”即“”之變。或作陳侯因資敦，从古、王亦後世“先人”為“老”，“追來”為“歸”之類。

評注：“皇”字所象，眾說紛紜。有“日光”說（吳大澂）、“旺字”說（劉心源）、“煌字”說（高鴻縉、高田忠周、朱芳圃等）、“王冠”說（郭沫若、徐中舒、嚴一萍、高明等）、[①]“孔雀（鳳凰）尾羽”說。[②]按“皇”字甲骨文作（《合集》6354正），與卜辭“鳳”字尾羽的“珠毛”（指孔雀尾端的毛。段成式《酉陽雜俎·廣動植之一》：“孔雀尾端一寸名珠毛。”）正同。又作（《合集》6961），“”當即“王”字，可視為聲符。所从的在金文裏寫作，與結合而作（皇令簋）、（召卣）。金文上部或訛為“白”，小篆更訛為“自”；下部則線條化為“王”。根據以上分析，“皇”字初文當象“珠毛”之形，本義為鳳凰之羽，引申而有美、大之義，再派生出君、王之義。[③]《說文》以“自王”為說，林氏持“日光”之說，亦皆據形解義。林氏指出金文之“”即“”之變，可從。又析作者為从古、王，亦後世“先人”為“老”，“追來”為“歸”之類，則非是。按之上部所从，亦當“”之變也。

旦，寒韻

《說文》云：“，明也。从日見一上。一，地也。”按，古作頌敦、作頌壺、作伊𣪕彝，从日見土上。或作揚敦，从日在土下將出形。

評注：“旦”字甲骨文作（《合集》21025）、（《合集》34071），从日、丁聲。戰國璽印文字作（《璽彙》2275），从丁甚明，可為佐證。

---

① 參見周法高主編《金文詁林》第一卷，香港中文大學1974年版；高明、葛英會《古陶文字徵》“皇”字條，中華書局1991年版。

② 參見秦建明《釋皇》，《考古》1995年第5期；曾憲通《釋“鳳”“皇”及其相關諸字》，《古文字與出土文獻叢考》，中山大學出版社2005年版。校按：董蓮池《“皇”字取象皇羽說平議兼論“煌字說”》（《古文字研究》第31輯，中華書局2016年版）認為“皇”字取象於豆形燈而主張支持“煌字說”，可資參較。

③ 參見曾憲通《釋“鳳”“皇”及其相關諸字》，《古文字與出土文獻叢考》，中山大學出版社2005年版，第21—22頁。

金文丁形或填實，林氏以為“土”；小篆丁形成一畫，《說文》以為“地”。雖有理據，皆非其朔。

冥，青韻

《說文》云：“，幽也。从日、六，冖聲。日數十，十六日而月始虧。”按，以“十六日而虧”說“六”，義不可通。“六”者，“陸”之古文見“六”字條。从日在陸，冖聲。“冖”蟹韻“冥”青韻雙聲對轉。

評注：確切的“冥”字見于戰國時期，作（詛楚文），从冖，从日，从大。大概表示日落幽暗之意。小篆“大”形訛為“六”。許氏、林氏皆以“六”為說，而說不同：《說文》以“十六日而虧”說“六”，義固不可通；林氏以“陸”釋“六”，謂“冥”字為从日在陸，與“幽”義亦難相協。此皆形體訛變之故也。另按，甲骨文有字作（《合集》14020）、（《合集》181），舊釋“冥”，李瑾先生認為是當產子講的象形字，夏渌先生謂字“上从‘入’（腿）即產婦（母體）的下肢，口（丁、頂的象形字）代表順產嬰兒頭先降生，為助產保姆接生的雙手，實是一幅‘分娩’的簡筆寫實畫，形義結合音義考慮，當是娩子的‘娩’的象形表意字。”①

早，幽韻，音蓮

《說文》云：“，晨也。从日在甲上。”按，古作趙鼎“趙”字偏旁，象日在屮上。“中”即“屮”字。

評注：“早”字見於戰國文字，作（《雲夢·秦律》5），其下所从之部件，小篆作“甲”形，當屬依例制篆。林氏據趙鼎“趙”字偏旁，以為“早”字象日在屮上之形，很可能是正確的。殷商時期就是借“屮”為“早”，字作（《合集》6690）、（《合集》6737）。②“早”就是在借字的基礎上加上意符“日”而成的。另按，戰國時期的“早”字或作（中山王鼎），从日，棗聲。

---

① 參見夏渌《評康殷文字學》，武漢大學出版社 1991 年版，第 23 頁。

② 參見陳劍《釋造》，《甲骨金文考釋論集》，線裝書局 2007 年版。

朝，宵韻

《說文》云："，旦也。从倝，舟聲。"按，古作孟鼎、作歸夆敦、作陳侯因資敦，不从"倝"，亦不从"舟"。象日在艸中，旁有水形，與"淖"形合。淖汐之"淖"，古當與朝夕之"朝"同字。變作使族敦、作仲殷父敦。

評注："朝"字甲骨文作（《合集》33130）、（《合集》23148），从日从月从艸，表現日出於艸木之中而殘月尚存的景象。金文从水或川，林氏以為"象日在艸中，旁有水形，與'淖'形合。淖汐之'淖'，古當與朝夕之'朝'同字"，其說甚是。後世篆文訛从"倝"，"舟"或即金文所从水、川之形訛變而來，乃聲化使然。隸楷作"朝"，所从之"月"或即"舟"之隸變，算是又回到了甲骨文的結構，當屬巧合。

莫，模韻，音暮

《說文》云："，日且冥也。从日在茻中。"按，古作散氏器。

評注："莫"字甲骨文作（《合集》29806），會日暮鳥歸林之意。又作（《合集》10729）、（《合集》29807），省隹，从四木或四中（茻），後世承襲从茻者。《說文》解說可從，林氏以金文證之。

杲，宵韻

《說文》云："，明也。从日在木上。讀若稾。"

評注："杲"字甲骨文作（《合集》20592），金文未見之，戰國文字作（《楚帛書丙》四・二）、（秦陶1365），皆从日在木上，會明亮之意。林氏無說。

杳，宵韻

《說文》云："，冥也。从日在木下。"

評注："杳"字未見於商周古文字。戰國文字作（《古陶文孴錄》第六），从日在木下，會幽冥之意。"杲"與"杳"，皆从木从日，互為上下，以偏旁位置表意，日在上者為“杲”，日在下者為“杳”，亦古人造字精妙之例也。林氏無說。

昆，宵韻

《說文》云：“，望遠合也。从日、匕。匕，合也。讀若窈窕之窈。”按，“日合”非義。“”即“人”字反文，日與人相去之遠，遠望之，若人在日旁，故“昆”為“望遠合也”。

評注：“昆”字音 yǎo，未見於商周古文字材料，或即後起之會意字。段注云：“合者，望遠則其形不分，其色不分，其小大高下不分是也，與‘杳’字義略相近。”王筠《說文句讀》：“有日則能遠望，而目力所窮，自見其合，非由陰翳之故也，故从日；……此借匕為比，相比則合也。”皆以“匕”為“合”立說。林氏則認為“匕”為“人”之反文，日與人相去之遠，遠望之，若人在日旁，故“昆”為“望遠合也”。亦備一說。

宵、肖，宵韻

《說文》云：“，夜也。从宀，宀下冥也，肖聲。”按，古作宵彝，从月在宀下，小聲。《說文》云：“，骨肉相似也。从肉，小聲。”按，即“宵”之省文。

評注：西周甲骨文有（2號卜骨）字，《新甲骨文編》錄為“宵”字。[①] 金文如林氏所引，後世相承。“肖”字見於戰國文字，作（《璽彙》4132）、（《璽彙》1043），从少月或小月，會月光消減之意，後世相承从小月者。按從字理而言，學界以為“肖”為“宵”之初文，或如林氏所言，“肖”是“宵”之省文（就目前所見材料的時間而言，可以支持省文說）是有道理的；不過“肖”之“月光消減”義與“宵”之“夜”義也不能完全等同，“夜”與日、晝相對，與“月光”之有無或增減無關，有月光是夜，無月光也是夜。由于古文字“月”“肉”相似，因此“骨肉相似”之“肖”或另有來源也未可知。《說文》以从“肉”立說，段注云：“謂此人骨肉與彼人骨肉狀皃略同也。”也不能說毫無理據。

① 參見劉釗等《新甲骨文編》，福建人民出版社2009年版，第430頁。

林氏謂“肖”為“宵”之省文，然“宵”字解釋為从月在宀下，小聲，“肖”字則從《說文》解為“从肉，小聲”，二者不類，其說未周。

明，陽韻，音芒

《說文》云：“，照也。从月、囧。”按，象月照窗牖形。古作毛公鼎、作禹敦、作邾公釗鐘“盟”字偏旁、作魯侯尊彝“盟”字偏旁。

評注：“明”字甲骨文作（《合集》11708 正）、（《合集》21037），从囧从月，會月照窗牖明亮之意；又作《合集》10608）、（《合集》20190），从日从月，會日月明亮之意。西周金文多承襲从囧月之“明”，戰國后有从日月之“明”，《說文》小篆繼承从囧之“明”，古文繼承从日之“明”。後世从日之明行而从囧之明廢。林氏錄《說文》不錄从日之古文，而字頭楷字又用从日之明，未知何故。

屚，遇韻，音屢

《說文》云：“，屋穿屚也。从雨在尸下。尸者屋也。”

評注：“屚”字未見於商周古文字材料。戰國文字作（《雲夢·效律》23），从尸，从雨，與小篆同構，會屋子下漏雨水之意，為“漏”之初文。段注曰：“今字作漏，漏行而屚廢矣。”“屋穿屚也”，大徐本作“屋穿水下也”，小徐本、段注本作“屋穿水入也”，林氏不知何據。

王，陽韻

《說文》云：“，天下所歸往也。董仲舒曰：‘古之造文者，三書而連其中謂之王。三者，天地人也，而參通之者，王也。’孔子曰：‘一貫三為王。’”按，“通三畫”未可云“通天地人”。天地人者，王亦非能參通之也。所引孔子語亦無考。王，大也《廣雅·釋詁一》。古作太保彝、作盂鼎、作者沪鐘，象火在地下形。“”象層疊，謂地之極下與“生”“㞷”从“”同意。地中之火，盛大之象。變作王子申盞盂。

評注：“王”字甲骨文作（《合集》21471 反），本象刃部向下的斧形，以斧鉞之威象征王權，故以為君王之“王”。[1] 線條化為（《合集》1027 正）、（《合集》23811）、（《合集》38836），後世承襲三横一豎者，《說文》引董仲舒及孔子之說，乃係理據重解。林氏非之，固有道理，然以為“象火在地下形”，“地中之火，盛大之象”，亦非確詁。

原，寒韻

《說文》“”下云：“，篆文。”按，古作、散氏器，从泉出厂下。

評注：“原”的本字是“泉”，後起字是“源”。“泉”字甲骨文作（《合集》8371）、（《合補》10642 甲），象水從洞穴流出之形。《說文》：“泉，水原也。”金文如林氏所引，加上表示山崖的“厂”，即為“原（原）”字。《說文》正體作“厵”，或體作“原”。段注云：“厵乃古文、籀文也。後人以原（原）代‘高平曰邍’之‘邍’，而別制‘源’字為本原（原）之‘原（原）’，積非成是久矣。”林氏謂字“从泉出厂下”，可從。

突，侵韻，音心

《說文》云：“，湥也。一曰竈突。从穴、火，求省。”按，求，曲也見“求”字條。从“求”省轉注，火由竈突曲上也。

評注：“突”字亦隸定為“罙”，音 shēn，乃“探”“深”之初文。甲骨文作（《合集》4185），从宀、从又，會以手探宀（穴）之意。小篆从“穴”作。段注曰：“此以今字釋古字也。突、湥古今字，篆作突、湥，隸變作罙、深。”《說文》以為从火，求省，釋形不確；林氏以竈突為說，釋“求”為“曲”，亦非其朔。或以為“罙”本作（強伯罙鼎），从火在穴中會意，本義為微火，是錟、燖、爓、燂的本字。[2]《金文編》收“罙”字作（芾伯簋），待考。

---

① 參見林澐《說王》，《考古》1965 年第 6 期；又見《林澐學術文集》，中國大百科全書出版社 1998 年版，第 1—3 頁。

② 參見趙平安《釋“罙”》，《新出簡帛與古文字古文獻研究》，商務印書館 2009 年版。

熒，青韻

《說文》云：“，屋下燈燭之光也。从焱、冂。”按，“冂”象屋形，屋上二火象其光。

評注：“熒”字未見於甲骨文。金文作（井侯簋）、（盂鼎），變而為（五七字衛簋）、為（弭伯簋）。金文或讀為“榮”。裘錫圭先生認為先秦的“”字，象燋燭燃燒形，就是“熒”的初文，可以隸定爲“𤇾”。[1] 戰國文字於下部增火形，作（《陶彙》6·57），為小篆所本。以金文觀察，其字所从之冂，乃火炬交錯形訛變而成。《說文》以為从焱、冂，非其朔形。林氏以為“冂”象屋形，亦非是；謂“二火象其光”，可從。

灾，之韻，音緇

《說文》云：“，烖或从宀、火。”按，象屋下火。

評注：“灾”字甲骨文作（《合集》12836）、（《合集》24478），象水流擁塞成災之形。又作（《合集》28360），加注聲符“才”。“灾”之成因甚多，造字理據多樣，如兵灾作“𢦏”，火灾作“灾”，水火之灾作“災”，兵火之灾作“烖”等，故後世異體繁多，《說文》收錄烖、灾、災等形。林氏謂灾“象屋下火”，可從。

焚，文韻

《說文》云：“，燒田也。从火、棥，棥亦聲。”按，經傳皆作“焚”。玄應書引《說文》：“焚，燒田也。”字从火，燒林意也，則篆當訂作“”。

評注：“焚”字甲骨文作（《合集》10408 正）、（《合集》10408 正）、（《合集》10685）、（《合集》34495），下部从火，上部从林、从艸、从木、从中皆同意，會燒田之意。後世承襲从林作者，如金文作（多友鼎），小篆訛為从棥。段注云：“按《玉篇》《廣韻》有‘焚’無

① 參見裘錫圭《文字學概要》，商務印書館 1988 年版，第 162 頁。

'樊'……'份'，古文作'彬'，解云'焚省聲'，是許書當有'焚'字；況經傳'焚'字不可枚舉，而未見有'樊'，知火部'樊'即'焚'之譌。玄應書引《說文》'焚，燒田也。'字从火燒林意也，凡四見。然則，唐初本有'焚'無'樊'，不獨《篇》《韻》可證也。"因此段注本說解作"燒田也。从火、林"。按段氏力證"樊"為"焚"之譌，甚確。商承祚《殷虛文字類編》云："今證之卜辭，亦从林，不从楙，可為段說佐證。或又从草，於燒田之誼更明。"林氏引《說文》從大徐本，按語據段氏意見。

昔，模韻，音措

《說文》云："，乾肉也。从殘肉，日以晞之。與俎同意。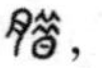，籀文又从肉。"按，古作師嫠敦、作曶鼎、作善尊彝、作宗婦彝"鄙"字偏旁。

評注："昔"字甲骨文作（《合集》14229正）、（《合集》137反）、（《合集》1111反），金文相承作（史昔鼎）、（何尊），後者為小篆所本。"昔"字从日从（災），葉玉森以為"取誼于洪水之日"，學者多從之。當以"從前"為其本義。《說文》誤以"腊"之本義釋"昔"，與甲金文字形不合。林氏證以金文而無說。《說文》籀文字形作，林氏改書作，蓋據隸楷制篆。

冰，蒸韻，宜恒切

《說文》云："，水堅也。从水、仌。，俗冰从疑疑聲。"

評注："冰"本是"凝"的本字。段注云："以冰代仌，乃別制凝字。經典凡凝字皆冰之變也。"按"仌"字甲骨文作（《合集》8251正），金文作（卣文），象水初成冰時凝結成的紋理之形。"仌"加水旁作（陳逆簠），即是"冰"字。要之，後世以"凝"代"冰"，以"冰"代"仌"，此亦漢字行廢之一例也。林氏無說。

涅，微韻，音內

《說文》云："，黑土在水中者。从水、土，日聲。"

評注："涅"字見於戰國時期，作（《貨系》1222），與小篆同構。

《荀子·勸學》："白沙在涅，與之俱黑。"正用本義。林氏無說。

染，談韻

《說文》云："，以繒染為色，从水，杂聲。"按，"杂"字無考。"染"从木在水中。木所以染，即梔茜之屬；从九轉注，繒布置染中皆揉曲之，九，揉曲也。

評注："染"字未見於商周古文字材料，其字殆後起。徐鉉注："徐鍇曰：'《說文》無杂字。'裴光遠云：'从木，木者所以染，梔茜之屬也；从九，九者染之數也。未知其審。'"段玉裁認為裴說近是。林氏从木之說本裴氏，从九之說則有所新創，但都未能揭示真相。按漢代簡帛和金文"染"字作（《養生方》49）、（平安侯家染鑪），从水从朵。陶安、陳劍在《〈奏讞書〉校讀札記》中指出："'染'字結構舊時說文學家雖眾說紛紜，但皆不得其解。《說文》篆形作，右半已經斷裂為'九'和'木'兩部分。上舉諸形尚較《說文》篆形原始，右半顯然就是从'朵'的，'朵'應分析為聲符。'染'（談部）从'朵'（歌部）得聲，與'那'（歌部）从'冉'（談部）得聲相類。"① 其說甚確，可從。

槱，幽韻

《說文》云："，積火燎之也。从木、火，酉聲。《詩》曰：'薪之槱之。'《周禮》：'以槱燎祠中司命。'"按，从木在火上，酉聲。

評注："槱"字音 yǒu，未見於商周古文字資料。段注曰："木，各本作火，今依《玉篇》《五經文字》正。"故段注本作"積木燎之也"。按段說是。唐寫本《說文》殘卷正作"積木燎之也"。林氏引《說文》從大徐本，未作訂正，非是。此卷為"㪅列象形"，此云"酉聲"，屬林氏所謂"象形兼形聲"。

---

① 參見陶安、陳劍《〈奏讞書〉校讀札記》，《出土文獻與古文字研究》第四輯，上海古籍出版社 2011 年版。

尞，宵韻

《說文》云：“，柴祭也。从火、昚。昚，古文慎字。祭天所以慎也。”按，古作毛公鼎“尞”字偏旁，不从“昚”。象物投火中。

評注：“尞”為“燎”之本字，或隸為“尞、尞”。甲骨文作（《合集》358），象木柴交積焚燒之形，旁點表示火焰。又作（《合集》28180），贅加“火”旁。金文如林氏所引，復加“吕”形，小篆訛變為“日”，與上部結合而為“昚”，導致《說文》誤說。按“吕”或為聲符，[①] 林氏指出不从“昚”，是；然以為“象物投火中”，恐不確。

鑄，幽韻，音壽

《說文》云：“，銷金也。从金，壽聲。”按，古作太保鑄器、作鄭饔遵父鼎、作邾公華鐘、作伯孝𧾷盨，象鎔金在皿中有蓋覆之之形。从火者，鎔金之光色如火也。或作洹子器，从金。或作叔皮父敦、作鑄公匿，从金轉注，𠷎聲。省作熊凶匿、作余𡟰盤、作耶膚匜、作寅簋、作師遵鼎、作儀兒鐘。

評注：“鑄”字甲骨文作（《英》2567），象兩手捧皿傾液於范中之形，中為“火”，表示熔化的金屬溶液。金文如林氏所引，變化多端：或繁或簡，或增𠷎為聲符，或增金為形符。小篆之“壽”聲，當從“𠷎”符變來。林氏據金文釋形，可從。

席、石，模韻，音溯

《說文》云：“，藉也。从巾，庶省聲。”按，古作歸夆敦借為“庶”字，从厂，从，从衣，从巾，即“藉”之古文。象物形，藉之，衣、巾亦所以藉也。“席”與“藉”古同音。《說文》云：“，山石也。在厂之下，口象形。”按，古作父辛尊彝，或作魯大司徒匜“礪”字偏旁。“”即“”之省，藉也，象物有所藉形，，厚之象見“竺”字條，“石”“席”“藉”古並同音。“尉”與“叚”同有“藉”義今言慰藉、假借，“借”即“藉”之俗字，而皆从𡰣。

---

① 參見季旭昇《說文新證》，福建人民出版社2010年版，第784頁。

戸，古作𠩺叚敦“叚”字偏旁，亦“㡯”之省也各見本條。从“石”之字多以山石為義，乃以借義轉注。

評注：“席”字未見於甲骨文材料。金文作𢅊（九年衛鼎），从巾，石省聲。戰國文字作席（《雲夢·雜抄》4），从巾，石聲（“石”旁有訛變），與小篆同。按“庶”字从火从石，石亦聲（參見卷十一“庶”字條評注），“石”旁寫法與“席”字同，故“席”字可直接以“石”為聲，不必言“庶”省聲。林氏所引之𢅋字，當是累增“衣”符之“席”的繁構。“石”字甲骨文作𠂆（《合集》21050），象山石之形，又增口符作𠰔（《合集》6952正），為後世所承。金文或增“=”符，乃飾筆。林氏以為“‘㡯’即‘𢅋’之省，藉也，象物有所藉形，=，厚之象”，非是。又以為“从‘石’之字多以山石為義，乃以借義轉注”，反以本義為借義，亦非。“石”是“席”的聲符，本條合席、石為一字，不可從。以為“尉”與“叚”所从相同，亦不確（參見本卷“尉”字條、“叚”字條評注）。

冋冋，青韻，音傾

《說文》云：“冋，古文冂坰。从口，象國邑。”按，古作冋尤尊彝，从“𠙵”不从“口”，當即扃鐍之“扃”本字，象物上覆蓋之形。𠙵，物也。

評注：“冋”字音jiōng。未見於甲骨文材料。金文如林氏所引，與小篆同構。其中之“𠙵”，說法不一，或為裝飾性部件。據《說文》，“冋”同“冂”，楊樹達以為冂“乃扃之初文……左右二畫象門左右柱，橫畫象門扃之形。”（《積微居小學述林》），與林氏說同，然林氏以“𠙵”為“物”，故解釋有異。又按，卷三“冖、冂”條將“冂”與“冖”合二為一，不確，參見該條評注。

亙亙，蒸韻

《說文》云：“栖，竟也。从木，恆聲。亙，古文栖。”“恆，常也。从心，从舟，在二之閒，上下一心，似舟旋恆也。”按，“恆”當从“亙”得聲。亙，竟也。古作亙伯晨鼎“緪”字偏旁，从𠙵在二之閒。𠙵，物也見“外”“閒”“散”“望”各條，二，兩界也。

評注：“亙”字音 gèn。甲骨文作（《合集》14762）、（《合集》14749 正），金文相承作（亙鼎），从月从，當是取象於月在天地之間圓缺往復而寓永恆之意，乃“恆”之初文。《詩·小雅·天保》有“如月之恆”的話，正道出了恆字取象於月的寓意。《說文》所說之“舟”，乃為“月”之譌。金文之實即“月”字，林氏以為物形，非是。

此條合木部之“櫃”與二部之“恆”為一條，字頭當列出。“亙”“恆”“櫃”當有孳乳關係。“恆”字解說大徐本作“从心，从舟，在之閒上下，心以舟施恆也。”段注本作“从心、舟，在之閒上下，心以舟旋，恆也”，注云：“上下猶往復也。”“謂往復遙遠而心以舟運旋，歷久不變，恆之意也。”按許、段皆以从舟說之，非是。段注又云：“俗本‘心’上增‘一’字，非。”林氏殆據段注所謂俗本，“心”上有“一”字，“以”字作“似”字。《文源》抄本有林氏點逗斷句，作“从心，从舟，在之閒，上下一心，似舟旋恆也”。卷十一亦有“恆”字條，作“从心舟在二之閒，上下一心似舟旋恆也。”“上下”皆與“一心”相接，與大徐本段注本異。按，末句“似舟旋恆也”當作“似舟旋，恆也”為妥。

外，泰韻

《說文》云：“，遠也。卜尚平旦，今於夕卜，於事外矣。”按，“夕卜”非“外”之義。古作毛公鼎，，“夕”之變見“夕”字條，象物形見“多”“宜”“舛”各條，，內外之界。“”以標界之內，“”象物在外形。

評注：“外”字甲骨文只作“卜”，金文如林氏所引，加“月”形，後又省為“夕”，為小篆所本。季旭昇先生根據學者研究成果指出，“外字本義系借卜兆別內外……以豎形的兆幹為中界，橫形的兆枝所向為內，另一面為外。”[①]“外”字應分析為从卜，月聲，“外當為卜加注聲符月分化而來。”[②]《說文》云：“卜尚平旦，今於夕卜，於事外矣。”林氏以為“‘’以標界之內，‘’象物在外形”。皆屬別解。

① 參見季旭昇《說文新證》，福建人民出版社 2010 年版，第 573 頁。
② 參見黃德寬主編《古文字譜系疏證》，商務印書館 2007 年版，第 2424 頁。

閒，寒韻

《說文》云：“，隙也。从門、月。”按，“”即“”字，象物形，从物在門中。古作宗周鐘、作辛梲尊彝丁“”字偏旁。

評注：“閒”字未見於甲骨文，金文如林氏所引，从門从月，門閉而見月，會間隙之意。林氏以為“月”象物形，从物在門中，失之。按古文字異象而同形者多，林氏以“”“”皆象物形，非是。“隙”，大徐本作“隟”。

宜，歌韻，音俄

《說文》云：“，所安也。从宀之下、一之上，多省聲。，古文。”按，“宜”與“多”不同音。“”象物形。古文从二，一，地也。物在屋之下地之上，得所安也。

評注：“宜”字甲骨文作（《合集》2387 正）、（《合集》6157），从且（俎之初文）、从二肉，象肉在俎上之形。金文承襲甲骨文，作（般甗）、（宜戈），林氏以之為“俎”字，故不引（參見本卷“俎”字條）。小篆“且”形譌為上之“宀”及下之“一”，“肉”形譌為“夕”，《說文》解形不確。林氏以為“夕”象物，亦非是。

寶，幽韻，音缶

《說文》云：“，珍也。从宀、玉、貝，缶聲。”按，古作季良父盉、作戈叔鼎、作周棘生敦，从玉、貝在宀下，缶聲。

評注：“寶”字甲骨文作（《合集》6451 臼）、（《合集》17511 臼），从宀、玉、貝，象室內有玉、貝之寶，會珍寶之意。金文如林氏所引，增“缶”為聲旁，為小篆所承。本卷為㱡列象形，林氏所選字例多有聲符，皆其所謂“象形兼形聲”者也。

實，微韻，士費切

《說文》云：“，富也。从宀、毌、貝。毌為貨物。”按，古作散氏器，从貝在宀下，从“”省轉注。，古“周”字，見“周”字條。或作侯氏鑄，“”即“”之變，亦“”字。

評注：“實”字未見於甲骨文材料。金文如林氏所引，从宀、田、貝，會“富足”之意。小篆“田”形譌為“毌”，並解為“貨物”，段注曰：“以貨物充於屋下，是為實。”雖仍可會富足之意，已非其朔矣。林氏以金文所从為“周”，不如看作“田”表意更為顯豁。

軍，文韻

《說文》云：“，圜圍也。四千人為軍。从包省，从車。車，兵車也。”按，古作左軍戈，从車在宀下。

評注：“軍”字未見於甲骨文資料。金文作（庚壺），从車，从勹，為小篆所本。“勹”形之解，說法不一。或以為“勹”為“包”省，如《說文》。段注曰：“包省，當作勹。勹，裹也。勹車，會意也。”或以為不省，朱芳圃《殷周文字釋叢》云：“字从車从勹會意，古者車戰，止則以車自圍。”或以為“勹”為“匀”省，苗夔《說文聲訂》曰：“从包省，非，當作从車，匀省，亦聲。”按戰國文字或从匀，作（中山王鼎）、（《郭店·成之》9），苗說符合戰國文字情況。林氏所錄字，與戰國文字中的“軍”字不類，當是“庫”字（參下“庫”字條），其說誤，亦不宜作為字頭古文。大徐本作“軍，兵車也”，段玉裁改為“車，兵車也”，是，林氏從之。

庫，模韻

《說文》云：“，兵車藏也。从車在广下。”

評注：“庫”字未見於商周古文字，戰國文字作（甘丹上庫戈）、（左庫戈），从宀从車會意，或作（陰平劍），从厂，小篆从广，同。林氏無說。

困，文韻

《說文》云：“，廩之圜圓者。从禾在囗中。”

評注：“囷”字音 qūn。未見於商周古文字。戰國文字作（《雲夢·為吏》15），與小篆同。林氏無說。

閉，微韻，音輩

《說文》云：“，闔門也。从門、才。才所以歫門也。”按，古作豆閉敦。

評注：“閉”字未見於甲骨文材料。金文作（豆閉簋，即林氏所引之豆閉敦，《金文編》摹作）从門，从才。故小篆从才不誤。才，段注以為“象撐歫門之形，非才字”。或以為才即木材，距門之關以木為之。[①] 林氏摹作从，不確。或謂即“七”字，用作聲符，[②] 非是。

竊，泰韻，音蔡

《說文》云：“，盜自中出曰竊。从穴、米，禼、廿皆聲。廿，古文疾。”按，“廿”為古文“疾”無考。“”即“”之變，象物形見“芇”字、“共”字條。“竊”象米及物在穴中，禼聲。

評注：“竊”字見於戰國文字，作（《包山》二·一二〇），从米，聲。亦借“”字為之，郭店楚簡《語叢四》8：“竊鉤者誅，竊邦者為諸侯。”其中之“竊”字作即。[③] 與後世“竊”字比較接近的字形是西漢帛書（《老子》乙），从宀从糲。小篆字形來源不明，當有訛變。《說文》的解釋比較牽強，故林氏疑之，但林氏以廿為物形，亦可疑。字頭系林氏推寫。

匠，陽韻

《說文》云：“，木工也。从匸、斤，斤所以作器也。”按，象斤在藏中。

---

① 參見季旭昇《說文新證》引楊樹達說，福建人民出版社 2010 年版，第 872 頁。

② 參見黃德寬主編《古文字譜系疏證》，商務印書館 2007 年版，第 3409 頁。

③ 參見李零《包山楚簡研究（文書類）》，《李零自選集》，廣西師范大學出版社 1998 年版；劉釗《釋儥及相關諸字》，《古文字考釋叢稿》，岳麓書社 2005 年版。

評注：“匠”字未見於商周古文字。戰國文字作（《璽彙》0234）、（《璽彙》3180），从匚、斤，與小篆同構。段注曰：“百工皆稱工，稱匠獨舉木工者，其字从斤也。”“匚”象方形器皿側面之形，或以為聲符，[1] 林氏則以為藏斤之處。

医，微韻，於非切

《說文》云：“，臧弓弩矢器也。从匚、矢。矢亦聲。《春秋國語》曰：‘兵不解医’齊語。今本作‘翳’。”按，古作若嫣尊彝“[illegible]”字偏旁，同。

評注：“医”音 yì，後作“翳”。甲骨文有（《合集》5375），戰國文字有（《璽彙》0323），皆當此字。其本義為“盛放弓弩之器”，引申為隱翳，後“翳”行，而“医”則作為“醫”之簡化字。“臧”，大徐本作“盛”；《春秋國語》，大徐本作《國語》。此據段注本。

匿，之韻

《說文》云：“，亡也。从匚，若聲。”按，“若”非聲。古作盂鼎，，“桑”之省，象采桑藏筐中形。匿，藏也。

評注：“匿”字未見於甲骨文。金文如林氏所引，从匚，若聲。“匚”字本義為“有所藏”，故“匿”字从“匚”會“藏”意。《說文》釋“匿”為形聲字是正確的，然本義應從林說釋作“藏”。“若”字甲骨文作（《合集》21128）、（《合集》891 正），象跪跽之人上舉兩手捋順頭髮之形。後上部訛變為三又之“叒”（參見卷十一“若”字條評注），林氏以為“桑”省，非是。

琫，之韻，音逼

《說文》云：“，車笭閒皮篋也。古者使奉玉，所以盛之。从車、玨。讀與服同。”

評注：“琫”音 fú。未見於商周古文字材料。段玉裁曰：“漢時輕車以藏弩。輕車，古之戰車也。其制沿於古者，人臣出使，奉圭璧璋琮諸

① 參見黃德寬主編《古文字譜系疏證》，商務印書館 2007 年版，第 1956 頁。

玉，車笭閒皮篋所用盛之。此其字之所由从車玨會意也。”“盛”，大徐本作“藏”。此從段注本。

表，宵韻

《説文》云：“，上衣也。从衣、毛。古者衣裘，故以毛為裏。”朱氏駿聲云：“古衣裘皆外毛。禮服必加裼衣其上，所謂上衣也。以毛為裏，言有表則毛在裏也。”

評注：“表”字始見於戰國文字，作（《包山》262）、（《雲夢·雜抄》36），从衣从毛，與小篆結構相同。徐鍇《繫傳》云：“古以皮为裘，毛皆在外，故衣毛为表。会意。”其説可從。“以毛為裏”，大徐本、小徐本、段注本皆作“以毛為表”。朱駿聲《説文通訓定聲》以“上衣”為説，故云“以毛為裏”，林氏從之。朱氏説云：“古衣裘皆外毛。禮服必加裼衣其上，許所謂上衣也。故曰以毛為裏，言有表則毛在裏也。”林氏略“許”“故曰”三字。

冟，蟹韻，彌臭切

《説文》云：“，飯剛柔不調相著。从皀，冖聲。”按，古作吳尊彝、作師兌敦、作伯晨鼎，皆用為車覆笭之“幦”諸彝器“虎幦纁裏”，“幦”皆作“冟”。“冟”本義當為“覆”，从冖在皀上。皀，薦熟物器。《禮》經“扃鼏”皆譌“冟”為“鼏”。“鼏”實“扃”之本字也見“鼏”字條。飯剛柔不調乃“檗”字之義。《爾雅》：“食饐謂之餲，摶者謂之爤，米者謂之檗。”釋器。

評注：“冟”字音 shì。未見於甲骨文，金文如林氏所引，从冖从皀，會以冖覆蓋於盛食器之意，冖亦聲。林氏釋“冟”之本義為“覆”，有形義理據，可從。林氏所謂“《禮》經‘扃鼏’皆譌‘冟’為‘鼏’”，此“鼏”是指義為“鼎覆”之“鼏”（从冖从鼎，音 mì），林氏以為鼎覆之“鼏”當作“冟”，郭沫若《金文叢考·毛公鼎考釋》亦云：“冟與鼏古殆一字。”按，“冟”“鼏”一从皀、一从鼎，二者當為異體關係。又曰“‘鼏’實‘扃’之本字也”，此“鼏”是指義為“以木横貫鼎耳而舉之”之“鼏”（从冂从鼎，音 jiōng）（參見卷二“鼏”字條評注）。又按，林氏又謂飯剛柔不調乃“檗”字之義，如説可從，則《説文》所釋，或

“𦣞”之借義。

𦎧，文韻

《說文》云：“，孰也。从亯、羊。”按，亯，薦孰物器也，羊在其下。古作不𦨨敦、作齊侯敦、作𡨴子器。

評注：“𦎧”字音 chún。甲骨文作（《合集》6861）、（《合集》28915），金文如林氏所引，承襲甲骨文字形。段玉裁注：“凡从𦎧者，今隸皆作享，與亯之隸無別。”“𦎧”字从亯、羊，會以熟羊祭享之意，本義為孰（熟）。段注云：“今俗云純熟，當作此字。純、醇行而𦎧廢也。”甲骨文多用為“敦”。

𩱦，陽韻

《說文》無“𩱦”字。古作曆尊彝、作克彝，煑也。从刀治肉在鼎上。或从爿聲。《說文》：“䰜，煑也。”《廣雅》“䰜，熟也。”釋詁三以“䰜”為之。《韓詩》：“于以䰢之。”采蘋以“䰢”為之。《毛詩》作“湘”。或作王𩱦彝、作索𩱦彝辛、作師湯父𩱦彝。亦作卯敦，“”者“彝”省。

評注：“𩱦”字音 shāng。後隸為“𩱦”。甲骨文作（《合集》15882）、（《合集》25223），从鼎从肉，會以鼎煮肉之意，故其義為“煮”。又作（《合集》15883）、（《合集》15879），增聲符“爿”。金文相承，或增“刀”，或省“鼎”。林氏據金文分析為“从刀治肉在鼎上。或从爿聲。”可從。所引之形，“”或以為“兔”形，非“彝”省。

陳劍先生認為“”字象以刀分割俎案上的肉之形，是古書“肆解牲體”之“肆”的表意本字（“肆”字見卷十二）。“”下加“鼎”者為繁體，其他形體或為省體，或為訛體。過去將此字釋為“𩱦”不可信。① 其說頗有新意。不過就字形而言，“𩱦”和“肆”很難聯係起來。

---

① 參見陳劍《甲骨金文舊釋“𩱦”之字及相關諸字新釋》，《出土文獻與古文字研究》第二輯，復旦大學出版社 2008 年版，第 13—47 頁。

䰜、羹，陽韻，音岡

《說文》云："䰜，歷也。古文亦鬲字。象孰飪五味，气上出也。"按，許意以"䰜"與"鬲"同字，然"䰜"古作文父丁器"䰞"字偏旁、作妣戊器"䰞"字偏旁，象熟飪五味之形。象鼎口與"員"同意，、象調味之匕，其下有火，與"鬲"義別，又不从"鬲"，當非"鬲"字也。省作且子鼐"䰞"字偏旁，變作叔夜鼎"䰞"字偏旁。或作盂鼎"䰞"字偏旁、作陳公子甗"䰞"字偏旁、作叔夜鼎"䰞"字偏旁，變""为""，則與"䰞"形近。"䰜"，經傳無用者，疑即"䰞"之古文也。《說文》云："䰞，五味盉羹也。从䰜、从羔。䰞或省。，或从美，䰜省。，小篆从羔，从美。"按，从"羔"無"羹"之義。䰜，古又不从鬲，則實即、字""，""之變，非"羔"字。

評注：林氏本條辨析"䰜"非"鬲"字，疑是"䰞"（又隸作"鬻"，即"羹"字）之古文，故合䰜、羹為一條。按林氏根據隸定為"䰜"的金文、等形，認為其下有火，字不从鬲，故非"鬲"字；又引"䰜"的諸多變形，認為與"䰞"形近，其說有一定道理，可備一說。不過林氏所引之䰞字，或以為上从"量"，不从"速"。[①] "羹"字見於戰國文字，作（《雲夢・秦律》179），大概是從古"鬻"字訛變意化而來的一個字形，具體的過程還不是很清楚。但"羹"字出現後，"鬻""䰞"等古"羹"字就不太流行了。

鬻，幽韻，張肉切

《說文》云："鬻，鍵也。从䰜、米。"按，古作䲨尊彝辛"䰞"字偏旁、作叔夜鼎"䰞"字偏旁、作陳公子甗"䰞"字偏旁、作叔夜鼎"䰞"字偏旁，象米在羹中形。

評注："鬻"字音 zhōu，即今"粥"字。林氏所引古金文字形，象米在羹中形（參上條"羹"字），有形義理據，可備一說。大徐本作"鬻，鍵也。从䰜，米聲。"段注云："鬻，會意……鉉本誤衍'聲'字。"此從段注本。"粥"是"鬻"的省體，見於戰國文字，作（《璽彙》0955）。另"鬻"又音 yù，是意義為"賣"的"賣"（《說文》"賣，衒也。""衒，

① 參見黃德寬主編《古文字譜系疏證》，商務印書館 2007 年版，第 1887 頁。

行且賣也。”）字的借字，成語“賣官鬻爵”之“鬻”即此義。

鹽，談韻

《說文》云：“，鹹也。从鹵、監聲。古者夙沙初作𩰫海鹽。”按，古作亡鹽戈，象水在皿中可煮形，从鹵轉注。

評注：“鹽”字未見於商周古文字。戰國文字作（《秦文字集證》141·128），从鹵、監聲，與小篆同構。林氏所引之字，从卤从水从皿，表示煮鹽之意，為鹽之異體。“鹹”，段注本改作“鹵”；“夙”，大徐本作“宿”，“𩰫”，大徐本作“煑”。林氏前者從大徐本，後者從段注本。

壹，微韻，於費切

《說文》云：“，嫥壹也。从壺、吉，吉亦聲。”按，“壺吉”無“嫥壹”之義。壹，壹壼也，“吉”與“甴”同字見“吉”字條，象塊在壺中形。

評注：“壹”字戰國文字作（商鞅方升），與小篆同構。从壺、吉，吉亦聲。或認為“壹與壺為一字分化。壺，匣紐。壹，影紐。影、匣均屬喉音。古文字以壺為壹，秦統一之后疊加吉為聲符。壹、吉均屬質部”。[1] 其說可從。林氏以為“吉”與“甴”同字，“壹”象塊在壺中形，非是。“嫥”，大徐本作“專”，林氏從段注本。

典，文韻，音盾

《說文》云：“，五帝之書也。从冊在丌上。尊閣之也。”按，古作召伯虎敦、作格伯敦、作陳侯因資敦。

評注：“典”字甲骨文作（《合集》33020），會雙手持冊尊奉之意，又作（《合集》36347），下二畫似表示承墊之架。金文如林氏所引，省収，下部變从“丌”，為小篆所本。《說文》以為“五帝之書”，未必。

---

① 參見黃德寬主編《古文字譜系疏證》，商務印書館2007年版，第3303頁。

奠、眞，臻韻，特印切

《說文》云："，置祭也。从酋。酋，酒也。丌，其下也。"按，古作鄭同媿鼎，从酉在丌上。《說文》云："，僊人變形而登天也。从、目、，所以乘載之。"按，說不可曉。古"寘"字作楚曾侯鐘，从宀，聲。"眞"蓋與"奠"同字，以形譌分為兩字也。真實之"真"，為"奠"字之借義，或借"慎"字為之。《詩》"予慎無罪，予慎無辜"巧言，《爾雅》"慎，誠也"是也。"慎""顛""瑱""填"諸字，以"寘"字作例之，並當从"奠"。"眞""奠"古同音。

評注："奠"字甲骨文作（《合集》536）、（《合集》32183），象置酒樽于某物上之形，會祭奠之意。金文於下部增而作（訇簋），再變而如林氏所引者，變為丌。小篆承之，並將酉變為酋。"真"字金文作（季真鬲）、（真盤）、（伯真甗），上从"匕"，下从"鼎"或"貝"（古文字"鼎"和"貝"常互譌），或又增"丁"以為聲，或又加"丌"。小篆"鼎"或"貝"則譌為"目"。關於"真"字的構形，諸說紛紜，《說文》所釋，林氏以為"說不可曉"，可從。就上舉金文字形而言，"真"亦有可能就是"貞"字的分化，待考。林氏以"寘"字所从為根據，認為"真"與"奠"同字，以形譌分為兩字，真實之"真"，為"奠"之借義；並以為"慎""顛""瑱""填"諸字並當从"奠"。以音而言，林氏之說頗有道理，但在形體上，林氏只以"寘"字所从為說，似有不足，與上舉金文"真"字亦有矛盾。

俎，模韻

《說文》云："，禮俎也。从半肉在且上。"按，古作作冊般尊彝巳、作且之商尊彝辛、作且子鼒。

評注："俎"字由"且"字分化而來，甲骨文作（《合集》27061），金文作（三年瘐壺），从且而突出其支架，《說文》小篆則譌从"仌"，並誤釋為"半肉"。林氏所引金文為"宜"字，舊或以"宜""俎"為一字。

疊，緝韻，音習

《說文》云："，揚雄說以為古理官決罪，三日得其宜，乃行之。从晶、宜。"按，以疊為三日決罪，說已迂曲。古作穌甫人匜"嬗"字偏旁，""即"俎"字，象累物在俎上形。

評注："疊"字未見於甲骨文材料，金文如林氏所引，上从三日。按"疊"以重疊為義，故以三日為意符。或將三日作為"晶"（"曐"之本字）來解釋，亦可。所从之"宜"，或以為聲符。[①] 林氏批評《說文》引揚雄之說為迂曲，可從。然以字"象累物在俎上形"，亦恐不確。"疊"又作"疉"，據《說文》，"亡新以為，曡从三日太盛，改為三田。"

束，遇韻，音續

《說文》云："，縛也。从口、木。"按，古作大敦、作曶鼎。

評注："束"字甲骨文作（《合集》27590）、（《合集》30381），李孝定曰："象囊橐括其兩端之形……引申為凡束縛之偁。"（《甲骨文字集釋》）按甲骨文"橐"字作（《合集》9430）、（《合集》9423 反），"東"字作（《合集》25362）、（《合集》33068），"橐""東""束"皆取象於囊橐之形，同源而分化，乃"同象異字"之例。林氏以金文證《說文》，下"東"字條並以"東""束"為同字，可從。

東，東韻

《說文》云："，動也。从木。官溥說，从日在木中。"按，古作克鐘，中不从"日"古"日"作，不作。象圍束之形，與""同意，故"黃"古作師奎父敦、或作趞曹鼎。彝器人負束形，鼎文作、爵文作、敦文作。"製"字古作毛公鼎，或作師兌敦。"餗"字古作妣戊器、或作𩰫尊彝辛。"速"字古或作叔家父匡："用速先嗣諸兄"，是"東"與"束"同字。"東"東韻"束"遇韻雙聲對轉。"束"聲之"竦"亦轉入東韻。四方之名，西、南、北皆借字，則東方亦不當獨制字也。

---

① 參見季旭昇《說文新證》，福建人民出版社 2010 年版，第 564 頁。

評注：“東”字甲骨文作（《合集》33068）、（《合集》25362），後世相承。從甲骨文字形來看，“東”“束”“橐”皆取象於囊橐並有繩索捆綁收束之形，故三者有同源關係（參上“束”字條）。林氏以金文“束”“東”偏旁互作而以為“東”與“束”同字，並證以音讀，其識甚卓，其說甚是。唐蘭《釋四方之名》、于省吾《甲骨文字釋林·釋古文字中附畫因聲指事字的一例》皆從之。

柬，寒韻

《說文》云：“，分別簡之也。从束、八。八，分別也。”按，古作盂鼎“諫”字偏旁，从二點，不从“八”。柬，束也。與“束”義同音異。“柬”本義為“束”，故與“柬”同音之如簡編之“簡”、諫諍之“諫”，欄楯之“欄”、弩盛之“籣”，並有“約束”義。“柬”从束，注二點，以別於“束”。亦省作“束”，盂鼎“諫”或作“”。

評注：“柬”字未見於甲骨文。金文如林氏所引，从束，內有兩點。其兩點小篆變為“八”。林氏認為“柬”从束，注二點，以別於“束”，非常符合文字分化的道理。因此“柬”之本義為“束”，並證以與“柬”同音之字皆有“約束”之義，深得同源理論之精髓。季旭昇認為“林說甚是，唯柬與束當有不同。束唯有約束義，柬則有柬擇然後約束義。故从柬之字亦有柬擇義，如揀”。①

黄，陽韻

《說文》云：“，地之色也。从田，炗聲。炗，古文光。”按，“炗”為古文“光”無所考。古作弭仲匿、作番生敦“廣”字偏旁，、象禾穀可收形與“”形近，束之。秋禾之色黄也。變作曾伯簠、作陳侯因資敦、作趙曹鼎。

評注：“黄”字甲骨文作（《合集》595正）、（《合集》22195），金文承襲甲骨文作（師艅簋），或在頂部增植“廿”形（疑是“口”形變體）作（召尊），為小篆所本。戰國時期文字異形，或變作（趙孟

① 參見季旭昇《說文新證》，福建人民出版社2010年版，第528頁。

壺）。以此觀之，林氏以作者為“變作”，作者為“古作”，不符合“黃”字的源流情況。關於“黃”的構形，歧說紛紜。或以為“黃”與“寅”皆由“矢”字分化，或以為“尪”之本字，或以為“璜”之本字。今按甲骨文象一人於胸前佩玉環之形，故當以後說為長。林氏以後出之形分析，以為象秋禾之色黃，不可據。

弟，微韻，大配切

《說文》云：“，韋束之次弟第也。从古文之象。，古文弟，从古文韋省，丿聲。”按，古作雍公尊彝，从弋，束之。束杙亦有次第也。

評注：“弟”字甲骨文作（《合集》22135），象韋索纏繞於必（柲之本字）上之形，表示整齊而有次第之意，引申為兄弟之“弟”。林氏所釋基本可從，唯以所从為弋（杙），不確（參見卷一“弋”字條評注、卷十“必”字條評注）。

中，東韻

《說文》云：“，和也。从口、丨，下上通也。”按，古作沇兒鐘，本義當為射中的之“中”，象正鵠見“正”字、“侯”字條，象矢有繳形。省作散氏器，丨但象矢。

評注：“中”字甲骨文繁作（《合集》5804）、（《合集》19439），簡作（《合集》20587），金文承襲甲骨文，繁簡並作，小篆承襲其簡者。關於“中”字的構字理據，諸說不一。以字形觀之，當與旗幟及其職能有關，中間之方框或圓圈，或是指事符號。林氏以為其本義為射中的之“中”象正鵠，象矢有繳形，似不確。“和也”，段注本作“內也”。

至、臸，微韻，之配切

《說文》云：“，鳥飛從高下至地也。从一，一猶地。象形。‘不’上去而‘至’下來也。”按，與鳥形不類。古“矢”或作鴆侯尊彝乙“医”字偏旁，則者，“矢”之倒文。从矢射一，一象正鵠見“正”字條。矢著於鵠，有至之象。古作克鐘、作故鄦句鑃。《說文》云：“，到也。从二至。”按，當作“至之或體”。古作窒叔敦“窒”字偏旁。

評注："至"字甲骨文作（《合集》667正），金文相承，小篆不變。羅振玉認為："一象地，象矢遠來降至地之形，非象鳥形也。"[①] 林氏以為"者（按，當作），'矢'之倒文。从矢射一，一象正鵠。矢著於鵠，有至之象。"姚孝遂曰："謂為矢之倒文是對的。'一'不必象正鵠。一者矢之所止，乃指事，是為至意。"[②]"臸"字音 zhī。以形義言之，當即"至"之繁文。林氏以為"至之或體"，合"至""臸"為一，可從。

晉、孴，臻韻

《說文》云："，進也，日出而萬物進。从日，从臸。《易》曰：'明出地上，晉。'"按，"日出"無"物進"之義。"晉"者，"臻"之古文，至也。與"至"雙聲對轉，實與"至"同字。古作格伯作晉姬敦，象兩矢集於形，與"至"同意。，正鵠也見"中"字條。亦與"臸"同字，訓進者同音假借。亦作晉公盦。《說文》云："，盛皃。从孨，从日。讀若薿。一曰若存。，籀文从二子。一曰𦥨即奇字晉。"按，"晉"古作，""形近二"子"，故以"𦥨"為奇字"晉"。"孴"从三"子"亦三""之譌。矢多故訓為"盛"，讀若"存"文韻，亦"晉"之雙聲旁轉；讀若"薿"，乃音之譌。

評注："晉"字甲骨文作（《合集》19568），金文相承，如林氏所引。其構形理據有不可知者，故有多種說法。《說文》以"日出而萬物進"釋之，段注曰："臸者到也，以日出而作會意。"應該是有一定道理的。林氏以為非，而看作"臻"之古文，以形音義言之，亦可備其一說。"孴"字未見於甲骨文材料。金文作（䱷𦥨妊簋）。从二子，从口，與《說文》籀文形近。林氏根據《說文》"一曰𦥨即奇字晉"之說，分析二字形體上的聯係，認為""形近二"子"，"孴"从三"子"亦三""之譌。按此說證據似嫌不足，待考。

---

① 羅振玉《雪堂金石文字跋尾》，轉引自《甲骨文字詁林》，中華書局1996年版，第2550—2551頁。

② 參見于省吾主編《甲骨文字詁林》，中華書局1996年版，第2555頁。

戛，之韻，音戟

《說文》云："，戟也。从戈、首。"按，从戈从首者，所以擨人首。古作無叀鼎，""亦"百"之變。或作師奎父鼎，从肉。"戛"與"戟"古同音，即"戟"之或體。

評注："戛"音 jiá。林氏以為"从戈从首者，所以擨人首"，其說可從，《漢語大字典》引以為證。其所引之金文，从戈从目（林氏以"目"為"百"之變，其實不必），或从戈从肉，學界多直接以之為"戟"字異文。林氏以為乃"戛"字異體，而"戛"為"戟"字異體，其說更有道理。按首與肉、目，在"戛"字中都作為"戈"之攻擊的對象，理據相同。故"戛"字以戈擨首，異體可作以戈擨目或以戈擨肉。以戈擨肉之"戛"字亦見於甲骨文，作（《懷特》1517）、（《合集》30547）。

縣，寒韻

《說文》云："，繫也。从系持県。"按，古作縣妃彝、作郘鐘，从木从糸""亦"糸"之變持首即"玄"之或體。

評注："縣"即"懸"之本字，未見於甲骨文材料。金文如林氏所引，會懸人首於木上之意，林氏之說甚是，《漢語大字典》亦引以為證。小篆省"木"，故作"縣"。林氏所引縣妃簋之字，《金文編》作（第 634 頁），所从即是"糸"，林氏所摹略異，故云""亦"糸"之變。

畢，微韻，音輩

《說文》云："，田網也。从田。从，象形。或曰田聲。"按，"田"非聲。象畢形，在田閒。古作段敦、作櫨伯器乙。

評注："畢"字西周甲骨文作（《周原》H11：45），金文如林氏所引，小篆承襲金文。"畢"是古時田獵用的一種長柄網。林氏指出"'田'非聲。象畢形"，都很正確。大徐本作"田罔也。从𠦒，象畢形微也。或曰由聲。"段注本作"田网也。从田。从𠦒，象形。或曰田聲"。此從段注本，只是"网"作"網"。

臿，葉韻

《說文》云："，舂去麥皮也。从臼，干聲。一曰干所以臿之。"按，"干"非聲，"干"即"竿"之古文見"干"字條，所以臿之。

評注："臿"音chā。"臿"字未見於商周古文字材料。大徐本作"从臼。干，所以臿之"。此從段注本。"干所以臿之"，乃段氏據小徐本。林氏以為"'干'非聲"，應是對的。但"干"表示何意，亦有不同理解，段氏以為"干"猶"杵"也，林氏以為"竿"之古文。按"干"字本為盾牌之形（參見卷一"干"字條評注），"臿"字所从之"干"或與盾牌之"干"為同形字，段氏理解為"杵"，從舂搗的意義上講，比較合理。劉釗近作《"臿"字源流考》，根據戰國文字的有關材料，以為"臿"字所从之"干"乃是倒矢之形訛變而成的。"因此臿字顯然是象箭插入某一區域之形，應該就是《說文》訓為'刺內也'的'插'的本字。"[①] 其說可從。

初，模韻

《說文》云："，始也。从刀、衣。裁一字為句，衣之始也。"按，古作賢彝。

評注："初"字甲骨文作（《合集》31801），金文小篆相承無異。吳其昌《金文銘象疏證》曰："初民無衣，大氐皆獸皮以刀割裁而成，衣之新出於刀，是初義也，故初確係从刀。"其說可從。林氏讀"裁衣之始也"為"裁，衣之始也"，頗有道理。

利，微韻，音類

《說文》云："，銛也。刀和然後利。从刀，和省。《易》曰：'利者義之和也。'"按，"刀和"與"刀利"異義。"利"本義為"贏"，从刀刈禾。古作利鼎、作遣尊彝、作多父盤，中點象穀實。

評注："利"字甲骨文作（《合集》7044）、（《合集》31245），

① 參見劉釗《"臿"字源流考》，《古文字研究》第30輯，中華書局2014年版。

从刀从禾，會割禾之刀鋒利之意。《說文》以為从和省，林氏非之，是。所从之刀有飾筆，或變為"㔫"形，非象穀實。"贏"乃"利"字之後起引申義，林氏以為本義，亦非是。

剌，泰韻，音賴

《說文》云："，戾也。从束，从刀。刀束者，剌之也。"按，"刀束"非義。古作克鐘、作宗婦彝、作剌㓹彝，从刀刈禾，○束之。與"利"同字。"利"微韻"剌"泰韻雙聲旁轉。"賴"从"剌"得聲，"剌"實即"賴"之古文。《說文》："賴，贏也。"正"利"之本訓。《孟子》"富歲子弟多賴"，《史記》"始大人常以臣無賴"高帝紀，"賴"皆生產收穫之義，收穫取贏，得引伸為"恃"，故《廣雅》云："賴，恃也。"釋詁三"剌"亦變作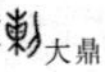大鼎。

評注："剌"字甲骨文作（《合集》18514 正）、（《合集》27885 正），从刀从秉，會以刀割禾稈之意，秉亦聲。"秉"旁小篆譌為"束"。與"剌"同音之"辣""賴"當皆類此。郭沫若《殷契粹編考釋》釋"秉"為"稈"，于省吾《雙劍誃殷契駢枝》謂"秉"當與"剌"同音，《說文》謂"剌"字从束，非是。裘錫圭先生曰："綜合郭、于二說來考慮，'秉'似應是'梨'的初文……'梨'是禾、黍一類穀物的莖稈之名。'列''剌'古音相近……所以把'秉'釋作'梨'的初文，從字形和字音上都講得通。"① 季旭昇先生指出，金文中的很多"剌"字"把木形中畫寫得彎彎地，以示和木形不同。剌鼎左旁訛成'柬'形，克鐘接近'束'形，《說文》釋形為'从束从刀'，當承自此形。"② 按以上諸說皆可從。林氏把"秉"形誤認為"禾"，故認為與"利"同字，亦"賴"之古文，其說不可從。《說文》釋"剌"為"戾"，或為引申之義。"刀束者"，大徐本作"刀者"。此從段注本。

① 參見裘錫圭《甲骨文中所見的商代農業》，《裘錫圭學術文集·第一卷·甲骨文卷》，復旦大學出版社 2012 年版。

② 參見季旭昇《說文新證》，福建人民出版社 2010 年版，第 529 頁。

制，泰韻，音蔡

《說文》云："，裁也。从刀、未。未，物成有滋味可裁斷。"按，"滋味"非可裁斷。未，古"枚"字見"未"字條，枝榦也。古"制""折"通用。《論語》"片言可以折獄者"，《魯論語》作"制獄"，"制"蓋即"折"之或體。

評注："制"字甲骨文作（《合集》7938），从刀从木，會以刀斷木之意。按朱駿聲已經指出"制"字是"以刀斷木，从未犹从木也"，[1] 其說甚確。《淮南子·主術》："是故賢主之用人也，猶巧工之制木也。……無小大脩短各得其宜，規矩方圓各有所施。""制"正用其本義。金文或作（制鼎，據劉釗《〈金文編〉附錄存疑字考釋》）、（子禾子釜），後者為小篆所本。"制"的構形理據與"折"字相同（參下"折"字條評注），"制""折"古音也極為接近，二者具有同源關係。[2] 林氏不同意《說文》對"未"旁的解釋，並根據《論語》異文認為古"制""折"通用，"制"蓋即"折"之或體，其識斷可謂卓巧。

剛，陽韻

《說文》云："，彊斷也。从刀，岡聲。""，山脊也。从山，网聲。"按，"网""岡"不同音。古"㹩"字作靜敦，从牛，㓻聲。"㓻"即"剛"之古文，从刀斷网綱。"岡"字古作《散氏器》："陟㓻三封"，从山，㓻聲。

評注："剛"字甲骨文作（《合集》32597），从刀，从网，会以刀斷网之意，金文作（墻盤），與林氏所引之散盤同，小篆承之。林氏以為"剛"之初文為"㓻"，與甲骨文暗合，甚是。又認為"网""岡"不同音，因此"剛"字當分析為从山，㓻聲，實是"岡"的古文。如此，彊斷之"剛"就只能看成是山脊之"岡"的借字了，而"岡"也應分析成从山，㓻省聲了。此涉古音問題，待考。"山脊"，大徐本作"山骨"。

---

① 參見朱駿聲《說文通訓定聲·泰部第十三》，中華書局 1984 年版，第 675 頁。

② 參見裘錫圭《說字小記·說"制"》，《裘錫圭學術文集·第三卷·金文及其他古文字卷》，復旦大學出版社 2012 年版。

小徐本、段注本皆作“山脊”。田吳炤《二徐箋異》：“《玉篇》正作山脊，大徐本作骨，譌字也。”

魝，泰韻，古害切

《說文》云：“，楚人謂治魚也。从刀、魚。讀若鍥。”

評注：“魝”字音 jié，又音 jì。未見於商周古文字材料。从刀、魚，會以刀剖魚之意。桂馥《說文解字義證》曰：“治魚即剖魚。”林氏無說。字頭乃依例推寫。

解，蟹韻

《說文》云：“，判也。从刀判牛角。”按，从角轉注，从刀治牛。

評注：“解”字甲骨文作（《合集》18387），商承祚《殷虛文字類編》云：“此象兩手解牛角。”戰國文字作（中山王鼎），由“爪”變為“刃”；古璽作，[1] 由“刃”變“刀”，與小篆同構，且偏旁位置也變得與後世“解”字相同。許氏、林氏皆以从刀立說，與甲骨文字形不同，然治牛之義則一致也。

則，之韻，音稷

《說文》云：“，等畫物也。从刀、貝。貝，古之物貨也。”按，从刀者，分之意。古作召伯虎敦、作段敦，變“貝”為“鼎”，猶“寶”或作𢓜盨。又鼎為分器，亦可等畫之物也。

評注：“則”字西周甲骨文作（《周原》H31：4），从刀从鼎。段簋之，當是最完整之字形，表示仿照一鼎刻畫另一鼎之意，當以“效法”為其本義。後“鼎”或譌為“貝”，作（行氣玉銘），為小篆所本。林氏從《說文》以从貝立說，反以从鼎為“變”，可謂本末倒置矣。

---

① 此字形見徐無聞主編《甲金篆隸大字典》，四川辭書出版社 1991 年版，第 283 頁。

班班，寒韻

《說文》云："班，分瑞玉也。从玨、刀。"按，象刀分二玉形。古作班公孫班鎛，同。

評注："班"字未見於甲骨文。金文如林氏所引，與小篆同。林氏解為"象刀分二玉形"，甚是。

折折，泰韻，音蔡

《說文》云："𣂚，斷也。从斤，斷艸。折，篆文𣂚从手。"按，古作折毛公鼎，作𣂚兮田盤，象以斤斷艸形。亦作𣂚洹子器，二象斷處。

評注："折"字甲骨文作折（《合集》7924），从斤，从斷木，會以斤斷木之意。又有作折者，① 則木旁已訛作上下兩屮矣。金文相承作兩屮之形，如林氏所引之𣂚字是；或於中間加二符以示斷處，如林氏所引之𣂚字是。《說文》古文相承作𣂚，遂有"从斤斷艸"之說。由上下兩屮的中豎相連而成"手"形，即《說文》小篆之作𣂚者，隸變作折，成為後代通行之字。林氏以金文證許慎"斷艸"之說，非其本朔。然謂"二象斷處"，則甚是。字頭所用毛公鼎之折字，舊釋"折"，或以為"所"字。

斬斬，談韻

《說文》云："斬，截也。从車、斤。斬法車裂也。"按，車裂不謂之斬。斬，伐木也。《攷工記》："輪人斬三材。"从斤，从車，謂斬木為車。

評注："斬"字未見於甲骨文材料，戰國文字作斬（《璽彙》3818）、斬（《郭店·六德》31）。从車从斤，與小篆同構。从車之故，有二說。段注曰："蓋古用車裂，後人乃法車裂之意而用鈇鉞，故字亦从車。斤者，鈇鉞之類也。"林氏非之，以斬為伐木，斬木為車，可備一說。

① 此字形見《京都大學人文科學研究所藏甲骨文字》3131，見《甲骨文編》，中華書局1965年版，第22頁。

斯，蟹韻，須街切

《說文》云：“，析也。从斤，其聲。”按，“其”非聲。其，箕也見“其”字條。析竹為之，从斤治箕。古作僕兒鐘。

評注：“斯”字未見於甲骨文材料。金文如林氏所引，从其从斤，與小篆同構。如《說文》所釋可從，則“斯”當為“撕”之本字。《說文》引《詩》曰：“斧以斯之。”正用本義。林氏以“其”為“箕”，釋為“析竹為之，从斤治箕”，頗有理據。綜合而言，“斯”字當可釋為从斤，从其，其亦聲。

析，蟹韻，須㚖切

《說文》云：“，破木也。一曰折也。从木，从斤。”按，古作格伯敦。

評注：“析”字甲骨文作（《合集》21864）、（《英》1288），从木从斤，後世相承無異。《說文》釋為“破木”，甚確。桂馥《說文解字義證》曰：“謂以斤分木為析也。”林氏無說，證以金文。

戌，泰韻，音帥

《說文》云：“，滅也。九月昜气微，萬物畢成，昜下入地也。五行，土生於戊，盛於戌。从戊、一，一亦聲。”按，“戌”从“戊一”之說不可曉，“一”亦非聲。古作頌鼎、作頌敦，“”即“人”之反文，以戈擊之。“戌”“殺”古同音，當即“殺”之古文。

評注：“戌”字甲骨文作（《合集》1916），象斧鉞類的廣刃兵器之形。又作（《合集》15020 反）、（《合集》28011），金文相承，如林氏所引，《說文》分析為从戊、一，割裂形體，固不可從；林氏重新分析，亦以線條想象，亦非其朔。因“戌”早借為干支字，本義遂廢。“滅”，段注本作“烕”；“昜”，大徐本作“陽”；“从戊、一，一亦聲”，大徐本作“从戊含一”。林氏綜合而引錄。

𢦔，談韻

《說文》云：“，絕也。从从持戈。”按，从戈戮。“”，人多之象。經傳以“殲”為之。古作戣彝“戣”字偏旁。

評注：“𢦏”字音 jiān。甲骨文作（《合補》1989）、（《屯南》806），从戈从从（二人之形），象以戈擊殺眾人之形，會“滅絕”之意，乃“殲”之初文。小篆“从”“戈”分離，形義關係不顯。《說文》釋為“从从持戈”，說形不確。林說可從。

威，微韻

《說文》云：“，姑也。从女，戌聲。”按，“戌”非聲。“威”當與“畏”同字王孫鐘“威儀”作“畏義”。从戌，象戈戮人，女見之，女畏懾之象。古作號叔鐘，省作禹敦、作邾公華鐘。

評注：甲骨文有（《合集》2788），从戈从女，與“威”字从戌从女構意相同，或即“威”字。金文或作从戊从女，構意亦同。均指以兵器加於女子，會“刑罰”之意，引申出“威嚴”等義。大徐本作“从女，从戌”，段氏依小徐作“从女，戌聲”。林氏引《說文》從段注本，解形據大徐本，並進一步指出“从戌，象戈戮人，女見之，女畏懾之象”。其說可從。

臼，幽韻，音臼

《說文》云：“，舂糗也。从米、臼。”

評注：“臼”字音 jiù。其字殆後起，未見於商周古文字。从米、臼會意，臼亦聲。段注云：“米麥已熬，乃舂之而簁之成勃，鄭所謂擣粉也，而後可以施諸餌餈。”林氏無說。

稟，侵韻

《說文》云：“，賜穀也。从㐭、禾。”按，古作稟㮚器，从米出㐭。或作兮仲鐘“𥢍”字偏旁，从禾。亦作師寰敦“墻”字偏旁，从二禾。或作叔氏鐘，譌从“林”，“林”亦聲叔氏鐘“𤁞鐘”即“林鐘”。或作尤剃彝、作陳猷釜，从攴轉注。或作楚公鐘，从攴，从泉皆轉注，謂廩米如源泉不絕也。

評注：“稟”字本作“㐭”，又作“廩”。甲骨文（《合集》14128

反)、(《合集》9642),象倉廩之形。又作(《合集》893 正)、(《合集》27886),增加意符“禾”。金文如林氏所引,或从米,或从一禾,或从二禾,二禾或聲化為“林”,變化比較多。小篆定為从禾。林氏對金文形義關係的解釋,可從。

料,宵韻

《說文》云:“,量也。从米在斗中。讀若遼。”

評注:“料”字未見於甲骨文材料。金文作(司料盆蓋)。从米从升,从升與从斗同意,小篆从斗,會“量米”之意。段注云:“量者,稱輕重也。稱其輕重曰量,稱其多少曰料,其義一也。”徐灝《說文解字注箋》云:“料者用斗量米……料量多少為用,因之有物料之稱。又引申為料度料理之義。”其說甚是。林氏無說。字頭係林氏推寫,與司料盆蓋“料”字近。

科,歌韻

《說文》云:“,程也。从禾、斗。斗者量也。”

評注:“科”字未見于商周古文字材料。其字从禾,从斗,會區分、類別之意,禾亦聲。徐灝《說文解字注箋》曰:“科,謂諸率取數於禾者,從而區分,別其差等,故从禾从斗。斗以量而區分之也,因之凡諸程品,皆謂之科。”林氏無說,字頭亦推寫。

孱,文韻,音存

《說文》云:“,迮也。从孨在尸下。”按,“孱”訓為“迮”無他證,三子在屋下亦小謹之象。經傳凡“孱”字皆訓為“謹”,《說文》作“孨”。

評注:“孱”字音 chán。未見於甲骨文,金文作(廟孱鼎),从尸从孨,尸象人形,會產子眾多之意,孨亦聲。本義當為“弱”。《漢語大字典》“孱”字條按:“尸代表人體,以產子眾多會意,當訓‘弱’,引申為迮(窄)、謹諸意。”“孱”字當即“孨”之孳乳,“孨”从三子會“弱”意,與“孱”音義相涵。徐灝《說文解字注箋》云:“孨,此當以弱小為本義。孨、孱蓋古今字。”（參見本卷“孨”字條評注）林氏以尸為屋，以屋下三子會意，亦有理據。按尸有象屋者，然觀金文“孱”字所从，似以象人形為上。

䨘，微韻，虛葦切

《說文》云：“䨘，見雨而比息。讀若欷。”按，象二人疾趨雨中形，疾趨則比息。“見”與“頁”同意古“顯”字或从“見”作“𩔰”。《說文》云：“覞，並視也。从二見。”按，經傳未見，當即“䨘”之偏旁，不為字。

評注：“䨘”字音 xì。“䨘”字未見于商周古文字材料，殆後起字。小徐本作“見雨而止息”。林氏以“見”為“頁”，以為象二人疾趨雨中形，根據不足。“覞”字音 yào。其字亦後起。饒炯《說文部首訂》：“并視，非二人同視一物，謂二人相對為視也。”北周衛元嵩《元包經·太陽》：“覞于醜，冋于垠。”傳：“覞于醜，觀夫眾也。”林氏以為經傳未見，不確。

霍，模韻，音護

《說文》云：“靃，飛聲也。雨而雔飛，其聲靃然。”按，象群隹在雨中，其飛加疾，故聲霍然。古作靃叔男父匜。

評注：“霍”字甲骨文作（《合集》10989）、（《合集》36781），後世相承，从雨从隹，隹之多寡不一，會雨中之鳥飛翔之聲霍霍然，林氏之說可從。

羼，寒韻

《說文》云：“羼，羊相厠也。从羴在尸下。尸，屋也。”按，引伸為凡相厠者之稱。

評注：“羼”字音 chàn。未見於商周古文字材料。《說文》、林氏之說皆可從。或以為“尸”為人，本義蓋指人、羊共處混雜。①

① 參見李學勤主編《字源》，天津古籍出版社 2012 年版，第 322 頁。

塵，臻韻，直寅切

《說文》云：“，鹿行揚土也。从麤、土。”

評注：“塵”字未見於商周古文字。段玉裁曰：“群行則塵土甚，引申為凡揚土之偁。”本从三鹿，省从一鹿，今字作“尘”，以小土會意。林氏無說，字頭系推寫。

喿，宵韻

《說文》云：“，鳥羣鳴也。从品在木上。”按，象三口在木上。古作叔喿父敦。

評注：“喿”字音 zào。見於金文，如林氏所引，从木从三口，會“聒噪”之意。桂馥《說文解字義證》云：“喿，俗作噪。”“噪”行而“喿”廢，後“喿”多作偏旁用，用于表音，如“燥”“澡”等。林氏改《說文》之“品”為“三口”，更為準確。

燊，臻韻

《說文》云：“，盛皃。从焱在木上。讀若《詩》曰‘莘莘征夫’。”

評注：“燊”字音 shēn。“燊”字未見商周古文字材料。當為後起會意字，从三火在木上，會熾熱繁盛之意。林氏無說。

《文源》評注卷七　表象指事

天，臻韻，鐵因切

《說文》云："，顛也。至高無上。从一、大。"按，"一大"非義。"天"本義為"顛"。古作盂鼎，从大，象人正立形，以示人之顛。或作虢叔鐘，變為。穹蒼之"天"，類人頂之至高無上，故借""字為之。"天"既為借義所專，始復制"顛"字。"顛""天"古同音。

评注："天"字甲骨文作（《合集》20975）、（《合集》17985），象人，頭上用圓圈或方框表示頭頂，或作（《合集》22094），以一横表示頭頂。又作（《周原》H11：96），直接突出其頭部，或作（《屯南》643），直接用一横表示頭頂。最後一形成為後世"天"字的主要寫法。《說文》釋為"从一、大"，是就筆畫進行分析；林氏非之，以金文形象進行補正，可從。穹蒼之"天"，林氏以為假借。按舊時所謂"假借"，往往含有現在所謂的"引申"，似不宜以現在假借引申之涇渭律之。

兀，微韻，音尉

《說文》云："，高而上平也。从一在人上，一者平也。讀若敻。"按，从从人而上平，非"高"之義。"兀"蓋與"元"同字，首也。从人，記其首處，與"天"同意。"兀"讀若"敻"寒韻，"敻"古與"元"同音"奐"從"敻"得聲，"奐"聲之"寏"，與"元"聲之"院"同字，實"兀"微韻之雙聲次對轉也。"兀""元"同字，故"髡"《說文》从"元"，或體从"兀"；"軏"《說文》作"軏"。

評注：甲骨文有（《合集》19642正）、（《合集》4855），从人，頭部以一横或二横表示，前者即"兀"字，後者即"元"字。林氏以

“兀”“元”同字，其說是（參見卷十“元”字條評注）。《漢語大字典》引其說。字頭未標出處，但符合“兀”“元”的初形。“从从人而上平”句，衍一“从”字。

亢，陽韻

《說文》云：“，人頸也。从大省，象頸脈形。”按，古作節墨之亢之鉥，象人形，以示其吭。

評注：“亢”字音 gāng，又音 kàng。甲骨文作（《合集》20318）、（《屯南》312），从大，下加一斜筆，當表遏止之意。《廣雅·釋詁》：“亢，遮也。”《說文·辵部》：“遮，遏也。”遏止與抵抗義相通，因此“亢”或即“抗”之本字。《說文》釋為“人頸”，林氏承之，然與字形不合，恐非是。小篆作，林氏書異。

𦥒，蟹韻，於賣切

《說文》云：“，籀文嗌，上象口，下象頸脈理也。”按，古作牧叔敦、作曶鼎，象頸脈理，記其嗌處。

評注：“𦥒”即“嗌”字初文，未見於甲骨文。金文如林氏所引，从冉（“髯”的初文），以小圈指示咽喉的部位。[①] 林氏據金文指出“記其嗌處”，甚是；然據《說文》以“象頸脈理”，則不確。

寸，文韻

《說文》云：“，十分。人手卻一寸動脈謂之寸口。从又、一。”按，象手形，識手後一寸之處。

評注：“寸”字商周古文字未見。戰國文字作（《雲夢·雜抄》27），與小篆同。林氏以為“象手形，識手後一寸之處”，其說甚是，《漢語大字典》引之。“脈”，大徐本、段注本皆作“衇”。

① 參見季旭昇《說文新證》，福建人民出版社 2010 年版，第 94 頁。

尺，模韻，音處

《說文》云："，十寸也。人手卻十分動脈為寸口，十寸為尺。尺所以指尺，規矩事也。从尸，从乙，乙所識也。周制：寸、尺、咫、尋、常、仞諸度量，皆以人之體為法。"按，从"尸"猶从"人"見"尸"字條。尺以人體為法，故於脛下以乙識之。寸以手卻十分為法，然則尺以足上十寸為法也。

評注："尺"字商周古文字未見。戰國文字作（青川木牘）、（《雲夢·法律答問》6），與小篆近同。林氏指出从"'尸'猶从'人'。尺以人體為法，故於脛下以乙識之。寸以手卻十分為法，然則尺以足上十寸為法也"。其說有理，可備一說。"規矩"，大徐本作"䂓榘"，段注本作"規榘"。

叉，歌韻，音嵯

《說文》云："，手指相錯也。从又、一。象叉之形。"按，象手形，，手指錯入之處。

評注："叉"字未見於小篆之前的古文字材料。大徐本作"从又，象叉之形"。段注本"又"後補"一"，注云："此字今補，象指閒有物也。"林氏則以為"一"象手指錯入之處。按，此當為指事符號，表示手指交錯之意。

亦，模韻，音烏

《說文》云："，人之臂亦腋也。从大象人形，象兩亦之形。"按，古作毛公敦。

評注："亦"字甲骨文作（《合集》11947 正）、（《合集》12724），金文小篆相承。其字从大，左右兩點為指事符號，標識人腋下之處，是為"腋"之本字。林氏證之以金文，無說。

甘，談韻

《說文》云："，美也。从口含一。一，道也。"按，古作趩尊彝"曆"字偏旁，以記甘美之處，非謂道也。

評注：“甘”字甲骨文作（《合集》8888 正）、（《合集》15782），後世相承無異，象口中含物之形。林氏認為，“以記甘美之處，非謂道也”，其說可從。

音，侵韻

《說文》云：“，聲生於心，有節於外謂之音。宮、商、角、徵、羽，聲也。金、石、絲、竹、匏、土、革、木，音也。从言含一。”按，本義當為“言之聲”，从言，以示音在言中。古作伯矩歆彝、作毛公鼎“瘖”字偏旁。

評注：“音”字未見於甲骨文材料。于省吾曰：“甲骨文有言無音，往往以言為音，讀為歆饗之歆。”① 金文如林氏所引，从言，於口內加一短橫為指事符號，以示音出於口，故言、音乃一字分化。林氏指出其字“从言，以示音在言中”，甚是。

啻，之韻

《說文》云：“，快也。从言、中。”按，“言中”為“快”，非義。从言，以示言中之意。當與“意”同字。古作啻敦。

評注：“啻”字甲骨文作（《合集》22202“剖”字偏旁）。金文如林氏所引，近同。“啻”是由“言”分化而來的一個字，“言”中的圓圈是指事符號，《說文》誤以為从“中”。林氏云：“‘言中’為‘快’，非義。从言，以示言中之意。當與‘意’同字。”其說可從。于省吾曰：“啻字的造字本意，係於言字中部附加一個圓圈，作為指事字的標誌，以別於言，而仍因言字以為聲（言音古同用，音億雙聲）。”②

① 參見于省吾《釋古文字中附劃因聲指事字的一例》，《甲骨文字釋林》，中華書局 1979 年版，第 459 頁。

② 參見于省吾《釋古文字中附劃因聲指事字的一例》，《甲骨文字釋林》，中華書局 1979 年版，第 459—460 頁。

䮶，遇韻，音聚

《說文》云：“，後左足白也。从馬，二其足。讀若注。”按，與“”朱同意。

評注：“䮶”字音 zhù。未見於商周古文字材料。林氏以為“與朱同意”，未知所據。字頭乃林氏據“馬”字金文形體而推寫。

隼，文韻

《說文》云：“，鵻或从隹、一。一曰鶉字。”按，隼有爪芒，一名題肩。《御覽》引《春秋考異郵》云：“陰陽貪，故題肩擊。”宋均注云“題肩有爪芒”是也。“隹”下於爪處加“一”，示其有芒，與“刃”字同意。

評注：“隼”字見於戰國文字，作（鄂君啟節“䑺”字偏旁），从隹分化，下部所加短横為分化符號。“隼”為猛禽，腳爪鋒利。《廣韻·準韻》：“隼，鷙鳥也。”林氏認為“隼”字乃于“隹”下爪處加一指事符號，以示其爪有芒，亦有道理。字頭係林氏推寫。

本，文韻

《說文》云：“，木下曰本。从木，一在其下。”

評注：“本”字未見於甲骨文材料。金文作（本鼎），从木，木下加點為指事符號，以示樹根之所在。戰國文字或作（行氣玉銘）、（《郭店·成之聞之》12），下从“臼”，表示樹木根竅。林氏無說，字頭為小篆。

末，泰韻，音邁

《說文》云：“，木上曰末。从木，一在其上。”

評注：“末”字未見於甲骨文材料。金文作（蔡侯鐘），从木，最上端之短横為指事符號，表樹木之末端，造字理據與“本”字同。小篆作，林氏所書略異，然更為近古。

朱，遇韻，之俞切

《説文》云：“，赤心木，松柏屬。从木，一在其中。”按，古作師兑敦、作師酉敦。

評注：“朱”字甲骨文作（《合集》36734），郭沫若《金文叢考》云：“‘朱’乃‘株’之初文，與‘本’、‘末’同意……金文於‘木’中作圓點以示其處，乃指事字之一佳例。其作一横者乃圓點之演變。作二横者謂截去上下端而存其中段也。”郭説可從。或以為“朱”乃由“朿”字分化而來。[1] 小篆作，林氏所書，更為近古。

上，陽韻

《説文》云：“，高也。指事。”按，古作虢叔鐘，从，上下之界也。識其上。

評注：“上”字甲骨文作（《合集》14258）、（《屯南》505），長畫表示水平線，短畫為指事符號，表示在其上，故為“上”。金文相承作，容易與數字“二”混同，故後世變異作“丄”或“上”。林氏據金文分析，以為“从，上下之界也。識其上”，甚確。段注本改字頭之篆作“”，林氏未從之。

下，模韻，音戶

《説文》云：“，底也。指事。”按，古作番生敦，从，以識其下。“上”篆文作、“下”篆文作並繹山碑，“”即“人”之反文，象人在界上在界下形殽列象形。

評注：“下”字甲骨文作（《合集》27973）、（《合集》32615），長畫表示水平線，短畫為指事符號，表示在其下，故為“下”，構形理據與“上”同。同樣是為了與數字“二”相區別，後世變異作“丅”或“下”。林氏據金文分析為“从，以識其下”，甚確。篆文屈曲其筆畫，林氏以為从“人”，非是。段注本改字頭之篆作“”，林氏未從之。

---

① 參見季旭昇《説文新證》，福建人民出版社2010年版，第500頁。

卒，微韻，音萃

《說文》云："，隸人給事者為卒。古以染衣題識，故从衣、一。"

評注：卒"字甲骨文作（《合集》22659），（《合集》21055），象衣形而末筆彎曲上鉤。或作（《合集》6161），中有綫條交叉。或作（《合集》30093），从衣，聿聲。聿、卒上古同屬物部，聿是以紐，卒是精紐，以紐字和精紐字古亦相通，如"酉"是以紐，"酒"是精紐。故"卒"可以"聿"為聲符。後世的"卒"字，是在"衣"的基礎上加上一筆作為指事符號而形成的。"卒"的本義，裘錫圭先生以為是"終卒"，他說："'初'字从'衣'从'刀'會意，因為在縫製衣服的過程裏，剪裁是初始的工序。'卒'字也从'衣'，其本義似應與'初'相對。這就是說，士卒并非它的本義，終卒才是它的本義。甲骨文中在'衣'形上加交叉綫的'卒'，大概是通過加交叉綫來表示衣服已經縫製完畢的，交叉綫象徵所縫的綫。下部有上鈎的'尾巴'的'卒'，如果本來不是'衣'字異體的話，其字形可能表示衣服已經縫製完畢可以折疊起來的意思。"① 大徐本作"隸人給事者衣為卒，卒，衣有題識者"。此從段注本。

刃，文韻

《說文》云："，刀鋻也。象刀有刃之形。"按，以識刃處。

評注："刃"字甲骨文作（《合集》117正）、（《合集》5475），从刀，以曲線或半圓作為指事符號，表示刀刃之所在。後指事符號變為，為小篆所本。王筠《說文釋例》曰："顧刀之為字，有柄有脊有刃矣。欲別作刃字，不能不从刀，而以指其處，謂刃在是而已。"林氏云："以識刃處。"皆甚確。"鋻"，大徐本作"堅"，此從段注本。

玊，幽韻，音朽

《說文》云："，朽玉也。从玉有點。讀若畜牧之畜。"

① 參見裘錫圭《釋殷墟卜辭中的"卒"和"褘"》，《裘錫圭學術文集·甲骨文卷》，復旦大學出版社2012年版。

評注：“玊”字音 sù。商周古文字材料未見之，秦陶作（《陶彙》1420），从玉，一点表示玉有瑕疵，为指事符号。大徐本《說文》“朽玉”字作“珛”，段注據舊注訂補，改篆為“玊”。此從段注本。

彭，陽韻，音旁

《說文》云：“，鼓聲也。从壴，从彡。”按，“壴”，“鼓”省；“彡”象枹落鼓中形。古作彭女彝。

評注：“彭”字甲骨文作（《合集》7064）、（《合補》8834），从壴（“鼓”之初文），旁邊斜筆數量多寡不一，為指事符號，表示鼓聲。林氏以為“壴”為“鼓”省，“彡”象枹落鼓中形，不確。大徐本作“从壴，彡聲”。此從段注本。

允、𤕫、夋，文韻

《說文》云：“，信也。从儿，㠯聲。”按，“㠯”非聲。“允”當與“𤕫”同字，進也。古作兮田盤“𤕫”字偏旁。象人，上象其頭，丨，進而益上之形。《說文》云：“，進也。从夲，从屮，允聲。”按，古作兮田盤，从轉注，，“奔”之聲借見“奉”字條，从允。此即“允”之或體。《說文》云：“，行夋夋也。从夊，允聲。”按，古作不䫸敦，“”即“夊”之變見“丮”字條，象人足，當亦與“允”“𤕫”同字。玁狁之“狁”，虢季子白盤作，不䫸敦作是也。“夋”本訓“進”，引伸為“進之速”，故《說文》：“趍，行速趍也。”《廣雅》：“趍，奔也。”釋室《爾雅》：“駿，速也。”釋詁《詩》“駿奔走在廟”清廟，“駿發爾私”噫嘻，箋云：“駿，疾也。”亦引伸為“進之緩”，由“緩進”之義引伸為“止”、為“退”。故《說文》：“悛，止也。”《廣雅》：“竣，伏也。”釋詁三《齊語》“有司已於事而竣”，注：“退伏也。”《爾雅》：“逡，退也。”釋言《方言》：“逡，循也。”“逡循”漢鄭固碑作“逡遁”，“遁”亦“退”義又《說文》：“逡，復也。”“復”謂“進而復退”。

評注：“允”字甲骨文作（《合集》22274）、（《合集》11851 正），象人而突出其頭部。金文象人頭的部分或聲化為“㠯”聲，為小篆所本。

“允”的本義諸家說法各異，觀甲骨文又有作（《合集》22259）、（《合集》22261）者，其頭部有指事符號，當以點頭准允為其本義。高鴻縉以為“允”字象“倚‘人’畫其點首允許之形。由點首之形生意，故託以寄允許之意，動詞。後人每借為果然意，副詞。”① 其說可從。甲骨文中的“允”已經借為副詞使用，義為“果真”“果然”。林氏據金文字形，以為“允”象人，不誤，然以“進”為其本義而割裂字形，以為頭上一豎為“進而益上之形”，則非是。“𩋧”字見於金文，用為“獫狁”之“狁”。《說文》訓為“進”，是否與點頭允許之義有關，不易論定，但是反過來以“𩋧”之“進”義來論定“允”的本義也是“進”，在字形上難以說通，林氏割裂字形的分析是不可靠的。就“𩋧”字而言，林氏據金文从，以為即“𠦬”字，故釋為“奔”之聲借。“奔”“進”義近，其說有一定道理。“夋”亦見於金文，是在“允”之“人”形上加“止”而形成的繁體，後分化為二字。林氏分析金文字形，以為之“‘’即‘夂’之變，象人足”，十分正確。他分析从“夋”得聲的字有“進之速”和“進之緩”兩種相反相成的引申路徑，頗為思辨，值得肯定。“㠯非聲”之“㠯”，林氏書作“㠯”，同。本條合“允、𩋧、夋”為一字，不一定妥當。

并，青韻

《說文》云：“，相从也。从从，幵聲。一曰从持二干為。”按，“幵”非聲。二人各持一干，亦非“并”義。秦權量“皇帝盡并兼天下”，“并”皆作，从二人並立，二，并之之象。

評注：“并”字甲骨文作（《合集》32107）、（《合集》33174），从从，从一或二，象二人相連并立之形。《說文》以為形聲字，段氏以為“从持二干”，林氏皆以為非。他據秦文字之形，以為“从二人並立，二，并之之象”，其說甚是。按大徐本後半作“一曰从持二為并”，頗合“并”之古形，然段氏改篆作，上从从，下从二干，故作“一曰从持二干為𢆶”。林氏引《說文》從段注本，故作“一曰从持二干為”。此條

① 參見高鴻縉《中國字例・第二篇・象形》，明昌美術印刷廠1967年版，第312頁。

有破有立，可見林氏卓識。

𥄎，寒韻

《說文》云：“，目圍也。从䀠、𠂆。”段氏玉裁云：“‘圍’當作‘回’，回轉也。”按，眷顧之“眷”，當以此為本字。

評注：“𥄎”字音 juàn。戰國文字“嬛”字从之，寫作（《包山》174），用作聲符。其字从䀠、𠂆，或以為會意。朱駿聲《說文通訓定聲》曰：“从䀠，从𠂆，會意。按，𠂆象目圍形。”桂馥《說文解字義證》云：“目圍也者，俗言眼圈。”林氏引段注，“目圍”即“目回”，蓋為其“眷”字說鋪墊。“眷”為回視，目回之意也。頗有理趣，惜無證據。

旬，臻韻，兮寅切

《說文》云：“，目搖也。从目，勻省聲。，旬或从目，旬旬聲。”按，古作伯筍父盨“筍”字偏旁。旬，眩也。為眩轉之象。《劇秦美新》：“臣嘗有顛眴病”，是“旬”即“眩”也。

評注：“旬”與“眴”同，音 xuàn。未見於甲骨文材料。金文除林氏所引外，尚有獨立作（伯旬鼎）者。按“旬”所从之，乃古“旬”字。甲骨文“旬”字作（《合集》6834）、（《合集》17055 正），即此形（參見卷十一“旬”字條評注）。《說文》或體以“旬”為聲作“眴”，其實正同。林氏以為為眩轉之象，不確。但從字義來說，林氏以為“旬”即“眩”字，則可從。“旬或从目旬”句，大徐本作“旬或从旬”。林氏從段注本。

頞，寒韻

《說文》：“，鼻莖也。从頁，安聲。，或从鼻、曷“曷”聲也。”按，古作伯頞父鬲，从自。自，鼻也。象鼻中有莖，旻聲。

評注：“頞”同“齃”，音 è，義為鼻梁。未見於甲骨文，林氏所引金文，見於《集成》719—728，比較常見。其字為“夏”字（見《金文編》第 384—385 頁），从日从頁，偏旁挪位，又有訛變，林氏誤釋。

耴，葉韻，音帖

《說文》云：“，耳垂也。从耳，乛，下垂。象形。《春秋傳》秦公子耴，耴者取其耳垂也，故以為名。”

評注：“耴”字音 zhé。侯馬盟書作（1：52），與小篆同構。王筠《說文句讀》云：“从耳而引長之，以象其垂也。”大徐本作：“耳垂也。从耳下垂。象形。《春秋傳》曰秦公子輒者，其耳下垂，故以為名。”段注本作：“耳垂也。从耳，乛，下垂。象形。《春秋傳》曰秦公子耴者，其耳垂也，故以為名。”林氏所引，皆有所不同。

喦，葉韻

《說文》云：“，多言也。从品相連。讀與聶同。”按，从三口相連。

評注：“喦”字音 niè，甲骨文作（《合集》15515）、（《合集》9434），从人，从三口相連，會多言之意。或省人，為後世所承。林氏“从三口相連”，較之《說文》“从品相連”，更為明確。裘錫圭先生曰：“‘喦’字所从的‘品’應該理解為很多張嘴。徐灝《說文解字注箋》：‘喦从三口而凵連之，即絮聒之義。’解釋字義比《說文》明白。”① 另有音 yán 之“嵒”字，② 見於《說文・山部》，與本條“喦”字關係復雜，參見卷十一“嵒”字條評注。

蚩，青韻

《說文》云：“，蟲曳行也。从虫，中聲。讀若騁。”按，“中”非聲。从中，前進之象與“先”从“之”同意。

評注：“蚩”字音 chǎn。未見於商周古文字材料，當屬後起。許慎認為是形聲字，林氏非之，以為从中，前進之象，可備一說。段注改“曳行”為“申行”，林氏從大徐本。

---

① 參見裘錫圭《說“喦”“嚴”》，《裘錫圭學術文集・甲骨文卷》，復旦大學出版社 2012 年版，第 156 頁。

② 為區別起見，本書把讀 yán 的寫作“嵒”，把讀 niè 的寫作“喦”（“山”旁中畫更長）。

厤厤，蟹韻，離隻切

《說文》云：“厤，治也。从厂，秝聲。”按，从“厂”無治義。古作厤毛公鼎，當即“歷”之古文，過也。“歷”為經歷之義，故从二禾。二禾者，禾再熟也“年”“稔”“稘”字皆从“禾”，亦取禾熟義，厂，推移之象見“厂”字條。

評注：“厤”字未見於甲骨文，金文如林氏所引，从厂，秝聲，與小篆同構。“厤”在出土文獻及傳世文獻中用為“歷”，“治”的意義似未見用例。林氏以為無“治”義，當為“歷”的古文，當可從。但以“秝”為禾再熟，厂有推移之象，皆無據（參見卷六“秝”字條、卷三“厂”字條評注）。

𡴆𡴆，泰韻，吳害切

《說文》云：“𡴆，危高也。从𠂤，屮聲。讀若臬。”按，“屮”非聲，象高出之貌。古作𡴆毛公鼎、作𡴆宗婦彝，並“辥”字偏旁。

評注：“𡴆”音 niè。甲骨文“辥”字作（《合集》17464），金文在“𠂤”旁上加“止”，“止”又訛為“屮”，形成“𡴆”旁，為小篆所本。“𡴆”在古文字中只是偏旁，不為字。文獻亦未見用例。《說文》以為危高之義，殆據形釋義。林氏指出“屮”非聲，是。然以“屮”象高出之貌，亦無實據。

屵屵，宵韻，音耀

《說文》云：“屵，屵上見也。从厂，从㞢省。讀若躍。”

評注：此字音 yùe，隸定為“屵”，在《說文》“厂”部，與《說文》“山”部之“屵”（音 è）形近（參見卷十“屵”字條評注）。林氏字頭書誤。從字形看，屵、屵或為同字分化。其字商周時期似未見之。王筠《說文句讀》云：“突兀而上見，則謂之屵。厂者厓形，屮在其上，故曰上見。”“屵上見也”，大徐本、段注本皆作“岸上見也”。

喬喬，宵韻

《說文》云：“喬，高而曲也。从夭，从高省。”按，古作喬、喬邵鐘，从高，曲其上。

評注：“喬”字從“高”字分化，其上曲筆即分化符號。分化符號或變作“止”形，或變作“又”形，或變作“九”形，[①] 小篆訛為“夭”形。从“又”“九”“夭”都有聲化作用。“喬”有高義，未必有“曲”義。《說文》、林氏皆以上筆表示“曲”，不確。[②]

就，幽韻

《說文》云：“，高也。从京、尤。尤異於凡也。”按，古作伯就父敦，與“喬”形聲義俱近，當即同字。从京，象曲形。亦“九”字。九，曲也見“九”字條。

評注：“就”字甲骨文作（《合集》3139），从亯在京上，會高處之意。金文承之作（散盤），秦系文字變从京，又（尤）。尤或為聲符，《說文》則以為意符。林氏所舉之形，與金文“就”形不同。當即“喬”字（詳見上條評注），林氏誤。然林氏指出“喬”與“就”有同源關係，或然。

局，遇韻

《說文》云：“，促也。从口在尺下，復局之。”按，“”象物形見“品”字條，，屋下迫狹局促之象“”為屋，故“”象屋下迫狹。

評注：“局”字睡虎地秦簡作“”（《為吏之道》1），漢印作“”（《漢印文字征補遺》8/5），可知“局”的構形應該是“从尸从句，句亦聲”。句有屈曲之意，屈曲與局促義正相涵；古音句在見紐侯部，局在群紐屋部，見群同屬牙音，侯屋陰入對轉；句局二字古音極近，故局字从句，應該是會意兼聲的亦聲字。[③]《說文》以為“从口在尺下”，林氏以為“屋下迫狹局促之象”，皆據訛形而作重解。

---

① 參見黃德寬主編《古文字譜系疏證》，商務印書館 2007 年版，第 791—793 頁。

② 參見季旭昇《說文新證》，福建人民出版社 2010 年版，第 801 頁。

③ 參見曾憲通《秦至漢初簡帛篆隸的整理和研究》，《中國文字研究》第三輯，廣西教育出版社 2002 年版。

熏，文韻

《說文》云："，火煙上出也。从屮，从黑。屮，黑，熏象。"按，古作毛公鼎，从黑，象火自窗上出形，，上出之象。變作番生敦、作師兑敦、作鑄子叔匿。

評注："熏"字未見於甲骨文材料，金文如林氏所引。師兑簋之，从東，中點表示熏草，當即"薰"之初文。又在下加"火"，會以火焚薰艸以熏香之意。後下部訛為黑形，為小篆所本。[①]《說文》、林氏皆據訛變之形為說，非其朔。"熏象"，大徐本作"熏黑也"，此從段注本。

吾，音五

《說文》無"吾"字。古作吾作妣器，本義當為交午之"午"，與""同字。""象物形見"品"字、"器"字各條。示其相交。凡相遇之義為"遻"《楚辭·懷沙》"重華不可遻兮"、為"晤"、為"逆"或以"迎"為之、為"訝"俗作"迓"、為"御"《詩》"百兩御之"，古皆與"五""吾"同音。猝遇常驚愕，"愕""訝""悟""寤"亦皆"吾"義所引伸也。道路之"路"古作不𩕢敦"余命女御追於"，借為"洛"字，以錯迕相遇，故从"吾"省。"罝"篆作，""實亦"吾"省，"罝""吾"古同音。

評注："吾"字不識，見錄於《金文編》第78頁，注云："《說文》所無。"林氏以為本義當為交午之"午"，與"五"同字，可備一說。""字為地名，字亦不識，待考。"罝"本是象形字，小篆訛變，與吾無關，林說不可信（參見卷十一"罝"字條評注）。

用，東韻

《說文》云："，可施行也。从卜、中。"按，""非"中"字。古"宁"字作""頌敦"貯"字偏旁，宁，藏也見"宁"字條。"用"古作孳頁駒尊彝乙、作

① 參見黃德寬主編《古文字譜系疏證》，商務印書館2007年版，第3608頁。

虢陀尊彝丁、作邾公華鐘，象引出之形。有所用自宁中引出之也。

評注：“用”字甲骨文作（《合集》19762），左象桶形，右象其把手，[1] 變作（《合集》19954）、（《合集》19887）、（《合集》6391），後二形為後世所承。“用”之本義為桶，“施用”乃引申義。林氏指出“用”與“中”無關，甚是；然聯係“宁”字為說，非。“宁”為貯藏器之象形，構形與“用”無關（參見卷一“宁”字條評注）。

尤，之韻，音頤

《說文》云：“，異也。从乙，又聲。”按，象手形，乙，抽也見“乙”字條。尤異之物自手中抽出之也。

評注：甲骨文有字作（《合集》32782），舊釋為“尤”，陳劍認為當釋為“拇”，是在“又”的起筆之處加一筆表示大拇指之所在，其說頗有道理。[2] 金文“尤”字作（鑄司寇鼎），季旭昇認為當從“厷”字分化。尤為匣紐之部，厷為見紐蒸部，聲韻俱近，[3] 可備一說。《說文》據訛變之形重解。孔廣居《說文疑疑》曰：“尤古肬字。从又、乙，象贅肬，借為異也，過也，既為借義所專，故別作肬。”朱芳圃《殷墟文字釋叢》云：“蓋尤為初文，从又一，一指贅肬。字之結構與寸相同。”皆據訛形解釋。林氏以乙為抽，以為“尤異之物自手中抽出之也”，頗為迂曲。

失，微韻，詩費切

《說文》云：“，縱也。从手，乙聲。”按，“乙”“失”不同音。乙，抽也。从手，从乙，自手中抽去之也。古作諫敦。

評注：甲骨文有字作（《合集》27641）字，或以為“失”字（參見卷十“市”字條評注）。金文“失”字如林氏所引，與甲骨文不類，構

---

① 參見于省吾《釋用》，《甲骨文字釋林》，中華書局 1979 年版。

② 參見《甲骨金文舊釋“尤”之字及相關諸字新釋》，《甲骨金文考釋論集》，線裝書局 2007 年版。

③ 參見季旭昇《說文新證》，福建人民出版社 2010 年版，第 1000 頁。

形不明。或以為从屮从元，会隱遁之意，為“佚”之初文。[①] 小篆當由金文進一步訛變而來。《說文》解為从手，乙聲；林氏解為从手，从乙，自手中抽去之也。此皆據小篆立說，恐非其朔。待考。又按，楚簡用“逸”的本字“遊（達）”為“失”，達的偏旁“𦍒”（來源於甲骨文的“𡴘”[②]）與“失”字是否有關係，可以進一步探討。

引，臻韻

《說文》云：“，開弓也。从弓、丨。”按，丨，引之之象。《說文》云：“丨，下上通也。引而上行，讀若囟；引而下行，讀若退。”按，經傳未見，當即“引”之偏旁，不為字。

評注：“引”字甲骨文作（《合集》23699）、（《合集》23717），从弓，表示引弓。金文承之作（引尊）、（秦公簋），小篆訛从丨。林氏以丨為“引之之象”，其字經傳未見，只是“引”的偏旁，不為字，可從。

㫃，寒韻

《說文》云：“，旌旗杠皃。从丨、㫃，㫃亦聲。”按，“㫃”古作 據偏旁，象旗形，即象旗之杠，復加以表杠貌。

評注：“㫃”字音 chǎn，又音 chuáng。“㫃”字甲骨文作（《合集》22758），金文如林氏所引，象旗幟及旗杆之形（參見卷四“㫃”字條評注）。“㫃”字復加一豎筆，林氏以為“表杠貌”，待考。“㫃”似未見於商周古文字，典籍亦未見用之，字頭系林氏推寫。

言，寒韻

《說文》云：“，直言曰言，論難曰語。从口，䇂聲。”按，“䇂”與“辛”同字見“辛”字條，“䇂”非聲。“言”本義當為獄辭，引伸為凡言之稱，

---

① 參見黃德寬主編《古文字譜系疏證》，商務印書館 2007 年版，第 3349 頁。

② 參見趙平安《戰國文字的“遊”與甲骨文“𡴘”為一字說》，《古文字研究》第二十二輯，中華書局 2000 年版。

與“辭”字同意。从辛，辛，罪人也，从口。古作偏旁，同。

評注：“舌”字甲骨文作（《合集》14949）、（《合集》9472 反）（參見卷二“舌”字條評注），“言”字甲骨文作（《合集》3685）、（《合集》440 正），是在“舌”上加一橫為指事符號，表示言語所自出。然所加一橫與舌字上部合而為辛，故《說文》誤析為从口，辛，林氏據此進一步認為“辛”即“辛”，辛指罪人，故以“言”之本義為獄辭。其說非是。然其指出《說文》“辛聲”之誤，則是對的。

《文源》評注卷八　殽列指事

一一，微韻，於費切

《說文》云：“一，惟初太極，道立於一，造分天地，化成萬物。”按，數之始也。从一畫。古作一盂鼎，作一師遽尊彝。

評注：“一”字甲骨文作一（《合集》35239），後世相承不變。以一横畫表示數之始，為指事字。林氏之說可從。《說文》之說含有義理在內，殆非本義。“惟初太極”，大徐本作“惟初太始”。此從段注本。

二二，微韻，音內

《說文》云：“二，从耦一。”按，古作二虢季子白盤。

評注：“二”字甲骨文作二（《合集》4896 正），後世相承無異。以二畫表示耦一之義。“耦”，大徐本作“偶”。此從段注本。

三三，侵韻，音心

《說文》云：“三，於文一耦二為三，成數也。”按，从三畫。古作三盂鼎。

評注：“三”字甲骨文作三（《合集》19749），後世相承不變。从三横畫，表示數字三。大徐本無“於文一耦二爲三”句，段注本依《韻會》引補，此從之。

亖四，微韻，音遂

《說文》云：“亖，籀文四。”按，古作亖毛公鼎，即“四”之本字。

評注：“四”字甲骨文作亖（《合集》12549），以四畫表示，金文相承，並沿用至戰國。林氏以為即"四"之本字，甚是。春秋之後或作（鄦王子鐘）、（《陶彙》5·384），為後世所承。此"四"形，丁山以為乃"呬"之本字，曾憲通先生據吳王鐘之字，以為象"鼻息下引之形，構形最為形象"，"自氣息之四被借為數名之亖使用後，積畫之亖遂廢而不用，又另造口旁之呬以代四字，呬字行而四之本義遂亡"。[1] 其說可從。參見卷一"四"字條評注。

𠄡，模韻

《說文》無"𠄡"字，古作小臣俞尊彝，即"五"之本字。

評注：甲骨文有（《合集》15662）字，以五橫畫表示"五"，這種寫法沿用至戰國時期。林氏以為即"五"之本字，可從。甲骨文"五"又作（《合集》15025），相承至今（參見卷三"五"字條評注）。

廿，緝韻，尼立切

《說文》云："廿，二十并也。古文省多。"按，从兩十。古作番生敦，變作伊𣪘彝、作肆𣪘彝乙，省作曶鼎。

評注：甲骨文作（《合集》34122）、（《合集》32757），由兩個十相連而成，表示二十之義。郭沫若《甲骨文字研究》曰："十之倍數，古文則多合書。"林氏以金文為證，以為"从兩十"，可從。大徐本作"古文省"，無"多"字。段注本增"多"字，頗為費解。此從段注本。

卅，緝韻，音習

《說文》云："卅，三十并也。古文省。"按，古作毛公鼎，省作大鼎、作曶鼎。

評注：甲骨文作（《合集》10459），金文如林氏所引。其構形原理同上條"廿"，乃"三十"之合文，或隸為𠦃、卅。段注云："此亦當云'省多'，奪耳。"非是。

---

① 參見丁山《數名古誼》，《歷史語言研究所集刊》第一本一分，1928年；曾憲通《吳王鐘銘考釋》，《古文字與出土文獻叢考》，中山大學出版社2005年版，第138頁。

卌，緝韻，音澀

《說文》據《廣韻》引有“卌”字。古作曶鼎。

評注：“卌”字音 xì。甲骨文作（《屯南》636），乃“四十”的合文。沈濤《說文古本考》云：“《芥隱筆記》曰：據《說文》，廿，而集反，二十并也；卅，速達反，三十并也；卌，四十并也。是龔（頤正）氏所見《說文》有此字，其訓解正與廿、卅同例。”《廣韻·緝韻》“卌”下引《說文》：“數名。”大徐本無“卌”字，脫。

辡，臻韻，音殯

《說文》云：“，辠人相與訟也。从二辛。”按，辛，罪也見“辛”字條。

評注：“辡”字音 biàn，乃“辯”之本字。“辡”字未見於商周古文字材料，“辨”“辧”等字从之。其字从二辛見義。饒炯《說文部首訂》云：“蓋辡為辠人自辡其非。”林氏以“辛”為罪，可從。辛、辛同字，甲骨文作（《合集》20236）、金文作（鴦且辛卣），象鑿狀工具，亦作刑具。苦、罪之義皆由刑具之義而引申（參見卷十“辛”字條評注）。

兟、贊，寒韻

《說文》云：“，進也，从二先。贊从此，闕。”按，以“兟”為“進”無考。古作兟字父己器，當即“贊”之古文，象二人相對形與“巫”同意，从二㞢，前進也。《說文》云：“，見也。从貝，从兟。”按，即“”字之或體，从貝轉注，貝者贄也。

評注：“兟”字音 shēn。似未見於甲骨文。林氏根據金文，以為象二人相對形，當可從，然前進之義不顯，待考。“贊”字未見於商周古文字材料，戰國秦系文字作（《珍秦齋古印展》106），从貝，扶聲。小篆所从之“兟”當由“扶”訛變而來。[1] 如此，則“兟”與“贊”當無淵源關係。林氏合二字為一，恐非是。

---

① 參見黃德寬主編《古文字譜系疏證》，商務印書館 2007 年版，第 2819 頁。

競、竟，陽韻，音彊

《說文》云："，彊語也。从誩、二人。"按，二人首上有言，象言語相競意。古作宗周鐘，或作、取彝，"大"象人形，與从"人"同。《說文》云："，樂曲盡為竟。从音、儿。"按，"音儿"非義。字為"競"之半形古从"言"从"音"多通用，又與"競"同音，即"競"省。魏《鄭文公碑》"竟"作"竞"，與古甚合。《說文》云："，競言也。从二言，讀若競。"按，即"競"之偏旁，不為字。

評注："競"字甲骨文作（《屯南》3629）、（《合集》31706）、（《合集》106 正）、（《合集》1487），从二人，頭上皆戴辛形，為奴隸標識。其字當會二人相爭逐之意，與《說文》"競"的別義"逐也"相合。"競"字金文如林氏所引，二"人"變為二"兄"，兄上之"口"與"辛"相連，故後世誤析為从"誩"。《說文》釋為"彊語"，即以从"誩"而重解（參見卷六"兢"字條評注）。林氏從之，以為"象言語相競意"，非其朔。"竟"字甲骨文作（《合集》35224）、（《合集》18186），當是"競"的省體，小篆在口中加一筆，形成"竟"。林氏以為"音儿"（大徐本"儿"作"人"，此從段注本）非義，為"競"之半，并引魏碑為證，其說是。"誩"字金文作（曾子伯誩鼎，鑄倒），从二"言"，用作人名。從"競"的演變來看，其所从之"誩"乃訛變所致，林氏以為即"競"之偏旁，是以訛變之形立說，不足據。《說文》釋"誩"為"競言"，大概也是基于小篆的"競"字來立說的。

譶，緝韻，徒立切

《說文》云："，疾言也。从三言。讀若沓。"

評注："譶"字音 tà，未見於商周古文字材料。古人常用疊加偏旁的方法表達"多"意。金文有字作（驫羌鐘，《金文編》第 539 頁），从宀从譶，義為"疾速"。與"譶"均有"疾"義，疑為"譶"之繁文。[①] 林氏無說。

---

① 參見黃德寬主編《古文字譜系疏證》，商務印書館 2007 年版，第 3844 頁。

[illegible]，泰韻，音敗

《說文》云：“，籀文誖。从二或。”

評注：“[illegible]”為《說文》“誖”字籀文。《說文》：“誖，亂也。”“[illegible]”字甲骨文作（《合集》9774 正），从二戎相对，會違逆之意；又作（《合集》24426），金文承之作（旅仲簋），从兩“或”（“國”本字）相對，為《說文》籀文所本。[①] 段注云：“兩國相違，舉戈相向，亂之意也。”林氏無說。

惢，歌韻

《說文》云：“，心疑也。从三心。讀若《易》‘旅瑣瑣’。”

評注：“惢”字音 suǒ。未見於商周古文字材料。徐鍇《說文解字繫傳》：“疑慮不一也。故從三心會意。”段注云：“今俗謂疑為多心，會意。”林氏無說。

㠭

《說文》云：“，極巧視之也。从四工。”按，“㠭”字經傳未見。工為巧，故四工為極巧，此望形生訓，實非本義。“㠭”即“塞”“展”之偏旁，不為字。

評注：“㠭”字未見於商周古文字資料。按甲骨文有字作（《合集》29365），从宀，从二“工”，从収，金文二“工”變為四“工”，作（《集成》10276），即《說文·㠭部》“𡫳”（“塞”本字）之所本。[②] “㠭”當即從“𡫳”分化出來的一個部件。其所謂“工”，當是表示物件（《说文》说“𡫳”字“从㠭从廾窒宀中”，即段玉裁所说“竦手举物填屋中”的意思，故训“窒也”），非工巧之“工”，林氏謂《說文》訓四工為極巧，乃望形生訓；“㠭”即“塞”“展”之偏旁，不為字。其說皆可從。“㠭”後世以為同“展”。段注云：“凡展布字當用此，展行而㠭廢矣。”恐非事實。

---

① 參見黃德寬主編《古文字譜系疏證》，商務印書館 2007 年版，第 3279 頁。

② 參見林志強《字說三則》，《古文字研究》第二十九辑，中華書局 2012 年版。

澀，緝韻，音習

《說文》云：“，不滑也。从四止。”

評注：“澀”字音 sè。同“澀”。王筠《說文釋例》曰：“四止者，兩人之足也。上二止倒之，而且反之者，兩人相對，則其足趾相向，故倒之；其左、右正相反，故反之。苟相順從，必二人從行矣。今兩足相牾，是憤爭之狀也，故得不滑之意。”① 按王氏謂“澀”字上下二足相倒，其說是；然謂左右二足相反，則與字形不合。殆其字只是以上下足相倒表示“不滑”之義。甲骨文有从三足之字，作（《合集》38717），唐蘭《殷虛文字記》曰：“‘歮’即《說文》之‘澀’字也。”“‘歮’象三足，‘澀’象四足，本有周帀之意。《說文》訓‘不滑’者，實后起之義也。”可參。林氏無說。

昌，陽韻

《說文》云：“，美言也。从日，从曰。一曰日光也。”按，“美言”不當从“日”。“日光”又不當从“曰”。漢洗文“富貴昌”皆作“”，疑本从二日。《廣雅》：“昌，光也。”釋言《春秋元命苞》“代殷為姬昌”，注云：“兩日重見，言明象。”裴松之引《易運期》讖云：“兩日並光日居午。”皆以兩日為“昌”字。

評注：“昌”字甲骨文作（《合集》19924）。从日从口，或以為即“唱”之本字。俞樾《兒笘錄》、王獻唐《周昌鉩考》皆主之。裘錫圭曰：“‘昌’字从‘口’从‘日’，造字方法正與‘名’字相類。由此看來，‘唱’最初很可能指日方出時呼喚大家起身幹事的叫聲。這種叫聲大概多數有一定的調子，是歌唱的一個源頭。”② 後世文字變化較多，或口日重疊作（蔡侯盤），或口形變為“曰”作（《璽彙》959），已與小篆同構。林氏據漢洗文字形，疑字从二日，會光明之意，就後世字形而言，亦有理據。

① 參見王筠《說文釋例》，中華書局 1987 年版，第 85 頁。

② 參見裘錫圭《說字小記》，《裘錫圭學術文集·第三卷》，復旦大學出版社 2012 年版。

晶，青韻

《說文》云："，精光也。从三日。"

評注："晶"字甲骨文作（《合集》11503反）、（《合集》11504），所从星體，或二，或三，或四，或五，後世以三為常，乃"星"之本字。甲骨文又作（《合集》11488）、（《合集》11501），加"生"為聲（參見卷一"星"字條評注）。後世以加"生"聲者為"星"，與"晶"別而為二。林氏無說。

垚，宵韻

《說文》云："，土高皃。从三土。"經傳未見。

評注："垚"字音yáo。後作"堯"。本條亦見於卷六"殽列象形"（字頭書寫有所不同），可見林氏在"殽列象形"與"殽列指事"的界定上，仍存在模棱兩可的情況。參見卷六該字條評注。

皕，之韻

《說文》云："，二百也。讀若祕。"按，"二百"為"皕"，經傳無用者，古作唯叔鼎。"奭"字篆从"皕"，古作奭彝辛，从。"百"與"白"古同字見"百"字條，""即"皕"也。"奭"從"皕"得聲，訓為盛貌，"皕"當與"奭"同字，从二白，與"赫"从二赤同意。

評注："皕"字音bì。"皕"字未見於甲骨文材料，金文如林氏所引。林氏以為"二百"為"皕"，經傳無用，當是。確切的"奭"字見於戰國時期，郭店楚簡作（《緇衣》36），與小篆結構相同。甲骨文舊釋"奭"的字尚不確定，林氏所引金文亦難確認（參見卷十"奭"字條評注）。就後來的字形而言，林氏以為"奭"从"皕"得聲，"皕"當與"奭"同字，可備一說。

㸚

《說文》云："，二爻也。"經傳未見。

評注："㸚"字音 lǐ，未見於商周古文字材料，當是從小篆"爾""爽"分離出來的一個偏旁，林氏云"經傳未見"，是。後人對㸚形所作的解釋，如許慎以"二爻"說之，徐鍇以"若網交綴"解之，應該都是根據篆文而作的重解。《說文》从㸚之"爾""爽"，古文字都不从㸚。①

㒼，寒韻

《說文》云："㒼，平也。从廿，五行之數，二十分為一辰。从兩，兩，平也。讀若蠻。"按，即"滿"之古文，盈溢也。从二入。二入，盈溢之象。芇聲。

評注："㒼"字音 mǎn。未見於甲骨文材料，金文作（㒼簋）。構形不明，林氏以為从二入，乃據小篆為說，與金文不符。然以為即"滿"之古文，或然。

妃、改，微韻

《說文》云："妃，匹也。从女，己聲。"按，"己"非聲。朱氏駿聲云："从女儷己。"古作（穌甫人匜）、作（穌公敦）。《說文》云："改，女字也。从女，己聲。"按，與"妃"同字，"己"非聲。

評注：甲骨文有字作（《合集》664），从妾从卩，《新甲骨文編》以為"妃"字（見 660 頁），後世無傳。甲骨文又有从女巳聲之字作（《合集》2864）、（《合集》22460），或以為即"妃"之異文。金文仍有从"巳"者，見《金文編》第 795 頁。林氏所引者从女，己聲，為後世所承。"改"字與"妃"字只是偏旁左右互換，古文字屬常例，林氏以為與"妃"同字，當可從。二字所从之"己"，林氏據朱駿聲"从女儷己"之說而否認《說文》之聲符說，其實未確。按甲骨文"妃"字从"卩"，後來則从"己"，"己"或從"卩"字變來，猶如"配"字甲骨文作（《英》1864）、（《合集》31840），亦从卩，其"己"亦从"卩"變來（參見卷六"配"字條評注）。

① 參見季旭昇《說文新證》，福建人民出版社 2010 年版，第 261 頁。

籟，幽韻，居肉切

《說文》云：“，窮治罪人也。从㚔、人、言，竹聲。，或省言。”按，从言轉注，从㚔在人前。㚔，罪人也，竹聲。

評注：“籟”字音 jū，未見於商周古文字材料。林氏大致遵從許說，其實可從。然既以為从竹得聲，應屬林氏所谓“轉注兼形聲”之例，此又歸入“骰列指事”類，則自相矛盾。“治”，大徐本作“理”，此從段注本；“罪”，段注本作“辠”，又從大徐本。

臽，談韻

《說文》云：“，小阱也。从人在臼上。”按，古者掘地為臼。臼，坎也。古作滔甸罍“滔”字偏旁，作宗周鐘。“”即“”猶“叟”字作“”，从人，下象其足。

評注：“臽”字甲骨文作（《花東》165），从人陷凵中。金文人形或加足形，凵形則變為臼。小篆承襲作从人从臼。林氏的分析都是對的，可從。

婦，之韻，音鄙

《說文》云：“，从女持帚灑埽也。”古作多父盤、作婦闖尊彝癸。

評注：“婦”字甲骨文作本作“帚”，又加女旁作（《合集》14025），从女从帚，金文如林氏所引。林氏無說，證以金文字形而已。“埽”，大徐本作“掃”。

閏，臻韻，尼印切

《說文》云：“，餘分之月，五歲再閏也。告朔之禮，天子居宗廟，閏月居門中。《周禮》：‘閏月王居門中終月’太史。”按，《書·堯典》以閏月定四時成歲。唐虞時人君不稱王，字必不作“閏”。蓋假他字為之，後乃制“閏”字耳。

評注：“閏”字見於戰國時期，作（《雲夢·為吏》22），與小篆同構，从玉、門聲，本義為“潤澤”，借為閏月之“閏”。所从之玉，古文字與“王”形近，《說文》以“王居門中”解之，非是。[①] 按，殷代卜辭和西周金文紀閏月或寫作“十三月”，沒有“閏”字。林氏推測“閏”字後出，頗有見識。所引《周禮》文，大徐本及段注本“終月”後皆有“也”字。

官，寒韻

《說文》云：“，吏事君也。从宀、𠂤。𠂤猶眾也，此與師同意。”按，古作師奎父鼎，同。

評注：“官”字甲骨文作（《合集》4576）、（《合集》28032），後世相承無異。“官”字从𠂤（“師”本字）从宀，會眾人在屋下之意，學者多以為乃“館”之初文。楊樹達曰：“官字从宀，凡从宀之字皆以屋室為義。官字下从𠂤，蓋象周廬列舍之形，謂臣吏所居，後乃引申為官職之稱。《周禮》官府都鄙并稱，是其本義也。”[②] 其說可從。林氏證以金文字形，無說。

宗，東韻

《說文》云：“，尊祖廟也。从宀、示。”按，从示在宀下，示神事也。古作召伯虎敦，同。

評注：“宗”字甲骨文作（《合集》1339）、（《合集》36148），从宀、从示，象神廟中有神主之形。後世承襲后者，林氏說可從。

葬，陽韻

《說文》云：“，臧藏也。从死在茻中，一其中，所以薦之。”

評注：“葬”字甲骨文作（《合集》17181）、（《合集》17171）、（《合集》32831）等形，象棺槨之形，內之人或歺（殘骨）表示死人，爿薦之，亦為聲符。此形後世無傳。戰國秦系文字另構為从死在茻中，作（《雲夢·日乙》17），“死”的上下各有一横筆，當是表示棺柩

---

① 參見黃德寬主編《古文字譜系疏證》，商務印書館 2007 年版，第 3820 頁。

② 參見楊樹達《釋官》，《積微居小學金石論叢》（增訂本），中華書局 1983 年版，第 19 頁。

之意。小篆省上一横筆，後世楷書再省下一横筆。林氏無說。“臧”，大徐本作“藏”；“薦”，段注本作“荐”。

罷，歌韻，音播

《說文》云：“，遣有辠也。从网、能。网，辠网也。言有賢能而入网中，即貰遣也。《周禮》曰‘議能之辟’是也。”

評注：“罷”字未見於商周古文字材料，戰國時期秦簡作（《雲夢·答問》133），與小篆同構。徐灝《說文解字注箋》曰：“許意‘入网’猶犯罪也。有賢能而犯罪，則貰其罪而罷遣之。”按“能”即“熊”本字，“罷”又同“羆”（參見卷十一“羆”字條）。張舜徽《說文解字約注》云：“能（熊屬）在网下為罷態……故罷字當以疲困為本義。”其說似更可信。林氏無說。大徐本作：“遣有辠也。从网、能。言有賢能而入网，而貫遣之。《周禮》曰：‘議能之辟。’”此從段注本，然多出“网中”之“中”字。字頭乃林氏據“网”“能”的古形拼合推寫。

置，之韻

《說文》云：“，赦也。从网、直。”徐鍇云：“與‘罷’同意。”

評注：“置”字商周古文字材料未見，戰國文字作（《雲夢·日乙》86），與小篆同。从网、从直。段注云：“直亦聲。”徐鍇《說文解字繫傳》曰：“與‘罷’同意……置之則去之也。”字頭之“网”形，乃林氏據古形推寫。

詈，歌韻，音邐

《說文》云：“，罵也。从网、言。”

評注：“詈”字音 lì，未見於商周古文字資料。大徐本後有“网辠人”三字，段注本無。林氏無說。字頭乃林氏依例推寫。

圉，模韻，音伍

《說文》云：“，囹圄，所以拘辠人。从囗、㚔。”

評注：“圉”字甲骨文作（《合集》5977），从囗，从執。王襄《簠室殷契類纂》曰：“執，許說‘捕罪人也。’囗，古圍字。捕罪人而拘于圍中，圉之誼尤塙。”又作（《合集》5973），金文相承作（牆盤），从囗，从㚔。㚔為手銬，亦可表示所抓捕之罪人，表意與字同。後世相承作此形，又或作形聲結構之“圄”。王筠曰：“圉下云‘囹圉’，小徐、《集韻》《類篇》引皆同，毛初印本、孫、鮑二本、《五音韻譜》皆作‘囹圄’，蓋圉為古字，圄為後作。”①

宰，之韻，音子

《說文》云：“，辠人在屋下執事者。从宀，从辛。辛，辠也。”按，古作頌鼎、作宰椃尊彝丁。

評注：“宰”字甲骨文作（《合集》1229反），从宀，从辛，或作（《合補》11300反），从宀，从辛。辛、辛一字分化。後世承襲从“辛”者，流傳至今。《說文》所釋可從。林氏證以金文字形，無說。

，臻韻，音信

《說文》無“”字。凡執訊，經傳皆以訊問字為之。古作師寰敦，从幺，从韋省。韋，違也見“韋”字條。違者以8繫之。或作兮田盤、作揚敦，“”“”即“”之變，“”象人被反縛形。亦作虢季子白盤、作不㠱敦、作散氏器、作趞尊彝、作、召伯虎敦，皆“”之變。

評注：此為“訊”字古形之隸定。《說文》：“訊，問也。从言，卂聲。”甲骨文作（《合集》19135），从人而反縛之，从口問之。又作（《合集》36389），手後加上繩索之形。金文承襲此形而變體繁多（參見《金文編》第141頁）。林氏所引兮甲盤之字，从口，从人（下所加之足形訛似女形，古文字多見）反手被縛，會問訊俘虜之意，是表意明顯的“訊”字，林氏以為字頭，甚是。林氏所謂“从韋省”及其變體的字形，應該都是省訛之形，“違者以8繫之”之說，不足據。秦文字作（《雲夢·封診》61），與小篆同構，為後世所承。“訊”行而“”廢矣。

① 參見王筠《說文釋例》，中華書局1987年版，第448頁。

章，陽韻

《說文》云："，樂竟為一章。从音、十。十，數之終也。"按，古作伐徐鼎，不从"音"，亦不从"十"，本義當為法，从辛。辛，罪也，以束之。法以約束有罪也"”所以束，見"束"字、"黄"字條。或作大敦。

評注："章"字未見於甲骨文，金文如林氏所引，从辛、从。林氏指出"章"字不从"音"，亦不从"十"，甚是；認為"章"字本義為法，以法約束有罪，可備一說。《詩·大雅·抑》："夙興夜寐，灑埽庭內，維民之章。"鄭玄箋："章，文章法度也。"或以為象以刀具治理圓形玉器，即"璋"或"彰"的表意初文。秦文字訛變為从音、十，故以"樂竟為一章"解之，非其朔；後世更有以"立、早"拆解之者，益誤。

辟，蟹韻，毗奭切

《說文》云："，法也。从卩、辛。節制其罪也。从口，用法者也。"按，古作盂鼎、作洹子器"璧"字偏旁，从""，不从""。，束也。从人轉注，从辛，以束之，與"章"同意。或作櫝伯器乙，譌从"口"。作師害敦，譌从"日"。

評注：《說文》訓為"法"的"辟"，甲骨文作（《英》1767）、（《合集》8695），从辛或辛，从卩，當隸定為"辟"，會對跪跽者施刑之意。甲骨文又作（《合集》8108），所加之"口"，即金文之""，象璧之形。此形為金文所承，即今之"辟"字。關於"辟"的形義關係，可以有兩種解釋：一是以為"璧"之本字，从""，"辟"聲，以"法"解之，乃屬假借（其本字是"辟"）；一是以為"辟"之孳乳，所加之""為加注聲符，其本義仍是"法也"。《說文》以"从卩"為"節制"，非是；以象璧之圓形為表示用法者之"口"，亦誤。林氏據金文以為"辟"字从""，不从""，甚是；然以為束，則非。

灋，葉韻

《說文》云："，刑也，平之如水。廌所以觸不直者去之。从廌、去。"

按，漢人謂皋陶以獬豸決訟《論衡》以為皋陶事，說甚不經。廌、去亦不成義。古作史頌𣪘彝，象人形“慶”字、“薦”字古从“廌”，與此同意，所以圍束之，與“章”“辟”同意。从水轉注，取其平。省作師虎敦。又从“去”作盂鼎，此當別為一字，从去，灋聲，為“廢”之古文。“廢”去韻“法”葉韻雙聲旁轉。諸彝器“勿灋朕命”，皆“勿廢朕命”也。《說文》云：“，解豸獸也，似山牛，一角。古者決訟令觸不直者。象形，从豸省。”按，“豸”字古作貉子尊彝癸“貉”字偏旁，與“廌”形近，故以廌為解豸。廌為“慶”字、“薦”字、“灋”字偏旁。古作師虎敦“灋”字偏旁、作史頌𣪘彝“灋”字偏旁、作陳侯因資敦“薦”字偏旁，皆不象一角獸形，實非解豸之義。又作盂鼎“灋”字偏旁、作召伯虎敦“慶”字偏旁、作鄭興伯鬲“薦”字偏旁，上皆从首，象臂脛，下从、从，即足形也與“憂”从、从同意。故廌象人形，从、从即“”之變。

評注：“灋”即“法”字。“灋”字未見於甲骨文材料，金文作（盂鼎），从水从廌，去聲。[①]《說文》以會意字解之，亦有理據。林氏以為字作，非是。又謂盂鼎之“灋”當別為一字，為“廢”之古文。按“灋”用作“廢”，乃通假用法。又謂廌象人形，不可從（參見卷六“薦”字條評注）。按，單育辰、徐寶貴認為“廌”字是羚羊一類動物，字又作“麢”，明王圻、王思義《三才圖會·鳥獸》：“麢，似羊而大，角圓銳，好住山崖間。夜宿，以角掛木，不著地。其角號為有神，故能辟去不祥。”岑建強《世界珍稀動物圖典》：“藏羚，因為雄性頭上有長角，從側面看，直立的雙角并行如一，所以別名‘一角獸’。”據傳說，當動物爭斗時，藏羚羊會跑過去，用角把它們隔開。這樣，古人為什么稱“廌”為獨角獸，以及“灋”字為什么从“廌”，就不難理解了。[②]

久，之韻，音杞

《說文》云：“，從後灸之。象人兩脛後有距也。”按，脛後有距非灸之象。久，遲也。象人脛後有所岠，不得前也。古作段敦。

---

① “去”古有葉部與魚部兩種讀音，此指葉部之“去”。參見裘錫圭《談談古文字材料對古漢語研究的重要性》，《中國語文》1979年第6期，收入《裘錫圭學術論集·第四卷》，復旦大學出版社2012年版。

② 參見徐寶貴《石鼓文考釋兩篇》，《中國文字學報》第五輯，商務印書館2014年版。

評注：“久”字戰國文字作（《陶彙》5·332），構形不明，與金文習見的“氒”（典籍作“厥”）頗為形近。“氒”“久”均屬見紐，“氒”又與“其”音義均近，“其”與“久”均屬見紐之部，因此“久”當是從“氒”分化而來的一個字。[①] 或以為“久”為“灸”之古字，楊樹達《積微居小學述林》云：“古人治病，燃艾灼體謂之灸，久即灸之初字也。字形从臥人，人病即臥床也。末畫象以物灼體之形。”要之，《說文》以字“象人兩脛後有距也”，說不可據。林氏承襲“人脛”之說，非是。“從後灸之”，大徐本作“以後灸之”。此從段注本。

後，遇韻，音煦

《說文》云：“，遲也。从彳、幺、夊。幺夊者，後也。”按，“”，古“玄”字，繫也，从“行”省轉注，象足形見“夊”字條。足有所繫，故後不得前。古作師望鼎。或作師寰敦，變“”為“”。或作儔兒鐘，从辵。

評注：“後”字甲骨文作（《合集》25948）、（《合集》22283），可隸定為“夋”。又加“彳”作（《屯南》2358），為後世所承。故“後”為“夋”的孳乳字。關於“夋”的解釋，或以為从夊、幺聲，乃據《說文》“夊，從後至也”得義；[②] 或以為契文“先”字从止在人上，从夊（倒止）在繩下，即表世系在後之意；[③] 林氏以為“足有所繫，故後不得前”。皆有一定理據，待考。林氏所引金文之，乃“後”之繁形，當隸定為逡。今則後行而逡廢矣。

退，微韻

《說文》云：“，卻也。从彳、日、夊。”按，所以束“章”字、“束”字、“黃”字皆从“”，見各條，與“後”同意。行而足有所絆，故退卻。

評注：“退”古作“復”。甲骨文作（《合集》34601）、（《合集》32261）等形，从夊从皀，會人食畢退席離去之意。金文加“辵”作

① 參見黃德寬主編《古文字譜系疏證》，商務印書館2007年版，第65頁。
② 參見黃德寬主編《古文字譜系疏證》，商務印書館2007年版，第925頁。
③ 參見徐中舒主編《甲骨文字典》，四川辭書出版社1989年版，第164頁。

(中山王方壺)，"㿝"形省為"白"("夊"下贅加"口")。小篆省"辵"為"彳"，訛"白"為"日"，故作"復"，後世隸作"退"。林氏以訛體說之，謂"行而足有所絆，故退卻"，雖有理據，要非其朔。字頭當以作"復"為妥。大徐本作"卻也。一曰行遲也。从彳、从日、从夊"。段注本作"卻也。从彳、日、夊。一曰行遲"，并注云："四字疑後增。"林氏從段注本。

夷，微韻，餘眉切

《說文》："，東方之人也。从大，从弓。"按，"大弓"非義。古作師叡鐘、作京隮仲尊彝"隮"字偏旁，即"遲"之本字。从大，象人形，絆之，與"後""退""久"同意。變作守敦。"夷""遲"古同音。故《詩》"周道倭遲"四牡，《韓詩》作"威夷"。

評注："夷"字甲骨文作(《合集》17027反)，从矢，从。""象繳繩，本義疑為繳射，引申為矢傷、誅除、鏟平等義。①金文如林氏所引，"矢"形近"大"形，為小篆所本。許氏、林氏均以从大為說，非其朔形本義。大徐本作"平也。从大，从弓。東方之人也"。段注本刪"平也"二字并把"東方之人也"移前。此從段注本。

筮，泰韻，時蓋切

《說文》云："，易卦用蓍。从竹、巫。"按，从巫持竹。段氏玉裁云："从竹者，蓍如筭也。从巫者，事近于巫也。"

評注："筮"字未見於甲骨文材料，金文作(史懋壺)，侯馬盟書作，从竹、从巫、从廾，會巫人持竹制蓍具而占卜之意。小篆本之並加兩"口"作。戰國秦系文字作(《雲夢·日乙》126)，與今"筮"字同。林氏以"从巫持竹"說之，可從。所引段注，"蓍如筭也"後有"筭以竹為之"。大徐本、段注本小篆皆作，"巫"作"𢍰"。林氏雖以楷制篆，然與秦文字合。

① 參見黃德寬主編《古文字譜系疏證》，商務印書館2007年版，第3041頁。

瀕，臻韻

《說文》云："，水崖，人所賓附也，顰蹙不前而止。从頁，从涉。"按，"頻"本義當為"頻蹙"。象當涉見水頻蹙之形、象涉時二足在水中，因音轉如"卑"，始復制"顰"字耳。

評注："瀕"字見於金文，作（井侯簋）、（㝬簋），从頁，从涉。其本義當為人臨水邊，引申而有"頻蹙"之義，引申之義後作"顰"。林氏分析字形"象當涉見水頻蹙之形"，與金文字形相合，其說可從。字本當作"瀕"或"頻"，省作"頻"。後世多以"頻"作"頻數""頻繁"之義，與"瀕"有別。"顰蹙"，段注本作"顰戚"；"顰"，大徐本作"頻"。按，為對應關係，此字頭及文中之"頻"，當作"步"中有橫寫之水的"頻"，亦可寫作"瀕"。大徐本《說文》字頭隸定為"瀕"，其說解則省作"頻"，不統一。按當以作"瀕"為是。"瀕"下所屬的"顰"字，上部的"頻"也當隸定為"頻"或"瀕"。《漢語大字典》在"頻"字條的 bīn 音下引《說文》時誤標為"林"部，在"瀕"字條下引《說文》時則標為"頻"部。按，兩者都當標為"頻"或"瀕"。

顥，宵韻

《說文》云："，白皃。从景、頁。《楚詞》曰：'天白顥顥。'南山四顥，顥，白首人也。"按，景，日光也。"顥"本義為首映日光而白，引伸為老人頭白，又引伸為凡白之稱。如"天白顥顥"是。

評注："顥"字未見於商周古文字材料。段注曰："上文當云'白首皃。'"林氏分析形義關係及意義引申關係，頗有道理，《漢語大字典》引其說。字頭係林氏依例推寫。

叡，泰韻，似外切

《說文》云："，深明也，通也。从𣦼，从目，从谷省。，古文叡。，籀文叡，从土。"按，从"壑"省，从目。壑中極目所及，故為"深明"、為"通"，與"睿"同意。

評注："叡"音 ruì。未見於甲骨文材料，金文作（秦公鎛，《集成》207—1），小篆結構同。中山王鼎有字，从見从睿，《金文編》以為亦“叡”字。段氏在“从𣦼、从目”下注云：“故曰深明。”按，𣦼取其穿，目取其明，故會“深明”之意。段氏在“从谷省”下注云：“谷以皃其深也。按叡實从㕡省，从㕡者皃其能容也，能容而後能明。古文《尚書》‘思曰叡’，今文《尚書》‘思心曰容’，義實相成也。”按“㕡”通作“壑”。林氏取段注之意，以為字从“壑”省，从目。壑中極目所及，故為“深明”、為“通”，其說亦有理據。“通也”二字，段注以為“俗增”，此從大徐本。以小篆為字頭，所書略異而已。

齅，幽韻

《說文》云：“，以鼻就臭也。从鼻、臭。”

評注：“齅”字音 xiù，同“嗅”。大徐本“从鼻、臭”作“从鼻、从臭，臭亦聲”。段注本亦有“臭亦聲”三字。林氏無說，字頭係推寫。

沓，緝韻，徒立切

《說文》云：“，語多沓沓也。从水、曰。”按，从“曰”猶从“水”，口上如流水，言多之象。

評注：“沓”字音 tà。甲骨文作（《合集》28982）、（《屯南》2579），均从口、从水，會口若懸河之意。所从之“口”，小篆訛為“曰”。林氏按語“从‘曰’猶从‘水’”，當作“从‘曰’猶从‘口’”，“水”字誤。其解為“口上如流水，言多之象”，可從。

寍，青韻

《說文》云：“，安也。从宀，心在皿上。皿，人之食飲器，所以安人也。”按，心在皿上，安定之象；在宀下，與“安”“宜”从“宀”同意。

評注：“寍”字甲骨文作（《合集》13696 正），从宀，从心，从皿，屋內有食具器皿，會心安之意。又省作（《合補》11244）。金文作（牆盤）、（毛公鼎），與甲骨文同。段注云：“此安寧正字，今則寧行而盜廢矣。”其實甲骨文又作（《合補》12202），即後世之“寧”字。《說文》訓“寧”為“願詞”，訓“盜”為“安”，別為二字。林氏分析形義關係，因循《說文》，但更為詳細。段注本在“人之食飲器”上有“皿”字，此從之。金文有“盜”字，林氏失引，字頭係推寫，然與毛公鼎同。

杽，幽韻

《說文》云：“，械也。从木、手，手亦聲。”

評注：“杽”字音 chǒu，未見於商周古文字材料。段注：“械當作梏。字从木、手，則為手械無疑也。”《廣雅·釋宮》：“杽謂之梏。”林氏無說。

𠀠，寒韻

《說文》云：“，𠀠商，小塊也。从自，从臾。臾，古文蕢字。”按，“𠀠”為“小塊”無考。古作穽鼎“遣”字偏旁、作太保彝“譴”字偏旁，即“遣”之古文，从自。“自”者，“師”省諸彝器多以“自”為“師”，所遣者也；象兩手遣之。

評注：“𠀠”字甲骨文作（《合集》3034）、（《合集》31935），从臼，从自，會派遣軍隊之意。林氏以為即“遣”之古文，其說可從。大徐本《說文》小篆作，从𠂤。段注本同。林氏大概據古文寫法而改篆。釋文中，“𠀠”字大徐本及段注本作“䚄”，“从自”作“从𠂤”，“臾，古文蕢字”大徐本為注語，段注本入正文，林氏從之。

學、教，宵韻

《說文》云：“，覺悟也。从教、冂。冂，尚矇也。臼聲。，篆文斆省。”按，古作盂鼎，从子在宀下。宀，尚矇之象；，兩手以去其蒙；爻聲。篆變从攵轉注。《說文》云：“，效也。从子，爻聲。”按，即“學”省。《說文》云：“，上所施下所效也。从攴、孝。”按，即“學”“斆”之或體，古“教”“學”同字。故《書·盤庚》“斆於民”，《禮記》“凡學世子及學士”文王世子，皆以“學”為“教”。古作《攈古錄》卷二之三鄦侯彝，省作散氏器。

評注："學"字甲骨文作（《合集》26798）、（《合集》952 正）、（《花東》487）、（《合集》30827）、（《合集》27712），繁簡不一。"學"字初文為从乂（五）从六，或重乂聲化為爻，表示教學數字；或增从臼，會以手演繹推理之義。金文在甲骨文的基礎上增"子"旁，下所从之"六"則訛變為"冂"或"宀"，為戰國文字所承，隨為小篆所本。《說文》以冂為"尚矇也"，林氏以宀為"尚矇之象"，皆屬重解。或增攴作（沈子它簋），即"斆"字。"教"字甲骨文作（《合集》31621），从爻从子从攴，會持鞭教子識爻之意，爻亦聲。後世相承，以至於今。古時施受無別，施教和受學乃一體之雙翼，故"學"亦可表示"教"，如林氏所舉之《書·盤庚》及《禮記》之文，皆以"學"為"教"。後則"教""學"分化為二字也。

冠，寒韻

《說文》云："，絭也，所以絭髮，弁冕之總名也。从冖、元。冠有法制，故从寸。"按，"寸"非"法制"義。从"寸"之字古多从"又"，象手持"冖"加"元"之上。元，首也見"元"字條。

評注：甲骨文有（《合集》6947 正）字，或以為即"冠"字，象人首戴冠，[①] 戰國文字作（《包山》259），从冃、元，元為人首。小篆變从冖、元，並加"寸"。林氏以為从"寸"之字古多从"又"，象手持"冖"加"元"之上。其說甚是。"从冖、元"，段注本作"从冖、元，元亦聲"，大徐本作"从冖、从元，元亦聲"。

侵，侵韻

《說文》云："，漸進也。从人，又持帚，若埽之進。又，手也。"按，"人"與"又"不共持帚。侵，迫也，象埽者持帚漸進侵迫人也。

評注："侵"字甲骨文作（《合集》6057 反），从帚，从牛；又作（《合集》6057 正），增又，會以手持帚侵迫牛之意。金文作（鐘伯侵

① 參見朱德熙、裘錫圭、李家浩《望山楚簡》，中華書局 1995 年版，第 127 頁。

鼎），“牛”變為“人”，為後世所承。林氏以為“侵”中的“‘人’與‘又’不共持帚”“象埽者持帚漸進侵迫人也”，根據甲骨文到金文的變化情況看，其說可從。

奪，泰韻，音太

《說文》云：“，手持隹失之也。从又、奞。”按，古作奪敦，从，鳥張毛羽之象見“奞”字條。手持小隹，一奮而失之。

評注：“奪”字未見於甲骨文材料。金文作如林氏所引，从又、从雀、从衣。會捕鳥之意，後引申為“奪取”義。[①] 或說其義為“雀在衣中，手奪之”。[②] 小篆上部訛為“大”，《說文》析出“奞”符，不符合“奪”的原形。林氏以所从之“”為鳥張羽之象（参本卷“奞”字條），“奪”為“手持小隹，一奮而失之”，亦備一說。段注云：“持隹而奞，稍縱即逝也。”林說當本此。

㱪，微韻

《說文》云：“，楚人謂卜問吉凶曰㱪。从又持祟。讀若贅。”按，又，手形，治之之意。卜問吉凶以治祟也。

評注：“㱪”或以為即“祟”字，甲骨文作（《合集》22733）、（《合集》38535），从又持木於示前；又作（《合集》23431），置木於示上，均表示卜問吉凶之意。後者小篆訛為“祟”。林氏以又為手形，表示治祟，可商。“从又持祟”，大徐本作“从又持祟，祟亦聲”。此從段注本。

秖，蟹韻，之解切

《說文》云：“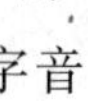，多小意而止也。从禾，从支，只聲。”

評注：“秖”字音 zhǐ。未見於商周古文字材料。據小篆字形，當从“禾”，楷書作“禾”。《说文》所釋較為費解。段注本增“秖稛”二字，并注云：“二字各本無，今補。”“秖稛”即“草木彎曲不伸貌”，與

① 參見黃德寬主編《古文字譜系疏證》，商務印書館 2007 年版，第 2461 頁。

② 參見季旭昇《說文新證》，福建人民出版社 2010 年版，第 294 頁。

“禾”有關。段注又曰：“‘小意’者，意有未暢也，謂有所妨礙，含意未伸。”王筠《說文解字句讀》曰：“多小意而止也，乃‘𥢶𥝩’二字之義，形容之詞也。‘多小意’者，草木受病，枝葉詰屈，故曰小；逐處凹凸，故曰多；‘而止’者，自此歸於枯槁，不復能暢茂也。”也不夠暢達。林氏無說。字頭“稽”，楷作“積”。《文源》所附《通檢》（十四畫）左上从支作“穦”，下“𥝩”字釋文同，此處字頭小異。

𥝩𥝩，遇韻

《說文》云：“𥝩，𥢶𥝩也。从禾，从又，句聲。又者，从丑省。”按，“又”象手形，枝格之意。

評注：“𥝩”字音jǔ。未見於商周古文字材料。“𥢶𥝩”，參見上條“𥢶”字評注。徐灝《說文解字注箋》：“人手指節短小屈曲，𥢶𥝩似之，故从又。今以為‘又，从丑省’，少迂折矣。”林氏謂“又”象手形，是。

敹敹，宵韻

《說文》云：“敹，擇也。从攴，𥥍聲。”按，“𥥍”，《說文》以為“罙”之或體，與“敹”聲隔。“敹”本義當為“穿”，从攵，从𥥍。《詩》“𥥍入其阻”殷武，《傳》訓“𥥍”為“深”，與“穿”義近。《書》“善敹乃甲冑”費誓，鄭注：“穿徹也。”

評注：“敹”字音liáo。未見於甲骨文材料，金文作敹（陳貯簋），構形不明。段注云：“各本有‘聲’字，誤，今刪。𥥍或罙字，冒也。从攴、𥥍者，毄其冒昧而擇之。”林氏謂“‘𥥍’，《說文》以為‘罙’之或體，與‘敹’聲隔”，或本此。林氏認為“敹”本義當為“穿”，有文獻依據，可備一說。書後《通檢》此字右邊書作从“又”，故歸入十三畫。今歸入十五畫。

敕敕，之韻

《說文》云：“敕，戒也。从攴、束。”

評注：“敕”字未見於甲骨文材料，金文作敕（秦公簋），从攴、束

(内有点為飾)，會整飭之意。“戒”，大徐本、段注本皆作“誡”。林氏書誤。“从攴、束”，大徐本作“从攴，束聲”。段注云：“各本有聲，誤。今刪。”

盩，幽韻

《說文》云：“，引擊也。从㚔，攴見血也。”按，古作史頌𣪕彝，从攴治㚔。又作史頌𣪕彝，从血自㚔出。

評注：“盩”字音 zhōu。甲骨文有“執”字作（《合集》5992），从㚔从攴，會抽擊罪人之意，當為“盩”之初文。“執”字西周金文或增“血”，如林氏所引（“血”或作“皿”，參見《金文編》第705頁），為小篆所承。林氏釋為“从攴治㚔”，“从血自㚔出”，也是以“㚔”表示罪人，可從。字頭“盩”下部林氏書从“血”，現據通行寫法寫作“皿”，《通檢》也從十八畫改為十七畫。

毄，蟹韻，音隽

《說文》云：“，相擊中也。如車相擊，故从殳、軎。”

評注：“毄”字音 jī。未見於商周古文字材料，戰國文字作（《雲夢·答問》132），與小篆同。“毄”為“擊”之初文。俞樾《兒笘錄》：“毄者，擊之古文也。”林氏無說。

𦋺、睪、臭，模韻，音殬

《說文》云：“，引給也。从，睪聲。”“，司伺視也。从目，从㚔。今吏將目捕罪人也。”按，“𦋺”為“引給”、“睪”為“伺視”皆無考。“釋”从睪得聲，與捕治之義相反，“睪”“𦋺”當皆為“釋”之古文。古作王孫鐘，从目，从㚔，从，為省察罪人而釋之也。省作寶鐸“鐸”字偏旁、作靜敦、作弭仲匡。變作小子射尊彝己，射聲“睪”“射”同音，故“無斁”亦作“無射”。或作毛公鼎，从目，从矢，則義轉為射，與“射”同字；又變為單伯鐘、為無斁鼎。省釋罪人有別擇之義，故“𦋺”引伸為“擇”；尋繹之“繹”亦从“省釋”之義引伸。《說文》云：“，大白澤也。从大、白。古文以為澤字。”按，“大白澤”之訓不可曉。“臭”為古文“澤”，是與“”

同字。

評注： 本條“睪、罢”二字，林氏以為《說文》所訓皆無考，其實都是“釋”字古文，“為省察罪人而釋之也”；“睪”的別擇之義（《金文編》云：“睪與擇為一字，収與从手同意”），也是從“釋”義引申而來。至于“臭”字，乃是“罢”字之省，為“澤”之古文。按，林氏論“睪、罢”二字之形義關係，頗有條理，故合二字為一，可從。“臭”為“澤”之古文，似不宜合為一條。

執，緝韻

《說文》云：“，捕辠人也。从丮、㚔，㚔亦聲。”按，“丮”象兩手捕形。古作善[illegible]彝甲、作師寰敦。

評注：“執”字甲骨文作（《合集》578）、（《合集》10436），金文如林氏所引，象兩手加梏形，會拘捕罪人之意，《說文》所釋甚確。林氏指出“丮”象兩手捕形，應是指兩手被拷住，其說是。

獄，遇韻

《說文》云：“，从㹜，从言。二犬所以守也。”按，古作召伯虎敦，从二犬守言。“言”實“辛”之譌變，辛，罪人也“僕”字史僕壺作，从辛；諆田鼎作，从言。

評注：“獄”字未見於甲骨文材料。金文如林氏所引，从言、从二犬，後世相承。按，㹜訓兩犬相嚙，徐灝《說文解字注箋》曰：“犬性不喜羣，兩犬相遇，往往相嚙，故从二犬。獨字从犬，亦此意也。”“獄”字从㹜从言，本義當為雙方以言語爭訟。朱駿聲《說文通訓定聲》曰：“獄，訟也。”《周禮・秋官・大司寇》：“以兩劑禁民獄。”鄭玄注：“獄，謂相告以罪名者。”从犬之字可移代人事，“獄”字亦然。“獄”之“監獄”之義當由爭訟義引申。《說文》以為“二犬所以守也”，林氏以為“从二犬守言”，“言”為“辛”之訛變，表示罪人，大概都是從“監獄”之義出發而作的解釋。

贙，微韻

《說文》云：“，分別也。从虤對爭貝。讀若回。”按，从“虤”謂二人分貝對爭如兩虎。古作王𠛬彝，从“鼎”即“貝”之譌“貝”與“鼎”古多相混，“寶”字、“則”字或从“鼎”，“鼏”字、“鼐”字或从“貝”。

評注：“贙”字音 xuàn。“贙”字未見於甲骨文材料，金文如林氏所引，或疑為䖑之異文。[①] 王筠《說文釋例》曰：“虤而爭貝，無是事也……謂人之爭貝如虤之猛。”林氏“‘虤’謂二人分貝對爭如兩虎”，或本王氏。所論“鼎”“貝”相混，符合古文字的事實，可從。“回”，大徐本作“迴”。

奞，微韻

《說文》云：“，鳥張毛羽自奮奞也。从大、隹，隹亦聲。讀若睢。”按，古作諆田鼎“奮”字偏旁，从“衣”不从“大”。衣者，張毛羽象也。

評注：“奞”字音 xùn。“奞”字未見於甲骨文材料，如林氏所引金文字形不誤，則小篆上部从“大”，乃是訛體。林氏據此指出“奞”字从“衣”不从“大”，其說有據。然所从之“衣”是否“張毛羽象”，待考。又金文“奞”字作（鄂季奞父簋），从大，从隹，會鳥張毛羽自奮之意，[②] 若此說可信，則小篆从“大”，亦有所本，其與“奮”“奪”小篆上部的寫法，算是殊途而同形。“奮奞”，大徐本無“奞”字，林氏從段注本。

奮，文韻

《說文》云：“，翬也《羽部》曰：“翬，大飛也。”从奞在田上。”按，古作諆田鼎。

評注：“奮”字未見於甲骨文材料，金文如林氏所引，从衣，从隹，从田。小篆省“衣”之下部，上部訛為“大”，故變為“”。如何分析金文的形義關係，尚待研究。林氏無說。

褭，宵韻，音裊

《說文》云：“，以組帶馬也。从衣，从馬。”

評注：“褭”字音 niǎo，未見於先秦古文字材料。小篆作，林氏所

---

① 參見黃德寬主編《古文字譜系疏證》，商務印書館 2007 年版，第 3442 頁。

② 參見季旭昇《說文新證》，福建人民出版社 2010 年版，第 294 頁。

摹略異。

雷，微韻

《說文》云："，陰陽薄動，雷雨生物者也。从雨，畾象回轉形。，籀文靁閒有回，回，靁聲也。，古文靁。，古文靁。"按，古作洹子器、作雷尊彝、作父乙罍，、、皆象雲气，象鼓，鼓在雲中以狀其聲。或作楚公鎛文："唯八月甲巳，楚公逆自乍大雷鎛。"舊誤釋"夜雨雷鎛"。从雨轉注。"藟""瓃"等字《說文》皆云"畾聲"，《說文》無"畾"字，"畾"即""也。

評注："靁"字甲骨文作（《合集》13417）、（《合集》13415）、（《合集》24367），从申（"電"之初文），小點、圓圈或田表示雷聲。因雷電多發生于雨天，金文加"雨"，為後世所承。表示雷聲的"田"形或多或少，現簡化為一"田"。林氏以為象雲氣的曲綫，應該都是表示閃電的。大徐本"雷"字作"靁"。段注本"陰陽"作"霒昜"，刪"靁雨"二字。

雪，泰韻，思害切

《說文》云："，从雨，彗聲。"按，从雨，从彗。彗者可以埽也。

評注："雪"字本作"雪"。"雪"字甲骨文作（《合集》20914）、（《花東》400），从雨、彗聲。① 彗、雪皆月部字，聲則心、邪相通。林氏以"彗"為義符，恐非是。

䨣，模韻，音溥

《說文》云："，濡革也。从雨、革。讀若膊。"按，即"白"之或體見"白"字條，因白假借為色，復制此字。古作彝敦以為"霸"字、作守敦"霸"字偏旁。

評注："䨣"字音 gé。未見於甲骨文材料。金文作（鄭虢叔簋），義如霸。段注云："雨濡革則虛起，今俗語若朴。"林氏以為"白"之或體，因白假借為色，復制此字。按卷三"白"字條，林氏謂"白"與"䨣"

① 參見唐蘭《殷虛文字記》，中華書局 1981 年版。

同字，“白”字“象物遇濕，魄然虛起之形”。其說亦有一定道理，可參。“濡革”，大小徐本、段注本皆作“雨濡革”，林氏漏“雨”字。

𣻆，模韻，音怙

《說文》云：“涸，亦从水、鹵、舟。”按，从水、鹵者，水涸則鹽見也。舟，舟聲。涸，《說文》云“讀若狐貈之貈”。

評注：“𣻆”為“涸”之異體，未見於商周古文字材料。其字从水、鹵、舟，段注謂“未聞其意”。林氏以為“水涸則鹽見”，“舟聲”，可備一說。小篆作，字頭之，乃林氏據偏旁拼合而成。

砅，泰韻，音賴

《說文》云：“，履石渡水也。从水、石。”按，即“瀨”之古文，本義為水流石上。《漢書·司馬相如傳》注云：“石而淺水曰瀨。”履石渡水乃由石上淺水之義引伸。

評注：“砅”字音 lì。甲骨文作（《英》547 正）。从水从二石。按“涉”為“徒步渡水”，“砅”為“履石渡水”，二者構意相同。字或作“濿”，甲骨文作（《合集》10948 正）。羅振玉《增訂殷虛書契考釋》云：“《石鼓文》‘濿有小魚’，殆即許書之‘砅’字。砅或作濿。”“濿為淺水，故有小魚。許訓‘履石渡水’，亦謂淺水矣。”林氏以為即“瀨”之古文，本義為水流石上，履石渡水乃由石上淺水之義引申。按“濿”“瀨”當有同源關係。林說可參。

牖，幽韻

《說文》云：“，穿壁以木為交窗也。从片、戶，甫聲。譚長說以為甫上日也，非戶也。牖所以見日。”按，“甫”非聲。“甫”，“圃”之古文見“甫”字條。片，版壁也。壁外有圃，上為戶以臨之，謂之牖。牖，戶屬也。

評注：“牖”字未見於商周古文字，本義為墻上的窗戶。睡虎地秦簡作（《日甲》143 反），右上从“日”，譚長說以為甫上有日，牖所以見日，可從。右下當為“用”，作聲符用。季旭昇曰：“西漢《馬王堆漢墓》‘牖’字五見，右下都从‘用’，當為‘用’聲。”“‘用’‘牖’二字聲同韻近。”[①] 小篆右上訛為“戶”，右下訛為“甫”。林氏以小篆之形解之，雖有理據，要非其朔。“窗”，大徐本作“窻”，“从片、戶，甫聲”，作“从片、戶、甫”。此從段注本。

宋，東韻

《說文》云：“，凥也。从宀、木。讀若送。”按，木者，牀几之屬，人所依以凥也。古作趞亥鼎。

評注：“宋”字甲骨文作（《合集》20075）、（《合集》20233），金文承襲甲骨文，如林氏所引，歷代相承。如《說文》所說之“宋”的本義可信，則林氏以木為“牀几之屬，人所依以凥也”的解釋，其實頗有道理，《漢語大字典》“宋”字條下亦引林說。或以為从宀从木，會木上巢居之意；[②] 或認為“象以木為梁柱而成地上之居宅之形”。[③] 按，諸家皆以居室為本義，形義關係解釋不同耳，待考。“凥”，大徐本作“居”。

閑，寒韻

《說文》云：“，闌也。从門中有木。”

評注：“閑”字未見於甲骨文，金文作（同簋），小篆同。或以為从木，閒省聲。[④] 林氏無說。

𨳇，臻韻

《說文》云：“，登也。从門、。，古文下字。讀若軍敶之敶。”按，下門者，其下為門，登高之象。

評注：“𨳇”字音 zhèn。未見於商周古文字資料。段注以為（下）當作二（上）。林氏以从下為說，亦有理據。《漢語大字典》引以為證。

---

① 參見季旭昇《說文新證》，福建人民出版社 2010 年版，第 585 頁。

② 參見黃德寬主編《古文字譜系疏證》，商務印書館 2007 年版，第 1228 頁。

③ 參見徐中舒主編《甲骨文字典》，四川辭書出版社 1989 年版，第 810 頁。

④ 參見黃德寬主編《古文字譜系疏證》，商務印書館 2007 年版，第 2423 頁。

内、㕯，微韻

《說文》云：“，入也。从宀、入。自外而入也。”按，古作利鼎，象屋形，入其中，為内象。《說文》云：“，訥也。从口、内。”按，古“内”與“㕯”多相混。克盨“遹”作，克彝作，疑“㕯”亦“内”字，从轉注，象物形見“品”字條。

評注：或以為甲骨文有“内”字，字形與“丙”混同，待考。金文“内”字从从入，入亦聲，會入室之意。入、内均屬泥紐，緝物通轉，故二者為一字分化。[①] 林氏據金文以為“象屋形，入其中，為内象”，《漢語大字典》“内”字條下引其說。大徐本作“从口，自外而入也”。“口”當為“冂”之誤。段注本作“从冂、入”，並注云：“各本無‘入’字，今依《韻會》補。”《文源》則作“从宀、入”，合乎金文，可從。“㕯”字从内从口，内亦聲。按“㕯”同“訥”，與“内”當有同源關係，林氏以為“内”“㕯”同字，故合為一條，亦有根據。

䫂，泰韻

《說文》云：“，突堅意也。从𣦼，从貝。貝，堅實也。讀若概。”按，“貝”無“堅實”之義。𣦼，穿也“壑”“叡”皆从“𣦼”。藏貝其中，為深堅象。

評注：“䫂”字音 gài，亦隸定為“𧶠”。甲骨文作（《合集》28151）、（《合集》29695），金文作（𠑇匜）。林氏以為“貝”無“堅實”之義，重解為藏貝𣦼中，為深堅象，可備一說。“突堅意也”，大徐本作“𣦼，探堅意也”；“堅實”，大徐本作“堅寶”。此從段注本。

蠱，模韻

《說文》云：“，腹中蟲也。从蟲，从皿。皿，物之用也。”按，腹中蟲由飲食而生。皿，盛飲食者也。从皿中蟲。

評注：“蠱”字甲骨文作（《合集》6016 正）、（《合集》201 正），

① 參見黃德寬主編《古文字譜系疏證》，商務印書館 2007 年版，第 3255 頁。

从皿，从一虫或二虫，會聚蟲在皿中生毒之意。春秋戰國文字作蠱（侯馬盟書105：1），从蟲，與小篆同構，為後世所承。《左傳》云：“皿蟲為蠱。”《周禮·秋官·庶氏》：“庶氏掌除蠱毒。”鄭注：“蠱毒，蟲物而病害人者。”《說文》“腹中蟲”，段注云：“中蟲皆讀去聲……腹中蟲者，謂腹內中蟲食之毒也。”林氏云：“腹中蟲由飲食而生。”似讀“中”為平聲。

茜，幽韻，所肉切

《說文》云：“茜，禮祭：束茅加於祼圭而灌鬯酒，是為茜，像神歆之也。从酉、艸。《春秋傳》曰：爾貢包茅不入，王祭不共，無以茜酒。”

評注：“茜”字音 sù，未見於商周古文字材料。小篆从艸、酉，會以艸滲酒之意。所引《春秋傳》“無以茜酒”，或作“無以縮酒”。段注云：“《周禮》《禮記·內則》二鄭所引《左傳》皆作‘縮’。然則，縮者古文叚借字，茜者小篆新造字。”“像”字、“歆”字，大徐本作“象”“歆”，此據段注本。“共”，大徐本、段注本皆作“供”。字頭乃林氏據古文推寫。

醯，蟹韻，希街切

《說文》云：“醯，酸也。作醯以鬻以酒。从鬻、酒，並省，从皿。皿，器也。”

評注：“醯”字音 xī。未見於商周古文字材料。戰國文字作醯（《雲夢·日甲》26 反），與小篆同。《荀子·勸學》：“醯酸而蜹聚焉。”林氏無說。“鬻”字今隸為“鬻”。

戠，之韻

《說文》云：“戠，闕。从戈，从音。”按，古作戠豆閉敦、作戠格伯敦，从戈，从言，即題識本字。言在戈上者，戈有識也。亦作戠趩尊彝。

評注：“戠”字音 zhī。甲骨文作戠（《合集》25666），从辛（辛）从戈，蓋以辛鑿戈會題識之意。又作戠（《合集》29669），“辛”下加“口”，金文承之，訛變為从“言”，或近似于从“音”。林氏以為題識本字，重解為“言在戈上者，戈有識也”，亦有理據。小篆承襲从“音”作，後世沿用。

或、國，之韻，音弋，音亟

《說文》云：“，邦也。从囗，戈以守其一。一，地也。”按，古作、毛公鼎以為“國”字。《說文》云：“，邦也。从囗，从或。”按，與“或”同字。以“或”多用為語詞，故別制字。古作宗婦彝，省作王孫鐘。

評注：“或”字為“國”“域”之本字。商周金文作（保卣）、（何尊），从口从弋（或从戈），並在口形周圍添加橫畫，表示界域，後又加囗形成“國”字。林氏合“或”“國”為一條，可從。“戈以守其一”，大徐本作“从戈以守一”。此從段注本。

耒，微韻

《說文》云：“，耕曲木也。从木推丯。”

評注：“耒”字始見商周金文，作（父己觶）、（耒簋），上象其柄，中間短橫象腳踏之處，下部分叉處用於安裝“耜”。《易·繫辭》下：“斲木為耜，揉木為耒。”桂馥《說文解字義證》云：“耒為耜上之曲木，所恃以發土者耜也。”后加“手”形繁化作（耒作父己簋）等形。小篆所从之“木”，乃短橫與耒端分叉的訛變，所从之“丯”，乃“又”形與耒柄的訛變，故《說文》析為“从木推丯”，非其朔形。林氏無說。“耕曲木也”，大徐本作“手耕曲木也”。林氏引《說文》從段注本。

聯，寒韻

《說文》云：“，連也。从耳，从絲。从耳，耳連於頰；从絲，絲連不絕也。”按，从耳，其連於頰之意不顯。凡器物如鼎、爵、盤、壺之屬多有耳，欲聯綴之，則以繩貫其耳。从絲，从耳。

評注：“聯”字甲骨文作（《合集》26875）、（《合集》21818），

从二糸或三糸相連，[1] 或作（合 32176）、（《花東》286），从耳，糸（絲之省），為後世所本。會意。許慎以“耳連於頰”“絲連不絕”分別釋从“耳”、从“糸”之意，王筠《說文釋例》曰：“然絲可以連，耳何以連？合絲於耳，又何以連？字形殊難知也，故許君分疏之，而各以‘連’字與字義黏合，終不扭合耳、絲為一義，疑以傳疑也。”林氏以“耳”為器物之耳，較許說為優，當可釋王氏之疑。

劓，泰韻，王害切

《說文》云：“，劓或从鼻。”按，从刀，从鼻，為劓象。

評注：“劓”字甲骨文作（合 5995 正），从刀，从自（“鼻”本字），會割鼻之意。金文作（辛鼎），从臬。朱駿聲《說文通訓定聲》“臬”下云：“按从自者，鼻于面，居中特出之形，凡臬似之。”《說文》以“臬”為聲符。林氏所用字頭乃《說文》或體，小篆作，从臬。“劓或从鼻”，大徐本作“劓，臬或从鼻”。此從段注本，是。

釿

《說文》云：“，劑斷也。从斤、金。”按，小徐以為“宜引切”，然《說文》入《斤部》，恐非“斤”聲，其音未詳。古作安邑二釿幣，以為量名吳氏大澂云：“《攷工記》矢刃重三垸，‘垸’疑‘’之譌。”

評注：“釿”字音 jīn，戰國文字常見，作（《貨系》1348），从金、斤，斤亦聲。為“斤”之後起字，表斧頭義，又表示重量單位，亦貨幣之名。又“宜引切”，音 yǐn，截斷之義。朱駿聲《說文通訓定聲》：“釿，从金、斤，會意，斤亦聲，謂以斤斷金也。”或可釋林氏之疑。

竷，談韻

《說文》云：“，繇謠也、舞也。从夂，从章，樂有章也。夅聲。”按，“夅”非聲。三夂象舞時多足跡。

評注：“竷”字音 kǎn。或以為金文之（庚嬴鼎）即“竷”字，从

---

① 參見黃德寬主編《古文字譜系疏證》，商務印書館 2007 年版，第 2733 頁。

章从廾，象兩手奉“玉璋”會“賜予”或“貢獻”之意，是“贛”和“貢”的初文，小篆右邊从三止，乃是訛體，《說文》據訛體釋義，恐不可靠。[1] 如此說可信，則林氏以為“三夊象舞時多足跡”，亦據訛體重解，非其朔形本義。按《說文》引《詩》“竷竷舞我”，“竷”若是本字，則釋為“謠舞”（段注：“上‘也’字衍，謠舞者，謠且舞也”），亦與詩句含義相合，則《說文》釋義，不算無稽。有待進一步研究。字頭係林氏推寫。“从夊，从章，樂有章也。夅聲”，大徐本作“樂有章，从章，从夅，从夊”。林氏從段注本。

衋，之韻

《說文》云：“，傷痛也。从血、聿，皕聲。”按，聿，筆也。筆下有血，傷痛之意。“奭”省聲。

評注：“衋”字音 xì，甲骨文未見，金文作（父辛卣）。金文从“聿”，與小篆同；金文从“皿”，小篆从“血”，金文从二“自”，小篆从二“百”，此其異。按由“皿”變為“血”，由“自”變為“百”，應該都是譌變。《說文》以為皕聲。林氏以為“奭”省聲，皆非其朔，待考。此卷為殽列指事，而不避聲符，亦屬兼類。

芟，談韻

《說文》云：“，刈艸也。从艸、殳。”

評注：“芟”字音 shān。商周古文字未見之。徐鍇《繫傳》作“从艸，殳聲”。段注云：“鍇有聲字，非。此會意，殳取殺意也。”《詩·周頌·載芟》：“載芟載柞。”毛傳：“除草曰芟，除木曰柞。”林氏無說，字頭據古字偏旁推寫。

---

① 參見陳劍《釋西周金文的“竷（贛）”字》，《甲骨金文考釋論集》，線裝書局 2007 年版。

《文源》評注卷九　形變指事

乏，葉韻

《說文》云："，《春秋傳》曰：反正為乏。"按，此伯宗論酆舒之言，乃設辭取譬，非造字本意。"正"古或作尢敦，與"足"相混。乏，不足也。蓋當作，反足為乏。變○為●，亦書作耳。

評注："乏"字未見於甲骨文。戰國文字作（《璽彙》3173）、（中山王方壺），其形與楷書之"乏"也十分對應。按古"正"字作（哀成叔鼎），"乏"字的構形，乃以"正"字首筆寫作斜筆，以示區別，表示"不正"之意，這是以改變筆畫而另造新字的方法。因此《左傳》"反正為乏"之說，符合"乏"的意義，但不符合"乏"的構形。戰國文字的"反正"之形作（中子化盤），其實仍為"正"字，與"乏"無關。《金文編》云："金文反正仍為正，以正字傾首為乏。"（第 90 頁），所言甚是。小篆的"乏"字，大概是根據"反正為乏"之說而擬造的。林氏根據"乏"的"不足"之義，推想"反足為乏"的構形，雖有理據，要非事實。

叵，歌韻

《說文》無"叵"字，《三蒼》："叵，不可也。"《說文·敘》云"雖叵復見遠流"，是當有"叵"字。徐鉉《新附》作"，从反可。"

評注："叵"字未見於商周古文字材料。大徐本《說文》未收錄，見於《說文新附》："叵，不可也。从反可。"按古文字有"反可"之形（見《金文編》第 321 頁），但還是"可"字。"反可"為"叵"係屬後起，造字的方法是改變字形的方向。其字大概在秦漢之間產生。林氏據

《說文·敘》以為當有“叵”字，亦屬秦漢之際。

𢇍，微韻，居配切

《說文》云：“𢇍，繼或作𢇍。反㡭絕為繼。”

評注：“𢇍”為“繼”的初文。按戰國時期“㡭（絕）”字作（中山王壺），後根據“反㡭為繼”之說而作“𢇍”，又增“糸”旁以足義，遂成“繼”（參見卷五“㡭”字條、卷十“繼”字條評注）。

旡，微韻，居配切

《說文》云：“，㱃食屰逆气不得息曰旡。从反欠。”按，古作曾伯𩰫匿“既”字偏旁、作召伯虎敦“既”字偏旁。

評注：“旡”字甲骨文作（《合集》18006），象人跪坐而口向后張之形，與“欠”字或作（《合集》7235），口形方向相反（甲骨文正反無別，“欠”字亦有形同“旡”字者，後來才分化）。這是以改變部分字形的方向來產生新字的方法。金文承襲形，小篆訛變。“屰气”，大徐本作“气屰”，林氏引《說文》從段注本。

㐆，微韻，於非切

《說文》云：“，歸也。从反身。”按，古作虢叔殷匿、作盂鼎、作禽彝，並“殷”字偏旁。今字以“依”為之。

評注：“㐆”字音 yǐn，未見有作單字用者。按“㐆”即“身”字，古字正反無別。《說文》分為二字，乃是從“殷”字析出，其實不必。徐鍇《說文繫傳》云：“古人所謂反身修道，故曰歸也。”亦係據形重解。

𠫓，微韻，音隊

《說文》云：“，不順忽出也。从到子。《易》曰：‘突忽其來如。’不孝子突出，不容於內。‘𠫓’即《易》‘突’字也。，或从到古文子。”按，“倒子”謂子生倒出，非“不孝子不容於內”之義。“育”字从此。

評注：“𠫓”字音 tū。象倒子之形，大概是從“㐬”形析出。“㐬”

為“毓”字所从，小篆作，金文作（吕中爵），象女人生育小孩之形，右邊所从，即倒子下有羊水形。林氏以為“‘倒子’謂子生倒出，非‘不孝子不容於內’之義。‘育’字从此”，其說甚確。大徐本作“，不順忽出也。从到子。《易》曰：‘突忽其來如。’不孝子突出，不容於內也。，或从到古文子，即《易》‘突’字。”林氏所錄《說文》，依段注本，“不容於內”后漏“也”字。

県，宵韻

《說文》云：“，倒首也。賈侍中說，此斷首倒縣県字。”按，今字以“梟”為之。

評注：“県”字音 jiāo。本義為倒首。先秦古文字未見之。可能是“首”字倒寫，或是“縣（懸）”字省體。“県首”，典籍作“梟首”。段注云：“《廣韻》引《漢書》曰：‘三族令先黥、劓，斬左右趾，県首，菹其骨。’按，今《漢書·刑法志》作‘梟’，蓋非孫愐所見之舊矣。県首，字當用此，用梟於義無當。”

个，歌韻

《說文》云：“，箇或作个，半竹也。”按，“竹”字象林立之形，其一竿則一个也。《史記》：“木千章，竹竿萬个。”貨殖傳凡物一枚亦謂之“竿”，謂之“个”。《禮記》：“某賢於某若干純。”投壺“干”即“竿”，“若干”猶言“如此箇”也。《儀禮》：“俎釋三个。”有司徹注云：“枚也。”《書》“一介臣”，《左傳》“一介行李”，以“介”為之。“介”泰韻“个”歌韻雙聲旁轉，亦“干”寒韻之雙聲對轉也。

評注：“个”為“箇”的異體。未見於商周出土古文字，然先秦典籍已用之，如林氏所舉《儀禮·士虞禮》：“俎釋三个。”鄭玄注：“个猶枚也。”其形或來源於“半竹”。林氏論“个”“竿”“介”之間的關係，頗有道理。或以為“个”為“介”的變體分化字，也都有形音義上的根據。待考。“个”字未見於大徐本《說文》，段注本據《六書故》所引唐本《說文》補於“箇”字後。此從段注本。

片，寒韻

《說文》云：“，判木也。从半木。”

評注：“片”字來源於“半木”。裘錫圭先生曰：“木片是剖析樹木而成的，所以‘片’的字形取‘木’字的一半。”① 林氏無説。

卂，臻韻

《說文》云：“，疾飛也。从飛而羽不見。”按，石鼓作“𦐇”字偏旁。

評注：“卂”為“迅”之本字，取形於“飛”之省體。金文作（卂伯簋）。饒炯《說文部首訂》曰：“蓋迅疾之事，凡物皆有，情亦難狀，惟飛較疾，而飛不見羽則尤疾。故迅疾字，古文从飛省其毛羽以指事。”其說有理，可從。

---

① 參見裘錫圭《文字學概要》，商務印書館 1988 年版，第 139 頁。

《文源》評注卷十　會意

飤，之韻

《說文》云：“，糧也。从人、食。”按，古作王子吳鼎。

評注：甲骨文作（《合集》9100）、（《合集》17953），从人，从食，食亦聲。段注云：“按以食食人物，其字本作食，俗作飤，或作飼。經典無‘飤’。許云：‘餘，食馬穀也。’不作‘飤馬’。此篆淺人所增。”按，此字商周以來即有之，當是“食”之分化字，段氏以傳世經典無之，遂以為俗字，又謂“淺人所增”，皆非是。林氏引金文而無說。

臥，歌韻

《說文》云：“，伏也。从人、臣。取其伏也。”“臣”為“伏”，見“臨”“監”“朢”“掔”各條

評注：“臥”字未見於商周古文字。睡虎地秦簡有之，作（《封診式》73）。从人、臣。按“臣”本取象于豎目之形，臥息則目閉，故以人、目會其意。楊樹達《積微居小學述林》云：“余謂古文臣與目同形，臥當从人、从目。蓋人當寢臥，身體官骸與覺時皆無別異，所異者獨目爾；覺時目張，臥時則目合也。”其說可從。又“臣”為豎目，首俯才能目豎，首俯為臣妾之特征，故豎目之“臣”又為臣妾之“臣”，因此“伏”義當是“臣”義之引申。《說文》取其伏義而會意，亦通，然應屬後起之說。“伏也”，大徐本作“休也”，此從段注本。

到，宵韻

《說文》云：“，至也。从至，刀聲。”按，古作曶鼎、歸夆敦，从人、至。

評注：“到”字甲骨文未見。林氏以為金文从人、至，人至為到，會意，其説是。亦用作“致”。曶鼎：“用到茲人”，“到”即為“致”，酬送之義。古字“人”形或同“刀”形，小篆从“刀”者，當是受聲化影響而成。

位，微韻

《説文》云：“，列中庭之左右謂之位。从人、立。”按，古只作“立”，“位”蓋後出字。

評注：“立”“位”同源，“位”為“立”之分化字。人立地上為立，所立之處為位。林氏謂“位”字後出，是。戰國楚簡有“位”字（見《戰國文字編》第553頁）。

此，微韻，七壘切

《説文》云：“，止也。从止、匕。匕，相比次也。”按，古作此字器，“”即“人”之反文，从人、止。此者，近處之稱，近處即其人所止之處也。

評注：“此”字甲骨文作（《合集》27389）、（《合集》28244）、（《合集》31188），以腳趾與一側身人形會腳步到此停止之意。[①] 林氏以為其字从人，从止，近處之稱，近處即其人所止之處，其説可從。

卸，模韻，音溯

《説文》云：“，舍車解馬也。从卩、止，午聲。”按，从“卩”即从“人”見“卩”字條。

評注：“卸”當為“御”之初文，吳王御士叔緐簠之“御”作（《集成》4527）可證。甲骨文作（《合集》586），从卩，从午，會人持杵操作之意。午亦聲。大徐本《説文》作“从卪、止、午”，林據段注本。然段注本“卩”作“卪”，同大徐本。按“卩”同“卪”，林氏謂从“卩”即从“人”，是。字頭係林氏推寫。

① 參見劉翔、陳抗、陳初生、董琨《商周古文字讀本》，語文出版社1989年版，第315頁。

先，文韻，音孫

《說文》云："，前進也。从儿、之。"按，古作叔家父匡，从人、之。

評注："先"字甲骨文作（《合集》5767）、（《合集》712），从"止"或"之"在"人"上，會先進之意。《說文》謂从"儿"，"儿"即"人"之變體，參"人"字條。林氏謂字从人、之，是。

敖，宵韻

《說文》云："，出游也。从出、放。"按，古作兮熬壺"熬"字偏旁，不从"放"，从攴轉注，从人、出。象人形"寇"字古亦从""，，"出"之變。

評注："敖"字金文又作（乖伯簋）、（九年衛鼎）、（屖敖簋）等形者，構形不明。或謂甲骨文之（《合集》188 正）即"敖"之初文，[①] 待考。《說文》謂从出、放，乃據小篆立說；林氏謂不从"放"，而是从攴，从人、出，則據金文立說。相較而言，林氏所說近古，然亦後出字形，皆屬理據重解。

厄，歌韻

《說文》云："，科厄，木節也。从卩，厂聲。賈侍中說以為，厄，裹也。一曰，厄，蓋也。"按，"卩"即"人"字，字當从人、厂，為"過"之古文。厂者，移也見"厂"字條。"厄""過"古同音訓"科"、訓"裹"、訓"蓋"亦皆同音或聲近假借。

評注：此字从卩（人）、厂，構形不明，林氏以為"過"之古文，證據不足。裘錫圭指出，此字跟由"戹"變來的用作"軛""扼"等字偏旁的"厄"并非一字。[②]

介，泰韻，音蓋

《說文》云："，畫也。从人、从八八，分也。"按，今字作"界"。

---

① 參見黃德寬主編《古文字譜系疏證》，商務印書館 2007 年版，第 812 頁。

② 參見裘錫圭《釋"厄"》，《裘錫圭學術文集·甲骨文卷》，復旦大學出版社 2012 年版。

評注：“介”字甲骨文作（《合集》2344）、（《合集》19027）、（《合集》12642），从人，旁有四小點或二小點。羅振玉《增訂殷虛書契考釋》以為“象人著介（甲）形”，小點表示甲片。或以為“疥”之初文，旁點表示癬疥。[1] 後以兩點為常，且拉伸似“八”，故《說文》以為从“八”，八者分也，故林氏以為乃分界之“界”的古文。按林氏說當本於前人，如段氏注云：“介畍古今字。”徐灝《注箋》云：“古疆界字衹作介。”大徐本作“从八、从人”，段注本作“从人、从八”，林從段注本。字頭為林氏推寫。

免，文韻，音悶

《說文》無“免”字，而有其偏旁。按，逃逸也。从人、兆“兆”，《說文》云：“擁蔽也。”

評注：段注本“兔”部云：“免，兔逸也。从兔不見足，會意。”注云：“許書失此字，而形聲多用為偏旁，不可闕也，今補。”按“免”甲骨文作（《合集》33069），金文作（免簋）、（史免�），象人帶冠形，郭沫若《兩周金文辭大系考釋》以為“冕”之初文，可從。《金文編》云：“免，从，从人，據魏三體石經‘免’古文作、篆文作，知之。《說文》奪去，補附于此。段玉裁訂入‘兔’部，非是。”後字上所从之“人”，乃冠形加筆而成。林氏釋為逃逸，以為字从人、兆，非是。

參，侵韻，音心

《說文》云：“，商星也。从晶，㐱聲。，或省。”按，“”非參星形，从“晶”不切於理，“㐱”亦非聲。古作參字父乙器，參並也。从人、齊。古“齊”亦作齊侯姜敦、作陳侯因資敦，並與“”形近。或作毛公鼎，彡聲。變作克鬻彝。

評注：“參”字未見於甲骨文。金文之，象人頭上三星之形。朱芳圃《殷周文字釋叢》云：“曑象曑宿三星在人頭上，光芒下射之形。”又加“三”為聲，如金文或作（盠尊）。“三”形多置于人形之左下側，

---

① 參見何琳儀《戰國古文字典》，中華書局1998年版，第902頁。

且寫作“彡”，故《說文》誤合為“㐱”聲，林氏指出其誤，是。“晶”為“星”本字，金文“參”上之星形有線條連串，蓋示參星相連，與“晶”略異，然作為星形，應無可疑。林氏以為从“晶”不切於理，其上之與“齊”字形近，故改為从人、齊，義為參並、等同。按“參”字上部與“齊”字不類，其說不足據。參星非商星，《說文》釋“商星”，誤。

充，東韻

《說文》云：“，長也，高也。从儿，育省聲。”按，“育”非聲。从人，“育”省。

評注：“充”字未見於商周古文字。朱駿聲《說文通訓定聲》云：“充、育一聲之轉。或曰，从育省，會意，育子長大成人也。”林氏從或說。字頭亦係推寫。

死，微韻，息壘切

《說文》云：“，从歺、人。”按，人歺為死。古作頌鼎、作都公諴鼎。

評注：“死”字甲骨文作（《合集》17059）、（《合集》21306乙）、（《花東》21），从人，从歺。金文、小篆相承。歺為殘骨，人變殘骨，死之意也。或曰，字象生人拜於朽骨之旁，“死”之誼昭然矣（商承祚《殷虛文字類編》）。《說文》：“死，澌也，人所離也。”乃用聲訓。林氏證以金文。

屍，微韻，式非切

《說文》云：“，从尸、死。”按，“尸”即“人”字見“尸”字條。人死為“屍”。

評注：“屍”字未見於商周古文字。當為“死”之孳乳。林氏云：“‘尸’即‘人’字。人死為‘屍’。”其說可從。

匃，泰韻，音蓋

《說文》云：“，气乞也。亡人為匃，逯安說。”按，人流亡故匃於外。古作已侯敦，反文作杜伯盨，變作殳季良父壺、作或者尊彝。

評注：“匄”字甲骨文作（《合集》6472正）、（《合集》6154），从刀（刃），从亡，疑會刀芒鋒利，割、害之意。“割”為見紐月部字，“害”為匣紐月部字，“匄”為見紐月部字，三字幾乎同音。《卜辭通纂·別一》第四辭：“丁卯卜，方貞：歲卜不興，亡匄？五月。”郭沫若謂“無匄者，無害也。與無尤、無巛等同例。”其釋為“乞求”義者，當為假借。[①] 按古文字刀形與人形易混，如甲骨文作（《合集》12863）者，刀形即似人形，故小篆訛為人形。“亡人為匄”乃據訛變之形而重解，亦有理據。“遂安”之“遂”，大徐本、段注本作“逯”，林氏書誤。

信，臻韻

《說文》云：“，誠也。从人、言。”

評注：花東甲骨文61（H3：212反）有一字作，西周𧊒叔鼎有字，都與《說文》“信”古文“”同構，當是古“信”字。戰國文字“信”字異構繁多，有从言从人者，如（《珍秦》190）、（《雲夢·為吏之道》7），或訛為从言从千者，如（《璽彙》3736）、（《郭店·成之聞之》2）；有从心从人者，如（《璽彙》0282），又訛為从心从千者，如（《璽彙》1149）、（《璽彙》0244）；有从言从身者，如（中山王方壺）；有从口从人者，如《說文》“信”字古文作；有从言从心者，如《說文》“信”字古文作，可謂紛繁復雜。這些異構可以整理為兩個系列：从言从人、从心从人、从言从身和从口从人可為一列，从言从心另為一列。根據文字意符意義相近可以互換的原則，从身與从人可以互換，从口與从言和从心亦可互換，則上述之前一系列的異構可以歸併為从人从言，則“信”字的主要異構實際上可分兩類，即“从言从人”和“从言从心”。

學者多以“信”為會意，其本義為“誠”。林氏無說，當同《說文》。以“誠”義而言，从言从心者最為契合。心中之言即所謂肺腑之言，以此示“誠信”之義，自然明白而無疑義。然則後世流傳者乃从言从人之

① 參見季旭昇《說文新證》，福建人民出版社2010年版，第911頁。

“信”，如何會意，則有不同説法。徐鍇《説文解字系傳・通論》云：“君子先行其言，然後從之……鸚狌能言，不離禽獸，言而不信，非為人也。故于文人言為信。”段玉裁《説文解字注》曰：“人言則無不信者，故从人言。”相較而言，徐鍇之説法更為精到，段氏所云則有悖常理。因為人有高尚卑劣之分，人言未必皆可信也。[①] 又有以“信”為形聲字者，多以為从言，人聲。以上述戰國文字觀之，亦有从身聲者，或聲化為千聲者。

飭，之韻

《説文》云：“，致臤堅也。从人、力，食聲。讀若敕。”

評注：“飭”字商周古文字未見，戰國文字有之，作（《雲夢・秦律雜抄》28），小篆結構同。大徐本“臤”作“堅”。段注：“致之於堅，是之謂飭。”大徐本小篆作，林氏所書略異，字頭亦係推寫。

仁，臻韻，尼寅切

《説文》云：“，親也。从人、二。”按，“二”者，“厚”之象，“竺”字从之見“竺”字條。人二猶言人竺“二”亦“竺”省。魯伯俞父盤、匜、鬲、穌冶妊鬲皆有“”字，疑即“仁”字古如是作。

評注：“仁”字戰國文字異形較多。有作（《璽彙》4507）、（中山王鼎）者，从人或尸，从二。从尸者見于《説文》古文，从人者為後世所承。“仁”乃“人”之分化字，“二”為分化符號。林氏以為“二”者“厚”之象，乃理據重解。又作（《郭店・唐虞之道》15）、（《郭店・唐虞之道》2）、（《郭店・忠信之道》8），从心，人聲，或訛為千聲，从千聲者見于《説文》古文。又作（《郭店・老子丙》3）、（《郭店・緇衣》13）、（《璽彙》4653），从心，身聲，《璽彙》之字，舊以為“信”字，據楚簡，當為“仁”字異體。

苟、敬，青韻

《説文》云：“，自急敕也。从羊省，从勹、口。勹口猶慎言；从

① 參見林志強《説“信”》，《福建師范大學學報》1997年第2期。

羊，與義、善、美同意。”按，古作盂鼎、作太保彝，皆用為“敬”字。从人、美“”,“美”省，或作師虎敦，从口轉注。“茍”非“茍”字為“急敕”，未有他證。“急敕”之義由“勹口”而生，“茍”本不从“勹口”，實與“敬”同字。《說文》云：“，肅也。从攴、茍。”按，即“茍”之或體，从攴轉注。古作師嫠敦、作師酉敦。

評注：“茍”音紀力切，讀jì，與《說文·艸部》之“苟”字非一字。本無“口”，甲骨文作（《合集》32294）、（《合集》21954），金文同。甲骨文或用為神祇名，金文用為“敬”。構形不明。林氏以為从人、美，似嫌證據不足，然以為《說文》訓“自急敕”無他證，其字又加“口”作，再加攴而為“敬”字，皆有道理，故字頭合茍、敬為一，可從。

咎，幽韻

《說文》云：“，災也。从人、各。各者相違也。”按，古作咎尊彝癸。咎，責也。从口轉注，从人、舛。或作𠑷兒鐘、作医氏𩰫“瘠”字偏旁。

評注：“咎”字甲骨文作（《合集》21366）、（《合集》21838），以作上下結構者居多，似以腳踏人上會災禍之意。西周甲骨文增“口”作（《周原》H11：96），為後世所承。《說文》以為从“各”，“各者相違也”，乃據後起字形而重解。林氏所舉金文之字，與甲骨文之（《合集》37434）當為同構，《金文編》隸定為“偺”，以為“《說文》所無”，亦或以為即“咎”字。① 待考。

耎，寒韻

《說文》云：“，稍前大也。从大，而聲。讀若畏偄。”按，“而”非聲。“耎”為“前大”，亦無他證。本義當為“畏偄”。从“大”猶从“人”見“大”字條，“而”者下垂見“而”字條，畏偄之象。

評注：“耎”字未見於商周古文字。戰國秦簡文字作（《封診式》57），从天（大），从而，而亦聲。而、耎皆日母字。林氏謂从“大”猶

---

① 參見黃德寬主編《古文字譜系疏證》，商務印書館2007年版，第488頁。

从“人”，“而”者下垂，畏偄之象，可從。“畏偄”亦作“畏愞”，“畏懦”之意。

歸，微韻

《說文》云：“，女嫁也。从止，婦省，𠂤聲。”按，古作不[illegible]敦，亦作歸父盤，从“婦”省，从辵，𠂤聲。省作諆田鼎。

評注：“歸”字甲骨文作（《合集》5193正）、（《合集》27796），从帚，𠂤聲。古借“帚”為“婦”，故甲骨文之實即从婦，不省，𠂤聲。後加“止”或“辵”符示其動作之義。林氏以為作者為省形，本末倒置，非是。

鬩，蟹韻，尼㚒切

《說文》云：“，恒訟也。从鬥、兒。兒，善訟者也。”从兒、鬥，兒亦聲

評注：“鬩”字未見於商周古文字。段注云：“會意，兒亦聲。”林氏同。桂馥《說文解字義證》以為“恒訟”之“恒”當為“相”，可參。

覡，蟹韻，兮㚒切

《說文》云：“，能齊肅事神明者。在男曰覡，在女曰巫。从巫、見。”段氏玉裁云：“見鬼者也。”

評注：“覡”字商周古文字未見。戰國時期的侯馬盟書文字作、，前者與小篆同構，後者加口為飾。“齊肅”之“齊”，大徐本作“齋”，段注以為非，林氏從之。段注又云：“見鬼者也，故从見。”林氏引之。按，《繫傳》云：“能見神也。會意。”段本小徐。此條可證林氏當以段注本為主要參考。

毐，之韻，音以

《說文》云：“，士之無行者。从士、毋。”按，以“士毋”為“士毋行”，不辭。此後出俗字。

評注：“毐”字未見於商周古文字，當為秦時所造字。大徐本作“人

無行也。”段注作“士之無行者。”此從之。或以為“毐”與郭店楚簡《老子》中的“”是異體字，它們可能都相當於“褮”字。[①]

存，文韻

《說文》云：“，恤問也。从子，在省。”

評注：“存”字商周古文字未見。睡虎地秦簡作（《秦律》161），結構與小篆相同。大徐本作“从子，才聲”。林氏從段注本。

頫，音粉

《說文》云：“，低頭也。从頁，逃省。，頫或从人、免。”

評注：“頫”字未見於商周古文字。段注云：“《上林賦》‘頫杳眇而無見’。李善引《聲類》：‘頫，古文俯字。’”“逃者多媿而俯，故取以會意。从逃猶从免也。”待考。林氏無說。

悉，之韻

《說文》云：“，詳盡也。从心、釆。”按，“釆”者，“辨”之聲借。

評注：“悉”字見於戰國時期，睡虎地秦簡作（《為吏之道》4），从心、釆。按“釆”本象獸爪之形，引申而有辨別之義。《說文》云：“釆，辨別也。象獸指爪分別也。讀若辨。”也許因為“釆”比“辨”罕用，其義不顯，故林氏以“聲借”方式解之。所謂“‘釆’者，‘辨’之聲借”，當指“悉”字从心辨以會詳盡之意，其說頗有理據，亦別出心裁之特殊解法。

志，之韻

《說文》云：“，意也。从心、之，之亦聲。”

評注：“志”字見於戰國時期，作（中山王方壺）、（《郭店·老

---

① 參見史傑鵬《郭店老子簡的“”字及相關之字研究》，《古文字研究》第29輯，中華書局2012年版。

甲》8)、（《璽彙》0070）等。段注云：“此篆小徐本無，大徐以‘意’下曰‘志也’補……許《心部》無‘志’者，蓋以其即古文‘識’而‘識’下失載也。”大徐本作“从心、之聲。”此從段注本。

寺，之韻

《說文》云：“，廷也。有法度者也。从寸。”按，从“寸”無“法度”意。古作邾公牼鐘、作汓伯寺敦，从又，从之，本義為“持”。象手形，手之所之為持也，之亦聲。邾公牼鐘“分器是持”，石鼓“秀弓持射”，“持”皆作“寺”。

評注：“寺”字本从“又”，如林氏所舉金文例。春秋戰國之後變从“寸”，如石鼓文作，二年寺工戈作，為後世所承。林氏以為本義為“持”，實即“持”之本字。林氏云：“象手形，手之所之為持也，之亦聲。邾公牼鐘‘分器是持’，石鼓‘秀弓持射’，‘持’皆作‘寺’。”其說甚是。《漢語大字典》全文引用林氏之說。

直、循，文韻

《說文》無“直”字，古作且子鼎，即“循”之古文，从目、之“之”省。目之所之為“循”也。舊釋作“相”，未知所據。“相”古作相侯敦，从目、木。宗周鐘“王肇遹直文武”，盂鼎“粤我其遹直先王”，公違彝乙“公違直自東在新邑臣”，且子鼎“王令且子迨西方于直”，“直”讀為“相”，皆不可通。今考“遹直”即“率循”《爾雅·釋詁》：“遹、遵、率，循也。”《釋言》：“遹，述也。”《廣雅·釋言》：“率，述也。”“遹”“率”“述”古並同音。（率循二字衍）“直自東”“西方于直”即“循自東”“循於西方”也循行之“循”，經傳多以“巡”、以“徇”為之。鼎“師雝父循道至于𤞞”，“循”作，从彳轉注，與篆循近。史頌彝“令史頌循徇穌法”，“循”作，从辵，即“徝”之變。亦作，从言。

評注：“直”為“直”之古字，甲骨文作（《合集》22103）、（《合集》22048），从目从一豎，以目光直視會“正見”之意。金文加飾筆作（恒簋），戰國文字作（《陶彙》5·84）。又增“彳”旁作“徝”，甲骨文作（《合集》723）、（《合集》28058）；或增“心”旁作“悳”，金文作（中山王壺）；綜合“徝”與“悳”即“德”字，毛公鼎作，秦公簋作，故“直”“徝”“悳”“德”古本一字。林氏以為“循”字，非是；其所舉金文之，固非“相”字，然亦非“循”字，而是“省（眚）”字，甲骨文作（《合集》5980）、（《合集》11174正），眼睛近察草木之意。其實，“循”字所从的“盾”，乃由“盾”的偏旁（五年師旋簋作、秦簡《效律》三作）變來（參見卷一“盾”字條評注），與“直”的古字不是一個來源。故林氏以、為盾、循，其說不確。下“悳、德”條亦以“盾”為“循”，當正。

告，幽韻，古壽切

《説文》云：“，牛觸人，角著橫木，所以告人也。从口，从牛。”按，“牛口”為文，未見“告”義。古作就戈“戠”字偏旁、作宋公戈“䚬”字偏旁，从口、㞢，口之所之為告也。“”中畫稍長，譌从“牛”“”“”皆有此例，作召伯虎敦、作谷呈戈“戠”字偏旁。

評注：“告”字甲骨文作（《合集》1167正）、（《合集》137反）、（《合集》6250）、（《合集》37439）等，最後一形為後世所承。其構形眾說紛紜：或以為形聲，从口，牛聲，或曰“牢”省聲；或以為會意，以為象薦牛于器以祭之形，本義為告祭；或以為乃“舌”之分化字。林氏從朱駿聲主會意說，謂字从口，从㞢（之），口之所之為告也。從甲骨文字形看，當以从“牛”為宜，然有繁簡之別，从“㞢（之）”形者，其簡形也。“‘牛口’為文，未見‘告’義”，語出段注。段氏以為从口，牛聲。

悳、德，之韻，音直

《説文》云：“，外得於人，內得於口也。从直、心。”按，古作陳侯因資敦，从盾，从心。“盾”者“循”之本字，心之所循為“悳”也。《説文》云：“，升也。从彳，悳聲。”按，古作盂鼎，从心、𢓊。“𢓊”即“盾”，則“德”與“悳”同字。或作單伯鐘，从亦“循”字。經傳“悳”皆以“德”為之。“德”之韻訓為“升”，此“登”蒸韻之雙聲對轉，非其本義。《易》“君子德車”剝卦，《孟子》“又從而振德之”，此兩“德”字皆當訓為“登”。

評注："𥄂"即"直"之古字，甲骨文作从目从一豎，會"正見"之意。又增"彳"旁作"徝"，或增"心"旁作"悳"，綜合"徝"與"悳"即為"德"字，故"直""徝""悳""德"古本一字，林氏合悳、德為一，是；然以"𥄂"為"循"，則非（參上"𥄂、循"條評注）。陳侯因資敦"德"作𢛳，林氏所摹略誤。

兊兑，泰韻，音太

《說文》云："兊，說也。从儿，㕣聲。"按，"㕣"非聲。"兑"即"悅"之本字。古作兊師兑敦，从人、口、八。八，分也。人笑故口分開。

評注："兑"字甲骨文作兊（《合集》28663）、兊（《屯南》637），後世無別。《說文》以為形聲結構，林氏非之而改為會意，謂"从人、口、八。八，分也。人笑故口分開。"從"悅"的意義來說，其說頗有理趣。此條亦為《漢語大字典》所引用。

号号，宵韻

《說文》云："号，痛聲也。从口在丂上。"按，丂，引也見"丂"字條，口引聲而號，故从口、丂。

評注："号"為"號"之古字，商周古文字未見之。戰國文字有字作号（《璽彙》269）、号（《郭店·語叢二》15）者，或釋"吁"，以馬王堆"號"字作號（《老甲》37）推之，當為"号"字。字所从之"亐"，即"丂"之異寫。《說文》："丂，古文以為亐字。"就結構而言，或以"号"字為从口丂聲之字，林氏以為會意，與《說文》同，然解為"口引聲而號，故从口、丂"，與《說文》"从口在丂上"（段注云："丂者气舒而礙，雖礙而必張口出其聲，故口在丂上，号呺之象也。"）之說有異。

可可，歌韻

《說文》云："可，肎也。从口、㔾，㔾亦聲。"按，古作可師嫠敦、作可美尊彝，从口、丂，與"号"同意，當為"訶"之古文，大言而怒也。"訶"古通"何"《史記·萬石張叔傳》"歲餘不譙呵綰"，索隱云："譙呵音誰何。"石鼓"其魚維何"，"何"作"可"，則"訶"古文亦只當作"可"。"何"為問詞，乃"譙訶”之義引伸。“可”為“肯”，則譙訶者所許，亦“訶”之引伸義也。

評注：“可”字甲骨文作（《合集》18892）、（《合集》18895），後世基本相同。字从口、丂（《說文》之“丆”即反“丂”）。《說文》以為“丆亦聲”，林氏以為會意，與“号”同意，當為“訶”之古文。或說所从之“”象枝柯之形。①

哥，歌韻

《說文》云：“，聲也。从二可，古文以為歌字。”按，“口丂”為“歌”，亦口引聲之意，二可謂有倡和也。儯兒鐘“飲飤訶遷”，以“訶”為之。

評注：“哥”字商周古文字未見之。睡虎地秦簡作，用作“歌”，與《說文》“古文以為歌（大徐本作“謌”）字”相符。“哥”當“可”之孳乳，林氏以為“二可謂有倡和也”，亦有理據。《廣韻·歌韻》：“哥，今呼為兄也。”翟灝《通俗編·稱謂》：“《廣韻》始云今呼兄為哥，則此稱自唐始也。《晉書·西戎傳》：吐谷渾與弟分異，弟追思之，作《阿干之歌》。阿干，鮮卑謂兄也。阿哥，當即‘阿干’之轉。”白居易《祭浮梁大兄文》：“再拜跪奠大哥于座前。”《通俗編》之說當可從。

啇，泰韻，五害切

《說文》云：“，語相訶歫也。从口、辛。辛，惡聲也。讀若櫱。”按，屰上為辛見“辛”字條，从口屰逆上。

評注：“啇”音 è，字从口、辛。也隸定作“吿”。“辛”即“辛”字，甲骨文作（《合集》20236）、金文作（鬳且辛卣），象鑿狀工具，亦作刑具。苦、罪之義皆由刑具之義引申。字亦作（《合集》32982）、（《屯南》215），即“啇”字所从，故甲骨文“啇”作（《合集》1956）、（《合集》28409）。《說文》以辛為惡聲，以口、辛之啇為語相訶歫，亦與苦、罪之義相涵。林氏以屰上為辛，非是，參本卷“辛、辛”字條評注。

---

① 參見季旭昇《說文新證》，福建人民出版社 2010 年版，第 400 頁。

咸，侵韻，音歆

《說文》云："，皆也。从口、戌。戌，悉也。"按，从"口"與"僉""皆"同意。戌，"悉"之聲借。古作趩尊彝。

評注："咸"字甲骨文作（《合集》1822）、（《合集》7021），从口，从戌，後世無異。"戌"象斧鉞之形，"咸"之本義為以斧鉞殺戮，如《書·君奭》："咸劉厥敵。"《逸周書·克殷》："則咸劉商紂王。""咸劉"同義，都是"殺戮"的意思。《說文》釋為"皆"，當是其假借之義。林氏謂"戌"為"悉"之聲借，當指"咸"字以口悉會詳盡周遍之意。段注云："戌為悉者，同音假借之理。"大徐本、段注本皆作"皆也，悉也"，林氏或漏書"悉也"二字。王筠《説文句讀》云："'悉'義不異，不當再出。"

君，文韻

《說文》云："，尊也。从尹、口。口以發號。"按，尹，治也。从口、尹。古作史頌𣪕彝、作召伯虎敦、作番君匿。

評注："君"字甲骨文作（《合集》24135）、（《合集》24132），从尹、口，後世結構皆同。"尹"字象手持杖形，會治事之意。大徐本作："从尹；發號，故从口。"此從段注本。

侃，寒韻

《說文》云："，剛直也。从㐰。㐰，古文信也。从川，取其不舍晝夜。"按，"㐰"為古文"信"無考。"侃"古作𪑸狄鐘、作兮仲鐘，从彡" "亦"彡"字，見"攸"字、"穆"字條，不从"川"。侃者，"衎"之古文，和樂也兮仲鐘"用衎喜前文人"，太保彝"王衎太保"，"衎"皆作"侃"。和樂之言有文飾，故从人、口、彡。《論語》"冉有、子貢侃侃如也"，"與下大夫言，侃侃如也"，皇、孔並云："和樂貌。"冉有、子貢之於孔子，孔子之於下大夫，皆無所用其剛直。剛直者，謇謇之訓"侃""謇"古同音。漢以後相承以侃侃為剛直者，誤也。太保彝"王衎太保"，"衎"作，即""省，从"彳"與篆"衎"字从"行"同意。石鼓"維舟以衎""筍車載衎"，則又變""為""。舊釋“”为“道”，文義未合；“道”字諸彝器亦不作“㣔”。

評注：“侃”字甲骨文作（《合集》29185）、（《合集》37439），是以“衎”為基礎加“口”分化而成，金文省“彳”形并調整“口”符於左上角形成“侃”字。郭店楚簡作（《緇衣》32）。“侃”意為和樂，乃“衎”之假借義，故“侃”是為“衎”的假借義而分化的後起字。“衎”者樂也，林氏以“侃”為“衎”之古文，可從。然以金文之為“衎”字，於形不合。按金文之乃“衎”字，讀為“侃”或“衎”。又云“即‘’省”，則把文字演變的次序弄顛倒了。至於石鼓文之“”，乃“行”之異體，[①] 與楚簡之“道”作（《郭店·老甲》6）者同形。

余、舍，模韻，音舒

《說文》云：“，語之舒也。从八，舍省聲。”按，“余”為“語之舒”，其說未聞。“余”本義為“賜予”，即“予”之或體。太保彝：“王衎太保，賜休余土”是也。古作邾公華鐘，从口、八，與“曾”贈“尚”賞同意。“”即“口”之倒文，見“今”“食”“侖”各條；从，“”即“又”，象手形，以持與之。變作太保彝，省作通祿鐘、作盂鼎。《詩》“何福不除”天保，“除”蓋借為“余”，亦賜予之義。《說文》云：“，市居曰舍，从亼、中、口，中象屋，象築。”按，、不象屋與築之形，當與“余”同字《說文》“余”从“舍”得聲，是“舍”與“余”同音，賜予也。古作居趞盨，“余”下又从“口”，與“令”或作“命”同意。或作毛公鼎，省八。毛公鼎“父厝舍命”，諆田鼎“余其舍女臣家”，散氏器“夨舍散田”，曶鼎“舍𢼊矢五束”，居趞盨“舍余三鏞”，皆訓“賜予”於文義方協。《左傳》“旅有施舍”宣十二，“施舍不倦”昭十九，王氏引之並訓為“賜予”。

評注：“余”字甲骨文作（《合集》72反）、（《合集》36181），用為第一人稱，當為假借，其構形不明。或以為象屋舍之屋頂及梁柱形，或以為“梌”之初文，待考。林氏以為即“予”之或體，不確；又以為其字从口、八，从，“”即“又”，釋形非是。然以“余”與“舍”為

① 參見裘錫圭《釋“衎”“侃”》，《裘錫圭學術文集·甲骨文卷》，復旦大學出版社2012年版。

一字，則甚確。“舍”字西周甲骨文作（《周原》H11：115），乃由“余”加“口”而分化。余為喻紐魚部，舍為書紐魚部。韻部相同，聲紐可通。《爾雅·釋天》：“四月為余”，《釋文》：“余，孫本作舒。”“舒”亦書紐魚部字。由“余”分化而來的“余”，音亦與“舍”近同，可證。

吝，臻韻

《說文》云：“，恨惜也。从口，文聲。”按，“文”“吝”不同音。段氏玉裁云：“凡吝惜多以口文之。”从口、文。

評注：“吝”字甲骨文作（《合集》25216），後世同構。段注云：“按此字蓋从口、文，會意。凡恨惜者多文之以口，非文聲也。”此從段氏說以為會意字，而所引有異。

吹，歌韻，音嵯

《說文》云：“，出气也。从欠，从口。”按，从口、欠欠，張口出气也。

評注：“吹”字甲骨文作（《合集》9359）、（《英》2674 正），从口，从欠，會人張口吹气之意。金文作（吹方鼎），結構相同，後世承之。小篆“欠”旁訛變。林氏未引金文，字頭係推寫，“欠”旁略異。

替，微韻，它配切

《說文》云：“，廢一偏下也。从竝，白聲。，或从曰。，或从兟，从曰。”按，古作番生敦，不从“竝”，亦不从“白”。替，廢也。从“甘”即从“口”古“魯”字、“曾”字或从“口”或从“甘”，从二欠欠，張口蘇气也。口二欠者，倦極也。俗謂“代”為“替”，亦由倦極思廢之義引伸。

評注：按甲骨文“並”字作（《合集》32894），以兩人並立地上會意，“替”字作（《合集》32892），以兩人一上一下表示更替，金文作（中山王壺），與甲骨文同。又作（番生簋，林氏所摹略異），二“立”變為二“欠”，立意與二“立”同，但不偏下，故加“口（甘）”以為別。小篆从二“立”，也不偏下，下部之“白”或“曰”乃“口（甘）”之變，《說文》以為形聲，或可理解為聲化使然。上部或从“兟”者，當為“𫶧”之訛變，與二“立”亦同。从“𫶧”之“替”見於漢碑，作替（楊震碑）。林氏釋金文之𣢟為从口、从二欠，口二欠者，倦極之意，雖有意趣，恐非確解。

𣢡欮，泰韻，音噲

《說文》云：“瘚，屰逆气也。从疒，从屰，从欠，𣢡，瘚或省疒。”按，古作𣢡欮敦，从欠、屰。

評注：“欮”从欠、屰，會气逆之意。加“疒”之“瘚”，當為後起，《說文》以為“瘚”省為“欮”，不確。字亦見於師湯父鼎，作𣢡（《金文編》622頁），甲骨文未見。

罰罰，泰韻，音敗

《說文》云：“罰，辠之小者。从刀、詈，未以刀有所賊，但持刀罵詈則應罰。”按，“刀詈”不詞。罰，責也。从言、㓻。㓻，古“剛”字見“剛”字條。古作罰盂鼎、作罰散氏器。

評注：“罰”字未見於甲骨文，金文多見，如林氏所引。《說文》分析為“从刀、詈，未以刀有所賊，但持刀罵詈則應罰”，其說似與會意之思維有異，頗為費解。徐灝《注箋》云：“罰，从网从言从刀。网者罪之省，言者爰書定罪之意，刀者自大辟以至劓刵髡黥之屬，皆刑其肢體也。析言之，則重者為刑，輕者為罰。”說亦支離。林氏改為从言、剛，也未指出如何會意。待考。

譱善，寒韻

《說文》云：“譱，吉也。从誩、羊。此與義、美同意。”按，“言美”為“善”。羊，“美”省；二言者，相善之義，與“競”義反。古作譱毛公鼎、作譱克鼎彝。

評注：“善”字甲骨文未見，金文如林氏所引，下从“誩”。戰國文字“誩”旁多省為“言”，如郭店簡作善（《語叢一》17）、古璽作善（《璽彙》4494），為後世所承。徐鍇《繫傳》云：“羊，美物也。故于文誩羊為善。”林氏“言美為善”之說，殆本此；其解“誩”為相善之義，非

《說文》“競言”之“誩”，亦可從。

詹，談韻

《說文》云：“，多言也。从言，从八，从产。”按，古作侯氏鑰“鑰”字偏旁，从言、八，从厂。八，分也；厂，引延也。

評注：“詹”字甲骨文未見。戰國文字作（《璽彙》5455）、（鄂君啟節“檐”字偏旁），从八，从言，會多言之意。後加“厂”聲或“产”聲。按“产”字《廣韻》有魚毀、職廉二切。魚毀切者乃“危”之本字，字形表示人在厂上有危、高之義；職廉切者乃“瞻”之本字，字形表示人在厂上會瞻望之義。《篆隸萬象名義·厂部》云：“产，之嚴反。仰。”《玉篇·厂部》：“产，之嚴切，仰也。屋梠也。又顏監、魚軌二切。”皆可為證。此亦同象異字之例也（參見卷六“产”字條評注）。“詹”以“产”為聲者，當取職廉切之音。林氏以所从為“厂”並釋為“引延也”，恐非是。

齔，臻韻

《說文》云：“，毀齒也。男八月生齒，八歲而齔。女七月生齒，七歲而齔。从齒、化。”

評注：“齔”字商周古文字未見之。大徐本《說文》作，解為“从齒、从七”。段注云：“各本篆作齔，云从齒、从七，初忍、初覲二音，殆附會七聲為之。今按字从齒、匕，匕，變也，今音呼跨切，古音如貨。《本命》曰，陰以陽化，陽以陰變，故男以八月生齒，八歲而毀，女七月生齒，七歲而毀，毀與化義同音近。”林氏從段氏改篆作，以从齒、匕（化）會換齒之意。

䁩，微韻，於費切

《說文》云：“，目突皃。从目、窅。讀若《易》‘勿衈’之衈。”

評注：“䁩”字商周古文字未見之。朱駿聲《說文通訓定聲》云：“實即‘窅’之後出字。”可從。“窅”字見於戰國文字，作（《中國璽印集粹》）。《說文》：“窅，深目也。从穴中目。”

甘，泰韻，音邁

《說文》云："甘，目不正也。从𦍌、目。讀若末。"按，古作 庚贏尊彝、作 叉彝，並"蔑"字偏旁，"𦍌"為"乖"省。目乖為甘。

評注： 商周古文字未見獨立的"甘"字。甲骨文"蔑"字作（《合集》12843），金文作（長甶盉）、戰國文字作（《璽彙》1515），劉釗認為甲金文"蔑"字所从的即"甘"，"甘"應是從"眉"分化出的一個字，[①] 季旭昇認為"甘"是從"蔑"字分化出來的一個部件，[②] 說均可參。林氏聯係"蔑"字偏旁討論"甘"字，頗有見識，然拘執於"目不正"之義而以字从𦍌、目，"𦍌"為"乖"省，目乖為甘，當非朔誼。

拜，泰韻

《說文》云："𢷎，首至手也。从手、𠦪。"按，"𠦪"者"文飾"之意。古作 大敦、作 彔伯㦰敦、作 頌鼎、作 窅鼎。

評注： "拜"字始見於金文，如林氏所引，从手、𠦪。所从之"𠦪"，說者眾多，迄無確解。林氏以"𠦪"為"文飾"之意，聊備一說而已。"𠦪"旁寫法多變，或與"手"旁趨同，如善夫山鼎作，字兩邊的寫法就比較相近。戰國時類化為从二手，如郭店楚簡作（《性自命出》21），魏石經之、《說文》所收之及，皆其流變。《六書通義》以《說文》所收之（林氏書作"𢪽"，乃據段注本）為"因隸制篆"的例子，證據也並不充分。金文又有作（友簋）者，从手从頁，似乎更能表示"首至手"的意義。大徐本作"首至地也"，段氏改為"首至手也"。此從段注。

劣，泰韻，音賴

《說文》云："劣，弱也。从力少。"

評注： "劣"字未見於商周古文字。大徐本作"从少，力聲"，段注本作"从力少"，此從之。大徐本篆作，作者從段注本，字頭乃林氏推寫。

---

① 參見劉釗《古文字構形學》，福建人民出版社2006年版，第128頁。

② 參見季旭昇《說文新證》，福建人民出版社2010年版，第300頁。

□𦙶，微韻，斯費切

《說文》云：“□，振𦙶也。从肉，八聲。”按，从“肉”無“振𦙶”之義，“𦙶”“八”亦不同音。“𦙶”本義為“碎”，即《儀禮》“醯醢屑”既夕之“屑”，从肉、八。八者，分也見“八”字條。“屑”从“𦙶”得聲，古與“𦙶”同音。

評注：“𦙶”字見於戰國陶文，作□（《陶彙》4·70），《說文》小篆結構與之同。或以為从月，八聲，① 形音義皆不可解，恐非是。林氏以為“屑”之初文，字从肉、八，八者，分也，本義為“碎”，可備一說。按“屑”篆作□，本从“𦙶”，後變从“肖”。

□牡，幽韻

《說文》云：“□，畜父也。从牛，土聲。”按，“土”非聲。古作□刺𠟭彝，从牛，从士。“士”即“事”之本字見“士”字條。牡者任事，故从“士”。

評注：“牡”字甲骨文作□（《合集》24607）、□（《合集》22073）、□（《合集》3157）、□（《合集》14271）等形，从豕、牛、羊，亦有从鹿、从馬者，从馬的寫法直至戰國文字尚有之。秦系文字繼承了从牛的寫法，為後世所遵循。所从之“土”，本作⊥，象牡器之形，如上舉之□、□，皆可證明。將牡器與本體分離，遂作□、□等形，其形與“土”形近，後世遂作“牡”。《說文》以為从“土”聲，段注云：“土聲求之疊韻、雙聲皆非是。蓋當是从土，取土為水牡之意。或曰：土當作士，士者夫也。之韻、尤韻合音最近，从士則為會意兼形聲。”林氏從段注以為“土”非聲，而取从“士”之說，然以為“士”即“事”本字，牡者任事，故从“士”。此系別解，非造字本意也。

□豙，微韻，疑輩切

《說文》云：“□，豕怒毛豎也。一曰殘艾也。从豕，辛省。”按，古

---

① 參見黃德寬主編《古文字譜系疏證》，商務印書館 2007 年版，第 3394 頁。

作毛公鼎，強也。从豕屰逆上。

評注：“㣇”字見於金文，“毅”字从之。字本作“𧰨”，从豕，从辛，不省。辛為鑿器，以辛擊豕，當以“殘艾（刈）”為其本義，引申而有豕怒、強毅等義。後省作“㣇”。林氏以為金文从豕逆上，釋形不確。

駁，宵韻

《說文》云：“，馬色不純也。从馬，爻聲。”按，从馬、爻。

評注：“駁”字見於甲骨文，作（《合集》36836），金文未見，戰國楚簡作（《包山》93），偏旁位置有左右之別，結構皆無異於後世。大徐本、段注本皆以為形聲，林氏以為从馬、爻會意，然未解釋，不知何意。字頭係林氏推寫。

號，宵韻

《說文》云：“，嘑也。从号，从虎。”按，从虎、号，本義當為獸嘷，經傳以為“号”字。

評注：“號”為“号”之後起字（參本卷“号”字條評注），秦時作（《陶彙》5·391），增“虎”旁以足義，林氏以為“獸嘷”。段注云：“虎哮聲厲，故从虎。号亦聲。”字頭係林氏推寫。

逸，微韻，以費切

《說文》云：“，失也。从辵、兔。兔謾訑善逃也。”从兔、辵。

評注：“逸”字秦子矛作，小篆結構同。段注云：“此以疊韻為訓。亡逸者，本義也。”“兔善逃，故从兔辵。猶隹善飛，故奪从手持隹而失之。皆亡逸之意。”林氏注改“从辵、兔”為“从兔、辵”，乃本段注而便於會意也。

難，寒韻

《說文》云：“，鶧鳥也。从鳥，堇聲。，或从隹。”按，“鶧”為鳥名無考，“堇”亦非聲。古作殳季良父壺，从鳥、堇。堇，古“勤”字諸彝器“勤”皆作“堇”。鳥生養哺育之事多難，故鳥勤為“難”。或作歸父盤。“嘆”

“歎”“漢”“熯”等字，《說文》或以為“堇聲”，或以為“難省聲”，或以為“漢省聲”，實皆“難”省聲。

評注：“難”字甲骨文未見。字从鳥或从隹，據形而言，《說文》訓鳥名當不誤，唯缺乏文獻例證，故林氏以為不可信。然林氏以鳥生養哺育之事多難，故鳥勤為“難”，亦想象之詞，不足據。“難”之聲符“堇”，或隸變作“英”，其字見於甲骨文，可獨立成字（詳下“堇”字條評注）。林氏所舉“嘆”“歎”“漢”“熯”諸字，當皆“堇聲”，林氏以為皆“難”省聲，證據不足。不過鄂君啟節以“灘”為“漢”，指漢水，字作，正是从水，難聲，如是本字，則其“難”省聲之說亦可從。按《說文·水部》：“漢，漾也，東為滄浪水。从水，難省聲。”段玉裁以為“難省聲”是“淺人所改”，其說不確。

衡，陽韻，音杭

《說文》云：“，牛觸橫大木。从角、大，行聲。”按，“角大”為“橫大木於角”不顯。古作番生敦，从角、夨，行聲。夨，傾側也，猶“楅”取“逼束”之義。或作毛公鼎，變“夨”从“大”。

評注：“衡”字未見於甲骨文。或謂其本字从大从角，會人戴獸角為山林官吏之意；[①] 或以為字从角从夨，可能表達的是單支的獸角傾仄不平衡，而獸角往往成雙，因而保持平衡。[②] 林氏謂“夨”指“傾側”，猶“楅”取“逼束”之義，仍然維持《說文》“牛觸橫大木”之解釋。《說文·木部》：“楅，以木有所楅束也。”《繫傳》云：“楅橫以防牛觸人，故以一木橫於角耑也。衡，橫也。”大徐本“衡大木”下有“其角”二字，林據段注本。

㱙，寒韻

《說文》云：“，禽獸所食餘也。从歺，从肉。”按，从肉、歺，經傳以“殘”為之。

① 參見黃德寬主編《古文字譜系疏證》，商務印書館 2007 年版，第 1733 頁。

② 參見季旭昇《說文新證》，福建人民出版社 2010 年版，第 374 頁。

評注：“歾”字為殘餘之“殘”的本字，亦隸定為“殑”“殩”。《玉篇·歺部》：“殘，或為殑。”《集韻·换韻》：“殩，禽獸所食餘。或从戔。”林氏以為經傳以“殘”為之，其說是。字見於戰國時期，璽印文字作（《璽彙》2144），亦見於隨縣楚簡。字頭係林氏推寫。

春，文韻

《說文》云：“，推也。从日、艸、屯，屯亦聲。”按，从日轉注，从艸、屯。

評注：“春”字見於甲骨文，作（《合集》18718）、（《合集》4596）、（《合集》37852）、（《合集》30851）、（《周原》H11：75）等形，从木或屮，多寡不一，亦可省略；从日，或省；从屯，屯亦聲。金文作（欒書缶）、（蔡侯鐘），前者从月，與从日同義，后者為小篆所承而略有變化。“春”字上部後作“𡗗”，乃偏旁移位和黏合的結果。① 林氏未引金文，字頭乃係推寫。

皣，葉韻

《說文》云：“，艸木白華皃。从華，从白。”

評注：“皣”字先秦出土古文字似未見之。字从華从白，故會白華之意。大徐本作“艸木白華也”，段注改“也”作“皃”，此從之。字頭乃林氏據偏旁推寫。

秀，幽韻

《說文》云：“，上諱。”按，石鼓作，从禾、乃。“乃”，“扔”之古文，引也見“乃”字條。禾引為穗，秀，其穗也。

評注：“秀”字商周古文字未見之。戰國楚簡有之，作（《包山》20），與石鼓文結構相同，从禾，从弓。或以為“弓”乃“引”省，秦簡

① 參見曾憲通、林志強《漢字源流》，中山大學出版社 2011 年版，第 107 頁。

作𥝩（《雲夢・日乙》13），即从禾，从引，會禾苗引出之意。[①] 林氏以為字从"乃"，"乃"亦"引"之意，"禾引為穗，秀，其穗也"，所解構字之意與上述說法近同。段注以為字下从"人"，"秀""禿"本一字而分化。其"禿"字下注云："秀與禿古無二字，殆小篆始分之。今人禿頂亦曰秀頂，是古遺語。凡物老而椎鈍皆曰秀，如鐵生衣曰銹。"陳煒湛先生以為"秀"與"禿"皆從"年"字分化而來。[②] 亦頗有理趣，此錄以備參。

某，之韻，彌以切

《說文》云："某，酸果也。从木、甘。闕。"朱氏駿聲云："五味之美皆曰甘。"古作某禽彝。

評注："某"當為"楳（梅）"之初文。其字从"甘"，而訓"酸果"，故諸家以為矛盾。從古文字來看，其所从之"甘"，實為从"口"形加點或橫畫衍化而來（楚簡文字仍以作⊌、廿之形為常），實非"甘"字，而"口"之所象，丁山以為乃指果未熟，《說文闕義箋》云："某上从⊟與从⊌同……蓋果尚未熟之象。既熟則有龜坼紋，字不从⊌而从田作果矣……周人尚別，故別以龜坼之紋。以坼紋之有無象果之熟否。果未熟，其味必酸。然則某訓酸果，乃一切果實未熟之共名也。"高鴻縉《中國字例》亦云："甘象酸果，非甘字也。前人於說解甘下注一闕字，乃不得甘字之解之謂也。"商承祚《說文中之古文考》亦以果未熟則酸為說，并以為"某當為某人之某之本字"，"在未孰與孰之間，故有不定義"，其說甚有理致，然似求之過深。林氏引朱駿聲"五味之美皆曰甘"之說，似以其字从"甘"為可信，殆未深究之故也。

香，陽韻

《說文》云："香，芳也。从黍、甘。"

評注："香"字甲骨文作香（《合集》36752）、香（《合集》36501），

① 參見何琳儀《戰國古文字典》，中華書局1998年版，第233頁；季旭昇《說文新證》，福建人民出版社2010年版，第591頁。

② 參見陳煒湛《說"禿"》，《古文字趣談》，上海古籍出版社2005年版。

从黍、口。金文未見。小篆从“甘”者，當為从“口”加筆而成，有意化作用。隸變後“黍”又省為“禾”，作“香”。林氏無說，而以小篆為字頭。

朏，微韻

《說文》云：“，月未盛之明也。从月、出。《周書》曰：丙午朏。”按，月之三日曰朏，始生之日也，故从月、出。

評注：“朏”字未見於甲骨文。金文作（九年衛鼎）、（吳方彝），林氏據小篆推寫，與金文偏旁位置不同。徐灝《注箋》云：“月朔初生明，至初三乃可見，故三日曰朏，从月、出會意，出亦聲。”林氏說本此。

幽，幽韻

《說文》云：“，隱也。从山、丝，丝亦聲。”按，古作寓尊彝、作召伯虎敦，“”，古“玄”字。从山、玄，二玄猶从玄也。玄，黝黑也“幽”从二“玄”與“奭”从二“白”同意。

評注：“幽”字甲骨文作（《合集》29511）、（《合集》29510），羅振玉《增訂殷虛書契考釋》云：“古金文幽字皆从火从丝，與此同。隱不可見者，得火而顯。”容庚《金文編》亦云：“幽，从火，不从山。”說皆可從。然古文字火與山形近，故容易相混。甲骨文“幽”字有作（《合集》14951 正）者，實與从“山”無別。金文以后逐漸變為从“山”。林氏謂字从“玄”，黝黑之意，可從，然未識从“火”，不得其源。不過从“山”之說亦有理據。段注云：“‘隱，蔽也。’幽从山，猶隱从𨸏，取遮蔽之意。”

溼，緝韻

《說文》云：“，幽溼也。从一，覆也。覆土而有水，故溼也。从㬎省聲。”按，古作散氏器，从水轉注，者，省，古“疇”字。从玄，田疇之深黑處為溼也。从二玄，猶从玄，與“幽”同意。變作史枺壺，从水，从土並轉注，“”即“”之變。“隰”“㙤”皆從“溼”得聲，“濕”

當與“涇”同字假借為水名。字譌从“㬎”，與“顯”偏旁相亂。“㬎”《說文》以為古文“顯”，與“涇”聲隔。

評注：“涇”字甲骨文作（《合集》8355）、（《合集》8356）。甲骨文或增“止”作（《屯南》715），金文或增“土”作（伯姜鼎），後者為後世所承。所从聯絲之形，或以為象聯絲攤在架上，即潮溼之“溼”的初文。[①] 林氏以散氏盤之為初文，而以史秝壺之字為變體，從甲骨文來看，是本末倒置了。因此把散氏盤字所从的理解為古“疇”字之省，把“涇”字解為从玄，謂“田疇之深黑處為涇”，自非造字本意。“涇”字後譌从“㬎”作“濕”，“㬎”為古文“顯”，《說文》以為溼“从㬎省聲”，林氏以為與“涇”聲隔，可從。

敶，臻韻，廷寅切

《說文》云：“，列也。从攴，陳聲。”按，古作陳侯敦、作陳侯匜、作陳子子匜，从𨸏、敷，謂岡巒陳列也。

評注：“敶”字金文常見，本義為陳列。所从之“陳”，其“東”形中筆上向左彎，下亦有作類字之形者，殆寫異，林氏以其為“敷”形，“从𨸏、敷，謂岡巒陳列也。”其說可商。[②]

隉，泰韻，五害切

《說文》云：“，危也。从𨸏，从毀省。”

評注：“隉”，楷作“隉”，猶如“毀”作“毀”。《說文》以為“从毀省”，然未見从毀之全形，未必可信。戰國時期有（《陶彙》6·60）字，或疑“隉”字或體，[③] 待考。

堇，文韻，音墐

《說文》云：“，黏土也。从黃省，从土。”按，古作洹子器，从土、

① 參見季旭昇《說文新證》，福建人民出版社 2010 年版，第 830 頁。
② 參見季旭昇《說文新證》，福建人民出版社 2010 年版，第 244 頁。
③ 參見黃德寬主編《古文字譜系疏證》，商務印書館 2007 年版，第 2058 頁。

黃。變作頌敦、作董伯尊彝、作毛公鼎“囏”字偏旁。

評注：“堇”字甲骨文作（《合集》1103）、（《合集》9815）。省體从口从黑（“墨”本字，本義為受墨刑之人），會受墨刑之人歎息之意；繁體益“火”作，為疊加意符，表示災難、苦困之意。故“堇”為“艱”之本字。[1] 形往後發展，下部逐漸由“火”訛為“土”，最后形成“堇”字。从“堇”之字或隸變作“㒀”，如“艱”“難”“嘆”等。其上部从“黃”者，也是訛變造成的。《說文》“黏土”之說，當是它的假借義。[2] 林氏從《說文》以為字从土、黃，乃據訛體為說，不足據。

墨，之韻，彌弋切

《說文》云：“，書墨也。从土、黑。”

評注：“黑”字甲骨文作（《合集》10187），象立人而面部上透豎筆，或以為墨刑之“墨”的初文。金文“黑”作（鄘伯馭簋）、（鑄子弔黑臣匿），面部加點，或在“大”邊形加點。在此基礎上加“土”，見於戰國時期，作（析君戟）、（《璽彙》5477），即後世之“墨”字。林氏未引先秦古文資料，字頭係推寫，然頗與戰國文字暗合。

赤，模韻，音泝

《說文》云：“，南方色也。从大、火。”按，大火為“赤”。古作彔敦。

評注：“赤”字甲骨文作（《合集》15679）、（《合集》33003），从大，从火。饒炯《部首訂》云：“赤者，光明顯耀也。凡火皆有明著之象。然微則熒熒，大則赫赫，故赤从大火會意。”後世文字結構相同。可見古文字“大”既象人形，又用作大小之“大”。林氏謂“大火為‘赤’”，可從。

票、熛，宵韻

《說文》云：“，火飛也。从火、𡿺，𡿺與䙴同意。”按，从火，

① 參見黃德寬主編《古文字譜系疏證》，商務印書館 2007 年版，第 3655 頁。

② 參見曾憲通、林志強《漢字源流》，中山大學出版社 2011 年版，第 189 頁。

从“䙴”省。䙴，升也。“”亦古“火”字見曾伯霥匜“爕”字偏旁。“票”今字或作“熛”。《説文》云：“，麠屬。从鹿，㶾省聲。”按，“火”為“㶾”省不顯。“麃”當與“票”同字。隸書多以形近轉變。“”上从西，从，“”變為“”、為“”，遂成“”字，“鹿”又與借義麠屬相應，故譌从“鹿”也。不當制篆。

評注：“票”字商周古文字未見之。戰國睡虎地秦簡作（《日甲》52背）、（《日甲》64背），與小篆結構相同，“火”亦有訛變為“示”者，與後世隸楷同。“麃”字金文作（九年衛鼎），睡虎地秦簡作（《語書》12），从鹿，从火，構形不明。《説文》以為“㶾省聲”，林氏以為“火”為“㶾”省不顯，所疑有道理，然以為其字乃“㶾”之訛變，根據不足；且金文實有其字，戰國秦漢皆有傳承，“不當制篆”之説實不可從。字頭亦林氏取於小篆者。

威，泰韻，音邁

《説文》云：“，滅也。从火、戌。火死於戌，陽氣至戌而盡。”按，物滅于火，故从火戌。戌，殺也見“戌”字條。

評注：从戌之“威”字見於春秋戰國以後，作（子禾子釜）、（詛楚文）、（《雲夢·日甲》146背），戌為兵器，當會兵火所滅之意。典籍多作“滅”。甲骨文有（《合集》1397）字，或以為古“威”字。于省吾《駢續》云：“栔文威字从火，戉聲……自東周以後譌戉為戌，《説文》遂有‘火死於戌’之誤解。”

奭，之韻

《説文》云：“，盛也。从大，从皕，亦聲。”按，古作奭彝辛，从火，从兩“白”，俗字作“赩”。《詩》“路車有奭”采芑，傳云：“赤貌。”“白”與“赤”皆火盛之色也。

評注：先秦古文字明確的“奭”字見於戰國時期，郭店楚簡作（《緇衣》36），與小篆結構同，《説文》所釋當不誤。甲骨文舊釋“奭”的字尚不確定，林氏所引金文亦難確認。

衍，寒韻

《說文》云："，水朝宗于海皃。从水、行。"

評注：商代甲骨文"衍"字作（《合集》32297），西周甲骨文作(2號卜甲)，金文作（大保簋）。[①] 甲骨文還有一字作（《合集》21156)，則與後世的"衍"字形體相合，可能是"衍"的另一種寫法。金文的，林氏釋為"衍"，於形不合（參見本卷"侃"字條及評注）。本條字頭乃以小篆為之。

覃，侵韻，音淫

《說文》云："，長味也。从𣆪，鹹省聲。"按，"鹹""覃"不同音。古作 覃字父乙器、作 番生敦"簟"字偏旁，从卤、厚，並省。

評注："覃"字未見於甲骨文。字所从之𣆪，唐蘭《殷虛文字記》認為象巨口狹頸之容器。"覃"字从卤、从𣆪，象以容器貯卤，卤味濃長，故有"長味"之意。季旭昇認為"覃"與"鹽"二者聲韻都有關係，為同源字。[②] 林氏非《說文》省聲之説，可從；然以為从卤、厚之省形，則非。

衛，寒韻

《說文》云："，車搖搖也。从車、行。一曰，衍省聲。"

評注：大徐本《說文》、段注本皆作"車搖也"。林氏衍一"搖"字。段注云："未聞。以篆之次第詳之，此篆當亦謂車上一物，而今失傳。"朱駿聲《說文通訓定聲》以為从車、从行會車搖之意。林氏無說。

連，寒韻

《說文》云："，員連也。从辵、車，會意。"从車、辵。

---

① 參見裘錫圭《釋"衍""侃"》，《裘錫圭學術文集·甲骨文卷》，復旦大學出版社2012年版。

② 參見季旭昇《說文新證》，福建人民出版社2010年版，第469頁。

評注：“連”字金文作（連迂鼎），从辵、車，當是反書。段注本改為“負車也”，注云：“負車，各本作員連，今正。連即古文輦也……負車者，人輓車而行，車在後如負也。字从辵、車會意，猶輦从扶、車會意也。人與車相屬不絕，故引伸為連屬字。耳部曰：‘聯，連也。’大宰注曰：‘古書連作聯。’然則聯連為古今字，連輦為古今字。假連為聯，乃專用輦為連。”段氏說有理據。林氏改“从辵、車”為“从車、辵”，似以車行為義，與段說或異，惜無詳說。

軵，東韻

《說文》云：“，反推車，令有所付也。从車、付。讀若茸。”

評注：“軵”，《廣韻》而隴切，音 rǒng，《字彙補》斐古切，音 fǔ。其字商周古文字未見之。林氏無說。王筠《說文釋例》云：“付蓋附著之附……卸車之後，不可當道礙人，必令附宇下空閒之處。以人輓其轅，忽逆忽順而屢推之，而後得至於所附，平時車右推車，必推其軫，此則推其轅，故曰反推也。”

貨，歌韻

《說文》云：“，貝聲也。从小、貝。”按，小也。《爾雅》：“瑣瑣，小也。”釋訓 “瑣”即“貨”。

評注：“貨”字未見於商周古文字，戰國秦文字作（《珍秦齋古印展》62“瑣”字偏旁），與小篆結構相同。徐鍇《說文解字繫傳》：“貨，貝聲。象連貫小貝相叩之聲也。”段注云：“聚小貝則多聲，故其字从小貝。”皆主“貝聲”說。戴侗《六書故・動物四》：“貨，小貝也。”朱駿聲《說文通訓定聲》云：“貨，从小貝會意。”則主“小貝”說。林氏從後說，以為“瑣”之古字，從文字孳乳的角度看，是有道理的。段注云：“貨，引伸為細碎之偁。今俗瑣屑字當作此，瑣行而貨廢矣。”邵瑛《說文解字羣經正字》云：“貨，此為貨細之貨。今經典統用瑣字。正字當作貨，但今廢貨字不用，衹知有瑣字耳。”

素，模韻

《說文》云：“，白致繒也。从糸、𠂹。取其澤也。”

評注：“素”字見於戰國時期，商周古文字則多用作偏旁。甲骨文作（《合集》27888“𩐋”字偏旁）、（《合集》32919“𩐋”字偏旁），金文作（師克盨“𩐋”字偏旁），與小篆寫法近同。本形當作，象絲在架上之形，表示未加工處理的絲。[①] 上部或譌為𠂹，為後世所承。段注云：“澤者，光潤也。毛潤則易下𠂹，故从糸、𠂹，會意。”亦有理據。林氏無說，字頭據小篆而書。

盈，青韻

《說文》云：“，滿器也。从皿、夃。”

評注：“盈”字商周古文字未見之。石鼓文作，睡虎地秦簡作（《日甲》16）。所从之夃，徐鉉曰：“夃，古乎切。益多之義也。古者以買物多得為夃。”《說文》：“夃，秦以市買多得為夃，从乃从夊，益至也。《詩》曰：‘我夃酌彼金罍。’”按《說文》所引《詩》句，今本作“我姑酌彼金罍”，可證夃音“古乎切”。趙平安根據新出土的秦楚文字資料，探討“夃”的形義來源，指出“夃”其實是“股”的初文，字由側立的人形和在人形股部加上特定的指事符號所構成。其後人形與特定指事符號分離並發生訛變，遂變成从乃从夊。[②] “夃”的“益多”之義，應該是它的假借義。林氏無說，字頭亦據小篆而寫。

矞，微韻，音位

《說文》云：“，錐有所穿也。从矛、冏。”按，古作克鐘“遹”字偏旁，从矛、内“内”，古“納”字。變作克彝“遹”字偏旁。

評注：“矞”字甲骨文未見之，金文只作偏旁用。從金文字形觀察，

---

① 參見季旭昇《說文新證》，福建人民出版社 2010 年版，第 929 頁。

② 參見趙平安《關於夃的形義來源》，《中國文字學報》第 2 輯，商務印書館 2008 年版。收入《新出簡帛與古文字古文獻研究》，商務印書館 2009 年版。參見本卷“夃”字條評注。

其下多不从“口”，林氏以為本从矛、內，增“口”變作“矞”，應該是符合本字構形發展情況的。字當以矛內（納）會穿過之意。《說文》釋為“以錐有所穿”（林氏漏“以”字），“錐”字不確；“从矛、㕯”，則據篆文為說。

殺，泰韻，所害切

《說文》云：“，戮也。从殳、杀聲。”按，《說文》無“杀”字，朱氏駿聲云：“疑从殳从乂會意，朮聲。”按，“朮”微韻“殺”泰韻雙聲旁轉。

評注：甲骨文有（《合集》6343）、（《合集》6834 正）字，又作（《合集》33081），或以為即“殺”字，會以戈殺人頭之意，、象散髮之形，則象戈繫人首。金文作（牆盤），與甲骨文同，又作（鬲比鼎）、（莒叔之仲子平鐘），並畫出人形。又作（庚壺），易戈為殳，為後世所承。戰國時期秦系文字作（《雲夢·法律答問》66），左上訛為乂（意化），左下訛為朮（聲化），故朱駿聲“疑从殳从乂會意，朮聲。”林氏以為“朮”“殺”雙聲旁轉，故認同朱氏之說。雖以後來字形立論，亦頗有理據。①

發，泰韻，音拜

《說文》云：“，射發也。从弓，癹聲。”按，古作陳猷釜，不从“癹”，从弓、矢、韋。“韋”者“違”之古文見“韋”字條，相離也。“韋”古亦作楚公鐘，與“”形近。《說文》云：“，以足踏夷艸。从癶，从殳。《春秋傳》曰：‘癹夷蘊崇之。’”按，《說文》以為“發”从此。“發”古作，不从“癹”，當無“癹”字。“癹夷”《左傳》作“芟夷”。

評注：“發”字甲骨文作（《合集》20238）、（《合集》4734）、（《合集》26899），象弓弦被撥後不斷顫動之形。又作（《合集》10405 正），增“攴”旁以示動作義。金文从弓作（鄘平鐘），春秋時期又加聲符癶（）作（工𠭯大子劍），變成形聲字。再後來，“攴”符改為

① 參見黃德寬主編《古文字譜系疏證》，商務印書館 2007 年版，第 2479 頁；季旭昇《說文新證》，福建人民出版社 2010 年版，第 233 頁。

“殳”，才形成小篆的寫法。[1] 從“發”字的演變情況看，當分析為从弓从攴，址（癶）聲，《說文》分析為“癹”聲，乃據小篆為說。林氏所引陳猷釜之字，其上部當是“址（癶）”之訛誤，林氏以為“韋”符橫寫，非是。又林氏以為無“癹”字，亦非。按“癹”本作“𤼽”，甲骨文作（《合集》8006），乃“撥”之初文。其下从“殳”者，是秦系寫法，為後世所承。

疑，之韻

《說文》云：“，惑也。从子、止，吴聲。”按，“吴”非聲。古作伯疑父敦，从即“矢”字，从“此”之變體，此，所止也，牛聲。省作曶鼎。本義當為“定”。《詩》“靡所止疑”桑柔，傳云：“疑，定也。”“疑”為不定之辭，而義通於定者，不定之事每以揣測定之，可謂之定，亦可謂之不定也矢所止無定處，亦定與不定之閒。揣測或謂之“擬”，即“疑”字所引伸矣。秦權量作，从“子”者，小兒之性善疑，亦善擬定，故《說文》“嶷，小兒有知也。《詩》曰‘克岐克嶷’生民”，今毛詩以“嶷”為之。“嶷”亦“疑”之引伸義也。《說文》云：“，未定也。从匕，吴聲。吴古文矢字。”按，“矢”非聲，从、即矢、止之變。秦權量“疑”字作，从𠤕。“𠤕”即“疑”省。

評注：“疑”字甲骨文作（《合集》13465）、（《合集》32908），象人扶杖旁顧猶疑不前之形，小篆之，即其訛變之形。又作（《合集》12532 正），增加“彳”符。金文作（伯疑父簋，即林氏所引之伯疑父敦）、（齊史疑觶），加聲符“牛”；秦簡作（《雲夢·效律》33），小篆作，右上所从之“子”當是“牛”形之訛，亦可理解為改从“子”聲（子、牛、疑同在“之”部），左下所从之“矢”則為人之身手足所變，故《說文》以為从“矢”得聲。要之，“𠤕”即“疑”本字，後世字形增繁而有訛變，《說文》所釋不合其初形，林氏改釋亦有是有非。按林氏據金文以為“疑”字从“牛”聲，指出“吴”非聲，“矢”非聲，都十分正確，然以字从“矢”从“此”，本義為“定”，又引秦權量字从

① 參見裘錫圭《釋“勿”“發”》，《裘錫圭學術文集·甲骨文卷》，復旦大學出版社 2012 年版。

“子”，以為“小兒之性善疑，亦善擬定”，皆據後起字形重解形義關係，不合造字本意。又以為“𠤕”即“疑”省，則顛倒了“疑”字的發展序列。又按，大徐本《說文》云：“疑，惑也。从子、止、匕，矢聲。”段注本釋文同，注云：“此六字有誤。匕、矢者皆在十五部，非聲。疑、止皆在一部，止可為疑聲。《匕》部有‘𠤕，未定也’，當作从子，𠤕省，止聲，以子𠤕會意也。”段氏“此六字”云云，乃指“从子、止、匕，矢聲”，故“匕”“矢”為兩字，他對“疑”的重解是“从子，𠤕省，止聲”。林氏所謂“从子、止，𡗜聲”者，乃因豎排而把“匕”“矢”二字合為“𡗜”字。大徐本“疑”下引徐鍇曰：“止，不通也；𡗜，古矢字。”亦將“匕”“矢”合為“𡗜”字。林氏亦或本徐鍇。按，“𡗜”即“𡗜”，從古文字看，其實就是人形之變，諸家或分為“匕、矢”，或合為“𡗜”字，皆非其朔。

必，微韻，音輩

《說文》云：“，分極也。从八、弋，弋亦聲。”按，坼裂也。“弋”，古“杙”字。杙易分裂，故从弋、八八，分也。古作無叀鼎。

評注：“必”字甲骨文作（《合集》4242）、（《合集》14034正），象戈柄之形，“柲”之初文。金文左右加點為飾，演變為小篆所謂“八”形。或以為“八”為聲符，則是聲化的結果。郭沫若《殷周青銅器銘文研究》云：“余謂必乃柲之本字，字乃象形，八聲……从木作之柲字則後起之字也。”林氏以為會意，字从弋（杙）、八，“八”有分之義，故本義“坼裂”。按“弋”（杙）與“柲”非一字（參見卷一“弋”字條評注），所謂“八”乃後起飾筆演變而來，故其說不合造字本意。

同，東韻

《說文》云：“，合會也。从冃、口。”按，古作同尊彝戊、作鄭同媿鼎、作散氏器，从口、凡，與“咸”从口、戌悉同意。

評注：“同”字甲骨文作（《合集》22202）、（《合集》31680），金文結構同。林氏以為“同”从口、凡，與“咸”从口、戌悉同意。按“凡”“皆”義近，从口、凡者，其意殆指眾口一致。林氏書小篆，“凡”

形誤作“冃”。

需，遇韻

《說文》云：“，䇓也。遇雨不進止䇓也。从雨、而。”朱氏駿聲云：“即今所用濡溼字，與霑同意。”按，而，下垂也見“而”字條。物遇雨溼則輭而下垂，故从雨、而。人遇雨不進，猶物濡輭，此需之引伸義，而與“㞢”相反之，上出也。“之”為“進”，則“而”亦可為“不進”。

評注：“需”字未見於甲骨文。金文作（孟簋）、（伯公父匿），从雨从天，會人遇雨止立等待之意。《字彙補》：“雵，古文‘需’字，見《歸藏易》。”其說甚是。“需”字所从之“天”到戰國時期訛為“而”，如秦簡作（《日甲》2正“濡”字偏旁），為小篆所本。大徐本《說文》徐鉉案曰：“李陽冰據《易》‘雲上於天’云當从‘天’，然諸本及前作所書皆从‘而’，無有从‘天’者。”其說限于材料，不可據。林氏以从“而”立說，以“物遇雨溼則輭而下垂”為本義，以“人遇雨不進”為引申義，非是。大徐本《說文》作“从雨、而聲”，林氏從段注本。“需”字篆作，林氏所書略異。

㬉，寒韻

《說文》云：“，昷溫溼也。从日，赧省聲。”按，“赤”為“赧”省不顯。段氏玉裁云：“溫溼生黴，亦有赤色者。”从日、赤。

評注：“㬉”字音 nǎn，罕用，商周古文字未見之。林氏以“赤”為“赧”省不顯而據段注以為字从日、赤會意，其說有據。《玉篇·日部》：“㬉，赤也。”

弍，音內

《說文》云：“弍，古文二。”按，古作高密戈“㝅”字偏旁，本从“戈”，不从“弋”。弍者離為二也，从戈、二。或作曶鼎、作《攈古錄》召伯虎敦“貳”作“”，變从“戊”郘太叔“貳車之斧”，“貳”作，復省“”為“戈”。

評注：“弍”字亦作“貳”，為“二”之繁文，見於戰國時期，如作（纕安君扁壺）。寫法多變，或从戈，或从戊。从弋者為其省訛之體。

分，文韻

《說文》云："，別也。从八、刀。刀以別物也从刀、八。八，別也。" 按，古作邾公牼鐘。

評注："分" 字甲骨文作（《合集》11398）、（花東 391），从八、刀，會以刀分割之意。後世結構無異。《文源》卷三 "八" 字條云："《說文》'平' 下、'𥎦' 下、'夰' 下並云：'八，分也。' '八'微韻 '分'文韻雙聲對轉，實本同字。" 其說可從。

𦘔，臻韻

《說文》云："，聿筆飾也。从聿，从彡。讀若津。" 按，从聿，聿筆所以飾也。

評注："𦘔" 字見於戰國時期，作（侯馬盟書 106：4）、（《璽彙》3263），从聿，从彡，依《說文》，指筆飾。徐鍇《繫傳》云："《筆經》曰：世人多以流離、象牙為筆管，麗飾則有之，然筆尚輕也。凡飾物通用彡字也。" 段注云："飾，今之拭字……𦘔者，筆之所拭文成彡形，故从聿从彡。楚金以裝飾解之，繆矣。" 林氏云 "聿所以飾也"，殆本段氏此說。或以為乃 "盡" 的分化字。① "讀若津"，大徐本、段注本 "津" 皆作 "𣹟"。

元，寒韻

《說文》云："，元，始也。从一，从兀。" 按，人首也。古作虢叔鐘，从人、上。

評注："元" 字商代金文作（兀作父戊卣），象人而突出其首。甲骨文作（《合集》19642 正）、（《合集》4855），頭部以一橫或二橫表示，前者即 "兀" 字，後者即 "元" 字。《文源》卷三 "兀" 字條云："'兀' 蓋與 '元' 同字，首也。从人，●記其首處，與 '天' 同意。" 其說是。然解 "元" 字為 "从人、上"，殆本戴侗《六書故》，乃係別解，其實不符合 "元" 的構形本意。

---

① 參見季旭昇《說文新證》，福建人民出版社 2010 年版，第 220 頁。

孫，文韻

《說文》云：“，从系、子。系，續也。”按，古作叔家父匡、作邾公華鐘，从子、糸，糸亦系屬之義。或作叚敦。

評注：“孫”字甲骨文作（《合集》10554）、（《合集》31217），从子、幺，會子孫象絲線連綿不絕之意。“幺”又作“糸”，表意相同，林氏云：“糸亦系屬之義。”因“糸”與“子”之筆畫相連，故《說文》以為从“系”，亦有理據。

衮，文韻

《說文》云：“，天子享先王，卷龍繡於大常，龍蟠阿上鄉。从衣，公聲。”按，“公”非聲。从公、衣。古作伯晨鼎、作吳尊彝。

評注：“衮”字殷商甲骨文未見。段注以為“公”與“衮”雖雙聲，非同部，故以為从“㕣”聲。林氏以為从公、衣會意，當本朱駿聲說（見《說文通訓定聲》）。各有理據。又按，大徐本作“天子享先王，卷龍繡於下幅，一龍蟠阿上鄉”。段注本作“天子亯先王，卷龍繡於下常，幅一龍蟠阿上鄉”。林氏所引，未知所據。

僕，遇韻，皮玉切

《說文》云：“，給事者也。从人、菐，菐亦聲。”“，瀆菐也。从丵，从廾，廾亦聲。”按，“菐”字經傳無考。“僕”古作史僕壺，从辛、人。辛人者，辠人也。从畁，畁，舉也見“畁”字條。舉甾缶，僕役之事，與“卑”同意見“卑”字條。省作靜敦、作太僕敦。或作伐郘鼎、作魯太僕敦、作諆田鼎、作歸父盤。

評注：“僕”字甲骨文作（《合集》17961），象一人執其（箕）灑掃，其人頭上著“辛”表示受刑罪犯，臀後拖尾，表示地位卑微，乃一奴僕的形象。金文改“其”為“甾”，人形及雙手分寫，形成“”類寫法。後世所从的“菐”字，當是“辛”符訛變為“丵”再加上雙手之“収”而形成的。林氏所舉諸字，歸父盤之，當作，所摹略異，其字與魯太僕敦（魯邍父簋）之一樣都是“宰”字，林氏誤為“僕”字。

妾，葉韻

《說文》云："，有辠女子給事之得接于君者。从辛、女。"按，古作伊𣪘彝、作克𣪘彝。

評注："妾"字甲骨文作（《合集》904 正）、（《合集》2385），从女从辛，辛為刑具，表示有罪之女性。《說文》謂从辛、女，"辛"即"辛"字。林氏無說。

甸，臻韻，廷印切

《说文》云："，天子五百里内田。从勹、田。"按，《說文》从"勹"之字，古作从"人"如"匋"，䍃父盤作""。"甸"當與"佃"同字。古作克鐘，从人、田，田亦聲。

評注："甸"字首見於金文。林氏謂"勹"旁同"人"，"甸""佃"一字，其說甚確。林氏所收會意字，亦有會意兼聲者，此字亦然。

意，之韻

《說文》云："，志也。从心、音。察言而知意也。"按，"心音"非"意"之義。"音"與"言"古多相混"散"字豆閉敦作""，趩尊彝作""，从言、心。

評注："意"字見於戰國時期，作（《十鐘山房印舉》3·26）、（《雲夢·日乙》83）。音、言本一字分化，林氏指出"意"从言、心，可從，與《說文》"察言而知意"之說相符，然《說文》以為从心、音，亦不乏理據。

文，文韻

《說文》"忞"字古作師酉敦、作旂尊彝乙，用為文武字，从心、文。本義當為文章，文亦聲。

評注：林氏所舉金文，乃"文"字，象文身之形，象心形者即身上花紋之形，甲骨文作（《合集》4611 反）、（《合集》18682），"彣"

“紋”皆其後起之字。从心、文之“忞”字當後起，見於戰國時期，作（《璽彙》2325），與“文”非一字。《說文·心部》：“忞，彊也。从心，文聲。《周書》曰：在受德忞。讀若旻。”

此條字頭標為“文”，條內卻說“忞”，又不引《說文》，與常例不合。

脜，幽韻

《說文》云：“，面和也。从百、肉。讀若柔。”按，百肉猶面肉也“百”，“面”省。

評注：“脜”字音 yǒu，未見於商周古文字。林氏據《說文》“面和”之說，而認為“百肉猶面肉”，“百（首）”“面”作偏旁，意義形近，可從；然以“百”即“面”省，則無確證。

尿，宵韻

《說文》云：“，人小水也。从尾、水。”

評注：甲骨文之（菁五·一）字，或以為象人遺尿形，即“尿”字。大徐本、段注本皆作“人小便也”，林氏改為“人小水也”而無說，未知何據。

道，幽韻

《說文》云：“，所行道也。从辵、首。”按，首所向也。首亦聲。古作貉子尊彝癸，从行、首。或作散氏器。

評注：“道”字金文多見。古从“行”，或增“止”符，後从“辵”，皆表示腳之動作；所从之“首”，林氏謂“首所向也。首亦聲。”當可從。按道、首皆幽部字。又楚簡“道”作（《郭店·老甲》6），則以人、行會意。

銜，侵韻，音金

《說文》云：“，馬勒口也。从金、行。銜者行馬者也。”段氏玉裁云："凡馬提控其銜以制行止。"故从行、金。

評注："銜"字商周古文字未見之，林氏字頭據"金"字古寫推出。段注云："銜以鐵為之，故其字从金……凡馬提控其銜以制行止，此釋从行之意。"據此，"故从行、金"當為林氏語。段氏又云："金亦聲。"

䵶，微韻，特費切

《說文》云："䵶，爵之次弟第也。从豊、弟。"

評注："䵶"為秩序之"秩"的異體。段注云："爵者，行禮之器，故从豊；有次弟，古从弟。'䵶'今《書》作'秩'。"商周古文字未見之，林氏錄《說文》而無說，字頭則係推寫而成。

閧，寒韻

《說文》云："閧，試力士錘也。从門，从戈。讀若縣。"

評注："閧"字《廣韻》烏宏切，音 wēng，古屬元部，《說文》"讀若縣"。此殆後起之字，商周古文字未見之。徐鍇《繫傳》："謂為錘以試力士，舉之較其彊弱。"林氏無說。

寣，微韻，音惠

《說文》云："寣，臥驚也。从㝲省，从言。"

評注："寣"字音 hū，字亦後起，隸定字少"爿"右上一橫筆，从㝲之字皆如此。"臥驚"者，睡而覺也。段注云："《廣雅》曰：'寣，覺也。'義相近。今江蘇俗語曰睡一寣。"清翟灝《通俗編·雜字》："俗以臥一覺為一寣。"林氏以篆為字頭，引《說文》而無說。

肰，寒韻

《說文》云："肰，犬肉也。讀若然。"从犬、肉。

評注："肰"字見於戰國文字，如郭店楚簡作肰（《老甲》12），从犬从肉，在出土文獻里多借用為狀貌之"然"及連詞"然"。

麀，幽韻

《說文》云："，牝鹿也。从鹿，牝省。" 按，石鼓作。

評注："麀"字商周古文字未見，石鼓文《吾車》《田車》皆有之。字从鹿从匕，从"匕"之字或即表示雌性，故義為母鹿，《說文》以為"牝"省，亦通，惜無確證。林氏引石鼓文為證，乃其所謂"金刻之文"之"刻"類的材料。

翟，宵韻，音櫂

《說文》云："，山雉也，尾長。从羽，从隹。" 按，古作姑馮句鑃"鑃"字偏旁。

評注："翟"字甲骨文作（《合集》37439），因骨片殘缺，下部不全。金文作（史喜鼎），後世結構與之同。大徐本《說文》釋作"山雉尾長者"，此從段注本。

繭，寒韻

《說文》云："，蠶衣也。从糸，从虫，从芇。" 按，"芇"聲。

評注：商鼎文，季旭昇先生據魯實先《說文析義》釋為"繭"，謂字从絲芇（幔），會縈絲如幔之意。① 其說有一定道理，當可從。馬王堆簡帛文字作（《相马经》006），《魏受禪表》作（《隸辨》卷三），當皆商鼎文之變體。金文中的（《集成》5 · 2765），裘錫圭先生在《甲骨文考釋（續）· 釋南方名》中隸定為"繭"，② 待考。大徐本作"蠶衣也。从糸，从虫，黹省"，林氏從段注本，并以"芇"為聲。按"芇"又隸定為"芇"，音武延反，又母官反（参卷三"芇"字條），與"繭"一樣，上古皆元部字。

㬪，葉韻

《說文》云："，光也。从日、㚖。"

① 參見季旭昇《說文新證》，福建人民出版社 2010 年版，第 926 頁。

② 參見《裘錫圭學術文集 · 甲骨文卷》，復旦大學出版社 2012 年版，第 178 頁。

評注：“曅”即“曄”，也作“曅”，从日、䔢（華）會意。當為後起之字，商周古文字未見之。段注云：“‘也’當作‘皃’，字之誤。《思元（玄）賦》舊注云：‘曄，光皃。’”林氏無說。

晝，遇韻，音趣

《說文》云：“，日之出入，與夜為介界。从畫省，从日。”日晝為晝。

評注：“晝”字甲骨文作（《合集》22942）、（《屯南》2392），金文作（㝬簋），从聿，从日，或以為聿為聲符，晝為端紐，聿為定紐，均屬舌音。[1] 小篆訛變，故《說文》釋為“从畫省，从日”。林氏以為“日晝為晝”者，當據《說文》“晝，界也”之說而會意。

邊，寒韻

《說文》云：“，行垂崖也。从辵，臱聲。”“，宀宀不見也。闕。”按，“臱”字無考。邊，旁也。古作格伯敦，从彳轉注，从田、方、丙。“方”“丙”皆古“旁”字見“方”“丙”各條，本从田、方或从田、丙田旁為邊，誤複之也。或作散氏器，从辵，“田”以形近譌為“自”。或作盂鼎。

評注：“邊”字甲骨文作（《合集》28058），从自，丙聲。“邊”為疆土之始，故从“自”。後又疊加聲符“方”，字見於楚系文字，小篆訛作“”。再增辵符即為“邊”。[2] 林氏以為“‘臱’字無考”，非是。从“田”作之“邊”，或為異構，林氏以為“田”以形近訛為“自”，亦非是。然解“田方”或“田丙”為“田旁”，亦有理據。後世作“邊”者，乃據小篆訛體而隸定，作“邊”則與盂鼎之同，更為近古。大徐本作“，宮不見也。闕。”林氏據段注本。

畜，幽韻，音蓄

《說文》云：“，田畜蓄也。淮南王曰，玄田為畜。，《魯郊禮》：畜从田从茲，茲益也。”田滋為畜。

---

① 參見黃德寬主編《古文字譜系疏證》，商務印書館 2007 年版，第 991 頁。

② 參見黃德寬主編《古文字譜系疏證》，商務印書館 2007 年版，第 2832—2833 頁。

評注：“畜”字甲骨文作（《合集》29415）、（《屯南》3121）、（《合集》29416），下象苑囿中有草木等，表示蓄積培養之意，上从幺聲。金文作（秦公簋）、（欒書缶），下部訛為“田”，為後世所承。秦系文字上部進一步訛為“玄”，故《淮南子》有“玄田為畜”之說；其異體則意化為“茲”，故林氏有“田滋為畜”之說。“淮南王”大徐本作“淮南子”，林氏據段注本。

亳，模韻，音簿

《說文》云：“，京兆杜陵亭也。从高省，乇聲。”按，“亳”與“乇”不同音。“亳”字當為殷湯所居邑名而製，其本義不當為亭名也。从京，“宅”省。京、宅互體而省，猶“罷”“熊”合為“羆”，“𤇾”“宮”合為“營”也。

評注：“亳”字[①]商代金文作（乙亳觚），戰國文字作（《璽彙》0225）、（《雲夢・日甲》194反）。林氏謂“亳”為湯時都城，其本義不當為亭名，其說當有理。《說文》謂字从“高”，林氏謂字从“京”，按“高”“京”一字分化，二說均可。此條首論“互體而省”之說，以“亳”字為京、宅互體而省，“羆”字為罷、熊互體而省，“營”字為𤇾、宮互體而省證明之，其說頗有理趣，是對漢字構形特點的一個發現。按此所謂“互體而省”者，實即文字之借筆現象，或稱偏旁的黏合，古文字多見之，如“此”寫作（中山王鼎）、（《郭店・五行》26），“吳”寫作（《璽彙》1166），“公子”寫作（公子□壺）、“君子”作（《郭店・忠信》3）等。

扁，臻韻，音賓

《說文》云：“，署也。从戶、冊。戶冊者，署門戶之文也。”

評注：“扁”字西周金文作（師𩛥簋，用作“偏”，指邊鄙），左右

① 甲骨文有（《合集》28111）、（《合集》28109）等字，舊釋“亳”，其辭稱“亳土”，即“亳社”。李學勤先生認為其字下部所从與“乇”字不同，過去釋為“亳”的這個字，是从“屮”，“高”省聲，是“蒿”的另一種寫法，在卜辭中讀為“郊”。參見李學勤《釋郊》，《李學勤文集》，上海辭書出版社2005年版。

結構，秦簡作（《雲夢・秦律》130），與小篆結構相同。字頭乃林氏據偏旁寫法自擬古形，實不可據。

算，寒韻

《說文》云："，數也。从竹、具。"

評注："算"字見於秦印，作，小篆結構相同。林氏無說，以小篆為字頭。段注云："从竹者，謂必用筭以計也；从具者，具數也。"

簠，模韻

《說文》云："，黍稷圜器也。从竹、皿，甫聲。"

評注："簠"字古作（瘨簠），从竹甫聲。或从匚作（厚氏簠），或从夫聲作（陳逆簠），都是形聲字，从皿者為後起。林氏字頭用小篆，引《說文》釋為形聲而無說，其歸之於會意者，據下"簋"字條"从竹、皿，與'簠'同意"之言，可知乃以"竹、皿"立說也。

簋，幽韻，音九

《說文》云："，黍稷方器也，从竹、皿、皀。"按，从皀轉注，"皀"古與"享"同字見"皀"字條。从竹、皿，與"簠"同意。

評注："簋"字甲骨文本作（《合集》3823）、（《合集》34602），象簋之形。又加偏旁作（《合集》23571）、（《合集》24956），金文承之作（不嬰簋）、（事族簋），又加"皿"作（舟簋）、（蔡侯申簋），小篆則加"竹"為意符作"簋"。高鴻縉云："按《周禮・舍人》鄭注：'方曰簠，圓曰簋，盛黍稷稻粱也。'今驗之實物，皆簠方而簋圓，則鄭是而許非矣。字原象器形，後又加，象手持勺於簋中取食之形，故作。金文變形甚多，而大致類此。小篆始於原字加竹加皿為意符，則知周秦間有以竹為之者。原字，今惟於食、既、即、簋等字偏旁見之。小篆簋字通行而字亦廢。宋以來金文學者誤釋為敦（音對），而以器之名盨者當簋。自錢坫、嚴可均、許瀚、韓崇等疑毁非敦，黃紹箕作《說毁》一文詳述毁即簋而非敦，容庚復博引其例，於是也、毁也、簋也為一字之古今異形，始得正。”[1] 按高氏於此總結“簋”字的演變過程及宋人誤簋為敦、近代学者改釋的情況甚詳，然亦有可商者，如謂“小篆始於原字加竹加皿為意符”，驗之上舉舟簋及蔡侯申簋，則加“皿”者早于小篆。又季旭昇云：“‘毁’字右旁从‘殳’，並不象手持勺形，考古出土簋中似未見附勺（或匕）者，考古及文獻所見勺為挹酒器，與簋無關；匕則為取鼎實與飯食之用……《說文》釋‘㲃’為‘揉屈’，當與从‘殳’有關，可能是本義……金文假‘毁’為‘簋’耳，似不得以為‘毁’‘簋’同字。”[2] 其說可參。林氏以為“簋”字所从之“皀”與“享”同字，非是（見卷一“皀”字條評注）。字頭亦林氏據偏旁而撰。

羌，陽韻

《說文》云：“，西戎羊種。从羊、儿，羊亦聲。”按，古作鄭義羌父盨、作鄭羌伯鬲，从羊、人。

評注：“羌”字甲骨文作（《合集》171）、（《合集》163），从人，頭上有羊角為飾，亦以“羊”為聲，屬部分表音的獨體象形字。又作（《合集》26930）、（《合集》32020），加繩縛，示其為俘虜。林氏以為“从羊、人”，故入之會意。大徐本作“从人、从羊，羊亦聲”。此從段注。

頛，微韻

《說文》云：“，頭不正也。从頁、耒。耒，頭傾，亦聲。讀又若《春秋》‘陳夏齧’之齧。”按，从首、耒。頁，《說文》以為古“首”字。

評注：“頛”字音lèi，商周古文字未見之，字當後起。从“頁”者，與“首”義相關；“耒”為耜上之曲木，故有“傾”義，所以頁、耒會“頭不正”之意，耒亦聲。大徐本作“从頁，从耒。耒，頭傾也”（按各本“耒”字之解，皆可去“頭”字）。小徐《繫傳》云：“耒亦聲。”段

① 參見高鴻縉《中國字例二篇》，轉引自李圃主編《古文字詁林》第四冊，上海教育出版社2001年版，第664頁。

② 參見季旭昇《說文新證》，福建人民出版社2010年版，第231頁。

注從之，是。林氏仍以為从首、未會意。

髦，宵韻

《說文》云：“，髮也。从髟、毛。”按，《一切經音義》引《說文》云：“髮中豪者也。”髮豪如毛，故从髟、毛。《爾雅》：“髦，俊也。”釋言此從髮豪之義引伸。

評注：“髦”字當屬後起。甲骨文有（《合集》3103）字，多見，从大从羊，當為“美”字，《新甲骨文編》釋為“髦”（見第505頁），恐非是。徐鍇《繫傳》云：“从髟、毛聲。”綜合而言，字當从髟、从毛，毛亦聲。林氏按語據段注節選，字頭未見所據。

筋，文韻，音君

《說文》云：“，肉之力也。从肉、力，从竹。竹，物之多筋者。”

評注：“筋”字商周古文字未見之。睡虎地秦簡作（《秦律十八種》17）、（《日甲》39背），字从竹、从刚（“剝”之異體），會剝竹多筋以喻人筋之意。小篆之“力”，乃“刀”之訛變。[1] 宋育仁《部首箋正》云：“筋以束骨，故人力在筋。然不得離肉言之，故从肉。筋者，人身之物；取於竹者，所謂‘遠取諸物’。”乃據後起字形而重解。字頭係林氏據偏旁推寫，从“力”，不確。

思，之韻

《說文》云：“，容也。从心，囟聲。”按，“囟”非聲。，古“甹”字見“甹”字條，枝條也。思若抽條，故从心、甹。

評注：“思”字見於戰國時期，作（五年龔令戈）、（《璽彙》1895）、（《郭店·窮達》8）。《說文》解為“从心，囟聲”，段注據《韻會》改為“从心，从囟”。林氏從之，乃入之會意，并以“囟”為古“甹”字，云“思若抽條，故从心、甹”。按“思”當解為从心，从囟，囟亦聲。徐灝《說文解字注箋》云：“人之精髓在腦，腦主記識，故思从

① 参見黃德寬主編《古文字譜系疏證》，商務印書館2007年版，第3649頁。

囟。”楊樹達在《文字形義學》中說：“古人謂心主思慮。孟子云：‘心之官則思’，是也，故字从心。今人謂腦主思慮，造字者亦早知之，故字又从囟。囟訓頭會腦蓋也。于此可見吾先民文化之卓越。”所言皆有理。林氏歸之於會意，固無不可，然解“囟”為古“甹”字，則係別解。

知，蟹韻，陟街切

《說文》云：“，詈也。从口、矢。”朱氏駿聲云：“識也。憭于心故疾于口。”

評注：“知”“智”本一字分化。甲骨文作（《合集》38289），商代金文作（忈宝鼎），从大、口、子，表示大人教給孩子知識，兼有“知識”與“智慧”之義。“大”似“矢”，故字或从“大”或从“矢”，“子”線條化則似“于”，其後多从“于”。字繁化作（毛公鼎），是為“智”；簡化作（《雲夢・日乙》46），是為“知”。舊以為“知”“智”為古今字，其實二者為異體，大約到漢代才分化為兩字。[①] 林氏引朱駿聲說，所謂“疾于口”者，以字从矢、口也。

忍，微韻，疑輩切

《說文》云：“，怒也。从心，刀聲。讀若顡。”段氏玉裁云：“从心、刀。謂心含怒如懷刃也。”

評注：“忍”字見於戰國陶文，作（《陶彙》3・1013）、（《陶彙》3・1016），小篆結構與之同。林氏引段注以為會意字，可從。

䜌，寒韻

《說文》云：“，亂也。一曰治也，一曰不絕也。从言、絲。”按，古作揚敦、作兮田盤，不治之“亂”，古以“䜌”為之“亂”止訓“治”，見“亂”字條，从言、絲，謂言如絲之棼。

評注：“䜌”字見於西周甲骨文，作（《周原》H11：135），金文

① 參見詹鄞鑫《釋甲骨文“知”字》，《華夏考・詹鄞鑫文字訓詁論集》，中華書局2006年版。

多見，林氏已引。其字初文當作（《合集》26875）、（《合集》21818），从二系或三系相連〔即“聯”本字，異體作（《合集》32176）、（《花東》286），从耳，為後世所本。參見卷八“聯”字條評注〕，“𢆶”則疊加“言”為聲符，《說文》之“不絕”當為其本義，“治也”（亦反向引申為“不治”）則為“亂”之本義，古假“𢆶”為之。《說文》“𢆶”下所錄古文作“”，實即“亂”之異文，乃“亂也”“治也”之本字。林氏以“亂”為“𢆶”之本義，故解為“言如絲之棼”，本義既混，釋形只能另出別解了。

衇，蟹韻，彌奊切

《說文》云：“，血理分衺行體中者。从𠂢，从血从血、𠂢。，衇或从肉。，籀文。”

評注：“衇”即“脈”字，未見於現今出土的商周古文字材料。其字當是從“𠂢”派生而來，《說文》所錄篆文和籀文，皆从血从𠂢，會血脈分流之意。篆文或體改“血”為“肉”，意義相通。“𠂢”為“永”之反文，故字又作“衂”“脉”，後者現以為規範漢字。林氏無說，字頭以“𠂢”“血”之古寫拼合而成。

疢，文韻

《說文》云：“，熱病也。从疒，从火。”

評注：“疢”字音 chèn，見於戰國陶文，作（《陶彙》5・105），疒旁有缺筆。字从疒从火會意。段注云：“其字从火，故知為熱病。”林氏無說。

猒，寒韻

《說文》無“猒”字。《爾雅》“贙，有力。”注云：“似狗，多力獷惡。”按，“贙”為獷狗，本字當為“猒”，从犬、虎。古作師麻孝叔甗以為“甗”字、作師夆敦“獻”字偏旁。“獻”字从此得聲。“獻”為“甗”之本字諸彝器“甗”字皆作“獻”，故从鬲，“猒”省聲也。“獻”字古亦作子邦父甗、作召伯虎敦。《爾雅》之“贙”，蓋本借“贙”為之，俗譌作“贙”。贙，《說文》云：“分別也。

讀若回。”韻書“贙”音如“縣”，與“獻”同音。郭璞讚云：“爰有獷獸，厥狀似犬，飢則馴服，飽則反眼，出於西海，名之曰贙。”依韻語當讀如“縣”，不如“回”，是與《說文》之“贙”不同字也。《說文》云：“，虎怒也。从二虎。”按，虤，韻書“五閑切”，與“獻”“甗”古亦同音，當為“猒”形之誤。

評注：從古文字材料來看，“鬳”字是自成一字的，本為象形字，作（《合集》4827）、（《合集》4830），象上甑下鬲之形；又加“虍”旁作（《合集》26954）、（見甗），即“鬳”字。《說文》以為“从鬲，虍聲”。沈濤《古本考》：“《六書故》云：‘唐本虔省聲。’林罕亦曰：‘虔省聲。’大徐本音牛建切，小徐本音俱願切，皆與虔聲相近，則今本作虍聲者誤。”總之，“鬳”字古已有之，“甗”“獻”皆與之同源而分化。從源流來看，“甗”字當切分為“鬳”“瓦”，“獻”字當切分為“鬳”“犬”。而林氏此條所論之“猒”字，則是把“獻”字切分為“鬲”“猒”而析出的，這種切分顯然不符合上述“獻”字源流的情況。林氏所引之“”，好像是獨立的“猒”字，實則不然，因為“”在金文中僅偶見，實即“獻”之省（參見《金文編》第684頁）。即是說，“猒”在古文字中是不存在的一個字，是林氏誤分出來的。既如此，林氏所謂“贙”之本字當作“猒”，“虤”當為“猒”形之誤，“贙”蓋本借“贙”為之，俗譌作“贙”等等說法都是不能成立的。

值得注意的是，《文源》卷八有“贙”字條，林氏引金文為證，云：“从‘虤’謂二人分貝對爭如兩虎”，并未論及“虤”為“猒”之誤、“贙”為“贙”之誤，顯然與本條相矛盾。另“虤”字亦見於甲金文，甲骨文作（《合集》8206），金文作（即簋），未見其有从犬作者，亦可說明林氏說誤。卷十一有“獻”字條，以為其字从“猒”省聲，亦非是。

當然，本條林氏以韻書、韻語論“贙”字之讀音，其結論還是正確的，其方法也是值得肯定的。

䨲，談韻

《說文》云：“，狡兔也，兔之駿者。从㲋，从兔。”

評注：“㲋”字出土商周古文字未見之，先秦典籍有用例，如《詩·小雅·巧言》：“躍躍㲋兔，遇犬獲之。”林氏無說，以小篆為字頭。

蠅，蒸韻，余升切

《說文》云：“，營營青蠅，蟲之大腹者。从黽、虫。”

評注：段注云：“此蟲大腹，故其字从黽从蟲會意，謂腹大如黽之蟲也。”字頭係用偏旁寫法拼合而成，商周出土文字資料似未見之。戰國楚系文字有字，（見《上海博物館藏戰國楚竹書·圖版》40 頁），从䖵，興省聲，或以為即“蠅”之異體，然後世無傳。

季，微韻，居配切

《說文》云：“，少稱也。从子，稚省，稚亦聲。”按，“禾”為“稚”省不顯。《說文》云“稚亦聲”，是“季”與“稚”同音，當為“稺”之古文，幼禾也。从子、禾。古作趞尊彝，引伸為叔季之“季”，亦與“稺”通用。《詩》“有齊季女”采蘋，“季女斯飢”候人，“季”猶“稺”也。

評注：“季”字甲骨文作（《合集》21120）、（《合集》14710），从禾、从子，後世文字結構無異，而解釋不同：《說文》以為省形省聲，林氏以為从子、禾會幼禾之意，即“稺”之古文。按《說文》之說根據不足，《文源》的解釋則較有理據，故為學者認同，《漢語大字典》《古文字譜系疏證》均徵引其說。

粟，遇韻，音續

《說文》云：“，嘉穀實也。从鹵，从米。，古文从三鹵。”按，禾穗下垂如果實，故从鹵、米。

評注：戰國文字“粟”字作（《璽彙》3100）、（《璽彙》5549），从禾或从米，角聲。从米者為後世所承。小篆从鹵，當為訛體。林氏所釋，乃是重解，字頭則依鹵之古寫拼合，不足據。

栗，微韻，音類

《說文》云："，栗木也。从卤、木。其實下垂，故从卤。"按，石鼓作。

評注："栗"字甲骨文作（《合集》10934），象栗樹木實有刺之形。亦作（《合集》36745）、（《合集》36902），果實之形與酒器之"卣"同形，故訛从"卤"，為後世所承。林氏以石鼓文為字頭。

宕，陽韻

《說文》云："，過也。一曰洞屋。从宀，碭省聲。"按，"石"為"碭"省不顯。洞屋，石洞如屋者，从石、宀。洞屋前後通，故引伸為"過"。古作不𣪘敦。

評注："宕"字甲骨文作（《合集》8977 正）、（《合集》28132），後者為後世所承。其字从石从宀，會石屋之意，《說文》"洞屋"當為本義。林氏以為"'石'為'碭'省不顯。洞屋，石洞如屋者，从石、宀。洞屋前後通，故引伸為'過'。"其說可從，為《漢語大字典》所徵引。然林氏說亦有所本。段注云："洞屋謂通迵之屋，四圍無障蔽也。"徐灝《說文解字注箋》云："宕，蓋石室空洞之義。"朱駿聲《說文通訓定聲·壯部》云："宕，按字从宀，洞屋當為本訓。洞屋者，四圍無障蔽之謂。"皆與林氏說有共通之處。

㕣，文韻，音循

《說文》云："，山閒陷泥地。从口，从水敗皃。"按，从口，窪陷之象。

評注："㕣"字甲骨文作（《合集》27494）、（《合集》30603），後世承之。所从之口，段氏認為"謂山閒"，林氏以為"窪陷之象"，均有道理，皆無確證。朱駿聲云："蓋㕣、沇、兖（兗）本一字。"（見《說文通訓定聲·屯部》）可從。

粦，臻韻

《說文》云：“，兵死及牛馬之血為粦。粦，鬼火也。从炎、舛。”按，“舛”象二足迹形。鬼火宵行逐人，故从、。

評注：“粦”即“磷”之本字。甲骨文作（《合集》22258）、（《合集》261），从大（象人形），旁有四點，象人身邊有磷火之形。金文“大”下加“舛”作（尹姞鼎），示行動之意。小篆上部訛為“炎”，從磷火的意義而言，可視為合理的意化。然林氏依此推寫古形，則非是。楷書“炎”形又訛為“米”，形義關係疏離。徐鍇《說文解字繫傳》云：“《博物志》：‘戰斗死亡之處，其人馬血積年化為粦。粦著地及草木，皆如霜露，不可見。有觸者，著人體便有光，拂拭便散無數，又有吒聲如熓豆。’舛者人足也，言光行著人。”[①] 林氏謂“舛”象二足迹形，示鬼火宵行逐人，當本小徐之說。

启，微韻，音揆

《說文》云：“，開也。从戶、口。”按，从“口”謂戶開如張口。古作叔氏鐘“啟”字偏旁。

評注：“启”即“啟”之初文。甲骨文作（《合集》9339），又作（《合集》24926）、（《合集》36518），後者即“啟”字。段注云：“此字不入‘戶部’者，以口戶為開戶也。”林氏謂“从‘口’謂戶開如張口”，當本此。

扇，寒韻

《說文》云：“，扉也。从戶、羽。”

評注：“扇”字見於睡虎地秦簡，作（《法律答問》150），小篆結構相同。大徐本作“从戶、从瓬聲”。段注依《韻會》本改作“从戶、羽”，云：“从羽者，如翼也。”林氏從段注本。按小徐本作“从戶，翅省。臣鍇曰，象鳥之翅，會意”，其說亦有理據，惜無不省之全形為證

① 徐鍇《說文解字繫傳》，中華書局1987年版，第202頁。

耳。然據此推斷，大徐本的“从𢦏聲”之“聲”或當為“省”字音誤。

戟，之韻

《說文》云：“，有枝兵也。从戈，榦省。”按，有枝，故从“榦”。古作敔戟。

評注：小徐本作“从戈，倝聲”，大徐本作“从戈，倝”，并注云：“臣鉉等曰，倝非聲。義當从榦省。榦，枝也。”段注本依之，作“从戈，榦省”。林氏從省形之說，以“有枝”釋从“榦”之意，有理據但缺乏證據。按古字尚未見从“榦”作之全形，則小徐“倝聲”之說，當不可廢。《古文字譜系疏證》亦主“倝聲”說（見第1376頁）。商鞅戟作，林氏所引古字，或有摹誤。字本當作“戟”，隸省作“戟”。邵瑛《群經正字》：“漢碑戟或省作戟。”

臬，泰韻，疑害切

《說文》云：“，射墩準的也。从木，自聲。”按，“自”非聲。古作辛器“劓”字偏旁。自者，“鼻”也，立木如鼻形也。“闑”為門橛，亦鼻形之木，疑古亦只作“臬”。

評注：“臬”字甲骨文作（《合集》6333），後世結構與之同。小徐本作“从木，自聲”。李陽冰曰：“自非聲，从劓省。”大徐本據此作“从木，从自”，段注本作“从木，自聲”，注云：“李陽冰曰‘自非聲’，以去入為隔礙也。”林氏承之以為“自”非聲，故入之會意。但對“自”（鼻）的表意作用，諸說不同。王筠《說文釋例》云：“臬以木為之，故从木；射者之鼻，與臬相直，則可以命中，故从自。”林氏認為“立木如鼻形也”，并以為“闑”之初文。

褎，幽韻

《說文》云：“，衣袂也。从衣，采聲。，俗从衣，由聲。”按，“采”非聲。段氏玉裁云：“衣袂猶禾之有采穗也。从衣、采。”

評注：“褎”後作“袖”。其字未見於出土商周古文字，傳世文獻有之，如《詩·唐風·羔裘》：“羔裘豹褎，自我人究究。”睡虎地秦簡作

（《封診式》22），結構與小篆相同。段注："采非聲，衣之有褎，猶禾之有采，故曰从衣、采。"此節引段注。

繁，寒韻

《說文》云："，馬髦飾也。从糸、每。"按，从每，言如草盛也。古作師虎敦、作禹敦。

評注："緐"後作"繁"。西周2號卜甲有字，《新甲骨文編》以為"緐（繁）"字（第715頁），金文如林氏所引，小篆承之。段注云："引申為緐多。又俗改其字作'繁'，俗形行而本形廢，引申之義行而本義廢矣。"按夏承碑、魯峻碑陰皆有"繁"字，則段注所謂俗字者，乃漢隸也。字頭當隸作"緐"（《文源·通檢》十三畫亦隸定為"緐"，十七畫有"繁"字）小徐本、大徐本皆作"从糸、每聲"。段注刪"聲"字，注云："每者屮盛上出，故从糸、每會意。"按"每"為人頭上有髮飾之象，非屮盛上出（參見卷四"每"字條評注）。林氏從段氏說。

贏，青韻

《說文》云："，有餘利也。从貝，𣎆聲。"按，"𣎆"非聲。段氏玉裁云："當从貝、𣎆，𣎆者多肉之獸也，故以會意。"古作庚贏尊彝。

評注：大徐本、小徐本皆作"有餘賈利也。从貝，𣎆聲"。段注本作"賈有餘利也。从貝，𣎆聲"。此引段氏說以為會意。

買，蟹韻，彌解切

《說文》云："，市也。从网、貝。"

評注："買"字甲骨文作（《合集》11433）、（《合集》29420），金文作（買簋）、（右買戈），歷代結構皆無異。商承祚《殷契佚存攷釋》云："買，象以网取貝之形。"按"以网取貝"當會聚斂財物之意。林氏無說，字頭以"网"字古寫推出，與金文相合。

邑，緝韻

《說文》云：“，國也。从口。先王之制，尊卑有大小。从卩。”按，“卩”即“人”字見“卩”字條，从口圍、人。古作召伯虎敦。《說文》云：“，从反邑。㔾字从此，闕。”

評注：“邑”字甲骨文作（《合集》6057反）、（《合集》4474），从口，从卩，後世結構無異。林氏以“卩”即“人”，其說是；从口者，乃象城邑疆域之形。會城邑有民人之意。反邑之“”，古與“邑”無別。

㚔，緝韻，尼立切

《說文》云：“，所以驚人也。从大，从羊。”按，从“㚔”之字皆以罪為義。“㚔”者“有罪”之義，从屰逆、大。“大”猶“人”也見“大”字條。古作師寰敦“執”字偏旁、作召伯虎敦“報”字偏旁、作邾公牼鐘“𩏩”字偏旁。

評注：“㚔”字甲骨文作（《合集》6334正）、（《合集》6956）等形，象拘禁罪人之刑具，與殷墟出土陶俑雙手所被之械作“”者相同。《說文》云“所以驚人也”，意指使人驚懼之物件（刑具），所解正是本義。林氏以為从“㚔”之字皆以罪為義，甚是。如捕罪人之“執”，拘罪人之“圉”，皆从“㚔”，甲骨文分別作（《合集》587）、（《合集》5973）。閩方言中表示表示抓捕罪人及動物意義的動詞，其本字正是“㚔”。[①] 然林氏以字从屰逆、大，乃據金文分析，雖有一定理據，實非其朔形。殷墟出土雙手被械之陶俑見于朱芳圃《殷周文字釋叢·卷下》，作如下之形：

① 參見林志強《說“㚔”》，《古文字研究》第24輯，中華書局2002年版。

罤，文韻

《說文》云：“，周人謂兄曰罤。从弟、眔。”按，眔，及也。兄弟相及，故眔弟為“罤”。今字以“昆”為之。

評注：“罤”字未見於商周出土文字。徐鍇《繫傳》云：“眔弟為罤，會意。”王筠《釋例》云：“眔，及也。凡言及者，必自後及之，是從兄之義也。弟之所眔，是為罤矣。”段注云：“昆弟字當作此，昆行而罤廢矣。”林氏綜合此數家而言之。

婚，文韻

《說文》云：“，籒文婚如此。”按，古作多父盤，从爵、女。昏禮，父醴女而送之，故从爵、女“爵”，古“酌”字。魯侯作酌鬯用尊彝，借“爵”為“酌”。諸彝器多以“”克盨為之。此古“聞”字，从耳，𦥯聲。“聞”“婚”古同音。

評注：“婚”字見於詛楚文，作。金文中的“婚”字，都是借“聞”字為之。《說文》籒文，也是“聞”字變形。林氏所引金文字形，也都是“聞”字。按“聞”字甲骨文作（《合集》2422），象人跽而諦聽之形。金文作（利簋）、作（盂鼎）、作（王孫誥鐘），耳形獨立，人形訛變甚劇。林氏以字為例，所分析出來的所謂“爵”，乃是“聞”字人形的變化；所分析出來的所謂“女”，乃是人下足形的訛變。可貴的是，林氏認出克盨的是“聞”字，但分析為从耳，𦥯聲，又是不對的。

𩠐，寒韻

《說文》云：“，截首也。从斷、首。”

評注：“𩠐”音 tuán，同“剸”。“𩠐”為會意，“剸”為形聲。金文有（父乙鼎）形，當為斷首之表意符號，戰國文字之（《璽彙》5573）、（《包山》134），則為後起之形聲字。林氏無說。

旻，微韻，音遂

《說文》云：“，舉目使人也。从攴、目。”按，古作癸旻器戊。

評注：“旻”音 xuè。甲骨文作（《合集》16891）。章炳麟《新方言·釋言》：“蘄州謂使人為旻。音如越。”林氏無說。

馭，模韻，音午

《說文》云：“，古文御。从又、馬。”按，古作諆田鼎、作大鼎，从夋、馬。“夋”古“鞭”字。或省作趩尊彝。

評注：“使馬”之“馭”未見於甲骨文。金文从夋（鞭）、馬，會執鞭馭馬之意，林氏所釋甚確，可從。

逐，幽韻，音軸

《說文》云：“，追也。从辵，从豚省。”按，从辵、豖。

評注：“逐”字甲骨文作（《合集》5394 反）、（《合集》33216）等，商承祚《殷虛文字類編》云：“此字或从豖、或从犬、或从兔、从鹿，从止，象獸走壙而人追之，故不限何獸。許云‘从豚省’，失之矣。”按甲骨文亦有从辵者，金文承之作（逐簋）、（逐鼎），後世相沿。林氏云从辵、豖，是，字頭則係推寫。

羨，寒韻

《說文》云：“，貪欲也。从次，羑省。羑呼之羑，文王所拘羑里。”按，从次、羊，謂見羊美而涎欲下也。

評注：“羨”字商周古文字未見之。孔廣居《說文疑疑》云：“从次、从羊，會垂次羊肉之意。”林氏云：“从次、羊，謂見羊美而涎欲下也。”二說基本相同。

猒，談韻

《說文》云：“，飽也，足也。从甘、肰。”按，从犬轉注，从甘、肉。古作毛公鼎，“”即“甘”省。或作𡨦叔敦，从𠂤、肉，从旨。

評注：“猒”字未見於甲骨文。金文从口、犬、肉，會口食犬肉而飽之意，金文“口”旁小篆加筆成“甘”，“口”不必視為“甘”省。字頭宜作“猒”，作“厭”者乃後起。段注云：“厭專行而猒廢矣……猒、厭古今字。”徐灝《說文解字注箋》云：“猒者，猒飫本字，引申為猒足、猒惡之義。俗以厭為厭惡，別製饜為饜飫、饜足，又从厭加土為覆壓字。”

匊，幽韻，居肉切

《說文》云：“，在手為匊。从勹、米。”

評注：“匊”字未見於甲骨文，金文作（番匊生壺）。段注云：“會意。米至椒，兩手兜之而聚……俗作掬。”或以為“勹”乃手形之訛，以義觀之，有一定道理，然無字形證據。林氏無說，以小篆為字頭。

勹，幽韻，音缶

《說文》云：“，覆也。从勹、人。”按，今字以“抱”為之。

評注：“勹”未見於商周古文字，當為後起會意字。大小徐本作“从勹覆人”，此從段注本。段注云：“此當為抱子抱孫之正字。今俗作抱。”林氏亦據段注。

暴、㬥，宵韻

《說文》云：“，疾有所趨也。从日、出，夲廾之。”按，“夲”字說解未可據。秦繹山碑作，當即“曝”之本字。“”即“奏”字，本義為“趨”、為“輳”見“奏”字條。从奏、日。日中必熭，有疾趨之象，故引伸為“猝”、為“急”；虐害之“㬥”，復由“猝急”之義引伸。《說文》云：“，晞也。从日、出、、米。”按，四語為文，煩鄙失古。“㬥”與“暴”形近，俗改“夲”為“米”，因以聯綴成句耳。經典相承以“㬥”為“暴”。

評注：“暴虐”之“暴”，甲骨文作（《合集》10206），从戈从虎。

裘錫圭先生說："這個字所从的戈旁倒寫在虎旁之上，以戈頭對準虎頭，顯然是表示以戈搏虎的意思，無疑也應該釋作虣。"金文作（㙷盨），象以戍（戈鉞類武器）搏虎，詛楚文作，象雙手持戈搏虎。典籍一般寫作"虣"。① 繹山碑的""字當是"虣"的後起會意字，林氏所分析的形義關係，可備一說。《說文》所錄的""字，與繹山碑的""相比較，顯然誤析了所从的""形，也許是受了本義為"晞"的""字的類化影響。至于表示"晞"的""字，从日、出、、米，段注云"日出而竦手舉米曬之，合四字會意"，其說可從。林氏謂"四語為文，煩鄙失古"，其實未必。此字隸定从"氺"，殆从"米"之訛。從語義邏輯關係來講，暴曬義引申為疾暴、暴虐義也是順理成章的，故文獻皆以"暴"為疾暴、暴虐之"暴"。睡虎地秦簡"暴風雨"之"暴"作（《秦律十八種》2）、馬王堆帛書"暴進暴退"之"暴"作（《養生方》214）、校官碑"從風征暴"之"暴"作（見《隸辨》，中華書局 1987 年，第 149 頁），皆可為證。林氏云"經典相承以'㬥'為'暴'"，可從。按"㬥"通常隸作"㬥"，"暴"通常隸作"暴"。

逵，幽韻，音仇

《說文》云："，馗或从辵、坴陸。馗，高也，故从坴。"

評注： 大徐本作"馗，九達道也。似龜背，故謂之馗。馗，高也。从九，从首。逵，馗或从辵从坴"。林氏從段注本。字見於睡虎地秦簡，作（《法律答問》199），林氏無說，以小篆為字頭。

宂

《說文》云："，入山之深也。从山，从入从入、山。闕。"經傳未見。

評注： 甲骨文有（《合集》7996 乙）字，用作人名，形義關係不明，結構與"宂"同，或為異代同形。《玉篇》《廣韻》皆有收錄，《玉篇·入部》："宂，入山谷之深也。"《廣韻·侵韻》："宂，入山深皃。"林

① 參見裘錫圭《說"玄衣朱襮裣——兼釋甲骨文"虣"字》，《裘錫圭學術文集·金文及其他古文字卷》，復旦大學出版社 2012 年版，第 3—5 頁。

氏改《說文》“从山，从入”為“从入、山”，會意邏輯更為清晰。亦以小篆為字頭。

豳，文韻，音分

《說文》云：“，美陽亭即豳也。民俗夜市有豳山。从山，从豩，闕。”按，“豩”者，“燹”省。山上夜市，故从燹、山。

評注：“豳”字由“燹”字分化而來。西周金文“燹”字作（衛盉）、（五祀衛鼎）、（公盨）等形。董蓮池先生云：“燹與豳系一字所分化，均从豩聲。此从是豩之古形。豩者乃之後來所訛省；其分化為从山之豳，學者从前推斷山應是火之訛成，以今日發現形體觀之，說是。”①（參見卷十一“燹”字條評注）按“燹”字除音 xiǎn 外，《集韻》又音妨正切，音 bìng，與“豳”（府巾切）音近。此屬一字分化為二字二音者。據此，林氏以“豩”為“燹”省，並以“燹、山”會“山上夜市”之意，均不確。大徐本作“民俗以夜市，有豳山”。段注本同。林書漏“以”字。

𠷎，青韻，音井

《說文》云：“，阬也。从𣦼、井，井亦聲。”

評注：“𠷎”音 jǐng。商周古文字未見之。段注云：“𠷎謂穿地使空也。”朱駿聲《說文通訓定聲·鼎部》：“𠷎，即阱之別體。”按《說文》云：“𣦼，殘穿也。”故以𣦼井為阬。林氏無說。“阬”大徐本作“坑”。林從段注本。

睿，臻韻，音進

《說文》云：“，深通川也。从𣦼、谷。𣦼，殘也。谷，阬坎意也。《虞書》曰：‘睿畎澮距川。’，睿或从水。，古文睿。”

評注：“睿”音 jùn。古文字材料似未見之。小徐本作“从𣦼。𣦼，殘也，地阬坎意也”。大徐本作“从谷、从𣦼。𣦼，殘地阬坎意也”。林氏從

① 參見董蓮池《新金文編》，作家出版社 2011 年版，第 1415 頁。

段注本，無說。此字又音 ruì，同“叡”，參卷八“叡”字條評注。

叡，模韻，音護

《說文》云：“，溝也。从㸔，从谷。，或从土。”

評注：“叡”通作“壑”。未見於商周出土文字。《說文》云：“㸔，殘穿也。”从㸔，从谷者，段注云：“穿地而通谷也。”“土”為累增意符。

容，文韻，音循

《說文》云：“，古文谷。”按，从“歺”省，从谷。疑與“睿”同字“容”“睿”雙聲旁轉。

評注：《集韻·祭韻》：“叡，《說文》：‘叡，深明也，通也。’古作睿。”“睿”與“容”有一筆之差，林氏以為同字。待考。

圖，模韻

《說文》云：“，畫計難也。从囗，从啚。啚，難意也。”按，“圖”無“啚吝”之意。都鄙之“鄙”，古但作雍伯尊彝。圖，地圖也。从囗圍、啚。古作子廄圖器、作無叀鼎。

評注：“圖”字未見於甲骨文。林氏以為“圖”的本義是地圖，从囗圍、啚會意，其說可從。楊樹達《積微居小學述林·釋圖》云：“依形求義，圖當訓地圖。从囗者，許君於冋下云：‘囗象國邑。’是也。”“从啚者……啚為鄙之初字……物具國邑，又有邊鄙，非圖而何哉?”按楊說本義同《文源》，然會意方式與林氏不同。《漢語大字典》引楊說而未引林說，失之。《古文字譜系疏證》以為會圍繞鄙（啚）邑繪畫地圖之意（第 1507 頁），與林說“从囗圍、啚”意同。

廛，寒韻

《說文》云：“，二畝半，一家之居也。从广、里、八、土。”按，从“广”為轉注，“里”“八”“土”為會意。八者，分也見“八”字條。

評注：“廛”字未見於商周古文字。戰國文字作（《緇衣》36）、

(《十鐘山房印舉》"纏"字偏旁)，从厂或广，从土，中間所从并非里、八，構意不明。小篆从广、里、八、土，當有訛誤。"二畝半"，大小徐本作"一畝半"，此據段注本。字頭乃林氏推寫，不足據。

曾，蒸韻

《說文》云："，詞之舒也。从八、曰，囪聲。"按，"囱"字作"囪"未可據，"囱"又非聲。"曾"為詞亦無分散之義。古作段敦，當為"贈"之古文，以物分人也。从口轉注，从八、田。八，分也見"八"字條。或作曾伯簠匿。

評注："曾"字甲骨文作(《合集》31821)、(《合集》1012)，其字从"囪"者為變異，下部所从之"口"或"曰"符，則皆為後增。朱芳圃認為即"甑"的初文，其器下盛水，上盛飯，中置一箅，"田"即象其形(參《殷周文字釋叢》)。林氏以為"贈"之古文，以物分人之意。相較而言，朱說更為具體有據。林氏指出"囱"字作"囪"未可據，"囱"非聲，其說是。

尚、商，陽韻

《說文》云："，曾也，庶幾也。从八，向聲。"按，"庶幾"之義不得从"八"。古作陳公子甗，當為"賞"之古文，以物分人也。从口轉注，从八、宀，與"曾"同意。"宀"為宅，所以分人也。變作曶鼎、作陳侯因資敦。凡贈賞者以自有之物增加於他人所有之物，故"曾"古"層"字、"增"字"尚"皆可訓"加"，"曾""尚"亦一聲之轉，故"曾"為詞與"嘗"尚聲同意。《說文》云："，從外知內也。从㕯，章省聲。"按，"商"从"內"，其義不顯。古以"商""賨"為"賞"字作冊般尊彝巳："王商作冊般貝。"小臣傅器甲："伯𠟭父賨小臣傅。""商"本義當為"賞"，與"尚"同字。从言轉注，从八、宀。"人"即"八"之變。古作商尊彝丁、作商丘叔匿。

評注："尚"字西周甲骨文作(《周原》H11：23)，與金文同。或以為其字从八，从冂，口為無義飾件，會分開覆冒之物而顯露之意，疑為

“敞”之初文。[①] 林氏以為字从口轉注，从八、宀，當為“賞”之古文，以物分人之意。按林氏所分析的“尚”字所从之“宀”符，乃是“冂”符的變寫，故“‘宀’為宅，所以分人”之說，恐難成立。徐灝《說文解字注箋》云：“尚者，尊上之義，向慕之稱。尚之言上也，加也。曾猶重也，亦加也。故訓為曾，庶幾。”林氏“曾”“尚”皆可訓“加”云云，當本徐灝說。“商”字甲骨文作（《合集》1136）、（《合集》2960），从辛从丙。或加“口”作（《合集》33128），為後世所本。季旭昇以為字从辛在丙上，本義為制裁，引申為商量，《說文》“從外知內”又是“商量”的引申義。其字又作（《合補》11299 反）者，可能是表示“商”星的專字。其說有一定道理。[②] 林氏據金文字形，以為“商”字从言轉注，从八、宀，“人”即“八”之變。釋形支離、勉強，且不符合甲骨文，不可據；以“賞”為其本義，亦非是。按本條論“曾”為詞與“嘗”同意，古以“商”“賁”為“賞”字等等，都是假借用法；“尚”“商”不同形，字頭合並為一條，非是。

啚，之韻

《說文》云：“，嗇也。从囗圍、㐭廩。㐭，受也。”按，古作雍伯尊彝、作齊侯鎛。

評注：“啚”字甲骨文作（《合集》6057 反）、（《合集》32982）、（《英》2525），从囗（象城邑），从㐭（“稟”之初文），會城邊有倉廩之意，乃邊鄙之“鄙”的古字。《說文》釋“嗇”，非本義。林氏引金文而無說。《漢語大字典》此字下云：“甲骨文象禾穗露積在野之形。”（縮印本第 268 頁）實乃說“嗇”字之形，誤置于“啚”字之下，當正。參下“嗇”字。

嗇，之韻，音息

《說文》云：“，愛濇也。从來、㐭。來者，㐭而藏之。故田夫謂之

① 參見黃德寬主編《古文字譜系疏證》，商務印書館 2007 年版，第 1861 頁。

② 參見季旭昇《說文新證》，福建人民出版社 2010 年版，第 150 頁。

嗇夫。”

評注：“嗇”字甲骨文作（《合集》5790）、（《合集》20648），金文作（墻盤），从㐭（“稟”之初文），从來（“麥”之本字），會藏麥之義，即收穀之“穡”。《漢語大字典》以為“甲骨文象禾穗露積在野之形”。（縮印本第280頁）朱駿聲《說文通訓定聲》：“此字本訓當為收穀，即穡之古文也。”《說文》釋為“愛濇”，當是引申義。林氏依偏旁推寫作“”，與墻盤之“”近同。

私，微韻，斯非切

《說文》云：“，禾也。从禾，厶聲。北道名禾主人曰私主人。”按，“私”為禾名經傳無考。當與“厶”同字，古文作口見“厶”字條。从口圍、禾。經傳皆以此為公私字。

評注：“私”字見於戰國時期，作（《璽彙》4623）、（《雲夢·法律答問》180），同“厶”。其从“禾”者，或疑為“私田”之專字，引申而為“私人”之義。《詩·小雅·大田》：“雨我公田，遂及我私。”鄭箋：“因及私田。”林氏以為《說文》所釋之義經傳無考，字與“厶”同，从口圍、禾，可從。字頭與古字暗合。參見卷三“厶”字條評注。

糶，宵韻，音櫂

《說文》云：“，出穀也。从出，从糴，糴亦聲。”按，糴，《說文》訓為“穀”，未知所據。“糶”疑从出、米，翟聲。

評注：“糶”字出土文字材料尚未見之。傳世文獻見于《韓非子·內儲說下》：“韓昭侯之時，黍種嘗甚貴，昭侯令人覆廩，吏果竊黍種而糶之甚多。”又《墨子·魯問》：“抑越（王）不聽吾言，不用吾道，而吾往焉，則是我以義糶也。”按《說文·米部》：“糴，穀也。”故許慎解“糶”為“出穀”。林氏以為字从出、米，翟聲，亦有理據。

糴，宵韻，音櫂

《說文》云：“，市穀也。从入、糴。”按，疑从入、米，翟聲。

評注：“糴”字亦未見於出土材料，傳世文獻見于《左傳·莊公二十八年》：“冬，饑。臧孫辰告糴于齊。”“糴”與“糶”相反為義。《說文》以“糶”為字符單位，故解為“市穀”。林氏以為从入、米，翟聲，亦可從。參見上條“糶”字評注。

半，寒韻

《說文》云：“，物中分也。从八、牛。牛為大物，大可以分也。”按，古作子和子釜。

評注：“半”字見於春秋戰國文字。秦系文字作（秦公簋），从八，从牛，晉系文字除作从八、从牛者外，亦或作从八、从斗，如十三年上官鼎作。後世繼承了从八、从牛的寫法。“八”有分義，故八牛、八斗皆可會分半之意。大徐本作“牛為物大，可以分也”。各本同。林氏作“牛為大物，大可以分也”，“物”下施以點號，其前加一“大”，其後“大”字屬下句，與各本皆異。

夃，模韻

《說文》云：“，秦人謂市賈多得為夃。从乃，从夊。益至也。”按，“夊”象物形見“各”字條，“乃”，“扔”之古文，引也。猶言引取物。

評注：“夃”字甲骨文作（《合集》21871）、（《合集》13670），从人並在其股的部位加指事符號，是“股”的初文。金文作（师訇簋，《集成》8. 4342），系摹本，字形已經訛變。石鼓文作（“盈”字所从），在人形豎筆上增一飾畫；睡虎地秦簡作（《日甲》16 正“盈”字偏旁），指事符號脫離人形並訛變為“夊”，其形頗與小篆接近。[①] 因此小篆中的其實就是人形，則為指事符號的變化。林氏按語對字形的分析，不可據。大徐本作“秦以市賈多得為夃。从乛，从夊。益至也。从乃”。林從段注本，但在“秦人”後多一“謂”字。季旭昇認為《說文》“市賈多得”一義，或係“賈”之假借，[②] 當可從。

① 參見趙平安《關於夃的形義來源》，原載《中國文字學報》第 2 輯，商務印書館 2008 年。收入《新出簡帛與古文字古文獻研究》，商務印書館 2009 年版。

② 參見季旭昇《說文新證》，福建人民出版社 2010 年版，第 492—493 頁。

賣，遇韻，音續

《説文》云：“，衙也。从貝，𡍬聲。𡍬，古文睦。讀若育。”按，古作（君夫敦“儥”字偏旁）、作（曶鼎），从𡿧、貝。𡿧，古“徇”字。

評注：“賣”字作為偏旁，見於犢、續、儥等字，隸變後與買賣之“賣”混同。字之上部林氏以為古“徇”字，非是，參見本卷“亩、循”字條評注。大徐本“衙”作“衒”，林氏從段注本。

貫，寒韻

《説文》云：“，錢貝之毌（貫）也。从毌、貝。”

評注：“貫”字未見於商周古文字。或以為《陶彙》3·1175之為“貫”字，[1] 據《戰國文字編》所錄，當為“庚”字，[2] 因《陶彙》拓本上部筆畫不清而誤為“貫”字。段注云：“錢貝之毌，故其字从毌、貝，會意也。”“錢貝之毌”，大徐本作“錢貝之貫”，林氏從段注本。

贅，泰韻，音啜

《説文》云：“，以物質錢。从敖、貝。”（“敖”猶“放”也。）

評注：“贅”字見於戰國秦簡，作（《雲夢·為吏》19）。大徐本“从敖、貝”後尚有“敖者，猶放貝當復取之也”。朱駿聲《説文通訓定聲》云：“从敖、貝會意。敖貝猶出放貝，當復取之也。”林氏注語“‘敖’猶‘放’也”當據此。其字頭則據“敖”字金文字形而推寫（參見本卷“敖”字條評注）。

賡，遇韻

《説文》云：“，古文續。从庚、貝。”按，庚，續也（見“庚”字條）。

---

① 參見黃德寬主編《古文字譜系疏證》，商務印書館2007年版，第2629頁。

② 參見湯餘惠主編《戰國文字編》，福建人民出版社2001年版，第408頁。

評注：“庚”字見於戰國文字，作（《璽彙》0262）、（《陶彙》3·391）。字頭係林氏推寫。“賡”“續”二字形音均無聯係，“賡”作為“續”之古文，當是同義替換的現象。《爾雅·釋詁下》：“賡，續也。”《書·益稷》：“更賡載歌。”孔傳：“賡，續。”

貧，臻韻，音分

《說文》云：“，財分少也。从貝、分，分亦聲。”

評注：“貧”字未見於商周古文字，戰國秦簡和楚簡有之，作（《雲夢·秦律》82）、（《郭店·緇衣》44），从分、貝，後世無異。林氏引《說文》而無說，字頭係推寫。

盜，宵韻

《說文》云：“，厶私利物也。从次、皿。次，欲也。欲皿為盜。”

評注：“盜”字春秋時的秦公鐘作，“次”从二水；戰國秦簡作（《雲夢·效律》35），與小篆同構。有學者認為“盜”字是由表意的“鑄”字分化而來，“鑄”“盜”古音接近，表示盜竊之盜是假借用法，《說文》誤將盜竊義當作“盜”的本義，故有“欲皿為盜”之說。[1] 大徐本作“私利物也。从次，次欲皿者”。此從段注本。

𢇍，寒韻

《說文》云：“，織以絲毌貫杼也。从絲省，丱聲。”按，从丱毌絲“丝”,“絲”省，丱亦聲。

評注：“𢇍”字罕見單獨使用。戰國時期作（《雲夢·秦律十八種》97“關”字偏旁），从“絲”省，从丱，會以絲貫杼之意，丱亦聲。大徐本作“織絹从糸毌杼也”，段注以為“織”字下各本衍“絹”字，“从糸”為“以絲”之誤，“以絲貫於杼中而後織，是之謂𢇍，杼之往來如關機合開也。”《文源》從段注。

① 參見張富海《試說“盜”字的來源》，《中國文字學報》第6輯，商務印書館2015年版。

全，寒韻

《說文》云：“，完也。从入，从工。，篆文仝，从玉。純玉曰全。”按，“仝”字經傳無考。“全”从入、玉，非“純玉”之意。全，完也。玉，易損之物，入之乃得完也。入，藏入之也。

評注：“全”字見於戰國時期，作（燕王喜矛）、（侯馬盟書）、（《包山》227）、（《雲夢·法律答問》69），前二例从入从工，構形不明；後二例繁化，《說文》分析為从玉，或是意化。林氏所釋，亦是重解。

緜，寒韻

《說文》云：“，緜聯，散也。从系、帛。”

評注：“緜”即“綿”，戰國文字作（信陽2·8），與小篆偏旁位置不同。大小徐本作“聯微也”。段注本作“聯散也”。朱駿聲《說文通訓定聲》云：“緜聯，微也。从系，从帛，會意。緜聯，疊韻連語。許以‘微’訓‘緜聯’也。”林氏從朱氏說，“散”字則用段注。

羅，歌韻

《說文》云：“，以絲罟鳥也。从网，从維。”从維、网。

評注：“羅”字甲骨文作（《合集》880正），从网，从隹。隹者，鳥之象形。會以网罟鳥之意。戰國文字作（《雲夢·日乙》223）、（《包山》24），增加“糸”旁，為後世所承。根據“羅”字的源流情況和形義關係，當分析為从网，从糸，从隹。《說文》的“从网，从維”或林氏的“从維、网”，皆不確。俗稱所謂“四維羅”者，更是不足據。

武，模韻

《說文》云：“，楚莊王曰：夫武，定功戢兵，故止戈為武。”按，古作武生鼎、作曾伯霥匜。

評注：“武”字甲骨文作（《合集》456正）、（《合集》27151）、

（《合補》11074），从止（“趾”的本字，足的象形），从戈，後世結構無異。唐蘭云：“‘武’字在古文字裏本是表示有人荷戈行走，從戈形的圖畫，可以生出‘威武’的意義，從足形的圖畫裏，又可以看出‘步武’的意義，可是總不會有‘止戈’的意義。”① 其說可從。《說文》所引楚莊王之“止戈為武”說，乃是以春秋時期“戰以止戰”的思想來重解的，然因其符合傳統的武德精神，故後世頗為流行。林氏無說。

甹，青韻

《說文》云：“，亟詞也。从丂，从由。”按，“丂由”非義。“甹”為“僒”之古文，使也。古作宗婦彝“娉”字偏旁，从丂、𠙴。𠙴，缶也；丂，引之。此使役之事，與“卑”“僕”同意。又作番生敦。經傳或以“俜”為之。

評注：“甹”字甲骨文作（《合集》18842），會意不明。林氏謂“丂由”非義，字當从丂、𠙴，其說或可從，有待進一步考證。

筭，寒韻

《說文》云：“，長六寸，所以計曆數也。从竹、弄从弄、竹，言常弄乃不誤也。”

評注：“筭”字見於戰國時期，睡虎地秦簡作（《日乙》191），與小篆結構相同。从弄竹會意。古筭法用竹（《漢書·律歷志》），竹為筭籌，故弄竹為筭。大徐本作“計歷數者”，段注本作“所以計厤數者”，林氏從段注，但“厤”作“曆”，“者”作“也”。

筑，幽韻，音軸

《說文》云：“，以竹曲，五弦之樂也。从巩、竹。巩，持之也。竹亦聲。”按，古作子和子釜“築”字偏旁。

評注：“筑”字睡虎地秦簡作（《日乙》125）。林氏所引子禾子釜之“筑”字，見《集成》10374，原拓較模糊，林氏所摹大體不差。段注

① 參見唐蘭《中國文字學》，上海古籍出版社1979年版，第71頁。

云："'以竹曲'不可通……高注《淮南》曰：'筑曲，二十一弦。'可見此器氦呼之名筑曲。《釋名》：'筑，以竹鼓之也。'《御覽》引《樂書》云：'以竹尺擊之，如擊琴然。'今審定其文，當云：'筑曲，以竹鼓弦之樂也。'"此錄以備查。

昚，臻韻，音信

《說文》云："，慎古文。"按，从日，从火。日，近也"昵"字、"暬"字皆从"日"，日用火，有慎之象。古作郳公華鐘。

評注：古文字或借"質"為"慎"，如井人妄鐘"克質厥德"，讀為"克慎厥德"。"慎"字古文字形體變化較為復雜，多从心（或从言）从所（或省一"斤"，或以二橫筆代替），舊時多有誤釋，參見陳偉武《舊釋"折"及从"折"之字平議——兼論"慎德"和"悊終"問題》[①] 和陳劍《說慎》。[②] 到秦漢之際，才出現从心真聲的"慎"字。至于"昚"形，亦見於郭店楚簡（《語叢一》46），相對少用，當分析為从火，日聲。"日"為質部字，"昚"之為"慎"，與"質"之為"慎"，音理相同。林氏分析為會意，以日為近，"日用火，有慎之象"，乃係別解。

晏，寒韻

《說文》云："，安也。从女、日。"按，日，近也。古作宴敦"宴"字偏旁、作，省作並匽侯尊彝乙"匽"字偏旁。

評注："晏"字甲骨文作（，《合集》4510），从女，从日，金文同。晏者，安也。《說文》引《詩》曰："以晏父母。"朱駿聲《說文通訓定聲》云："此字疑即安之古文。"从晏得聲之"宴"等字亦有安意。然从女、从日之"晏"為何訓"安"，則尚難理會；林氏釋"日"為"近"，似亦難會"安"意。

① 載《古文字研究》第二十二輯，中華書局2000年版。
② 載《甲骨金文考釋論集》，線裝書局2007年版。

衵，微韻，音內

《說文》云："，日月所常衣。从衣，从日，日亦聲。"

評注："衵"音 yì，其字出土材料尚未見之。《玉篇·衣部》："衵，近身衣也，日日所著衣。"《左傳·宣公九年》："陳靈公與孔寧、儀行父通於夏姬，皆衷其衵服，以戲于朝。"

飧，文韻

《說文》云："，餔也。从夕、食。"

評注："飧"字出土材料似未見之。《孟子·滕文公上》："賢者與民並耕而食，饔飧而治。"趙歧注："朝曰饔，夕曰飧。"故从夕、食會意。按此字大小徐本《說文》作上下結構，上"夕"下"食"，段注本同。林氏殆據後來的隸楷結構而改篆，字頭乃以古字偏旁推寫。

夙，幽韻，息肉切

《說文》云："，早敬也。从丮、夕。持事雖夕不休，早敬者也。"按，早也。夕而持事，夙興之象。古作曶鼎、作歸夅敦、作毛公鼎。

評注："夙"字甲骨文作（《合集》15357），从丮、从月。古月、夕同字，後多寫作"夕"。商周時期"夙"字基本上都是"夕"在左上，"丮"處右下。胡光煒《說文古文考》："象人執事于月下，侵月而起，故其誼為早。"其說可從。小篆偏旁移位變為左右結構，"早敬"之義無法顯示；秦簡作（《雲夢·秦律十八種》184），變為上下結構，然"丮"變形為"凡"，"夕"變形為"月"；漢碑相承而寫作（北海相景君銘），"夕"復移位於"凡"之內，"早敬"之意更難尋覓，然其形則為後世楷書所承。大徐本作"从丮"，無"夕"字。《文源》從段注本。林氏云："夕而持事，夙興之象。"與胡光煒氏說近同。

男，侵韻，尼心切

《說文》云："，丈夫也。从田、力。言男子力於田也。"按，古作師寰敦、作𠳋侯匜。

評注："男"字甲骨文作（《合集》3455）、（《合集》3456），从田，从力。金文相承。"力"即"耜"的象形字，是古代的一種耕田農具（參見卷四"力"字條評注）。"男"字表示用耒耜類農具耕田，此為男人之本業，故以為男女之"男"。大徐本作"从田，从力。言男用力於田也"。林氏據段注本。

囏，文韻，音根

《說文》云："，籀文艱从喜。"按，从堇、喜，即"勤饎"之聲借諸彝器"勤"皆作"堇"，"喜"亦古"饎"字。飲食，勤乃得之，故"堇喜"為"囏"。古作毛公鼎、作不𡢁敦。

評注："囏"即"艱"字，甲骨文作（《合集》6057 正）、（《合集》24206）、（《合集》24204）等形，从女或堇，从壴（"鼓"之初文，或疑為疊加聲符，與"艱"同屬牙音見紐。參見《古文字譜系疏證》第 3661 頁）。从女从壴者後世無傳，从堇从壴者即演變為《說文》籀文的寫法。按"堇"字甲骨文作（《合集》1103）、（《合集》9815）。省體从口从黑（"墨"本字，本義為受墨刑之人），會受墨刑之人歎息之意；繁體益"火"作，為疊加意符，表示災難、苦困之意，乃"艱"之本字（參見本卷"堇"字條評注）。林氏以字"从堇、喜，即'勤饎'之聲借。飲食，勤乃得之，故'堇喜'為'囏'"，乃是以後來演變之字形而另尋別解，且其"勤饎"為"囏"的道理也很勉強，其說當不可據。

辛、辛，臻韻

《說文》云："，秋時萬物成而孰，金剛味辛，辛痛即泣出。从一、䇂。䇂，罪也。辛承庚，象人股。"按，"一䇂"非義。""即"屰"字繹山碑"逆"作，凡辛味上㦸鼻，故从屰逆上"二"，古"上"字，引伸為罪，與"䇂"同意。凡从辛之字多此義。古作奢彝乙、作舍父鼎、作祖已父辛器。《說文》云："，辠也。从干、二。二，古文上字。"按，古祖已父辛器、妣辛器、聿貝父辛器，"辛"皆作""，是"辛"與"辛"同字。

評注："辛"字甲骨文作（《合集》20236）、金文作（鬳且辛卣），象鑿狀工具，亦作刑具。苦、罪之義皆由刑具之義而引申。林氏以辛、辛同字，甚是，《說文》誤分為二。然謂辛為屰上，乃據後起字形，不可信；《說文》所釋，亦非本形本義。

報，幽韻，音轟

《說文》云："，當罪人也。从卒，从𠬝。𠬝，服辠也。"按，𠬝，治也。从𠬝、卒。古作召伯虎敦。

評注："報"字甲骨文未見之。金文如林氏所引，从𠬝，从卒，後世承之。"卒"字象拘禁罪人之刑具（參見本卷"卒"字條評注），作動詞有抓捕之義，如古"執"字作（《合集》587），作名詞則為罪人之義，如古"圉"字作（《合集》5973）（本卷"卒"字條云："'卒'者'有罪'之義。"）"報"字本義為判決罪人，即治服罪人之意，則林氏分析字从𠬝、卒（𠬝，治也，卒，罪人也），於理可通。

  喪、爽，陽韻

《說文》云："，亡也。从哭、亡，亡亦聲。"按，古作毛公鼎、作洹子器、作使曾鼎。《說文》云："，明也。从㸚、大。"按，"㸚"字《說文》訓為"麗爾"，未可據見"爾"字條；"㸚大"亦非義。古"喪""爽"通用。井人鐘"顯聖爽惠"，"爽"作"喪"。"爽"即"喪"之省變，""省為"大"，四"口"省為四"乂"，又省"亡"，與"哭"字相混。古作散氏器。"爽"訓"差忒"即"喪"義所引伸。"昧爽"之"爽"訓為"明"，古作冘敦，从日，"喪"省聲。

評注："喪"字甲骨文乃借"桑"字為之，作（《合集》97 正）、（《合集》58）、（《合集》8）等形，从桑，以"口"為分化符號，所从之"口"多寡不一，少則一"口"，多至五"口"。金文"桑"形訛變，下部變為"亡"形，既是聲化，也是意化，表喪亡之義。小篆所从之"哭"，乃是"口"形與"桑"形省變而成，亦是意化之體現。篆文本作，林氏移兩"口"於"犬"之上部，乃牽合"哭"字形而改。

甲骨文有字作（《合集》418 正），象人手持兩物形，用作配偶之義。字又作（《合集》56234）、（《合集》32744）、（《合集》36195）等形，發展為後代的"爽"字。《說文》釋為"从㸚、大"，非其原形。"爽"的明爽義應該是假借義。林氏舉井人鐘"顯聖爽惠"的"爽"作"喪"，又舉字，从日，"喪"省聲，說明喪、爽音通，可以通用，但兩字形體沒有源流關係。故所謂"'爽'即'喪'之省變，''省為'大'，四'口'省為四'乂'，又省'亡'，與'哭'字相混"云云，實系揣測之辭，不足據。因此本條合"喪爽"為一，非是。

亡，陽韻

《說文》云："，逃也。从入、乚。"按，古作師望鼎、作叔家父匡。

評注："亡"字殷商甲骨文作（《合集》19555）、（《合集》14494），从刀，另一筆表示鋒芒之所在，當即鋒芒之"芒"（又作"鋩"。《玉篇・金部》："鋩，刃端。"）的本字。表示鋒芒的短筆由直而曲，與刀字的一筆結合成"入"形，遂作（《周原》H31：3），後世字形皆由此而變。"亡"的逃亡義當是假借。《說文》分析為"从入、乚"，段注云："會意，謂入於迟曲隱蔽之處也。"都是以假借義為本義而作的形義解釋。林氏無說。

直，之韻

《說文》云："，正見也。从十、目、乚。"按，从㠯、乚。"㠯"，古"循"字見"㠯"字條。乚，崎嶇之處，有循而直也。

評注："直"字甲骨文作（《合集》22103）、（《合集》22048），从目从一豎，以目光直視會"正見"之意。金文加飾筆作（恒簋），戰國文字作（《陶彙》5・84），已與小篆近同。按甲骨文隸定，"㠯"就是"直"的古文，非"循"字（參見本卷"㠯、循"字條評注）。小篆所从的乚，其實是金文以來增加的飾筆。"崎嶇之處，有循而直"之說，乃屬別解。

繼繼，微韻，居配切

《說文》云："繼，續也。从糸、𢇍。"猶言繫絕。

評注：甲骨文有字作（《合集》14959）、（《合集》2904），象絲線相連，或以為即"繼"字。春秋時的拍敦作，从二丝相續。秦漢文字作"繼"者，當與"絕"的古文"𢇍"有關。按"絕"與"繼"相反而相成，故《說文》"一曰反𢇍為繼（㡭）"，是文字分化的手段，其實頗有理趣。從邏輯上講，"繼"當是在"㡭"的基礎上增"糸"以足義。段注本篆作左"糸"右"𢇍"，解為"从糸、𢇍"。注云："各本篆文作'繼'，解作'从糸、㡭'，則不可通，今正。此會意字，从糸𢇍者，謂以糸聯其絕也。"林氏所錄《說文》及"猶言繫絕"之說，皆本段氏。按秦漢文字多見作"繼"者，未見作"繼"者，故段氏改篆，實不可據。林氏從之，未之審也。

徵徵，蒸韻

《說文》云："徵，召也。从𡈼，从微省。𡈼微為徵。行於微而聞達者，即徵也。"朱氏駿聲云："𡈼挺微者，自微而之著，當以明信應驗為本義。"

評注："徵"字金文作（曾侯乙鐘）、（公史徵簋），其主體部分即甲骨文之（《合集》3286正）、（《合集》4242），象背部有腓子為飾的刀。[①] 其字从"刀"，與"人"形易混，後來變从"𡈼"，就是因為"刀"訛為"人"，"人"又加點繁化為"𡈼"，再加"彳"與"攴"旁，就成了"徵"字了。從這個字的源流情況來看，"徵"的古形是其中間部分，《說文》切分為"从𡈼，从微省"是不符合其發展演變過程的，因而從"𡈼微"而生發出來的形義解釋，如"行於微而聞達""自微而之著"等等，都是據後起的字形而作的別解。大徐本作"从微省。𡈼為微。行於微而文達者即徵之"。林氏從段注本。

① 參見于省吾《甲骨文字釋林》，中華書局1979年版，第358頁；裘錫圭《古文字釋讀三則》，《裘錫圭學術文集·金文及其他古文字卷》，復旦大學出版社2012年版。

宷，侵韻，詩飲切

《說文》云："，悉也。知悉諦也。从宀、釆。，篆文从宀，从番。"按，宀者深象，辨宀為審。"釆""番"皆"辨"之聲借。

評注："釆"字甲骨文作（《合集》4211 反）、（《合集》10061），為"番"（蹯）之本字（參見卷一"釆、番"字條評注），故"宷"又作"審"。"審"字見於戰國時期，作（《十鐘山房印舉》）、（禽審盂）。聲借之說，為林氏所發明，用於說明形義關係，頗有理趣。本條按語曰："宀者深象，辨宀為審。'釆''番'皆'辨'之聲借。"大徐本引徐鍇曰："宀，覆也；釆，別也。包覆而深別之，宷悉也。"兩說各有千秋。"知悉諦也"，大徐本作"知宷諦也"，段注本同，林氏或承上而誤。

智，蟹韻，陟蟹切

《說文》云："，識詞也。从白、亏、知。"按，"智"為"詞"，非本義，當為"知"之或體。古作毛公鼎，从"甘"即从"口"轉注，从知、于。于，曲也見"于"字條。

評注："知"字甲骨文作（《合集》38289），商代金文作（册宣鼎），从大、口、子，表示大人教給孩子知識，兼有"知識"與"智慧"之義。"大"似"矢"，故字或从"大"或从"矢"，"子"線條化則似"于"，其後多从"于"。字繁化作（毛公鼎），是為"智"；簡化作（《雲夢・日乙》46），是為"知"（參見本卷"知"字條評注）。林氏以"于"為曲，非是，然主"智""知"或體之說，驗之於古文獻，實有卓見，較之古今字之說，更有道理。徐灝《說文解字注箋》亦以為"知、智本一字"。

散，微韻

《說文》云："，眇也。从人，从攴，豈省聲。"按，从攸，从"耑"端省。"攸"者"修"之古文見"攸"字條，治也。凡微妙者得其端而後可治。"攸"與"抽"古同音，疑亦"抽"之聲借。古作散氏器。

評注："散"字甲骨文作（《合集》27996），金文承之。左邊所从的字形，象人長髮之形，或釋“耑”，或釋“髟”。釋“耑”者著眼于髮絲細微，釋“髟”者著眼于長髮飄飄，當是同象異字的現象（參見卷四“髟”字條評注）。“㪅”字从耑，从攴，會斷髮而微眇之意（高鴻縉云：“髮既細小矣，攴之則斷而更㪅也。”①）《說文》分析為“从人，从攴，豈省聲”，林氏分析為“从攸，从‘耑’省”，恐皆非確解；林氏以“聲借”說之，亦不可據。徐鉉按曰：“豈字从㪅省，㪅不應从豈省，蓋傳寫之誤。疑从耑省。耑，物初生之題，尚㪅也。”林氏从“耑”之說，當本此。《說文》入“人”部，大徐本作“妙也”，段注本改為“眇”，注云：“眇，各本作妙，今正。凡古言㪅眇者即今之微妙字。眇者，小也，引伸為凡細之偁。微者，隱行也。微行而㪅廢矣。”

賣，蟹韻，莫蟹切

《說文》云：“，出物貨也。从出，从買。”

評注：“賣”字見於戰國文字，璽印文字作（《璽彙》5657），是從買分化而來的一個字。上部所从，或為分化符號；若據小篆字形，也可以認為是“出”形的借筆簡省。从出，从買，則為會意字。林氏無說，字頭係偏旁拼合推寫。

馗，幽韻，音仇

《說文》云：“，九達道也。从九、首。”

評注：“馗”字未見於出土文字資料，其異體“逵”則見于睡虎地秦簡。段注云：“會意。首猶向也，故道字亦从首。九亦聲，古音在三部。”林氏無說，用古字偏旁拼寫字頭。

馵，寒韻

《說文》云：“，馬一歲也。从馬，一絆其足。讀若弦。一曰若環。”經傳未見。

評注：“馵”字音 huán，亦隸定為“馬”。字見於侯馬盟書，作，用

① 說見《散盤集釋》，轉引自季旭昇《說文新證》，福建人民出版社 2010 年版，第 656 頁。

作人名。林氏指出此字經傳未見，當可信。

炅，青韻，音儆

《說文》云："，見也。从火、日。"

評注："炅"字見於戰國文字，作（《璽彙》1978）。或以為古陶文之、即此字之表意形象。段注云："此篆義不可知，《廣韻》作'光也'近似之。"唐李白《明堂賦》："熠乎光碧之堂，炅乎瓊華之室。"與"熠"對文，當訓"光"為合適。

屵，寒韻

《說文》云："，高也。从山、厂，厂亦聲。"

評注："屵"字音è。戰國文字有作（《璽彙》2057）者，當為"屵"之或體。大徐本作"岸高也"，段注本同，林氏漏"岸"字。饒炯《說文解字部首訂》云："屵、岸、厂、厈皆一字重文。"可從。卷七有"屵"字（音yùe），可能與此字有同源關係（參見卷七"屵"字條評注）。

里，之韻

《說文》云："，居也。从田、土。一曰士聲。"按，古作大敦，不从"士"。

評注："里"字甲骨文未見。其字从田，从土，會田土可居之意。林氏指出不从"士"，可從。

郵，之韻，音頤

《說文》云："，竟境上行書舍。从邑、垂陲。垂，邊也。"

評注："郵"字睡虎地秦簡作（《語書》8），與小篆結構相同。从邑、垂（陲），會邊陲驛傳之意。大徐本"竟"作"境"，"邉"作"邊"。

陋，遇韻，音屨

《說文》云："，側逃也。从匚，丙聲。"按，"丙"非聲。"丙"

者“旁”之本字見“丙”字條。从丙、匸匸，衺徯有所夾藏也。

評注：此字出土文字材料未見之。桂馥《說文解字義證》云：“側逃也者，通作‘陋’。《釋言》：‘陋，隱也。’”徐灝《說文解字注箋》云：“匧、陋古今字。”徐鉉注云：“丙非聲，義當从內，會意。疑傳寫之誤。”林氏亦以為“丙”非聲，但理解與大徐不同。

邍，寒韻

《說文》云：“，高平曰邍，人所登。从辵、备、彔。闕。”按，古作陳公子甗，从“行”省轉注，从止，从夊，謂可登降也“陟”古作，“降”古作，、皆象足跡形，从田，从，象畜形，謂可佃牧也。省作鄭𩜁邍父鼎、作散氏器。

評注：“邍”字甲骨文作（《合集》3298）、（《合集》6128），从夊，从彖，會在原野追捕野獸之意。後增“彳”或“辵”以示動作義，增“田”以示原野義。《說文》把“夊”和“田”合為“备”，把“彖”誤為“彔”。“彔”字各家皆無確解，段注云：“彔者，土地如刻木彔彔然，《西都賦》‘溝塍刻鏤’是也。”徐鍇《繫傳》云：“未知何故从彔也。”林氏謂“象畜形”，堪稱卓識。高平之“邍”後借“原”為之，“邍”字遂廢。大徐本作“高平之野”，段注據《韻會》改為“高平曰邍”。此從段注本。

碧，模韻，音溥

《說文》云：“，石之青美者。从玉、石，白聲。”

評注：“碧”字商周古文字尚未之見。北大考古系藏古陶有字作，收錄于《古陶文字徵》（第171頁），該書以為即“碧”字。其下从厂从山，與从“石”同意，頗有理據。大徐本以“白”为聲。段注云：“从玉、石者，似玉之石也。碧色青白……故从白。云白聲者，以形聲苞會意。”林氏以為會意，當據段注。

戎，東韻

《說文》云：“，兵也。从戈、甲。”按，古作不䂂敦，或作盂鼎。

評注：“戎”字甲骨文作（《合集》6906）、（《屯南》1049），从戈从盾，故即“兵也”。又把方框簡作一横，作（《合集》2286），為後世所承。《說文》以“盾”之簡形為“甲”，故釋為从戈、从甲。甲亦兵之類，字理不變。

庸，東韻

《說文》云：“，用也。从用、庚。庚，更事也。”按，古作毛公鼎、作虢季子白盤，从，从。，缶也。“”即“爿”字見“爿”字條，皆常用之物。故“庸”訓為“常”、為“用”。或作召伯虎敦，變从，與“用”形近。亦作歸父盤，、即、也。

評注：“庸”字甲骨文作（《合集》30801）、（《合集》15994），从庚，从凡。又作（《合集》12839），“凡”形近于“用”，金文遂作（訇簋）、（中山王鼎），為後世所承。古文字中的“凡”可以讀為“同”，大概本是筒、桶一類東西的象形字。同、用二字古音極近，字形的關係也很密切，故“庸”所从之“凡”變為“用”也是非常自然的。古代稱大鐘為“鏞”，古書往往寫作“庸”。戴侗《六書故》根據金文認為“庚”象“鐘類”，並認為“庸”是“鏞”的初文，頗有見地。“庸”“用”字音極近，“庸”顯然是从“庚”“用”聲的形聲字，《說文》解釋為會意字是錯誤的。[①] 林氏所引毛公鼎和虢季子白盤之字，乃是从甾，爿聲，在文中讀為“將”（唯天將集厥命）或“壯”（壯武于戎工），非“庸”字，字頭亦誤。所引召伯虎敦（簋）的字，用作“祇”，非“庸”字；歸父盤的字（林氏所摹略異），為歸父之名，字尚不識，林氏以為“庸”字，根據不足。

盬，模韻

《說文》云：“，器也。从皿，从缶，古聲。”

評注：“盬”字从皿，从缶，以示其用，古聲。其形制或有未明，或

① 參見裘錫圭《甲骨文中的幾種樂器名稱——釋“庸”“豐”“鞀”》，《裘錫圭學術文集·甲骨文卷》，復旦大學出版社 2012 年版。

以为"�"即"盬"。[1] 字頭用偏旁古寫拼合而成。

辵辵，模韻，音度

《說文》云："辵，乍行乍止也。从彳、止。讀若《春秋公羊傳》曰'辵階而走。'"按，从"行"省見"彳"字條，从止。

評注："辵"字未見單獨使用，常作偏旁，甲骨文已有之，作辵（《合集》4918"逆"字偏旁）、辵（《合集》4919"逆"字偏旁），表示行走於道路之意，《說文》云"乍行乍止"，其實未確。林氏以為"彳"為"行"省，可從。

𢓜徙，歌韻，音璅

《說文》云："徙，迻也。从辵，止聲。𢓜，或从彳，止聲。"按，"徙"古屬歌韻，"止"非聲。从辵、止，或从行"彳"，"行"省、止。古作𢓜伐商彝辛。

評注："徙"字商代金文作徙（徙觚，《集成》6633），从彳从二止，會二足在路上移動之意。戰國古璽作徙（《璽彙》2183），二足線條化後，上作"之"形，下作"止"形。楚文字每借"尐（沙）"字為之，字亦增辵作𨔛，沙、徙同屬心母歌部；齊魯文字則寫作"𡱝"，下部由"少"訛為"米"。《說文》古文"徙"作𡱝，即齊魯寫法的變體。"徙"字睡虎地秦簡作徙，馬王堆帛書作徙，漢碑作徙，皆从"少"聲，可能即上述"止"或"之"的變形聲化，也可能是从"沙"省聲，似乎後者的可能性更大。[2] 楷書的"徙"字右上从"止"，大概是從隸書"少"形訛變而來，可謂復其本初。大徐本小篆作徙，林氏改作徙，與古暗合。段注云："各本有'聲'字，非也。止在一部，徙在十六部。从辵止會意者，乍行乍止而竟止，則移其所矣。"林氏以為"'止'非聲。从辵、止，或从行、止"，與段氏同。《說文》或體𢓜，从彳从止，甲骨文有之，乃"延"字，借為"徙"。林氏以為字頭，非是。

① 參見季旭昇《說文新證》，福建人民出版社2010年版，第424—425頁。

② 參見曾憲通《古文字與出土文獻叢考》，中山大學出版社2005年版，第181—182頁；黃德寬主編《古文字譜系疏證》，商務印書館2007年版，第2338—2342頁。

興，蒸韻，虚升切

《說文》云："，起也。从舁、同。同，同力也。"按，古作鄭興伯鬲，从攀，从。""，"䢃"字之變，即"登"字。

評注："興"字甲骨文作（《合集》18919），會四手抬舉"凡"而起之意。又作（《合集》28000）、（興鼎），"凡"下加"口"，為後世所承，《說文》以為从"同"。林氏所引鬲銘之""字，《集成》隸為"登"（見《集成》597、598、599），林氏以為"興"，字从"登"。待考。

徹，微韻，丑費切

《說文》云："，通也。从彳，从攴，从育。"按，从"行"省，从育。"育"為子生，有通義。从攴轉注。

評注："徹"字甲骨文作（《合集》10921）、（《合集》8072），羅振玉《增訂殷虚書契考釋》云："此从鬲从又，象手象鬲之形，蓋食畢而徹去之……卒食之徹，乃本義，訓通者，借義也。"金文作（何尊）、（牆盤）、（𨽍羌鐘），或"鬲"下增"火"，或改"又"為"攴"，此皆《說文》"徹"字古文"㣪"之所本。秦系文字作（《雲夢・日乙》50），改从"育"，為後世所承。段注曰："蓋合三字會意，攴之，而養育之，而行之，則無不通矣。"林氏以為"'育'為子生，有通義"，似乎都比較牽強，待考。

笑，宵韻

《說文》云："，喜也。从竹，从犬。"徐鉉據《唐韻》補按，从"犬"非義。《九經字樣》作"笑"，从竹，从夭。""即"散"省見"散"字條，人笑其體夭屈，其情舒散，故从夭，从"散"省。

評注："笑"字見於戰國文字，楚帛書丙篇"取女，為邦笑"之"笑"作，郭店楚簡《老子》乙"笑"字作，皆从艸从犬。"笑"字還可追溯到甲骨文，《殷虚文字甲編》第1798片即有字，艸下所从亦為犬，字亦當釋"笑"。曾憲通先生懷疑"笑字本从犬，从艸得聲。何以从犬雖不易質言，後人不明艸為聲符，復因古文字偏旁从艸从竹義近每互作，卒至易艸為竹作義符，訛犬為夭作聲符”。[1] 陳煒湛先生認為“戰國之笑本為形聲字也。之所以从犬，則誠如段公所言，古人以犬事喻人事耳，本不足奇，後世易艸為竹，訛犬為夭，遂成莫可名狀匪夷所思之笑，沿用至今”。[2] 李陽冰云：“竹得風，其體夭屈如人之笑。”林氏以為“‘’即‘散’省。人笑其體夭屈，其情舒散，故从夭，从‘散’省”。其說本李氏而新增从“散”之說，然皆不足據。

幸，青韻

《說文》云：“，吉而免凶也。从屰，从夭。夭，死之事。死謂之不幸。”按，殀不可逆。《小爾雅》：“非分而得謂之幸。”廣義 “夭”與“屰”皆非分而得之意。夭逆之義引伸為很、直，故《說文》“婞，很也”，《楚辭》“鮌婞直以亡身兮”，皆以“婞”為之。《孟子》“悻悻然”，以“悻”為之。

評注：“幸”字未見於商周古文字，戰國楚簡有之，見於上海博物館藏戰國楚竹書，作（《昭王毀室》簡3），从倒矢，从犬，取義不明，陳劍、季旭昇有文考釋。[3] 秦漢文字亦多从犬，小篆之“夭”殆“犬”之訛，猶“笑”字本从“犬”，小篆亦訛為“夭”。《說文》釋為从屰，从夭，非是。林氏另出別解，謂“‘夭’與‘屰’皆非分而得之意”，亦是依小篆訛變之形而立說，不可據。

𡔖，微韻，之費切

《說文》云：“，忿戾也。从至，至而復孫遜；孫，遁也。《周書》曰‘有夏氏之民叨𡔖’，𡔖讀若摯。”

評注：“𡔖”音 chì，其字罕用，出土材料似未見之。段注云：“二

---

① 參見曾憲通《楚帛書文字新訂》，《中國古文字研究》第一輯，吉林大學出版社 1999 年版，第 94 頁。

② 參見陳煒湛《讀〈說文〉小記（五則）》，中國文字學會第四屆學術年會論文・陝西西安・2007 年。

③ 參見陳劍《釋上博竹書〈昭王毀室〉的“幸”字》，《漢字研究》第一輯，學苑出版社 2005 年版，收入《戰國竹書論集》，上海古籍出版社 2014 年版；季旭昇《上博五芻議》，《說文新證》，福建人民出版社 2010 年版，第 800 頁。

'孫'字大徐作'遜'，非。古無'遜'字。凡《春秋》《詩》《書》遜遁字皆作'孫'。"小徐本亦作"孫"。林氏無說。

瞢，蒸韻

《說文》云："，目不明也。从旬，从苜。旬，目數搖也。"

評注：甲骨文有（《合集》39332）字，或以為即"瞢"字。[1] 睡虎地秦簡作（《日甲》40背），辭云："室人皆疫多瞢米死"，"瞢米"讀為"懜迷"。從古文字結構看，"瞢"字當从目，从，《說文》切分或有誤。，甲骨文作（《合集》8236），即"眉"之繁文，亦"夢"之偏旁，後隸定為"𦾔"。"瞢"字上頭依形當寫作"丬"，隸楷混同為"廾"，《通檢》本為十六畫，今依混同寫法改為十五畫。

𦦵，蟹韻，尼㚃切

《說文》云："，楚謂小兒嬾𦦵。从臥、食。"

評注："𦦵"音 nè，其字罕用，先秦出土材料未見之。徐鍇《說文解字繫傳・臥部》云："謂不樂於食也。今俗人謂嬾為𦦵。此會意也。"臥而食之，是為嬾也。林氏無說。

衛，泰韻，于外切

《說文》云："，宿衛也。从韋、帀、行。行，行列也。"按，古作賢彝，从方、行，"韋"省聲。方者，"旁"之古文。衛為從兵，常旁行也。"韋"微韻"衛"泰韻雙聲旁轉。或作司寇良父壺，从行，韋聲。

評注："衛"字甲骨文作（《合集》33235）、（《合集》28009），會眾人在路口護衛城邑之意。甲骨文"方"有四方或方國之義，因此"方"可指方國城邑。"方"兼表音，此字也可釋為"防"字，亦屬同象異字之例。金文表示城邑的符號或改用"口"來表示。從古文字材料來看，小篆所从之"帀"或為"方"之訛變，其字既从"口"，又从"帀"

---

① 參見黃德寬主編《古文字譜系疏證》，商務印書館2007年版，第410頁。

(方)，當是糅合之體。中間的“韋”亦可表音。“衞”通常作“衛”，可謂復其本初。《篇海類編·人事類·行部》：“衞，俗作衛。”《正字通·行部》：“衛，同衞，俗省。”皆以為俗字，非是。林氏解“方”為“旁”，恐非造字本意。

設，微韻，失費切

《說文》云：“，施陳也。从言、殳。殳，使人也。”

評注：“設”似未見於先秦出土古文字資料。《左傳·僖公二十八年》：“狐毛設二旆而退之。”字頭係林氏推寫。

討，幽韻，音肘

《說文》云：“，治也。从言、寸。”按，“寸”即“又”字，象手形。古作邾討鼎。

評注：“討”字未見於商代甲骨文。徐鍇曰：“寸，法也。奉辭伐罪，故从言。此會意。”林氏以為“寸”即“又”字，象手形。其說是。單𪋁討戈作，即从“又”。林氏所引邾討鼎，見於《集成》2426，字作，與林氏所摹略有不同，其左邊从“又”而彎曲其臂，且有指事符號，當是“肘”字初文。該字若是“討”字，當是从言，肘聲。討、肘皆幽部字。

役，蟹韻，夷隻切

《說文》云：“，戍也。从殳、彳“行”省。”

評注：“役”字甲骨文作（《合集》8138正），从殳，从人，會役使之意。《說文》古文承之。秦文字改為从彳。大徐本作“戍邊也”。段注依《韻會》改為“戍也”。林氏從段注。

衙，寒韻

《說文》云：“，行且賣也。从行、言。”

評注：“衙”即“衒”字，先秦出土文字材料似未見之。段注云：

“《周禮》‘飾行儥慝’，大鄭云：‘儥，賣也；慝，惡也。謂行且賣姦僞惡物者。’後鄭云：‘謂使人行賣惡物於市，巧飾之，令欺誑買者。’”此可釋此字會意之旨。邵瑛《羣經正字》云：“今經典从或體作衒。”

致，微韻，脂類切

《說文》云：“，送詣也。从夂，从至。”按，古作伯致敦，从，从至。“”，“”之變，即“丮”字見“丮”字條。或作亦伯致敦，从八轉注。八，分也。

評注：“致”即“致”。“致”“到”本一字分化。本作（伯到尊），从人，从至，會到達之意。又作（伯到簋），人形下加上足趾之形。其从人形者，以其似“刀”，故秦文字聲化為从刀，是為“到”；其从人形並足趾者，或省人形而从“夊”，是為“致”，或訛為从支而作“致”。邵瑛《羣經正字》：“致，今經典从攵作致。”林氏所引伯致敦（簋）之（見《集成》3490. 1），所摹人形有誤，以“”為“”之變，即“丮”字，亦非是。所引之（見《集成》3490. 2），以為从“八”，其實當是泐痕或飾筆。

送，東韻

《說文》云：“，遣也。从辵，倂省。”按，从弅、辵。

評注：“送”字見於戰國，金文作（螸壺），从辵、从弅。按“弅”當即“送”本字（參見卷六“弅”字條評注），“送”為“弅”之孳乳，增辵表動作義。《說文》分析為“倂”省，似不必。“倂”亦“弅”之孳乳，《說文·人部》：“倂，送也。从人，弅聲。”段注云：“倂，今之媵字。《釋言》曰：‘媵，將送也。’”林氏以為从弅、辵，似難會遣送之意。林氏據“弅”字古形推寫字頭。

奏，遇韻，音趣

《說文》云：“，進也。从，从夲，从屮。屮，上進之義。”按，“夲”字說解不可據見“夲”字條。从，即“奔”之聲借見“奉”字條，从。與“奏”同音之字，如“走，趨也”，“趨，走也”，“趣，疾也”，皆與奔赴義近；"湊，會也"，"聚，會也"，亦奔赴之義引伸。

評注："奏"字甲骨文作（《合集》937 正）、（《合集》14606）、（《合補》7237 正），象雙手持一有枝葉根須的植物以舞蹈，與"無（舞）"字構形表意相類似。甲骨文多用為祭名，本義當為進奉祭品。春秋時期的秦公磬作，从廾、从，本於甲骨文，唯下部增一短横；《說文》小篆作，又本於形而有所訛變，其所从之"夲"，當是从""形析出，故上部變為从中从廾。"奏"字的演變過程還有一些疑問，秦漢篆隸資料裏的"奏"字，其下部不从"夲"，如睡虎地秦簡作，馬王堆文字作，漢印作，皆从"矢"作，這些字形中的"矢"形是否由"夲"形訛變，待考。从"矢"的"奏"再變而从"夫"，如石門頌作。這樣看來，後世"奏"字下部从"天"，很可能是从"矢"到"夫"再到"天"演變過來的。① 至於其上部所从之"𡗗"，從上引字形中可以看出，乃是"中"和"廾"在增筆、黏合的過程中逐步形成的。林氏指出字不从"夲"而从，其說是；其以即"奔"之聲借，與卷七"靰"字條所論相同，雖不合古形，但"奔""進"義近，對形義關係的解釋，也還頗有理趣。他從語音的角度論證"奏"有奔赴之義，也可與之互相印證。

奧，幽韻，烏壽切

《說文》云："，宛也。室之西南隅。从宀，𢍏聲。"按，"𢍏"非聲。奧，深也。从宷審，从。，探索之象。

評注："奧"字出土文字似未見之。段注云："宛、奧雙聲。宛者，委曲也。室之西南隅，宛然深藏，室之尊處也。"《儀禮·士喪禮》："乃奠燭，升自阼階，祝執巾席從，設於奧，東面。""奧"之意義，《說文》釋為"宛"，林氏釋為"深"，皆可從。《說文·廾部》云："𢍏，摶飯也。从廾，釆聲。"其音為 juàn，與"奧"音隔，故林氏以為"𢍏"非聲。他分析為从宷審，从，可備一說。

① 參見林志強《古本〈尚書〉文字研究》，中山大學出版社 2009 年版，第 47—48 頁。

劫，葉韻

《說文》云：“，人欲去，以力脅止曰劫。或曰以力去曰劫。从力、去。”

評注：“劫”字尚未見於先秦出土古文字資料。《左傳・莊公八年》：“遇賊於門，劫而束之。”“劫”之會意，《說文》釋之已明，林氏無說。亦有以為形聲字者。裘錫圭先生云：“形聲字从‘去’聲而古音屬葉部的，如‘怯’‘狌’‘㾀’等字，舊或以為从‘劫’省聲，其實都應該从這個‘去’字的。就是《說文》認為是會意字的‘劫’，也應該是以此為聲旁的形聲字。這個‘去’字的音跟古音屬魚部來去的‘去’相去很遠，二者不可能是一個字。”[①] 大徐本作“以力止去曰劫”，多一“止”字；無“从力、去”三字。林氏據段注本。

虜，模韻

《說文》云：“，獲也。从毌，从力，虍聲。”

評注：“虜”字商周古文字未見之。戰國包山楚簡有之，作（《包山》二・一九），與小篆結構相同。本卷為會意字，林氏此既據《說文》為形聲，而入之會意。字頭係據偏旁推寫。

足、疋，遇韻，音聚

《說文》云：“，人之足在體下。从口、止。”按，“口止”無“人足”之義。本義當為饜足之“足”。足有止義，體下之足亦所止，故謂之“足”。从足之字皆以借義轉注。古作史懋壺“路”字偏旁，同。《說文》云：“，足也。上象腓腸，下从止。”按，“楚”字《說文》从“疋”，古作楚公鐘，从足。“足”遇韻“疋”模韻形近，又雙聲對轉，當即同字。

評注：“足”字甲骨文作（《合集》19956），象足之形。上端後變為“口”，下端後變為“止”，遂成金文之。林氏以為《說文》所分“口止”無“人足”之義，其說是；然以為其本義為饜足之“足”，則

① 參見裘錫圭《說字小記》，《古文字論集》，中華書局1992年版，第646頁。

非。“足”“疋”本一字而分化。《說文》云：“疋，足也……《弟子職》曰：‘問疋何止？’古文……亦以為足字。”林氏合足、疋為一，良是。

最，泰韻，音嘬

《說文》云：“，犯取也。从冃、取。”

評注：“最”字未見於商周古文字。秦文字作（《雲夢・日甲》5）、（《十鐘山房印舉》3．51），上部所从與小篆稍異。《說文》釋為从冃、取，本義為“犯取”。吳善述《說文廣義校訂》云：“最之从冃，猶从冒也，謂冒犯而取之，故曰犯而取也。”然此義罕用。或以為字從“冣”字分化，中間之“一”“二”為分化符號。《說文》：“冣，積也。从冖，从取，取亦聲。”“冣”訓“積聚”，聚則多，多則第一，遂與“最”義近。① 此說較有理據。按“最”之異體作“宷”，也透露了“冣”與“最”的關係。《篇海類編・宮室類・宀部》：“宷，音最，極也。”林氏無說，字頭以偏旁推寫，似不可據。

盭，微韻，音類

《說文》云：“，弼戾也。从弦省，从盩。”按，“”，古“玄”字，繫也見“玄”字條。盩，擊罪人也。凡罪戾之“戾”當作“盭”。“戾”為弼戾本字。

評注：甲骨文有（《合集》6816）字，从攴，从㚔，會抽擊罪人之意，疑即“抽”之初文。② 繁化為（史頌簋），加“血”（或“皿”），《說文》云：“盩，引擊也。从㚔、攴，見血也。”再繁化為（瘨鐘），復加“玄”。可見由“執”而“盩”而“盭”，乃文字孳乳繁化之例，後者皆以前者為基礎而增繁。從其使用來看，或讀幽部，如金文中“盩龢”即讀“調和”；或讀脂部，如本條讀 lì，同“戾”。此當一字異讀之現象。段注本條云：“此乖戾正字，今則戾行而盭廢矣。”林氏則以“盭”為“罪戾”本字，“戾”為弼戾本字（“弼”有違背意。《漢書・五行志下》：

① 參見季旭昇《說文新證》，福建人民出版社2010年版，第633、637頁。

② 參見黃德寬主編《古文字譜系疏證》，商務印書館2007年版，第517頁。

“君臣故弼兹謂悖。”顏師古注：“弼，猶相戾也。”），較段氏分得更為詳細。

款，寒韻

《說文》云：“，意有所欲也。从欠，竅省。”按，“欠竅”非義“竅”,《說文》云:“塞也”。从欠轉注,與“歡”“欣”“欲”同意，从出、示。

評注：“款”字見於戰國文字，作（《十鐘山房印舉》），與小篆或體的結構相同。按此或體所从之“祘”，甲骨文已有之，其上从“出”者，乃“木”符之訛寫，故《說文》之正體，實即後出之文。按“款”的“意有所欲”之義在文獻中罕見其用，“款”字的形義關係，亦不得其解。徐鉉等曰：“竅，塞也。意有所欲而猶塞，款款然也。”段注云：“古款與窾通用。窾者空也，款亦訓空，空則有所欲也。”似皆有未恰。林氏以為“欠竅”非義，“款”字乃从欠、从出、示。按“出、示”之說，既非古形，全字亦難以會意。待考。

葡，之韻，音逼

《說文》云：“，具也。从用，苟省。”按，古作毛公鼎、作洹子器“備”偏旁，从丂、用。“丂”，古“敬”字見“丂”字條。

評注：“葡”亦隸定為“葥”，甲骨文作（《合集》5845）、（《屯南》2152），象盛矢之器，為“箙”之初文。金文加飾筆，上部為“苟”省，下部為“用”，為後世所承。林氏以上部為古“敬”字，下部為“用”，乃依訛形為說，並不可據。

協，葉韻

《說文》云：“，同眾之和也。从劦、十。”

評注：“協”字本作“劦”，甲骨文作（《合集》27338），象三耒耜合力並耕，會同力之意。又加“口”作（《合集》1），金文承之作（𨽻簋），小篆从“劦”，又加“十”，表示眾人合力。林氏無說。參見卷六“劦”字條評注。

𠦒，幽韻，音缶

《說文》云：“，相次也。从匕、十。鴇从此。”按，“匕”者“比”省。十，結也見“十”字條。

評注：“𠦒”字未見於商周古文字材料。王筠《說文解字句讀》：“《大司徒》：‘令五家為比，使之相保。’注：‘保，猶任也。’……案，保者，𠦒之借字。此即保甲。五家為比，故从匕；二五為十，故从十；互相保任，故曰相次。”段注云：“十者數之具也。比敘之則必有其次矣。”林氏以“十”為“結”，與段注近似。

師，微韻，音自

《說文》云：“，二千五百人為師。从帀，从𠂤。𠂤四帀，眾意也。”按，古作師遽敦。

評注：“師”字始見於西周甲骨文和金文。西周甲骨文作（《周原》H11：4），西周金文作（令鼎）。按商代甲骨文以“𠂤”為“師”，西周金文除承襲商代以“𠂤”為“師”（如多友鼎“京𠂤”即“京師”）外，多以“帀”為“師”。從邏輯上講，“師”大概是集合“𠂤”和“帀”而成的。“師”的本義是師旅，由師旅引申為軍事長官，兼為王任教育之事，故有師長之義。林氏無說。

會，泰韻，音澮

《說文》云：“，合也。从亼，曾省。曾，益也。”按，古作趩亥鼎、作沇兒鐘“澮”字偏旁，不从“曾”省。“”蓋“”之變。从合，从。“”，古“周”字見“周”字條。

評注：“會”字甲骨文作（《合集》1030正）、（《合集》30956），金文之象形者作（𪆫羌鐘），上下為器底、器蓋之形，中所从者，或表物品，或為器身，全字當表器蓋相合之意，故“會”當為“合”之分化字。段注云：“《禮經》：器之蓋曰會，為其上下相合也。”《說文》以為从“曾”省，又以“益”解之，恐非是。林氏以為从“周”，亦不確。

其所摹趞亥鼎之字，當作（《金文編》第364頁），中間部分不準確，當正。

胤，臻韻，音印

《說文》云：“，子孫相承續也。从肉，从八。八象其長也。幺亦象重絫也。”按，从肉轉注，从八、幺。八，分也；幺，繫也見“八”“幺”各條。古作晉公盦。

評注：“胤”字未見於甲骨文。金文結構與小篆同，从肉，从八，从幺。段注云：“八，分也。骨肉所傳，支分辰別，傳之無窮。”朱駿聲《說文通訓定聲》云：“按从八猶从分，分祖父之遺體也。从幺如絲之繼續也。會意。”林氏按語大意與此同。大徐本作：“胤，子孫相承續也。从肉，从八，象其長也。从幺，象重累也。”林氏增一“八”字，據段注本“幺”下增“亦”字，改“累”為“絫”。

𢍰，文韻，音分

《說文》云：“，賦事也。从丵、八。八，分之也。八亦聲。讀若頒。一曰讀若非。”按，从八，“僕”省。八，分也。僕，“付”之聲借《詩》“景命有僕”，“僕”亦“付”也。

評注：“𢍰”音bān，先秦出土文獻似未見之，傳世文獻亦罕見其用。林氏以聲借之說解其會意之旨，有一定道理。“八”“僕”者，“分”“付”也，即所謂“賦事”也。段注云：“賦者，布也。”則“賦事”猶今之“布置工作”。字頭為林氏據“僕”字偏旁推定。

市，之韻

《說文》云：“，買賣所之也。市有垣，从；从乁，象物相及也。乁，古文及字。㞢省聲。”按，“乁”為古文“及”不可據。古作兮田盤，从八、丂。八，分也；丂，引也見“八”“丂”各條。買賣者分而引之。㞢聲。漢乘輿御水銅鐘作。“”，“㞢”省。

評注：甲骨文有字作（《合集》27641）、（《合集》27202）、

（《合集》30646），丁山釋为“失字初文，象人失足而血溢於趾形”。[1] 李家浩亦以為“失”字而讀為“昳”，為時稱之一。[2] 季旭昇以為此字形與兮甲盤“市”字很接近，疑“市”字即從“失”字分化而出，可備一說。[3] 或以為上引甲骨文就是“市”字，从丂，止聲（止、丂合用一横），周圍多加點狀筆畫，[4]《新甲骨文編》亦徑釋為“市”。按，兩說的共同點是甲骨文、、是“市”字之源，從源流演變的情況看，《說文》所謂的古文“及”，乃是“丂”符之變，林氏所分析的“八”，乃是點畫飾筆所遺留，故其所謂“八，分也；丂，引也。買賣者分而引之”云云，亦屬理據重解。

兮，微韻，奚肥切

《說文》云：“兮，語所稽也。从丂、八。象气越亏也。”按，“气越亏”不可曉。“兮”與“稽”同音，當即鉤稽本字。从八、丂。八，分也；丂，引也。凡稽覈者區分而紬引之，故从八、丂。古作兮田盤，同。

評注：“兮”字甲骨文作（《合集》33694）、（《合集》33165）、（《合集》13173），表意不明。從甲骨文字形看，或象一種器物，後來“兮”字所从的“八”，原來並不是“八”，《說文》《文源》皆以“八”為說，殆非朔義。

計，微韻，居配切

《說文》云：“計，會也，算也。从言、十。”按，十，結也見“十”字條。

評注：“計”字未見於商周古文字。戰國文字作（《璽彙》0138），與小篆結構相同。《說文》云：“計，會也，算也。”殆計算皆需言語，故从言；从“十”之故，林氏以為“十，結也”。當可從。大徐本“算”作“筭”，林氏據段注。

---

① 參見丁山《商周史料考證》，中華書局1988年版，第197頁。

② 參見李家浩《讀〈郭店楚墓竹簡〉瑣議》，《郭店楚簡研究》，遼寧教育出版社2000年版，第345、356頁。

③ 參見季旭昇《說文新證》，福建人民出版社2010年版，第461頁。

④ 參見黃德寬主編《古文字譜系疏證》，商務印書館2007年版，第104頁。

稽，居非切

《說文》云："，留止也。从禾，从尤，旨聲。"按，"尤"者，從手中引物之象見"尤"字條。稽之義，猶手持物，有引之者不令取，故从尤，从禾。

評注："稽"字未見於商周古文字資料。睡虎地秦簡作（《为吏之道》5），本从𥝌，旨聲。所从之"又"，後變為"尤"，如漢代新嘉量上的"稽"作（《秦漢金文匯編》第155頁），即由"又"變"尤"之過渡。要之，"稽"之初文作𥝌（秖），表意尚不明確。[1] 或以為𥝌所从之"禾"為"禾"之變寫，秦簡之為从又，从禾，从旨，旨亦聲。旨，美也。會以又（手）取禾之美者而貯存之意，本意當為貯存。[2] 待考。

又按，徐鍇《說文解字繫傳》云："禾，木之曲止也；尤者，異也。有所異處，必稽考之，考之，即遲留也。"孔廣居《說文疑疑》云："禾，木之曲頭止不能上者也；尤者，色之美者也；旨，食之美者也。美食美色皆足以留滯人，此三體會意也。"林氏云："'尤'者，從手中引物之象。稽之義，猶手持物，有引之者不令取，故从尤，从禾。"其中"尤"字之說，乃據後起之形，皆非朔義。

乎，模韻

《說文》云："，語之餘也。从兮，象聲越揚之形。"按，"乎"為詞，非造字本義。古以"乎"為"呼"。字作克鐘、作師嫠敦，从丂、示"示"字齊侯鎛"祀"字偏旁作""。丂，引也，欲有所示而召引人，為呼之象。省作吳尊彝、作克鐘、變作頌敦。

評注："乎"字甲骨文作（《合集》2658）、（《合集》34306），或以為從"兮"字分化而來，"兮"為匣紐支部，"乎"為匣紐魚部，二者音近。[3] 本義不明，林氏以為"'乎'為詞，非造字本義。古以'乎'為'呼'"，說皆可從。然以為字"从丂、示。丂，引也，欲有所示而召引

① 參見劉釗《"稽"字考論》，《古文字考釋叢稿》，岳麓書社2005年版。

② 參見黃德寬主編《古文字譜系疏證》，商務印書館2007年版，第3164頁。

③ 參見黃德寬主編《古文字譜系疏證》，商務印書館2007年版，第1280頁。

人，為呼之象”，乃據金文立說，非其朔形本義。

毒，幽韻，音軸

《說文》云：“，厚也。害人之艸，往往而生。从屮，毐聲。”按，“毐”非聲。“毒”本義為“厚”與“竺”同音同義，引伸為害人之草，毒草多濃厚也。从每、二。每，草盛也；二，“竺”省見“仁”字條。

評注：“毒”字未見於商周古文字資料。睡虎地秦簡作（《秦律十八種》5），从毋，从生，會意不明。大徐本作“从屮，从毒”。段注本依小徐作“从屮，毐聲”，注：“毐在一部，毒在三部，合韻至近也。”林氏所引《說文》從段注本。林氏以為“毐”非聲，因重新切分“毒”字結構為从每、二。每，草盛也；二，“竺”省（竺，厚也）。其說頗具匠心，然無實據。徐灝《說文解字注箋》云：“毒之本義為毒艸，因與篤同聲通用而訓厚耳。”亦備一說。

剽，陽韻，音羌

《說文》云：“，黥或體。从刀，从黑。”

評注：《說文》云：“黥，墨刑在面也。从黑，京聲。”“黑”即“墨”本字，本義為受墨刑之人，故“黥”之異體作“剽”，會以刀施墨刑於面也。林氏無說，字頭係推寫。

彣，文韻

《說文》云：“，馘也。从彡、文。”

評注：“彣”字未見於商周古文字。“文”字古文字象人身有紋飾之形，“彣”即“文”的後起字，增“彡”以足文采之意。段注云：“有彣彰謂之彣，彣與文義別。凡言文章皆當作彣彰，作文章者省也。文訓遣畫，與彣義別。會意，文亦聲。”按其說強分“文”“彣”之別，似無必要。

穆，幽韻，莫肉切

《說文》云：“，禾也。从禾，㣎聲。”“，細文也。从彡，㡿省聲。”按，“穆”為禾無考，經傳無“㣎”字。“穆”當訓為“細文”。古作𥡛$_{\text{曶鼎}}$、作$_{\text{虢叔鐘}}$，从禾$_{\text{轉注}}$。“禾”為“穌”之聲借。从“㿟”省，从彡。“㿟”者“細”意，“彡”者“文”意。

評注：“穆”字甲骨文作（《屯南》4451）、（《合集》28400），象禾穗下垂有芒穎之形。金文加“彡”符。所以“穆”字當把“彡”獨立切分出來，象禾穗下垂部分為其初文。《說文》切分為“从禾，㣎聲”，林氏切分為“从禾，从‘㿟’省，从彡”，都不符合“穆”字的本形。其本義當為禾的某種狀態，《說文》訓為“禾也”，倒是不離本義范疇。林氏以為當訓為“細文”，“㿟”者“細”意，“彡”者“文”意。其說非是。“禾”為“穌”之聲借，似乎與“細文”之義也不相涉。

彤，肜，東韻

《說文》云：“彤，丹飾也。从丹、彡。彡，其畫也。”按，古作$_{\text{師湯父𩰫彝}}$、作$_{\text{伐徐鼎}}$。《說文》無“肜”字。《爾雅》：“繹，又祭也。周曰繹，商曰肜。”按，即“彤”之誤體。《詩序》：“繹，賓尸。”$_{\text{絲衣}}$箋云：“商謂之肜。”《釋文》亦作“融”。“融”从“蟲”得聲，古與“肜”同音。

評注：“彤”字未見於甲骨文。“肜”字甲骨文作（《合集》34507）、（《合集》22726）、金文作（二祀𠨘其卣），以積畫表示祭祀相續不絕之意，後增“肉”作“肜”，經典相承。“彤”“肜”不同字，林氏以為“肜”即“彤”之誤體，非是。

整，青韻，音井

《說文》云：“整，齊也。从攴$_{\text{轉注}}$，从束、正，正亦聲。”

評注：“整”字未見於甲骨文。金文作（蔡侯申盤），从支，从束，从正，與小篆結構相同，“束”符寫法略異。“整”字會以外力約束而使整肅齊正之意。林氏錄《說文》而無說。

𤈦，談韻

《說文》云：“𤈦，於湯中爚肉也。从炎，从熱省。”按，《禮記》

“三獻爓”禮器，以“爓”為之。

評注：“燅”音 xún，又讀 qián。亦作“錴”，从“炙”，“爚肉”之意更為顯明。後常作“燖”。徐灝《說文解字注箋》云：“燅，古通作尋，久而遂專其義，又增火旁作燖。”其字還未見於先秦出土古文字資料，字頭的寫法尚不可據。

曆曆，談韻

《說文》云：“曆，和也。从甘、麻。麻，調也。甘亦聲。讀若函。”按，古作曆𩰫鼎，變作曆趩尊彝，省作𣦼友敦。

評注：“曆”字音 gān，大徐本作“𤮊”，“从甘，从麻。麻，調和也。”段注本改作“曆”。王筠《說文釋例》亦以為“𤮊”為“曆”之訛。此從段注本。林氏所引金文，常與“蔑”字連用，當讀“歷”，與“和”義之“曆”，或為同形字。

厚厚，遇韻，音煦

《說文》云：“厚，山陵之厚也。从厂，从㫗。㫗，高也。从反亯。”按，“㫗”字無考。“厚”古作厚伯厚父盤、作厚井人鐘、作厚𧽊鼎，从石，从“高”省。石，藉也見“石”字條。本凡厚之稱，以不得从“厂”之說，故訓為“山陵厚”也。

評注：“厚”字甲骨文作厚（《合集》34123），與金文結構相同，从厂，从㫗，㫗亦聲。㫗為“覃”字所从，象巨口狹頸之容器（唐蘭說，參“覃”字條評注）。字从“石”者，乃由㫗之“口”符與“厂”結合而成。所从之“㫗”，則為訛變之形。林氏以為从石，从“高”省，是以後起之形說之。《說文》以字从“厂”，故訓為“山陵厚”，可從。

㸌㸌，歌韻，音多

《說文》云：“㸌，厚脣皃。从多、尚。”按，古作㸌周㸌壺，當為凡厚之貌。从多，“尚”省。尚，加也。

評注：“㸌”字音 zhā。未見於甲骨文。徐鍇《說文解字繫傳》云：“多即厚也。多尚為㸌，會意也。”林氏進一步以“加”釋“尚”，有助於對所會之“厚”意的理解。所引金文用為人名。

奄，談韻

《說文》云：“，大有餘也。又欠也。从大、申。申，展也。”按，古作雍公尊彝。

評注：“奄”字未見於甲骨文。所引雍公尊彝即應公鼎，其字“申”在上而“大”在下，與後世上“大”下“申”異。會廣大申展有所覆蓋之意，从“奄”之“掩”“淹”等皆有“覆蓋”之意。段注云：“覆乎上者，往往大乎下，故字从大。”

奞，寒韻

《說文》云：“，大視也。从大、旻。讀若𧡒。”

評注：“奞”字音 quán，亦隸作“奞”。商周古文字未見之。所从之“旻”，音 xuè，義為“使人舉目”（參見本卷“旻”字條）。“奞”字从大、旻，故會“大視”之意。典籍罕用。字頭係林氏推寫。

敫，宵韻

《說文》云：“，光景流皃。从白、放。”

評注：“敫”字未見於商周古文字。戰國秦文字作（詛楚文“憿”字偏旁）、（《雲夢・日甲》143 背），从攴，从皃，或以為乃旁擊義之“擊”的初文。所从“皃”下的人形後訛為“方”，故《說文》釋為从白、放。之所以演變為从白、放者，或為“光景流皃”之義而意化。段注云：“凡物光景多白……故从白。不入《白部》者，重其放於外也。”王紹蘭《說文段注訂補》云：“敫从白，故為光景；从放，故為流然。”皆據後起字形立說。“光景流皃”，大徐本“皃”作“也”，此從段注本。林氏無說。

《文源》評注卷十一　轉注兼形聲

《說文》轉注兼形聲之字凡八千餘，其聲義明顯者不錄。轉注兼形聲之字本自明顯，而《說文》以為會意，如“社為土示”“電為雨申”之類是也。引伸之義，或增益轉注以別於本義，亦可謂之轉注兼形聲，而《說文》以為會意，如“伍為五人”“什為十人”“恊為劦心”“勰為劦思”之類是也。此皆易曉，亦不錄。

辭、嗣、司、辤，之韻

《說文》云：“辭，訟也。从𤔔、辛。𤔔辛猶理辜也。”按，本訓為獄辭。从辛，“𤔔”省聲。古作兮田盤。　　《說文》云：“辤，不受也。从受、辛。受辛宜辤之也。”按，與“辭”形近，隸省“8”也，不當制篆。

《說文》云：　“嗣，籀文辭，从司。”按，从口，𤔔聲。古作召叔山父匜、作師𡍮父鼎、作司寇良父匜。　　《說文》云：“司，臣司事於外者。从反后。”按，“反后”非義。“司”即“嗣”之省文。古作毛公鼎。

評注：“辭”“嗣”為異體關係，林氏合而為一，可從。《說文》“辭”下收籀文“嗣”，視“辭”和“嗣”為一字異體是可靠的。甲骨文作（《花東》286）。金文作（盂鼎）、（公臣簋），从“ㄱ”或“司”；或作（兮甲盤）、（𠑹匜），从“辛”或“辛”（並加“口”）。前者即“嗣”，後者即“辭”。𠑹匜的形也可以看成是从“辛”和从“司”的糅合。甲骨文會以刀具理絲之意，其本義為“治”，與理絲之“𤔔”構意相同，[①] 故金文變為从“𤔔”。從司寇良父壺作來看，“嗣”字

---

① “𤔔”字金文作（召伯簋），會兩手理絲之意（參見卷六“亂”字條評注）。

所从之“F”“ㄱ”當即“𠚣”的反書。“𠚣”即“刀”字。“𠚣”“𠚤”在構形中的用意應該是一樣的，即作為治絲的刀具。上舉甲骨文即从“𠚣”“𠚤”。“辭”“䛐”在金文中或增从“口”“言”，[①] 大概表示口、言所以治之之理，“訟也”“言辭”等義由此引申，許慎、林氏皆以引申義為本義，不確。由於增“口”符，“䛐”字變从“司”，也可以看作是一種變形音化。

關於“辤”字，《說文》的“受辛宜辭”之說，應該是據形重解。林義光認為“辤”是“辭”字省了“8”形後分化出來的一個字，是隸變的結果，雖可備一說，但由於秦兩詔橢量“辭”字作辤[②]的存在，可以推知睡虎地秦簡的“辤”（《日書》甲 40）、“辤”（《封診式》17），漢隸的“辤”（孔龢碑）、“辭”（鄭固碑），都有可能就是“辤”這種形體的隸變，同時《說文》篆文的“辤”也應該來源於秦篆“辤”。如果以上推論成立，“辤”就不太可能是林氏所謂“以漢隸為舊文”的結果。

林義光認為“司”乃“䛐”之省文，非如《說文》所言“从反后”。甲骨文有字作𠄔（《合集》32050）、𠂤（《合集》23714）、𠂤（《花東》103）等形，有學者釋此字為“后”，[③] 有學者釋為“司”。[④] 唐蘭、裘錫圭、黃天樹等先生認為“司”“后”一字分化。唐蘭先生認為殷墟婦好墓出土的銅器中的“后辛”就是指婦好。過去稱為“司母戊大方鼎”中的“司母”乃“姤”字，“姤”是女性后的專字。裘錫圭先生認為史牆盤和叔夷鎛中的“司”字的確應讀作“后”，但甲骨文以及商代和周初稱呼王配的“司”字是否應讀為“后”，仍是一個有待討論的問題。黃天樹先生主張甲骨文中作為王配的應該讀為“后”。[⑤] 儘管甲骨文中這個字的讀法仍然存在爭議，但從字形來看，甲骨文中已有“司”字是確定的，那麼

---

① 从“口”者已如上舉之字，从“言”者如䛐（𠑹匜）。

② 參見徐無聞主編《甲金篆隸大字典》，四川辭書出版社 1991 年版，第 1026 頁。

③ 參見朱鳳翰《論卜辭與商周金文中的“后”》，《古文字研究》第 19 輯，中華書局 1992 年版，第 422—442 頁。

④ 參見劉釗等編《新甲骨文編》，福建人民出版社 2009 年版，第 505—506 頁。

⑤ 唐蘭說見《文物》1977 年第 5 期，第 346 頁；裘錫圭說見《史牆盤銘解釋》注 14，《文物》1978 年第 3 期，第 32 頁；黃天樹說見《〈說文解字〉部首與甲骨文（續一）》，《古文字論集》，學苑出版社 2006 年版，第 349 頁。

林義光認為“司”是“𤔲”之省文就不可信了。

嗣

《說文》云：“嗣，諸侯嗣國也。从冊、口，司聲。”按，古作嗣盂鼎、作嗣毛公鼎，皆从冊，“𤔲”省聲。

評注：“嗣”字甲骨文尚未見之，金文多見，變化亦多。《說文》分析為从冊、口，司聲，可從。林氏分析為“𤔲”省聲，沒有必要。林氏所引毛公鼎之嗣，从𤔲从冊，《金文編》別為一字，注：“《說文》所無。”① 非“嗣”字。

咅

《說文》云：“咅，相與語，唾而不受也。从丶，从否，丶亦聲。”按，从丶，聲義俱非是。古“不”或作不宋公戈、作不陳曼匿，則“咅”與“否”同字。“咅”即“否”，故“棓”即“桮”。《海內北經》：“蛇巫之山有人操杯而東立。”“操杯”者，“操棓”也。

評注：“咅”字音 pǒu。按“否”由“不”加“口”分化而來，“咅”又由“否”加飾筆分化而來。戰國文字作咅（中山王鼎）。林義光以“不”字加飾筆的寫法論證“咅”即“否”字，并證以“杯”字異體，所言甚是。

嚭

《說文》云：“嚭，大也。从喜，否聲。”朱氏駿聲云：“《史記·伍子胥傳》‘伯嚭’，《論衡》作‘帛喜’。《禮記·檀弓》有‘陳太宰嚭’，《漢書·古今人物表》作‘太宰喜’，當从丕，喜聲。《集韻》作‘嚭’。”

評注：“嚭”字未見於商周古文字資料。《說文》以為从“否”聲，林義光引朱駿聲說，認為當从丕，喜聲。按“丕”有“大”義，與“嚭”的意義相同，故以“丕（否）”為義符，較為合理。林說可從。

---

① 參見容庚《金文編》，中華書局 1985 年版，第 128 頁。

醫

《說文》云：“，治病工也。从殹，从酉。殹，惡姿也，醫之性然。得酒而使，故从酉。王育說。一曰殹，病聲，酒所以治病也。《周禮》有醫酒。”按，“殹”為“惡姿”、為“病聲”皆未詳。本義當為《內則》“漿水醷濫”之“醷”，梅漿也。从酉，殹聲。“殹”微韻“醫”之韻雙聲旁轉《周禮》“醫酒”，司農亦以為“醫”即“醷”。

評注：“醫”字未見於商周古文字，戰國文字有之，作（《雲夢·日甲》148 正貳），與小篆同構。睡虎地秦簡《日甲》148 正貳簡文“女子為醫”，《日乙》242 簡文“壬辰生，必善醫”，《封診式》53 簡文“令醫丁診之”，“醫”指“治病的人”，或用作動詞“治病”。林義光認為“醫”从酉殹聲是對的，[①] 但他據《周禮》認為“醫”的本義即“醷”，則未必可靠。“醫”和“醷”也可能是假借關係。

畮，彌以切

《說文》云：“，晦或从十、久。”按，“十久”非義。古“每”或作諸婦器借“每”為“母”，上類“十”而下類“久”，此隸書以形近省變也，不當制篆。

評注：“晦”字未見於甲骨文，金文作（賢簋），从田，每聲，為小篆所本。戰國古隸作（《雲夢·秦律十八種》38），改換“久”“又”為聲，每、久、又皆屬之部。小篆或體作“十”形，當是由秦文字的“又”形變來。[②] 林氏以為小篆或體所从之“十”與“久”，乃由“每”的古體“”上部和下部省變而來，不失為其演變過程的一種推測，但並沒有充分的證據。由于睡虎地秦簡已有與《說文》小篆結構相同的寫法，因此小篆之，應該確有可能是依據秦簡古隸一類的寫法轉化而來，當然二者互相轉寫的可能性也是存在的，孰先孰后，實難論定。漢隸作

---

① 王筠曰：“从酉，殹聲。不須委曲說以會意也。”參見《說文解字句讀》，中華書局 1988 年版，第 598 頁。

② 參見何琳儀《戰國古文字典》，中華書局 1998 年版，第 30 頁；徐在國《隸定古文疏證》，安徽大學出版社 2002 年版，第 283 頁。

(丁魴碑)、畝（孔宙碑)，是秦隸的進一步演變。[①]《六書通義》以為“畝”是“因隸制篆”的例子，與漢隸比較接近，當是可信的，不過其字當作“畮”，因其所論對象乃《說文》，《說文》小篆作“畮”，當隸定為“畮”。

晐晐，音基

《說文》云：“晐，兼晐也。从日，亥聲。”段氏玉裁云：“日者天下所同也，故从之。”

評注：“晐”字見於戰國時期，作晐（《陶彙》5·95），與小篆同構，左右偏旁位置互換而已。其所从之“日”與“兼晐”義的關係，徐鍇《說文解字繫傳》解釋為：“日之光兼覆也。”林氏所引段注語，[②]其意與此同。段注又云：“此晐備正字，今字則該、賅行而晐廢矣。”

服服，音逼

《說文》云：“服，用也。一曰車右騑，所以舟旋也。从舟，𠬝聲。”按，舟者所用之物。“服”亦訓為“乘”，《詩》“巷無服馬”叔于田，箋云：“服，乘也。”舟亦所乘之物。古作服毛公鼎。

評注：“𠬝”字甲骨文作𠬝（《合集》724 正），象以手按壓跪跽之人，會制服之義，為制服之“服”的本字。又作服（《合集》36924），加舟（或以為“凡（盤)”）符。金文小篆皆从“舟”，隸變訛為“月”。按舟、盤皆使用之物，故“服”訓“用”。舟亦所乘之物，故“服”訓“乘”。林氏以从“舟”說“服”之“用”“乘”之義，可從。

等等，音寺

《說文》云：“等，齊簡也。从竹、寺。寺，官曹之等平也。”按，从

---

① 顧藹吉於“畝”下加按語云：“《說文》畮从田、十、久，碑省从亠，从人。”於“畝”下加按語云：“碑復變久从攵。”參見《隸辨》，中華書局 1986 年版，第 116 頁。

② 段注本作“日者天下所大同也”，林氏漏書“大”字。見《說文解字注》，上海書店 1992 年版，第 308 頁。

竹，寺聲。“寺”之韻“等”今讀蒸韻雙聲對轉“待”从寺得聲，今俗語亦謂“待”為“等”。“等”本訓篇簡整齊，故从竹。

評注：“等”字戰國文字作（《雲夢·效律》60），與小篆同構。林義光認為“等”从竹、寺聲，本義為篇簡整齊，甚確；其論“寺”“等”雙聲對轉，頗合音理。《說文》以會意解之，云“寺，官曹之等平也”，頗為牽強。《說文》：“寺，廷也。有法度者也。从寸，之聲。”“寺”指官舍、衙署，並無“等平”之義。

㩻，蟹韻，音街

《說文》云：“，頃也。从匕，支聲。匕，頭頃也。《詩》曰：‘㩻彼織女。’”按，从“頃”省。

評注：“㩻”字音 qì，未見於商周出土古文字。“㩻”表傾斜之義，《廣韻·寘韻》：“㩻，傾也。”林義光認為“㩻”當从“頃”省，有道理。段注云：“頃者，頭不正也。《小雅·大東》：‘跂彼織女。’《傳》曰：‘跂，隅皃。’按，隅者，陬隅不正而角，織女三星成三角，言不正也。許所據作‘㩻’。”馬瑞辰《〈詩經〉通釋》：“織女三星成三角，故言㩻以狀之耳。”

狄，特奡切

《說文》云：“，北狄也。本犬種。从犬，亦省聲。”按，“火”古作毛公鼎“耿”作“”，沇兒鐘“庶”作“”，與“”形近。“”譌為“”，遂省為“”。古作曾伯𩰫匜，又作畢狄鐘。“亦”模韻“狄”蟹韻雙聲旁轉。“迹”古與“狄”同音，亦從“亦”聲。

評注：“狄”字牆盤作，从犬，从火，構形不明。林氏所引畢狄鐘“狄”字亦从“火”。金文“赤”字作（舀鼎）、（頌鼎），“光”字作（麥鼎）、（禹鼎），“火”旁的變化與“狄”字相同。“火”字加飾筆，或與“亦”形近，林氏所引字所从，即近於“亦”。此殆變形音化之現象，故《說文》解為“亦”省聲。林氏循《說文》省聲之說，而論“狄”本从“亦”，後訛變為“火”，即由而而，雖頗合音理，然似與事實不符。

尟，斯解切

《說文》云：“，是少也。尟俱存也。从是、少。賈侍中說。”按，“是少”非義。尟，少也。當从少，是聲。“是”蟹韻“尟”今讀寒韻雙聲次對轉。“尟”，經傳多以“鮮”為之。“鮮”古音或如“斯”“鮮支”“鮮卑”“鮮規”皆疊韻字，則與“是”古同音。

評注：“尟”即“鮮少”之“鮮”的異體。未見於商周出土古文字。林氏以為“是少”非義，故以形聲釋之。按上古音“尟”為心母元部字，“是”為禪母支部字，聲韻都相差比較遠。支部字和元部字相通的例子也比較少見，[①] 因此“尟”是否从“是”聲，林氏以雙聲次對轉釋之是否合理，尚需進一步研究。又按，“尟”字又作“尠”，“甚少”為“鮮”很有理據，“尟”之“是”旁當為“甚”之誤。

蠲，音衛

《說文》云：“，馬蠲也。从虫，罒象形，益聲。”按，从蜀，益聲。“蠲”古音如“益”，《詩》“吉蠲為饎”，《周禮》“蜡氏”注作“吉圭惟饎”，“圭”“益”古亦同音。

評注：“蠲”字音 juān。商周古文字未見之。字頭係林氏推寫。大徐本作“馬蠲也。从虫、目，益聲。了，象形”。林氏所錄《說文》，據段注本。《本草綱目·蟲三·螢火》：“螢有三種……一名蠲，俗名螢蛆。《明堂》《月令》所謂腐草化爲蠲者是也，其名宵行。”如此看來，“蠲”是一種蛾類飛蟲，而“蜀”的本義指蛾蝶類的幼蟲，那麼林義光謂“蠲，从蜀，益聲”，亦頗有理。段注云：“不云从蜀者，物非蜀類，又書無蜀部也。”與林說不同。林氏又論“蠲”古音如“益”，引《詩》及《周禮》鄭注證明“蠲”“圭”通用，“圭”“益”古亦同音。按段注云：“益聲在十六部，故蠲之古音如圭。《韓詩》‘吉圭為饎’，《毛詩》作‘吉蠲’，蠲乃圭之叚借字也……音轉乃讀古懸切。”

① 有限的例子如：“觶”為支部字，其聲符“單”為元部字；武威漢簡《儀禮·泰射》：“興，右還，北面少立，坐取觗。”“觗”即“觶”，其聲符“支”與“單”亦支部與元部相通之例。

伊，微韻，於非切

《說文》云：“，殷聖人阿衡，尹治天下者。从人、尹。”按，一人之名無專制字之理。伊尹生於伊川空桑，本以伊水為姓。伊為姓，故从“人”，猶“姬”“姜”之从“女”也。尹聲。“尹”臻韻“伊”微韻雙聲對轉。古作史懋壺。“伊尹”二字即“伊”音之反切，伊尹名摯，相承舉姓不舉名耳。

評注：“伊”字甲骨文作（《合集》33273）、（《合集》26955），金文相承，如林氏所引，後世無異。林義光謂“伊”从人，尹聲，“尹”“伊”雙聲對轉，甚確。然謂一人之名無專制字之理，則恐失之絕對。舊時為武王制“珷”，即其例。

彝，夷眉切

《說文》云：“，宗廟常器也。从糸。糸，綦。，持之。米，器中寶也。从彑，象形。此與爵相似。”按，古作取彝，从，“雞”古文聲“雞”从“奚”得聲，與“彝”同音。或作尊彝己、作尌仲敦，、皆“彡”字，文飾也。从彡亦轉注。

評注：“彝”字甲骨文作（《合集》36512）、（《合集》15924）、（《花東》37），金文相承作（作且乙尊），象雙手持奉被綁縛者。所綁縛者，或以為雞、鳥之類，或以為人形，一時還難以確定。[①] 要之，乃進獻之犧牲也。林氏以為从雞，並以為聲符。按，雞亦為表意符號。其小點，當是犧牲的血滴，林氏以為文飾，非是。小篆為訛體，《說文》所釋，非其朔形本義。大徐本作“宗廟常器也。从糸。糸，綦也。廾，持之。米，器中寶也。彑聲。此與爵相似”。小徐本、段注本“寶”作

---

① “彝”字甲金文字形中被綁縛的對象，清儒多主張為禽鳥類，主張是人形的有詹鄞鑫《釋甲骨文“彝”字》（見詹氏《華夏考——詹鄞鑫文字訓詁論集》，中華書局2006年版，第227—237頁），《古文字譜系疏證》（見第3040頁）、《字源》（見第1153頁）亦皆主人形說。季旭昇曰：“甲骨文彝字上部雖與鳥頭不像，然亦不像人頭；下部則多似鳥足，不似人足；舊說似較合理。鳥形前方尚有‘卜’字，疑與卜筮有關，或與攴擊有關，難以遽定。”（參見《說文新證》，福建人民出版社2010年版，第929頁）按，季氏對甲骨文字形的分析比較符合實際。

“實”，此從之。

㤅、炁，於費切

《說文》云：“，惠也。从心，先聲。”“，行皃。从夊，炁聲。”按，“愛”為行貌無考。古“炁”作愛器壬、作愛尊彝壬，“”即“心”之省變，與“憂”作毛公鼎同意。“㤅”與“炁”同字。夊，人足形。蓋古从“人”之字或變从“”“夌”作“”、作“”，“允”作“”、作“”，“丮”作“”、作“”，皆此類，下亦从“人”，故得變為。

評注：“炁”即“㤅”的古字，“㤅”後作“愛”。“炁”見於戰國時期，作（中山王壺）、（盗壺），从心，先聲。睡虎地秦簡作（《日甲》83），加夊，即為“㤅（愛），後世通用此形。《說文》以从“夊”釋義，故以為“行皃”，典籍未見用此義，故林氏以為《說文》所釋“無考”。林氏所舉金文、，象人荷物形，應該是“何”字古形，非“炁”字，字頭亦誤。所謂“‘’即‘心’之省變，與‘憂’作同意”，所論不確。“”實即人手之形。其下論“㤅”與“炁”同字，古从“人”之字或變从“”，並舉了很多同類的例子，下亦从“人”，故得變為，則是很正確的。

惠

《說文》云：“，仁也。从心、叀。”按，“叀”“疐”同字見“叀”字條。“惠”从心，疐聲。“惠”聲轉如“疐”，猶“攸”聲如“條”也。古作郝太宰匠。或作毛公鼎、作龙姑剚彝，以“叀”為之。井人鐘“憲聖爽”，借“疐”為之。

評注：甲骨文“叀”字作（《合集》614）、（《懷特》1402），學者多以為象紡磚形。“疐”（林氏作“疐”，同）字本作（《合集》37462正），或謂象花蒂之形；又加“止”作（《合集》28767）、（《合集》37500），金文承之而有訛變，小篆从叀、从冂作者，更是訛體。“疐”“叀”雖有一定的音義理據，但從甲骨文字形來看，“疐”字顯然不从“叀”，篆文从“叀”，乃是訛變的結果，“叀”和“疐”是兩個不同的字

（參見卷五“叀、叀”條評注）。林義光謂“叀”“叀”同字，“惠”从心，叀聲，不可信。“惠”當釋為从心、叀聲。

厀，七費切

《說文》云：“，脛頭卩節也。从卩，桼聲。”按，从“卩”即从“人”見“卩”字條。

評注：“厀”即“膝”字，傳統以後者為俗字，今則以俗為正。甲骨文“厀”字作（《合集》13670），是個指事字，人腿部有一半圓形符號表示膝蓋所在之處。戰國文字作（《包山》253），變成形聲字，小篆同構。林義光謂“卩”即“人”，可從。

次，七葷切

《說文》云：“，不前不精也。从欠，从二，二亦聲。”按，許意以从欠為不精。不精者，次於精也，説已迂曲。次，貳也《顧命》“次輅”，鄭注以為“象輅之貳”。从二，“吹”省聲。“次”微韻“吹”歌韻雙聲旁轉。《莊子·在宥篇》“而萬物炊累焉”“炊”“吹”同音，《駢拇》注云“從容吹累”，“吹”“累”疊韻，是“吹”音亦入微韻，與“次”同音。古作陳侯因資敦“資”字偏旁。

評注：“次”字金文作（次尊）、（史次鼎），从欠，口形中部和下方各著一斜點，象歎息之狀，疑“咨”之初文，後斜點變為“二”，為小篆所承。[①] 小篆以从“二”釋其音義，林氏以為非，而另釋為从二，“吹”省聲。按“次”字構形，諸説不一，林說亦備參考。小篆本作，林氏書作，遵古。

暨，居葷切

《說文》云：“，日頗見也。从旦，既聲。”按，暨，及也，猶旦自東方明，漸遠相及也。

評注：“暨”字商周古文字未見之。其字从旦，既聲，隸、楷結構無異。《說文》所謂“日頗見”者，段注以為“見而不全”，王筠《說文解

---

① 參見黃德寬主編《古文字譜系疏證》，商務印書館 2007 年版，第 3066 頁。

字句讀》以為“略見也”，本義是太陽初出，微露於地平線上。其用為“及”，當為假借義。林氏曰：“暨，及也，猶旦自東方明，漸遠相及也。”比較勉強。

㒸

《說文》云：“㒸，从意也。从八，豕聲。”按，“㒸”為“從”，則不得从“八”。“㒸”即“墜”之本字。凡下墜者絕於上而趨下，有分離之象，从八，八，分也，豕聲。諸彝器如邾公華鐘“不㒸于厥身”，毛公鼎“女毋敢㒸”，師寰敦“虔不㒸”，皆借“豕”字為之。“豕”“㒸”古同音。

评注：“㒸”字音 suì，甲骨文作（《合集》10863 正），戰國文字作（望山楚簡 M2・49）、（《古陶文彙編》5・252），小篆同，構形不明。林义光谓“㒸”为“墜”之本字，非是。按甲骨文“墜”字本作“队”，寫作（《合集》10405 正）、（《合集》18789），象人（或“子”）從山崖上墜落。林氏所舉邾公華鐘“不㒸于厥身”，毛公鼎“女毋敢㒸”，師寰簋“虔不㒸”的“㒸”，其字分別作、、，林氏以為借“豕”為之。按金文此字非“豕”字，舊釋為“㒸”，亦不確。陳劍釋為“彖”，在銘文中應讀為“惰”。[1] 林氏按語“‘㒸’為‘從’”之“從”，當作“从”。

肸

《說文》云：“肸，肸蠁，布也。从十，㐆聲。”按，从十，周浹之意見“十”字條。

評注：“肸”字音 xī。商周古文字未見之。大徐本作“蠁布也。从十，从㐆”。徐鍇《繫傳》作“肸，蠁布也。从十，㐆聲”。段注本作“肸蠁，布也。从十，㐆聲”。此從段注本。田文炤《二徐箋異》曰：“㐆，振㐆也。段氏據《玉篇》改為‘振肸’，謂‘振動布寫也’，則肸从

① 參見陳劍《金文“彖”字考釋》，《甲骨金文考釋論集》，線裝書局 2007 年版，第 243—272 頁。

𦙶會意為合，小徐直謂𦙶聲，竊謂形聲與響布之訓轉費句索，不能如合體成誼、以見指撝者了當也。”林氏謂从十有“周浹之意”。按《文源》卷三“十”下云：“‘十’本義為‘合’……‘合’有周匝之義，故引伸為具數之名。”

屑屑，徐費切

《說文》云：“屑，動作切切也。从尸，𦙶聲。”按，从“尸”猶从“人”見“尸”字條，此即“佾”字“佾”與“屑”蓋同音同字。

評注：“屑”字本作“屑”，後變為“屑”。邵瑛《羣經正字》曰：“今經典作屑，从肖，非聲。《漢書》作屑。見董仲舒等傳。”其字似未見於商周古文字資料。林氏謂“屑”“佾”蓋同音同字，其說當可從。陳劍云：“‘佾’‘屑/屑’本為一字，古代樂舞的行列稱‘佾’，即《論語·八佾》‘八佾舞於庭’之‘佾’。舞者的集合單位詞稱為‘佾’，宗彝、鐘磬的集合單位詞稱為‘肆’，共同的意義都是‘列’，其音義都極為接近，它們最初應該就是同一個詞，至少是關係極近的親屬詞。作名詞‘一列’‘一行’義的‘肆’和‘佾’，應當都得義於常訓為‘陳’‘陳列’的動詞‘肆’。從這個角度看，說‘屑（屑）/佾’字是從金文里跟古書的‘肆’對應的‘[illegible]’字中將‘𦙶’形割取出來單獨成字、訛變分化而來的，顯得很自然。”① 其說可參。

卹卹，音遂

《說文》云：“卹，憂也。从血，卩聲。”按，“卩”即“人”字見“卩”字條。从人，血聲。古作卹追敦。

評注：“卹”字見於金文，如林氏所引，从卩从血，象人俯視皿中之血，表示祭祀或盟誓時的莊重謹慎之意，血亦聲。張世超認為“卹”用為“謹慎”義，與人向盛血之皿形意相涉。“卹”在金文或訓為“慎”，或訓為“憂”，或假借為“恤”，或用為“洫”。② 林義光謂“卹”从

---

① 參見陳劍《甲骨金文舊釋“䵼”之字及相關諸字新釋》，《出土文獻與古文字研究》第二輯，復旦大學出版社 2008 年版。

② 參見張世超《金文形義通解》，中文出版社 1996 年版，第 1246—1250 頁。

"血"聲，可從，但他認為"卹"即"侐"字，則非。《說文》："侐，靜也。从人，血聲。《詩》曰：'閟宮有侐。'"顯然，"卹"與"侐"是不同的兩個字。"卹"當與"恤"同字。《說文》："恤，憂也，收也。从心，血聲。"段注："卹與心部恤音義皆同。古書多用卹字，後人多改為恤。"

物，音昧

《說文》云："，萬物也。牛為大物，天地之數起於牽牛，故从牛，勿聲。"按，舉牛以包眾物，非取牽牛之象。

評注："物"字甲骨文作（《合集》37089）、（《合集》23218）、（《合集》24537）等形，从牛，勿（"勿"或省為"刀"），勿亦聲，後世相承。王國維認為"物"的本義指雜色牛。[①] 裘錫圭先生認為"物"是由甲骨文"勿牛"合文演變而成的，"物"的本義為"分別"，引申指"雜色牛""物色""物類""萬物"等義。[②] 林義光認為"物"非取牽牛之象，這是對的。不過他信從《說文》，以"萬物"為"物"的本義，則非。

舠，五配切

《說文》云："，船行不安也。从舟，刖省聲。讀若兀。"按，"刀"為"刖"省不顯。"兀"或作""古"冠"字、"敖"字从，實皆"兀"字，與"刀"形近。蓋从舟，兀聲，字譌从"刀"。

評注："舠"字音 wù，未見於商周古文字。裘錫圭先生指出，通常所用的兀字，應該是由刖足人形訛變的。《莊子·德充符》篇數稱刖足者為"兀者"，正是用的本義。兀者既然失去了腳，就不能像常人那樣安穩。故"兀"及从"兀"之字大都有危義或動搖不安之意。[③] "舠"訓"船行不安"，與"兀"在音義上皆有聯係。林義光謂"舠"字所从之刀，乃是由兀訛變而來，堪稱卓識。

---

① 參見王國維《釋物》，《觀堂集林》卷六，中華書局 1959 年版，第 287 頁。

② 參見裘錫圭《釋"勿""發"》及《〈論集〉編校追記》，《裘錫圭學術文集·甲骨文卷》，復旦大學出版社 2012 年版，第 140—154 頁。

③ 參見裘錫圭《甲骨文中所見的商代五刑——並釋"刓"、"剢"二字》，《裘錫圭學術文集·甲骨文卷》，復旦大學出版社 2012 年版，第 2 頁。

疾，慈費切

《說文》云："，病也。从疒，矢聲。"朱氏駿聲云："當訓急速。从矢，疒聲。"

評注：目前古文字學界一般認為甲骨文中"疾"有兩類字形。一類作（《合集》13788）、（《合集》13652），象人臥牀以示疾病之意。這類字形後來演變成"疒"。《說文》："疒，倚也，人有疾痛也，象倚箸之形"。另一類字形作（《合集》21054）、（《合集》21053），金文相承作（毛公鼎），王國維曰："象人腋下箸矢形。古多戰事，人箸矢則疾矣。"①卜辭"肩凡有疾"或"肩凡疾"，"疾"字就有上述兩種形體（見《合集》709 正、《合集》21054），可見這兩類形體表示的意義是一樣的。要之，甲骨文表示疾病之"疾"，有兩類形體，一作象人臥牀形，一作象人腋下箸矢形，此乃異象同字之例也。但從字的字形看，飛矢還可表示疾速之義，卜辭"歸於牢"（《合集》36766），表"急"義；上舉毛公鼎字所在句子為"敃天畏"，即《詩經·大雅·召旻》之"旻天疾威"，鄭箋云："疾，猶急也。"此皆表明甲金文从大从矢之字亦表"疾速"義。如此看來，形既表疾病之"疾"，又表疾速之"疾"，則當屬同象異字之例也。

金文還有字作（上官鼎），這就是後來的"疾"字，它可能是在"疒"上加注形符"矢"而形成的，也可以認為是和的糅合。從甲骨文和均可表示疾病之"疾"而形又可表示疾速之"疾"的情況來看，由和糅合而成的"疾"，既表疾病義，又表疾速義，可謂順理成章，因此糅合說似乎頗有理趣。《說文》訓"疾"為"病"，林氏引朱駿聲說以為當訓"急速"，其實二者結合才算周全。

害，泰韻

《說文》云："，傷也。从宀、口，言從家起也。丯聲。"按，""

① 參見王國維《王國維遺書·觀堂古今文字考釋》，上海古籍書店 1983 年版。

即“𡆧”之變見“競”字條，从宀，𡆧聲。“𡆧”微韻“害”泰韻雙聲旁轉。古作師害敦、作毛公鼎。

評注：甲骨文表傷害之義的“𡺸”字作（《合集》32229）、（《合集》17055 正），所从的、象矛頭之形，何琳儀認為乃“𦓤”之初文，金文下加“口”形分化為傷害之“害”。[①] 可從。劉釗認為“害”字金文或作（害弔簋），乃變形音化从“古”聲。[②] 可參。《說文》以為从宀、口，丯聲，非是；林義光謂“𡆧”即“𡆧”之變，“害”从𡆧聲，不確。

蔑，音邁

《說文》云：“，勞目無精也。从苜，从戍。人勞則蔑然也。”按，古作趞尊彝、作師遽尊彝，从苜，伐聲。

評注：“蔑”字甲骨文作（《合集》20449）、（《合集》6610 正），象以戈加諸人脛，表示伐滅之意，構形解釋諸說紛紜，或以為會意，或以為形聲。[③] 西周金文多承襲甲骨文而有所變化，至小篆則上下割裂，變異尤甚。《說文》以為从苜，从戍，本義為“勞目無精”，乃據割裂變異字形為說，不確；林義光以為伐聲，有一定道理，然以為字从苜，則不合早期字形。

太

《說文》云：“，古文泰如此。”段氏玉裁云：“當作，从仌，取滑之意也《說文》：“泰，滑也”。从大聲。”按，古作太室塤，从“仌”省。

評注：此《說文》“泰”字古文，與戰國陶文作相合（《古陶文字徵》第 65 頁），實即“太”字。其字殆由“大”字加二短横分化而成，林氏所錄春秋時期太室塤之字（亦見於《古陶文字徵》第 65 頁），亦即此例，只不過下面的分化符號略有不同而已。段玉裁以為“當作，从仌，取滑之意也。从大聲。”非是。林氏據此以為从“仌”省，不確。

① 參見何琳儀《戰國古文字典——戰國文字聲系》，中華書局 1998 年版，第 898 頁。

② 參見劉釗《古文字構形學》，福建人民出版社 2006 年版，第 95—96 頁。

③ 參見季旭昇《說文新證》，福建人民出版社 2010 年版，第 301 頁；黃德寬主編《古文字譜系疏證》，中華書局 2007 年版，第 2524—2525 頁。

孛，音敗

《說文》云："，孛也。从，从子。人色也，故从子。《論語》：色孛如也。"按，人色不當从"子"。"孛"疑為"悖"之本字，亂也，又違也，逆也，皆子之常態，故从子與"疑""孱"从"子"同意。

評注："孛"字甲骨文作（《合集》41754），从子，从丰。金文相承作（散盤）、（大司馬匿），小篆訛變从。"孛"字从子，从丰，丰亦聲，會子孫昌盛之意，引申為凡盛之稱，[1] 當為"勃"之初文。[2]《說文》據訛變之形解釋，不確。林氏以為"悖"之本字，非是。按"孛"用作"悖"，當為假借。大徐本："也，从；人色也，从子。《論語》曰：色孛如也。"林從段注本，"《論語》"後漏一"曰"字。

厠，音蓋

《說文》云："，籀文銳。从厂、剡。"按，从剡，厂聲。"厂"寒韻"銳"泰韻雙聲對轉。"剡"本訓"銳"，音轉如"厂"，故加厂聲也。

評注："厠"字未見於商周古文字材料。按《說文》："剡（音 yǎn），銳利也。从刀，炎聲。""厠"實即"剡"之異體，"厂"即"炎"之疊加聲符。"厠"作為"銳"的籀文，其實是義近而誤置。《說文》"剛"字古文實為"強"字，亦屬同類。"厠"字《說文》以"厂"為義符，不可說；林氏以"厂"為聲符是對的，但它是"炎"聲的疊加，而不是表"銳"音的聲符，故以音轉來說明與"銳"音的關係，失之。後世以為"厠"音同"銳"，亦不可據。

義，歌韻，音我

《說文》云："，己之威義儀也。从我，从羊。"按，威儀也。从"美"省，我聲。古作虢叔編鐘。

評注：甲骨文"義"字作（《合集》32982）、（《合集》27972），

① 參見黃德寬主編《古文字譜系疏證》，商務印書館 2007 年版，第 3277—3278 頁。

② 參見季旭昇《說文新證》，福建人民出版社 2010 年版，第 518 頁。

皆从羊，我聲。金文如林氏所引，後世相承。簡化作“义”者，乃借“乂”為之，並於其上部施點以示區別耳。“我”“義”皆疑母歌部字，故林義光謂“義”从我聲，甚確，而謂“義”从美省，則非是。

羲，音莎

《說文》云：“，气也。从兮，義聲。”按，古作羲妣尊彝，从“”即“丂”之變師望鼎“兮”作“”。丂，引也見“丂”字條。

評注：甲骨文“羲”字作（《合集》36754），从兮，我聲。商代金文作（亞羲方彝），从兮，義聲，為後世所承。林氏所引之“”，所从之“”乃“”之省變。林義光謂“”為“丂”之變，不確。

奇，音可

《說文》云：“，異也。从大，从可。”按，从大，“大”象人形，从“大”猶从“人”也。可聲。

評注：“奇”字見於戰國文字，作（《璽彙》1680）、（《包山》75），小篆同構，後世相承。段注云：“會意，可亦聲。”故當分析為从大，从可，可亦聲。林義光謂从“大”猶从“人”，可從。不過从大从可何以會出“異”的意義，尚難得其詳。

麗，音羅

《說文》云：“，旅行也。鹿之性，見食急則必旅行。从鹿、丽。”按，“麗”為“旅行”，其說未聞。本義當為“華麗”。从鹿者，取其色麗薾也。古作郳膚盤，“”即“鹿”字。象鹿形，丽聲。

評注：甲骨文“麗”字作（《周原》H11：123）、（《殷墟甲骨輯佚》0576 正），又作（《合集》14199 反）、（《合集》28006），當為簡省之形。前一類字形金文相承，為大徐本《說文》“麗”字字頭之所本；後一類字形則無傳焉。大徐本《說文》“麗”字篆文作，古文作，其實二者構形近同，應該都是從“麗”分化出來的一個字。戰國文字“麗”字或作（陳麗子戈），當是此類形體的來源。“麗”字象鹿角上附有兩飾物，故有附麗、麗偶、華麗諸義。林義光認為“麗”的本義為“華麗”，可從。不過他分析“麗”的構形為从鹿、丽聲，大概是因為他以“麗”“丽”為不同字的緣故（參見卷三“丽”字條評注）。

羆，音婆

《説文》云：“，如熊，黄白文。从熊，罷省聲。”按，古“熊”作，不从能、火。此後出字，疑無本字，借“罷”字為之，後因加“火”耳。

評注：一般以為“能”為“熊”本字（參見卷一“能”字條評注），因此“羆”字或作“罷”，是異體關係，“罷”字亦用作“羆”（參見卷八“罷”字條評注）。《説文》以“羆”為“罷”省聲，林氏以“羆”借“罷”為之，不確。林氏所舉金文字，乃是“”字，非“熊”字（參見卷一“㲋”字條、“熊”字條、“能”字條評注）。

甫、圃，模韻

《説文》云：“，男子之美稱也。从用、父，父亦聲。”按，“用父”非義。古作王孫鐘“尃”字偏旁，从田，父聲，即“圃”之本字。或作穌甫人匜、作伐徐鼎。《説文》云：“，種菜曰圃。从囗，甫聲。”按，古作御尊彝癸、作辛子彝乙，與“甫”同字。

評注：“甫”即“圃”的本字。甲骨文作（《合集》13643）、（《合集》20117）、（《合集》20219），象田中有所種植之形。後“”形訛為“”，“田”形變為“用”，如金文作（為甫人盨），《説文》遂以為字从用、父，父亦聲，此即所謂變形音化之現象也。[①] 因以“甫”為男子之美稱，則田中種植之“甫”又外加囗形另造“圃”字。林氏指出《説文》“用父”非義，把金文分析為从田，父聲，即“圃”之本字，“圃”與“甫”同字。其説皆至確可從。

尃

《説文》云：“，布也。从寸，甫聲。”按，古作王孫鐘，从又象手形，

① 參見劉釗《古文字構形學》，福建人民出版社 2006 年版，第 109—110 頁。

甫聲。或作陳侯敦"陳"字偏旁，从"巿"省"巿"古作""，甫聲。

評注："尃"字見於金文，作（毛公鼎）、（弔尃父盨）、（王孫鐘），其中弔尃父盨之字上部變形音化从"父"聲，王孫鐘之字下部"又"符亦變形音化成"父"字，作聲符。林義光指出"尃"本从"又"，甚是。不過他認為陳侯敦"陳"字所从之是"尃"字，並謂字从"巿"省、甫聲，則不確。按陳侯敦（簋）"陳"字作，[1] 中間部分乃"東"字，只是此字寫得有些變形，致使林氏誤認。

博，音溥

《說文》云："，大通也。从十，尃。尃，布也，亦聲。"按，从十，與"肸"同意。十，周浹也見"十"字條。古作師寰敦。

評注："博"字見於金文，其所从之"十"與"戎"所从之"十"一樣都是干盾之形的簡化。㦰簋"博"字作，所从之尚存古意。"博"或从干作（多友鼎）、（虢季子白盤），或从戈作（不嬰簋），皆與武器械斗有關，其字乃搏鬥之"搏"的本字。[2]《說文》訓"博"為"大通"，乃假借義。林氏據《說文》以从"十"釋義，非其朔形本義。

者，音諸

《說文》云："，別事詞也。从白、𣥂。𣥂，古文旅。"按，古作尤敦，从口，聲""非"旅"字古文，見""字條。變作兮田盤。

評注：商代甲骨文是否有"者"字，尚不能論定。金文"者"字作（者女觥）、（者兒觶）、（㦰者尊）、（者減鐘）等形。"者"所从之、等形，《說文》以為古文"旅"，按戰國時期"者"字寫法變化多端，與"旅"字容易混同。林義光在卷一""字條下認為象版築之

① 參見容庚《金文編》，中華書局1985年版，第215頁。

② 參見唐蘭《伯㦰三器銘文的譯文和考釋》，《文物》1976年第6期；張世超《金文形義通解》，中文出版社1996年版，第471—472頁；季旭昇《說文新證》，福建人民出版社2010年版，第155頁。

形，當即“堵”之古文，其釋形比較牽強。或疑字乃“楮”字初文，本从木，小點象楮木之葉（參見卷一“”字條評注）。如此說可信，則“者”字乃由“楮”字初文加“口”符分化而來。

庶

《說文》云：“，屋下眾也，从广、炗。炗，古文光字。”按，“光”字諸彝器皆不作“”。庶，眾也。古作毛公鼎，从火，石聲“石”“庶”古同音。从火，取眾盛之意。或作伯庶父敦，譌作魯大司徒匜。

評注：“庶”字甲骨文作（《合集》4292）、（《合集》22045），从火，从石，石亦聲。上古音“庶”為書母鐸部字，“石”為禪母鐸部字，故“庶”可从石聲。于省吾認為“庶”乃“煮”字初文，其本義為以火燃石而煮，眾庶乃其假借義。用火燒熱石頭以烙烤食物，或以燒熱的石頭投於盛水之器而煮熟食物，是原始人類普遍採用的一種熟食方法。①林氏據金文字形認為“庶”字不从古文“光”，其字乃从火，石聲，其說可從，但仍因襲舊說而以“从火取眾盛”為說，則不可取。

度

《說文》云：“，法制也。从又，庶省聲。”按，“又”象手形，則本義當為量度。“庶”本从“石”得聲，則“度”亦“石”聲。

評注：“度”字甲骨文作（《合集》31009）、（《合集》21289反），从又，石聲。戰國文字作（《璽彙》3211）、（《陶彙》5·358），从攴，石聲。但“石”形已經開始變得與小篆相同了。《說文》以為“度”為“庶省聲”，林氏則認為“‘庶’本从‘石’得聲，則‘度’亦‘石’聲”（參上條評注），其說頗合甲骨文，堪稱卓識。“度”字从“又”，林氏以為“本義當為量度”，甚確，《說文》所說的“法制”當為其引申義。

磔，音度

《說文》云：“，辜也。从桀，石聲。”按，从“乘”省。磔者，

---

① 參見于省吾《釋庶》，《甲骨文字釋林》，中華書局1979年版，第431—433頁。

刳胷腹而張之，故从乘。乘，人在木上也見“乘”字條。

評注：“磔”字見於戰國時期，作（《雲夢·答問》67），與小篆同構。其本義是“刳胷腹而張之”（段注云：“按，凡言磔者，開也，張也，刳其胷腹而張之，令其乾枯不收”），林氏認為當从“乘”，“桀”是“乘”之省。按“乘”字甲骨文作（《合集》3999），正如林氏所言，象人在木上，表“升”“登”之義。金文作（公臣簋）、（匽公匜），在“大”字上加兩止。“桀”字作（《璽彙》1387），很可能是截取金文“乘”字的一部分而成的（參見卷六“桀”字條、“乘”字條評注）。“桀”與“乘”在字形、字義上都有聯係，這是對的，但“磔”的“桀”旁為什么必須是“乘”，林氏以“乘”為“人在木上”進行解釋，似乎也還不夠明確。因為“乘”的升、登之義與“磔”的開、張之義還是不同的。

若，音奴

《說文》云：“，擇菜也。从艸、右。右，手也。”按，古作師虎敦，从口，叒聲。實為助語之詞，“擇菜”之訓由“艸右”而生，經傳未見。

評注：“若”字甲骨文作（《合集》21128）、（《合集》891 正），象跪跽之人上舉兩手捋順頭髮之形，故“若”的本義當為“順”。《爾雅·釋言》：“若，順也。”金文作（我鼎）、（毛公鼎），上部象雙手捋髮之形頗近三個“又”，小篆承之作；金文或又加“口”作（毛公鼎）、（曶鼎），《說文》“叒”字下收籀文，即金文形的訛變。《說文》訓“擇菜”之“”，或是三“又”中的兩“又”變為“艸”而形成的（參見卷一“叒”字條評注），也可能另有來源。林義光以、為一字，可備一說，然分析為从口，叒聲，是根據訛變後的形體所作的解釋，非其朔形；又謂“若”為助語之詞，非其本義。

斝，音故

《說文》云：“，玉爵也。夏曰琖，殷曰斝，周曰爵。从吅，从斗。冂，象形。與爵同意。”按，从“吅”非義，“冂”亦非形。从斗，“嚣”省聲。

評注：“斝”字甲骨文作（《合集》18579）、（《合集》18580），象酒爵之形。商代金文作（斝器），突出其二柱三足一耳。小篆訛變甚劇，林義光據訛變後的形體，認為字从斗，罛省聲，不可信。字頭亦係林氏推寫。

粵，音汙

《說文》云：“，於也。寀審慎之詞也。从寀、亏。”按，“粵”音本如“于”。毛公鼎“粵之庶出入事”，散氏器“粵㪥遼𨻰以西”，靜敦“粵八月初吉”，皆以“雩”為之，字作毛公鼎，音轉如“越”，故小篆別為一字，其形由“雩”而變，非从“寀”也。或作毛公鼎，“”亦“于”字，象紆曲形。

評注：“雩（雩）”字甲骨文作（《合集》9411）、（《合集》3318）、（《合集》9413），从雨，于聲。所从之“于”有繁簡二體，或加飾筆。金文承襲甲骨文，小篆上部訛變。“雩（雩）”“粵”《說文》分為二字，失之。林義光謂“粵”本音如于，本作“雩”，音轉如“越”，故小篆別為一字，其形由“雩”而變，非从“寀”也。其說甚是，《漢語大字典》“粵”字條下引以為證。王國維亦有此說。《王國維遺書·觀堂古今文考釋·毛公鼎銘考釋》云：“雩，古文粵。小篆作‘粵’。猶霸之訛為‘’（《說文》古文由此作）矣。”

帑

《說文》云：“，金幣所藏也。从巾，奴聲。”按，从“巾”非義。古作廩帑器，从“才”省番生敦以“十”為“在”，實“才”字，奴聲。“才”者，“在”之聲借。

評注：“帑”字未見於甲骨文。其本義為藏金帛的府庫。段注云：“以幣帛所藏，故从巾。”林氏據金文从“才”，故以“在”之聲借說之，其所謂“在”者，當與“金幣所藏”之“藏”的意義相當。

助

《說文》云：“，左佐也。从力，且聲。”按，古作鄀公諴匿、作師虎敦，从，且聲。“”者，“左”省。

評注：林義光所舉金文，字从力（伯家父簋作，从又），且（“祖”本字）聲，在諸銘中皆讀作“祖”。容庚《金文編》、董蓮池《新金文編》皆收在“且”字下。林氏以為乃“助”字，亦有道理。如此，銘文用作“祖”乃假借。从力並作左右結構的“助”字見於睡虎地秦簡，作（《為吏之道》9），與《說文》相合，為後世所承。

穌

《說文》云：“，杷取禾若也。从禾，魚聲。”按，古作史頌𣪕彝、作穌公敦，从木，魚聲。凡樵穌字相承以“蘇”為之。

評注：“穌”為“蘇”之本字，見於金文，除林氏所引外，尚有（蘇公簋）、（蘇冶妊鼎）等，戰國文字相承作（《璽彙》2486），皆讀作“蘇”，用作國名或姓氏“蘇”。林氏以為从木，魚聲，是。小篆从禾，乃義符替換，應該是秦系文字的特點。秦印有“蘇”字作（《石鐘山房印舉》3 · 15）、（《中國璽印集粹》），字正从禾。大徐本作“把取禾若”，段玉裁改“把”為“杷”，注云：“杷，各本作把，今正。禾若散亂，杷而取之，不當言把也。”此從段注本。

斥，音泝

《說文》云：“，卻屋也。从广，屰聲。”按，字从“广”，當為“㡿”之古文，開拓也。古作遣彝、作庚贏尊彝“㭔”字偏旁，从广，“屰”省聲。《史記》：“除邊關益斥”司馬相如傳，索隱云：“廣也。”“斥卻”之義即由“開拓”引伸，開拓之際必有所斥除也。

評注：“斥”字本作“㡿”，見於戰國文字，作（《雲夢 · 語書》11），與小篆同構。隸變作（《馬王堆帛書 · 相馬經》4）、（《銀雀山漢簡 · 孫臏兵法》109），漢碑再簡化作（魯峻碑陰），即成“斥”字。或曰“斥”字當由厇（宅）字分化而來，二者形音義皆有聯係：“厇”字筆畫稍變即成“厈”，故今楷作“斥”；“宅”“斥”二字聲近韻同；住屋為“宅”，引申開拓住屋亦為“宅”。[1] 林氏以為“㡯”之古文（《說文》：“㡯，開張屋也。”）其說近是。不過所舉金文“庈”，乃从广，干聲，用作地名，郭沫若以為當讀“寒”，寒即寒促故地，在今山東潍縣境内。[2] 于省吾以為當讀“岸”，認為西周前期周王對臣屬的賞賜也可在璧雝環水的岸上舉行。[3] 則此“庈”與从广屰聲的“㡯”當非一字，字頭不宜作。

虩，音枯

《說文》云：“，《易》‘履虎尾虩虩’，恐懼也。一曰蠅虎也。从虎，聲。”按，“虩”為“蠅虎”，未知所據。本義當為“恐懼”。从虎，所懼者也。古作毛公鼎。

評注：“虩”字未見於甲骨文。毛公鼎“虩”字作，林氏所書略異。林氏指出“‘虩’為‘蠅虎’，未知所據。本義當為‘恐懼’。从虎，所懼者也。”其說可從。毛公鼎銘文曰：“虩許上下若否。”“虩許”當讀為“虩愬”，即“虩虩愬愬”，儆懼之義。

虧，音枯

《說文》云：“，气損也。从亏，雐聲。，虧或从兮。”按，虧，損也。當以或體从“兮”為正。兮，“稽”之本字見“兮”字條，耗損須稽覈乃見也。或譌从“亏”。

評注：“虧”字未見於商周古文字。秦漢時期的“虧”字多从“兮”作，林義光謂“虧”當以从“兮”為正，可從。不過他認為“兮”乃“稽”之本字，則未必是。甲骨文“兮”字作（《合集》13173）、（《合集》33165）等形，金文作（盂卣）、（兮仲簋）、（兮甲盤）。甲骨文之“兮”字本不从“八”，金文才變从“八”。林氏論“兮”字以

① 參見黄德寬主編《古文字譜系疏證》，商務印書館 2007 年，第 1447 頁；季旭昇《說文新證》，福建人民出版社 2010 年版，第 752 頁。

② 參見郭沫若《郭沫若全集·第八卷·考古篇·兩周金文辭大系圖錄考釋》，科學出版社 2002 年版。

③ 參見于省吾《讀金文劄記五則》，《考古》1966 年第 2 期。

从“八”為説，不足據（參見卷十“兮”字條評注）。“虧”字後起，而“亏”“兮”皆已作為語氣詞使用，故以之表示“气”。段注云：“亏、兮皆謂气。”字頭係林氏推寫。

禦，音午

《説文》云：“禦，祀也。从示，御聲。”按，“禦”為“祀”無所考，經傳皆以“禦”為“禁”。《爾雅》：“禦，禁也。”釋言 从示，與“禁”同意。

評注：“禦”字甲骨文作（《合集》30297），或作（《合集》6761）、（《合集》300 正）、（《合集》21172），金文承襲作（我鼎）、（𠭯簋）。“禦”在甲骨文中指一種祭祀名。如卜辭曰：“其禦妣辛？”（鄴三·三七·八），又如《逸周書·世俘》：“戊辰，王遂禦循追祀文王。”朱右曾校釋引《説文》云：“禦，祀也。”林義光以“禦”為“祀”無所考，故以“禁”為“禦”之本義，非是。“禦”的本義當指祭祀以祈免災禍，引申而有“禁”義。

娩，音如

《説文》云：“娩，兔子也，娩疾也。从女、免。”按，从“女”非義。《廣雅》：“𪁺，兔子也。”“娩”當與“𪁺”同字。从免，女聲。“女”模韻“𪁺”遇韻雙聲旁轉。

評注：“娩”字未見於商周古文字，典籍未見使用。據字書，其音有“方萬切”和“方遇切”，即讀 fàn 和 fù；其義為“兔子”或“急疾”。“𪁺”音 nóu，又作“䨲”，《集韻·侯韻》：“江東呼兔子為䨲。”《魏書·術藝傳·江式》：“小兔為䨲，神蟲為蠶。”當為方言用字。“娩”與“𪁺”在“兔子”的意義上，二者同義，但據字書注音，二者音讀不類。林氏分析“娩”字為“女”聲，二者有音轉關係。是否同字，待考。

俞，遇韻

《説文》云：“俞，空中木為舟。从亼，从舟，从巜。巜，水也。”按，古作小臣俞器、作師俞敦，从舟，“余”省聲。“余”模韻“俞”遇韻雙聲旁轉曶鼎"余"作"",與""形近。

評注："俞"字甲骨文作（《合集》10405）、（《合集》18675），早期銅器銘文作（俞伯尊）。劉釗先生指出"俞"所从之即"余"字，其演變線索為———。① 魏宜輝先生認為"俞"从舟从，""象箭鏃之形。② 方稚松先生認為"俞"左旁所从之"舟"是"盤"的訛體，右旁也與"余"有別。③ 陳劍先生綜合魏說和方說，認為"俞"字當从盤鏃聲。④ 西周晚期及春秋金文"俞"字往往加弧筆作作（不嬰簋）、（魯伯俞父盤），這種形體應該就是《說文》小篆之所本。季旭昇先生曰："從形體學來看，似可釋為'从舟、从水，余聲'，水形作一撇筆……據此，'俞'字疑為以舟渡河之意，義近於'逾'或'渝'。"⑤《說文》小篆"俞"字已經是訛變了的形體，因此《說文》對"俞"字形體的分析是不可靠的。林義光謂"俞"字从舟，余省聲，近是。

，音續

《說文》云："，鼎實，惟葦及蒲，陳留謂鍵為。从鬻，朿聲。"按，古作䰞尊彝辛，从鬻，東聲。鬻粥，鍵也。"東"與"朿"古同字見"東"字條。又作妣戊器，从"鬻"省，東聲。變作文父丁器。省作盂鼎、作彧者尊彝。小篆从"速"，蓋以""譌為"辵"。

評注：""字楷作"鬻"。《殷周金文集成引得》釋（𢍰作又母辛鬲）、（發作文父丁鼎）、（乃孫作且乙鼎）等字為"熶"。諸字皆从"量"，釋"熶"有一定道理。然"熶"字許勿切（hū），《改併四聲篇海·火部》引《類篇》："熶，火熼也。"其義與諸器銘文不合。匕戊鼎

① 參見劉釗《古文字構形學》，福建人民出版社 2006 年版，第 22 頁。

② 參見魏宜輝《楚系簡帛文字形體訛變分析》，博士學位論文，南京大學，2003 年，第 27 頁。

③ 參見方稚松《殷墟甲骨文五種記事刻辭研究》，博士學位論文，首都師範大學，2007 年版，第 36 頁。

④ 參見陳劍《釋》，《出土文獻與古文字研究》第 3 輯，復旦大學出版社 2010 年版，第 65—72 頁。

⑤ 參見季旭昇《說文新證》，福建人民出版社 2010 年版，第 708 頁。

(集成4．2246）銘曰：“作妣戊。”發作文父丁鼎銘曰：“發作文父丁。”乃孫作且乙鼎銘曰：“乃孫作祖乙宗寶𩰫。”從銘文來看，諸字被用作器類名，相當於“鼎”。或釋孌方鼎之、戍嗣鼎之為“鬻。”① 此二字皆从“朿”。孌方鼎銘曰：“用作母己尊。”戍嗣鼎銘曰：“用作父癸寶。”其用法與上舉从“量”諸字相同。由此看來，从“量”諸字與从“朿”之、應屬同字，皆當釋為“鬻”。林氏以為从“朿”聲，或从“束”聲，可從。小篆从“速”，不無道理。

句

《說文》云：“，曲也。从口，丩聲。”朱氏駿聲云：“从丩，口聲。”古作師器父鼎、作師俞敦“耇”字偏旁。

評注：“句”是從“丩”分化出來的一個字，即在“丩”上加“口”聲而成。从句聲的字在古文字中多有从“丩”和从“句”兩種形體。如“駒”字作（師克盨），又作（駒簋）；“眗”字作（《古陶文彙編》3·449），又作（《璽彙》1207）；“耇”字作（師俞簋），又作（黄君簋蓋），等等。此亦可證“丩”“句”之關係。甲骨文“丩”字作（《合集》11018正）、（《合集》31018），金文同。字象兩繩糾結之形，亦象瓜藤纏結（參見卷三“丩”字條評注）。加“口”為“句”，見於金文，如林氏所引，為後世所承。

豎，音需

《說文》云：“，堅立也。从臤，豆聲。”按，“豎”訓“立”而非“堅立”，不當从“臤”。《周禮》“内豎”注“未冠者之官”，此為“豎”字本義。从臣，“尌”省聲。

評注：“豎”字見於戰國時期，作（《古陶文彙編》6·143）、（《璽彙》3181）等形，从臣，豆聲。本義當為小臣仆。又从“臤”作（侯馬盟書1：92），為小篆所本，後世所承。如漢代文字作（馬王堆帛

① 參見黄德寬主編《古文字譜系疏證》，商務印書館2007年版，第995—996頁。

書·戰國縱横家書 114）、（居延漢簡甲 2087）、（倉頡篇 40）等。“豎”之“立”義或為假借，後世或作“竪”者，當依此義另構。林氏謂“豎”不當从“臤”而从“臣”，本義為“未冠者之官”，可從，然以為“尌”省聲，則不確。大徐本作“豎立”，段玉裁據小徐本改為“豎立”。

休，幽韻

《說文》云：“，息止也。从人依木。”按，古作格伯敦、作史頌𠭯彝、作頌敦、作公貿彝，从人，“求”省聲。或作使曾鼎。

評注：甲骨文“休”字作（《合集》8164）、（《合集》8162），从人从木。後世相承左“人”右“木”者。裘錫圭先生指出：“‘休’的本義應該是人在樹蔭下休息。《詩·周南·漢廣》：‘南有喬木，不可休思’，‘休’字正用本義。”“由‘休’的本義分别引申出了單純的休息之義，以及樹蔭和尊者蔭庇卑者等意義。休息之義又引申出了休假、休止、休要等意。”[①]“休”字甲骨文又作（《花東》409），所从之“木”上部彎曲，金文或承襲此形，如林氏所引者。此為“木”形之變，林氏釋為“求”省聲，雖合漢字變形音化之例，然似求之過深。

幼

《說文》云：“，少也。从幺、力。”按，“幺”字說解未可據見“幺”字條。从力，“幽”省聲。

評注：“幼”字甲骨文作（《合集》52）、（《英》2185），西周金文作（禹鼎），戰國文字作（《包山》3）、（《雲夢·日甲》50背），皆从力，从幺，幺亦聲。“幺”從“玄”字分化，甲骨文作（《合集》33606“幽”字所从），象束絲之形。束絲形小，分化為“幺”，表示“小”義（參見卷三“玄”“幺”字條評注）。林氏以為“幺”字說解未可據，不確，然以為“幼”从“幽”省聲，則亦有據，中山王鼎“幼”字作，可見其卓識。字頭係林氏推寫。

---

① 參見裘錫圭《文字學概要》，商務印書館 1988 年版，第 143 頁。

宄，音九

《說文》云："，姦也。外為姦，内為宄。从宀，九聲。讀若軌。，古文宄。"按，古作師望鼎，从宮。或作師酉敦，从"宮"省。亦作兮田盤、作曶鼎。

評注：甲骨文有（《合集》13573）字，从宀从攴，九聲，或以為即"宄"字。其字象人持棍入室行凶，引申指内亂。"宄"字金文如林氏所引，所从之"宀"或增繁為"宮"，所从之"攴"或變為"又""収"，然从"九"聲皆不變。金文諸"宄"字在銘文中皆讀為"宮"。如甲骨文之"宄"為可信，則金文之"宮"既是意化又是聲化，古音"宄"在見紐幽部，"宮"在見紐冬部，二字雙聲，韻為陰陽對轉。林義光據金文指出"宄"从"宮"，可從，然非其朔。

游

《說文》云："，旌旗之流也。从㫃，汓聲。"按，石鼓作，"子"者"汓"省。

評注："斿"字甲骨文作（《合集》33399）、（《合集》33546），金文作（觚文）、（仲斿父鼎），皆从㫃，从子，象旌旗隨風擺動，下有人執之之形。"斿"當為"旒""游""遊"的本字。林氏以為"斿"字所从之"子"為"汓"省，本末倒置。《說文》的"旌旗之流"即"旌旗之旒"，指的是旌旗的擺穗，應是"斿"或"旒"的本義。"游"字是在"斿"的基礎上加"水"而成，金文作（簷平鐘），戰國文字作（《古陶文彙編》5·384），為後世所承。"遊"是在"斿"的基礎上加"辵"而成，戰國文字作（中山王鼎）、（鄂君啓舟節）。"斿"字金文多見，林氏失引，而用石鼓文。字頭當作"斿"。

導，音首

《說文》云："，引也。从寸，道聲。"按，从"寸"猶从"又"，象手形。古作曾伯𩰫匿、作𢿌鼎。

評注： 林氏所引金文，本即“道”字。“導”“道”本一字，“導”是利用“道”字異體分化而來，本从行从首从又，小篆變為从辵从首从寸。林義光謂“導”从“寸”猶从“又”，甚是。石鼓文作（作原），“又”已變為“寸”。

橐，音缶

《說文》云：“，囊張大皃。从橐省，缶聲。”按，古作毛公鼎、作散氏器，从朿，缶聲。囊、橐字《說文》皆云“从橐省”，以“橐”例之，疑皆从“朿”。

評注：“橐”字甲骨文作（《合集》9419 反），金文相承作（毛公鼎）、（散盤），林氏所摹略異，从朿，缶聲；“囊”字戰國文字作（《雲夢·日甲》159 反），與“橐”“橐”皆同源。“橐”字甲骨文作（《合集》9423 反），後加“石”為聲，秦文字作（《雲夢·秦律雜抄》16）。此三字皆由甲骨文口袋形衍生而來，林氏疑皆从“朿”，可從。“橐”之“缶聲”，大徐本作“匋省聲”，王筠《說文解字句讀》曰：“桂氏段氏皆曰，當作缶聲。”此從之。

𠷎

《說文》云：“，詞也。从白，聲。與疇同。《虞書》曰：‘𠷎咨。’”按，从“白”之字古多从“口”，“𠷎”古作豆閉敦，變作魯大司徒匜“壽”字偏旁。

評注：“𠷎”亦隸為“𠷎”。“𠷎”本不从口，甲骨文作（《合集》21174）、（《合集》23805）、（《合集》9503 正），金文相承作（此鼎），象田疇之形。後加“口”或“甘”為繁飾，如林氏所引者。小篆下訛為“白”。林氏謂从“白”之字古多从“口”，合於金文。“𠷎”用作代詞，乃其假借。

肘

《說文》云：“，臂節也。从肉、寸。寸，手寸口。”按，“肉寸”非義。當从肉，“討”省聲。“疛”“紂”“酎”《說文》皆以為“肘”省聲，實皆"討"省聲也。

評注："肘"字甲骨文作（《合集》13676正）、（《合集》13677正），與"又"字的區別是字的中下部作彎曲狀，其彎曲處表肘關節之所在。或加指事符號作（《合集》4899）、（《懷特》786）。《甲骨文合集》13676正、13677正卜辭曰："貞，疾肘。"用的正是本義。戰國時期"肘"作（《郭店·成之聞之》3），"寸"字作（《雲夢·秦律雜抄》9），二者雖有差別，但相似度較高，故肘又加"肉"以示區別。睡虎地秦簡"肘"字作（《封診式》53），已加"肉"旁，象肘部的偏旁已訛為"寸"，與小篆同構。要之，"肘"中的"寸"，原是"肘"的指事字，作"寸"乃是訛混的結果。林義光謂《說文》釋"肘"為"肉寸"非義，這是對的，但認為"肘"从"討"省聲，則不確。

復，音缶

《說文》云："，往來也。从彳，复聲。""，行故道也。从夊，畐省聲。"按，"复""復"義無別，當同字。古作散氏器，从，象人形，下象其足見"夌""夋"各條，从彳，"畐"省聲。"畐"之韻"復"幽韻雙聲旁轉。變作曶鼎。

評注：甲骨文"复"字作（《合集》7076正）、（《合集》6333），从、象居室之形，从夊，表示腳之動作往返。金文承之作（鬲比盨），或加動符"彳"作（復尊）、（鬲比盨），或加動符"辵"作（散盤，林氏所摹略異），皆一字。小篆訛變，《說文》分析"复"字為"从夊，畐省聲"，非是。林氏以為"复""復"義無別，當同字，其說是，但對散盤字形的分析不夠準確。

獸

《說文》云："，守備者也。从嘼，从犬。"按，即"守"之或體。从犬，嘼聲。犬所以守也。古作獸彝戊，省作善䚬彝甲。或借"嘼"為之。師寰敦"即䢜厥邦嘼"，盂鼎"錫乃祖南公旂用嘼"是也。字亦作"狩"。《孟子》"巡狩者，巡所守也"，此以"狩"為"獸"之本義；漢張遷碑"問禽狩所有"，此以"狩"為"獸"之借義。

評注：“獸”字甲骨文作（《合集》10611）、（《合集》10609）、（《合集》28773）等形，从“干”（或“單”），从犬。干（單）為獵具，犬為獵犬，二者都是狩獵必備，故會狩獵之意，既用來表示狩獵的行為，又用來表示狩獵的對象。在卜辭中多用作“狩獵”之“狩”。林氏以為“守”之或體，从犬，嘼聲，不確；認為字亦作“狩”〔“狩”字後起，見於漢印，作（漢印10·6）〕，則是。“獸”所从之“嘼”乃“單”字的繁寫。[①] 甲骨文作（《乙》6269），金文作（盂鼎）、（師寰簋）、（部鐘）等形，故从“單”的“獸”金文又寫作（獸爵），戰國文字作（《雲夢·秦律十八種》120），與小篆同。《說文》中“許救切”的“嘼”，當是從“獸”字簡省分化出的一個字，與“單”的繁寫“嘼”來源不同（參見卷一“嘼”字條評注）。

𥳑，音軸

《說文》云：“，厚也。从亯，竹聲。讀若篤。”按，从“亯”非義。“亯”實“畐”之誤體。畐，高厚也。竹聲。即“竺”之或體。

評注：“𥳑”字見於戰國時期，楚簡作（《包山》237）、（《郭店·唐虞之道》9），从亯，竹聲，與小篆同構。“亯”字甲骨文作（《合集》1197）、（《花東》502），商代金文作（且辛祖癸鼎），象宗廟之形。宗廟乃高臺建築，故《說文》認為“亯”从“高”省。“高”“厚”義相因，故“𥳑”可訓為“厚”。另按“厚”字《說文》从厂，从㫗，“㫗”即反“亯”，亦可旁證“𥳑”“厚”相關。在古文字中，“𩫖”與“亯”作為合體字構件時常可任作。[②] 从“𩫖”之“敦”字有“厚”義，亦可作為旁證。𥳑厚之本字當作“𥳑”，“竺”“篤”應該都是因同音關係而因襲了“𥳑”的“厚”義（參見卷三“竺”字條評注）。林氏謂“𥳑”字从“亯”非義，“亯”為“畐”之誤體，“畐”有高厚之義，其說非是（參見卷三“畐”字條評注）。字頭係林氏推寫。

---

① 參見荊門市博物館編《郭店楚墓竹簡》，文物出版社1998年版，第169頁裘錫圭按語；陳劍《據郭店簡釋讀西周金文一例》，《甲骨金文考釋論集》，線裝書局2007年版，第28—29頁。

② 參見曾憲通《“亯”及相關諸字考辨》，《古文字與出土文獻叢考》，中山大學出版社2005年版，第86頁。

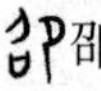卲，宵韻

《說文》云：“，高也。从卩，召聲。”按，“卩”即“人”字。从人，召聲。古作頌敦。

評注：“卲”字甲骨文作（《合集》15479）、（《合集》35174），从卩，刀聲。或作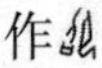（《花東》275），从卩，召聲。金文多承襲从召聲者，如林氏所引即是。“卲”字《說文》釋為“高”，形義關係比較隱晦。林義光謂“卩”即“人”字，則其字相當於“佋”，其說是。《金文編》云：“卲，與佋為一字，經典作昭。”①“佋”字見於金文，作（多友鼎），讀為“召”。《說文》：“佋，廟佋穆。父為佋，南面。子為穆，北面。从人，召聲。”清儒多以為“佋”字後起，如朱駿聲《說文通訓定聲》曰：“佋，晉避司馬昭諱，別作此字。後人妄增入《說文》。”段注在“昭”字下曰：“自晉避司馬昭諱，不敢正讀，《一切》讀‘上饒反’，而陸氏乃以入《經典釋文》，陋矣，又別製‘佋’字……無識者又取以竄入《說文·人部》中。”又在“佋”下曰：“此篆雖《經典釋文》時稱之，然必晉人所竄入。”清王紹蘭《說文段注訂補》云：“劉向《請雨華山賦》‘殊佋訬賞’，則漢時已有‘佋’字，非晉人所製，此其明證。以其義與‘昭’同，故《經典》假‘昭’爲‘佋’。”今以金文觀之，則段、朱之晉代說與王紹蘭之漢代說，皆不確矣。

 䊀、絕

《說文》云：“，古文紹。”按，从糸，卲聲。《說文》云：“，斷絲也。从糸，从刀，从卩。”按，與“”形近，“刀”聲猶“召”聲也。“”蓋與“紹”同字，相承誤用為斷𢇍之“𢇍”。

評注：大徐本《說文》“紹”字古文作，有所訛變，林氏所書略異。段玉裁據《玉篇》《廣韻》《汗簡》改為。《古匋文舂錄》13．1有字作，楚王酓忎盤有人名作，从糸，卲聲，當皆“紹”字。陳侯因資敦作

① 參見容庚《金文編》，中華書局1985年版，第643頁。

，在銘文中即用作“紹”，可證段氏之說。“絕”字古文作“𢇍”，甲骨文作（《合集》152 正）、（《合集》36508），會以刀斷絲之意。戰國文字作（中山王壺），《說文》古文承之（參見卷五“𢇍”字條評注）。“絕”字正篆見於戰國文字，作（《雲夢·日甲》17 反），《說文》釋為从糸，从刀，从卩。“卩”即“人”，其字會人持刀斷絲之意，可以理解為是在甲骨文从糸从刀的基礎上加形符“卩”而成。或以為“卩”為疊加聲符，亦有理據。[①] 林氏以為“絕”與“紹”字古文形近，“絕”之“刀”聲猶“紹”之“召”聲，因此“絕”當與“紹”同字，用為斷絕之“絕（“𢇍”）”是一種誤用。這個說法，從字理上說，不無道理，只是還缺乏證據。

卓，音棹

《說文》云：“，高也。早匕為卓，匕卩為卬，皆同意。”按，“”即“人”之反文。从人，早聲。“早”幽韻“卓”宵韻雙聲旁轉。古作趠鼎“趠”字偏旁、作龙姞𠛱彝“綽”字偏旁。

評注：“倬”字甲骨文作（《合集》26992），所从之即“卓”字，金文如林氏所引，上部作“匕”形，下部作“早”形，為小篆所承。“卓”字構形眾說紛紜，尚無定論。于省吾先生根據甲骨文字形，以為其字“下从子，上象子之頭頂有某種標識之形，故有高義”。[②] 張世超先生主張“卓”字从人从昜，象人在日上立於高卓之處，故有高義，亦有明義。[③] 林義光以為从人，早聲。從甲骨文字形看，于說較合理。以意化和聲化現象視之，把金文和小篆釋為从人，早聲，亦有理據，可備一說。

鼂

《說文》云：“，匽鼂也。讀若朝。从黽，从旦。”按，“黽旦”非義。“旦”疑“早”省。“早”古作趠鼎“趠”字偏旁，與“旦”形近。从黽，

---

① 參見黃德寬主編《古文字譜系疏證》，商務印書館 2007 年版，第 2488 頁。

② 參見于省吾《釋倬》，《甲骨文字釋林》，中華書局 1979 年版，第 92 頁。

③ 參見張世超《金文形義通解》，中文出版社 1996 年版，第 2036—2037 頁。

“早”省聲。“黿”“早”雙聲旁轉。

評注：“黿”字見於戰國時期，秦系文字作（《珍秦齋古印展》172），从黽，从日，楚系文字作（《郭店・窮達以時》7），日在黽下。古璽作（《甲金篆隸大字典》第934頁），當是从黽，早聲。小篆上从“旦”。根據以上字形，林氏認為小篆之“黿”為从黽，“早”省聲，頗有道理。

妙

《說文》云：“，急戾也。从弦省，少聲。”按，“妙”為“急戾”未詳。妙，微妙也。从玄，少聲。“玄”古作“”見“玄”字條。

評注：“玅”（或作“玅”）字未見於商周古文字，當屬後起。此字有“乙肖切”和“彌笑切”兩讀。《玉篇・幺部》：“玅，乙肖切。急戾也。”《廣韻・笑韻》：“玅，同妙，好也。彌笑切。”據字書，“玅”讀彌笑切，與“妙”是一字異體；但讀乙肖切、訓為“急戾”的“玅”，與“妙”是什么關係，待考。林氏以為“急戾”未詳，以“微妙”解之，其義與字形从“玄”合，但字頭徑作“妙”，則與篆文不合。大徐本、段注本皆隸定為“玅”。段注云：“《類篇》曰彌笑切，精微也，則為今之妙字。妙或作玅，是也。”

弦，音恆，蒸韻

《說文》云：“，屋響也。从宀，弘聲。”按，古作番生敦、作毛公鼎，从“函”省，弓聲。本義當為含宏之“宏”。變作弘弗生甗、作彔伯戎敦。

評注：“弦”字見於金文，作（史牆盤）。其銘曰：“弦魯卲（昭）王。”其義當為“宏”。林氏所引番生簋之與毛公鼎之，舊釋“宏”。《金文編》曰：“與弦為一字。《說文》：‘宏，屋深響也。’‘弦，屋響也。’其義同。”又曰：“通鞃，即《詩・韓奕》之‘鞹鞃’。”[①] 又或釋為

① 參見容庚《金文編》，中華書局1985年版，第514頁。

訓“弓衣”的“韔”，形義關係更為妥帖。[1] 林氏以為之變體的和，內非从“弓”而是从“人”，何琳儀、劉釗等先生均釋為“盈”。[2] 林氏誤。

恆

《說文》云：“，常也。从心舟在二之間，上下一心似舟旋恆也。”按，从心，亙聲。古作曶鼎。

評注：“恆”為“亙”的後起字。“亙”字甲骨文作（《合集》14762）、（《合集》14749 正），金文相承作（亙鼎），从月从，取象於月在天地之間圓缺往復而寓永恆之意，《說文》所說之“舟”，乃為“月”之譌（參見卷六“亙”字條評注）。西周金文又加“心”作，如林氏所引，蓋寓心意永恒之意。本條亦見於卷六“亙”字條，彼處“从心舟”作“从心，从舟”。末句“上下一心似舟旋恆也”，當作“上下一心似舟旋，恆也”為妥。

朋、倗，蒲恆切

《說文》云：“，古文鳳。象形。”按，古作杜伯盨、作朋尊彝，不象鳳鳥形。从人，聲，即“倗”之古文。凡倗友字，經傳皆以“朋”為之。《說文》云：“，輔也。从人，朋聲。”按，與“朋”同字。朋，古作，从人。

评注：“朋貝”之“朋”甲骨文作（《合集》11438）、（《合集》19336）等形，金文作（中作且癸鼎）、（衛盉）等形，象以繩貫貝分為兩組之形。金文中常見“朋”與數字構成合文，如（豐鼎）、（彥鼎）、（衛宋尊）、（我鼎）、（令簋）、（衛盉）等，益顯其“朋貝”之義。“倗”字甲骨文作（《合集》12）、（《合集》10196）等，金文作（倗卣）、（倗仲鼎）、（克盨）、（多友鼎）、（倗

---

① 參見裘錫圭、李家浩《曾侯乙墓竹簡釋文與考釋》注（14），載《曾侯乙墓》，文物出版社 1989 年版；劉釗《古文字構形學》，福建人民出版社 2006 年版，第 266 頁。

② 參見何琳儀《战国文字通论》（訂補），江蘇教育出版社 2003 年版，第 271—272 頁；劉釗《古文字構形學》，福建人民出版社 2006 年版，第 265—267 頁。

友鐘）等形。甲金文中“倗”除了用作族氏名、人名外，皆用作“朋友”義。于省吾認為金文“倗”从“勹”，是在“朋”字上疊加“勹”聲而成，《説文》訛勹為人。[①] 按，“勹”亦人形，傳統釋為从人，朋聲，林氏因之，亦無不可。林氏并指出，凡倗友字，經傳皆以“朋”為之，其説是，然以“朋”“倗”相同無別，則不確。劉釗先生指出，金文朋友之“朋”作“匔”，大概是有意與貝朋之朋相區別。[②]

關於古文“鳳”與“朋”之間的關係，則比較復雜。在《説文》裏，形既是“鳳”的古文，又是朋黨之“朋”，《説文》从“朋”之字，其“朋”旁均寫作。許慎云：“，古文鳳，象形。鳳飛，羣鳥從以萬數，故以為朋黨字。”似乎把二者的關係説清楚了，其實不然。首先，《説文》所錄“鳳”字古文作（林氏所書略異），確是象鳳之形。曾憲通先生指出，“由甲骨文之（《菁》501）省其華冠而為，反書之則成，再變而為金文的（張伯鼎）和（子鐘）字，這就是《説文》古文字的由來。許慎云：‘，古文鳳，象形。鳳飛，羣鳥從以萬數，故以為朋黨字。’從上引資料看來，古文之確像豐羽昂首靜立的鳳形。但用為朋黨字，卻是由于讀音相同和形體訛混的結果，與‘鳳飛，羣鳥從以萬數’毫不相干。”[③] 其次，朋黨之“朋”，則來源於金文之倗友之“倗”。上舉金文从勹从串貝之形的“倗”，隸變或作（《雲夢·日甲》65背），最後才逐漸演變成了雙月之“朋”；小篆的“朋”之所以與古文“鳳”混同，都寫作，是因為與金文（倗尊）、（王孫鐘）等寫法很接近而造成的。這樣看來，《説文》小篆“朋”與古文“鳳”兩者來源有自，一形兩字是兩者訛混的結果，既非借鳳為朋，也非借朋為鳳。[④] 林氏認為、不象鳳鳥形，其説有理，但對、和古文“鳳”之間的關係，尚未認識清楚。

① 參見于省吾《釋勹、㚲、匔》，《甲骨文字釋林》，中華書局1979年版。

② 參見劉釗《古文字構形學》，福建人民出版社2006年版，第82頁。

③ 參見曾憲通《釋“鳳”“皇”及其相關諸字》，《古文字與出土文獻叢考》，中山大學出版社2005年版，第18頁。

④ 參見黃文傑《説朋》，《古文字研究》第22輯，中華書局2000年版。

朕

《說文》云："，我也。闕。"按，《攷工記》："視其朕，欲其直也。"函人戴氏震云："舟之縫理曰朕，故札續之縫亦謂之朕。"段氏玉裁以為本訓"舟縫"，引伸之為凡縫之稱。凡言朕兆者，謂其幾甚微，如舟之縫、龜之坼也。"瞽"下云："目但有朕也。"謂但有縫也。从舟，灷聲。古作毛公鼎，變作無㠱敦。

評注："朕"字甲骨文作（《合集》152 正）、（《合集》20975），从舟，灷聲。金文除林氏所引外，又作（秦公鎛）、（齊侯敦）、（毛弔盤）、（仲辛父簋）等，小篆右上訛為"火"。或以為"灷"即"朕"之初文，字象从廾持物填補船縫之形。[①] 段注曰："朕在舟部，其解當曰'舟縫也。从舟，灷聲。'何以知為舟縫也？《考工記·函人》曰：'視其朕，欲其直也。'戴先生曰：'舟之縫理曰朕，故札續之縫亦謂之朕。'所以補許書之軼文也。本訓舟縫，引伸為凡縫之偁。凡言朕兆者，謂其幾甚微，如舟之縫、如龜之坼也。目部瞽字下云：'目但有朕也。'謂目但有縫也。"林氏按語，源自段注。

承

《說文》云："，奉也，受也。从手、卩、𠬞。"按，从手，"丞"省聲。

評注："承"字甲骨文作（《合集》9175）、（《合集》4094），象雙手捧承一人之形，兩只手在下面。金文仍因甲骨文之形，作（追承卣）、（小臣𨔝簋）。小篆"卩"下復增"手"形，後世隸楷據以演變。"丞"字甲骨文作（《合集》2279 正），會雙手救人出陷阱之意，為"拯"之初文（參見卷六"丞"字條評注）。"承""丞"後世篆隸字形相關，但初文不同。舊時二字義有重疊，乃因後來字形訛變之故。林氏以為"承"為"丞"省聲，非是。

---

① 參見季旭昇《說文新證》，福建人民出版社 2010 年版，第 709 頁。

青，青韻

《說文》云：“，東方色也。木生火。从生、丹。”按，木生火為青生丹，義已紆曲。古作靜敦、作靜彝，並“靜”字偏旁，从生，草木之生，其色青也，井聲。或作克鼎彝、作毛公鼎，並“靜”字偏旁，从“生”省。變作吳尊彝。

評注：“青”字見於金文，如林氏所引。從金文看，“青”字本从“屮”或“木”，如多友鼎“靜”字作，所从之“青”，上部即从“屮”；班簋“靜”字作，所从之“青”，上部即从“木”；金文“青”字上部又作“生”者，當是由“屮”“木”變來的，同時還起到聲化的作用。林氏以為“青”字从“生”，意謂草木之生，其色青也，其說近是。金文“青”字下部，多从“井”，用作聲符。其作“丹”者，乃乘隙加點而意化。林氏以為“青”从“井聲”，其說是。要之，“青”本屮或木，井聲，本義為艸木之青。字形變化後，《說文》以為會意字，以木生火來解釋青生丹，故林氏指其“義已紆曲”。或以為形聲字，釋為从丹生聲，與初形的从屮井聲相較，義符轉為聲符了，聲符變為義符了。不過“丹”指“赤石”，“青”指青色，雖皆屬顏色之類，但畢竟不同色，以“丹”為“青”之義符，還是不夠妥帖的。

荆、刑

《說文》云：“，罰辠也。从刀、井。《易》曰：井者，法也。”按，諸彝器以“帥井”為“帥刑”，“刑”“井”古同音。从刀，井聲。《說文》云：“，剄也。从刀，幵聲。”按，“幵”非聲。“刑”訓為“剄”，即“荆”之引伸義，蓋本同字。“井”譌為“开”，復譌為“幵”耳“井”篆亦作“”，譌作“”。見“井”字條荆、邢兩地同名，不當分為兩字。“形”从“幵”聲，實亦作“㓝”也。

評注：古文字資料中“刑罰”之“刑”皆作“荆”，如（叔夷鎛）、（子禾子釜）、（《雲夢·法律答問》3）等，林氏以為从刀，井聲，其說是。从“开”的“刑”字後出，如作，見於武梁祠畫像題字。小篆从“幵”更是訛體。林義光認為“刑”所从之“幵”是由“井”訛為“开”，然後再訛為“幵”的，其說可從。本條合“荆”“刑”為一字，并認為“邦”“邢”同字，“形”又作“彤”，皆甚碻。林氏未引金文，字頭係推寫。

延，音晶

《說文》云：“延，行也。从廴，正聲。”按，古作歸夆敦、作無㠱敦，“⺀”即“彳”之變，與“征”同字。

評注：按“征”字初文是“正”，甲骨文作（《合集》16244正），从止从口（城邑），本義指征行、征伐（參見卷一“正”字條評注）。甲骨文“正”除了用來表本義外，還假借為“正月”之“正”以及人名、地名、祭名等，故又加動符“彳”作（《合集》31791）來記錄本義。金文承襲作（盂鼎）、（曾伯𠤳）、（班簋）等，或从辵作（征盨）、（㠱伯盨）等，此即《說文》之“延”。《說文》：“延，正行也。从辵正聲。征，延或从彳。”又“延，行也。从廴正聲”。可證“延”“延”“征”皆一字分化。我們看到，“征”字所从的“彳”形，有往左邊撇作，也有往右邊彎作。鄂侯鼎“征”字兩見，一作，一作。林義光謂“延”所从之“廴”乃由往右邊彎的形所變，“延”與“征”同字，甚碻。

成，音亭

《說文》云：“成，就也。从戊，丁聲。”按，从“戊”非義。古作盂尊彝、作克彝、作格伯敦，从戌，丁聲。即“朾”之古文，撞也。《廣雅》：“楟，刺也。”釋詁一“打，擊也。”釋詁三本皆“成”字，从“戌”猶从“戈”也“式”字古或从“戈”或从“戌”，見“式”字條。變作師害敦、作沇兒鐘，譌从“十”。

評注：“成”字甲骨文作（《合集》1245）、（《合集》1364正），从戌，丁（“釘”之初文）聲。所从之“丁”或省，作（《合集》30248）、（《合集》集39365），為金文所承。小篆有所訛變，故分析為从戊，丁聲。林義光謂“成”从“戌”不从“戊”，甚碻，但以“成”為“朾”之古文，恐不可信。或以為“成”乃“城”之初文，从戌，从丁（象城邑之形），會城邑與軍械之意，丁亦聲。[①]

寧、甹

《説文》云："，願詈也。从丂，寍聲。"按，丂，引也見"丂"字條，所願故引而進之。古作盂尊彝、作寧母父丁器。《説文》云："，定息也。从血，甹省聲。"按，形似"寧"省，又與"寍"同義，疑即"寧"之省文，或借為"寍"也。

評注："甹"為"寧"之初文，"寧"又作"寧"。"甹"字甲骨文作（《合集》21115）、（《合集》33348），从皿，从示，讀為"寧"，如"寧風""寧雨"等，皆表示定息之義，本義當指祈求安寧之祭。或从血从示作（《合集》32552），或加宀形作（《合集》36450），金文相承作（寧母父丁鼎）。甲骨文又有"寍"字，作（《合集》13696 正），从宀，从心，从皿，屋内有食具器皿，會心安之意。金文相承作（牆盤）、（毛公鼎）（參見卷八"寍"字條評注）。這些形體都表示安寧之義。以此觀之，金文作（寧簋）、（盂爵）等形，可能是在上述形體的基礎上糅合而成。"甹""寍""寧"乃一字異體，《説文》分為三字，并以"寧"字"从丂"，"甹"為"甹省聲"，皆非是。林氏以"甹"為"寧"之省體，"寍"之借字，亦不確。

省

《説文》云："，視也。从眉省，从屮。"按，从"眉"非義。从""即""省，與"眚"同字。古"眚"或作豆閉敦，"生"亦省。"静"或作尤盉，是"生"亦省作""也。

評注："省"字甲骨文作（《合集》5980），从木从目，會省視之意，與"相"的構意相同。又作（《合集》5112 正），上部作"屮"。金文相承作（散盤）、（鬲攸比鼎），戰國文字或作（中山王鼎）、

---

① 參見黃德寬主編《古文字譜系疏證》，商務印書館 2007 年版，第 2166 頁。

（《郭店・語叢二》20），上部變為“生”，有聲化作用。睡虎地秦簡“省”字或作（《秦律雜抄》17）、（《秦律雜抄》22），與《說文》小篆已經很接近了，後世據之隸變，上部遂成“少”。從文字演變的通例來看，林義光謂“省”和“眚”同字，是有道理的。二者當是同源分化的關係。只是《說文》訓“眚”為“目病生翳”，文獻未見此義而已。字頭係林氏推寫。

寅，音賓，臻韻

《說文》云：“，冥合也。从宀，丏聲。讀若《周書》‘若藥不眄眩。’”按，古作盧鐘，以為“賓”字。“寅”當為賓客本字，从宀與“客”同意，丏聲。或作䣄編鐘，“平”聲。“賓”臻韻“平”青韻雙聲旁轉。

評注：“寅”本作“宂”，甲骨文作（《合集》1581 臼），象屋中來人，賓客之義。人形或作“万”，有聲化作用，作（《合集》32 正），又加“止”作（《合集》30561），或繁化作（《合集》15171 正），皆表賓客來臨之意。金文相承，如林氏所引，或又加“貝”作（保卣）、（史頌簋），小篆訛作，隸楷作“賓”。林義光謂“寅”乃賓客之“賓”的本字，从宀與“客”同意，丏聲，甚確。所引字，或為人形加飾筆，亦可視為“元”字，林氏以為“平”聲，亦為聲化現象。

便，音頻

《說文》云：“，安也。人有不便，更之。从人、更。”按，从人，聲。“”，“鞭”之古文見“夌”字條。

評注：“夌（鞭）”字甲骨文作（《合集》20842），象手持鞭形。又加丙聲作（《合集》10380）。這種“夌”字其實與更改之“更”同形，故金文“夌”又有从“冕”之初文“”而聲化者，作（九年衛鼎）（參見卷六“夌”字條評注）。相應地，金文“便”也有从這類寫法的“夌”，作（儹匜），此正可證明“便”字所从之“更”確實是“鞭”之古文“夌”，林氏所說，是完全正確的。《說文》以从“更”解之，謂“人有不便，更之”，其說迂曲。

陳，廷寅切

《説文》云：“，宛邱也。舜後嬀滿之所封。从𨸏，从木，申聲。”按，古作陳曼匿、作陳侯因𪒠敦，从土，“敶”省聲。變作陳猷釜。

評注：金文“敶”“陳”皆可作為嬀陳之“陳”，二者只是繁簡之別。“敶”字見卷十。“陳”字當分析為从“東”聲，小篆“東”字訛變，故分析為“木”“申”。戰國文字或加“土”，如林氏所引之陳曼匿字，林義光謂其从土，敶省聲，亦無不可。楚系文字作（《璽匯》1459）、（酓忎盤），“土”與“東”重合，同時“東”字上部直筆變曲筆而變為从“重”。

匀，音寅

《説文》云：“，少也。从勹、二。”按，調也。从二，有二乃相調也，“旬”省聲。“匀”聲之“鈞”古作守敦、作㡿𢼸敦，亦从“旬”省，不从“勹”。

評注：“匀”當為“鈞”之初文。甲骨文“匀”字作（《美國所藏甲骨錄》619），裘錫圭先生指出此字所从之“”為“旬”字，所从之“”就是古“吕”字，並引唐蘭説，“其本義當為金名”。故“”當分析為从吕，旬聲。因此“”應該就是西周金文中作（匀簋）、（多友鼎）等形的“匀”字，金文“匀”字所从之乃“吕”字填實的寫法。[①]“金”字金文作（利簋），所从之可資參證。林義光謂“匀”不从“勹”，乃从“旬”省聲，近是。然其謂“匀”从二，有二乃相調，則不可信。所引器名的“㡿”字，附錄《引用彝器異名箋》作“㡿”。

旬，詞寅切

《説文》云：“，徧也。十日為旬。从勹、日。”按，“勹日”非義。

---

① 參見裘錫圭《殷墟甲骨文字考釋（七篇）》，《湖北大學學報》1990年第1期。收入《裘錫圭學術文集·甲骨文卷》，復旦大學出版社2012年版。

當从日，"旬"省聲。

評注："旬"字甲骨文作（《合集》6834）、（《合集》17055正）。王國維曰："卜辭有、諸字，亦不下數百見。案使夷敦云'金十'，兮敖敦蓋云'金十'，考《說文》'鈞'之古文作'銞'，是、即'銞'字，即'旬'字矣。卜辭又有'之二日'語見《鐵雲藏龜》第六葉，亦可證、即'旬'字。余徧搜卜辭，凡云'貞，旬無𡆥'者，亦不下數百見，皆以癸日卜，知殷人蓋以自甲至癸為一旬，而於此旬之末卜下旬之吉凶。云'旬無𡆥'者，猶《易》言'旬無咎'矣。日自甲至癸而一徧，故旬之義引申為徧。《釋詁》云：'宣旬，徧也。'《說文》訓'裹'之'勹'，實即此字，後世不識，乃讀若包，殊不知勹乃旬之初字。'軍'字从車从勹，亦會意兼形聲也。"① 其說甚是。金文增義符"日"作（王來奠新邑鼎），小篆因之，而訛為从"勹"。林氏或依舊說以"勹"為"包"，故以為"勹日"非義，而釋為"旬"省聲也。字頭係林氏推寫。

䛜，音信

《說文》云："，驚䛜也。从兮，旬聲。，或从心。"按，"䛜"非詞，本訓"驚貌"。兮，稽也見"兮"字條。稽覈而後愕然驚。經傳皆以"恂"為之。《禮記》："瑟兮僩兮，恂栗也。"大學《莊子》："眾狙見之，恂然棄而走。"徐無鬼。

評注："䛜"字甲骨文作（《合集》32028）、（《合集》28230）、（《合集》32833），从兮，从旬，位置靈活，構意不明，在卜辭中用作地名或祭祀對象。金文未見之，小篆偏旁與甲骨文同，異體增"心"符。林氏以為"䛜"非詞，本訓"驚貌"，以經傳"恂"字觀之，其說有理。《漢語大字典》引林說為證。字頭係林氏推寫。

進

《說文》云："，登也。从辵，閵省聲。"按，"隹"為"閵"省不

---

① 參見王國維《釋旬》，《觀堂集林》第一冊，中華書局1959年版，第285—286頁。

顯。當从“隹”聲。“隹”微韻“進”臻韻雙聲對轉。古作今田盤。

評注：“進”字甲骨文作（《合集》29673）、（《合集》32535），从隹从止，會鳥飛前進之意，隹亦聲。① 金文如林氏所引，从辵，與从止同意。小篆與金文同構。林義光指出“進”所从之“隹”非“閵”省，“進”字當从隹聲，甚確。

昏，音泯

《說文》云：“，日冥也。从日，氐省。氐者，下也。一曰民聲。”按，“昏”古音如“閔”。《左傳》“圍緡”僖二十三，《穀梁》作“閔”。《書》“昏不畏死”康誥，《孟子》作“閔”。當从“民”聲“民”“閔”雙聲旁轉。

評注：“昏”字甲骨文作（《合集》29794）、（《合集》29795），从日，从氏。“氏”和“氐”本一字，故字當視為从日从氐，氐为下，氐日即落日，會黄昏之意。甲骨文“昏”又作（《合集》18528）、（《合集》23520），从日溫聲。② 此字後世不傳。从民聲之“昬”乃“昏”字之訛。睡虎地秦簡“昏”作（《日乙》156），上部近似“民”，馬王堆帛書作（《春秋事語》95）、（《老子》乙卷前古佚書154上），武威醫簡作，熹平石經《詩經·邶風·谷風》作，上部所从皆近同“民”字。段注云：“字从氐省為會意，絕非从民聲為形聲也。蓋隸書淆亂，乃有从民作昬者。”其說可從。不過隸書訛變从民聲，亦可視為變形音化，林氏以為“當从‘民’聲”，亦無不可。

弦，兮寅切

《說文》云：“，弓弦也。从弓，象絲軫之形。”按，从弓，玄聲“玄”古作“”，見“玄”字條。

評注：“弦”字甲骨文作（《合集》26956）、（《屯南》4066），

---

① 參見黃德寬主編《古文字譜系疏證》，商務印書館2007年版，第3552頁。

② 參見裘錫圭《殷墟甲骨文字考釋（七篇）》，《湖北大學學報》1990年第1期。收入《裘錫圭學術文集·甲骨文卷》，復旦大學出版社2012年版。

从弓，从糸，[1] 睡虎地秦簡作（《日甲》27），仍存古意。東漢熹平石經《儀禮·泰射》作，聲化為玄聲。字頭係林氏推寫，並認為“弦”字从弓、玄聲，當可從。另按，《新甲骨文編》把《合集》2516 之字作為“弦”字，[2] 然所从“弓”形不顯，待考。舊時以甲骨文之（《合集》13523 正）、（《合集》9410 正）為“弦”字，从弓，圓圈作為指事符號表示弓弦之所在，[3] 亦符合文字學原理。

鯀，古引切

《說文》云：“，鯀魚也。从魚，系聲。”按，“系”非聲。《列子》“鮌治水土”楊朱，《離騷》“鮌婞直以亡身兮”，皆作“鮌”，當以“鮌”為正，从魚，玄聲。“玄”古作“8”伯晨鼎，與“系”形近“孫”字篆从“系”，𠭯敦、師𡯁父鼎、邾公釗鐘亦皆从“玄”，因譌从“系”也。

評注：甲骨文有字作（《合集》48）、（《合集》24382）、（《合集》33162），裘錫圭先生指出此字與西周金文鯀還鼎、牆盤是一個字，當釋為“鯀”字。字象以手用“糸”釣魚。“鯀”應即訓為“釣繳”的“綸”的初文。卜辭地名“鯀”，當即少康所居的綸（《左傳·哀公元年》），在今河南虞城東南。[4]《廣韻·混韻》：“鯀，亦作鮌。”“鯀”變从“玄”聲跟“弦”字的形體演變過程應該是一樣的。林義光謂“鯀”所从之“系”非聲，甚是。然其謂“鯀”當以“鮌”為正，則不然。字頭係林氏推寫。

夤

《說文》云：“，敬惕也。从夕，寅聲。《易》曰：‘夕惕若厲。’”按，从夕，夕惕之義不見。“夤”當即“胂”之或體，从肉，寅聲。

① 參見黄德寬主編《古文字譜系疏證》，商務印書館 2007 年版，第 3428 頁。

② 參見劉釗等《新甲骨文編》，福建人民出版社 2009 年版，第 711 頁。

③ 參見徐中舒主編《甲骨文字典》，四川辭書出版社 1989 年版，第 1405 頁；李學勤主編《字源》，天津古籍出版社 2012 年版，第 1127 頁。劉釗等《新甲骨文編》則把此字作為“彈”字，見該書第 708 頁。

④ 參見裘錫圭《史牆盤銘解釋》注解 6，《文物》1978 年第 3 期。

“” 以形近譌為“” 也。《易》“列其夤” 艮卦，馬注：“夾脊肉也。” 正以“夤”為“胂”。鄭本作“臏”。

評注：“夤”字商周古文字未見之，春秋戰國文字作（秦公鎛）、（秦公簋）、（《古陶文彙編》5・127），所从之“”或以為“月”，其實當為“肉”字。金文“月”及从月之字作，中間一筆不與外面的輪廓相連接。秦印作，已訛从“夕”。秦公簋銘曰：“嚴恭夤天命。”“夤”用作“敬惕”義，當為假借，其本字待考。林義光謂“夤”當為“胂”之或體，从肉，寅聲，可從。《説文》：“胂，夾脊肉也。”《集韻・諄韻》：“臏，夾脊肉也。通作夤。”古音“胂”在書紐真部，“夤”在以紐真部，二者音近。字頭係林氏推寫。

燹，文韻，音損

《説文》云：“，火也。从火，豩聲。”按，古作 項盨，从火，𢑚聲。“𢑚” 微韻 “燹” 文韻 雙聲對轉。

評注：西周金文“燹”字作（衛盉）、（五祀衛鼎）、（善鼎）、（公盨）。董蓮池先生在《新金文編》“燹”字下加按語云：“燹與豳系一字所分化，均从豩聲。此从𢑚是豩之古形。豩者乃𢑚之後來所訛省；其分化為从山之豳，學者从前推斷山應是火之訛成，以今日發現形體觀之，説是。”[①] 林義光謂“燹”字从火，𢑚聲，可從。

鰥，音昆

《説文》云：“，鰥魚也。从魚，眔聲。”按“眔”非聲。朱氏駿聲云：“褱省聲。”古作 父辛尊彝、作 毛公鼎。

評注：“鰥”字見於金文，如林氏所引（父辛卣“鰥”字《金文編》作，與林氏所摹略異），在銘文中皆用作“鰥寡”之“鰥”，當為借義。或以為“鰥”乃會意字。《韓詩外傳》：“東海之魚名曰‘鰥’，比目而行，不相得，不能達。”“眔”訓目相及，故鰥从魚、从眔會意。[②]《説

① 參見董蓮池《新金文編》，作家出版社 2011 年版，第 1415 頁。

② 參見黃德寬主編《古文字譜系疏證》，商務印書館 2007 年版，第 3631 頁。

文》以“眔”為聲，林氏以為非，而引朱駿聲之說“䍐省聲”。按大徐本錄李陽冰說“當从䍐省”，朱氏當本此。《說文》：“䍐，周人謂兄曰䍐。”從聲音上說，古音“鰥”“䍐”皆為見母文部字，故朱氏之說也不無道理。

賁，音奔

《說文》云：“，飾也。从貝，卉聲。”按，“奔”省聲。

評注：“賁”是個多音字，作為“文飾”義，音 bì。字見於戰國時期，作（《雲夢·日甲》56 背），小篆同構。金文以“𠦪”表車飾，如師克盨銘文：“駒車、𠦪較、朱虢鞃靳。”王臣簋銘文：“賜汝朱黃𠦪親。”張政烺先生認為“𠦪”字當讀為“賁”。[①] 因此“賁”可能是從“𠦪”分化出來的一個字。《說文》以為“卉”聲，林氏以為“奔”省聲，均有理據。

艱，音根

《說文》云：“，土難治也。从堇，艮聲。”按，難也。从堇，為“勤”之聲借，諸彝器“勤”字皆以“堇”為之。

評注：“艱”字甲骨文作（《合集》6057 正）、（《合集》24206）、（《合集》24204）等形，从女或堇，从壴。从女从壴者後世無傳，从堇从壴者即演變為《說文》籀文“囏”。按“堇”字甲骨文作（《合集》1103）、（《合集》9815）。省體从口从黑（“墨”本字，本義為受墨刑之人），會受墨刑之人歎息之意；繁體益“火”作，為疊加意符，表示災難、苦困之意，乃“艱”之本字（參見卷十“囏”字條評注）。小篆作“艱”，从堇，艮聲，為後世所承。林氏在卷十以“从堇、喜，即‘勤饎’之聲借”說“囏”字，迂曲難通；此以“‘堇’為‘勤’之聲借”說“艱”字，大意是事情困難，故需勤，其說亦頗為勉強。

---

① 參見張政烺《王臣簋釋文》，四川大學學報叢刊《古文字研究論文集》，四川人民出版社 1982 年版。

順

《說文》云："，理也。从頁、川。"按，從也。从頁者，順從見於顏面，與"顓""頊"為"謹"同意。川聲。

評注："順"字見於金文，作（何尊），銘曰："順我不誨。""順"讀為"訓"。古或以"訓"為"順"，楚帛書丙篇："大不訓於邦。""訓"假借為"順"。又以""為"順"，中山王壺銘曰："不顧逆忈。"郭店楚簡《緇衣》："四方忈之。"又以"川"為"順"，上博簡《唐虞之道》："教民大川之道。"郭店簡《成之聞之》："可以至川天常矣。"等等。凡此皆可證"順"當从川聲。林義光謂"順"字从頁，川聲，本義為順從，甚確。字頭係林氏推寫，與何尊不類。

殿，音臀

《說文》云："，擊聲也。从殳，𡱂聲。"按，"殿"為"擊聲"，未詳。字从"殳"，本義或為軍後之殿。

評注：金文有（史密簋）字，劉釗先生以為即"屍"字，讀為"殿"。字从尸从𠂤，𠂤亦聲。"𠂤"字本像尻形，"堆"是其引申義。甲骨文有"庭𠂤"一詞，裘錫圭先生在《釋殷墟卜辭中與建築有關的兩個詞——"門塾"與"𠂤"》中讀為"庭殿"，指大庭的殿堂而言。史密簋銘文曰："史密右率族人、釐（萊）白（伯）、僰，周伐長必。"意思是史密率領族人和萊伯、僰兩國軍隊作為後軍，跟在周朝軍隊的后邊攻伐長必。[①] 據此，"殿"字的演變軌跡可以整理為（史密簋）—（師寰簋）—（曾 128）。小篆增"殳"旁訛為。睡虎地秦簡作（《日甲》119）、（《秦律雜抄》20），聲化為"典"聲。古音"殿"在定紐文部，"典"在端紐文部，音極近。林義光謂"殿"之本義為軍後之殿，即殿軍，甚是。

---

① 參見劉釗《談史密簋銘文中的"眉"字》，《考古》1995 年第 5 期。收入《古文字考釋叢稿》，岳麓書社 2005 年版。

獻，寒韻

《說文》云："，宗廟犬名羹獻，犬肥者以獻。从犬，鬳聲。""，鬲屬。从鬲，虍聲。"按，"鬳"字經傳未見，"虍"亦非聲。《六書故》引《說文》"虔省聲"，"虔"與"鬳"古音不合。"獻"本義為"宗廟犬"，理復難信。"獻"古作陳公子甗，為"甗"之古文諸彝器"甗"字皆作"獻"，从鼎，"⿱虍犬"省聲"⿱虍犬"為《爾雅》"贙有力"之"贙"義，見本條。亦作召伯虎敦，省从"貝"。作弘弗生甗，从鬲。作師麻孝叔甗，借"獻"字為之。"鬳"即"獻"之偏旁，不為字。

評注：從古文字材料來看，"鬳"字是存在的，甲骨文作（《合集》26954），金文作（見甗）。"獻"字甲骨文作（《合集》36345）、（《合集》31812），金文作（獻侯鼎），是在"鬲"或"鬳"的基礎上增"犬"旁形成的。從後來流行的字形看，"獻"字應切分為"鬳"與"犬"，《說文》的分析應該是對的。林氏疑其音不合，義難信，而切出"⿱虍犬"旁；又以為"鬳"為偏旁，不為字，皆不可據（參見卷十"⿱虍犬"字條評注）。

展

《說文》云："，轉也。从尸，㞋省聲。"按，从尸，象人宛轉形見"尸"字條。

評注："展"字未見於商周古文字。戰國文字作（《中國璽印集粹》），與小篆同構。林氏以為字从尸，象人宛轉形，其說可從。張舜徽《說文解字約注》云："展字之从尸，猶从人耳。其本義自謂之偃臥展轉也。夕部：'夗，轉臥'，亦即此意。本謂轉臥，因引申為凡轉之稱。經傳作輾，乃後起增偏旁字。人臥則四體開張，故展字引申又有舒義、開義。"頗為詳審。

譴

《說文》云："，謫問也。从言，遣聲。"按，古作太保彝、作⿱穴丁鼎"遣"字偏旁、作小臣夌尊彝"遣"字偏旁，从口，𠳋聲。

評注：“𠳋”字甲骨文作（《合集》4387）、（《合集》11484正），亦作（《英》312）、（《合集》5315），增“口”符，為其繁構。其字从臼，从𠂤，會派遣軍隊之意，為“遣”之初文（參見卷八“𠳋”字條評注）。《金文編》《新金文編》皆以（太保簋）為（小臣謎簋）之繁構，收在“𠳋”字下。金文“遣”字作（㝬鐘）、（穸鼎），所从之“𠳋”亦可贅加“口”符，可證、為一字異體。林氏以从“口”者為“譴”字，不符合金文的情況。但以異體為分化條件，後來分化出譴責之“譴”，也是有可能的。从“口”與从“言”意義相通。

叛

《說文》云：“，半也。从半，反聲。”按，“叛”不訓“半”，蓋从反，半聲。

評注：“叛”字未見於商周古文字資料。王筠《說文解字句讀》云：“（《玉篇》《廣韻》）皆無‘半也’之說，不知為何字之譌。”朱駿聲《說文通訓定聲》曰：“按，反也。从反，半聲。”林義光謂“‘叛’不訓‘半’，蓋从反，半聲。”其說殆本此，可從。裘錫圭先生指出：“古書多以‘畔’表｛叛｝……‘叛’當是用改換形旁的辦法由‘畔’分化出來的（……《說文》把‘叛’分析為‘从半，反聲’，似不如分析為‘从反，半聲’妥當）。｛叛｝的原意跟現在所謂鬧分裂差不多。”①

患

《說文》云：“，憂也。从心，上貫吅，吅亦聲。”按，从心，串聲。“串”即“毌”字見“毌”字條。

評注：“患”字未見於商周古文字，戰國文字作（《郭店·老乙》5）、（郭店《老乙》7），與小篆同構。段注以為《說文》“从心，上貫吅，吅亦聲”八字為淺人所改竄，古本當作“从心，毌聲”四字。“患字上从毌，或橫之作串，而又析為二中之形。”據上所引楚簡看，“患”

① 參見裘錫圭《文字學概要》，商務印書館1988年版，第188頁。

字从“串”無疑，林氏以為从心，串聲，可從，段氏的解釋求之過深。段注又云：“古毌多作串”，林氏曰“串”即“毌”字，卷三“毌”字條亦論毌、串為異體關係，或即本此。按“串”字見於商代金文，作（串父癸鼎）、（父辛鼎），象以繩索串二物之形。《廣雅・釋詁》：“串，穿也。”“毌”字見於西周早期的中方鼎，字作，象穿貝之形。春秋早期的晉姜鼎作。《說文》：“毌，穿物持之也。”“串”與“毌”當有同源關係，但不一定是同一個字（參見卷三“毌”字條評注）。

延

《說文》云：“，長行也。从㢟，丿聲。”按，“長行”與“安步”義異。延，引也。从厂，㢟聲。，抴引也見“厂”字條。

評注：“延”本作“㢟”，二者一字分化。甲骨文作（《合集》158）、（《合集》23689），从彳，从止，會行走之意。甲骨文主要用為“延”和“誕”。金文作（子父辛尊）、（康侯簋）、（保卣），結構相同。“延”是在“㢟”的基礎上加一斜筆而成。《說文》分“延”“㢟”為二字，“延”以“長行”為解，“㢟”以“安步”為解，林氏亦以為“延”“㢟”二者義異。其實二者皆當以“行步”為解，“延引”乃其引申義也。

倝

《說文》云：“，日始出，气倝倝也。从旦，㫃聲。”按，古作王孫鐘“韓”字偏旁、作沇兒鐘“韓”字偏旁，从早，㫃聲。

評注：“倝”字音 gàn，是從“朝”字偏旁類化而來的一個字。按金文“朝”字作（利簋）、（盂鼎）等形，劉釗先生指出：“從金文朝字看，倝字既非从旦从㫃，朝字也非从倝。其實本沒有倝字，《說文》所說的‘倝’本即朝字所从的‘’這一部分，從甲骨文看，像日在草中形，倝字是在‘’形的基礎上類化出的一個字。金文㫃字作‘’‘’，因‘’字上部作‘’，與‘㫃’字上部形近，於是受㫃字的影響，在‘’

形上類化加上一筆寫成从㫃，戰國文字寫作‘’‘’，下部有所變化。”① 其說可從。按“”字下部作是由“”字下部的“”形變來。《說文》據訛變之形分析為“从旦，㫃聲”，林氏分析為“从早，㫃聲”，皆係重解，要非其朔。

憲

《說文》云：“，敏也。从心、目，害省聲。”按，古作井人鐘、作伯憲尊彝辛，从目，“害”省聲。“憲”寒韻 “害”泰韻雙聲對轉。

評注：“憲”字見於金文，如林氏所引，从目，“害”省聲。或从心作（秦公鎛），為小篆所承。《說文》分析為“从心、目，害省聲”，段注云：“心目並用，敏之意也。”或以為“害”和“憲”是兩個不同的字。“害”” 疑為“瞎”之初文，字从目害省聲（據甲骨文則从害聲）。② 按金文“害”亦用作“憲”，疑“害”為“瞎”的文獻證據尚不充分。

奐

《說文》云：“，取奐也。从，夐省聲。”按，古作寏敦、作史寏敦，並“寏”字偏旁，从。

評注：“奐”字見於金文，作（訇弔奐父盨），構形不明。金文“寏”字作（師奐父盨）、（史奐簋），所从之“奐”上部作、，與上部之有所不同。本从，小篆訛从。或以為“奐”本从人、从穴、从，會從他人宅有所取之意，亦聲。③ 待考。林義光謂“奐”本當从“”，合乎金文。

[illegible]

《說文》云：“，柔韋也。从，从皮省，夐省聲。”按，从“”二人相背猶从“人”，“”即“”之變。蓋从“皮”省，“夐”省聲。

---

① 參見劉釗《古文字構形學》，福建人民出版社 2006 年版，第 107 頁。

② 參見黃德寬主編《古文字譜系疏證》，商務印書館 2007 年版，第 2375 頁。

③ 參見黃德寬主編《古文字譜系疏證》，商務印書館 2007 年版，第 2580 頁。

評注："𤿭"字音 ruǎn。又作"[illegible]""[illegible]"。未見於商周古文字資料。大小徐本小篆作，段玉裁改篆作，林氏據段注本，然中部从"穴"，與段不同。段氏在"从皮省"下注云："謂也。非耳非瓦，今隸下皆作瓦矣。"從鞣制皮革的意義和"从皮省"的分析來說，段氏改篆應該是對的，大小徐本篆書下作"瓦"形，應是訛體。林氏指出""即""之變，當屬可信。大徐本作"从夐省"，無"聲"字，此據段注本。此字似亦可分析為从皮省，奐省聲。林氏書其中部从"穴"，《通檢》歸為十五畫，今按通常寫法編入十四畫。

曼

《說文》云："，引也。从又，冒聲。"按，"冒"幽韻"曼"寒韻雙聲次對轉。古作曼鄭父盨，从"爰"省。爰，引也見"爰"字條。變作陳曼匿，省作自尊彝"陵"字偏旁。

評注："曼"字甲骨文作（《合集》4531）、（《合集》1309）、（《合集》23685），象用兩手張目之形，故引申有"引"義。金文"曼"字如林氏所引，加符。""即"冒"字，為"帽"之初文，用作聲符。① 小篆省"目"上之手形，與目直接結合成"冒"，故分析為"从又，冒聲"。林氏以為从"爰"省，不符合甲骨文構形。

亶

《說文》云："，多穀也。从㐭，旦聲。"按，厚也。从㐭，取多穀之意。

評注："亶"字甲骨文作（《合集》26898），从亩，从虫，會穀多生虫之意。甲骨文"檀"字作（《合集》29408），金文"旜"字作（利簋）、"憻"字作（憻季遽父尊），此皆可證"亶"本从㐭，从虫。小篆从旦聲，當是形去"虫"增"旦"而成，變會意為形聲。戰國文字"亶"字作（《石鐘山房印舉》3·38）、（《秦印集萃》），已與小

---

① 參見劉釗《古文字構形學》，福建人民出版社 2006 年版，第 81 頁。季旭昇以為"冃"，冃、曼皆元部字。參見《說文新證》，福建人民出版社 2010 年版，第 203 頁。

篆同構。林義光謂“亶”从“㐭”，取多穀之意，甚是，《漢語大字典》引以為證。然其謂“亶”之本義為“厚”則不然。“厚”當為“多穀”之引申義。字頭係林氏推寫，不合金文。

栞

《說文》云：“栞，槎識也。从木、𢇛。闕。《夏書》曰：‘隨山栞木。’讀若刊。栞，篆从从幵。”按，幵聲。“𢇛”亦“幵”之變。

評注：“栞”即經典之“刊”字。商周古文字資料未見之。《說文》錄二形，上从𢇛者為古文，从幵者為篆文。林義光謂栞从“幵”聲，“𢇛”亦“幵”之變，可從。“栞”字見於東漢魯峻碑，作栞，从木、幵聲。

更

《說文》云：“更，改也。从攴，丙聲。”按，“更”“丙”不同音。古“庚”或作庚子父庚器，與“丙”形近。疑从攴，庚聲。“庚”古亦作庚庚季鼎，“更”之隸書猶與古合。因“庚”篆作“庚”，不復知“丙”為“庚”字，而“鞭”古文作“㝹”，从丙見“㝹”字條，隸亦變為“更”，遂謂更改之“更”亦从“丙”矣隸書有甚合古意者，如韓敕碑之蒙，婁壽碑之貴，劉熊碑之不，皆歷世相傳如是。《說文》每字必推原“六書”，則有穿鑿舊文以求通其說者。

評注：“更”字甲骨文作更（《合集》10380），从攴，丙聲，與“鞭”的古文“㝹”同形。林氏為使“更”與“㝹”相區別，疑“更”當从攴，庚聲，證據不足。字頭係林氏推寫，不可據。不過本條提出“隸書有甚合古意者”，則是完全正確的觀點，值得重視。所舉韓敕碑之蒙為“蒙”字，婁壽碑之貴為“貴”字，劉熊碑之不為“不”字，用作丕顯之“丕”。①

① 洪适《隸釋》直接隸定為“丕”，見《隸釋隸續》，中華書局 1986 年版，第 64 頁。高文《漢碑集釋》隸為“不”，注云：“不，元拓本如此，《隸釋》作‘丕’，非是。《詩·周頌·烈文》：‘不顯維德。’又《大明》《韓奕》並云：‘不顯其光。’《韓奕》箋云：‘不顯，顯也。’”見《漢碑集釋》，河南大學出版社 1997 年版，第 208 頁。

量

《說文》云：“，稱輕重也。从重，曏省聲。”按，“日”為“曏”省不顯。斗斛之“量”，古象形作見“良”字條，“量”蓋从“重”省，“”省聲。古作𣪘敦、作克鼎彝。

評注：“量”字甲骨文作（《合集》19822）、（《合集》22093）、（《合集》18505），字从東（“橐”本字），與裝物稱量有關，“東”外所从，不知所象。或以為象張橐囊之口以量物之形，[1] 可參。金文增繁，上變為“日”，下增加“土”，為小篆所承。林氏以為“（良）”為“量”之古文，非是；“量”蓋从“重”省，“”省聲，證據不足。

盟，音芒

《說文》云：“，國有疑則盟。从囧，皿聲。，篆文从明。”按，古作魯侯尊彝，从血，明聲。盟有歃血，故从“血”。省作師望鼎。

評注：“盟”為“盟”之初文。甲骨文作（《合集》32391）、（《合集》21248）、（《屯南》0958）、（《合集》32330）。裘錫圭先生指出，“血”是“衁”的表意初文。“‘盟’的初文‘盟’，可能本是把‘衁’的表意字所从的血形改成‘囧’旁而成的一個異體，後來彼此才分化成兩個字。《說文·七上·囧部》‘囧’字下引賈侍中說，謂‘囧’‘讀與明同’，其音與‘衁’相當接近。”[2] “囧”既“讀與明同”，且“盟”所从之“囧”與“明”所从之“囧”同，故“盟”字上部又从“明”作。金文作（盟弘卣），又作（父丁方罍）、（邾公華鐘），可見其演變軌跡。林義光謂“盟”本當从血，可從；但說“盟”从皿，其實也未嘗不可。

---

① 參見張世超《金文形義通考》，中文出版社1996年版，第2059—2060頁。或據甲骨文之形，疑从東，昜聲。東旁與昜旁借用一豎筆，東象囊形，故有稱重物而量之義。參見黃德寬主編《古文字譜系疏證》，商務印書館2007年版，第1886頁。

② 參見裘錫圭《釋殷虛卜辭中的“”、“”等字》，《裘錫圭學術文集·甲骨文卷》，復旦大學出版社2012年版，第395頁。

牆

《説文》云：“，垣蔽也。从嗇，爿聲。”按，古作師寰敦，从稟，爿聲。“稟”即“亩”也。亩以牆為固，故从之。

評注：“牆”字甲骨文作（《合集》36481正）、（《合集》27888）。金文如林氏所引，與甲骨文結構相同。甲金文“墻”字右邊所从即“嗇”字，甲骨文作，从二禾，或作，从來（“麥”本字），“禾”“來”二者同意。“嗇”字後世承襲从“來”者，故作“嗇”，“墻”字小篆亦从“嗇”作。“嗇”即稼穡之“穡”的初文，表示收獲穀物之意。林義光認為“牆”所从之為“稟”即“亩”，亦有理據，只是不符合後來的字形發展情況。

莊

《説文》云：“，上諱。”按，即“藏”之本字。从艸，壯聲。艸所以苞藏也。

評注：“莊”字見於戰國時期，作（《中國璽印集粹》），與小篆同構。段注云：“莊，艸大也。从艸，壯聲。此形聲兼會意字。壯訓大，故莊訓艸大。”《玉篇·艸部》：“莊，草盛皃。”《六書正譌·陽韻》：“莊，草芽之壯也。”林義光謂“莊”即“藏”之本字，所言非是。

臧

《説文》云：“，善也。从臣，戕聲。”按，字从“臣”，本義當為臧獲。臧，奴也。

評注：“臧”字本作“戥”，甲骨文作（《合集》12836正），从臣从戈會意，後世加“爿”為聲符。[1] 戰國文字作（《雲夢·日乙》46），已增“爿”聲，小篆同。楊樹達曰：“甲文臧字皆象以戈刺臣之形，據形求義，初義蓋不得為善。以愚考之，臧當以臧獲為本義也。”[2] 説與林義

---

① 參見于省吾《甲骨文字釋林·釋戥》，中華書局1979年版，第52頁。

② 參見楊樹達《釋藏》，《積微居小學述林》，中華書局1983年版。

光相同，可從。

隆，東韻

《説文》云："，豐大也。从生，降聲。"按，高也。古作平隆矛，从土，降聲。王莽量"長壽隆崇"，"隆"作""，則篆亦不从"生"。

評注：林氏所引之平隆矛的"隆"字，《金文編》和《戰國文字編》都歸在"降"字下，"平隆矛"也都稱"不降矛"。① 丁佛言《説文古籀補補》卷六頁五引桂馥、許瀚釋"隆"，《説文新證》《字源》則歸為"隆"字。② 當以釋"隆"為是。漢代"隆"字如林氏所引，亦从"土"而不从"生"，"牛"的豎筆與"土"的豎筆連接，為後世隸楷文字所繼承，如碑刻文字作（石門頌）、（範式碑）。由此看來，小篆"隆"从"生"，應是訛變並意化（"生"與"豐大"相關）所致。林氏以从"土"得義，認為"隆"之本義為"高"，確為高見。

甬

《説文》云："，草木𢎘甬甬然也。从马，用聲。"按，古作頌鼎、作頌壺，並"通"字偏旁，不从"马"。"甬"為量名，从""省""，"量"之本字。見"良""量"各條。或作師兌敦。

評注：西周金文"甬"字作（錄伯簋）、（師克盨）、（庚壺）。戰國文字作（中山王鼎）、（《郭店·老甲》29）、（《雲夢·效律》3），小篆訛从"马"。"甬"與"用"本一字分化。甲骨文"用"字作（《合集》19887）、（《合集》6391），于省吾謂即"桶"之初文，並指出金文"甬"作，係於"用"字上部附加半圓形，作為指事字的標誌，以別於用，而仍因用字以為聲。③ 或以為"甬"象鐘形，楊樹達曰："甬

① 參見容庚《金文編》，中華書局1985年版，第941頁；湯餘惠主編《戰國文字編》，福建人民出版社2001年版，第946頁。

② 參見季旭昇《説文新證》，福建人民出版社2010年版，第522頁；李學勤主編《字源》，天津古籍出版社2012年版，第553頁。

③ 參見于省吾《釋古文字中附劃因聲指事字的一例》，《甲骨文字釋林》，中華書局1979年版，第453—454頁。

象鐘形，乃鐘字之初文也。知者：甬字形上象鐘懸，下象鐘體，中横畫象鐘帶。"① 林氏據頌鼎、頌壺"通"字偏旁"甬"字作、，認為"甬"字从量省，不確。

宮

《說文》云："，室也。从宀，躳省聲。"按，古作舍父鼎，疑从"呂"省聲。"饔"古作鄭饔邍父鼎，"呂"亦省作""。

評注："宮"字甲骨文作（《合集》12759 反）、（《合集》36542），象房屋宮室之形。象宮室的兩"口"，或相連，或相離。或以為即"邕"字初文，在"宮"字中用作聲符。② 林氏疑从"呂"省聲，"呂"即"邕"字籀文。

重

《說文》云："，厚也。从壬，東聲。"按，壬者，人挺立於地，為厚重象。古作兮仲鐘"鍾"字偏旁。

評注：商代早期金文"重"字作（父丙觶）、（重爵）、（重鼎）、（父癸爵），象人背負囊橐，會承重之意，可分析為从人从東，東亦聲。後將人形與東形合并，作（井侯簋），又在人形下加"土"作（外卒鐸），為小篆所承。《說文》分析為从"壬"，是合"人""土"為說，林義光謂"壬者，人挺立於地"，近是。但認為壬表示"厚重象"，則非是。

禁，侵韻

《說文》云："，吉凶之忌也。从示，林聲。"按，本義為禁令之"禁"。故从示。

評注："禁"字未見於商周古文字。戰國文字作（《雲夢·秦律十

---

① 參見楊樹達《釋甬》，《積微居小學述林》，中華書局 1983 年版。

② 參見于省吾《釋、兼論古韻部東冬的分合》，《甲骨文字釋林》，中華書局 1979 年版。

八種》117)，與小篆同。“禁”字从“示”，本義當為與鬼神有關的“禁邪”“禁忌”，《說文》所釋可從，林氏以為禁令之“禁”，當為引申義。

嵒，談韻

《說文》云：“，山巖也。从山，品聲。”按，“品”非聲。“品”者，“嚴”省。“嚴”古作散狄鐘，从三口。“嵒”即“巖”之或體。从山，“嚴”省聲。

評注：此“嵒”音 yán，《說文》歸入“山”部，與《說文》歸入“品”部的“喦”（音 niè）小篆寫法略有不同，[①] 但楷書寫法都是从品从山。為區別起見，本書把讀 yán 的寫作“嵒”，把讀 niè 的寫作“喦”。林氏分析此字从山，嚴省聲，就《說文》小篆形體“”來說，有一定道理。但此字的形體來源可能比較復雜，與“品”部“从品相連”的“喦”字頗有瓜葛。裘錫圭先生懷疑“古代本無从‘山’的‘嵒’字，但是有時假借‘从品相連’的‘喦’字為‘巖’。‘巖’字从‘山’，‘喦’字下部恰與‘山’相似。因此，有的人就誤以為用如‘巖’字的‘喦’是从‘山’的，把它和一般的‘喦’字分了開來。見於《說文》的篆文‘’大概是在這種誤會產生之後追造出來的。不過，也有可能从‘山’的‘嵒’是由甲骨文中‘喦’字的一體訛變而成的。如果確是這樣，這個字就應該出現得比較早了。”[②]

碞

《說文》云：“，磛碞也。从石，品聲。讀與巖同。”按，亦“嚴”省聲。

評注：“碞”音 yán。林義光謂“碞”从“嚴”省聲，近是。大徐本“讀與巖同”前有“《周書》曰：‘畏於民碞。’”裘錫圭先生指出：“這個‘碞’字又應該是从‘山’的‘嵒’字的後起異體。《說文》引《周書》

---

① “品”部之“喦”篆作，下部寫法不同。參見卷七該字條評注。

② 參見裘錫圭《說“喦”“嚴”》，《裘錫圭學術文集·甲骨文卷》，復旦大學出版社 2012 年版，第 158 頁。

語見《召誥》。從文義推敲，‘畏於民碞’的‘碞’本應作‘从品相連’的‘嵒’。俞樾《群經評議》以為‘畏於民碞’即《詩》所謂‘畏人之多言也’，似可信。大概《召誥》原文中‘从品相連’的‘嵒’，先被誤認為从‘山’之‘嵒’，後來又被改成了‘碞’。”① 故“碞”當分析為从石，嵒省聲。

① 參見裘錫圭《說“嵒”“嚴”》，《裘錫圭學術文集·甲骨文卷》，復旦大學出版社 2012 年版，第 159 頁。

《文源》評注卷十二　二重形聲

曩，之韻

《說文》云："，長踞也。从己，其聲。"按，从"己"非義。"己""其"皆聲。古作子曩鬲、作公貿彝。

評注："曩"字甲骨文作（《合集》9570）、（《合集》36524），金文如林氏所引，或加飾筆作（曩伯匜），小篆相承。"曩"是公認的純雙聲符字，林氏以為"从'己'非義。'己''其'皆聲"，良是。

釐

《說文》云："，家福也。从里，𠩺聲。"按，"家福"不得从"里"。"釐"訓為"福"，"家福"之義亦未聞。"里""𠩺"皆聲也。古作克彝。

評注："釐"字本作"𠩺"，甲骨文作（《合集》28173）、（《合集》26899），象手持棍棒攴擊穀物，以會獲麥足食、豐收喜慶之意。又加"人"形作（《合集》37382），西周以後有許多變體，"來"或變為"未"即成"𠩺"字，並加"里"為聲，就是"釐"字（參見卷六"𠩺"字條評注）。從"釐"的演變情況看，"里"是疊加聲符，故林氏以為"里""𠩺"皆聲。古音"𠩺"在定紐之部，"里"在來紐之部，兩字韻部相同，聲皆為舌音，可證"釐"為雙聲符字。《說文》以"里"為義符，故訓為"家福"。段注云："釐字从里，里者家居也。故許釋為家福。"

䧅，音弋

《說文》云："，有彣彰也。从有，𢦏聲。"按，"有彣彰"不可从

"有"。"有""或"皆聲也。"有"與"戫"古同音。

評注："䵐"字未見於商周古文字。所从之"戫"即"或"字，"有"為疊加聲符。林氏以為"有""或"皆聲，其說是，古音"有"在匣紐之部，"戫"在匣紐職部，古音十分相近。《廣雅·釋詁三》："或，文也。"王念孫《疏證》："或者，《說文》：䵐，有文章也。《論語·八佾篇》：'郁郁乎文哉。'或、䵐、郁並通。"

配

《說文》云："配，廣𦣞頤也。从𦣞，巳聲。戺，古文配从戶。"按，《爾雅》："樞達北方謂之落時，落時謂之戺。"釋宮 "戺"从"戶"，則本義當為"落時"。"配""戺"同字，不當有異義。"𦣞""巳"皆聲。古作 齊侯敦、作 沇兒鐘"趣"字偏旁。

評注："配"字見於金文，如林氏所引。林氏以為"𦣞""巳"皆聲，當無疑，古音"𦣞"在喻紐之部，"巳"在邪紐之部，兩字韻部相同，上古喻、邪二母關係密切。金文有"趣"作（王孫鐘），从走、𦣞聲，又加"巳"聲作（沇兒鐘），亦為旁證。配、戺或為通假關係，林氏以為同字，證據不足。

戴，音治

《說文》云："戴，分物得增益曰戴。从異，𢦏聲。"按，此義經傳無用者。"戴"相承訓為頭戴物，當即本義，"異""𢦏"皆聲也。"異"聲轉為"戴"，猶"弋"轉為"代"，"台"轉為"殆"矣。

評注："戴"字見於戰國時期，作（《十鐘山房印舉》），小篆同構。《說文》分析為从異，𢦏聲，不誤。按"異"為"戴"字初文。"異"甲骨文作（《英》314）、（《合集》17992），象人頭上戴物、兩手捧之之形。後累加聲旁"𢦏"成"戴"字（參見卷二"異"字條評注）。林義光以"頭戴物"為"戴"之本義，可從。又謂"異""𢦏"皆聲，按古音"異"在喻紐職部，"𢦏"在精紐之部，兩字韻為陰入對轉，聲亦可通。

𧯷，微韻，音揆

《說文》云："𧯷，訖事之樂也。从豈，幾聲。"按，《爾雅》"𧯷，汔也。"釋詁 "𧯷""訖"同音，可訓為"訖"，而實非"樂"。"豈""幾"皆聲。

評注："𧯷"字未見於商周古文字。許慎以"𧯷"字从"豈"，故訓為"訖事之樂"，按《說文》："豈，還師振旅樂也。"林義光認為"𧯷""訖"同音，可訓為"訖"，而與樂無關，故以豈、幾皆聲。古音"豈"在溪紐微部，"幾"在見紐微部，兩字韻部相同，聲皆為牙音。

毖，音輩

《說文》云："毖，慎也。从比，必聲。"按，《廣雅》："毖，比也。"釋詁 此"比"字假借之義，非謂"比"與"慎"同義也。"比""必"皆聲。

評注："毖"字未見於商周古文字。古文字"比"本从二人靠近，《說文》："比，密也。"徐灝《說文解字注箋》云："比有縝密義，故毖从比而訓為慎。"林氏據《廣雅》而認為"毖"是"比"的假借義，"比"與"慎"不同義，恐非是。然以為"比""必"皆有聲符功能，則是。"比"古音在幫紐脂部，"必"古音在幫紐質部，兩字雙聲，韻為陰入對轉。"毖"為部分表義的雙聲符字。

𣢑，音蒲

《說文》無"𣢑"字，"䪢"齏 下云："从韭，从𠂔、次皆聲。"按，石鼓文"𡙁𣢑真□"，是古有"𣢑"字，其義未聞。字作，"𠂔""次"皆聲"䪢"字由"𣢑"得聲。

評注："𣢑"最早出現在春秋戰國間秦國石鼓文《鑾車》上。陳偉武先生指出："王國維認為許慎'蓋不知古有𣢑字，實則䪢以𣢑為聲，若𣢑則次、𠂔皆聲也。"[①] 則"𣢑"當為純雙聲符字。

---

① 參見陳偉武《雙聲符字綜論》，《中國古文字研究》第一輯，吉林大學出版社1999年版，第330頁。

肆、肄，音遂

《說文》云：“，極陳也。从長，隶聲。”按，“肆”本訓“陳”，而云“極陳”者，以字从“長”也。古作克𠜱彝、作盂鼎，不从“長”，从“隶”省，从《說文》“兆”下云：“，古文矢字。”“”“隶”皆聲也。“矢”“肆”同音，故古亦以“矢”為“肆”，《爾雅》“矢，陳也”釋詁是也。或作縣妃彝，，“豕”之變見“希”字條，亦與“矢”“隶”“肆”同音“”為古文“矢”，其形不可說，疑亦“”之譌變，與“矢”同音，因以為“矢”字。《說文》云：“，習也。从聿、希聲。，籀文。，篆文。”按，古“肆”字作縣妃彝，作毛公鼎，與“肄”形合，是“肄”與“肆”同字。《詩》“伐其條肄”汝墳，傳云：“肄，餘也。”《禮記》“肆束及帶”玉藻，注亦云：“肆，餘也。”是古亦以“肆”“肄”通用，肄習之義亦由陳列引伸。

評注：甲骨文“肄”字作（《合集》27987）、（《合集》26907正）、（《合集》27397），可隸定為“𣪠”。金文加“巾”或“市”，作（毛公鼎）、（毛公旅鼎）、（何尊）等，可隸定為“𦘔”。于省吾認為字象以手刷洗希畜毫毛之形，或从數點者，象水滴之形。刷洗之初衹用手，繼則用巾，此乃人事自然之演進也。[①] 經典作“肄”，是戰國以後的訛變之體，如（《璽彙》5120）、（《璽彙》5572）、（《秦陶》1232）、（馬王堆帛書《縱橫家書》265）、（銀雀山漢簡《孫臏》156）等。“肄”字左邊所从的“⺷”是“希”之訛；右邊所从的“聿”或“隶”，就金文來說，是从又持巾的“𦘒”或“聿”字之訛。西周金文“肄”或讀為“肆”，如禹鼎、大盂鼎、天亡簋、虎簋、㠯諫簋等銘文中“肄”皆當讀為“肆”。其實“肆”字也是從“𦘔”字訛變而來，其小篆左邊所从的“長”以及林氏據金文分析“肆”字所从的“矢”也都是“希”之訛，右邊的“聿”或“隶”也是“𦘒”或“聿”字之訛。從這個角度說，林氏以為“肄”“肆”二字古同字是可信的。就雙聲字而言，林氏以為“肆”字是“”“隶”皆聲，乃據已訛之形而論，非其朔也。

① 參見于省吾《雙劍誃殷契駢枝，雙劍誃殷契駢枝續編，雙劍誃殷契駢枝三編》，中華書局2009年版。

另據研究，“肆解牲體”之“肆”的表意本字其實是舊釋為“鬻”的那個字。其本形作，象以刀分割俎案上的肉之形。古文字變形很多，在下加“鼎”者為繁體，其他形體或為省體，或為訛體。[1] 按就字形而言，“肆”與“肄”關係緊密，“肆”和“鬻”則很難聯係起來。

差，歌韻，音嗟

《說文》云：“，貳也。左，不相值也。从左、𠂹。”按，“左”者，“佐”之古文，無“差忒”之義。“左”“𠂹”皆聲也。古作宋公戈。今或謂不相值為左者，其本字當作“差”。“左”“𠂹”古同音。

評注：“差”字見於金文，本作（同簋，用作“左”），又作如林氏所引者，从𠂇或左，从來，或以為會以手搓麥之意，乃搓之本字。[2] 小篆“來”訛變為“𠂹”，可視為變形聲化的現象。“來”為來紐之部字，“左”為精紐歌部字，聲韻均有一定距離。就金文而言，林氏以“差”為雙聲符字，不確。

哿

《說文》云：“，可也。从可，加聲。”按，《詩》“哿矣富人”正月，傳云：“可也。”此“可”之聲借，“哿”“可”同音。既非同字，則當別有本義。“加”“可”皆聲也“加”古音亦如“可”。

評注：“哿”字音 gě。未見於商周古文字。從“聲借”的角度來說，此條比較費解。林氏以《詩》傳為例，其意似在說明“哿”“可”只是同音關係，在“哿”字中，“加”“可”都是聲符。“哿”字別有本義，其本義不是“可”，而是借“可”之聲來表示，故云“此‘可’之聲借”也。但“哿”的本義到底是什么，林氏沒有明說，不足以服人。就雙聲角度而言，其說當可從。古音“哿”“加”皆在見紐歌部，“可”在溪紐歌部，韻部相同，聲皆為牙音。

---

① 參見陳劍《甲骨金文舊釋“鬻”之字及相關諸字新釋》，《出土文獻與古文字研究》第二輯，復旦大學出版社 2008 年版，第 13—47 頁。參見卷六“鬻”字條評注。

② 參見黃德寬《古文字譜系疏證》，商務印書館 2007 年版，第 2331 頁。

𡯁、骫，音窩

《説文》云：“，鷙鳥食已，吐其皮毛如丸。从丸，咼聲。讀若骫。”按，此字經傳未見。《廣雅》“骫，曲也。”釋詁一“𡯁”“骫”音同形近，本義當為“委曲”。“咼”“丸”皆聲也。“咼”歌韻“丸”寒韻雙聲對轉。《説文》云：“，骨耑骫奊也。从骨，丸聲。”按，“骫”訓“骫奊”，言骨端者以从骨而增之，恐非本義。“骨”即“咼”之形譌。與“𡯁”同字。

評注：“𡯁”與“骫”同音，讀 wěi，《廣韻》皆“於詭切”。① 未見於商周古文字資料。“𡯁”字誠如林氏所言，經傳未見用例，《説文》釋義無從證明。所从之“咼”即“骨”之初文，林氏以為“𡯁”與“骫”音同形近，二者同字，其説有理。“咼”有“歪斜”義，《説文》：“丸，圜也，傾側而轉者。”故林氏以為“𡯁”之本義當為“委曲”，可參。就結構而言，林氏謂“𡯁”字“咼”“丸”皆聲。按“𡯁”“咼”皆為溪紐歌部字，“丸”為匣紐元部字，古音極近。

嘏，模韻

《説文》云：“，大、遠也。从古，叚聲。”按，“嘏”訓為“福”、為“大”。“遠古”之義，經傳無作“嘏”者。“古”“叚”皆聲“叚”,古音與“古”同。

評注：“嘏”音 gǔ（又讀 jiǎ），未見於商周古文字。“嘏”是從“叚”字分化出來的一個雙聲符字。克鐘銘文：“用匄屯叚永令。”“叚”義為“福”，是個假借字。後來在表“福”意義的“叚”上加了聲符“古”，遂成“嘏”。② 陳偉武先生亦從林義光之説。③ “嘏”為純雙聲符字，“古”“叚”“嘏”均為見紐魚部字。字頭係林氏推寫。

啎

《説文》云：“，屰逆也。从午，吾聲。”按，“午”，古文“杵”

① 《漢語大字典》“𡯁”字據《集韻》烏禾切，標為 wō。

② 參見李學勤主編《字源》，天津古籍出版社 2012 年版，第 164—165 頁。

③ 參見陳偉武《雙聲符字綜論》，《中國古文字研究》第一輯，吉林大學出版社 1999 年版，第 329 頁。

字見“午”字條。从“午”非義，“午”“吾”皆聲。

評注：宋代鄭樵就已指出“啎”為兩聲字（即其所謂的“母子同聲”）。林氏指出从“午”非義，“午”“吾”皆聲，應該是可信的。裘錫圭先生也認為“啎”可以看作兩聲字，他說：“古代曾假借‘午’字來表示啎逆的{啎}，‘啎’是在假借字‘午’上加注音符‘吾’而成的一個字。”[①] 陳偉武先生亦主“啎”為純雙聲符字。[②] 字頭係林氏推寫。

舒舒

《說文》云：“舒，伸也。从舍，予聲。”按，“舍”“予”皆聲也。

評注：“舒”字見於戰國時期，作（十一年皋落戈）、（《包山》76），从余从吕（即“予”字。“予”從“吕”分化），若把“吕”（予）字上部看成共用筆畫，也可以分析為从舍从予，為小篆所本，只是小篆作左右結構罷了。舍、余同源分化，故从舍从余，其實相同。陳偉武先生指出，“舒”字从舍从予，施舍與賜予義近，“舍”“予”是聲同義通的一對同源字，合兩字而作“舒”字，實有音義互注的效果。[③]

觳觳

《說文》云：“觳，盛觵卮也。一曰射具。从角，殸聲。讀若斛。”按，《考工記》“鬲實五觳”陶人，“觳”為量名，非以角為之。“角”“殸”皆聲也。

評注：“觳”字音 hú，未見於商周古文字資料。段注云：“此器屬陶瓬之事，非角為之，亦非角飾。”已經暗示“角”非為義符。林義光以《考工記》證明“觳”為量名，非以角為之，“角”“殸”皆聲，其說可從。古音角在見紐屋部，殸在溪紐屋部，兩字韻部相同，聲皆為牙音。“觳”確為雙聲符字。

---

① 參見裘錫圭《文字學概要》，商務印書館 1988 年版，第 108 頁。

② 參見陳偉武《雙聲符字綜論》，《中國古文字研究》第一輯，吉林大學出版社 1999 年版，第 329 頁。

③ 同上書，第 335 頁。

嚳，幽韻，居肉切

《說文》云：“，急告之甚也。从告，學省聲。”按，“急”或謂之“酷”，“嚳”字以聲類推之，可訓為“急”；以字从“告”，故增為“急告”耳。《白虎通》云：“何以謂之帝嚳也？嚳者，極也。言其能施行窮極道德也。”“極”之韻“急”緝韻“嚳”幽韻皆雙聲旁轉，然並無“告”義。“告”“學”皆聲也。“告”“學”古同音“帝嚳”《史記》作“帝俈”，其為“告”聲益信。

評注：“嚳”音 kù，未見於商周古文字資料。林氏據有關文獻及聲韻關係論述“嚳”可訓為“急”，然並無“告”義，因此“嚳”所从之“告”“學”皆聲，其說可信。陳偉武先生亦從之。作為帝嚳之“嚳”，或以為乃“夒”之假借字。王國維曰：“夒必為殷先祖之最顯赫者。以聲類求之，蓋即帝嚳。”① 可參。

艁，音造

《說文》云：“，造古文，从舟。”按，古作羊子戈，“舟”“告”皆聲也。“舟”“告”古同音。

評注：“造”字金文異體繁多，《說文》古文一類的字形，除林氏所舉羊子戈外，尚有作（頌鼎）、（滕侯吳戈）等形。陳劍先生指出，金文中“造”所从的“告”與祝告之“告”本非一字，它是由甲骨文“屮/草”字的象形初文的異體來充當的，後來才變為祝告之“告”。② 陳偉武先生認為字中的戈為義符，告、酉皆聲。③ 林氏以為“艁”字“舟”“告”皆聲，當可從。

---

① 參見王國維《殷卜辭中所見先公先王考》，《觀堂集林》，中華書局 1959 年版，第 411—413 頁。

② 參見陳劍《釋造》，《甲骨金文考釋論集》，線裝書局 2007 年版。

③ 參見陳偉武《軍器及其題銘與簡帛兵學文獻》，《華學》第二輯，中山大學出版社 1996 年版，第 77 頁；又見《雙聲符字綜論》，《中國古文字研究》第一輯，吉林大學出版社 1999 年版，第 334 頁。

靜，青韻

《說文》云：“靜，宷審也。从青，爭聲。”按，从“青”非義。“青”“爭”皆聲也。古作毛公鼎、作靜敦。

評注：“靜”字金文多見，或通“靖”，如班簋銘文“三年靜東或（國）”；或用為“安靜”義，如師訇簋銘文“民亡（無）不康靜”。《說文》所釋，當為引申義。林氏以為从“青”非義，“青”“爭”皆聲，其說可從。古音“青”“爭”“靜”都屬耕部。

閔，文韻，音門

《說文》云：“閔，弔者在門也。从門，文聲。”按，閔，痛惜也，从“門”非義。“門”“文”皆聲也。“門”“文”古同音。

評注：金文“閔”字作（師閔鼎）、（中山王䊮兆域圖），小篆結構相同。“閔”“門”“文”均為明紐文部字，則“閔”為純雙聲符字無疑。林氏說可從。

䢵

《說文》云：“䢵，物數紛䢵亂也。从員，云聲。”按，“員”為“物數”未可據見“員”字條。“員”“云”皆聲。“員”，古音“云”。

評注：“䢵”字未見於商周古文字。《說文》以“物數”釋之，殆緣于“員”字的解釋。《說文·員部》：“員，物數也。”按“員”字甲骨文作（《合集》20592）、（《合集》10978），以鼎口之圓表示方圓之圓，林氏以為“圓”之本字，至確（參見卷四“員”字條評注）。“䢵”字之“員”既非義符，則“員”“云”皆聲，其說可從。陳偉武先生以曾侯乙墓竹簡“囩軒”與“圓軒”異文證“員”“云”古同音，可信。[1] 楚簡“詩云”之“云”每作“員”。

---

① 參見陳偉武《雙聲符字綜論》，《中國古文字研究》第一輯，吉林大學出版社1999年版，第329頁。

黈，陽韻，音皇

《說文》云："黊，鮮明黃也。从黃，圭聲。"按，諸書皆以"黈"為之，从"圭"實不可據。古作叔家父匡，"圭"當為"𡈼"之誤字。"⿰黃𡈼"變為"黈"，猶"徃"為"往"也。叔家父匡"孫子是黈"，文義與《詩》"先祖是皇"楚茨"繼序其皇之"烈文，本義當為"美""繼序其皇之"，傳云："皇，美也。""黃""𡈼"皆聲也。《漢書·東方朔傳》"黈纊充耳"注"以黈纊為黃色緜"，曲說不可從。朱氏駿聲訂"纊"為"紞"之誤字"纊"或作"絖"，與"紞"形近，然"紞"以縏瑱，非以塞耳。"⿰黃𡈼""纊"疊韻字，當即"瑱"之異名。《爾雅》"桄，充也。"《左傳》"宋司徒皇父字充石"文十一"⿰黃𡈼纊"與"皇桄"同音，亦並有"充"義。《大戴禮》"⿰充黃絖塞耳"子張問入官，字作"⿰充黃"，从充，黃聲。"瑱"或謂之"充耳"《詩》"褎如充耳"，"充耳琇瑩"，"充耳以素乎而"，因謂之"⿰黃𡈼纊"矣。《長笛賦》"若然六器者，猶以二皇聖哲黈益。""黈益"亦擴充增益之義也。

評注："黈"字《廣韻》天口切，音 tǒu，"黊"字《廣韻》胡卦切，音 huà，字書以為二字，林氏以為"黊"字从"圭"不可从，以音衡量，證據不足。但從所錄叔家父匡"⿰黃𡈼"字而言，林氏說"圭"當為"𡈼"之誤字。"⿰黃𡈼"變為"黈"，猶"徃"為"往"也，則頗有道理。就"⿰黃𡈼"而言，林氏以為"黃""𡈼"皆聲，音當如"皇"，其說可從。"叔家父匡'孫子是黈'，文義與《詩》'先祖是皇'楚茨'繼序其皇之'烈文"下当漏一"同"字。叔家父匡"⿰黃𡈼"字《金文編》摹作，[1] 林氏所摹略異。

牄

《說文》："牄，鳥獸來食聲也。从倉，爿聲。《虞書》曰：'鳥獸牄牄。'"按，从"倉"訓"來食"，義已迂曲。"倉""爿"皆聲也。

評注："牄"字音 qiāng。陳偉武先生引林義光、陳漢平說，贊同

---

① 參見容庚《金文編》，中華書局 1985 年版，第 900 頁。注云："《說文》所無，義如光。"

“牄”為雙聲符字。① 字頭為林氏推寫。

朚

《說文》云：“，昱也。从明，亡聲。”按，“朚”訓為“昱”無所考。《廣雅》“朚，遽也。”實“忙”之本字。《五經文字》謂“忙人思天曉，故从明”，皆不得其說而強為之辭。“亡”“明”皆聲也。“明”古音同“亡”。

評注：“朚”字作為“翌日”解，《集韻》呼光切，音 huāng；作為“急忙”解，《廣韻》莫郎切，音 máng。林氏以為《說文》釋“昱”無所考，故以為“忙”之本字，說當可從。段注云：“朚即今之忙字。亦作茫，俗作忙。”陳偉武先生指出“朚”即“盲”之異構，既屬會意，又是雙聲符字。②

民國九年十二月二十日寫成

林義光藥園父記

① 參見陳偉武《雙聲符字綜論》，《中國古文字研究》第一輯，吉林大學出版社 1999 年版，第 330 頁。

② 同上書，第 336 頁。

參考文獻

著作類（按音序排列）

1. 曹緯：《周原甲骨文》，世紀圖書出版公司北京公司 2002 年版。
2. 陳劍：《甲骨金文考釋論集》，線裝書局 2007 年版。
3. 陳劍：《戰國竹書論集》，上海古籍出版社 2014 年版。
4. 陳斯鵬、石小力、蘇清芳：《新見金文字編》，福建人民出版社 2012 年版。
5. 陳松長編著：《馬王堆簡帛文字編》，文物出版社 2001 年版。
6. 陳煒湛：《古文字趣談》，上海古籍出版社 2005 年版。
7. 丁山：《商周史料考證》，中華書局 1988 年版。
8. 董蓮池：《新金文編》，作家出版社 2011 年版。
9. 段玉裁：《說文解字注》，上海書店 1992 年版。
10. 方稚松：《殷墟甲骨文五種記事刻辭研究》，博士學位論文，首都師範大學，2007 年。
11. 高鴻縉：《中國字例》，明昌美術印刷廠 1967 年版。
12. 高明、葛英會：《古陶文字徵》，中華書局 1991 年版。
13. 高文：《漢碑集釋》，河南大學出版社 1997 年版。
14. 故宮博物院：《古璽匯編》，文物出版社 1981 年版。
15. 郭沫若：《郭沫若全集・考古編・第一卷》，科學出版社 1982 年版。
16. 郭沫若：《郭沫若全集・考古編・第二卷》，科學出版社 1983 年版。
17. 郭沫若：《金文叢考》，人民出版社 1954 年版。
18. 郭沫若：《兩周金文辭大系圖錄考釋》，上海書店出版社 1999 年版。
19. 郭永秉：《古文字與古文獻論集》，上海古籍出版社 2011 年版。
20. 《漢語大字典》編輯委員會：《漢語大字典》，湖北辭書出版社、四川辭書出版社 1995 年版。
21. 何琳儀:《戰國文字通論》(訂補),江蘇教育出版社 2003 年版。
22. 何琳儀:《戰國古文字典》,中華書局 1998 年版。
23. 洪适:《隸釋　隸續》,中華書局 1986 年版。
24. 胡厚宣:《甲骨探史錄》,三聯書店 1982 年版。
25. 湖北博物馆:《曾侯乙編鐘研究》,湖北人民出版社 1992 年版。
26. 湖北荊沙鐵路考古隊:《包山楚簡》,文物出版社 1991 年版。
27. 許進雄編著:《懷特氏等收藏甲骨文集》,加拿大皇家安大略博物館 1979 年版。
28. 許慎:《説文解字》,中華書局 1963 年版。
29. 黃德寬主編:《古文字譜系疏證》,商務印書館 2007 年版。
30. 季旭昇:《説文新證》,福建人民出版社 2010 年版。
31. 荊門市博物館:《郭店楚墓竹簡》,文物出版社 1998 年版。
32. 李零:《李零自選集》,廣西師范大學出版社 1998 年版。
33. 李圃主編:《古文字詁林》,上海教育出版社 1999—2004 年版。
34. 李學勤主編:《字源》,天津古籍出版社、遼寧人民出版社 2012 年版。
35. 林義光:《文源》,中西書局 2012 年版。
36. 林澐:《林澐學術文集》,中國大百科全書出版社 1998 年版。
37. 林志強:《古本〈尚書〉文字研究》,中山大學出版社 2009 年版。
38. 劉翔、陳抗、陳初生、董琨:《商周古文字讀本》,語文出版社 1989 年版。
39. 劉釗:《古文字構形學》,福建人民出版社 2006 年版。
40. 劉釗:《古文字考釋叢稿》,岳麓書社 2005 年版。
41. 劉釗主編:《新甲骨文編》,福建人民出版社 2009 年版。
42. 羅振玉:《增訂殷虛書契攷釋》,藝文印書館 1981 年版。
43. 強運開:《説文古籀三補》,中華書局 1996 年版影印本。
44. 裘錫圭:《古文字論集》,中華書局 1992 年版。
45. 裘錫圭:《裘錫圭學術文集》,復旦大學出版社 2012 年版。
46. 裘錫圭:《文字學概要》,商務印書館 1988 年版。
47. 容庚:《金文編》,中華書局 1985 年版。
48. 睡虎地秦墓竹簡整理小組:《睡虎地秦墓竹簡》,文物出版社 1990

年版。
49. 孫剛：《齊文字編》，福建人民出版社 2010 年版。
50. 孫海波：《甲骨文編》，中華書局 1965 年版。
51. 湯餘惠主編：《戰國文字編》，福建人民出版社 2001 年版。
52. 唐蘭：《殷虛文字記》，中華書局 1981 年版。
53. 唐蘭：《中國文字學》，上海古籍出版社 1979 年版。
54. 王國維：《古史新證——王國維最後的講義》，清華大學出版社 1994 年版。
55. 王國維：《觀堂集林》，中華書局 1959 年版。
56. 王國維：《王國維遺書》，上海古籍書店 1983 年版。
57. 王筠：《說文解字句讀》，中華書局 1988 年版。
58. 王筠：《說文釋例》，中華書局 1987 年版。
59. 王念孫：《讀書雜誌》，江蘇古籍出版社 2000 年版。
60. 魏宜輝：《楚系簡帛文字形體訛變分析》，博士學位論文，南京大學，2003 年。
61. 夏渌：《評康殷文字學》，武漢大學出版社 1991 年版。
62. 徐鍇：《說文解字繫傳》，中華書局 1987 年版。
63. 徐無聞主編：《甲金篆隸大字典》，四川辭書出版社 1991 年版。
64. 徐在國：《隸定古文疏證》，安徽大學出版社 2002 年版。
65. 徐中舒主編：《甲骨文字典》，四川辭書出版社 1989 年版。
66. 嚴志斌：《四版〈金文編〉校補》，吉林大學出版社 2001 年版。
67. 楊寬：《古史新探》，中華書局 1965 年版。
68. 楊樹達：《積微居甲文說》，中國科學院 1954 年版。
69. 楊樹達：《積微居小學金石論叢》（增訂本），中華書局 1983 年版。
70. 楊樹達：《積微居小學述林》，科學出版社 1954 年版。
71. 于省吾：《甲骨文字釋林》，中華書局 1979 年版。
72. 于省吾：《雙劍誃殷契駢枝　雙劍誃殷契駢枝續編　雙劍誃殷契駢枝三編》，中華書局 2009 年版。
73. 于省吾主編：《甲骨文字詁林》，中華書局 1996 年版。
74. 曾宪通：《古文字與出土文獻研究叢考》，中山大學出版社 2005 年版。
75. 曾憲通、林志強：《漢字源流》，中山大學出版社 2011 年版。

76. 詹鄞鑫：《華夏考——詹鄞鑫文字訓詁論集》，中華書局 2006 年版。
77. 張桂光主編：《商周金文摹釋總集》，中華書局 2010 年版。
78. 張世超：《金文形義通解》，中文出版社 1996 年版。
79. 趙平安：《新出簡帛與古文字古文獻研究》，商務印書館 2009 年版。
80. 中國社會科學院考古研究所：《殷周金文集成》，中華書局 1984—1994 年版。
81. 中國社會科學院考古研究所：《小屯南地甲骨》，中華書局 1983 年版。
82. 中國社會科學院考古研究所：《殷墟花園莊東地甲骨》，雲南人民出版社 2003 年版。
83. 中國社會科學院歷史研究所、倫敦大學亞非學院：《英國所藏甲骨集》，中華書局 1985 年版。
84. 中國社會科學院歷史研究所：《甲骨文合集》，中華書局 1978—1982 年版。
85. 中國社會科學院歷史研究所：《甲骨文合集補編》，語文出版社 1999 年版。
86. 周法高主編：《金文詁林》第一卷，香港中文大學 1974 年版。
87. 朱德熙、裘錫圭、李家浩：《望山楚簡》，中華書局 1995 年版。
88. 朱芳圃：《殷周文字釋叢》，中華書局 1962 年版。
89. 朱駿聲：《說文通訓定聲》，中華書局 1984 年版。

論文類（按音序排列）

1. 陳劍：《甲骨金文舊釋“䵼”之字及相關諸字新釋》，《出土文獻與古文字研究》第 2 輯，復旦大學出版社 2008 年版。
2. 陳劍：《甲骨金文舊釋“尤”之字及相關諸字新釋》，《甲骨金文考釋論集》，線裝書局 2007 年版。
3. 陳劍：《金文“彖”字考釋》，《甲骨金文考釋論集》，線裝書局 2007 年版。
4. 陳劍：《據郭店簡釋讀西周金文一例》，《甲骨金文考釋論集》，線裝書局 2007 年版。
5. 陳劍：《釋𠙶》，《出土文獻與古文字研究》第 3 輯，復旦大學出版社 2010 年版。

6. 陳劍:《釋上博竹書〈昭王毀室〉的“幸”字》,《漢字研究》第 1 輯,學苑出版社 2005 年版;收入《戰國竹書論集》,上海古籍出版社 2014 年版。
7. 陳劍:《釋西周金文的“竷(贛)”字》,《甲骨金文考釋論集》,線裝書局 2007 年版。
8. 陳劍:《釋造》,《甲骨金文考釋論集》,線裝書局 2007 年版。
9. 陳劍:《說慎》,《甲骨金文考釋論集》,線裝書局 2007 年版。
10. 陳劍:《殷墟卜辭的分期分類對甲骨文字考釋的重要性》,《甲骨金文考釋論集》,線裝書局 2007 年版。
11. 陳偉武:《舊釋“折”及从“折”之字平議——兼論“慎德”和“悊終”問題》,《古文字研究》第 22 輯,中華書局 2000 年版。
12. 陳偉武:《軍器及其題銘與簡帛兵學文獻》,《華學》第 2 輯,中山大學出版社 1996 年版。
13. 陳偉武:《雙聲符字綜論》,《中國古文字研究》第 1 輯,吉林大學出版社 1999 年版。
14. 陳煒湛:《讀〈說文〉小記(五則)》,中國文字學會第四屆學術年會論文,2007 年。
15. 陳煒湛:《搶來的老婆》,《古文字趣談》,上海古籍出版社 2005 年版。
16. 陳煒湛:《說“禿”》,《古文字趣談》,上海古籍出版社 2005 年版。
17. 丁山:《數名古誼》,《歷史語言研究所集刊》第一本一分,1928 年。
18. 董連池:《“皇”字取象皇羽說平議兼論“煌字說”》,《古文字研究》第 31 輯,中華書局 2016 年版。
19. 郭沫若:《釋干支》,《郭沫若全集·考古編第一卷》,科學出版社 1982 年版。
20. 郭沫若:《釋和言》,《郭沫若全集·考古編第一卷》,科學出版社 1982 年版。
21. 郭永秉:《說“蒜”、“祘”》,《出土文獻與古文字研究》第 3 輯,復旦大學出版社 2010 年版;收入《古文字與古文獻論集》,上海古籍出版社 2011 年版。
22. 郭永秉:《談古文字中的“要”字和从“要”之字》,《古文字研究》第 28 輯,中華書局 2010 年版。

23. 何琳儀、房振三:《“也”、“只”考辨》,北京師范大學民俗典籍文字中心編《民俗典籍文字研究》第3輯,商務印書館2006年版。
24. 何琳儀:《長沙帛書通釋校補》,《江漢考古》1989年第4期。
25. 胡厚宣:《再論殷代農作施肥問題》,《社會科學戰線》1981年第1期。
26. 黃德寬:《說“也”》,香港中文大學中國文化研究所、中國語言及文學系編《第三屆國際中國古文字研討會論文集》,問學社有限公司1997年版。
27. 黃天樹:《〈說文解字〉部首與甲骨文(續一)》,《古文字論集》,學苑出版社2006年版。
28. 黃文傑:《說“朋”》,《古文字研究》第22輯,中華書局2000年版。
29. 李家浩:《讀〈郭店楚墓竹簡〉瑣議》,《郭店楚簡研究》,遼寧教育出版社2000年版。
30. 李零:《包山楚簡研究(文書類)》,《李零自選集》,廣西師范大學出版社1998年版。
31. 李學勤:《釋郊》,《李學勤文集》,上海辭書出版社2005年版。
32. 李運富:《楚國簡帛文字叢考(二)》,《古漢語研究》1997年第1期。
33. 林澐:《說王》,《考古》1965年第6期;又見《林澐學術文集》,中國大百科全書出版社1998年版。
34. 林志強:《〈文源〉取材三題》,《福建師范大學學報》2015年第1期。
35. 林志強:《漢碑隸體古文述略》,《古文字研究》第26輯,中華書局2006年版。
36. 林志強:《漢碑俗字綴述》,《中國文字學報》第2輯,商務印書館2008年版。
37. 林志強:《論卜辭河岳之神格》,《福建師范大學學報》1994年第2期。
38. 林志強:《說“夲”》,《古文字研究》第24輯,中華書局2002年版。
39. 林志強:《說“信”》,《福建師范大學學報》1997年第2期。
40. 林志強:《字說三則》,《古文字研究》第29輯,中華書局2012年版。
41. 劉釗:《“臿”字源流考》,《古文字研究》第30輯,中華書局2014年版。

42. 劉釗：《“稽”字考論》，《古文字考釋叢稿》，岳麓書社 2005 年版。
43. 劉釗：《釋儥及相關諸字》，《古文字考釋叢稿》，岳麓書社 2005 年版。
44. 劉釗：《談史密簋銘文中的“眉”字》，《考古》1995 年第 5 期；收入《古文字考釋叢稿》，岳麓書社 2005 年版。
45. 秦建明：《釋皇》，《考古》1995 年第 5 期。
46. 裘錫圭：《史牆盤銘解釋》，《文物》1978 年第 3 期。
47. 裘錫圭、李家浩：《曾侯乙墓竹簡釋文與考釋》，《曾侯乙墓》，文物出版社 1989 年版。
48. 裘錫圭：《古文字釋讀三則》，《裘錫圭學術文集》，復旦大學出版社 2012 年版。
49. 裘錫圭：《甲骨文考釋（續）·釋南方名》，《裘錫圭學術文集》，復旦大學出版社 2012 年版。
50. 裘錫圭：《甲骨文中的幾種樂器名稱——釋“庸”“豐”“鞀”》，《裘錫圭學術文集》，復旦大學出版社 2012 年版。
51. 裘錫圭：《甲骨文中的見與視》，《裘錫圭學術文集》，復旦大學出版社 2012 年版。
52. 裘錫圭：《甲骨文中所見的商代農業》，《裘錫圭學術文集》，復旦大學出版社 2012 年版。
53. 裘錫圭：《骨文中所見的商代五刑——並釋“刖”“剢”二字》，《裘錫圭學術文集》，復旦大學出版社 2012 年版。
54. 裘錫圭：《甲骨文字考釋（八篇）》，《古文字研究》第 4 輯，中華書局 1980 年版。
55. 裘錫圭：《釋“厄”》，《裘錫圭學術文集》，復旦大學出版社 2012 年版。
56. 裘錫圭：《釋“万”》，《裘錫圭學術文集》，復旦大學出版社 2012 年版。
57. 裘錫圭：《釋“勿”“發”》，《裘錫圭學術文集》，復旦大學出版社 2012 年版。
58. 裘錫圭：《釋“衍”“侃”》，《裘錫圭學術文集》，復旦大學出版社 2012 年版。
59. 裘錫圭：《釋柲》，《古文字研究》第 3 輯，中華書局 1980 年版。

60. 裘錫圭：《釋殷虛卜辭中的“[illegible]”“[illegible]”等字》，《裘錫圭學術文集》，復旦大學出版社 2012 年版。
61. 裘錫圭：《釋殷墟卜辭中的“卒”和“𧜭”》，《裘錫圭學術文集》，復旦大學出版社 2012 年版。
62. 裘錫圭：《釋殷墟甲骨文裏的“遠”“𤞷”（邇）及有關諸字》，《裘錫圭學術文集》，復旦大學出版社 2012 年版。
63. 裘錫圭：《說“玄衣朱襮裣——兼釋甲骨文“虣”字》，《裘錫圭學術文集》，復旦大學出版社 2012 年版。
64. 裘錫圭：《說“嵒”“嚴”》，《裘錫圭學術文集》，復旦大學出版社 2012 年版。
65. 裘錫圭：《說字小記》，《古文字論集》，中華書局 1992 年版。
66. 裘錫圭：《談談古文字材料對古漢語研究的重要性》，《中國語文》1979 年第 6 期。
67. 裘錫圭：《殷墟甲骨文字考釋（七篇）》，《湖北大學學報》1990 年第 1 期。
68. 史傑鵬：《郭店老子簡的“[illegible]”字及相關之字研究》，《古文字研究》第 29 輯，中華書局 2012 年版。
69. 陶安、陳劍：《〈奏讞書〉校讀札記》，《出土文獻與古文字研究》第 4 輯，上海古籍出版社 2011 年版。
70. 湯餘惠：《略論戰國文字形體研究中的幾個問題》，《古文字研究》第 15 輯，中華書局 1986 年版。
71. 唐蘭：《伯三器銘文的譯文和考釋》，《文物》1976 年第 6 期。
72. 唐蘭：《論周昭王時代的青銅器銘刻》，《古文字研究》第 2 輯，中華書局 1981 年版。
73. 王國維：《釋彄》，《觀堂集林》，中華書局 1959 年版。
74. 王國維：《釋物》，《觀堂集林》，中華書局 1959 年版。
75. 王國維：《釋旬》，《觀堂集林》，中華書局 1959 年版。
76. 王國維：《殷卜辭中所見先公先王考》，《觀堂集林》，中華書局 1959 年版。
77. 王國維：《殷卜辭中所見先公先王續考》，《觀堂集林》，中華書局 1959 年版。

78. 謝明文：《說臨》，《出土文獻與古文字研究》第 6 輯，復旦大學出版社 2015 年版。
79. 徐寶貴：《石鼓文考釋兩篇》，《中國文字學報》第 5 輯，商務印書館 2014 年版。
80. 禤健聰：《釋“哭”》，《中國文字學報》第 6 輯，商務印書館 2015 年版。
81. 楊樹達：《釋藏》，《積微居小學述林》，中華書局 1983 年版。
82. 楊樹達：《釋官》，《積微居小學金石論叢》（增訂本），中華書局 1983 年版。
83. 楊樹達：《釋辱》，《積微居小學述林》，科學出版社 1954 年版。
84. 楊樹達：《釋冘》，《積微居甲文說》，中國科學院 1954 年版。
85. 楊樹達：《釋甬》，《積微居小學述林》，中華書局 1983 年版。
86. 于省吾：《讀金文劄記五則》，《考古》1966 年第 2 期。
87. 于省吾：《釋䟕》，《甲骨文字釋林》，中華書局 1979 年版。
88. 于省吾：《釋勹、旬、㫗》，《甲骨文字釋林》，中華書局 1979 年版。
89. 于省吾：《釋疒、疾》，《甲骨文字釋林》，中華書局 1979 年版。
90. 于省吾：《釋徫》，《甲骨文字釋林》，中華書局 1979 年版。
91. 于省吾：《釋古文字中附劃因聲指事字的一例》，《甲骨文字釋林》，中華書局 1979 年版。
92. 于省吾：《釋甲》，《甲骨文字釋林》，中華書局 1979 年版。
93 于省吾：《釋⧉、吕兼論古韻部東冬的分合》，《甲骨文字釋林》，中華書局 1979 年版。
94. 于省吾：《釋庶》，《甲骨文字釋林》，中華書局 1979 年版。
95. 于省吾：《釋产》，《甲骨文字釋林》，中華書局 1979 年版。
96. 于省吾：《釋用》，《甲骨文字釋林》，中華書局 1979 年版。
97. 于省吾：《釋臾》，《甲骨文字釋林》，中華書局 1979 年版。
98. 曾憲通：《“亯”及相關諸字考辨》，《古文字與出土文獻叢考》，中山大學出版社 2005 年版。
99. 曾憲通：《“作”字探源》，《古文字研究》第 19 輯，中華書局 1992 年版。
100. 曾憲通：《楚帛書文字新訂》，《中國古文字研究》第 1 輯，吉林大學出版社 1999 年版。
101. 曾憲通:《楚文字釋叢》,《中山大學學報》1996 年第 3 期。
102. 曾憲通:《從曾侯乙編鐘之鐘虡銅人說"虡"與"業"》,《曾侯乙編鐘研究》,湖北人民出版社 1992 年版。
103. 曾憲通:《秦至漢初簡帛篆隸的整理和研究》,《中國文字研究》第 3 輯,廣西教育出版社 2002 年版。
104. 曾憲通:《釋"鳳""凰"及其相關諸字》,《中國語言學報》第 8 期,北京語言文化大學出版社 1997 年版。
105. 曾憲通:《吳王鐘銘考釋》,《古文字與出土文獻叢考》,中山大學出版社 2005 年版。
106. 詹鄞鑫:《釋甲骨文"彝"字》,《華夏考——詹鄞鑫文字訓詁論集》,中華書局 2006 年版。
107. 詹鄞鑫:《釋甲骨文"兆"字》,《古文字研究》第 24 輯。
108. 詹鄞鑫:《釋甲骨文"知"字》,《華夏考——詹鄞鑫文字訓詁論集》,中華書局 2006 年版。
109. 張富海:《試說"盜"字的來源》,《中國文字學報》第 6 輯,商務印書館 2015 年版。
110. 張桂光:《古文字考釋四則》,《華南師院學報》1982 年第 4 期。
111. 張亞初:《古文字源流疏證釋例》,《古文字研究》第 21 輯,中華書局 2001 年版。
112. 張亞初:《周厲王所作祭器㝬簋考》,《古文字研究》第 5 輯,中華書局 1981 年版。
113. 張政烺:《王臣簋釋文》,四川大學學報叢刊《古文字研究論文集》,四川人民出版社 1982 年版。
114. 趙平安:《從咢字的釋讀談到咢族的來源》,《新出簡帛與古文字古文獻研究》,商務印書館 2009 年版。
115. 趙平安:《對上古漢語語氣詞"只"的新認識》,《新出簡帛與古文字古文獻研究》,商務印書館 2009 年版。
116. 趙平安:《關於夃的形義來源》,《中國文字學報》第 2 輯,商務印書館 2008 年;收入《新出簡帛與古文字古文獻研究》,商務印書館 2009 年版。

117. 趙平安:《秦至漢初簡帛文字與假借改造字字源考證》,《簡帛研究》第 2 輯，法律出版社 1996 年版。
118. 趙平安:《釋“宲”》，《新出簡帛與古文字古文獻研究》，商務印書館 2009 年版。
119. 趙平安:《釋甲骨文中的“”和“”》，《文物》2000 年第 8 期，收入《新出簡帛與古文字古文獻研究》，商務印書館 2009 年版。
120. 趙平安:《戰國文字的“遊”與甲骨文“𦍒”為一字說》,《古文字研究》第 22 輯，中華書局 2000 年版。
121. 趙平安:《說“盾”》,《吉林大學社會科學學報》2014 年第 1 期。
122. 朱鳳翰:《論卜辭與商周金文中的“后”》,《古文字研究》第 19 輯，中華書局 1992 年版。

附錄一　通檢

說明：本《通檢》依《文源》原來格式編排，每字後的頁碼則重新編訂，有些字原《通檢》漏錄，作了補充，有些字根據筆畫數重新作了調整。

三畫

四畫

六畫

七畫

九畫

① “美”字原《通檢》有，《文源》正文無。

十畫

十一畫

十二畫

十六畫

① “磊”“皛”二字原《通檢》有，正文無。

十七畫

十八畫

十九畫

二十畫

二十一畫

二十二畫

二十三畫

二十四畫

轉注兼形聲之字，初學有未能曉者，附於篇末

四畫

仍从人，乃聲。之蒸對轉。　以《說文》所無，秦繹山碑作，从人已聲。　厷"肱"本字，篆作，从又，聲。

切从刀，七聲。

五畫

冬从仌，夂聲。 孕从子，乃聲。之蒸對轉。 代从人，弋聲。 召从口，刀聲。 布篆作𢁉，从巾，父聲。
札从木，乙聲。 台說也。从口，㠯聲。今以"怡"為之。

六畫

在篆作𡉦，存也。从土，才聲。 𢦏篆作𢦏，傷也。从戈，才聲。 式从工，弋聲。 匈"胷"本字。从勹，凶聲。
地从土，也聲。 异舉也。从𠬞，㠯聲。 收捕也。从攴，丩聲。 旭从日，九聲。 牝从牛，匕聲。 列篆作𠛱，分散也。从刀，𡿪聲。今作"裂"。 𣲙水流𣲙𣲙也。从巛，歺省聲。 空从穴，乙聲。 存恤問也。从子，才聲。朱氏駿聲云："从在省，孨省聲。" 年篆作秊，从禾，千聲。按，古作秂，从禾，人聲。 匡篆作匩，𡉚聲。

七畫

含从口，今聑。 治銷也。从仌，台聑。 何儋也。从人，可聑。 壯大也。从士，爿聑。
叡殘穿也。从又，歺(聑)。 汨長沙汨羅淵。从水，冥省聑。 𢍏持弩柎也。从𠬞，肉聑。讀若逵。 芃从艸，凡聑。
坎陷也。从土，欠聑。 抄俗"鈔"字。 那西夷國。从邑，冄聑。歌談次對轉。 沛从水，巿聑。 完从宀，元聑。
投从手，殳聑。 妒从女，戶聑。 李从木，子聑。 矣語已詞也。从矢，㠯聑。 佞从女，仁聑。
忒从心，弋聑。 杏从木，可省聑。朱云向省聑。 序東西牆也。从广，予聑。

八畫

肴啖也。从肉，爻聑。 屈篆作屈，無尾也。从尾，出聑。 巷篆作𨟻，从𨛜，共聑。隸从邑省。
的篆作旳，明也。从日，勺聑。 泣从水，立聑。 股从肉，殳聑。 帖帛書署也。从巾，占聑。 軋从車，乙聑。
定从宀，正聑。 往篆作徃，从彳，㞷聑。 育从𠫓，肉聑。 所伐木聑也。从斤，戶聑。 肺从肉，巿聑。
刷刮也。从刀，㕞省聑。 券契也。从刀，𢍏聑。 夜篆作𡖍，从夕，亦省聑。 怯篆作㹤，从犬，劫省聑。
矤況詞也。从矢，引省聑。从矢，取詞之所之如矢也。 炊从火，吹省聑。 昊篆作昦，从日，乔聑。 祁从邑，示聑。
叔拾也。从又，尗聑。《詩》："九月叔苴。"

九畫

卺謹身有所承也。从己，丞(聑)。 弇蓋也。从𠬞，合(聑)。緝談旁轉。 虹狀似蟲。从虫，工聑。
羑進善也。从羊，久聑。 哀从口，衣聑。 咢篆作㖾，譁訟也。从吅，屰聑。 段椎物也。从殳，耑省聑。

思疾利口也。从心，从冊。朱云删省聲。 珊从玉，删省聲。 帥“帨”本字。从巾，𠂤聲。 侮从人，每聲。 拾从手，合聲。 柷从木，祝省聲。 垂遠邊也。从土，𠂹聲。 祋从殳，示聲。 冑胤也。从肉，由聲。 胄兜鍪也。从冃，由聲。 昱明日也。从日，立聲。 祈从示，斤聲。微文對轉。 前篆作歬，齊斷也。从刀，歬聲。今以“翦”為之。 亮篆作倞，从人京聲。 津篆作𣲙，从水，𦘔聲。 匍手行也。从勹，甫聲。 羿篆作羿，羽𦐇風而上也。从羽，幵省聲。 羍小羊也。从羊，大聲。 急从心，及聲。 枲从𣏟，台聲。 紂馬緧也。从系，肘省聲。按，“討”省聲。 俟从人，矣聲。 屻俗“衄”字。 柔从木，矛聲。 胥蟹醢也。从肉，疋聲。 帝从上，朿聲。 柰从木，示聲。 曷何也。从曰，匃聲。 祇地祇也。从示，氏聲。 胡牛顫垂也。从肉，古聲。 疫从疒，役省聲。 虺从虫，兀聲。 彥从彣，厂聲。 耶俗“邪”字。 炭从火，岸聲。

十畫

氣“餼”本字。从米，气聲。 納絲溼納納也。从糸，內聲。朱云：“絮也。”《呂覽·必已》“不衣芮”，以“芮”為之。 栟屋櫋櫨也。从木，幵聲。微寒次對轉。 徒步行也。从辵，土聲。 島俗“㠀”字。 蚩蚩蟲也。从虫，㞢聲。 茸从艸，聰省聲。段氏玉裁云：“从艸，耳聲。”之東次對轉。 冢从勹，豕聲。遇東對轉。 特朴特，牛父也。从牛，寺聲。石鼓：“吾敺其樸”“吾敺其特”。 窑瓦器也。从缶，肉聲。 朔从月，屰聲。 秏篆作秏，稻屬。从禾，毛聲。 茲艸木多益也。从艸，絲省聲。 翁頸毛也。从羽，公聲。《西山經》：“天帝之山有鳥焉，黑文而赤翁。” 荅小尗也。从艸，合聲。 豹从豸，勺聲。 剝从刀，彔聲。 虒委虒，虎之有角者也。从虎，厂聲。 恥从心，耳聲。 迹从辵，亦聲。蟹模旁轉。 敃使也。从攴，耴省聲。 悔从心，每聲。 海从水，每聲。 容从宀，谷聲。遇東對轉。 乏从穴，乏聲。 耆从老省，旨聲。 匪器似筐。从匚，非聲。今以“筐”為之。 羖从羊，殳聲。 陝从𨸏，夾聲。 恭从心，共聲。 衄鼻出血也。从血，丑聲。 釜篆作鬴，从金，父聲。 烎从火，衣聲。微文對轉。 殷作樂之盛稱殷。从㐆、殳。按“㐆”聲。微文對轉。 旆从㫃，米聲。 桓亭郵表也。从木，亘聲。 脆篆作膬，从肉，絕省聲。 祟从示，出聲。 旃从㫃，丹聲。 耕从耒，井聲。 唐大言也。从口，庚聲。

十一畫

貪从貝，今聲。 翊飛皃。从羽，立聲。 梓从木，宰省聲。 副判也。从刀，畐聲。《禮記》：“為天子削瓜者副之。” 聊耳鳴也。从耳，卯聲。 許从言，午聲。 勖从力，冒聲。 域从土，或聲。 脩脯也。从肉，攸聲。 理治玉也。从玉，里聲。 羑相誠呼也。从厶，羑(聲)。 寂篆作宗，从宀，尗聲。 敏从攴，每聲。 勒从革，力聲。 倏走也。从犬，攸聲。 偷篆作媮，巧黠也。从女，俞聲。 笛从竹，由聲。 埽从土，帚(聲)。 戚戉也。从戉，尗聲。 詧徒歌也。从言，肉聲。 鄘俗“鄘”字。 御从彳，从卸。朱云：“卸聲。” 虖哮虖也。从虍，乎聲。按，从乎，虍聲。 虘𧊒也。从由，虍聲。 猗犗犬也。从犬，奇聲。 責篆作賫，从貝，朿聲。 野从里，予聲。 移禾相倚移也。从禾，多聲。 商篆作商。 梳从木，疏省聲。 覓篆作覛，从見𠂢聲。

細篆作[illegible],从糸,囟聲。 普从日,並聲。模陽對轉。 斜抒也。从斗,余聲。 累篆作纍,从糸,畾省聲。
唯从口,隹聲。 産从生,彥省聲。 問从口,門聲。 觕"牄"之誤體。从角,爿聲。模陽對轉。
略經略土地也。从田,各聲。 赦从攴,赤聲。 猜恨賊也。从犬,青聲。 乾上出也,物之達也。从乙,倝聲。
揮从手,軍聲。微文對轉。 彬从彡,焚省聲。 強蚚也。从虫,弘聲。陽蒸旁轉。 康穀皮也。从米,庚聲。
將帥也。从寸,醬省聲。

十二畫

殽相雜錯也。从殳,肴聲。 裋从衣,豆聲。 虛大丘也。从丘,虍聲。 馮馬行疾也。从馬,仌聲。
普从日,並聲。模陽對轉。 雄从隹,厷聲。 裕衣物饒也。从衣,谷聲。 欽欠皃。从欠,金聲。 答俗"荅"字。
給相足也。从糸,及聲。朱云:"相連及也。" 翕起也。从羽,合聲。 雁从隹,从亻,厂聲。按,"鴈"省聲。
童从辛,重省聲。 萑篆作[illegible],从艸,隺聲。 渠从水,榘省聲。 雅"鴉"之本字。从隹,牙聲。
屟履中薦也。从尸,枼聲。"尸"者"履"省。 胾食所遺也。从肉,仕聲。 軸从車,由聲。 貶从貝,乏聲。
雇九雇,農桑候鳥。从隹,戶聲。今以"扈"為之。 甜美也。从甘、舌。舌知甘。按,从甘,舌聲。泰談次對轉。
猶玃屬。从犬,酋聲。 堪地突也。从土,甚聲。 鈔叉取也。从金,少聲。即抄掠本字。 貴篆作貴,从貝,臾聲。
賀以禮相奉慶也。从貝,加聲。 焦从火,雥省聲。 惄从心,叔聲。 隋列肉也。从肉,隓省聲。 然燒也。从火,肰聲。
喙从口,彖聲。 敦篆作𣪠。从攴,𦎫聲。 甯所願也。从用,寍省聲。 巽篆作[illegible],具也。从丌,巴巴聲。 短有所長短,以矢爲正。从矢,豆聲。遇寒次對轉。 竦敬也。从立,从束。按,束聲。遇東對轉。 厥發石也。从厂,欮聲。

十三畫

頌貌也。从頁,公聲。今以"容"為之。 賊篆作賊。从戈,則聲。 猷《說文》作"猶"。 豦封豕之屬。从豕,虍聲。
裔衣末邊也。从衣,㕯聲。 雍篆作雝。 廉仄也。从广,兼聲。仄謂堂之仄邊。 督察也。从目,叔聲。
睦目順也。从目,坴聲。 彀从弓,殸聲。 虞騶虞。从虍,吳聲。 畸殘田也。从田,奇聲。 瑞从玉,耑省聲。
頒大頭也。从頁,分聲。 祼从示,果聲。歌寒對轉。 楚叢木也,一名荊。从林,疋聲。 隓敗城阜曰隓。从阜,𠂀聲。
毀从土,毇省聲。 衙行皃。从行,吾聲。 雉从隹,矢聲。 虘古陶器也。从豆,虍聲。 瑟从珡,必聲。
輂車軸耑鍵也。从舛,萬省聲。 署部署有所系屬。从网,者聲。 髡从髟,元省聲。 當田相值也。从田,尚聲。
粱从米,梁省聲。 葢从艸,盇聲。泰葉旁轉。 電从雨,申聲。 睘篆作睘,目驚視也。从目,袁聲。 聘訪也。从耳,甹聲。 新取木也。从斤,亲聲。 損从手,員聲。 煢回飛也。从卂,熒省聲。 綏从糸,妥聲。微歌旁轉。

十四畫

匱匣也。从匚,貴聲。 犖駁牛也。从牛,勞省聲。 厭笮也。从厂,猒聲。 僰犍爲蠻夷。从人,棘聲。

蒸析麻中幹也。从艸，烝聲。　愯从心，雙省聲。　㢘㟥也。从厂，敢聲。　默犬暫逐人也。从犬，黑聲。
貌从皃，豹省聲。　魁羹枓也。从斗，鬼聲。　聞从耳，門聲。　盡从皿，㶳聲。　戴大也。从大，戥聲。
蒐茅蒐，茹藘，人血所生，可以染絳。从艸、鬼。朱云："鬼聲。"　截篆作𢧵，从戈，雀聲。　斲从斤，㗊聲。
㗊从㗊，丩聲。　輒車兩輢也。从車，耴聲。　夢从夕，瞢省聲。　髼篆作鬖，从桼，髟聲。　睿"叡"古文省。
雇雇鳥也。从隹，户聲。　厲旱石也。从厂，萬聲。　竭負舉也。从立，曷聲。　嘉美也。从壴，加聲。
蒯篆作蔽，从艸，㕡聲。　趙趨趙也。从走，肖聲。　僖樂也。从人，喜聲。　墊下也。从土，執聲。　鳳从鳥，凡聲。
態从心，能聲。

十五畫

滕水超涌也。从水，朕聲。　㙳从土，疾聲。　億安也。从人，意聲。　數計也。从攴，婁聲。
賴贏也。从貝，剌聲。　慮从思，虍聲。　黎履黏也。从禾，古文利省聲。按，疑与"利"同字。利古作。
誾从言，門聲。　閿篆作闅，低目视也。从旻，門聲。　寫置物也。从宀，舄聲。　劉說文無。朱云从釗，卯聲。
箴綴衣箴也。从竹，咸聲。　暱日近也。从日，匿聲。　遮从辵，庶聲。　霅霅霅震電皃。从雨，矗省聲。
範範也。从車，笵省聲。　靠相違也。从非，告聲。　諕號也。从言，从虎。朱云："唬省聲。"　麾篆作𢹮，从手，靡聲。
熱从火，埶聲。　諒从言，京聲。　辥罪也。从辛，𡴀聲。　墫士舞也。从士，尊聲。

十六畫

融炊气上出也。从鬲，蟲省聲。　冀北方州也。从北，異聲。　駮从馬，交聲。　輸从車，俞聲。
褱从衣，眔聲。　穎禾末也。从禾，頃聲。　遺亡也。从辵，貴聲。　隸"隸"字重文。　凝从仌，疑聲。之蒸對轉。
錦从帛，金聲。　熹炙也。从火，喜聲。　髼俗"鬖"字。　頽俗"穨"字。　閼遮擁也。从門，於聲。
盧飯器也。从皿，盧聲。　麇麞也。从鹿，囷省聲。　㥷静也。从心，疾聲。　𨛜列也。从㽬，吏聲。讀若迅。今誤作"駛"、作"駛"。　篤馬行頓遲也。从馬，竹聲。　築从木，筑聲。　匔曲脊也。从勹，籍省聲。　豫象之大者。从象，予聲。
閵含閵也，似雊鴿而黃。从隹，閅省聲。　嬴少昊氏之姓。从女，贏省聲。

十七畫

隸附著也。从隶，柰聲。　韓篆作韓，井垣也。从韋，取其帀也。𠦝聲。　薛篆作薛，薛艸也。从艸，辥聲。
鮮从魚，羴省聲。　戲兵也。从戈，䖒聲。　舉从手，與聲。　韱小韭也。从韭，𢦏聲。
聳篆作傱，生而聾曰聳。从耳，從省聲。　糜从米，麻聲。　營从宫省，熒省聲。　檢書署也。从木，僉聲。
鴻从鳥，江聲。　濬"濬"古文。按，即"濬"之譌變。　穗从禾，惠聲。　醜从鬼，酉聲。　薨从死，瞢省聲。
講从言，冓聲。　應篆作𢉭，从心，雁聲。　鍼所以縫也。从金，咸聲。　雖雖蟲也。从蜥蜴而大。从虫，唯聲。

彌篆作𢐀，弛弓也。从弓，璽聲。 㜆从孱，好省聲。 鞠蹋鞠也。从革，匊聲。 罅从缶，虖聲。
闋事已閉門也。从門，癸聲。 襄《漢令》解衣而耕謂之襄。从衣，𤕦聲。

十八畫

魏篆作巍。 叢从丵，取聲。遇東對轉。 鬶从鬲，规聲。 蘳瘗也。从艸貍聲。
舊雖舊，舊留也。从萑，臼聲。或作"鵂"。 雝雝渠也。从隹，邕聲。 離離黃，倉庚也。从隹，离聲。
顒从頁，禺聲。遇東對轉。 黿从黽，元聲。 璿美玉也。从玉，睿聲。泰寒對轉。 顓頭顓顓也，謹皃。从頁，耑聲。

十九畫

氂彊曲毛，可以著起衣。从犛省，來聲。 繩从糸，蠅省聲。 鏖俗"鏕"字。 靡从非，麻聲。
穨秃也。从秃，貴聲。 獺从犬，賴聲。 類種類相似，唯犬爲甚。从犬，頪聲。 盥从血，農省聲。今作"膿"。

二十畫

騭牡馬也。从馬，陟聲。 龔愨也。从廾，龍聲。 寵尊居也。从宀，龍聲。 龐高屋也。从广，龍聲。
黨不鮮也。从黑，尚聲。 疈"副"或體。 竇从穴，賣聲。 釋解也。从釆，取其分別物也。睪聲。
騫馬腹縶也。从馬，寒省聲。 蘄从艸，𩰫聲。按，"𩰫"字未詳。當从"旂"省聲。

二十一畫

龕龍皃。从龍，今聲。 續从糸，賣聲。 驀上馬也。从馬，莫聲。 竈从穴，鼀聲。
霸月始生，魄然也。从月，䨣聲。 屬連也。从尾，蜀聲。 纍从糸，畾省聲。 蠡从䖵，彖聲。
鶱飛也。从鳥，寒省聲。 巍从嵬，委聲。

二十二畫

饕从食，號聲。 懿篆作懿，嫥久而美也。从壹，恣省聲。按"懿"或為發聲之詞。《書·金縢》："對曰：'信噫。'"馬本"噫"作"懿"。此當以"歖"為本字，从欠，壹聲。懿，美也。从心，歖聲。

二十三畫

龕俗"龕"字。 灋議罪也。从水，與"法"同意。獻聲。 襲从衣，龖省聲。 龔給也。从共，龍聲。
變从攴，䜌聲。

二十四畫

鷹"雁"籀文。　讋从言，讘省聲。　贛賜也。从貝，竷省聲。　纔帛雀頭色，赤而微黑，色如紺。纔，淺也。从糸，毚聲。之談次對轉。

二十五畫

鬮鬥取也。从鬥，龜聲。　鼉从黽，單聲。歌寒對轉。

二十六畫

鑿从毇，丵聲。

二十八畫

鑿从金，鑿省聲。

附錄二　引用彝器異名箋

儀兒鐘《窓齋集古錄》(以下略稱《集古》)卷一“僕兒鐘”,《周金文存》(以下略稱《周存》)“楚余義鐘”。　伐徐鐘《周存》“魯公伐徐鐘”。　留鐘《周存》“卹鐘”。　邲疕鐘《殷文存》(以下略稱《殷存》)“昆𤕌鐘”。　𢽾鼎《集古》六“師𩒠父鼎”。　使曾鼎《周存》“曾𡨚伯鼎”。　周容鼎《集古》四“𡨦鼎”。　郰也人鼎《周存》“取他人之善鼎”。　𢝊鼎《周存》“南公有司鼎”。　融比鼎《周存》“鬲攸从鼎”。　無斁鼎《周存》“鄦𠬝鼎”。　𤞷鼎《周存》“𤞷𥁰方鼎”。　鄭同媿鼎《集古》六“鄭君媿鼎”,《周存》“鄭同媛鼎”。　師趛鬲《周存》“師趛鼎”。　雍叔𩰫《周存》“雍叔鼎”。　趠𩰫《集古》五“趠鼎”。　且子𩰫《集古》六“且子鼎”。　叔𥁰《奇觚室吉金文述》(以下略稱《文述》)卷一“叔鼎”。　裦𥖩鼄《集古》五“裦鼎”。　妀𧊒母敦《集古》八“南方敦”。　叚敦《集古》十一“畢仲孫子敦”。　禹敦《集古》十一“叔向父敦”。　守敦《集古》十“使夷敦”。　彔敦《集古》十二“伯雍父敦”。　周客敦《集古》十二“周𡨦敦”。　己姜艾敦《集古》十二“己侯敦”。　欶敦《集古》八“郘敦”。　𤔲叔敦、師害敦《集古》十二“麇生曶父敦”。　孫叔多父敦《集古》八“孟姜敦”。　豺敦《集古》十一“曹侯豺敦”。伯就父敦《集古》八“伯喬父敦”。　㞷𢽳敦《夢鄣艸堂吉金圖》(以下略稱《金圖》)“㞷𢽳敦”　伯壺《集古》十四“伯作姬㑹壺”。　宰循壬壺《説文古籀補》“家德氏壺”。　喪支賓鉼《古籀補》“賓鉼”。　叔家父匡《古籀補》“叔家父簠”。　弭仲匡《古籀補》“弭中簠”。　史冘匡《集古》十五“史它簠”。　熊凶匠《集古》十五“旅虎簠”。　畓君匠《集古》十五“留君簠”。　項盨“項䜌簋”(《集古》十五)。　皃叔盨《集古》十五“仲姬盨”。　遇甗《周存》“師雝父鼎”。　居𧼩𪊾《古籀補》“居後彝”。　侯氏鎗《古籀補》“齊侯鎗”。　食夙戈《金圖》續编“𠕋𠕋小戈”。丕隆矛《古籀補》“帝降矛”。　其次句鑃《周存》“其𡨵句鑃”。

太保鑄器《集古》七“太保敦”。　洹子器《集古》十四“齊侯罍”。　小臣俞器《集古》十三“丁子尊”。　散氏器《集古》十六“散氏盤”。　貝堯易器《敬吾心室識篆圖》(略稱《識篆》)爵,無名。　樊君器《金圖》“樊君鬲”。　穌冶妊器《周存》“穌冶妊鼎”。　母宰器《集古》十三“母宰諸婦方尊”。　若癸受丁器《集古》三“亞形母癸鼎”、七“亞形母癸敦”、十三“母癸尊”。岡字器《殷存》“岡鼎”。　癸山器《集古》七“癸山敦”。　旁器《集古》六“旁肇鼎”。　仲玌良父器《集古》十六“中盤”。　子廏圖器《集古》十九“圖卣”。　廩帑器《文述》六“農鼎”。　寡子器《集古》十六“寡子卣”。　佁伯達器《集古》八“郘伯達敦”。　辛器《周存》"辛鼎"。祖乙父已器《殷存》"祖乙父已卣"。瘫公器《識篆》"瘫公觶"。䍙作妣器《集古》七"䍙作妣敦"。此字器《集古》十三"亞形尊"。祖乙父辛器《集古》十八"[illegible]父辛卣"。欽器《集古》十四"欽罍"。

太保彝《集古》七"太保敦"。彭女彝《集古》六"彭女鼎"、十七"彭女甗"。禽彝《古籀補》"王伐鄦侯敦"。交彝《文述》五"交尊"。戣彝《集古》十三"[illegible]尊"、十九"戣卣"。縣妃彝《集古》十一"梢妃敦"。遣彝《集古》十三"遣尊"、十九"遣卣"。賢彝《集古》九"衛公叔敦"。克彝《周存》"克鼎"。公貿彝《周存》"貿鼎"。取彝《集古》十三"叡尊"。井季㚸彝《集古》十九"型季㚸卣"。拍彝《古籀補》"拍盤"。叉彝《集古》十九"叉卣"。宗婦彝《集古》六"宗婦鼎"、十二"宗婦敦"、十四"宗婦壺"、十六"宗婦盤"。伯矩歆彝《周存》"伯矩鼎"。天子聽彝《集古》廿一"天子[illegible]觚"。汪伯彝《識篆》"汪伯卣"。宵彝《古籀補》"宵敦"。

寠尊彝《集古》十三"寠尊"、十九"寠卣"。善尊彝《周存》"善鼎"。遂尊彝《集古》六"遂肇諆鼎"。效尊彝《集古》十九"效卣"。吴尊彝《集古》十三"吴尊"。戒尊彝《周存》"戒鼎"。仲尊彝《集古》八"仲敦"。盂尊彝《集古》廿二"盂爵"。曆尊彝《周存》"曆鼎"。向尊彝《集古》十九"向卣"。趩尊彝《集古》十三"趩尊"。遘尊彝《文述》一"太保鼎"。伯尊彝《集古》七"伯敦"。遽尊彝《集古》十三"師遽方尊"。耑尊彝《殷存》"乍父乙彝"。趞尊彝《集古》五"趞鼎"。饙尊彝《攈古録》"饙尊"。輂尊彝《集古》十九"輂卣"。戒尊彝《周存》"戒鼎"。雷尊彝《古籀補》"䨓甗"。美尊彝《集古》廿二"美爵"。寓尊彝《集古》十九"寓卣"。朋尊彝《集古》十三"鳯尊"。庚羸尊彝《集古》十九"庚羆卣"。伯魚尊彝《集古》十"伯魚敦"。師遽尊彝《集古》十三"師遽方尊"。滕虎尊彝《金圖》"朕虎敦"。者婤尊彝《集古》廿"諸女角"。魯侯尊彝《識篆》"魯侯角"。戓者尊彝《集古》八"戎都敦"。大豊尊彝《集古》十一"聃敦"。记伯尊彝《金圖》"记伯彝"。效父尊彝《文述》十七"效父彝"。周公尊彝《周存》"魯公鼎"。康侯尊彝《集古》六"康侯鼎"。員父尊彝《集古》十九"員父卣"。安父尊彝《識篆》"安父彝"。伯僚尊彝《集古》十九"伯寮卣"。戒叔尊彝《集古》九"戒叔敦"。若媯尊彝《集古》十二"文母敦"。堇伯尊彝《集古》六"堇伯鼎"。雍伯尊彝《周存補遺》"雍伯鼎"。瘫公尊彝《周存》"瘫公鼎"。義妣尊彝《集古》十七"羲妣鬲"。康侯尊彝《集古》六"康侯鼎"。司徒司尊彝《集古》八"司徒司敦"。遽伯還尊彝《集古》八"遽伯還敦"。盄仲狂尊彝《集古》十九"瑟中狂卣"。小臣夌尊彝《文述》十六"夌鼎"。京隫仲尊彝《集古》十三"父辛尊"。匽侯見事尊彝《周存補遺》"匽侯見事鼎"。自作陽仲尊彝《集古》六"伯作陽仲鼎"。

克鬻彝《集古》五"克鼎"。姬鬻彝《周存》"姬鼎"。王𣎵彝《集古》七"王作妣𣎵敦"。龙姞𣎵彝《集古》十一"龙姞敦"。史頌𣎵彝《集古》四"史頌鼎"、《集古》十"史頌敦"。師湯父𠟭彝《集古》四“師湯父鼎”。

甲部　小臣傳器《集古》十三“師田父尊”。　母甲尊彝《集古》二十“母甲觶”。　䵼尊彝《殷存》“䵼作父甲卣”。　善𠟭彝《集古》六“父甲鼎”。

乙部　□父乙器《集古》八“□父乙敦”。　宁未父乙器《集古》十四“父乙盉”。　父乙旅車器《集古》十三“父乙尊”。　樝伯器《金圖》“𢻸伯彝”。　皃生器《集古》十二“皃生敦”。覃字父乙器《殷存》“覃父乙卣”。　奢彝《集古》八“公奴敦”。　肆𦥑彝《殷存》“戊辰彝”。　辛子彝《古籀補》“辛子敦”。公違彝《集古》六“公違鼎”。　鶨侯尊彝《集古》七“祖乙鶨侯叔敦”。　匽侯尊彝《集古》十六“燕侯作父乙匜”。夨伯尊彝《殷存》“夨伯尊”。　㑴友辰尊彝《集古》六“庚午鼎”。　旂尊彝《集古》三“旂僕鼎”。　勨尊彝《識篆》“𩠑伯卣”。　䓣尊彝《集古》六“䓣鼎”。　遄尊彝《殷存》“乍父乙彝”。　錫奚尊彝《集古》十八“商方卣”。　孥貝駒尊彝《殷存》“乍父乙彝”。

丙部　叔䵷器《集古》七“叔䵷父丙敦”。　㝛器《殷存》“乍父丙彝”。

丁部　母父丁器《集古》三“父丁鼎”。　宁中立戈父丁器《殷存》“父丁□爵”。　文父丁器《集古》三“文父丁鼎”。　立戈父丁器《殷存》“戈父丁敦”。　申器《殷存》“立□父丁卣”。　登器《殷存》“□父丁觶”。　無憂彝《殷存》“無□作父丁卣”。　宁形獸形父丁彝《集古》廿一“父丁斝”。乙亥彝《集古》七“乙亥敦”。　旁彝《集古》十九“□文旁卣”。　𡩜彝《殷存》“𡩜乍父丁尊”。　天子聽彝《集古》廿一“夫子□觚”。　宰梡尊彝《彝集》古廿一“宰梡角”。　□尊彝《集古》五“丙午鼎”。　易尊彝《集古》十二“三家敦”。　唬陀尊彝《殷存》“戊寅乍父丁鼎”。　聽尊彝《集古》十三“□作且丁尊”。　甚尊彝《集古》五“甚諆鼎”。　商尊彝《集古》十三“商尊”。攸尊彝《集古》十九“父丁卣”。

戊部　妣戊器《集古》三“木工冊鼎”。　癸旻器《集古》廿三“癸旻作考戊爵”。　獸器《殷存》“獸爵”。　同尊彝《集古》十二“同敦”。　父戊舟尊彝《集古》廿三“父戊舟爵”。　雈尊彝《殷存》“家作父戊卣”。　傳尊彝《集古》十九“傳卣”。　旂尊彝《集古》三“父戊鼎”。

己部　受字父己器《集古》十八“父己卣”。　兟字父己器《集古》十三“兟父己尊”。　申彝《集古》十九“八申卣”。　□尊彝《集古》十九“□父己卣”。　作冊般尊彝《殷存》“般作父己甗”。　小子射尊彝《識篆》“小子射鼎”。

庚部　羊字父庚器《集古》三“羊父庚鼎”。　家字立戈父庚器《集古》十八“父庚卣”。　山形祖庚器《識篆》無名。　婦庚器《集古》十八“婦庚卣”。　子父庚器《集古》二十“父庚觶”。　奉彝《集古》五“己亥鼎”。　豚彝《集古》八“父庚敦”。

辛部　妣辛器《集古》七“子形立豕形妣辛敦”。　聿貝父辛器《集古》二十“聿貝父辛觶”。　史桒兄彝《殷存》“乍且辛敦”。　僚彝《殷存》“旐尊”。　伐商彝《集古》廿一“丁未伐商角”。　奭彝《古籀補》“日辛敦”。　龔尊彝《殷存》“乍又母辛鬲”。　匽侯尊彝《集古》六“匽侯鼎”。　父辛尊彝《集古》十九"父辛卣"。　鄦尊彝《集古》六"鄦鼎"。伯憲尊彝《殷存》"白害盉"。　奉尊彝《金圖》"䢅作父辛彝"。　且之商尊彝《殷存》"乍父辛卣"。　京隮仲尊彝《集古》十三"父辛尊"。

匩尊彝、盤仲尪尊彝《集古》十九"瑟仲狂卣"。　索㴱彝《集古》廿一"索諆角"。

壬部　　愛器《集古》二十"愛兄日壬觶"。　愛尊彝《集古》十三"[illegible]尊"。　叔宿尊彝《殷存》"叔宿乍日壬敦"。

癸部　鳥形父癸器《識篆》無名。　匸形祖癸器《集古》廿二"匸形祖庚爵"。　南亞彝《集古》廿一"丙申角"。　貉子尊彝《集古》十九"貉子卣"。　御尊彝《集古》十三"御方尊"。　婦闟尊彝《集古》廿一"婦闟觥"。　咎尊彝《集古》十"咎敦"、十九"咎父癸卣"。　睘尊彝《集古》十九"睘卣"。　犬尊彝《集古》十二"子作父癸敦"。　兄癸尊彝《集古》十九"聿舟兄癸卣"。

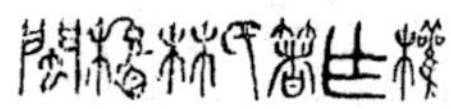

後　記

《〈文源〉評注》是本人主持的國家社科基金項目、全國高校古籍整理項目和福建省社科研究基地重大資助項目的成果，也是馬重奇教授主持的福建省高校服務海西重點項目的組成部分。本書的設想是，對林義光《文源》一書進行逐條評注，以便深入理解林氏文字學研究的特點及其得失。林義光《文源》出版以來，學術界對這本書是十分重視的，在有關的學術論著中經常被引用，但全面研究《文源》的學者並不多，對《文源》的評價也有不準確之處。本書的評注工作也許對學界理解和評價林氏文字學有參考價值。

本書由林志強、田勝男、葉玉英、龔雪梅共同完成。先由林志強輸入《文源》原文，並加標點，然後制定全書體例、提供樣例。具體分工如下：龔雪梅完成了第四卷至第五卷的初稿，田勝男完成了第六卷至第九卷的初稿，葉玉英完成了第十一卷至第十二卷的初稿，她們的初稿均由林志強改寫定稿；其餘部分由林志強完成。龔雪梅還負責本書資料整理等工作。

本書作為國家社科基金項目成果的主要組成部分，在結項評審的過程中，承蒙多位專家撥冗審讀，給本書很多肯定和鼓勵，同時也提出了中肯的改進意見；本人在後續的修訂過程中，儘量吸收了大家的建議，避免了一些疏漏，提高了本書質量，在此謹對各位專家表示衷心的感謝！本書卷帙比較浩繁，關涉到的問題多而復雜，由於我們的學識和見聞有限，在評注的過程中肯定還存在判斷不確、吸收學界成果不夠等方面的問題，敬請讀者批評指正。

本書的出版得到馬重奇教授主持的福建省高校服務海西重點項目的資助，本書古字僻字很多，給編輯排版帶來諸多困難，陳芳女士幫助審校，

責任編輯張林女士、責任校對李莉女士為此付出辛勤的勞動，在此一併表示衷心的感謝！

林志強

2016 年 12 月 30 日

於福建師范大學康堂